OS
ISRAELENSES

PESSOAS COMUNS
EM UMA TERRA
EXTRAORDINÁRIA

OS
ISRAELENSES

DONNA
ROSENTHAL

Presidente
Henrique José Branco Brazão Farinha

Publisher
Eduardo Viegas Meirelles Villela

Editora
Cláudia Elissa Rondelli Ramos

Projeto Gráfico e Editoração
S4 Editorial

Capa
Listo Comunicação

Tradução
J. E. Mendonça

Preparação de Texto
Heraldo Vaz

Revisão
Bel Ribeiro

Impressão
Edições Loyola

Copyright © 2003 by Donna Rosenthal

Copyright © 2013 *by* Editora Évora Ltda.

Todos os direitos desta edição são reservados à Editora Évora.

Rua Sergipe, 401 – Cj. 1.310 – Consolação
São Paulo – SP – CEP 01243-906
Telefone: (11) 3562-7814/3562-7815
Site: http://www.editoraevora.com.br
E-mail: contato@editoraevora.com.br

DADOS INTERNACIONAIS DE CATALOGAÇÃO NA PUBLICAÇÃO (CIP)

R728i

Rosenthal, Donna, 1950-
   [The Israelis. Português]
   Os israelenses: pessoas comuns em uma terra extraordinária/Donna Rosenthal. – São Paulo: Évora, 2013.
   520 p. ; 23 cm.

   Tradução de: The Israelis : ordinary people in an extraordinary land
   Inclui bibliografia.
   ISBN 978-85-63993-53-3

   1. Características nacionais israelenses. 2. Israel – Condições sociais. 3. Israel – Relações étnicas. 4. Judaísmo ortodoxo – Relações – Judeus não tradicionais. I. Título.

CDD- 956.94

Para o meu doador de córnea, que morreu em um dia em que a Páscoa judaica (Pessach), a Páscoa católica e o Id al-Fatir (feriado muçulmano que marca o fim do Ramadã) coincidiram e me deu de presente a visão. Uma parte dos lucros deste livro será doada para o Centro Nacional Israelense de Transplantes de Órgãos. Por meio dele, israelenses e palestinos salvam a vida dos outros.

Sumário

Agradecimentos, ix

Introdução à edição brasileira, xiii

Apresentação à edição brasileira, xv

Prefácio à edição brasileira, xix

Mensagem ao leitor brasileiro, xxiii

Introdução – Mundos em colisão, xxv

I Tornando-se israelense

1 Uma das vizinhanças mais voláteis do mundo, 3

2 Namoro e casamento ao estilo israelense, 27

3 Um exército do povo, 57

4 Transformando espadas em ações na bolsa, 95

II Uma nação, muitas tribos

5 Os ashkenazim – Os "Wasps" de Israel, 119

6 Os mizrahim – Os outros israelenses, 137

7 Os russos – O novo êxodo, 159

8 Fora da África – Os israelenses etíopes na
Terra Prometida, 181

III Ampliando as linhas de divisão entre judeus e judeus

9 Os haredim – Judeus-judeus-judeus, 209

10 Os ortodoxos – Essa terra é sua terra? Essa terra
é minha terra, 235

11 Os não ortodoxos – A guerra do *cheeseburguer*, 265

IV Esquizofrenia: não judeus em um Estado judeu

12 Os muçulmanos – Os outros filhos de Abraão, 293

13 Os beduínos – Tribos, tendas e antenas parabólicas, 333

14 Os drusos – Entre a modernidade e a tradição, 349

15 Os cristãos – Desconfortáveis na Terra de Jesus, 365

V A revolução sexual

16 Casamento, poligamia, adultério e divórcio
à moda israelense, 391

17 *Oy! Gay?*, 427

18 Prostitutas e haxixe na Terra Santa, 443

Epílogo – Shalom/Salam, 461

Bibliografia, 473

Agradecimentos

Esta edição especial de 60º aniversário surge quando a população de Israel chega a 7,2 milhões de judeus, muçulmanos, cristãos e drusos, e sua economia cresce a níveis recordes. Em maio de 1948, quando Israel se tornou independente, sua população era de 650 mil, as laranjas eram o maior setor da economia e a maioria dos israelenses racionava comida. Antes de a Força Aérea Israelense (Israel Air Force – IAF) lançar ataques à usina nuclear da Síria em 2007, e de o presidente iraniano Ahmadinejad fazer ameaças, o ex-editor da Free Press Bill Rosen brincou: "Escrever um livro sobre Israel é como a Alice de Lewis Carroll tentando jogar croqué com um flamingo: cada vez que você aponta uma perna para baixo, a outra salta no ar".

Tenho de agradecer a muitas pessoas que me encorajaram a brincar com o flamingo: meus editores dedicados e cuidadosos da Free Press, Maria Bruk Aupérin e Elizabeth Stein. E outros da Free Press pelo seu entusiasmo por esta nova edição do sexagésimo aniversário de Israel: Martha K. Levin, Suzanne Donahue, Dominick Anfuso, Elisa Rivlin, Edith Lewis e, na divulgação, Carisa Hays e Marissa Hajtler. Jan Lurie, o editor *freelance* cujos conselhos me ajudaram nas partes mais difíceis da escrita da primeira edição, cortando e fazendo cada palavra contar. Bonnie Solow, minha agente literária, que tratou esta edição especial com sua especializada atenção.

A Tad Taube, por abrir seu coração, e a muitas mentes jovens. Meu amigo, o falecido Jerry Landauer, do *Wall Street Journal*, por inspirar minha carreira; o falecido Irv Lefotsky, do *Los Angeles Times*, um editor dos sonhos e valoroso amigo; Jack Beatty da *Atlantic*, por me encorajar a escrever sobre os imigrantes etíopes e russos. E Pat King e Nadine Joseph, da *Newsweek*, que ajudaram a tornar este livro possível.

x OS ISRAELENSES

Para aqueles israelenses, cujos nomes não estão no livro, mas cujos conselhos, argumentos e ideias estão. Ao meu amigo Hassan Sayaad, por nossos muitos anos montando cavalos juntos e por me mostrar a terra e o povo, e a Nadia, Nuha, Sami, Osama e Walid. Para Frances Barrow, Dorit Shafir e Rina Segal (amigas desde nossos tempos de Tóquio), Ellen Rosenberg e Jane Falk, por suas valiosas pesquisas. Ralah, Yitzak e Meira Gottesman, uma talentosa tradutora do russo para o hebraico. Orit e Noam, Ruth, Shmuel Berger e Yitzhak Frankenthal – entre as milhares de desoladas famílias israelenses e palestinas –, Yuval Rabin, Isabel Maxwell, Moshe Mor, Lili Naveh e David Rubin por suas observações sobre a cultura *high-tech* de Israel. Phillip Kaldawi e Sarah Kreimer pelo Centro de Cooperação Econômica Judeu-Árabe. Em Shatil: Rachel Liel, Naila Khouri e Wende Akale. Em Neve Shalom/Wahat al-Salam: Wolf Homburger, Shireen Naj-jar, Ahmad Hijazi, Ori Sonnenschein, Anwar Daoud e Diana Shalufi-Rizek; Rabbi Boaz Cohen e Avi Dahan por abrirem as portas para o Shas. Dafna Tsimhoni da Technion por partilhar sua pesquisa sobre cristãos na Terra Santa. Wajeeh Nuseibeh e Abed Joudeh da Igreja do Santo Sepulcro; Gila Almagor, Yaacov Agmon, Eli Cohen, Dan Katzir e Moshe Ivgi para os pontos de vista de diretores e atores.

Para as equipes dedicadas de JNF, Hadassah, Israel Bonds, Centro Internacional de Educação Sefardita, Jimena (Judeus Indígenas do Oriente Médio) e Colégio Reali em Haifa.

Ao meu irmão adotivo, Solomon Ezra, por seu heroísmo de trazer colegas etíopes judeus para Israel. Para as famílias Satiel e Zisman, por me receberem nas vidas dos *samekh tet* sefarditas. Clement e Jane Galante por me mostrarem a vida judia em Rodes. Avram Arbib e Hana Dayan, por me apresentarem os judeus israelenses da Líbia; Yair Dalal, por partilhar a música dos iraquianos judeus e beduínos; e Moshe Pinker, por histórias familiares de judeus na Índia; Shani e Meravi Shani, por ideias sobre os judeus israelenses do Irã, além de Dror Weitz, por mostrar a mim os dois mundos da juventude pós-exército. A Vicky Bitran, por suas ideias sobre as vidas de israelenses da Síria. E aos Lieberman, pelas histórias da vida judia na China, e Abu Salem, por me levar às casas dos beduínos em Negev.

Obrigado pelos repórteres talentosos e esforçados do *Jerusalem Post*; *Globes*; *Yedioth Ahronoth*, especialmente Avner Hofstein; no *Ha'aretz* obrigado a Lili Galili, Danny Ben-Simon, Tom Segev e Itai; e para a equipe do *Jerusalem Report*. Repórteres e produtores no Channel One e Chan-

Agradecimentos   xi

nel Ten. Ori Nir; Arie, Donna e Aya Shahar e Emily More; Khalil Munir; Dana e David Shani; Raanana Meridor; Gaby e Goyo Chazanas, Gayle e Aloupe Hareven; Nira e Shimon Weiss; Haya, Tal e Hasiya Nevo; Mira Meshulam; Yasser e Ju-mana Mansour; Yitzhak Galnoor; Judy Balint; David Ehrlich; a família Chinitz; Gail Barzilay; Amir Tal e Kobi Yonatan; Yehuda Gradus; Anina Korati do Kibutz Kfar Ruppin; e minha professora de árabe, Linda Sarkis.

Também Reda e Mona Mansour; Marie, Danny e Yonathan Shek; Bruce Kashdan; Davidi e Tamar Akov; Erella Hadar; Anna Azari; Ido Aharoni; Arye e Ruth Mekel; Danny Kiram; Uri Bar-Ner e Aviva Raz. Obrigado a Ekram e Nadia Hiloul, Ilana e Sergio Lehrman, por abrirem suas casas e geladeiras. Eu também recebi conselhos valiosos do falecido Lutfi Mashour, editor do *Al-Sinnara*; Dafna e Dov Izraeli, Zehara Schatz e Ehud Sprinzak.

Frank Cohen e Henry Baer por partilharem *Os israelenses* com estudantes. Terry e Jim Rubenstein, por seu firme compromisso com os israelenses. Pam Dubin por sua assistência. Glenn e Gaby Isaacson; Moses e Susan Libitzky; Josh Bloch; Rafi e Carla Danziger; Susan Klee e David Stoloff. *Danke schoen* a Richard Bucksbaum e Samson Altman-Schevitz pela edição alemã de *Os Israelenses*; *arigato* ao rabino Marvin Tokayer, por me receber na comunidade judia de Tóquio e por lançar a edição japonesa de *Os Israelenses*, e *xie xie* a Uri e Avigail Gutman, por inspirarem *Os israelenses* em chinês.

Também aos doutores David Vastine e Don Sarver por minha córnea saudável e por me darem o presente da visão. Aos doutores Tony Newsburn e à equipe da Fundação Nacional Keratoconus e Bezalel Shendowitz do Hospital Shaare Zedek Hospital, em Jerusalém, por ajudarem judeus e árabes com ceratocone a enxergar.

Meu profundo agradecimento à Fundação Koret: Tad Taube, Jeffrey Farber e Susan Wolfe. E ao JNF: Russell Robinson e Michelle Beller. Bravo para Rob Weiss e Blair Gershkow, da Studio 9 Productions, por editarem o vídeo *Os Israelenses*, e às amigas produtoras Deborah Gee e Elizabeth Farnsworth. Obrigado a Tali Biale, por editar a bibliografia e as notas. E ao talentoso Danny Chazanas por criar os *websites* do livro: www.TheIsraelis. net e www.DonnaRosenthal.com.

Para minha maravilhosa família, por me encorajar durante esta jornada: Justin e Roxanne, Jack e Felice Greene; Ben, Alana e Armin; Maya e Noah; Debi e Michael; Josh e Abbe; Liz e Peter.

E, acima de tudo, para meus magníficos pais, Murray e Elinor, por me tornarem possível. E para Joey, meu marido excepcional e amoroso, por me levar a uma aventura excitante e culturamente rica pela vida. Moriah, Daniel, Ari e Eli, por me trazerem este mundo mágico e brincarem comigo – e por lembrar a adultos que crianças são a maior razão para continuar a busca da paz.

Introdução à edição brasileira

Como explica o professor *Lawrence Hoffman,* o mapa de espaço sagrado é muito mais complexo do que um mero local para o encontro entre o Céu e a Terra.

Locais podem ser sagrados porque falam inerentemente da presença de Deus, ou porque a história os investiu de santidade, ou porque nós, seres humanos, temos a audácia de construir neles marcos sagrados, em geral algum tipo de edifício, e, então, nos dedicamos a tornar certo que Deus realmente vai até esses marcos e que os copiamos dos lugares de fato sagrados de nossas histórias religiosas específicas.

Assim, nossos mapas do sagrado são um reconhecimento humano das pegadas da presença de Deus, por um lado, e um mapa do espírito humano, por outro.

Este maravilhoso livro de Donna Rosentahl tem o grande mérito de contar de maneira evolvente sobre o caráter e as idiossincrasias das pessoas que moram no Estado de Israel, ou seja, de explicar o mapa do seu espírito humano.

Os israelenses é um honesto retrato da diversidade cultural, étnica e religiosa de um incrível país que é, ao mesmo tempo, complexo, encantador, vibrante e multifacetado.

O texto, muito bem escrito, mostra a pluralidade de personagens que vivem e fazem esse pequeno e extraordinário país, mostrando ao leitor uma perspectiva ampla e não dogmática das pessoas que vivem no jovem-velho Estado judeu.

O mérito da autora foi fazer um livro que serve de introdução a alguém que esteja planejando sua primeira visita a Israel, assim como é relevante a alguém como eu, que já esteve lá mais de 25 vezes.

Acredito que a leitura de *Os israelenses* poderá ajudar a desvendar esse difícil mapa de espaço sagrado a pessoas de todas as raças, crenças e religiões.

Rabino Adrián Gottfried
Comunidade Shalom São Paulo
Ex-presidente da Assembléia Rabínica Latino-Americana

Apresentação à edição brasileira

O jovem casal israelense havia encontrado no litoral sul da Bahia o que imaginava ser um dos últimos lugares em que a natureza parecia ainda virgem, longe do atropelo dos turistas. Mas o que fazia ali uma tabuleta escrita em hebraico?

Em seu livro, Donna Rosenthal conta como milhares de jovens, moças e rapazes, ao terminar o serviço militar obrigatório em Israel, buscam lugares extraordinários, especialmente na Ásia e na América do Sul, para aliviar a pressão da vida rígida dos quartéis, como aquela pousada na praia quase deserta.

Histórias como essa se multiplicam neste livro, que apresenta o mosaico formado pela vida das pessoas desse país diminuto, capaz de dividir a opinião de boa parte deste mundo agitado e perigoso em que vivemos.

O Estado de Israel encontra-se no epicentro de uma região volátil, que está nas manchetes diárias da mídia global. Mas este livro não trata diretamente de suas grandes questões geopolíticas nem de seus estadistas e generais ou de seus empresários e grandes figuras públicas. Ele trata de gente comum, de pessoas cujas crenças, aspirações, emoções, coragem e temores acabam moldando o país.

O povo israelense é produto, ao mesmo tempo, de tradições e crenças milenares, e de um espírito de pioneirismo e de modernidade que a reação à história recente da sobrevivência a um dos piores massacres de todos os tempos pode explicar.

Donna Rosenthal escreveu este livro, verdadeira pesquisa aprofundada, com a leveza e o interesse que sua experiência jornalística lhe confere. Não é um relatório monótono, mas uma vívida e sempre interessante sucessão de relatos e testemunhos que tecem uma tapeçaria fascinante.

Mesmo para quem já se interessa por temas judaicos e israelenses, o livro desperta ainda mais interesse, revelando o que é essa população constituída por judeus e não judeus, islâmicos, cristãos, drusos, bahais e incréus. Pela primeira vez na história moderna, Israel tem uma população de 300 mil imigrantes não judeus. Mesmo com a estrutura democrática do país, o tema é objeto de questões e ansiedades. Os casamentos "mistos", por exemplo, encontram dificuldades constantes, às vezes insuperáveis. É um decalque dos dramas das várias diásporas.

A complicada coexistência do que a autora chama de "tribos" encontra os ashkenazim originários da Europa; os mizrahim, que permaneceram no Oriente mesmo depois da destruição de Jerusalém pelos romanos; os sefardim, que se espalharam pelo Mediterrâneo com a expulsão dos judeus espanhóis. E a essa mixagem histórica somam-se o milhão de russos, dos quais boa parte não era de judeus, e de etíopes ameaçados de extinção, que foram resgatados por Israel.

Mais complicada ainda é a coexistência dos próprios judeus, que adotam diferentes atitudes em relação a religião. Aí, convivem os judeus que se consideram mais judeus do que os demais; os ultra-ortodoxos, que não se afastam um milímetro sequer dos mandamentos sagrados da Torá e do Talmud; os ortodoxos, não tão estritos; os não ortodoxos, que admitem certa "atualização" em relação às Escrituras e aos costumes ortodoxos; e, finalmente, os que não têm vivência religiosa e se autointitulam laicos.

A travessia dos judeus ao longo dos milênios sempre se caracterizou por disputas internas, mas sua energia espiritual fez com que a persistência da fé prevalecesse.

A autora descreve os efeitos dessas diferentes convicções nos dias atuais, com toda a carga espiritual, social e emocional, não só em termos das divergências formais entre as "tribos", mas, principalmente, em relação aos choques produzidos pela revolução sexual de nossos tempos. A pesquisa feita, apresentada com realismo, abrange casamento, divórcio, adultério, poligamia e homossexualidade. É o entrechoque, às vezes inconciliável, entre pessoas que vivem de maneira quase medieval com as que usufruem das liberalidades dos novos tempos.

Apresentação à edição brasileira xvii

O quadro que a autora apresenta desse pequeno e complexo povo mistura a ansiedade da vivência armada, causada pelo cerco implacável de seus inimigos, e também o tão conhecido espírito competitivo de um povo empreendedor e inovador, que já ultrapassa as fronteiras do país.

Confesso que, embora me considere razoavelmente informado sobre a história do judaísmo e de Israel, a leitura deste livro me surpreendeu por sua abrangência e pela revelação de fatos, de dados e de histórias escritas de maneira sincera e atraente.

Boris Tabacof
Vice presidente do conselho de administação da Suzano Holding,
vice presidente do conselho superior de economia da Fiesp
(Federação das Indústrias do Estado de São Paulo), conselheiro
da Bracelpa (Associação Brasileira de Celulose e Papel)
e autor do livro Espírito de empresário

Prefácio à edição brasileira

Um convite ao futuro

Sete milhões e meio de habitantes em uma área ligeiramente superior a 20 mil quilômetros quadrados: na insensível crueza dos números, isso é Israel.* Comparativamente, o Estado de São Paulo possui uma população 5,5 vezes maior e um território 12,2 vezes mais extenso. No entanto, desde sua fundação, em 14 de maio de 1948, Israel tem ocupado, persistentemente, o centro do noticiário internacional – seja por sua associação com um espaço geocultural que, para milhões de pessoas em todo o mundo, constitui uma "terra santa"; seja pela admiração causada por seu povo, capaz de transformar desertos em pomares e uma província subdesenvolvida em um país altamente industrializado e moderno; seja pelos intermináveis conflitos internos e externos, que já fizeram com que esse mesmo povo se envolvesse em quatro guerras de grandes proporções e em várias guerras menores, e viva em um estado de tensão permanente.

Herdeiro de um ambiente histórico no qual se manifestaram as três principais religiões monoteístas do mundo** e encravado em um ambiente geográfico que,

---

* Em julho de 2010, a população israelense foi estimada em 7.473.052 e, em cifras mais precisas, a área do país é calculada em 20.330 km². Fonte: *The World Factbook*, Central Intelligence Agency. Página atualizada em: 7/dez/2011. Disponível em: <https://www.cia.gov/library/publications/the-world--factbook/geos/is.html>.

** O judaísmo, o cristianismo e o islamismo, as três maiores vertentes do monoteísmo semítico, são classificados pelos especialistas como "religiões abraâmicas", pois reivindicam,

xx Os israelenses

por sorte ou por azar, possui quantidades superlativas da riqueza mais cobiçada do planeta,* Israel é peça-chave no xadrez geopolítico contemporâneo. Por isso esse pequeno país não sai da mídia.

As simplificações do noticiário, no entanto, a favor ou contra, são sempre enganosas, pois tendem a mostrar em preto e branco uma realidade que apresenta incontáveis meios-tons. Sejam considerados "mocinhos" ou "bandidos", os israelenses são apresentados como um bloco monolítico. E não há nada mais distante da verdade. Como outras sociedades democráticas intensamente contemporâneas, sua população exibe uma heterogeneidade desconcertante: uma paleta na qual aparecem quase todas as cores do espectro étnico; e mais cores ainda dos espectros político, religioso e comportamental. Essa heterogeneidade constitui, é claro, uma formidável fonte de contradições, que talvez venha a ser reconhecida, no futuro, como a maior riqueza de Israel, pois não há nada tão criativo como a coexistência dos diferentes.

Apresentar ao leitor um pouco dessa diferença, por meio das histórias de israelenses dos mais variados tipos, é, com certeza, o maior mérito do livro de Donna Rosenthal. Seus personagens são, como ela diz, "pessoas comuns, tentando viver uma vida comum, em um tempo incomum". Podemos concordar ou não com o ponto de vista da autora – isso é irrelevante. O que conta é a fascinante multiplicidade de perfis que ela nos oferece. Essa multiplicidade, antimaniqueísta por excelência, ajuda a desmontar preconceitos e instiga a pensar.

Israel é o grande guardião da democracia no Oriente Próximo. Seu regime democrático tem sobrevivido a toda sorte de dificuldades e é o que melhor lhe permite superá-las. Defender Israel não é apenas defender uma nação para os judeus, mas defender também a democracia, como a mais avançada forma de convivência humana.

Segundo um velho ditado jornalístico, "notícia boa não é notícia". Apesar de falsa, essa máxima tem sido obedecida por muitos com notável tenacidade. Com participações em veículos como *The New York Times*, *The Washington Post*, *Newsweek* e *Israel TV*, Donna Rosenthal é uma jornalista habilidosa e experiente. Seu livro

---

como ancestral comum, o patriarca Abraão. Suas semelhanças de fundo são muito mais significativas do que as eventuais diferenças que possam exibir na superfície.

* Dos dez países que possuem as maiores reservas de petróleo do mundo, seis se encontram nas vizinhanças de Israel. São eles, pela ordem de grandeza de suas reservas: Arábia Saudita (1º), Irã (4º), Iraque (5º), Kuwait (6º), Emirados Árabes Unidos (7º) e Líbia (9º). Fonte: *The World Factbook*, Central Intelligence Agency. Página atualizada em: 1º/jan/2011. Disponível em https://www.cia.gov/library/publications/the-world-factbook/rankorder/2178rank. html.

Prefácio à edição brasileira   xxi

narra episódios muitas vezes dramáticos, com perdas e lutos, mas mantém um tom essencialmente otimista e bem-humorado, mostrando que notícia boa pode, sim, ser boa notícia.

Esse otimismo da autora é, mais do que nunca, necessário, pois é hora de virar uma página da história. Ingressamos no século XXI com traumas trazidos do século XX e até mesmo dos séculos anteriores. Dores, mágoas e ressentimentos fazem parte da nossa bagagem, mas precisamos nos livrar do peso para podermos avançar. Os sofrimentos de hoje são ecos dos sofrimentos de ontem, daqueles que nos foram infringidos e dos que infringimos. Porém, em algum momento teremos de colocar um ponto final nessa infeliz cadeia de causas e efeitos. O amanhã nos propõe um desafio: construir algo novo. Honremos a memória dos que tombaram no caminho, mas deixemos que o passado enterre o passado. E sigamos, vivos, rumo ao futuro.

Dr. Claudio Luiz Lottenberg
Presidente da Sociedade Beneficente
Israelita Brasileira Albert Einstein

Mensagem ao leitor brasileiro

Vivo em Jerusalém desde os 18 anos, quando deixei amigos e família no Brasil e imigrei para Israel. Durante todos esses anos tentei decifrar o código da identidade judaica com a qual fui criado e que amo, com muito orgulho.

Lá, quando saio às sextas-feiras para tomar café com os amigos ou a família, olho da vitrine do pequeno estabelecimento ao lado de minha casa e vejo um quadro realista da existência multirracial de Israel. Não é uma imagem romântica, idealizada, mas um pitoresco fluxo de tipos diversos. Todos são pessoas reais, verdadeiras, e não uma foto em um cartão postal ou em uma pintura expressionista. Judeus ortodoxos conversando com árabes com sua kefia na cabeça; judeus negros etíopes em uniforme do exército abraçados a uma jovem russa loira de olhos azuis; turistas norte-americanos de calças curtas e câmeras fotográficas penduradas no pescoço pedindo instruções a um padre copta sobre como chegar de ônibus ao centro da cidade; e encontros ainda mais bizarros... Mas o que sempre me impressiona é o grau de discrepância entre a imagem de Israel na mídia internacional e sua realidade pura e simples. Ninguém pode imaginar que tal coexistência, realizada sempre com a intensidade típica de Israel, seja um fenômeno comum lá. E quando se interage com as pessoas, sempre é possível maravilhar-se e descobrir quanto nossos preconceitos visuais são superficiais e falsos em Israel, mais do que em qualquer lugar do mundo. Lá, um judeu ortodoxo com longa barba e cabeça coberta com um quipá preto pode ser um Prêmio Nobel de Economia e um grande acadêmico, como Israel Uman (que se especializa na pesquisa da racionalidade!); e um cidadão árabe com a tradicional kefia árabe cobrindo a cabeça pode ser o juiz do Supremo Tribunal de Israel, Salim Jubran, famoso por sua erudição e lealdade ao sistema judiciário e ao estado judaico de Israel. A verdade é que até no consulado geral de Israel em São Paulo podemos encontrar essa diversidade – um homem que nasceu em São Paulo, 54 anos atrás, é Cônsul Geral de Israel em São Paulo, e outro de origem drusa, casado com uma judia vinda de uma família de sobreviventes do holocausto, é Vice-Cônsul Geral de Israel!

Este livro é uma abertura maravilhosa a essa realidade. Donna Rosenthal consegue, com sua capacidade literária e jornalística, descrever o lindo mosaico que compõe a existência humana em Israel. A profundidade e a intensidade desta obra fizeram com que eu me sentisse sentado no pequeno café ao lado de minha casa em Jerusalém, onde vou muitas vezes encontrar meus amigos, e não em São Paulo, onde estou hoje, servindo como cônsul geral. Em *Os israelenses*, podemos começar a entender as diversas etnias e culturas que compõem o nosso país, a partir de uma descrição lógica do complexo sistema social israelense. Estou seguro de que, depois desta agradável leitura, o leitor terá uma compreensão muito maior dessa realidade, mas, mais do que isso, terá aguçadas a curiosidade de visitar Israel e a vontade de conhecer as fascinantes pessoas que compõem esse Estado.

ILAN SZTULMAN
Cônsul Geral de Israel em São Paulo

Introdução

Mundos em colisão

Antes da avalanche de turistas de 2008, da ocupação de Gaza pelo Hamas em 2007 e da guerra do Hezbollah de 2006, no Líbano, um amigo produtor da CNN International me perguntou: "Nossos espectadores estão confusos. Temos filmagens de judeus que parecem árabes, de árabes que se parecem com judeus. Temos judeus negros. Judeus barbados do século dezesseis e garotas *sexy* de jeans apertados. Que povo é esse, afinal?".

Parte da resposta, espero, está neste livro, atualizado para o sexagésimo aniversário de Israel. Quem são aqueles israelenses que pedem Big Macs na língua dos Dez Mandamentos, acreditam que ficar na fila é coisa de efeminados e que acendem Marlboros sob avisos de NÃO FUMAR? Seus filhos, os maiores fãs mundiais da MTV, vão para *shopping centers* comprar os últimos CDs de Beyoncé e Kelly Clarkson. CDs... e máscaras de gases. A maioria dessas pessoas é judia. Entre os muçulmanos, cristãos e drusos de Israel, muitos falam hebreu e sabem mis sobre a *Bíblia* e as tradições judaicas que a maioria dos judeus na diáspora. Mas, mesmo incluindo árabes e judeus, há mais de 7 milhões de israelenses – menos de metade da população do Cairo –, e ainda assim esse país, menor que o Estado de Nova Jersey, fica com a parte do leão das manchetes mundiais.

Este é um livro sobre pessoas comuns, tentando levar uma vida normal durante tempos anormais. Os israelenses destas páginas não são convidados da CNN, BBC ou Al-Jazeera. São um mistura disparatada do radicalmen-

xxv

xxvi Os ISRAELENSES

te moderno e o devotamente tradicional. Apesar dos traumas da segunda Intifada, eles enchem salas de concerto, dançam em discotecas e discutem em cafés – a maioria dos quais não explode. Os israelenses são especialistas em viver com uma frequência de ataques terroristas que nenhum povo suportou por tanto tempo. Eles fazem piqueniques no Mar da Galileia e *raves* que duram uma noite inteira no Mar Vermelho. Em um rito pós-exército, israelenses que lotam aviões celebram um Pessach kosher em Katmandu. Depois de viajarem da Ásia para a América do Sul, 20 mil deles se reuniram nas ruínas de Megido (o Armagedon do *Livro das revelações*) para celebrar o Rosh Hashana, o ano-novo judeu. Embora a vasta maioria de judeus não seja ortodoxa, mais de 98% das sinagogas do país são ortodoxas ou ultraortodoxas.

Em cada capítulo deste livro, tipos diferentes de israelenses contam suas histórias. Estas celebram a diversidade: israelenses vestem escudos do exército, quipás (solidéus), keffiyahs (xales), perucas e véus. Também usam bonés de beisebol virados ao contrário e fones de ouvido conectados a iPods.

As aventuras de cruzamentos culturais entre judeus e judeus abundam. Não há nada como um "casamento misto", onde o cuscuz e o gefilte fish* se encontram. Judeus ashkenazim com origens na Europa e judeus mizrahim, cujas famílias fugiram de países muçulmanos no Oriente Médio e norte da África, lutam para superar suas divergências. As mães judias etíopes, conservadoras, ficam chocadas com a visão de judias estranhas e quase nuas bronzeando-se em biquínis fio dental. Não é fácil para um adolescente usando um quipá tricotado sobre seus *dreadlocks* dizer a seus pais, em amárico mambembe, que está apaixonado por uma garota branca não religiosa. Alguns judeus, altamente praticantes, desenham os mais famosos chips de computadores na Intel, onde abrigos contra bombas são frequentemente usados – função também de mesquitas, sinagogas e locais de reunião. E nos cafés, judeus, cristãos e muçulmanos não se preocupam apenas com a força crescente do Irã e seus aliados – Hezbollah, Síria e Hamas –, mas também com a volatilidade do mercado de ações.

---

* Bolinho feito de carne de carpa moída com tempero e cozida no caldo do peixe. É servido frio, na geleia do peixe. (N. T.)

Introdução xxvii

Parte da geração digital é formada por "ex-comunistas pontocom", que deixaram a União Soviética depois que foi desmantelada. Desde os anos 1990, uma avalanche de mais de 1 milhão de imigrantes deu a Israel a maior percentagem mundial de cientistas, engenheiros, médicos e músicos – mas metade não é judeu –, criando comunidades com igrejas, árvores de Natal e lojas que vendem carne de porco – o que deixa alguns israelenses doidos. Políticos de chapéus negros não têm mais o poder de fechar restaurantes e lojas não kosher* no sabbath desde a crescente revolta pública contra os ultraortodoxos. Mas homens em "patrulhas do recato" ainda checam se passageiras de ônibus ortodoxas estão apropriadamente vestidas e sentando-se separadas dos homens.

As patrulhas do recato não conseguem fazer nada com as soldadas femininas. Israel é o único pais que convoca mulheres (judias não ortodoxas). Famílias fervorosamente religiosas agora têm um novo problema: adolescentes que tiram suas roupas pretas e fogem – alguns para se juntar ao exército. É onde entram em contato com soldados israelenses que falam árabe. Alguns são beduínos ou cristãos. A maior parte é formada por drusos cujas crenças religiosas na reencarnação se manifestam no campo de batalha.

Eles passam mais tempo de uniforme que qualquer outro grupo nacional, e ainda assim homens israelenses têm a terceira maior expectativa de vida do mundo. Esses homens são de todo tipo e tamanho, e de todo tipo de orientação sexual. De soldados a comissários de bordo da El Al, os israelenses estão saindo do armário. São tantos milhares nas paradas anuais de orgulho *gay* em Tel Aviv e Jerusalém que é difícil ouvir rabinos, imãs e padres gritando "blasfêmia". Uma das sensações entre cantoras de Israel é uma deliciosa morena. Ela era um "ele" no exército. Outros israelenses vivem em um mundo secreto – como uma lésbica cujos pais estão em um assentamento ortodoxo na Cisjordânia, e nem têm ideia de que ela tem uma namorada. Ou são israelenses muçulmanos que temem ser rotulados de *luti* (homossexual, em árabe) – o que pode levar à morte. Enquanto transformações sociais dramáticas estão ocorrendo em toda Israel, alguns costumes antigos persistem – incluindo múltiplas esposas. Mas, no deserto de Negev,

---

* Alimentos que obedecem à lei judaica. (N. T.)

uma ex-pastora beduína que aconselha mulheres forçadas à poligamia arriscou sua própria vida ao casar fora de sua tribo.

Por causa de diferenças religiosas, históricas e culturais significativas entre as várias comunidades de fala árabe de Israel, quatro capítulos deste livro focam israelenses muçulmanos, beduínos, drusos e cristãos, nos quais você vai encontrar a história de uma família muçulmana que mantém as chaves da Igreja do Santo Sepulcro, em Jerusalém, e saber por que uma assistente social, no porto antigo de Jaffa, chama a si mesma de uma minoria dentro de uma minoria. Perto da Basílica da Anunciação, em Nazaré, a turbulenta cidade natal de Jesus, adolescentes israelenses cristãos e muçulmanos chacoalham ao ritmo de *rap* em árabe, ignorando as tensões entre suas famílias. A meia hora de Umm al-Fahm, local de forte fundamentalismo islâmico, uma dona de casa raramente perde a hora das rezas diárias – ou um episódio de *Desperate Housewives*. Um cirurgião secular muçulmano teve um colapso emocional após um homem-bomba matar um de seus pacientes judeus.

Os cidadãos árabes muçulmanos de Israel chamam a si mesmos por vários nomes: israelenses, árabes israelenses, palestinos israelenses, cidadãos palestinos de Israel, ou palestinos que vivem em Israel, palestinos com passaportes israelenses e a "geração tranquila". Os nomes que eles escolhem refletem suas idades e/ou suas atitudes políticas. Este livro usa termos neutros e menos confusos: árabes israelenses ou muçulmanos israelenses. Um cineasta muçulmano descreve suas identidades conflitantes: "Nós somos israelenses, mas os judeus nos tratam com desconfiança. Somos árabes, mas os palestinos nos tratam com desconfiança". Desde a segunda Intifada, com pontos de checagem e barreiras de segurança ao longo da Cisjordânia, as relações entre israelenses judeus e muçulmanos se deterioraram. Um número crescente de muçulmanos diz que os símbolos do Estado judeu os alienam: a bandeira com a estrela de Davi, o hino nacional, que fala de um "retorno ao Sião", e o Dia da Independência, que os muçulmanos chamam de "a catástrofe".

Há aqueles que dizem que rejeitam os direitos de Israel de existir como um Estado judeu, e agitam bandeiras palestinas. Os 1,2 milhão de muçulmanos de Israel têm identidades conflituosas. Como uma minoria única, vivem no único Estado judeu do mundo em uma região com 22 Estados

Introdução xxix

árabes e 280 milhões de muçulmanos. Muitos têm parentes palestinos na Cisjordânia, em Gaza, na Jordânia, no Líbano ou na Síria.

Onde estão os palestinos neste livro? Onde estão as palavras de pais e filhos palestinos? Suas vidas, vozes e o sofrimento são igualmente importantes, mas não são explorados em profundidade aqui. Eles merecem seu próprio livro. Na maior parte de *Os israelenses*, apenas cidadãos israelenses contam suas histórias. No epílogo, porém, israelenses judeus e árabes e palestinos descrevem suas visões diferentes do amanhã. Estão como uma família dividida, forçada a viver separadamente, porém juntas na mesma casa, porque ninguém irá se mudar. Continuarão desconfiando uns dos outros e se matando, ou podem trabalhar juntos?

OS
ISRAELENSES

I Tornando-se israelense

1

Uma das vizinhanças mais voláteis do mundo

Pode ser mais difícil de lidar com o terrorismo do que com a guerra. A guerra é limitada por fronteiras geográficas e temporais. O terrorismo não conhece fronteiras. — Solly Dreman, psicólogo clínico da Universidade Ben-Gurion de Negev

Eu acho que foi na segunda semana da guerra; eu saí. Esperava ser atingida, talvez, então, me levassem para o hospital, e eu não teria mais de ficar no terrível abrigo contra bombas. — Natasha (ela não usou seu nome real para que seus pais não saibam como se sente), 14 anos, lembrando-se do verão de 2006, quando o Hezbollah atingiu com mais de mil foguetes sua cidade, Kyriat Shmona, perto do Líbano

Orit Berger não anda mais de ônibus – ela dirige seu Subaru para dar aula de música aos seus alunos. Ao passar por um ponto de ônibus perto de seu apartamento, em Jerusalém, insere um CD e toca uma das músicas favoritas de Raffi, cantada por Arik Einstein, com o refrão inspirador: "Eu e você

4   Os israelenses

vamos mudar o mundo". Enquanto Israel celebra seu sexagésimo aniversário, Orit, como a maioria dos israelenses, reflete sobre como seu mundo mudou dramaticamente. Seu pai chegou logo depois do nascimento de Israel, em 14 de maio de 1948. É um judeu curdo, que nasceu no Iraque, a Babilônia da *Bíblia*, a primeira terra de exílio dos judeus depois que o Templo de Salomão foi destruído. O nascimento do primeiro Estado judaico em 2 mil anos foi uma época de grande esperança – e de pranto. Cerca de 6 mil pessoas – um em cada cem israelenses – morreram durante a luta entre novembro de 1947 e janeiro de 1949. Esses primeiros israelenses carregavam cartões de racionamento e rifles. Hoje, os israelenses portam cartões de crédito e telefones celulares. Quando Orit e Raffi se casaram, a mãe dela ajudou o casal na mudança para seu apartamento de Jerusalém. Não fica longe do apartamento de outra família curda – os Zidkiyahu.

Rahamim Zidkiyahu, um fanático fã de futebol, tentou convencer seu chefe a deixá-lo dirigir um ônibus mais cedo, para chegar em casa a tempo de assistir ao jogo da Copa do Mundo entre Japão e Turquia. Mas o chefe negou o pedido. Quando o motorista do horário se atrasou, Rahamin sentiu que Deus lhe sorria. Ele rapidamente se ofereceu como voluntário para cobrir a falta. O ônibus de Jerusalém 32A estava lotado de crianças e gente a caminho do trabalho – um garoto com quipá e rabo de cavalo, carregando uma mochila maior que suas costas; uma criada de longa data do presidente de Israel; um engenheiro que deixara a Rússia após um homem bater em sua mulher por ela ousar usar um quipá em público; estudantes árabes israelenses a caminho da Escola de Educação David Yellin, onde o pai de Raffi ensina matemática a judeus, muçulmanos e cristãos. Rahamin era motorista da rota havia 27 anos e tratava seus passageiros como amigos. Muitos eram. Se não tinham dinheiro suficiente para a passagem, Rahamin, cujo nome em hebreu significa "compaixão", emprestava. Quando via pessoas correndo para pegar o ônibus, esperava.

Como Shiri Nagari perdeu o ônibus, sua mãe acelerou até o próximo ponto, para que não se atrasasse em seu emprego temporário no banco. A garota de 21 anos, com uma trança loira que chegava às suas pernas, estava economizando para pagar a Universidade Hebraica. Ela esperava estudar medicina, como sua irmã.

Uma das vizinhanças mais voláteis do mundo   5

Era o último dia da escola primária, e Galila Bugala, nascida cristã na Etiópia, mal podia esperar. Aos 11 anos, era tão popular que seus colegas de classe a escolheram para cuidar dos "festejos" do final da quinta série.

Quando Shani Avi-Zedek subiu no ônibus, sua mãe lembrou-lhe de passar o protetor solar. "O sol não vai me matar", respondeu a garota de 15 anos, ansiosa para chegar à festa na piscina da nona série. Ela tinha dias corridos pela frente, como tutora da criança de um veterano incapacitado, dançando em um recital e, depois, voando para Berlim como parte de um intercâmbio de jovens israelenses e alemães.

Raffi Berger deu um beijo em sua mulher e foi pegar o ônibus cheio rumo ao seu laboratório de química na Universidade Hebraica. Orit estava aliviada por Raffi ter voltado com segurança do serviço militar de emergência como reservista. Ele participara de uma ofensiva militar que foi à Cisjordânia interceptar potenciais homens-bomba e destruir laboratórios de explosivos. Antes que os recém-casados se mudassem para o apartamento, o irmão de Raffi, um estatístico, sugeriu que ele fizesse um financiamento para comprar um carro. "Você está brincando?", brincou Raffi. "É mais seguro ser um estudante em Jerusalém que um soldado em Jenin." Mesmo assim, Raffi era um passageiro cauteloso. Ele conhecia as estatísticas. Os assentos mais seguros são os mais próximos do motorista.

Às 7h50 da manhã, Ayman Gazi, estudante da escola onde o pai de Raffi ensina matemática, pegou o ônibus com alguns colegas árabes israelenses.[1] O último a subir foi um homem com óculos e camisa vermelha. Antes de pagar ao cobrador, ele deu dois passos adiante. Segundos depois, uma enorme bola de fogo explodiu, mandando para o ar mochilas e pernas. Houve um silêncio assustador. Depois gritos. O som de dezenas de ambulâncias não encobriu os gemidos.

Rahamim permaneceu em seu assento, com as mãos sem vida ainda sobre o volante. Sangue pingava dos degraus da porta da frente. A explosão destruiu metade do ônibus. A bomba palestina de 22 quilos matou Ayman, Raffi, Shiri, Galila e outros 14 passageiros. O ônibus era uma esqueleto de metal enegrecido, tão retorcido que os socorristas tiveram dificuldade para tirar os corpos dos escombros. Colocaram-nos em sacos pretos de plástico em uma fila na calçada. De dentro das sacolas, os celulares sem dono tocavam. E tocavam.

6   OS ISRAELENSES

A horrível chuva de explosivos da bomba a bordo do ônibus 32A espalhou pregos e parafusos, revestidos com um veneno mortal para ratos, que se alojaram em cérebros, pulmões e olhos. Quando colocavam os 74 feridos nas ambulâncias, os médicos ultraexperimentados, com revólveres na cintura, não conseguiam dizer quais eram judeus nem quais eram árabes. Eles não fazem distinção. Em maternidades e pronto-socorros, árabes e judeus deitam-se próximos uns aos outros. Nos necrotérios também.

Orit Berger tomou um ônibus mais tarde para a escola primária. E subitamente entrou em uma rota alternativa. A rua está bloqueada, disse o motorista do seu ônibus. Um ataque terrorista. Orit ligou para o celular de Raffi. Sem resposta. Ela ligou de novo. E de novo. Telefonou para o laboratório na Universidade Hebraica. Ele ainda não tinha chegado. Ligou para seus pais. Eles correram de hospital para hospital. Ao meio-dia, decidiram fazer a viagem que todos os israelenses temem – para o Instituto Médico Legal nacional de Tel Aviv. Os corpos estavam tão destroçados que era impossível identificá-los. Para os Berger, mostraram sapatos torrados e alianças de casamento. Uma enfermeira coletou amostras de sangue do pai e da mãe de Raffi. O DNA deles batia com um fiapo de tecido. Como quis o destino, Raffi esteve mais seguro como um soldado procurando terroristas em Jenin do que como um estudante sentado na frente de um ônibus em Jerusalém.

O homem de camisa vermelha que não pagou sua passagem naquela manhã trágica de 28 de junho de 2002 era Muhammad al-Ghoul, um estudante de direito islâmico na Universidade Al-Najah, em Nablus, onde estudantes de química haviam sido apanhados trabalhando em laboratórios de explosivos, ao lado de placas que diziam: "Israel tem bombas nucleares, nós temos homens-bomba". No *campus*, recrutadores do Hamas (um acrônimo para Movimento de Resistência Islâmica, que, em árabe, significa "zelo" ou "coragem") conseguiram alistar diversos estudantes dispostos a morrer lutando por um Estado islâmico que incluiria toda a Israel de hoje.[2] Muhammad deixou para sua família uma nota de despedida: "Que maravilhoso matar e ser morto... pelas vidas da próxima geração". Na casa de sua família, em um campo de refugiados perto de Nablus, visitantes levaram condolências e congratulações. "Meu irmão é um herói. Eu não estou triste", disse sua irmã. "Estou muito feliz por ele ser um mártir", acrescentou seu pai. "Nossos filhos

Uma das vizinhanças mais voláteis do mundo   7

querem morrer por nossa terra, para retomá-la." A família de um homem-
-bomba ganhava pelo menos 25 mil dólares do Iraque e, depois da queda de
Saddam Hussein, terroristas recebiam contribuições do Irã, da Al-Qaeda e
de cidadãos árabes sauditas. A família de um palestino morto pelas Forças
de Defesa Israelenses (IDF), quando tentava desfechar um ataque terrorista,
recebeu 10 mil dólares. Na época da morte de Muhammad, pesquisas mostraram que a maioria dos palestinos aprovava ataques suicidas com bombas
e apoiava a destruição de Israel.[3]

Muhammad encaixava-se no perfil de um mártir "típico": muçulmano
devoto, solteiro, vinte e poucos anos. Mas estão aparecendo novos tipos de
homens-bomba palestinos, que são casados, estudantes do colegial e turistas
britânicos muçulmanos. Terroristas podem se parecer com qualquer um e
estar em qualquer lugar. É difícil brecar um terrorista disposto a morrer.
Eles se disfarçam, vestindo uniformes roubados do exército israelense, como
rabinos ortodoxos barbados e até mesmo como um punk de 16 anos com
cabelos tingidos de loiro. A primeira mulher-bomba nem teve de se disfarçar.
Era bela, tinha 27 anos e parecia uma típica israelense. Não muito tempo
depois de seu primo ter se divorciado dela porque era infértil, a paramédica
palestina do Crescente Vermelho foi para o centro de Jerusalém e se detonou
em janeiro de 2002.[4] Desde então, dos 88 homens-bomba, oito tiveram
"sucesso". No dia 20 de maio de 2007, o Shin Bet (agência israelense de
segurança) parou duas mulheres – Ruda Habib, de 30 anos, mãe de quatro
filhos, que seguia em direção a um restaurante em Netanya, e sua tia Fatma
Zak, de 39 anos, com oito filhos e na nona gestação – cujo destino era um
salão de casamento lotado em Tel Aviv. Fatma, diretora do departamento
de trabalho da Jihad islâmica em Gaza, recrutava mulheres-bomba.

Uma semana depois de Muhammad al-Ghoul explodir o ônibus 32A,
a televisão palestina exibiu um vídeo "virgem". Nele, um belo palestino
via soldados israelenses. Depois, em um nevoeiro onírico, lindas garotas de
mantos brancos revoltos, sorrindo convidativamente, lhe acenavam. Na cena
seguinte, ele matava os soldados. Ao fugir, era morto a tiros. Corte rápido
para uma jovem, em um manto branco, recebendo-o no paraíso. Na última
cena do vídeo de recrutamento, dezenas de virgens acariciam o mártir sorridente.[5] (Muçulmanos que matam tantos judeus quanto possível recebem
o título de *shahid*, "mártir da Jihad islâmica".) Apesar de apelos no *Corão*
contra o suicídio, a execução da jihad, ou guerra santa, é considerada licença

8   Os israelenses

suficiente para tirar a vida de alguém. Desde a primeira gota de sangue que o mártir derrama no solo, ele vai para o paraíso onde, ensina o *Corão*, "72 virgens esperam cada mártir": "As mulheres têm olhos de corça. São como gemas preciosas. Elas são brancas, são claras e, quando bebem água, pode-se ver a água escorrendo por suas gargantas".[6] (Doutor Adel Sadeq, presidente da Sociedade de Psiquiatria Árabe, diz o seguinte sobre o homem-bomba: "Como psiquiatra profissional, acho que o ápice da bênção vem com o término da contagem final: dez, nove, oito, sete, seis, cinco, quatro, três, dois, um. Quando o mártir chega ao seu alvo e explode, ele tem uma sensação de estar voando, porque sabe com certeza que não está morto. É uma transição para outro mundo, mais belo. Ninguém no mundo ocidental se sacrifica por sua terra. Se sua terra estiver inundando, eles são os primeiros a fugir. Em nossa cultura é diferente.... esta é a única arma árabe que existe, e quem disser o contrário é um conspirador".[7]

Yael Shafir acordou eufórica. Do lado de fora da janela de seu quarto, a luz dourada e rósea dançava no deserto da Judeia. A distância, estavam a Universidade Hebraica e o hospital Hadassah, no Monte Scopus. Seu vestido de casamento de seda branco, de grife, permanecia pendurado na porta de seu *closet*. Ela sabia que se casaria com ele desde que se conheceram em uma discoteca em Jerusalém. Embora vivessem juntos há três anos, Yael escolheu passar sua última noite de solteira em seu antigo quarto na casa de seus pais, na confortável French Hill, vizinha de Jerusalém. Entrando na cozinha para fazer um Nescafé, ela saiu subitamente de sua sonolência. Seus pais e seu irmão mais novo, Yair, ouviam um alerta no rádio. Um homem-bomba. Ônibus 32A. "A primeira coisa que pensei foi: 'Quem eu conheço que toma este ônibus? Quem mora na área? Algumas das minhas crianças?'", relembra Yael, uma terapeuta lúdica e reflexologista que trabalha com crianças com limitações mentais graves. "Eu ouvi os detalhes e, depois, não consegui suportar mais. Não no dia do meu casamento. Tudo o que eu pensava era: 'Nós tivemos uns dias de calma. Por que não pode durar?'." Dorit, sua mãe, mudou de estação. Outras tocavam canções hebraicas. Depois de cada ataque terrorista, algumas melodias melancólicas.

Jerusalém estava em alerta vermelho. Pelo menos quatro homens-bomba estavam à solta. Quantos dos 300 convidados vão cancelar? Muitos, pensou

Yael, preocupada. Meses atrás, uma tia de Tel Aviv telefonara dizendo que estava com medo de viajar para Jerusalém. Um primo de Safed anunciou que estava nervoso, com temor de dirigir em qualquer local perto de um ônibus. As palavras "segurança extra" no convite de casamento de Yael não foram proféticas; elas são o padrão em Israel. As páginas amarelas estão cheias de anúncios de guardas equipados com Uzis e revólveres. "No auge da Intifada, todos tinham seguranças armados em todas as celebrações", diz Dorit solenemente. "Nós contratamos oito."

O centro de Jerusalém estava desolado. Ao levar sua filha ao cabeleireiro, Dorit, curadora do Museu de Israel, viu bandeiras a meio pau em luto pelas vítimas. Quando a estilista colocou jasmins brancos nos cabelos castanhos de Yael, que desciam até a cintura, Dorit se ofereceu para buscar um lanche para a filha. "Quando ela saiu, eu disse:'Mãe, tome cuidado, por favor. Olhe em volta. E não demore muito. Eu te amo'. É assim que funciona aqui. Antes de você sair para comprar um sanduíche, suas crianças fazem um discurso amoroso para o caso de você não voltar." Quando Dorit viu o adesivo de um carro dizendo "Viva o Momento", lembrou-se de que Yael e seu noivo estavam em um café da moda, chamado Moment Café, apenas uma noite antes de um homem-bomba ceifar por lá 16 vidas em plena juventude. No entanto, outro casal de noivos estivera nesse café naquela noite fatal. Noticiários na televisão mostraram a mãe da noiva no túmulo de sua filha. Em vez de uma coroa de flores, ela colocou um buquê matrimonial vermelho.

O casamento de Yael ocorreu em um lindo parque nacional, Ein Hemed, nos arredores de Jerusalém, que os cruzados batizaram de Aqua Bella, por suas fontes borbulhantes. Quando os convidados chegavam, os guardas checavam cada carro. Cada porta-malas. Cada bolsa. Inspecionavam cuidadosamente carteiras, delineadores, batons. Os israelenses seguem este ritual familiar antes de entrar em locais públicos. Eles não demonstram relutância e aceitam os guardas de segurança com profunda gratidão. Perto das ruínas das cruzadas, os convidados, após passar por uma fonte, se dirigiram para um anfiteatro ao ar livre. De suas cadeiras, viam abaixo um palco feito de pedras. No lugar da marcha nupcial, Yael entrou ao som da gravação de *You've Made Me So Very Happy*, do Blood, Sweat and Tears. Enquanto caminhava do seu passado para o futuro em direção a huppa, o dossel do casamento, ela olhou nervosamente em volta, preocupada com quantos convidados não haviam aparecido. Parentes e amigos tinham vindo da Galileia, das Colinas de Golan e de Negev. Havia mais de 350 convidados, um número maior que o esperado. Apesar do alerta vermelho, eles tinham se recusado a deixar os terroristas os amedrontarem. Esta teimosa persistência tem ajudado israelenses a viver em uma das vizinhanças mais voláteis do mundo.

A família gostou muito de colocar mesas de jantar extras para a multidão. O marido de Yael ensina bateria e toca baixo em uma banda; por isso, muitos dos convidados eram músicos. Como o casal queria uma festa para dançar, contrataram um DJ. A música era *rock* étnico israelense, *funk* e *punk* americano e britânico, além de música brasileira, com um toque de salsa. "Todos dançaram, até minha avó de 88 anos. Fizemos uma grande festa e bebemos até o amanhecer. Os israelenses sabem como celebrar, curtir a vida." Yael acrescenta, pensativa: "Todos sabemos o que está acontecendo, mas tem horas que damos duro para nos desconectarmos da realidade".

"É uma realização celebrar com o noivo e a noiva no dia mais feliz de suas vidas. Mas uma nuvem muito escura me cercava", confessa Eli Ben-Eliezar, um executivo da Agência Judaica, que assiste imigrantes novos e potenciais. Três horas antes do casamento, Eli estava chorando em um funeral. Seu primo dirigia o ônibus 32A. É tradição judaica enterrar os mortos tão logo quanto possível para permitir que suas almas subam ao céu, e a alma de Rahamim começara sua ascensão apenas nove horas depois de sua última viagem de ônibus. Uma tremenda multidão cercou sua viúva, em estado de choque, e seus quatro filhos. Esta é uma antiga família respeitada de Jerusalém: são judeus curdos originários do Iraque que têm uma barraca de azeitonas e picles no agitado mercado aberto de Mahane Yehuda, um alvo popular de terroristas. Entre os enlutados, estavam os passageiros de toda sua vida e colegas de camisa azul, que são treinados para identificar possíveis homens-bomba. "Por que Rahamim? O mais carinhoso dos pais!", diz Eli com tristeza. "Ele estava planejando o bar mitzvah de seu filho no *kotel* (o Muro Ocidental, o mais sagrado local do judaísmo). Como presente, ele tinha comprado passagens para a Eurodisney, em Paris." Houve diversos outros funerais naquela tarde no cemitério na colina; todos passageiros do ônibus 32A.

Esta não foi a primeira vez que Eli participou de um funeral e de um casamento no mesmo dia. "Para o casamento de Yael, eu pelo menos tive

Uma das vizinhanças mais voláteis do mundo 11

três horas. Da última vez, tive menos de uma. Beijei meu amigo e lhe desejei *mazel tov* (felicidade), mas pude ficar em seu casamento só 15 minutos. Tive de dirigir como um louco para ir a um enterro. O garoto tinha apenas 18 anos, poucos meses mais jovem que seu assassino." O nome deste também era Muhammad.

Antes que Muhammad Farhat partisse para sua missão sem volta para Alá, sua mãe o alimentou com kebab e sua salada de pepino predileta. Ele lhe disse que tinha sonhado com sua recompensa: as virgens que o aguardavam no paraíso. Mariam Farhat o incitou a ir. Logo depois, ela recebeu a notícia de que ele tinha matado cinco adolescentes e ferido mais 23 judeus. "Só vai bastar para mim quando todos os judeus na Palestina forem mortos", disse ela ao canal de televisão Al-Jazeera. "Nós adoramos o martírio tanto quanto os israelenses adoram a vida de fantasia que levam." O Hamas distribuiu o vídeo de despedida, que a mostrava beijando seu filho e desejando que tivesse "cem filhos como ele".[8] Dois de seus oito filhos obedeceram à mãe e morreram matando israelenses. Em 2006, Mariam Farhat foi eleita para o Conselho Legislativo Palestino.

Os israelenses vivem de um noticiário para outro. Neste pedaço de terra menor que Nova Jersey, os eventos – em sua maioria – são nacionais. Quando Eli pegou o jornal no dia seguinte ao casamento de Yael, a primeira página estava cheia de fotos dos mortos no ônibus: a nova mãe, a bailarina, o avô... Os mortos não são as únicas vítimas. Seus pais, filhos, viúvos, irmãos ficam mutilados para sempre. Menos de 24 horas depois de enterrar seu primo, Eli ouviu falar sobre um novo ataque de homem-bomba perto da casa da família de Yael, em French Hill. A poderosa explosão deu um grande susto no irmão de 12 anos de Yael. "Eu sabia que era uma explosão ruim pelo som", Yair relatou com frieza. Como muitas crianças israelenses, ele já é um especialista em balística. "Depois eu ouvi as sirenes. Se ouço mais de dez, sei que muitas pessoas foram feridas. Este é o ponto de ônibus em que mais explodem bombas no país. Alguns anos atrás, tinha uma placa para os mortos. Na hora, mamãe começou a telefonar para saber se todos estavam bem." Depois de cada ataque terrorista, os israelenses seguem o mesmo ritual solene e desesperado ao telefone. Se ninguém responde, assume-se o pior. "Yael finalmente ligou. Ela estava dando o restante de seu bolo de casamento às crianças de sua escola, antes de partir para a lua de mel em Paris." Com seus óculos de lentes grossas, Yair tem uma fantástica semelhança com o garoto mago de Hogwarts. Na verdade, ganhou o apelido de "Harry Potter de Israel" quando participou de um programa de televisão sobre literatura infantil. No ar, ele respondeu a perguntas que pré-adolescentes tinham enviado por *e-mail* sobre *O Ursinho Pooh*, *O Mágico de Oz* e outros clássicos traduzidos para o hebreu. Mas, agora, com suas novas lentes de contato e cabelos marrons espetados com pontas avermelhadas, seus fãs mal o reconhecem.

Quando seu filho fica distante, Dorit confidencia: "Yair parece estoico, mas ele está muito preocupado e teme que alguma coisa aconteça conosco. Ele sempre pergunta: 'Onde você vai?'. E o tempo todo quer saber onde estão todos da família. Até recentemente, ele às vezes vinha dormir conosco." Aos 6 anos, muitas crianças têm celulares. Os professores recebem orientação especial para saber lidar com crianças traumatizadas, como explicar o assento vazio na sala de aula. Pela lei, escolas têm guardas armados em suas entradas. Para aumentar a segurança, pais também fazem turnos de vigilância. "Mesmo ir para os bar mitzvah e bat mitzvah dos amigos não é simples. Os guardas inspecionam cada convite das crianças. Quem esquecer de levar não entra. Logo abaixo da colina, em um bar mitzvah, um terrorista atirou em 11 convidados."

Estamos nas férias de verão. A quadra de basquete em French Hill está vazia, assim como a de futebol. O *playground* da vizinhança está fechado. Costumava ser um lugar cheio de vida. Quando crianças árabes do vilarejo próximo de Isawiya chegaram aqui, os pais judeus ficaram satisfeitos. Eles esperavam que seus filhos pudessem brincar com os muçulmanos. Mas aconteceram muitas brigas, e o lugar tornou-se ponto de tráfico de drogas. Preocupados, pais judeus coletaram dinheiro e construíram um *playground* ainda melhor, para que as crianças árabes tivessem o seu. Ainda assim, elas continuaram usando o parque "judeu". Depois de algumas crianças judias terem sido esfaqueadas, a polícia fechou o local – para todos. Poucos israelenses dessa vizinhança, um dia de esquerda e liberal, falam de paz ou pluralismo com otimismo.

"Eu costumava ficar aqui com meus amigos, mas agora passo muito tempo em casa, principalmente com meu computador", diz Yair. Os ciberamigos de Yiar, espalhados por todo o país, enviam boletins noticiosos.

Uma das vizinhanças mais voláteis do mundo 13

Ele frequentemente sabe das coisas antes de seus pais. Fica no teclado pelo menos três horas por dia, partilhando vídeos no YouTube, discutindo música, *Os Simpsons* e as últimas ameaças do Irã. A vida no limite criou uma geração digital viciada no grande drama. Alguns tomam parte na guerra de *hackers* entre israelenses e palestinos. Nesta "intifada" entre israelenses, as armas são vírus e palavras. Uma bandeira de Israel apareceu no *site* do Hezbollah. Pornografia substituiu a *homepage* de um jornal palestino. Os *hackers* israelenses invadiram *sites* do Hamas e da Jihad islâmica. *Hackers* palestinos atingiram *sites* comerciais e do governo de Israel. Amizades *on--line* nascem em salas de bate-papo de Yair. Ele teve algumas conversas amigáveis com um garoto palestino. "Na maioria das vezes, no entanto, converso com israelenses. Dois anos atrás, conheci uma garota de Rishon Le Zion *on-line*. Eu queria visitá-la, mas meus pais não deixaram, enquanto não conhecessem os pais dela. Isso acontece sempre que tento encontrar algum amigo da internet."

———————————

Quando conheceu Sally, Ofir vangloriou-se com seus amigos de escola sobre sua relação bacana na internet. O casal apaixonado trocou as salas de bate-papo pelos *e-mails* e, depois, falaram no telefone. Sally lhe disse que tinha 25 anos, e Ofir gostou do fato de ela "ser sincera". O garoto de 16 anos ficou excitado com a possibilidade de um possível caso com uma mulher mais velha. E era uma americana. Uma nova imigrante morando em Jerusalém. O que ela não lhe disse é que frequentava *lan houses* e flertava *on-line* com outros homens israelenses. Sally sugeriu que Ofir pegasse o ônibus de sua casa a Ashkelon, um porto no Mediterrâneo, e a encontrasse na Estação Central de Jerusalém.

Sally era charmosa e sedutora. Eles pegaram um táxi até o carro dela, estacionado em French Hill. De lá, foram em direção ao norte. Em minutos, estavam na Cisjordânia. Ela parou o carro.

Subitamente, dois homens armados com rifles Kalashnikov apareceram e exigiram que Ofir saísse do carro. O garoto se recusou. Eles colocaram seu corpo crivado de balas no porta-malas.

Preocupados porque o filho não voltou para casa, seus pais informaram a polícia que ele tinha desaparecido. Policiais israelenses rastrearam sinais de seu celular. Acharam Ofir Rachum perto da cidade palestina de

Ramallah. Ele fora baleado por membros da Tanzim, uma milícia comandada por Marwan Barghouti, líder da Brigada dos Mártires al-Aqsa da Fatah na Cisjordânia, até ser preso pela polícia israelense. Um mês mais tarde, soldados disfarçados de árabes encontraram e prenderam uma palestina chamada Amna Jawad Mouna, que tinha escolhido Ofir como uma vítima de sequestro "adequada". Ela também era conhecida como Sally.

"É triste, mas estou ganhando um bom dinheiro", diz o cinegrafista *freelance* Kobi Yonatan. Seu telefone toca depois de cada ataque terrorista, com pedidos da ABC News, AP Television e de canais alemães, franceses ou japoneses para gravar mais cenas de carnificina. "Eu parei de contar quantas. Cada uma tem seu horror especial. Não consigo apagar da minha mente aquelas cenas, especialmente as crianças. Para me proteger, tenho uma tática psicológica. Finjo que aquilo que estou vendo pelo meu visor não é real. Que estou fazendo um filme. Tento criar uma distância profissional, como um médico. É um instinto de sobrevivência." Kobi não dirige muito longe para trabalhar porque mora em Jerusalém. Nenhuma outra cidade israelense sofre mais ataques. A viagem do ônibus 32A começou em Gilo,[9] vizinhança no sul de Jerusalém: 17 dos passageiros mortos moravam perto de seu apartamento. Por quase 12 anos, sua esposa tinha pegado o ônibus 32A para ir à sua agência de viagens, no centro da cidade. Na manhã do dia 18 de junho, seu irmão a levou de carro ao trabalho.

Kobi guarda o colete à prova de balas em seu carro, para que seus três filhos não o vejam. Eles não entendem o que o pai realmente filma com suas duas câmeras Sony. Talvez, pensem em *Ratatouille*, ou algum desenho dos Power Rangers em vídeo. Kobi também não deixa que eles assistam a noticiários ou documentários. Gal, de 4 anos, brinca com seus cartões de Pokémon. Inbal, de 7, adora Barbies. Shani, de 10 anos, um aspirante a doutor Doolittle, coleciona monstros. Existe um aquário na sala de estar. Um bebê jacaré vive temporariamente na banheira. No terraço, há dois papagaios em uma gaiola. Os vidros no seu quarto contêm lagartos e besouros. "Eu realmente gosto de ir para o *wadi* (o leito seco do rio) com Shani", diz Kobi, de fala mansa. "Ontem, apanhamos uma cobra e aranhas. Eu gostaria de passar meus dias filmando tartarugas e grilos, e não gravando filmes de horror."

Uma das vizinhanças mais voláteis do mundo 15

Durante a segunda Intifada, sons de metralhadoras pesadas o convocaram para o trabalho. Pegando seu colete e a câmera, Kobi correu para a rua Haanafa, a apenas três quadras de seu apartamento. Seu documentário, *Ruas sob fogo*, mostra a vida de judeus religiosos e seculares mizrahim e ashkenazim, imigrantes da ex-União Soviética e da Etiópia, além de uns poucos muçulmanos e israelenses árabes cristãos. Ataques de franco-atiradores do vilarejo palestino de Beit Jala, a menos de um quilômetro de distância, marcaram paredes de salas e quartos de dormir. Há sacos de areia em varandas, placas de metal em janelas. Kobi filmou balas de artilharia pesada passando perto de crianças e pais horrorizados. Quando espiar pela janela era fatal, famílias se agachavam no escuro assistindo ao tiroteio – ao vivo, no noticiário.

Beit Jala era, em sua maior parte, um vilarejo cristão árabe perto de Belém. Um lugar calmo e próspero, sem fronteiras. Israelenses e seus residentes eram amigos, com boa convivência. A Intifada mudou tudo. Militantes islâmicos da Tanzim entraram, sem ser convidados. Montaram suas metralhadoras em igrejas e lares cristãos. Desses locais privilegiados, era fácil atirar em cidadãos israelenses da rua Haanafa, provocando soldados israelenses a revidarem com artilharia pesada. "Esta era a intenção da Tanzim, levar câmeras para Beit Jala para tirar fotos de soldados israelenses atirando em propriedade cristã", comenta Kobi. A tática funcionou.[10] Quando os soldados israelenses atacaram Beit Jala, o mundo viu cenas de famílias chorando e casas danificadas por balas israelenses, muitas vezes com crucifixos em *close*. Depois de sete meses, em abril de 2001, líderes cristãos de Beit Jala enviaram uma carta ao Papa João Paulo II, a líderes da Igreja e ao então secretário-geral da ONU, Kofi Annan, pedindo ajuda e acusando a Autoridade Palestina de dar aprovação tácita à "deportação étnica" de cristãos. Kobi acrescenta que, após o início da Intifada, funcionários da Autoridade Palestina ameaçaram matar fotógrafos e cinegrafistas israelenses que trabalhassem na Cisjordânia e em Gaza. Desde então, a maior parte das imagens da TV internacional é fornecida pela Associated Press Television ou Reuters, que empregam em sua maior parte profissionais palestinos e árabes. Kobi acrescenta que palestinos não profissionais, usando suas câmeras, também fornecem imagens, por vezes para forçar suas agendas políticas.[11] "Rifles e tanques são armas. Câmeras também. De muitas formas, esta é uma guerra na mídia. Trata-se de criar imagens e influenciar a opinião pública."

16   OS ISRAELENSES

A jovem artista junta seus pincéis e tintas. A cidade de Jerusalém a selecionou para pintar um afresco em um muro de dois metros de altura. Ela está dando os retoques finais. É uma cena pastoral em tons suaves: casas alinhadas de pedra em creme, oliveiras e carneiros vagando pelas colinas em marrom claro. Uma Beit Jala dos sonhos – sem franco-atiradores. O mural cobre a barreira de concreto erigida para proteger as pessoas da rua Haanafa das balas de Beit Jala.

"Nós estávamos direto na linha de fogo. O tiroteio frequentemente durava horas durante a noite. Para ficar mais segura, minha mãe teve de sair de seu quarto", diz o estudante Oren Dagan, cujo apartamento dá de frente para Beit Jala. "Em nosso estacionamento, uma bala atingiu um soldado israelense no coração. Eu vi um fotógrafo tentando salvá-lo. Antes de eu me dar conta, havia dois tanques do exército sob a janela do meu quarto. A cada disparo de seus canhões, nossas cadeiras caíam. De dia, era geralmente seguro. Um dia, depois da escola, estava colocando um lanche no forno, quando um morteiro atingiu a janela da cozinha, perto de mim. Se o governo não tivesse colocado vidro à prova de bala, estaria morto. Eu fiquei com medo de ir à cozinha, mas apenas por uns dias. Depois de quase dois anos de tiroteio, eu me acostumei a viver em uma zona de guerra."[12]

Muitos vizinhos não se acostumaram. É por isso que a mãe de Oren, uma assistente social que tem um colega cristão israelense morando em Beit Jala, se ofereceu para ajudar. "Minha mãe sabe como lidar com pessoas em pânico. Teve o caso de um cara em uma cadeira de rodas que cruzava a rua quando um tiroteio começou. Ele ficou sem ação. Então, alguns soldados o levaram para casa em um veículo blindado. Mamãe tentou acalmá-lo. E uma vizinha também ajudou, mas, quando balas atingiram sua geladeira, ela desmaiou. Estava grávida e perdeu o bebê. Acho que eu sei por que minha mãe parou de atuar como voluntária. Foi um dia em que eu estava em casa estudando e ela, no trabalho, ouviu no rádio que a Tanzim estava atirando na rua, de novo. Ela não conseguiu chegar até mim – havia uma barreira policial em nossa rua. Liguei no celular dela e disse que tinha sentido cheiro de fumaça. Os morteiros incendiaram os arbustos do lado de fora. Mas eu não podia fugir. Era muito perigoso. A Tanzim atirou em quatro de nossos vizinhos. Depois de três horas, parou. Quando mamãe chegou em casa, quis

Uma das vizinhanças mais voláteis do mundo 17

que nós saíssemos, ficássemos com amigos, mas eu recusei. Não vou deixar que terroristas nos forcem a mudar daqui", diz ele, em tom desafiador.

"Não há um dia normal em lugar algum", continua Oren. "Você coloca alguma coisa no forno e pode ser baleado. Você vai para a escola e pode não chegar. Um amigo do meu tio estava montando guarda na entrada do supermercado Supersol e foi morto ao parar uma 'consumidora', que detonou explosivos, matando também uma garota da minha idade. Tem outro amigo que é garçom em um café. Por aqui, ele é considerado um grande herói – por ter ficado alerta. Ele lutou com um homem-bomba, jogou-o no chão e salvou todo mundo. E sabe o que mais? O Café Cafit é mais popular que nunca. As pessoas pensam: eu estou no lugar errado na hora errada? Por vezes, você está no lugar errado na hora certa. Como o pai de meu colega de classe. Ele chegou atrasado ao trabalho. Se tivesse ido na hora, estaria dirigindo o ônibus 32A na manhã em que explodiu. Eu ainda o pego? Claro. É o único ônibus que nós temos."

Praga. Istambul. Bancoc. Os pôsteres da agência de viagens de Dalia Yonatan são convidativos. O que é desnecessário, porque, para os israelenses, viajar deixou de ser um capricho, é uma necessidade psicológica. Não há eleições no verão porque é quando a maioria dos israelenses parte. Embora grande número de israelenses tenha comprado bilhetes de viagem durante a segunda Intifada, muitos dos consumidores, com medo de ir ao centro da cidade, pediram os seus por telefone, lembra Dalia. Houve mais de uma dúzia de ataques perto do seu escritório, no "triângulo" formado pelas ruas Jaffa, Ben-Yehuda e King George. Assim que ouviu uma explosão, ela ligou para Kobi, certificou-se de que ele estava bem e lhe disse para onde levar sua câmera.

Toda manhã, Dalia coloca os filhos em um ônibus especial para um curto trajeto ao acampamento de verão no Kibutz Ramat Rachel, que recebeu seu nome em homenagem a Raquel, a matriarca bíblica cuja tumba branca não fica longe dali. As oliveiras nas proximidades são da família sefardita da mãe de Kobi há nove gerações. As crianças fazem cerâmica e tomam conta de vacas, galinhas e bodes. Elas parecem indiferentes aos onipresentes guardas com suas Uzis. Os seguranças armados não são uma novidade. Durante sua história de 80 anos, o kibutz foi destruído e reconstruído quatro vezes.[13]

18   Os israelenses

No Acampamento do Paraíso, em Gaza, dirigido pela Jihad islâmica, os meninos de 12 anos aprendem a ser homens-bomba. Eles têm metralhadoras de brinquedo e entoam canções sobre a morte de judeus por armas reais. Jovens se vestem como homens-bomba e cobrem suas mãos com o "sangue" dos soldados das IDF.[14] Em agosto de 2002, dezenas de milhares de crianças e pais em Gaza festejaram, cantaram e distribuíram doces para celebrar o bombardeio, pelo Hamas, da cafeteria da Universidade Hebraica, no Monte Scopus, que matou oito e feriu outros 80.

Em 2007, o Hamas dirigia mais de uma centena de acampamentos de verão paramilitares onde milhares de crianças pobres de Gaza podiam jogar futebol, nadar e estudar o *Corão*. Em um acampamento, os grupos têm o nome de Haifa, Acre e Jaffa – cidades israelenses que o Hamas considera palestinas. Ali instrutores treinam garotos para rastejar sob arame farpado e o combate corpo a corpo. Uma canção favorita do acampamento: "Um homem do Hamas não sente medo, um homem do Hamas age pelo bem do Islã". Para os jovens telespectadores de Gaza e Cisjordânia, há o programa popular *Os Pioneiros do Amanhã*, do canal do Hamas Al-Aqsa. A estrela, Nahool, a Abelha, incita as crianças a se tornarem guerreiras sagradas. Em um programa anterior, Farfur, um personagem semelhante a Mickey Mouse, também encoraja as crianças a odiarem israelenses.

"Minha mochila estava cheia de cartões de Pokémon, mas eu joguei todos fora porque não são importantes agora. Os retratos dos mártires são importantes. Eles são nossos ídolos", diz Saleh Attiti, de 14 anos, que vive na cidade de Nablus, na Cisjordânia. Ele foi envolvido pela última moda: os "colares de mártires". As crianças trocam esses colares por retratos de mártires, assim como medalhões, placas e chaveiros[15] com imagens deles. Outro sucesso: um jogo de computador em 3D do Hezbollah. As crianças ganham pontos matando israelenses. Disponível em árabe, persa, inglês e francês. Por apenas 10 dólares.

O *shopping center* Malha, em Jerusalém, abriu com grande fanfarra em 1993. Era um dos maiores do Oriente Médio, com duas centenas de lojas, um supermercado, duas lojas de departamento e estacionamento para 3 mil carros (Israel tem hoje mais de 30 grandes *shoppings*). As esperanças eram altas. No ano seguinte, Israel assinou um tratado de paz com a Jordânia, e o

Uma das vizinhanças mais voláteis do mundo 19

rei Hussein pilotou seu próprio helicóptero de Amã a Tel Aviv. Logo, dezenas de Estados árabes começaram negociações comerciais e diplomáticas com Jerusalém. O *shopping* na capital de Israel, perto de um parque temático *high-tech*, do estádio de futebol Teddy e do Zoológico Bíblico, tornou-se um símbolo de paz e fartura. Palestinos, jordanianos, egípcios e turistas ricos dos Estados do Golfo Pérsico visitavam a maravilha das compras. Consumidores de fala árabe eram bem-vindos sinais de normalidade. O único país de fala hebraica do mundo não era mais o estado pária do Oriente médio.

Hoje, Malha se parece com qualquer *shoppping*: crianças correm pelas escadas rolantes, ouvem histórias, olham bichos de estimação e arrastam seus pais para a Toys 'R' Us. Como na maioria dos *shoppings*, pais com carrinhos de bebês e aposentados solitários vão lá para escapar do calor, usufruir do ar-condicionado e ver gente. Fãs de esportes assistem a jogos na televisão. Malha, porém, não é mais um *shopping* qualquer. Aqui a tela de TV se divide: de um lado, futebol; do outro, pedaços de corpos e médicos. A televisão israelense deixa que os espectadores escolham sua realidade ao vivo. E, às vezes, cenas de foguetes palestinos enviados de Gaza para a conturbada cidade israelense de Sderot. Isso se chama "efeito rotineiro do terror". Toda vez que os israelenses se aninham na segurança de seus lares ou de abrigos antibombas, há uma alta nas vendas de máquinas de capucino, de sorvete e de fazer pão. E também uma corrida para livros sobre dietas, histórias de detetives e de espiritualidade. Comédias e filmes românticos são populares no Cineplex. Os israelenses estavam tomando um monte de antidepressivos durante o auge desta guerra de nervos, afirma um farmacêutico. Ele brinca sombriamente, dizendo que não é preciso prescrição para chocolate ou "disque um salmo".

No primeiro andar do *shopping*, onde lojas vendem óculos de grife e Reeboks, há um sinal onde se lê: "Centro de distribuição de máscaras de gás". Jovens soldados do sexo masculino e feminino ajudam consumidores ansiosos que chegam para "refrescar" suas máscaras de gás fora de moda. Os israelenses estão discutindo o crescente arsenal sírio de mísseis iranianos com ogivas biológicas e químicas, capazes de atingir Tel Aviv e causar milhares de mortes. E ainda há o decreto do presidente iraniano, Mahmoud Ahmadinejad: "Israel deve ser varrido do mapa".

Eles também pegam cápsulas de iodo, um antídoto contra partículas radioativas, que os médicos recomendam que sejam tomadas dez dias após

20 OS ISRAELENSES

a exposição. Numa parede, um pôster do exército diz: "Máscaras de gás são parte da vida". Israelenses tensos perguntam sobre o grau de proteção das peças contra ataques atômicos, biológicos e químicos. Máscaras de gás para crianças, de 1 a 3 anos, estão na prateleira ao lado dos modelos infantis para quem tem de 4 a 8 anos de idade. Uma soldada demonstra calmamente como colocá-las nas crianças, como trocar os filtros, como dar injeções de atropina, um antídoto contra gases neurotóxicos. Dalia traz suas crianças para obter novas máscaras conforme crescem. "Elas não funcionam a menos que se encaixem no rosto", ela diz com experiência. "Cada vez que tenho um filho, um soldado me dá um presente quando volto para casa: uma máscara de gás para bebês". Os hospitais dão a cada recém-nascido israelense, judeu e árabe, uma máscara tamanho bebê. Há um *boom* no nascimento de bebês, como logo depois das guerras de 1948, 1967 e 1973. Não muito depois de o Hezbollah ter atingido com 3.970 foguetes Katyusha o norte de Israel, o número de gravidezes aumentou em 35%. Esses pequenos israelenses são chamados de "os bebês de Katyusha".

Para aqueles que precisam de ajuda de uma instância superior, há uma pequena sinagoga no mezanino. "Meu pai ficaria horrorizado de ver seus netos usarem máscaras de gás", acrescenta Kobi. "Torna o impensável pensável de novo." Seu pai, um húngaro que perdeu toda a família em Auschwitz, morreu antes que 39 morteiros Scud iraquianos chovessem sobre Israel. Israelenses apavorados correram para quartos especialmente selados em suas casas e colocaram suas máscaras, rezando para que ficassem protegidos do gás neurotóxico feito com substâncias químicas alemãs. O terror especial das máscaras de gás faz vítimas mesmo quando é apenas uma ameaça.

No hospital Hadassah, no Monte Scopus, onde nasceram os três filhos de Kobi, a enfermaria de reabilitação está cheia de vítimas do terror. Um estudante de 21 anos ocupa um dos quartos. Os médicos não podem remover o prego impregnado com veneno de seu cérebro, temendo que isso cause mais danos. Em outro, uma sobrevivente do Holocausto, de 72 anos, severamente deprimida, paralisada da cintura para baixo, é uma das que tiveram "a sorte" de escapar do massacre de Pessach. Ela estava no Park Hotel em Netanya quando um homem, usando peruca de mulher, passou pela segurança e matou 29 hóspedes em um seder* e feriu outras 240 pessoas. O militante do Hamas tentou, mas não conseguiu, liberar o letal gás cianeto, a mesma substância química, a notória Zyklon B, que os nazistas usaram nas câmaras de gás.[16]

"Ninguém sabe de onde virá o próximo ataque. Líbano. Síria. Irã. Talvez da Al-Qaeda", diz Kobi, ao citar que o nome Israel significa "aquele que luta com Deus". "Nossa luta é tão antiga quanto a história judaica. Não vai acabar nunca?" Os israelenses são o único povo que sempre viveu com medo de ataques não convencionais, com sirenes de alerta e abrigos contra bombas. E que tem vivido em estado de guerra ou semiguerra com pelo menos metade de seus vizinhos. Israel está no centro nervoso de uma região que alguns chamam de "o novo Oriente Médio dos mísseis".

Em resposta a ataques por mísseis do Hezbollah, nos quais oito soldados israelenses foram mortos e dois sequestrados em 12 de julho de 2006, Israel decidiu ir para a guerra. Quando o Hezbollah disparou foguetes durante 34 dias, 1,5 milhão de israelenses judeus, muçulmanos, drusos e cristãos no norte correram para abrigos contra bombas. Sons de foguetes, sirenes, artilharia pesada, fogo dos tanques criaram tanto barulho que poucos podiam dormir. Programas infantis, normalmente restritos ao período da manhã e tarde, foram transmitidos durante toda a noite para manter as crianças distraídas. Havia 1,5 milhão de israelenses no alcance dos foguetes do Hezbollah, que mataram 156 israelenses e feriram centenas de outros. De acordo com a Coalizão de Trauma Israelense, 94% de judeus israelenses e 81% de judeus árabes no norte de Israel experimentaram pessoalmente diversos ataques dos Katyushas.

Kiryat Shmona, na alta Galileia, perto da fronteira com o Líbano, foi bombardeada por mais de mil Katyushas. Houve dezenas de pessoas feridas, e muitos dos 24 mil habitantes fugiram buscando segurança. Muitos dos pobres, doentes ou incapacitados ficaram porque não tinham para onde ir. Hassan Nasrallah, chefe do Hezbollah, advertiu: "Se os judeus se juntarem em Israel, nos pouparão o trabalho de ir atrás deles no mundo todo". Shlomi Boskila e Maya Lugasi ignoraram esse alerta e não cancelaram seu casamento no dia 20 de julho de 2006 – só mudaram a cerimônia para um abrigo subterrâneo contra bombas. "Isso mostra ao Hezbollah e a Nasrallah

---

* Jantar cerimonial em que se recorda o Êxodo e a libertação de israel. (N. T.)

22   OS ISRAELENSES

que nem mesmo mísseis podem destruir nossa felicidade", disse o noivo, de 29 anos. Foguetes Katyusha atingiram a maternidade no terceiro andar no hospital Zeev, nas proximidades. Algumas da mulheres judias e muçulmanas, que fugiram para um porão sem janelas, deram à luz bebês prematuros. No norte de Israel, muitos edifícios danificados foram depois consertados, e muitas das milhares de árvores queimadas foram replantadas, mas cicatrizes emocionais são mais difíceis de curar.

"Este país é um laboratório gigante para lidar com todo tipo de pressão e ansiedade. Pegue aleatoriamente qualquer israelense, de qualquer idade, e você vai ter um grande objeto de pesquisa", observa o psicólogo educacional Moshe Zeidner, da Universidade de Haifa, especialista em estresse. "As pessoas se sentem como quem ganhou na loteria se seu ônibus não explodir."

Notas

1. Os 1,2 milhão de cidadãos árabes de Israel chamam-se por vários nomes, que frequentemente refletem suas atitudes políticas – são árabes israelenses, israelenses palestinos, cidadãos palestinos de Israel, palestinos que vivem em Israel, a "geração de cabeça erguida". Para evitar confusão, este livro usa um termo neutro: árabes israelenses. Já que há diferenças significativas – religiosas, históricas e culturais – entre as várias comunidades israelenses de fala árabe, neste livro eles são frequentemente chamados de muçulmanos, beduínos, cristãos ou drusos. Os muçulmanos israelenses são uma minoria única. Eles vivem em um Estado judaico em uma região que tem 22 Estados árabes e 280 milhões de cidadãos muçulmanos. Demógrafos preveem que, até 2020, a população desses Estados deverá ser de 410 milhões a 459 milhões.

2. O Hamas foi formado em 1987 logo depois da eclosão da primeira Intifada. Líder espiritual do Hamas, o sheik Yassim chamou as autoridades da OLP de "porcos e bebedores de vinho". O crescimento explosivo do Hamas durante a segunda Intifada se deve em grande parte ao renascimento religioso do islamismo tradicional entre palestinos e à raiva com a corrupção disseminada entre funcionários da Autoridade Palestina. Em abril de 2002, o major-general da inteligência militar, Aharon Ze'evi, disse a uma comissão do Knesset que a fortuna de Arafat era estimada em 1,3 bilhão de dólares. Em 7 de junho de 2002, o jornal *Al-Watan*, do Kuwait, publicou fotocópias de documentos do Cairo indicando que Arafat havia depositado 5,1 milhões de dólares em uma conta privada mantida no Egito. O dinheiro, doado pelos Estados árabes no

Uma das vizinhanças mais voláteis do mundo 23

Golfo Pérsico para assistência aos palestinos, foi desviado para cobrir os gastos da mulher e da filha de Arafat, que dividiam seu tempo entre Paris e cidades da Suíça. (Tradução em árabe da Middle East Media and Research Institute). Relatórios da corrupção e dos gastos extravagantes de Arafat não são novidade. Em 1990, a CIA estimou que a OLP tinha entre 8 bilhões e 14 bilhões de dólares em ativos à sua disposição. Ver editorial do *Jerusalem Post*, "Who Wants to Be a Billionaire?", de 14 de agosto de 2002.

3. De acordo com uma pesquisa com palestinos na Cisjordânia e em Gaza, publicada em 12 de junho de 2002, 68,1% se disseram a favor de ataques suicidas, 51,1% acreditavam que o objetivo da Intifada é "liberar toda a Palestina histórica" – todas as terras entre o Mediterrâneo e o rio Jordão –, em vez de acabar com a ocupação israelense da Cisjordânia e Faixa de Gaza. A pesquisa foi feita pelo Centro de Comunicação e Mídia de Jerusalém, um grupo de inteligência palestino, liderado por Hassan al-Khatib, membro do gabinete de Arafat. Citado por Amira Hass, em "Most Palestinians Want to Liberate All of Historic Palestine", *Ha'aretz*, de 13 de junho de 2002. De acordo com uma pesquisa de 14 de abril de 2003, conduzida pela Universidade Hebraica e pelo Centro Palestino de Pesquisa Política em Ramallah, 71% dos palestinos eram a favor de um cessar-fogo com Israel, mas 52% se disseram a favor da continuação dos ataques se isso não acontecesse. Citado pela Associated Press, em "Poll: 70% of Palestinians and 67% of Israelis Believe Peace Talks Will Resume Soon", *Jerusalem Post*, de 5 de abril de 2003.

4. Os socorristas da ambulância do Magen David Adom, que conheciam Waha Idris e treinaram socorristas do Crescente Vermelho Palestino (PRC), acreditam que ela provavelmente contrabandeou a bomba de 12 quilos até a rua Jaffa em uma ambulância do PRC. A Brigada de Mártires al-Aqsa assumiu a responsabilidade pelo atentado no qual Idris matou uma mulher de 81 anos e feriu 175 outros israelenses. Em seu funeral no campo de refugiados al-Amari, perto de Ramallah, em 31 de janeiro de 2002, milhares de palestinos marcharam atrás de um caixão vazio coberto com a bandeira palestina gritando "Wafa é uma heroína", enquanto homens mascarados atiravam para o ar. Ver Mohammed Assadi, "Palestinians Hail Woman Bomber as Heroine", Reuters, em 1º de fevereiro de 2002.

5. Michael Widlanski, "Virgin Video on Arafat's TV Promises Sexy After-life for 'Martyrs", *Media Line*, 27 de junho de 2002.

6. Em uma entrevista ao *Ha'aretz*, em 26 de outubro de 2001, o sheik Raid Salah, do Movimento Islâmico do Norte em Israel, provavelmente o mais importante líder religioso dos cidadãos muçulmanos israelenses, foi perguntado: "Setenta virgens esperam um *shahid* (mártir) no paraíso?". Salah respondeu: "Nesta questão, nós temos prova. Está escrito no *Corão* e nas Sunna (as tradições sobre a vida de Maomé). Esta questão é clara. O *shahid* recebe de Alá seis coisas

24 Os israelenses

especiais, incluindo 70 virgens, nenhum tormento no túmulo, a escolha de 70 membros de sua família e pessoas próximas para entrar no paraíso com ele". Para saber mais, ver Yotam Feldner, "72 Black Eyed Virgins: Muslims Debate the Rewards of Martyrs and Islamic Teachings on Violence and Martyrdom", relatório do Middle East Media Research Institute (Memri), <www.memri.org>. Cópias disponíveis em <memri@memri.org>.

7. O dr. Sadeq trabalha no Departamento de Psiquiatria da Universidade Ein Shams no Cairo; citado em Middle East Media Research Institute, Memri Special Dispatch nº 373, <http://memri.org>.

8. Farhat matou sete estudantes da yeshiva paramilitar em Atzmona, uma colônia israelense em Gaza, no dia 3 de março de 2002. Sua mãe deu a entrevista ao diário saudita *Al-Sharq Al-Awsat*, traduzida pelo Middle East Media Research Institute. Ver também Daniel Williams, *Washington Post*, 25 de junho de 2002, e "Suicide Bomber's Mother: 'Our Children Are in Heaven, Their Children Are in Hell'", Associated Press, 16 de junho de 2002. Mariam Farhat, que adotou o nome Umm Nidal, "mãe da luta", apareceu na Al-Jazeera em 29 de junho de 2002, em um painel com Haled Mash'al, líder do braço político do Hamas, comissário da OLP em Jerusalém, presidente do al-Quds e um importante palestino moderado, e com a professora Sari Nusseibeh. Nusseibeh lhe disse: "Quando ouço as palavras Umm Nidal, lembro do nobre verso (do *Corão*) que diz que o 'Paraíso fica sob os pés das mães'. Todo o respeito é devido às mães. É tarefa de toda mãe palestina e toda mulher palestina ser uma guerreira da jihad nesta terra". O texto em árabe está no website da Al-Jazeera: <http://www.aljazeera.net/ programs/open_dialog/articles/2002/7/7-2-1.htm>.

9. Os palestinos chamam Gilo de uma "colônia judaica" construída em terras árabes ocupadas por Israel depois da Guerra de 1967. Os israelenses consideram Gilo um bairro de Jerusalém. O ex-planejador municipal de Jerusalém Israel Kimbi, agora no Instituto de Estudos de Israel, diz que a maior parte da terra de Gilo foi comprada por judeus antes da Segunda Guerra Mundial (uma parte dela nos anos 1930 pelos advogados Dov Yosef, mais tarde conselheiro de David Ben-Gurion e do ministro Zvi Schwartz, e Malka Shiff). Na Guerra de 1948, o governo jordaniano capturou Gilo. Até a Guerra de 1967, quando foi recapturado por Israel, os proprietários judeus não abriam mão da propriedade de sua terra. Gilo agora tem 45 mil judeus e diversas famílias árabes, muitas das quais construíram suas casas durante o período jordaniano.

10. A OLP usou essa estratégia no Líbano a partir de 1982, quando colocou canhões antiaéreos em telhados de hospitais e posicionou os tanques perto de prédios e escolas. Quando os israelenses devolveram o fogo, a OLP afirmou que Israel estava "atacando hospitais e civis indefesos". Ver Sayed Anwar, "Exiled Palestinian Militants Ran Two-Year Reign of Terror", *Washington Times*, 14 de maio de 2002. Ver também Gil Sedan, "Palestinians Seek Christian Sympathy in

Bethlehem", Jewish Telegraphic Agency, 26 de abril de 2002. Para saber mais sobre cristãos árabes de Beit Jala e Belém, ver o capítulo 15 deste livro.

11. De Arnon Reguler, em "A Different Side of Beit Jala", no jornal *Kol Ha'Ir*, de 7 de maio de 2001. A matéria "A Call from Beit Jala" afirmava: "Durante sete meses, alguns poucos irresponsáveis armados têm invadido a casa de cristãos tranquilos, transformando-as em bases para atirar em posições e lares israelenses, mesmo que saibam que eles estão fora do alcance de suas armas, e tendo como única meta provocar os israelenses a bombardearem Beit Jala. Nos últimos meses, enviamos cartas à Autoridade Palestina, apelamos pessoalmente ao presidente Arafat e exigimos que ele ordenasse a prisão daqueles irresponsáveis, que afirmam pertencer ao Fatah, incluindo Aataf Abayat, Ibrahim Abayat (ambos parentes de Hussein Abayat, um ativista do Tanzim morto por Israel no começo da Intifada), Kamal Hamid e Abdullah Abu Hadid. Apesar de nossos apelos, o tiroteio apenas tem se intensificado". Os residentes acusam a Autoridade Palestina de dar aprovação tácita à deportação étnica de cristãos de Beit Jala "em vista da falta de vontade daqueles com autoridade de impedir a morte de nossos filhos, a destruição de nossas propriedades e a deportação de residentes cristãos. Nós nos tornamos deportados em nossa terra natal por um grupo sem consciência chamado de 'governo de Taamra'". (Os homens do clã Taamra pertencem à Segurança Preventiva e à Inteligência Geral da Autoridade Palestina e também do Tamzim de Belém, comandando por Kamal Hamid.) "Depois que funcionários corruptos da Autoridade Palestina tomaram propriedades da igreja, decidimos mais uma vez apelar a Arafat, a instituições internacionais e à ONU para pormos um fim a essa tragédia, para nos proteger e preservar a presença cristã na cidade."

12. Em 17 de outubro de 2000, Shikon Ohana, um soldado de patrulha de fronteira de 18 anos, levou tiros no coração e na garganta e foi declarado morto ao chegar ao Centro Médico Hadassah. Mas foi operado pelos médicos e, depois de um mês, Ohana acordou do coma. Recuperado, mudou seu nome para Shimon Hadassah-Hai ("Hadassah vive"). De acordo com uma tradição judaica, ter um novo nome engana o olho do mal.

Gilo foi bombardeado por 18 meses, e isso só terminou quando tropas israelenses ocuparam Beit Jala, Belém e outras partes da Cisjordânia depois do massacre do Pessach em 27 de março de 2002. Houve fogo esporádico desde então.

Durante a incursão das IDF em Belém, alguns dos homens armados do Tanzim, que faziam disparos de Beit Jala, estavam entre os terroristas escondidos na Igreja da Natividade em Belém. O conflito de 39 dias com as tropas das IDF, televisionado internacionalmente, foi um desastre de relações públicas para Israel. Quando o país exilou 13 dos militantes extremistas muçulmanos palestinos fortemente ligados a Arafat, palestinos cristãos de Belém e Beit Jala expressaram privadamente alívio. Por quase dois anos, os homens armados

26   OS ISRAELENSES

extorquiram e executaram palestinos acusados de colaborar ou fazer negócios com israelenses. Os bandidos pilharam Beit Jala e Belém, exigindo "dinheiro de proteção". Em abril de 2002, autoridades israelenses prenderam Marwam Barghouti, comandante do Tanzim e da Brigada de Mártires al-Aqsa.

13. O kibutz Ramat Rachel tem vista para Jerusalém, Belém e para a tumba da bíblica Raquel (Ramat Rachel significa "a colina de Raquel"). O kibutz, estrategicamente importante, tem uma história turbulenta. Durante os conflitos antijudeus de 1929, o mufti (líder religioso muçulmano) de Jerusalém incitou os árabes a incendiá-lo. Em 1936, houve mais distúrbios que continuaram por três anos. Foram mortos diversos membros do kibutz, que foi destruído em grande parte. Haj Amin al Husseini, o Grande de Jerusalém, falou com Hitler na rádio Berlim em 1942 e disse: "Mate os judeus – mate-os com suas mãos, com seus dentes –, e isso agradará Alá". Durante a Guerra de 1948, os membros do kibutz lutaram contra soldados jordanianos e egípcios, com baixas de ambos os lados. No final do Mandato Britânico, quando forças do Hanagah e Palmach abriram a estrada entre Ramat Rachel e Jerusalém, 40 membros retornaram e reconstruíram o kibutz. Durante a Guerra de 1967, morteiros e bombas jordanianos atingiram o kibutz. Depois que os israelenses derrotaram os jordanianos e ocuparam a Cisjordânia, os membros retornaram e reconstruíram o local pela quarta vez. Ramat Rachel tem hoje 400 membros.

14. Em "Islamic Jihad Teaching Martyrdom in Four Summer Camps in Gaza", da Israel Television Channel 2, de 20 de julho de 2001. Nos "Acampamentos do Paraíso", crianças passam por treinamentos militares e assistem a filmes sobre mártires que mataram israelenses. Um professor de um dos acampamentos disse: "Ensinamos as crianças que bombas e suicidas metem medo no povo israelense, e que eles podem fazer isso. Também as ensinamos que um homem--bomba alcança o mais alto nível do paraíso". Ver ainda Amos Harel, "'The PA Steals from Me, Hamas Takes Care of Me': Islamic Groups Are Gaining Popularity on the Street and Could Replace the PA", no jornal *Ha'aretz*, de 27 de junho de 2002.

15. Reportagem de Sandro Contenta, "Pokémon Cards Passé as Traders Covet Militant Memorabilia", *Toronto Star*, 17 de junho de 2002.

16. O suicida do Hamas tentou liberar cianeto, de acordo com o major-general Aharon Ze'evi, chefe da inteligência militar, citado no *Ma'ariv*, em 8 de junho de 2002. Ver também Zvi Harel, "Hamas Commander Charged with Seder Night Bomb Attack: Sayad Planned CyanideAttack", *Ha'aretz*, em 2 de agosto de 2002.

2

Namoro e casamento ao estilo israelense

Quantas calorias um americano gasta fazendo amor? Dez. Um inglês? Dez. Um israelense? Cem – dez para fazer amor e noventa ao sair correndo para contar aos amigos. — Piada popular sobre o machismo israelense

Os israelenses tendem a ter um comportamento machista no namoro e no cotidiano, e tentam se assegurar de que tudo vai ficar bem, mesmo que não esteja. Esta negação pode também ser uma resposta à incerteza da vida por aqui. Em um nível mais profundo, pode ser uma resposta à impotência de nossos pais ou avós diante do Holocausto. — Rachel Biale, terapeuta familiar

"Meus parentes me deixam frequentar clubes em Israel até as três da manhã", diz Ronit Heffetz, de 17 anos. "Eles têm medo de terroristas, mas, na minha idade, meus avós estavam levando armas para os subterrâneos, e eu logo vou estar no exército, então, como eles podem dizer não? Nós temos de seguir vivendo sem ter medo." Não é incomum ver garotas de 14 anos pedindo carona para a praia, as de 12 saindo de casa para festas sem

28   Os israelenses

a presença de adultos nas madrugadas ou uma criança de 10 anos viajando sozinha de ônibus. Os pais sabem que, se os filhos ficarem perdidos, qualquer adulto vai ajudá-los a chegar ao seu destino. Israel tem muito menos crimes envolvendo crianças na rua do que qualquer grande cidade americana ou europeia.

Essa é uma razão para explicar por que as crianças israelenses são tão impetuosamente independentes. Muitos pais israelenses relutam em estabelecer limites e encorajam seus filhos a ser autossuficientes e despachados, parte como preparação para o exército e a vida adulta. Mas esse é um modo de entender como os israelenses desenvolvem seus hábitos únicos de namoro. Como única nação judaica do mundo, Israel reflete uma enorme gama de comportamentos desenvolvidos em 2 mil anos de diáspora do judaísmo. Um país com uma população que é metade da grande Los Angeles, com uma história partilhada mais curta do que a das Nações Unidas, é, ainda assim, lar de culturas que foram formadas em São Petersburgo, Badgá, Brooklyn e Mumbai, com todo o caos e a riqueza resultantes dos rituais de namoro.

E isso não é tudo. Além dos conflitos culturais dentro de Israel, há os mais perigosos entre o Estado judeu e seus vizinhos. Por causa do permanente estado de guerra, Israel é o único país que requer que a maioria dos seus habitantes de 18 anos saiam de casa e sirvam o exército com membros do sexo oposto igualmente carregados de hormônios. Isso produz um comportamento que o primeiro chefe de governo de Israel, David Ben-Gurion, primeiro-ministro entre 1955 e 1963, nem sonhava. O irmão mais velho de Ronit, Ori, estudante de física de 27 anos, mora em casa porque há poucos dormitórios na Universidade de Tel Aviv, e alugar um apartamento sai muito caro. Ele relata uma cena típica de domingo de manhã. "Eu estava na cama com uma namorada. Ronit, no exército. Meus outros dois irmãos, de licença do exército, dormiam com suas namoradas. As portas dos três quartos estavam fechadas. A voz de minha mãe surgiu no interfone: 'Estou fazendo o *brunch*. Você está sozinho ou tem uma convidada?'. Mamãe é realista. Ela sabe que vamos fazer isso de qualquer maneira. Não ficamos de joguinhos nem bobagens com os pais israelenses. Eles preferem saber que estou seguro, em vez de eu escapulir para qualquer lugar."

Logo depois de Ori ter encontrado sua primeira namorada séria no colégio, irrompeu a Guerra do Golfo, em 1991. Com os mísseis Scud iraquianos atingindo a área de Tel Aviv, sua família fugiu para um hotel no Mar

Vermelho, em Eliat. "Nós realmente sentimos saudades um do outro. Assim, ela convenceu os pais a deixá-la ficar comigo e minha família nos finais de semana", ele conta. "A mãe dela a fez prometer que não dormiria no meu quarto. Assim, a cada manhã, ela levantava da cama e ia dormir no quarto da minha irmã. Numa noite, chegamos muito perto de perder a virgindade. Na hora mais delicada, ouvimos sirenes. Apanhamos nossas máscaras de gás e corremos para o quarto selado. Sentamos com minha família, ouvindo os Scuds caírem e tentando adivinhar a distância. Quando o rádio anunciou que estava tudo bem, retornamos para o quarto e tentamos de novo. Mas estávamos tensos demais. Na outra vez em que ela dormiu em casa, ignoramos as sirenes e minha mãe, que ficou batendo na porta. Eu lhe disse que estávamos descendo e que não se preocupasse. E nós nem colocamos nossas máscaras de gás. Seis meses depois, eu fui para o exército. Fico imaginando se as novas máscaras são mais bem projetadas para usar durante o sexo."

A Marcha do Amor em Tel Aviv ocorre em agosto, quando mais de 250 mil festeiros comparecem a essa parada anual. O fim de semana se parece com o carnaval do Rio, com israelenses seminus divertindo-se nas praias, dançando apaixonadamente ao som de música ao vivo. Em uma *rave* que dura uma noite inteira, milhares dançam, beijam seus namorados e até estranhos.

"Nós só queremos uma vida sadia", explica Ori. "A alguns quilômetros, em Gaza, soldados israelenses e palestinos estão se matando, mas nos distanciamos como se isso acontecesse a um continente de distância. Temos o que eu acho ser uma doença nacional de Alzheimer – ninguém quer lembrar das notícias da manhã." Depois de ver amigos demais serem mortos ou feridos, os israelenses adotaram o seguinte lema: "A vida é incerta; portanto, coma sua sobremesa primeiro". Como acontece com as viagens ao exterior, o *carpe diem* não é irresponsável, mas uma fuga da panela de pressão. Neste país de uma crise por dia, o humor muda constantemente, é uma montanha-russa que sobe com cada cessar-fogo e desce a cada novo ataque. Os israelenses aprenderam que a diversão, por vezes irresponsável, ajuda a espalhar uma sensação positiva como se vivessem em tempos normais.

Em Metulla, cidade da Alta Galileia, na nervosa fronteira com o Líbano, um clube dentro de uma fábrica de sapatos reformada tem seu horário de pico às duas da manhã. Os DJs aumentam o som e, assim, ninguém ouve os foguetes Katyusha. Mais de 500 operários, estudantes, kibutzniks, soldados homens e mulheres dançam freneticamente, como se o Hezbolllah, o radical Partido Islâmico de Alá, não tivesse mais contrabandeado milhares de foguetes e mísseis para o Líbano. Mesmo durante os tempos incertos, os fregueses não abusam do álcool. (Um estudo recente mostra que as taxas de consumo alcoólico em Israel são mais baixas que na América do Norte e em 24 países europeus. Bebe-se tão pouco que Israel tem poucas lojas de bebidas, e apenas em 2002 surgiram leis para a venda de álcool.)[1] É caro: uma garrafa de uísque que custa 14 dólares na França ou nos Estados Unidos sai por 35 dólares em Israel. "Nós vamos a festas, flertamos um monte. Ninguém tem mais uma visão de longo prazo", grita acima do barulho um estudante do Colégio Tel Hai. "Há políticos que querem me ver arrancando os cabelos, mas, então, eu me lembro que este é um país jovem, um trabalho em progresso." Sua namorada lhe joga um olhar convidativo. Ele para em meio ao pensamento e se dirige até ela. Nas praias, não menos que nos clubes, o erotismo é aberto. Toques provocadores e flertes abundantes são parte do (geralmente inofensivo) jogo da paquera, ao estilo de Israel.

As pessoas gesticulam dramaticamente, interrompendo e desafiando umas às outras. As pirotecnias verbais não são incomuns. Israel é um vivaz palco de teatro, um lugar de discordâncias animadas, de boas discussões. Mulheres fazem comentários abonadores admirando o porte atlético de um windsurfista com uma sunga Speedo do tamanho de um selo. Homens despem com os olhos uma ruiva, com shortinho apertado, sentada sozinha. Quando ela saca um Marlboro, um homem com pequenos óculos franceses redondos pula e abre um isqueiro dourado. Uma mulher desacompanhada nunca fica sozinha por muito tempo.

Maya é uma sabra de quarta geração – termo árabe e hebreu que designa uma fruta de cacto local, serve de metáfora para nativos de Israel, dos quais se diz que têm um exterior espinhento, mas um interior doce e macio. Após olhar seu relógio, ela se dá conta de que seu namorado deveria ter chegado meia hora atrás. De acordo com a forma como se lida com o tempo em Israel, ele não está atrasado. Muitos israelenses não gostam de ser controlados por relógios (como são no exército) ou de planejar seus horários com antecedência. Expressões como "tempo perdido" ou " economizar tempo" são raramente ouvidas fora do exército. O namorado de Maya, Noam, logo chega e a beija nos lábios. Ele lhe dá uma versão em inglês do guia *Lonely*

Planet para o Peru. O casal discute sobre Ben-Gurion. Não o pai fundador de Israel, com sua juba branca, mas o Aeroporto Internacional Ben-Gurion, para onde ambos irão assim que ela for dispensada do exército. É claro que os dois visitarão Machu Picchu, mas os aventureiros israelenses acham a cidade perdida dos Incas muito sossegada. "Vamos pegar a mochila, ir para os Andes e visitar tribos na Amazônia. Explorar lugares que não estão no mapa. Quero ter tantas aventuras quanto possível, experimentar tudo", diz Maya, feliz por estar prestes a deixar o exército, onde serviu como médica de combate. "Dizem que ficar perto da morte ensina a viver. Não sei se é verdade, mas todos na minha unidade querem visitar florestas no Laos ou fazer *bungee jumping* na Nova Zelândia. Meus pais estão menos preocupados comigo escalando os Alpes que servindo na Cisjordânia."

Noam, um acupunturista de 27 anos, diz que seus pais o convenceram a não ir para a Tailândia. Desde que a Al-Qaeda matou israelenses no Sinai Hilton, um hotel de Mombaça, e tentou derrubar um voo fretado israelense com dois mísseis terra-ar, qualquer lugar no exterior onde israelenses se congregam não é seguro – especialmente Bancoc. Viajantes israelenses são aconselhados a não levar livros em hebreu ou falar hebraico em público. "Meus pais me advertiram a não visitar quaisquer sinagogas em Lima ou Buenos Aires", diz Noam. "A última vez em que eles estiveram em uma sinagoga foi em seu casamento. Para eles, o exército era o lugar para se conhecerem e namorar. Minha mãe tinha 21 anos, e meu pai, 23. Com a minha idade, eles tinham um apartamento, dois filhos e outro a caminho. Maya e eu? Não podemos nem pagar o aluguel de um carro e ter um bom som. Ninguém que eu conheço tem qualquer pressa de ir para o altar – a menos que queira ter filhos. Você sabe por que *Seinfeld* é tão popular? Esta é a cena, aqui. É sobre nossas vidas. A mesma coisa com *Friends* e *Sex and the City*. Apenas que perdemos os melhores anos de nossas vidas no exército. E se não começarmos esta viagem logo, vou ser chamado para o *miluim* (serviço na reserva)."

"Você está de dieta?", o garçom bem proporcionado olha o hambúrguer de tofu de Maya, parcialmente comido. Ela nega, balançando a cabeça. "Então, por que está comendo como se estivesse nos Vigilantes do Peso? Você não é gorda. Se fosse um pouco mais *zaftik*, eu mesmo iria paquerar você", ele anuncia enquanto belisca de brincadeira seu braço. "Ei, as coisas são diferentes agora", ela diz, chateada. "Você não ouviu dizer? As regras

32 Os israelenses

mudaram." O garçom pisca para Noam, que não acha seu comportamento ofensivo; é um flerte sem consequências. E seus comentários não são intrusivos – demonstram um sinal de afeição, de conexão. Israelenses distribuem conselhos a estranhos como se fossem membros de uma família estendida, por vezes disfuncional. O garçom retorna com um creme *brulée* decadentemente opulento. De graça.

Rumores costumavam voar quando um par não casado oficialmente ia morar junto. Não mais. As pessoas que coabitam são, na maioria, jovens educados ashkenazim não muito religiosos. De acordo com uma pesquisa recente, 26% dos israelenses casados viveram com suas esposas antes do casamento. (A taxa é muito mais baixa entre judeus mizrahim e cristãos árabes. É praticamente inexistente entre judeus ultraortodoxos, árabes muçulmanos e drusos.) Note a distinção "antes do casamento": em alguns países ocidentais, a coabitação é uma alternativa para o casamento, mas não em Israel, orientada para a vida familiar. É uma versão moderna do noivado, parte da rota para o huppa, diz o professor Yohanan Peres, do departamento de Antropologia e Sociologia da Universidade de Tel Aviv. "Os israelenses ainda têm uma crença forte de que o casamento protege as esposas e os filhos. Os israelenses percebem o casamento como uma apólice de seguro, o que reflete amplamente o estado de cerco do país. Como as pessoas sentem o perigo, elas querem estar perto de alguém relacionado por lei."[2]

Vered fez isso. Ela também estava cansada de perguntas. Pelo menos cinco vezes por dia, motoristas de táxi, caixas de banco, quaisquer estranhos lhe perguntavam se era casada. "Quando ela dizia que não, eles perguntavam: Por que não?". Ela comprou um anel de noivado falso, e sempre que lhe faziam a temida questão, erguia a mão. Daí lhe perguntavam se era mãe e quantos filhos tinha. Ela pensava se um dia encontraria alguém excitante. Perto dos 30 anos, conheceu Yossi, um empreiteiro que trabalhou em seu apartamento. O irmão dela não ficou entusiasmado: "Ele gosta de seu cabelo loiro ashkenazi. Ele é um cretino". O comentário duro de seu irmão, chamando Yossi de um mizrahi estereotipado, não educado e não culto, enfureceu Vered. "Eu não me importo com o que meu irmão pensa. E daí que Yossi não foi para a faculdade? Ele é um homem que se fez por si só. É cuidadoso e atencioso. E vem de uma amável família marroquina. Meu último namorado, que dava palpitações cardíacas em meus pais, era israelense, mas não judeu. Um russo não circuncidado. Eu nunca vou esquecer a fala cheia de culpa de minha mãe: 'Minha família fugiu da Polônia para construir uma pátria judaica, e você quer me dar netos não judeus?'."[3]

Quando Vered foi promovida a repórter de rádio em tempo parcial, Yossi, para celebrar, levou-a a Eilat, uma das poucas cidades de Israel ainda intocada pelos terroristas (até janeiro de 2007, quando um homem-bomba da Jihad muçulmana matou três israelenses em uma padaria). Moisés parou na cidade com os Filhos de Israel quando buscavam a Terra Prometida. Durante o governo do rei Salomão, quando barcos chegavam carregados de ouro, madeira e marfim, Eilat deixou de ser um simples porto do Antigo Testamento para se tornar um *playground* dos adoradores do sol e amantes do mar. Aliviados por escapar de sua realidade em terra, Vered e Yossi colocaram máscaras e pés de pato, e, deslizando ao longo de cânions de corais, viram cardumes multicoloridos, incluindo peixes-anjo e peixes-palhaço, brincando nos recifes. "Era uma caixa de joias submarinas. Quando eu disse a Yossi que havia tantos peixes tropicais na Grande Barreira de Corais, ele ficou assombrado. Tive de explicar que era na Austrália. 'Por que você tem de ir tão longe?', ele perguntou. 'Temos tudo aqui'."

Enquanto andavam de mãos dadas na praia, viram tecelões, tatuadores, lojas de *body piercing*. Yossi fez troça deles. Vered trocou histórias de viajante com garotos que vendiam balangandãs da Índia e ervas da China – seu passaporte era cheio de vistos. Ele não tinha um passaporte. "Para Yossi, uma viagem a Eilat é como ir ao exterior. E ele acha que os cassinos flutuantes são tão bons como os de Mônaco. Mas ele tentou muito me agradar. Gastou excessivamente em um hotel pretensioso, uma Disneylândia bíblica com arcos de pedras antigas, mas não lhe disse que não era do meu gosto. Eu sou do tipo mochileira. Na última vez em que estive em Eliat, dormi na praia. A ideia dele de férias é o serviço de quarto."

De sua varanda no hotel, eles viam a paisagem lunar desértica e as montanhas escarpadas, que lembraram Vered de um conto de Albert Camus. "Camus? Yossi nunca tinha ouvido falar dele. E Camus viveu na Argélia. Mas quando ele me massageava com óleo de coco, eu não me importava."

34   Os israelenses

Depois, a conversa de travesseiro ficou séria. Com um pequeno terreno em Jerusalém, ele queria que Vered visse alguns planos arquitetônicos. "Seu projeto de uma casa dos sonhos – para nós. Comecei a tremer quando percebi que ele estava me pedindo em casamento. Uma pessoa com um coração enorme. Mas do tipo que acha que a cozinha deve ter janelas para que as mulheres tenham uma visão do mundo. Disse-lhe que precisava de tempo. Quando adormeceu, eu o beijei no rosto, desculpando-me. Ele vai dar um marido maravilhoso – mas para alguma outra mulher."

Depois de romper com Yossi, Vered começou a achar que precisava de alguém mais cosmopolita, que gostasse menos de boliche nos fins de semana. Após alguns meses, conheceu Yoel, personagem fascinante: amante do teatro, advogado bem-sucedido com amigos estimulantes da vanguarda intelectual e artística do norte de Tel Aviv, um *gourmet* e conhecedor de vinhos. Ele era filho de uma família judia iraquiana praticante, muito mais que a de Vered. Diferente de três quartos dos judeus israelenses, Yoel só comia alimentos kosher. E, se isso não fosse o bastante, os pais seculares de Vered, educados com sólidos valores socialistas, caíram de costas quando souberam que ela estava namorando um capitalista declarado e de sucesso, que podia pagar 300 mil dólares por seu apartamento de um quarto e 50 mil dólares por seu carro esportivo (embora, para sermos justos, metade disso seja de taxas e tarifas sobre veículos novos). Nunca o conselho da irmã de Vered pareceu mais apropriado: "Mesmo homens ricos precisam de esposas".

Como acontece frequentemente com as coisas do coração, as diferenças que atraem são as mesmas que criam atritos. Como Yoel já demonstrara gostar de uma "boa mesa", Vered o surpreendeu com uma reserva em um bistrô à luz de velas com vista para o porto de Tel Aviv. Ele gostou do ambiente sofisticado, mas quando viu o penne com cogumelos aspergidos com pedaços de bacon e creme doce, sugeriu que ambos saíssem. Ele a levou a um restaurante italiano que não serve "comida antikosher". A carta de vinhos o agradou, especialmente o Moscato da vinheria de Golan Heights. (Não faz muito tempo, o vinho era usado principalmente para propósitos religiosos, e os israelenses assumiam que a bebida deveria ter o gosto de um suco de xerez de um ano de idade.)

Vered sentiu uma expectativa quando ele a convidou para um mangal (churrasco israelense) familiar. Isso era sério, e ela resolveu comprar uma roupa especial. Os parentes de Yoel viviam perto de Tel Aviv, em Ramat

Gan. Muitos judeus que fugiram do Iraque no começo dos anos 1950 vivem nessa vizinhança, perversamente alvo de quatro Scuds iraquianos durante a Guerra do Golfo, de seis semanas. A mãe dele, ativa no Centro Babilônico de Herança Judaica, pesquisa as árvores genealógicas dos 310 mil judeus iraquianos do mundo. Os judeus viveram mais tempo no Iraque (Babilônia) do que em qualquer outro lugar. Foi onde o judaísmo começou: a *Torá* diz que Abraão nasceu em Ur, no sul do Iraque. Em 1949, Badgá era um quarto judia, com 56 sinagogas. Hoje, sobraram lá quatro judeus. "Quando eu disse estupidamente que não sabia quão desenvolvida era a cultura judaica iraquiana, ela fez um comentário ácido: 'Apenas 3 mil anos. Quando nossa arte e nossa literatura estavam florescendo, seus avôs poloneses viviam em barracos, comendo pão estragado'. Eu devolvi: 'Um entre sete ganhadores do Prêmio Nobel é judeu. Tem algum iraquiano?'."

Quando Yoel lhe disse que queria "manter suas opções abertas", Vered sabia que era a mãe dele falando. "Não muito depois do mangal, ouvi que ele tinha ficado noivo. Uma mulher muito mais jovem da comunidade iraquiana, que nunca comeria macarrão com bacon e molho doce."

Alguns *talk-shows* da TV israelense seriam familiares a qualquer um que se lembre dos primeiros dias de Jerry Springer.* Anfitriões e convidados de temperamento quente brigam como irmãos, gritando "cala a boca" uns para os outros. O tom confessional e de coração rasgado lembra uma praça de um vilarejo, onde uma mistura exótica de israelenses comuns, celebridades e astrólogos debatem temas como: "Um cara que acabei de conhecer me convidou para o miluim em Gaza, mas, como ele pode estar morto amanhã, eu devo dormir com ele?" ou "Por que tantas adolescentes têm tantas desordens alimentares?". Cansados de se preocupar com demissões, ou com o Hamas envenenando a comida de um restaurante, o público está se voltando para discussões sobre como apresentar a namorada não religiosa para seus pais ou quais são os *sites* na internet onde se pode encontrar um namorado: jdate, jcupid, ou dosidate (para judeus religiosos). O rádio é uma mídia muito importante, diz Tamar Katriel, professor de comunicação da Universidade

---

* Famoso apresentador de um vulgar programa de rádio nos Estados Unidos. (N. T.)

36 OS ISRAELENSES

de Haifa. "Os israelenses realmente despem suas almas em *talk-shows* na madrugada, porque podem ligar anonimamente. Operários usam o rádio terapeuticamente para falar sobre os temas mais íntimos, enquanto os anfitriões agem com uma espécie de rabino, conselheiro, curandeiro." Um apresentador recomendou ioga. O ex-primeiro-ministro Ehud Barak, que exerceu a função de 1999 a 2001, passou um mês em um *ashram* na Índia, um ano antes de se casar pela segunda vez e se tornar ministro da Defesa em 2007. E há o mais famoso mestre de ioga de Israel, seu primeiro chefe de governo, David Ben-Gurion, conhecido por suas posturas de cabeça para baixo.

Em 2007, foi aberta a Escola do Namoro no décimo quinto andar de um edifício de consultórios médicos em Tel Aviv. Lá, em um *workshop* face a face, solteiros desesperados aprendem a arte do romance encenando um "encontro profissional" com um psicoterapeuta. Durante os encontros simulados, solteiros recebem dicas sobre seus erros, como superar a ansiedade e "vender" seus pontos positivos. O romance também é um assunto quente em revistas e jornais. A franca Karin Arad escreve a coluna "Sex and the Big City", sobre encontros amorosos, no semanário *Ha'ir*, de Tel Aviv. Ela alcançou fama jornalística quando postou na internet uma divertida e ousada diatribe sobre a inabilidade sexual dos homens. A colunista Shira Agmon escreve "Cidade dos Prazeres" para o concorrente *Zman*. A audaz jornalista de 26 anos proporciona aos leitores a chance de dar uma espiada em seu quarto de dormir, com detalhes explícitos do que esteja ou não acontecendo debaixo dos lençóis.[4]

Israelenses seculares que buscam sexo sem compromisso frequentemente recorrem ao que os colegiais israelenses chamam de uma "ficada". Em Israel, *yaziz* é a gíria que define "uma amiga para sexo casual" – *yazys* é uma mistura de *yeid* (termo hebreu para "amigo") e *lezayen* (expressão pesada relacionada a sexo). Mas qualquer tipo de afeição sexual está fora de cogitação para judeus ortodoxos até o casamento. Já que homens e mulheres religiosos frequentam muitas vezes escolas diferentes, eles trabalham a partir de "disquetes diferentes", observa um educador. Talvez, por isso, as sobrancelhas tenham se erguido quando o semanário nacional de direita *Makor Rishon*, que tem uma coluna de aconselhamento para solteiros, fez o perfil de duas mulheres religiosas próximas dos 40 anos. Incapazes de encontrar parceiros, elas desistiram e escolheram ter filhos por inseminação artificial. Tantas jovens religiosas reclamam de encontros desastrosos com estudantes socialmente inadequados em *yeshivot* (academias religiosas), que um rabino respeitado de Jerusalém publicou uma carta aberta no semanário repreendendo seus estudantes. "Tomem banho e escovem os dentes", ele os admoestou. "Em vez de convidar uma mulher para uma caminhada longa e barata, gaste algum dinheiro e leve-a a um café. Não fale apenas sobre você mesmo ou de seus estudos da *Torá* nem a ignore enquanto fala no celular", advertiu. "E lembre-se: uma mulher é uma criatura delicada, acompanhe-a até em casa... Não a deixe em algum ponto de ônibus escuro e solitário. Se ainda não entendeu isso, você é um idiota." E terminou assim seu aconselhamento rabínico: "Não a julgue apenas por sua aparência, e mesmo que ela seja da comunidade religiosa 'errada' ou estude na universidade, não a dispense de imediato. Dê a ela uma chance".

"Meus dois irmãos podem trazer garotas em casa para dormir. Mas eu não posso", diz Avivit Betzalel, com um encolher de ombros resignado. Ela vive com os dois e a mãe viúva no mesmo apartamento em que seus pais, nascidos no Irã e no Afeganistão, educaram a caçula e os sete irmãos mais velhos. Crescendo na pobre Beer-Sheva, uma comunidade formada por judeus mizrahim que vieram do Oriente Médio e do Norte da África nos anos 1950 e 1960, Avivit se recusou a seguir as regras superprotetoras de seus irmãos: "Quando eles dormiam, eu costumava escapulir para encontrar amigos. Em uma manhã, meu irmão mais velho, casado, me advertiu: 'não faça isso de novo'. Ele é tão conservador que nem deixa a família ter uma TV em casa, e vai à sinagoga todo dia". Ele é um líder local de chapéu preto do Shas (acrônimo de Shomrei Torah Sephardim, os guardiões sefarditas da *Torá*), um movimento mizrahi religioso e político. "Quando fui alistada, ele me falou para pedir dispensa por motivos religiosos, dizendo que 'homens e mulheres juntos não é aceitável'. Para ele, 'uma mulher pertence ao lar, e não deve ficar ao lado de homens'." Sua mãe, que usa um lenço na cabeça, a encorajou a desconsiderar a advertência.

"Liberação" é a palavra que Avivit usa para descrever seu trabalho como escriturária em uma base militar, na área mais longinqua do deserto de Negev. "Abriu minha mente. Há 400 soldados de mundos diferentes. Religiosos, antirreligiosos", lembra Avivit, passando as unhas pintadas pelo seu cabelo castanho escuro. "Conheci todo tipo de gente. Alguns brincaram comigo por eu não acender as luzes durante o sabbath. Vi oficiais agredindo mulheres soldadas, e isso me chocou. Mesmo que tivéssemos lições sobre assédio sexual, algumas garotas achavam que os oficiais são como estrelas do *rock*. Não encontrei ninguém especial." Depois do exército, Avivit retornou para Beer-Sheva que, como grande parte de Israel, está saturada de história bíblica. Lá, Abraão, o patriarca judeu, cristão e muçulmano, por insistência de sua mulher, Sarah, expulsou sua concubina, Hagar, e seu filho, Ismael, que se tornou o pai dos árabes. Hoje, a quarta maior cidade de Israel está tentando se tornar moderna, mas ainda é um local provinciano no quintal do país. "Não há muito o que fazer. Apenas uns poucos bares e restaurantes, e só um clube realmente bacana", diz Avivit, que tem um emprego como secretária.

Ela conheceu um jovem que mora em Tel Aviv. A grande cidade, a 90 minutos de ônibus, a intrigou mais do que ele. "Para mim, é Nova York. Tanta coisa para fazer, todos os tipos de restaurantes e clubes que não fecham." Ela ficou espantada com Shenkin, uma rua boêmia em Tel Aviv, cheia de roupas estranhas da moda, casais homossexuais, músicos de rua e simpatizantes do Paz Agora. Havia homens tendo aulas de cozinha vegetariana e comprando livros como *Inteligência emocional*, além de mulheres que não tinham medo de convidá-los para um encontro. "Honestamente, fiquei com um pouco de medo. Não conheci ninguém lá. Toda minha família, todo mundo que conheço mora em Beer-Sheva." E o namorado? Ela nunca saiu com um judeu ashkenazi ou conheceu alguém que risse durante filmes de Woody Allen. Em seu mundo, ninguém nunca tinha ouvido iídiche ou se importado se existe uma palavra hebraica para angústia. Sua mãe, analfabeta, fala farsi e um hebreu mambembe. Avivit sentiu a fadiga da batalha transcultural. "Decidi que me entendo melhor com caras mizrahim. Nós temos o mesmo humor, a mesma música. Fica mais natural. Nós nos entendemos. Eu não preciso ficar explicando as coisas."

Sua irmã casada e religiosa, que trabalha em um escritório de seguros em Beer-Sheva, contou-lhe sobre um cliente que lhe disse: "Eu quero uma mulher como você. Você conhece alguma?". Avivit concordou em encontrá-lo. "Ele era despachado, cheio de vida e da minha vizinhança; por isso, tínhamos muito em comum. Eu não sou mais tão religiosa, mas ainda como kosher e acendo as velas do sabbath. E quero um cara que tenha fé em seu coração. Na segunda vez, ele me levou ao seu apartamento. Enquanto assistíamos a um vídeo, ele me puxou para mais perto: 'Eu adoro seus olhos, eles são como o oceano'. Ele tocou minha mão e disse: 'Eu amo sua pele, é

Namoro e casamento ao estilo israelense 39

como seda'. Ele não é um poeta, mas foi difícil não me dobrar a suas palavras. Tudo bem, não sou ingênua. Estava me elogiando, embora não me conhecesse. Mas gostei. Eu podia me apaixonar por ele", conta Avivit. "No encontro seguinte, tentei assistir ao vídeo, mas não conseguia me concentrar. De repente, estávamos nos beijando, intensamente. Ele quis mais. Controlei-me e disse: 'Não, temos de ir passo a passo'. Depois dessa noite, tudo me pareceu bem. Quando ele me disse que acredita na história do sapato de Cinderela, uma mulher que é o encaixe perfeito, minhas fantasias entraram em ação. Eu podia dizer que ele estava pronto para se casar. Ele já tem 27 anos, e minha família está me pressionando."

Quando ele não ligou mais, Avivit ficou confusa, mas, apesar de tentada, evitou passar em seu armazém. Para se consolar, ouvia música mizrahi romântica, de dor e saudade. Então, uma amiga insistiu com ela para irem dançar no Forum Club. "Ambos os andares estavam lotados. Minha amiga viu um cara lindo e, quando ela se dirigiu até ele, eu vi quem era. Quando se parte, o coração não faz um som. Chega de encontros às escuras. Há uma tradição que diz que Deus estabelece o número de pessoas que você tem de conhecer antes de encontrar sua alma gêmea, que cada um o traz mais próximo de encontrar a pessoa certa. Eu acredito que tudo tem sua estação. Um tempo para a guerra, um tempo para a paz, um tempo para o amor", ela diz, parafraseando as palavras do *Eclesiastes*. "Quem sabe? Talvez esta seja minha estação."

Dois anos depois, Avivit decidiu encontrar um apartamento perto da rua Shenkin, em Tel Aviv. Vagando por um café, perguntou ao gerente se precisava de uma garçonete. Ele lhe deu o trabalho e se tornou seu primeiro namorado sério, além de levá-la à barraca de vegetais onde trabalha seu pai, nascido em Bagdá. Seus pais gostam dela o bastante para incluir algumas tradições religiosas em seus jantares de sabbath juntos.

Ao norte da cidade montanhosa de Safed, capital espiritual da escola de misticismo judaica conhecida como cabala, uma tortuosa estrada da Galileia leva a uma ravina com fragrância de amêndoas e pêssegos. Homens e mulheres solteiros de todo o país chegam, após peregrinações, a um modesto relicário de pedra, a tumba do rabino Yonatan Ben-Uziel, um *tzaddik* (homem santo) que viveu há mais de 2 mil anos. Afirma-se que seu

40 OS ISRAELENSES

pensamento religioso era tão elevado que, quando ele estudava a *Torá*, o calor espiritual chamuscava os pássaros que voavam acima dele.[5] O sábio morreu sem nunca ter se casado. Reza a tradição que, ao ir para o céu, Deus perguntou que favores poderia lhe conceder. O rabino solteirão declarou que o que mais queria era ajudar os outros a usufruírem o que ele tinha sentido falta na vida. É por isso que, dentro do relicário, homens e mulheres, separados por um tela, rezam por um encontro feito no céu. Às vezes, na ala feminina, ouve-se o som de choro. Homens e mulheres esticam as mãos dos dois lados da divisória para tocar a tumba. Alguns esquecem de propósito seus livros de rezas – com informações sobre si mesmos e seus números de telefone. Outros postam mensagem – como "procura-se um companheiro de alma" – nas paredes, com seus endereços de *e-mail*.

Uma árvore do lado de fora da tumba do rabino Uziel, do primeiro século, está enfeitada com dezenas de pedaços de tecido multicoloridos. Para melhorar suas chances, mulheres deixam lenços como talismãs da sorte, para ficarem conectadas com o lugar. Em uma barraca provisória perto de um riacho, um empreendedor que vende amuletos e livros sagrados dá conselhos aos solteiros em desespero. De acordo com a tradição judaica, durante os dez dias de penitência entre o Rosh Hashana e o Yom Kippur, Deus está especialmente próximo do povo de Israel e, neste momento crítico, atende às orações. Pessoas contam histórias daqueles que procuram pelo amor em todos os lugares errados – até terem rezado aqui e encontrado o companheiro certo. "Eu quero um lar, e filhos. O calendário judaico gira em torno da família. O judaísmo não é para solteiros. Deus diz que não é bom ficar sozinho", diz uma garota, de 23 anos, em uma excursão organizada pelo partido religioso Shas para mulheres mizrahim que procuram um marido. "Minha irmã abriu seu coração para Deus aqui.[6] Em apenas duas semanas, ela encontrou seu *basherte* (termo hebreu para amado, parceiro, pretendido ou alma gêmea)."

Nem todos os suplicantes são tão religiosos. A gerente de um *spa* conta como viajou para a tumba e literalmente caiu nos braços de um homem. Um romance com a velocidade da luz levou quase imediatamente a um casamento. A cínica secular não era mais uma descrente. Então, por que ela voltou? "Hora de trocar", explica a divorciada. Modelos, cantores e atores vêm aqui na busca do grande parceiro. Um comentarista de fofocas revelou a história de um cabeleireiro de Tel Aviv que levou várias de suas clientes caçadoras de maridos em um avião fretado até o relicário. Ex-*hippies*, entusiastas da *new age* e *socialites* também acreditam que o lugar é um canal para Deus. Uma médica cujos pacientes incluem muitos cientistas do Instituto Weizman veio pedir por sua filha. "Funcionou com meus filhos mais velhos. Estou prestes a me tornar avó." A cada ano, 250 mil divorciados, viúvos e pessoas que nunca se casaram visitam a tumba, mesmo no meio da noite.

As estratégias de encontro para os desesperados vão desde técnicas da antiguidade às da *new age*. Alguns israelenses aumentam suas chances reorganizando seus quartos usando princípios do *feng shui*. Outros vão a seminários ou partem para a meditação transcendental. Quase 60% dos israelenses são interessados em misticismo, astrologia, numerologia e no sobrenatural, de acordo com uma recente pesquisa do Gallup. Os devotos, em sua maioria, são mulheres entre 18 e 24 anos. As livrarias vendem *Guia para iniciantes das místicas israelenses* e, aparentemente, fazem milagres para as vidas amorosas de seus clientes. Há Malka-Haya, que tem contato com os maimônidas, e um falecido "cabalista Yehiel", que fala por meio de sua neta. O anjo Rafael se comunica com um parapsicólogo chamado Limor. Um mestre médium que vive perto da grande fábrica de chips Pentium 4 da Intel, em Kyriat Gat, diz que sua sala de espera está cheia de gente pedindo aconselhamento romântico. Os praticantes são divididos por origens étnicas: a astrologia é primariamente uma profissão ashkenazi, enquanto especialistas na cabala prática e leitura de café são em sua maior parte mizrahim.

A primeira convenção nacional de casamenteiros profissionais israelenses aconteceu em Jerusalém em 1998 e teve um público de milhares de pessoas, a maioria de mulheres religiosas. Desde então, os números vêm crescendo consistentemente. Para os israelenses ultraortodoxos, parece uma coisa de *O violinista no telhado*: "Casamenteiro, casamenteiro, me arrume um casamento...". Outros israelenses, saídos de cidades e universidades, ou cansados da cena do sexo por diversão, que querem encontrar alguém sério, também recorrem a casamenteiros. "Eles procuram conselheiros para tudo", explica um casamenteiro. "Usam *personal trainers*, conselheiros de investimentos e *headhunters*. Por que com o casamento seria diferente?"

Liaura Zacharie considera ser uma missão sionista promover a união de pessoas. Ela ficou chocada ao descobrir a enorme taxa de solteiros sabras – mais de um terço de israelenses judeus adultos não é casado[7] –, e entrou na profissão por acidente. "Fiquei louca vendo amigos imigrantes jovens, profissionais, idealistas, perdendo as esperanças de achar companheiros, prontos para deixar o país. O judaísmo gira em torno da família. Aqui é difícil ser religioso e solteiro. Assim, eu e meu marido organizamos uma festa para eles. Em vez de 30 solteiros, apareceram mais de cem. E a maioria era de sabras. Eu não tinha percebido que havia tantos solteiros com um problema terrível."

Depois da festa, ela abriu um serviço de encontros, Eden 2000, que ajudou cerca de 20 mil israelenses – de executivos *yuppies* a empresários, de ortodoxos aos não tão religiosos – em sua busca pelo amor, com um *website* de encontros, organizando passeios, viagens para esquiar e safáris kosher no Quênia – antes da Al-Qaeda bombardear um hotel israelense em Mombaça. A maioria de seus clientes está na idade de ter filhos, o que a torna feliz: mais de 30% é de homens judeus, de 25 a 44 anos, e um quarto de mulheres desta faixa de idade é solteira. É um problema nacional muito sério, ela continua. Para fortalecer Israel, as pessoas precisam se casar e se multiplicar. O país não pode se dar ao luxo de ter o número de solteiros da França ou dos Estados Unidos porque está sob "cerco demográfico". O governo deu a Zacharie um assento no Conselho Nacional de Planejamento Demográfico, que está preocupado com o fato de que os judeus israelenses estão perdendo a "guerra dos úteros". Os muçulmanos representam 20% dos habitantes de Israel, e estima-se que cheguem a 33% em 2025. "Os israelenses são mais orientados para o casamento que os povos de outros países ocidentais, mas estão mudando lentamente. As taxas de natalidade judias, drusas e cristãs árabes estão em declínio, e as pessoas estão se casando mais tarde", anota o professor Sergio Della Pergola, demógrafo da Universidade Hebraica. "Mas não os muçulmanos israelenses. Eles se voltaram contra a modernidade e retornaram a padrões tradicionais."[8]

E, por vezes, não tão tradicionais.

Depois que o médico bateu em um carro no estacionamento do hospital, deixou um bilhete no para-brisa. A nota, tão polida e apologética, impressionou a enfermeira. Eles se encontraram na cafeteria para discutir os danos. Durante quase um ano, continuaram se encontrando. Parecia platônico. Ambos tinham mais de 30 anos, e eram cautelosos – os dois preferem não divulgar seus nomes reais. Adil é um árabe muçulmano cuja mulher morreu em um acidente de carro. Yaffa tinha irritado seus pais judeus religiosos ao terminar um noivado com um homem de quem eles gostavam. Ela levou Adil para conhecer sua casa. Os avôs dela falavam árabe sírio. Ele fala árabe da Galileia. Durante o jantar, todos falaram hebreu. A família dela era cordial. Mas, por trás de cena, havia uma súplica.

Adil a convidou para visitar sua pequena cidade majoritariamente muçulmana, na Galileia, que tem mais da metade de sua população formada por israelenses árabes. Os pais dele e outros parentes foram hospitaleiros. Depois que ela saiu, a mãe de Adil lhe disse para encontrar uma mulher adequada da *hamula*, a família estendida. Ele não estava interessado.

Alguns de seus primos tinham rompido a tradição e escolheram mulheres muçulmanas sem envolvimento familiar. Por que não ele?

Depois que Adil se mudou para o apartamento de Yaffa, ela descobriu que seus vizinhos judeus, antes amigáveis, deixaram de ser simpáticos. E encontrou uma outra nota no para-brisa de seu carro. Desta vez, foi uma advertência: "Você está trepando com um árabe". Depois de alguém pichar "você é uma traidora" em sua porta, eles procuraram outro apartamento. No começo, os proprietários acharam que Adil era um judeu mizrahi que se parecia com um jovem Omar Sharif. Quando ouviram seu hebreu com um forte sotaque árabe, encontraram desculpas. Alugar era especialmente difícil, com explosões suicidas em Jerusalém levantando suspeitas. Finalmente, acharam um lugar. Jerusalém tem duas geografias: a que você pode encontrar no mapa, ou seja a geografia do lugar, e aquela escondida nas mentes das pessoas. Antes da segunda Intifada, era fácil ignorar o mapa escuro de Israel. Agora, não se podia. Descobriu-se uma nova geografia – a do medo.

Quando ambos resolveram se casar, a reação, em suas palavras, foi "Romeu e Julieta se tornaram nucleares". O pai e os irmãos de Adil proibiram que ele entrasse de novo em sua cidade. Ameaçaram matá-lo. Apenas sua mãe continuou falando com ele. A família e os amigos de Yaffa imploraram para que o deixasse. Foi a primeira vez que ela viu seu pai chorar. O casal achou que seu amor poderia transcender o ódio crescente da Intifada. Nada mais é simples em Jerusalém. Nem mesmo o amor. Depois de dois anos, eles não tiveram de dizer um ao outro o que sabiam: o perpétuo conflito tribal os esgotara. Eles se recolheram a seus mundos separados. O amor não pode florescer em uma situação sem solução.

Em um país com um Montecchio muçulmano para cada quatro Capuletos israelenses, não são muitos os casais israelenses muçulmanos judeus que podem viver juntos abertamente. Uma história de amor tornou-se uma sensação nacional. Ela nasceu no dia 13 de setembro de 1993, dia em que Yasser Arafat e Yitzhak Rabin assinaram a declaração de princípios no gramado da Casa Branca. Um diretor palestino e um israelense assinaram um acordo para encenar uma coprodução palestina-israelense de *Romeu e Julieta*. O cenário para a tragédia de Shakespeare dos feudos familiares era o oeste de Jerusalém, não Verona. Os Montecchios eram israelenses árabes e palestinos. Os Capuletos, judeus israelenses. Quando Romeu cortejou Julieta em seu jardim, falou árabe, e ela respondeu em hebreu. A saga das grandes paixões e grandes ódios entre duas famílias nobres se tornou uma metáfora para a história de duas nações incapazes de viver juntas ou separadas. "Os Montecchios de fala árabe e os Capuletos de fala hebraica estão aqui para ficar – assim como a gente", disse sombriamente o diretor israelense Eran Baniel. "A única alternativa à paz é a morte."

Não muito depois de *Romeu e Julieta* terminar sua temporada em Israel, na França e Alemanha, foi lançado *Casamentos proibidos na Terra Santa*. Neste documentário árabe-hebreu, dois casais de Capuletos e Montecchios apanhados pelo conflito contam suas histórias. Há uma judia israelense que se converteu ao islamismo, para viver com seu marido palestino em Gaza, e um judeu que se casou com uma israelense muçulmana, cujos irmãos a ameaçaram de morte. De acordo com o diretor do filme, nascido em Nazaré, Michel Khleifi, "milhares de outros casais de fés mistas vivem juntos na Terra Santa, a maior parte deles em segredo".

Gil Shelef chama o porto misto árabe-judeu de Haifa de seu "bolsão de paz". Ele lembra um rastafári branco, com *dreadlocks* escondendo seus olhos. Mas, quando encontrou Natalie na festa de um amigo, enxergou claro. "Um jeito exótico. Pele não muito escura. Boca *sexy* e a quantidade certa de angústia." Eles vivem no mesmo bairro, mas seus passados são bem diferentes. Ele fala hebreu, árabe, inglês e espanhol e lê Chekhov em russo. Seus pais se mudaram para Haifa em 1971, vindo de São Petersburgo. Ela é parte ashkenazi, de uma das famílias fundadoras de Haifa, e parte judia egípcia. "Eu gostei porque Natalie não se importa com *status*, não tem aqueles valores falsos de Tel Aviv." Para ilustrar, Gil conta o que aconteceu quando se encontrou com outra mulher no tempo em que servia no Navy Seals, uma unidade militar especial famosa na época por capturar o Karine-A, um cargueiro que contrabandeava 50 toneladas de armamentos iranianos para a Autoridade Palestina.[9] "Fui a um encontro às cegas e, de cara, ela se aproximou de mim. Eu não sabia por que até ela perguntar sobre meu emprego. Disse-lhe que tinha sido transferido para um trabalho de escritório sem importância porque machucara meu joelho e, *puf*, seu encanto sumiu. Se você não tiver um título bacana, as mulheres de Tel Aviv correm na direção oposta. Natalie não se incomodou nada com o fato de eu ser um garçom de bar, em tempo parcial, sem objetivos de carreira."

Gil convidou Natalie para visitar o bar-café onde trabalha, um confortável recanto onde amigos, amantes e boêmios discutem política, recitam seus últimos poemas e ouvem, por exemplo, a voz rascante de Tom Waits. "Eu adoro o lugar, é como minha sala." Eles tomaram drinques com alguns dos amigos dele: um casal muçulmano-judeu da Technion, um filho de um membro árabe do Knesset (os árabes perfazem 10% do Knesset) e um corpulento engenheiro muçulmano noivo de uma mulher religiosa de Umm al-Fahm, uma cidade toda árabe governada por islâmicos israelenses que proíbem o álcool. "Eu fiquei feliz porque Natalie estava gostando da música *chill-out* e do ambiente – é um dos poucos bares binacionais onde árabes e judeus se encontram. Fui apanhar uma salada para ela. Quando voltei, achei que estava no banheiro, mas ela não voltou. Finalmente, encontrei-a do lado de fora. Ela disse que estava muito lotado e enfumaçado. Demorou um tempo para ela se abrir: 'Eu não me sinto muito confortável com árabes. Tudo bem se a gente sair?'. Eu disse: 'OK. Se você sair, vamos terminar isso já'. Em Israel, a política toca tudo, até os namoros."

Nem todos os soldados vivem em bases. Para aqueles que vêm de casa, é a vida de um civil, quando não estão de uniforme. O oficial de inteligência do exército Roi, de 23 anos, raramente coloca sua roupa cáqui quando dirige seu carro do duplex suburbano de sua família para o turno da noite em uma base secreta perto de Tel Aviv. "É longe do *front*. Não há sensação de guerra. É uma sala, só com computadores e telefones. São poucas pessoas, apenas uma equipe mínima de jovens com 19 anos. Eu sou encarregado dos sistemas dos computadores e de atender o telefone se as pessoas tiverem problemas. Nossa principal tarefa é ficarmos acordados. Ouvimos música *cool* na Galel Zahal [a rádio do exército]. As conversas são em sua maior parte sobre sexo, drogas e *rock and roll*. Policiais militares não podem entrar porque é uma área restrita, e, assim, usamos camisetas, sandálias e calças velhas. Se nada está acontecendo, tiramos uma soneca nos colchões. Tem vezes, porém, que não dá para cochilar."

Ele se lembra de uma noite quente de verão. "Eu ficava pensando: será que o turno vai ser agitado ou não? Se você procurar por isso, acha. Eu vi uma garota bonita, que tinha acabado de sair do treinamento básico. Normalmente, ela nem ousaria olhar para um oficial como eu nos olhos, não alguém com minha patente. Mas eu estava usando uma camiseta e agindo como um verdadeiro macho, tipo o homem do Marlboro. E era bem tarde. Todo mundo tinha ido embora. Apenas um cara e uma garota, e as regras que, claro, não se aplicam."

Os dois entraram em uma sala restrita com uma fila de computadores. Na parede, alguns mapas. E, para aliviar a tensão com comicidade, bandeiras iraquiana e síria e fotos de Saddam, Arafat e Assad. Eles estavam tirando as roupas, resfolegando, quando um oficial bateu na porta e exigiu:

– Abram a porta, eu preciso usar o telefone seguro.

– Volte mais tarde – Roi respondeu.

– É importante!

– Me dê dois minutos. Ninguém começa uma guerra no meio da noite.

Não havia um termo em hebraico para assédio sexual até que Israel aprovasse a lei mais abrangente do mundo sobre o assunto. "Esta legislação faz mais do que proteger a mulher de avanços sexuais. Muda mesmo o significado de masculinidade e feminilidade na sociedade israelense", afirma Orik Kamir, da Faculdade de Direito da Universidade Hebraica, coautor da legislação inovadora que o Knesset aprovou em 1998, depois de um intenso *lobby* dos grupos de mulheres de Israel.[10] A lei compreende assédio sexual no trabalho, no exército, nas escolas, em restaurantes, nas ruas – em todo lugar. Também proíbe ataques físicos ou verbais a homossexuais. Permite flertes, piadas sem racismo e casos consensuais. No entanto, o sexo consensual

Namoro e casamento ao estilo israelense 47

entre superiores e subordinados é proibido. Se o homem é o superior, uma mulher pode apresentar uma queixa contra ele por assédio ou ataque sexual, mesmo que na época ela tenha concordado em fazer sexo. "Não é que estejamos tentando regular as relações sexuais ou impedir o romance", explica a advogada Rivka Shaked, que representa as mulheres no funcionalismo público, maior setor empregador de Israel. "Estamos tentando impedir que homens abusem de sua autoridade. Quando um homem tem poder e a mulher é uma subordinada, nunca dá para dizer se ela concordou mesmo ou cedeu porque tinha medo de perder o emprego."[11]

A lei, que é mais dura do que em qualquer outro país, desconcerta e enraivece alguns homens. Eles reclamam de ser colocados em camisas de força sexuais, o que ameaçaria o romance no país. Sob a lei, o flerte é legal, mas o assédio sexual não – e não é apenas em Israel que a linha entre os dois se confunde. "Quando era jovem, eu costumava dizer para as mulheres: 'Seus olhos são como duas xícaras de café turco'. Concordei em votar a favor da lei depois de ser convencido de que isto continuaria, e que não colocaria um fim ao romance", diz Ruby Rivlin, ex-presidente do Knesset. Um repórter do *Ha'aretz* escreveu que "a lei tira um importante direito de livre expressão masculino, a liberdade de flertar". Israel está cerca de dez anos atrás dos Estados Unidos na evolução da discussão sobre o assédio sexual. O que alguns homens israelenses consideram normal pode ser chocante em Manhattan, mas não no Mediterrâneo. Muitos homens israelenses têm dificuldade de acreditar que um olhar de admiração para as pernas expostas de uma mulher, um tapinha carinhoso na bunda ou observação sobre o tamanho dos seios podem ser ofensivos. Um oficial do exército reclama: "Chegamos a um estágio em que não podemos beijar uma mulher no rosto quando ela é dispensada do serviço". Grupos de mulheres estão tentando educar os homens sobre comentários sociais inapropriados e contato físico não desejado. Como diz Yael Dayan, ex-chefe da Comissão do Status da Mulher do Knesset, "não se trata de criar uma situação na qual não há mais cortejo ou em que cada toque gere uma queixa policial, mas, quando uma mulher diz não, ela quer dizer não" (uma palavra que seu falecido pai, o general Moshe Dayan, notório mulherengo, ignorava – ou, possivelmente, raramente ouvia). "Israel é um lugar de contradições", acrescenta Shulamit Aloni, veterana ativista dos direitos civis, ex-ministra da Educação e fundadora do partido político de esquerda Meretz. "Por um lado, o céu é o

48   Os israelenses

limite para mulheres na vida civil, mas, por outro, também vivemos em uma sociedade patriarcal e machista – patriarcal porque o rabinato, que é muito atrasado, controla casamento e divórcio, e machista por causa do exército."

As mulheres nas Forças Armadas são frequentemente vistas como ajudantes dos homens, de acordo com a falecida socióloga Dafna Izraeli, do Programa de Estudos do Gênero da Universidade Bar-Ilan. "As Forças Armadas têm tradicionalmente uma aura de licença permissiva. Uma atitude prevalente é que os homens servem à nação e as mulheres servem aos homens. Não é segredo que o meio militar israelense é um poço explorador de relações sexuais. Oficiais no comando frequentemente ficam com a 'primeira escolha' de recrutas femininas. Ainda não é incomum para as mais belas se tornarem seus 'troféus'." Na renomada Força Aérea Israelense, diz-se regularmente: "Os melhores homens vão para a pista dos pilotos. As melhores mulheres vão para os pilotos."

Embora regulamentos do exército tenham proibido relações sexuais entre superiores e subordinados há décadas, raramente foram aplicados. Se uma jovem recruta reclamava do assédio de um oficial sênior, pouca coisa acontecia. Mesmo nos casos de estupro confirmados, oficiais foram discretamente afastados, muitas vezes com aposentadorias plenas e privilégios. Os israelenses perceberam que o país tinha mudado quando, em 1999, a Corte Suprema bloqueou a promoção do general-brigadeiro Nir Galili depois de ter sido acusado de manter relações sexuais com uma soldada de 19 anos de sua base.

"Dezenas de outros casos como o de Galili nunca são reportados", diz Nitzan Arbib, uma soldada no Corpo de Educação que, entre outras tarefas, organiza palestras obrigatórias sobre assédio sexual, algumas vezes por ano, para 500 homens e 18 mulheres em sua unidade de combate na Cisjordânia. "Se eu tiver sorte, três ou quatro aparecem e bocejam na minha cara." Ela também mantém classes separadas para seus comandantes. "Enviei um jipe à prova de balas para trazer um palestrante convidado à nossa base, um assistente social. Pelo menos 30 oficiais prometeram aparecer. Eu chequei e rechequei, e todos me asseguraram que viriam. Eu esperei, e esperei. Quando levei o palestrante para a sala, ela estava vazia. Fiz algumas ligações e recebi respostas do tipo: 'Outra palestra sobre assédio sexual? Isso é um porre'; 'Estou muito cansado, estava na batalha'; 'Eu tinha tarefas a fazer e esqueci'. Os comandantes precisam mais do curso que seus soldados. Alguns agem

Namoro e casamento ao estilo israelense   49

como se tivessem 15 anos de idade. Um oficial disse: 'As garotas são loucas por mim. Elas estão aqui para dormir com os caras, e por qual outra razão se apresentariam como voluntárias em uma unidade de combate?'."

Quando Chen Nardi, comandante de um acampamento para treinamento de soldados de combate, foi promovido a tenente-coronel, um colega oficial lhe perguntou: Onde estão as garotas? "Lembrei a ele que sou um oficial sênior, que as mulheres sob meu comando são minhas subordinadas e que sou casado; por isso, ele me chamou de *freier* (babaca). No final das contas, ele disse, 'divertir-se com as mulheres é apenas parte da coisa'." Nardi, que agora dirige o Movimento pela Nova Masculinidade e oferece *workshops* sobre as relações entre homem e mulher, observa que "as mudanças na sociedade israelense, seja militar ou civil, são revolucionárias". E acrescenta: "As leis estão desafiando nossas definições de masculino e feminino. As mulheres estão exigindo seus direitos, e os homens estão aprendendo a tratá-las como iguais. Mas alguns homens não percebem que as regras do jogo mudaram. Eles não conseguem entender. Homens em altos cargos no local de trabalho, na academia e nas Forças Armadas acham difícil parar com seus rituais sexistas e machistas, e ainda pensam que têm o privilégio de fazer comentários sexuais baixos ou exigir favores de mulheres subordinadas". Ele enfatiza que o exército, por natureza, "é uma instituição hierárquica machista, onde os graduados podem tratar recrutas jovens e atraentes como bônus". "Já que nossa sobrevivência é ameaçada, o guerreiro que defende nosso país tem uma posição particularmente estimada", diz. "O general é como um grande pai para todos nós – ele irá nos proteger. Espanta que Mordechai tenha praticado os crimes que cometeu?"[12]

Ele se refere à queda em desgraça do veterano general do exército Yitzhak Mordechai, ex-ministro da Defesa, condenado por atacar sexualmente duas mulheres em 2000. Mordechai recebeu uma sentença de 18 meses em prisão domiciliar. Então, aconteceu outro caso de má conduta sexual. Em fevereiro de 2007, um tribunal israelense condenou o ministro Haim Ramon, da Justiça, por comportamento indecente. No curso de deliberações sobre segurança durante a Guerra do Líbano, Ramon fez uma pausa e beijou à força uma oficial da IDF que trabalhava em seu gabinete. Ramon foi condenado a 12 horas de serviço comunitário por assédio sexual. Poucos meses depois, o primeiro-ministro Ehud Olmert o nomeou vice-primeiro-ministro. Depois, houve o caso, que foi parar nas manchetes, do presidente Moshe

50   Os israelenses

Katsav, acusado de estupro e outras ofensas sexuais. Na controvertida negociação da sentença, Katsav renunciou, admitindo apenas ofensas sexuais inofensivas. Em 30 de junho de 2007, mais de 20 mil pessoas fizeram uma manifestação em Tel Aviv contra o abandono da acusação de estupro. Desde que o Knesset aprovou a lei, em 1998, cerca de metade de todas as mulheres israelenses diz ter sido assediada, e muitas afirmam ter medo de se queixar ou são convencidas de que não vai dar em nada. Mas pelo menos foram afastados 50 oficiais acusados e considerados culpados de assédio sexual.

Mas há aquelas que torcem para que seus superiores façam um avanço inapropriado. Uma mulher de temperamento forte que trabalhou na inteligência do exército queixou-se por não ser possível fazer uma queixa formal. "Rezei para ele fazer uma abordagem sexual, e eu dar queixa. Mas, por azar, ele nunca fez. Meu comandante era do tipo que fica louco e pune você se suas botas estão sujas. Ele não sabia o que fazer com uma jovem inteligente e de esquerda", recorda Efrat. "Se eu cometesse um mínimo erro em um trabalho difícil de tradução que ele me tinha passado, as pessoas o ouviam gritar de fora da sala."[13]

Um dia, um oficial de alta patente visitou sua base secreta na Galileia para treiná-la, com outros soldados selecionados, em tradução avançada do árabe. "Ele era muito bonito. Muito alto, com olhos azuis-claros. Uma parte da atração era sua insígnia. É um afrodisíaco. Mas sua sexualidade era muito mais que isso. Eu realmente o queria e planejei meus movimentos com muito cuidado, tentando ser esperta e atraente, passando a mão em meu cabelo. Três semanas depois, 'Ami' partiu sem ter notado minha presença. Mas eu não conseguia parar de pensar nele."

Depois de sete meses, a garota de 19 anos achou que tinha uma razão para ligar para o oficial de 22 anos. "Meu comandante ainda fazia da minha vida um inferno, e eu precisava desesperadamente de ajuda." Efrat ligou para Ami em seu quartel-general em Tel Aviv e pediu uma reunião. "Ele disse não, e que todos no exército choramingam. Eu insisti que era muito sério, que meu comandante estava me torturando. Ele não acreditou em mim, mas finalmente concordou em me ver quando eu estivesse em Tel Avi de licença." Depois de lhe contar suas "histórias de horror", Efrat o convenceu a ajudá-la a conseguir uma transferência. "Quando saía, não sei por que, de repente

Namoro e casamento ao estilo israelense 51

brotou da minha boca:'Há mais uma coisa. Eu realmente estou apaixonada por você'. Ele ficou chocado, não sabia o que fazer e disse, formalmente: 'Sou seu oficial em comando. Qualquer relacionamento é proibido'. Mesmo que estivesse interessado, ele segue as regras, o que significa que eu teria de esperar dois anos até ser dispensada."

"Durante dois dias, fiquei embaraçada, como um zumbi. Na última noite da minha licença, ele me ligou e disse: 'Eu pensei sobre isso, e vamos sair juntos'. Fomos ver um filme em um *shopping*. Quando saíamos, uma garota da base me viu e gritou:'Efrat, o que você está fazendo aqui?'. Quando ela viu Ami, arregalou os olhos. Nós nem tínhamos pegado na mão um do outro, mas pela manhã éramos o assunto da base. No exército, um segredo é uma coisa que se conta a uma pessoa por vez."

Israel se destaca entre os países mais densamente populados do mundo. É quase impossível permanecer anônimo. Um soldado pediu à telefonista o número de uma mulher que conhecera em uma livraria. "Esqueça", ela disse. "Por quê?", ele quis saber. "Porque ela voltou com o namorado." As israelenses usam trajes de banho minúsculos, mas não fazem *topless* como na França ou Itália. Ninguém sabe quem vai estar na esteira ao lado – seu professor, seu dentista, seu vizinho? Israelenses não são viciados em solidão. Junte israelenses em uma longa faixa de areia e, em minutos, eles estão fofocando. Tente tirar uma soneca em um avião com passageiros israelenses. Mesmo antes da decolagem, estranhos estão no corredor conversando ruidosamente. Uma estudante da Universidade Hebraica descreve seu voo da El Al de Londres a Tel Aviv. "Quando aterrissamos no Ben-Gurion, uma aeromoça disse: 'Por favor, mantenham seus cintos afivelados até que o avião pare e os sinais do cinto se apaguem. E lembrem-se, é proibido usar os celulares'. Dois minutos depois, ela acrescentou: 'Para aqueles que ainda estão sentados, desejo uma feliz Páscoa e uma agradável visita à Terra Santa. E para todos vocês de pé no corredor e gritando no celular, feliz Pessach e bem-vindos de volta ao lar."

A proximidade promove a coesão, mas isso também quer dizer que as pessoas sabem detalhes íntimos da vida das outras. É uma sociedade orientada para o grupal. As pessoas muitas vezes têm dificuldade de entender o exótico conceito ocidental de "espaço privado". Desde o jardim de infância, os israelenses aprendem a importância de pertencer a um hevreh, um grupo próximo de amigos da escola, de escoteiros ou soldados, que ficam juntos a vida toda. É no exército que são forjadas as amizades mais duradouras. É também um poderoso local de encontros românticos.

E, então, como foi o romance de Efrat com seu oficial comandante? "Maravilhoso. Intenso. Depois que saí do exército, terminei com ele. Eu quero experimentar muitos homens. Minha mãe casou com seu oficial. Ela e meu pai são divorciados. Quando namoravam, as canções no exército falavam sobre a mulher esperando o bravo soldado voltar da batalha. Eu gosto das músicas de hoje. Sobre mulheres ousadas saindo para explorar o mundo por si mesmas."

Diferente de Efrat, cuja base tem mais de 800 soldados homens e mulheres e uma discoteca três vezes por semana, Ilana era a única mulher entre 90 soldados de combate. Seu trabalho era selecionar a correspondência. "Nunca vou ser uma rainha da beleza, mas eles me tratavam como uma orquídea. Há um ditado que diz que, no deserto, cada cardo é uma flor. Eu tinha um namorado na minha cidade, e ele me respeitava. Nenhum deles me deu uma cantada. Eu era como uma psiquiatra para aquela unidade de corações partidos, ouvindo histórias sobre garotas que os tinham dispensado. Eles têm sorte se conseguirem ir para casa duas vezes por mês. Sentam-se na lama, sob calor infernal, ficando de guarda. Perseguindo terroristas. Suas armas fazem parte de seus corpos. Eu vi uma placa que descreve suas vidas: 'América: 11/9 Israel: 24/7'. (ou, sete dias por semana, vinte e quatro horas por dia).

Agora Ilana é uma executiva júnior de marketing. "A atmosfera em nosso escritório é relaxada, amigável e divertida", ela diz. "Os homens não têm vergonha de dizer abertamente o que sentem. Se um cara achar que minha blusa é sexy, ele vai dizer isso. Os homens israelenses têm um respeito saudável pela sexualidade. Não é como quando visitei a Inglaterra. Você pode ficar nua, e eles vão fingir que não veem. Aqui, se estou em uma reunião, é como quando estava na base. Um homem pode tocar meu braço e dizer: 'Seu sorriso é lindo'. Para mim, é um cumprimento, e não uma coisa sexualmente sugestiva. Meu chefe me chama de motik (doçura). Para ele, é uma afeição. Por vezes, uso um flerte inocente para amaciá-lo. E já o convenci a me passar tarefas que gente acima do meu nível não conseguiu. Depois de uma reunião, ele sempre me dá um abraço amigável. Não é ameaçador. Se ficássemos chateadas toda vez que um homem apertasse nossa mão ou

Namoro e casamento ao estilo israelense   53

fizesse galanteios, nunca mais conseguiríamos trabalho. Nós estaríamos ocupadas demais registrando queixas."

As IDF não são, apesar de todas as histórias acima, um serviço de encontros. E têm um propósito mais sério, como veremos no capítulo seguinte.

Notas

1. Cerca de 35% dos judeus têm uma mutação genética que pode protegê-los contra o alcoolismo. Um estudo da Universidade Columbia, publicado na edição de setembro de 2002 do *Alcoholism: Clinical and Experimental Research*, mostra que judeus israelenses com uma variante do gene ADH2*2 bebem álcool em quantidades menores que a maioria das outras pessoas. E apoia um estudo anterior da Universidade Hebraica que descobriu que este gene, e não apenas a religião, ajuda a explicar por que judeus ashkenazim e mizrahim geralmente enfrentam menos problemas com o álcool do que a vasta maioria dos caucasianos que não têm o gene. Ver Judy Siegel-Itzkovich, "Ashkenazi Gene Linked to Lower Alcoholism", *Jerusalem Post*, 17 de setembro de 2002.

2. Reportagem de Maya Levine, "Tongues Are No Longer Wagging", *Ha'aretz*, 14 de agosto de 2002.

3. Israel é o lar de cerca de 300 mil cidadãos de fala russa. Em 2002, mais de 70% dos imigrantes da ex-União Soviética eram não judeus.

4. Reportagem de Neri Livneh, "Let's Talk about Sex, Baby", *Ha'aretz*, 21 de abril de 2000.

5. O rabino Yonatan Ben-Uziel viveu no primeiro século a.C. Mais notável dos discípulos de Hillel, traduziu os livros dos *Profetas* do hebraico para o aramaico. Conta-se que durante os anos 1500, o rabino Yitzchak Luria, o famoso cabalista de Safed, identificou este e outros túmulos de *tsaddikim* espalhados pela Galileia. Durante séculos de domínio turco, algumas tumbas foram abandonadas, e outras esquecidas. Nos anos 1950, rabinos localizaram muitas delas.

6. Safed é uma das quatro cidades religiosas de Israel – as outras são Jerusalém, Hebron e Tiberias. Safed alcançou seu zênite no século 16, quanto se tornou o centro reconhecido da cabala e o rabino Issac ben Solomon Luria ("o Ari") a transformou em um movimento de massa. No *Talmude*, o termo cabala significa simplesmente "doutrina recebida" ou "tradição". No entanto, a palavra passou a significar ensinamento esotérico. Cabalistas eruditos acreditam que é impossível alcançar ou entender Deus por meios racionais. Tudo é um símbolo de Deus – a alma humana, a *Torá*, a natureza –, se alguém souber decifrar seus significados.

54   Os israelenses

Uma característica proeminente da cabala é a série de códigos usados para destrancar esses segredos. Os cabalistas acreditam que a *Torá* é sagrada, que suas palavras e seus números também devem ser sagrados; portanto, uma vez que as chaves sejam encontradas, os segredos do texto podem ser revelados. Cada letra na *Torá* tem um valor numérico. Cálculos baseados nesses valores revelam segredos do universo. Ver Yael Chen, *101 Israeli Mystics: The Comprehensive Guide* (Yediot Aharonot and Hemed Books, 1999). Ver também Yoram Bilu, "Good for What Ails You", *Ha'aretz*, 17 de setembro de 1999.

7. Dados do Bureau Central de Estatísticas de Israel indicam que, em 1999, 35% da população judaica adulta em Israel era solteira, ou seja, 1,12 milhão de pessoas. O índice era de 30,1% entre os homens judeus de 25 a 44 anos e de 25% entre as mulheres na mesma faixa de idade, o que representa mais de meio milhão de israelenses. De acordo com dados de 2002 do mesmo instituto, a população judaica continua a crescer em ritmo menor que o das comunidades drusa e muçulmana. A taxa de natalidade cristã é a mais baixa. A população judaica cresceu 1,4% em 2001, contra 1,8% no período de 1997 a 2000 e 3,4% entre 1990 e 1995.

8. Abigail Radoszkowicz, "Jewish Mother's Job", *Jerusalem Post*, 6 de abril de 2002. A taxa de casamentos em Israel caiu 43% nos últimos 25 anos. A Lei das Grandes Famílias, que dava um pagamento de 700 shekels novos para cada criança na família depois do quarto filho, foi cortada em 2003. Embora políticos judeus ultraortodoxos tenham iniciado a lei, árabes muçulmanos também obtiveram o benefício. Geralmente, eles têm famílias grandes e são mais que o dobro da população ultraortodoxa (20% *versus* 8%). O percentual de outros judeus com cinco ou mais filhos não é significativo. Ver Yair Sheleg, "Come Forth, Marry and Multiply for a Strong Israel", *Ha'aretz*, 20 de julho de 2002. Ver também Abraham Rabinovich, "Census and Sensibilities", *Jerusalem Post*, 25 de maio de 2000. O número de judeus solteiros aumentou 9% de 1998 a 1999, enquanto a taxa de crescimento daquele ano foi de 1,8%. Não fosse pelo Holocausto, de acordo com o demógrafo Della Pergola, o número de judeus hoje no mundo seria de 26 milhões a 32 milhões. Mas o total é de 13 milhões, a maior parte nos Estados Unidos (5,7 milhões) e Israel (5,1 milhões). Ele estima que em 2020 a população judaica do mundo será mais ou menos o que é hoje.

9. Em 3 de janeiro de 2002, a Marinha de Israel abordou o Karine-A no Mar Vermelho, a 310 milhas ao sul de Eilat. O navio, comprado pelos palestinos, estava cheio de armas iranianas, como foguetes Katyusha, morteiros, mísseis antitanque, minas, rifles de longa distância e munições diversas. Seu capitão era um membro sênior da Fatah de Arafat. Documentos israelenses mostram que Arafat aprovou um pagamento em dinheiro de 12 milhões de dólares para o Irã.

Namoro e casamento ao estilo israelense 55

10. Larry Derfner, "Flirting with Disaster", *Jerusalem Post*, 13 de março de 1998. A lei da 1998 contra o assédio sexual é uma das mais progressistas do mundo. Vai muito além da legislação americana e europeia, que se relaciona apenas à abordagem sexual no local de trabalho. A lei israelense reconhece o assédio sexual em qualquer lugar, e entre colegas e iguais, assim como entre subordinados e superiores, e prevê prisão e multas. A lei define abordagem sexual de forma ampla: como contato sexual, discurso sexual repetido e indesejado, propostas degradantes de sexo a uma pessoa. A lei define assédio sexual como (1) usar a autoridade para conseguir favores sexuais, ameaçando, por exemplo, despedir um funcionário ou se recusando a promovê-lo se ele ou ela não concordarem; (2) fazer avanços sexuais repetidos mesmo depois de ouvir que são indesejados; (3) tratar alguém como objeto sexual fazendo comentários lascivos sobre seu corpo; (4) humihar alguém por conta de sua orientação sexual.

11. Eeta Prince-Gibson, "Legislating Advances", *Jerusalem Post*, 27 de maio de 2000.

12. Eeta Prince-Gibson, "Combating Sexual Harrassment", *Hadassah Magazine*, agosto/setembro de 2001.

13. Peter Hirschberg, "A Blind Eye to Sexual Harassment", *Jerusalem Report*, 3 de janeiro de 1995.

3

Um exército do povo

Mesmo quando um lobo se deita com um carneiro, é ainda melhor para nós sermos os lobos. — Ditado popular das IDF

O ideal não é mais a paz, mas a ausência de guerra. — Do poeta Yehuda Amichai(1924-2000)

Mal saído do colégio, Liron Heffetz conduzia seu tanque na Faixa de Gaza, acompanhando um trator que derrubava barracas de trigo, desbastando arbustos que poderiam potencialmente abrigar terroristas dispostos a atirar foguetes sobre Israel. "Eu olhei e vi um velho agricultor palestino e sua mulher. Nunca vou esquecer a expressão daqueles dois rostos. Medo e desespero. E raiva. Nós estávamos destruindo seus campos, seu meio de vida", diz o soldado de 19 anos. "Tínhamos pela frente uma escolha terrível: arruinar a colheita ou deixar o Hamas usar o campo para disparar foguetes palestinos e matar civis. Eu decidi que os israelenses valiam mais que um campo."

A caminho de sua casa em um uniforme cáqui, com seu M-16 pendurado no ombro, Liron para em uma loja de música. Por causa do pequeno tamanho de Israel, os soldados vão do *front* para casa em uma viagem que raramente dura mais que duas horas. Por todas as regiões de Israel, soldados

58   OS ISRAELENSES

se misturam livremente com os civis. A maioria das famílias judias e drusas tem um soldado em tempo integral ou um na reserva. Com uma idade em que os americanos estão saindo de casa e se separando de seus pais, os soldados israelenses aumentam a dependência emocional que têm de suas famílias. Estas chegam às bases militares todo sábado, armadas com gefilte fish, cuscuz marroquino apimentado, a piroshki* russa e a wat** etíope para seus filhos, quando eles não conseguem licença de final de semana.

Ao entrar na casa de dois andares dos seus pais, em uma sonolenta cidade perto de Tel Aviv, Liron deposita uma montanha de roupa suja. "Meus pais me tratam como um rei. Mamãe faz meus pratos prediletos. Eu durmo até depois do meio-dia, passo muito tempo tocando piano e lendo." Sujeito contemplativo, ele tem lido os escritos de David Ben-Gurion, o primeiro primeiro-ministro de Israel, que enfatizou que, se imperialistas podem empregar um exército profissional, uma nação igualitária requer um exército do povo.

Nos jantares do sabbath, Liron vem perguntando sobre Ben-Gurion. Seu avô, de uma família síria e egípcia que se mudou para Jerusalém há gerações, conhecia a maior parte dos fundadores do Estado. Ele ajudou a criar tanto a Força Aérea Israelense quanto a El Al. "Quando me apresentei como voluntário a uma unidade de combate, ele ficou orgulhoso. Sei que ele teme por mim; por isso não lhe conto tudo, nem a meus pais", diz Liron, que já perdeu cinco colegas de exército. Uma vez aconteceu quando soldados, em um ponto de vigia, tentaram interceptar potenciais terroristas de entrarem em Israel, e um palestino abriu fogo. David, amigo de Liron, correu para ajudar um colega ferido, mas foi morto a tiros. "Nós não abandonamos nossos soldados", afirma Liron enfaticamente. "Os soldados arriscam suas vidas para trazer para casa uma pessoa ferida."

Não é um alívio estar em licença de dois dias? Liron faz uma pausa antes de responder. "Não; é como se eu fosse para outro mundo. Não se pode ficar longe dessa guerra." Hoje, Israel é uma louca mistura de casa e *front*, sem nenhuma distinção clara entre inimigo e amigo. A voz de Liron fica embargada quanto fala de um companheiro de um tanque que foi para

---

* Pães recheados, assados ou fritos. (N. T.)

** Prato à base de legumes e carnes apimentadas servido sobre pão sírio. (N. T.)

casa visitar os pais em Jerusalém. Momentos depois de pedir um drinque em um café na rua Ben-Yehuda, foi despedaçado por um homem-bomba. Ele hesita antes de citar a irônica fatalidade que aconteceu com um casal de vizinhos duas casas abaixo. O filho deles estudava nos Estados Unidos, depois de ter sido dispensado da IAF, e trabalhava no 103º andar do World Trade Center no 11 de Setembro, dia em que a Al-Qaeda chegou à América.[1]

Um dos irmãos mais velhos de Liron, Tamir, passou o dia correndo com sua motocicleta Kawasaki no deserto de Negev, uma última aventura antes de preparar sua mochila mais uma vez. Um espírito livre, ostentando rabo de cavalo loiro e um brinco – as IDF permitem um certo relaxamento –, Tamir não está feliz de voltar ao serviço como reservista. Embora soldados da linha de frente como Tamir e Liron tenham o papel mais duro nas IDF, com menos licenças e mais serviço de reserva que outros soldados, eles partilham um compromisso nacional com a defesa. Pesquisas mostram consistentemente que a maioria dos israelenses seria voluntária para o serviço, se ele não fosse compulsório. "Nós sabemos que, sem o exército, Israel não existiria. Não podemos nos dar ao luxo de perder uma guerra, ou perderíamos nosso país", diz Tamir. "Para mim, ser israelense significa defender o país. Mas quantas convocações mais nós podemos ter?"

O serviço no exército é um rito de passagem para os israelenses, e não menos profundo por ser comum. O serviço compulsório começa aos 18 anos. Judeus e drusos servem três anos, e mulheres judias – Israel é o único país no mundo que recruta mulheres – servem pelo menos dois anos.[2] Israel tem "apenas" 140 mil soldados em tempo integral, uma porção significativa de sua população, mas sua real força militar reside nos 400 mil soldados da reserva que já serviram entre quatro e seis semanas durante um ano. Ex-comandante das Forças Armadas, Yigal Yadin disse uma vez: "Todo soldado israelense é um soldado com 11 meses de licença". Mulheres judias e drusas são chamadas para serviço de reserva até pouco depois dos 40 anos.

Nada une mais este país contencioso que sua crença na importância do exército. Depois de uma onda de bombas suicidas, incluindo o massacre do Pessach de 29 de março de 2002, que matou 29 convidados em um seder, o governo enviou tropas para a Cisjordânia e Gaza, áreas concedidas à Autoridade Palestina como parte do processo de paz de Oslo. A resposta

60   Os israelenses

à convocação de emergência foi notável: 95% dos reservistas se apresentaram, além de outros milhares de voluntários que não conseguiram ser convocados por serem muito velhos.[3] Optometristas, médicos e encanadores deixaram suas casas e subiram em jipes, veículos blindados e helicópteros. Entre os reservistas, não é incomum que o dono de um carro esteja sob o comando de seu mecânico, um professor sob as ordens de seu barbeiro, um advogado subordinado a um funcionário de escritório.

A segunda Intifada e a guerra com o Hezbollah em 2006 esticaram as IDF até seu limite, transferindo uma grande carga para os reservistas que deixaram empregos e famílias. O número de reservistas – cerca de seis vezes maior que o exército regular – é a principal força de guerra israelense. Alguns daqueles que são autônomos correm o risco de quebrar. Esposas são deixadas sozinhas para se virar com o trabalho e a família. Estudantes perdem aulas. Quando a situação esquenta, muitos reservistas, como Tamir, servem 42 dias direto em missões como descobrir arsenais e depósitos de armas. Aqueles que entraram na cidade de Nablus, na Cisjordânia, viram muros com pôsteres de homens-bomba palestinos e acharam um vídeo de três horas e meia no qual um instrutor mascarado do Hamas demonstrava como construir um cinturão de explosivos e ficar em um ônibus para matar o maior número de israelenses. No auge da segunda Intifada, houve 32 explosões em ônibus apenas em Jerusalém. No dia 6 de agosto de 2007, Osama Hadam, representante do Hamas no Líbano, disse à TV Al-Kawthar que as ações dos suicidas em ônibus "na chamada Israel" eram justificadas porque "soldados sionistas dirigem os ônibus": "E se escudam atrás dos chamados civis dentro da entidade sionista". Ele advertiu que o Hamas se prepara para a guerra, não apenas porque espera que Israel ataque, "mas porque a meta final da resistência é eliminar a entidade (Israel) da face da Terra".

Os israelenses sempre viveram em estado de guerra, ou semiguerra, em um país que nunca teve fronteiras permanentes. Israel tem o maior percentual do mundo de veteranos, e a maior parte dos homens judeus e drusos lutou em duas ou três guerras. Durante o Memorial Day, rolam nas telas da TV os nomes de mais de 20 mil soldados israelenses mortos em conflitos militares, como a Guerra da Independência (1947-48), a Campanha de Suez (1956), a Guerra dos Seis Dias (1967), a Guerra de Desgaste (1968-70), a Guerra do Yom Kippur (1973), a Guerra do Líbano (1982-2000), a guerra contra o Hezbollah e a segunda guerra do Líbano (2006 – e que pode irromper de novo a qualquer momento). Em menos de 60 anos, as Forças Armadas de Israel acumularam um enorme número de batalhas. Em 1948, o exército mambembe de Israel, formado por guerreiros autodidatas, em uniformes descombinados, equipados com armas antiquadas, rifles da Primeira Guerra Mundial, metralhadoras e morteiros feitos em casa, "tanques" que fundiam placas de aço e concreto, conseguiu a primeira vitória militar judia em mais de 2 mil anos. O assalto ao Sinai em 1956, com soldados franceses e britânicos, quase foi vencida, antes da intervenção americana e soviética. A vitória relâmpago, em seis dias de 1967, destruiu a Forca Aérea Egípcia no solo, com a conquista da Cisjordânia, do Sinai e das colinas de Golan – ocupando a Cidade Antiga de Jerusalém e o Muro Ocidental, barrados às preces judias desde a independência. A Guerra do Yom Kippur em 1973 começou com Israel espetacularmente despreparada para simultâneos ataques surpresas, disparados por egípcios e sírios, e terminou com as IDF cercando o exército egípcio, avançando 101 quilômetros adentro do território do Cairo e mantendo distância da artilharia de Damasco.

Se a guerra de 1973, com seus mais de 2 mil mortos e 5 mil feridos, comprometeu o mito da invencibilidade israelense, a invasão e ocupação do sul do Líbano – na Operação Paz para Galileia – a estilhaçou. A primeira Intifada, que em árabe significa "levante", durou de 1985 a 1992, mas, no julgamento de muitos israelenses, o conflito que irrompeu em setembro de 2000 é uma consequência direta da retirada ignominiosa de Israel do Líbano, que convenceu seus inimigos de que os israelenses não mais podiam tolerar baixas – que tinham amolecido. Diferente da primeira Intifada, um levante popular no qual a maioria dos palestinos lutou com pedras, a segunda teve homens-bomba e explosivos sofisticados. Ela foi equipada e financiada principalmente por Irã, Síria e cidadãos sauditas. Os palestinos, em sua maioria, a chamam de a "al-Aqsa Intifada", para islamizar o conflito e conectá-lo com os 1,2 bilhão de muçulmanos do mundo que acreditam que a mesquita al-Aqsa, no Templo do Monte – que os muçulmanos denominam de Haram al-Sharif – em Jerusalém, é o terceiro lugar mais sagrado do Islã. Outros palestinos a chamam de "Guerra da Aniquilação", porque querem que a Palestina inclua todos os israelenses. Em um conflito que também se desenrola nas páginas de livros escolares árabes, com mapas que omitem

62   OS ISRAELENSES

Israel e nomeiam Jerusalém de al-Quds, dar o nome à situação é difícil. Neste livro, é chamada de a "segunda Intifada". Mas, para muitos israelenses, é denominada simplesmente de "a situação". Ameaças que se alternam – e vêm da Síria, do Irã, do Hezbollah no Líbano, do Hamas e da Jihad Islâmica em Gaza e na Cisjordânia – mantêm engajada toda a nação de Israel.

Quase toda a nação, na verdade. O sistema eleitoral bizantino de Israel dá um vasto poder desproporcional a pequenos partidos religiosos. Em 2007, o Knesset curvou-se à pressão de políticos ultraortodoxos e estendeu a controvertida Lei Tal. Ela livra do serviço militar homens ultraortodoxos que se matriculam (e por vezes nem frequentam) nas yeshivas, escolas religiosas subsidiadas pelo governo.[4] Alguns "descobrem a religião" pouco antes de ser convocados. A Lei Tal, destinada a reduzir a evasão dos ultraortodoxos da convocação, fracassou totalmente – de 2002 a 2008, apenas cerca de mil homens ultraortodoxos foram convocados. Eles servem, em sua maior parte, em uma unidade ultrakosher que segue seus rigorosos requisitos religiosos, tais como nenhum contato com mulheres do exército. "Eles fogem da convocação. Isso é revoltante e injusto", declara Tamir com veemência. "Nós nos sentimos traídos. Em vez de 'uma pessoa, um alistamento', carregamos a carga deles, protegendo-os e apoiando suas famílias. Eles se recusam a derramar seu sangue ou pagar com suas vidas. Se não querem partilhar a carga, deveriam deixar o país."

O alistamento discriminatório começou em 1954, quando o primeiro-ministro Ben-Gurion abriu exceção para todos os estudantes de yeshivas. Na época, foram envolvidos apenas 400 estudiosos da *Torá*. Em 2008, o número dos envolvidos chegou a mais de 50 mil – quatro divisões militares – e cresce rápido. Hoje, 22% de todos os israelenses de primeiro grau são ultraortodoxos. Isto significa que, ao chegar aos 18 anos, quase um quarto dos israelenses em idade militar não vai servir, a menos que a lei do alistamento mude. Neste país de intenso debate político, essa questão gera fortes ressentimentos. Uma história sarcástica expressa a amargura disseminada: quando o pai de um reservista parou para dar carona a um soldado, um estudante ultraortodoxo de uma yeshiva também tentou entrar no carro. "Desculpe, eu apenas dou carona a israelenses que servem o exército", o pai disse ao ultraortodoxo. "Mas eu sirvo no exército de Deus", respondeu o estudante. "Que bom", afirmou o pai. "Então, peça uma carona para Deus."

Os estudantes das yeshivas não são o único problema das IDF. Cerca de 40% dos soldados são judeus ortodoxos. Muitos têm familiares ou amigos nas colônias. No verão de 2005, os soldados ordenaram a evacuação de 7 mil colonizadores em Gaza. Alguns rabinos ortodoxos instruíram soldados a recusarem ordens para desalojar os ocupantes de Gaza, advertindo que a retirada israelense seria uma vitória para terroristas islâmicos em Gaza, determinados a eliminar Israel. Os poucos soldados ortodoxos que assim procederam foram enviados a prisões militares. Em 2007, mais uma vez, 21 soldados religiosos se recusaram a evacuar duas famílias da cidade de Hebron, na Cisjordânia, argumentando que judeus não podem abandonar o segundo lugar mais sagrado do judaísmo. Eles passaram um mês na cadeia.

Aqueles seis dias em 1967, durante os quais as IDF derrotaram os exércitos combinados de Egito, Jordânia e Síria, fizeram mais que alimentar um mito de invencibilidade: triplicou o tamanho do país e abriu a porta para os colonizadores. As consequências reverberam hoje em outro pequeno grupo de soldados dissidentes no outro lado da questão dos colonizadores. Entre 2002 e 2005, mais de 500 assinaram uma controvertida Carta dos Soldados, dizendo que se recusavam a servir além das fronteiras de 1967. Esses reservistas, alguns oficiais altamente condecorados, argumentam que seus colegas soldados estão mais seguros defendendo a si mesmos de dentro de Israel que caçando terroristas nos becos de Jenin e Nablus. Chamam esse conflito de "Guerra dos Colonizadores", porque querem que a maioria deles saia da Cisjordânia. Recusam-se a entrar em ações que violem direitos civis palestinos, tais como demolir casas, destruir pomares onde terroristas possam se esconder, ou colocar civis em risco usando armas em áreas densamente povoadas. Alguns desses *refuseniks* (termo hebreu para "aqueles que recusam") têm passado temporadas em cadeias militares. Certos casos foram parar na Corte Suprema.

A maioria dos israelenses concorda que nenhuma democracia permite a seus soldados uma recusa seletiva, e que o exército deve seguir o que o governo eleito lhe dita para fazer, o que significa brecar terroristas antes que eles ataquem. Alguns chegam a dizer que esses *refuseniks* dão aos inimigos de Israel a impressão de que o terror vence, que mais ataques farão os soldados perderem a garra. Mesmo alguns soldados de esquerda criticam, dizendo que não estão lutando para manter as colônias – estão lutando contra o terrorismo. "Quase todo mundo que eu conheço pensa que as colonizações como aquelas de Hebron e os postos avançados que salpicam a Cisjordânia

64   Os israelenses

são uma loucura. Nós odiamos que nossos soldados morram protegendo-os", diz Tamir, que, como a maioria dos israelenses, defende um estado palestino e a remoção de muitas ocupações na Cisjordânia – mas apenas como parte de um acordo de paz diplomático, segundo o qual um Estado palestino reconheça o direito de Israel existir e renuncie ao terrorismo.

Ronit Heffetz se preparou para o exército da mesma forma que seus três irmãos mais velhos fizeram. "Escoteiros os preparam para servir, e foi isso que fizeram por mim. Nós fizemos tudo juntos: andamos por todo o país, montamos tendas, aprendemos a cuidar uns dos outros." Eles fazem incursões noturnas, recriam batalhas antigas e se arrastam sobre seus estômagos. Se eles se cortam, ouvem: "Um pouco de sangue não vai fazer mal". Os movimentos da juventude israelense, que vai do não ortodoxo ao ortodoxo, da direita à esquerda, ensinam comportamentos valorizados pelo exército: companheirismo, engenhosidade e coesão do grupo.

O apego ao exército é instilado desde cedo. Crianças judias aprendem histórias de valores dos macabeus, a Masada, passando pela ousadia do resgate de reféns franceses em Entebbe que fascinou o mundo[5] em 4 de julho de 1976. Lembrar tais acontecimentos é uma parte importante da educação israelense. No processo de estudar a história israelense – centenas de *pogroms* (termo russo que significa "ataques em massa sangrentos"), massacres e inquisições –, as crianças aprendem a importância do altruísmo e da interconexão judaica. Quando observam os feriados religiosos, elas são introduzidas a um conjunto de personagens que tentaram eliminar os judeus – os egípcios no Pessach, os gregos no Hanukkah, os persas no Purim, os romanos em Lag b'Omer e os árabes no Dia da Independência. Nesta data, as escolas judaicas são decoradas com bandeiras de diversas divisões militares e as crianças sobem em tanques Merjaka 4 feitos em Israel. Questões sobre o exército aparecem até nos livros de matemática da quinta série. Soldados falam a alunos da sexta série sobre a importância da máscara de gás refrescante. Crianças enviam pacotes de presentes e cartas aos soldados. Para dar mais relevância ao recrutamento e à orientação de carreiras mais inclinadas à tecnologia, as IDF enviam soldados a seus ex-colégios com intuito de motivar os estudantes. Alguns vão para programas prévios de treinamento, onde experimentam a vida em uma base e veem exercícios de tiro ao alvo ou assistem a palestras de soldados que se transformaram em sucessos *high-tech*.

É impossível evitar a influência do exército. As ruas têm nomes de guerras e de heróis militares. Mesmo um anúncio do queijo Tniva invoca o nome de famosas unidades de combate: "50% paramilitares, 50% Brigada Golani, 100% família". Expressões coloquiais oferecem com frequência um *insight* sobre as preocupações de uma pessoa. Franceses abusam de expressões em torno de comida: "Não é o fim dos feijões" (não é o fim do mundo); "as cenouras estão cozidas" (acabou tudo). O inglês dos americanos está repleto de termos de beisebol: *strike out, hardball, home-run*. A gíria hebraica adota o vocabulário militar: "ela é uma bomba" (ela é sexy); "você é um canhão"(você é demais); "como uma operação militar" (um elogio a algo bem-feito); "vamos lhe enviar um míssil" (vamos despedi-lo ou lhe dar um pé na bunda); "urinar" (artilharia ligeira); "defecar" (artilharia pesada). O serviço no deserto é parte tão importante da sociedade civil, que mesmo as carteiras de habilitação têm espaço para a identidade militar das pessoas.

Excursões de campo a locais históricos são comuns em qualquer nível de escolaridade israelense. Na Galileia, jovens e recrutas visitam o túmulo de Yosef Trumpeldor, o pai espiritual das IDF. Trumpeldor, o mais condecorado oficial judeu no exército do czar da Rússia, durante a guerra russo-japonesa de 1905, persuadiu muitos jovens judeus a migrarem para a Palestina e, mais tarde, inaugurou unidades militares na Palestina durante a Primeira Guerra Mundial, servindo como subcomandante do Zion Mule Corps, unidade do exército britânico na campanha de Gallipoli. Em 1920, quando os árabes atacaram uma colonização de agricultores chamada Tel Hai (árvore da vida), sete judeus, homens e mulheres comandados por Trumpeldor, foram mortos em sua defesa. As últimas palavras do herói nacional são lendárias: "É bom morrer por nosso país". (Alguns historiadores, no entanto, acreditam que ele provavelmente morreu falando um palavrão em russo.) Mito ou não, a morte de Trumpeldor, que só tinha um braço, esteve por trás tanto da criação da organização jovem de direita Betar (acrônimo de "brit Trumpeldor") quanto da fundação do Haganah, exército clandestino antecessor das IDF.

Estudantes e novos recrutas também visitam o Cemitério Militar do Monte Herzl, batizado em homenagem a Theodor Herzl, pai do sionismo moderno. Perto do seu simples túmulo de granito, estão os dos primeiros-

-ministros Gold Meir, Levi Eskhol e Yitzhak Rabin. A uma distância percorrida a pé do Monte Herzl, está o Monte da Lembrança, local do Memorial ao Holocausto Yad VaShem ("um memorial e um nome", tirado de Isaías 56:5). Estudantes vão lá para aprender sobre o genocídio que matou um terço dos judeus do mundo. Desde o começo dos anos 1990, o Ministério da Educação envia a cada ano milhares de colegiais à Polônia para visitar campos de concentração. Eles conduzem cerimônias memoriais em câmaras de gás, muitas vezes abraçados uns aos outros, chorando e orgulhosamente segurando bandeiras israelenses. "Nunca esqueço; isso foi o que aprendi quando visitei Auschwitz aos 17 anos. Eu me postei onde meu avô Aaron viu pela última vez os pais, sua primeira mulher e seu bebê antes de todos serem enviados à câmara de gás. Ele nem pôde dizer adeus. Sobreviveu ao trabalho escravo e chegou aqui com um sonho: viver em paz", diz Dor Shapira, um estudante universitário. Agora, como major da reserva, ele está deixando as aulas para se juntar a uma unidade de infantaria. "Talvez um dia o sonho do meu avô Aaron se torne realidade."

No dia 13 de setembro de 1993, o então líder da Frente de Libertação da Palestina, Yasser Arafat, e o primeiro-ministro israelense Yitzhak Rabin apertaram as mãos e ratificaram a Declaração de Princípios dos Arranjos do Autogoverno Interino, observados pelo presidente dos Estados Unidos, Bill Clinton. Os acordos de Oslo, como são mais conhecidos, alimentaram uma crença entre muitos israelenses e palestinos em Gaza e na Cisjordânia de que a paz finalmente poderia estar à mão.

Enquanto continuava o processo de paz de Oslo, muitos israelenses começaram a se comportar como se não mais encarassem qualquer ameaça externa real. Soldados israelenses e palestinos faziam patrulhas conjuntas. Carros com placas palestinas atravessavam Tel Aviv. Centenas de estudantes palestinos estudavam em universidades de Israel. Os israelenses jogavam no Cassino Jericho e ouviam o *jazz* da rádio Ramallah. Os concertos de Elton John e Madonna em Israel tiveram seus ingressos esgotados, e *Material Girl* era um *hit*. O idealista "nós", tema prevalente nas canções e literatura israelenses, foi substituído por um individualista "eu". Consumismo e capitalismo entraram na moda. Autossacrifício e socialismo estavam fora.

Um exército do povo   67

Os escalões mais altos do exército se preocupavam com o fato de a "geração *cappuccino*" estar amolecendo. Unidades de combates e escolas de oficiais tinham menos recrutas. Muitos voluntários queriam trabalho apertando um *mouse*, e não um gatilho. Por que ser um soldado de infantaria se você podia ter uma educação de graça na melhor escola técnica do mundo, as IDF? Muitos soldados tinham sonhos de se tornar empreendedores *high-tech*. Outros não queriam vestir um uniforme de jeito nenhum. A motivação para o serviço despencou. Em 1988, 90% daqueles com 18 anos foram alistados. Em 1999, o número tinha caído para apenas 55%. Naquele ano, um terço dos jovens de 18 anos disse que não queria servir de jeito nenhum, ou não por três anos inteiros.

Durante a década de 1990, por causa do *baby boom* pós-1973 e de um acúmulo de recém-chegados em idade militar vindos da ex-União Soviética e Etiópia, as IDF tinham mais recrutas que o necessário. Receber dispensa militar tornara-se mais fácil. Muitos soldados eram mandados para casa mais cedo, alguns por razões médicas, outros porque eram qualificados como "incapazes para o serviço". Um convocado lembra: "Eu pedi para ver um oficial de saúde mental e lhe disse que estava deprimido. Após dez minutos, ele afirmou que achava melhor eu não me alistar. Só depois passei pelo conselho médico. Eles fizeram algumas perguntas e me desejaram boa sorte".

Houve um tempo em que o registro militar requerido nos formulários de empregos israelenses levantava questões sobre a capacidade do candidato – para não falar do patriotismo. Em 2007, o número de recrutados que pediu dispensa psicológica aumentou 7% em relação à década anterior, alguns por razões muito dúbias. Também em 2007, uma história chegou às manchetes: quatro candidatos de *Nasce uma estrela*, a versão israelense de *American Idol*, se evadiram do recrutamento. Ainda em 2007, israelenses comentavam sobre outra alegada fujona, a então namorada de Leonardo DiCaprio, astro de *Titanic*, a supermodelo Bar Rafaeli, que se casou com um amigo e evitou o serviço nas IDF. Em 2008, as IDF instituíram exames psicológicos mais severos, e uma nova categoria de dispensa desonrosa, para estigmatizar os fingidores.

O compositor e *rockstar* Aviv Geffen, sobrinho do famoso general e herói Moshe Dayan, jactava-se de ter evitado o serviço militar com um atestado médico. Suas letras provocadoras e políticas seduziam jovens israelenses, criticando valores prezados por Israel, de coletivismo e patriotismo

68   OS ISRAELENSES

inquestionável. (Ele até brincou com a última frase de Trumpeldor – "é mesmo bom morrer pela pátria?" – provocando polêmica.) A popularidade do *enfant terrible* estava no auge quando a paz com os palestinos parecia ao alcance. Entre os líderes dos movimentos pacifistas destacavam-se ex-militares de alta patente. Muitos estavam lá, em 4 de novembro de 1995, quando Geffen cantou na maior manifestação de paz da história de Israel. O primeiro-ministro Rabin, um guerreiro tornado pacificador, abraçou-o momentos antes de ser morto por um estudante de direito de 26 anos chamado Yigal Amir.

Apesar do trauma nacional do assassinato, o processo de paz se mantinha. Os gastos com a defesa, que foram de cerca de 25% do PIB em meados dos anos 1980, caíram a menos de 8%. (Os Estados Unidos e a Grã-Bretanha gastam 3% de seu PIB com defesa.) Havia uma nova prosperidade: investimentos estrangeiros chegavam em grandes montantes às economias israelense e palestina. Banqueiros de Wall Street e capitalistas de risco competiam para bancar o mais recente IPO (oferta inicial de ações) israelense. Soldados admiravam o ex-piloto militar e oficial de inteligência que atraiu investidores com um robô cortador de grama. Depois veio a conferência de cúpula Camp David II, que terminou com o presidente Yasser Arafat rejeitando a proposta do presidente Bill Clinton e do primeiro-ministro Ehud Barak para um Estado palestino, que oferecia de 85% a 97% da Cisjordânia e de Gaza, uma Jerusalém partilhada e uma promessa de busca de uma solução para o controle do Monte do Templo.

Diversos líderes palestinos, incluindo o ministro das Comunicações da Autoridade Palestina, Imad al-Faluji, disseram em registros que, depois que Arafat abandonou as conversações de Camp David, os palestinos planejaram uma grande escalada da violência, e que a visita provocadora do então líder da oposição, Ariel Sharon, ao Monte do Templo em 20 de setembro de 2008, era uma pretexto para lançar a violência planejada.[6] A intifada que se seguiu e o surto de bombas suicidas fizeram os jovens israelenses e seu ídolo Aviv Geffen perceberem que os anos de *cappuccino* tinham acabado. Com todos os homens, mulheres e crianças israelenses como alvos potenciais, a motivação para servir explodiu. Unidades de combate foram inundadas com voluntários, o que era sem precedente desde os Acordos de Oslo.

Então, em 12 julho de 2006, um ataque do Hezbollah dentro de Israel sequestrou dois reservistas das IDF um dia antes de os líderes do G-8

Um exército do povo 69

discutirem o programa nuclear do Irã. Ao ordenar o ataque a Israel, o Irã desviou a atenção internacional do seu programa nuclear e do assassinato do presidente Hariri, do Líbano. Israel lançou um ataque aéreo sobre o Líbano destinado a destruir o arsenal do Hezbollah e forçar o retorno de seus soldados. Então, foi necessário convocar mais reservistas para servir, incluindo alguns israelenses que tinham voltado para casa das férias. A Força Aérea Israelense bombardeou as pistas do aeroporto de Beirute, a estrada Beirute-Damasco e muitas cidades, a maioria no sul. O Iraque forneceu equipamentos e fundos para o Hezbollah. A Síria agiu como um centro de transmissão de armas e foi generosamente compensada. A infantaria das IDF e suas unidades de tanques sofreram pesadas perdas. A IAF destruiu grande parte dos lançadores de mísseis e foguetes do Hezbollah. Mas as IDF não conseguiram parar a barragem de mais de 3.980 foguetes e mísseis que atingiram áreas civis de Israel. Durante a guerra, foram mortos 156 judeus, muçulmanos e drusos. Os libaneses perderam mais de mil pessoas.

O público ficou ultrajado com o fraco desempenho das IDF, especialmente com o fracasso em lançar uma série de operações em terra para destruir as instalações militares do Hezbollah (que, em 2008, estavam melhores do que nunca). Por causa de cortes orçamentários, forças em terra foram reduzidas e o exército da reserva estava mal-armado e foi subutilizado.

As lideranças militares e políticas estavam indecisas. A taxa de aprovação do primeiro-ministro Olmert caiu para 2%. O incompetente e neófito ministro da Defesa, Amir Peretz, foi substituído por Ehud Barak, ex-titular do mesmo ministério. O chefe das Forças Armadas, Dan Halutz, um oficial da IAF, renunciou e foi trocado por Gabi Ashkenazi, veterano general da infantaria. As forças de terra e o treinamento de reservistas cresceram significativamente. Apesar dos fracassos na guerra, os convocados para as unidades de combate das IDF em 2007 aumentaram 4%. Nada, no entanto, podia preparar aqueles homens e mulheres para os rigores do treinamento básico israelense.

O sargento Eli Rosenfeld usa o boné marrom da celebrada brigada de infantaria Golani, a unidade mais condecorada das IDF, que já foi comandada pelo chefe de estado-maior Gabi Ashkenazi. Limitadas em recursos, as IDF têm sobrevivido dando enorme responsabilidade a jovens oficiais

70 Os ISRAELENSES

não comissionados como Eli, de 21 anos. Ele descreve o serviço nas IDF como a "vida dentro de um caldeirão gigante", uma mistura de culturas, um lugar onde os soldados confrontam preconceitos e estereótipos. Eli fez patrulhas na fronteira libanesa, na Cisjordânia e em Gaza com esquerdistas, direitistas, sujeitos usando quipás bordados e soldados que acreditavam que Deus era um truque da imaginação. "Antes eu apenas conhecia minha cidade, Rehovot. Agora estou aprendendo sobre as pessoas do meu país. Nossas vidas dependem de caras como Muhammad (voluntário beduíno, de uma vila na Galileia, e lançador de granadas) e Ahmad (cristão árabe da Alta Nazaré). E nós realmente gostamos dos russos. Especialmente aqueles que se apresentam como voluntários para a guarda durante feriados judaicos, para que possamos tirar licença. E nos apresentamos como voluntários cristãos, para que eles possam ir para casa". Para os imigrantes – quase 30% da população de Israel nasceu no exterior –, servir nas IDF é um curso relâmpago sobre como se tornar israelense. É onde um soldado nascido na Etiópia confidencia a seus colegas de tenda, seja brasileiro ou druso, sobre os problemas financeiros de sua família e seus temores sobre a mortalidade.

Eli é um ashkenazi, cujos pais têm doutorados, treinaram professores judeus e árabes e vêm de um lugar 14 vezes maior que Israel: a Califórnia. Os soldados do batalhão de Eli, na maioria, são mizrahim de famílias da classe trabalhadora que fugiram de países árabes. "Quando me conheceram, me chamaram de Branca de Neve", diz o soldado de um metro e noventa, referindo-se à sua pele pálida, seu cabelo avermelhado e olhos de tom azul--celeste. As atitudes mudaram quando perceberam que este especialista em caratê falava as últimas gírias mizrahim e podia agradar seus paladares. *Chef* amador, Eli por vezes ocupa a cozinha para preparar pratos norte-africanos e do Oriente Médio para 40 pessoas. Ele não apenas come com os soldados, como por vezes fica de guarda com eles e dorme no mesmo contêiner lotado. "É simbólico. Os soldados vão acompanhá-lo se você souber o que está fazendo", diz ele, explicando o *ethos* das IDF com oficiais liderando soldados na batalha.

Mas, apesar da autoridade dada a oficiais não comissionados e comissionados, as IDF são tão informais quanto formidáveis. A cadeia de comando é curta, estruturada de forma relaxada e orientada para metas. Os soldados raramente usam títulos militares, chamam oficiais pelo primeiro nome ou apelido, embora, durante as seis semanas de treinamento básico, os soldados de Eli o tenham tratado por "senhor" e se perguntado se ele era humano. Todas as organizações militares dependem da repressão, pelo menos temporária, das individualidades de cada recruta, e isso é desafiador e ainda mais importante com um povo acostumado a ignorar os avisos de não fumar ou proibido estacionar. Durante exaustivas marchas de cinco, dez e dezesseis horas sob calor intenso ou forte chuva, os soldados levam pelo menos 15 quilos: rifle, munição, garrafas de água e os "feridos" em macas. O conceito de nunca abandonar soldados tem enorme importância psicológica. Neste exército do povo, o retorno de soldados e corpos é sacrossanto. (Como resultado, os inimigos de Israel exigem preços exorbitantes em troca de prisioneiros.)[7] Por vezes, eles quebram o tornozelo, vomitam ou desmaiam de exaustão, diz Eli, mencionando a conhecida expressão das IDF: "O treinamento forte torna o combate fácil".

Ao final, cada soldado recebe um rifle e, na outra mão, seu livro religioso – a *Bíblia* em hebraico, a *Bíblia* cristã ou o *Corão*. Já que seu livro é secreto, os drusos juram sobre um caderno com uma ilustração da tumba de Jethro, o sogro de Moisés. Alguns pais comparam a experiência com a cena dramática na qual Abraão, seguindo o comando de Deus, vai sacrificar seu fillho Isaac (Yitzhak) no Monte Moriá. Isaac foi salvo, mas famílias israelenses sabem que um dia pode haver uma batida na porta, e soldados uniformizados dizendo-lhes que fizeram o último sacrifício. O escritor David Grossman o descreveu na elegia em 2006 para seu filho Uri, morto aos 20 anos no sul do Líbano, dois dias antes do cessar-fogo. "Na noite entre o sabbath e o domingo de manhã, às vinte para as três, a campainha tocou em nossa porta. No interfone, eles se anunciaram como oficiais do exército. Eu fui abrir a porta e pensei – é isso. Nossas vidas acabaram. Cinco horas depois, quando Michal e eu fomos para o quarto de Ruti, e a acordamos para contar a terrível notícia, ela disse, depois de seu primeiro choro: 'Mas nós ainda estamos vivendo, certo? Nós ainda vamos caminhar como antes, e eu quero continuar cantando no coro, e quero ficar rindo como sempre, e eu quero aprender a tocar violão.' Nós nos abraçamos, e eu lhe disse que sim, nós ainda continuaremos vivendo."

Tomar decisões de vida e morte coloca uma enorme carga sobre soldados de 18 anos, dos quais se espera que sejam filósofos, políticos e muito maduros. Mas a maturidade e o fato de ser soldados geralmente não caminham juntos. É uma das razões para as IDF terem um Corpo Educacional.

"Mais do que ensinar os melhores modos de matar, nós os ensinamos a perguntar: 'É necessário matar?'", explica Nitzan Arbib, uma soldada no Education Corps, majoritariamente feminino. Seu pai nasceu na Líbia, e sua mãe na Polônia. "Não me vejo como ashkenazi ou meio mizrahi", ela diz com firmeza. "Sou uma israelense regular." Uma de suas responsabilidades é estabelecer programas nos quais oficiais de combate e seus soldados falam sobre dilemas morais que possam enfrentar. Ela pesquisa no noticiário buscando casos para comandantes discutirem com seus subordinados sobre quando um soldado deve ou não atirar. Eles são ensinados a atirar apenas se sua vida e as de civis e inocentes estiverem sob risco claro e imediato, e também aprendem regras sobre a preservação de valores humanistas em combate. "Nós lhe ensinamos que um soldado carregando uma arma tem algo do poder de Deus, um poder de tirar uma vida. Soldados são ensinados que devem evitar ferir civis mesmo que isso signifique arriscar suas vidas. É por isso que isso se chama uma força de defesa." Durante o treinamento básico, os militares sempre são instruídos a carregar um cartão que traz escrito o Código de Ética do Soldado Israelense: 1. Devoção à missão; 2. Responsabilidade; 3. Confiabilidade; 4. Exemplo pessoal; 5. Vida humana; 6. A pureza das armas; 7. Profissionalismo; 8. Disciplina; 9. Lealdade; 10. Valor para representar Israel; 11. Camaradagem.

Por que Eli decidiu ser um soldado de combate? "Para estar na infantaria, para defender meu país, porque fui educado para isso. Em casa e em minha escola religiosa, aprendi sobre nossa profunda conexão com esta terra, e aprendi a amá-la. Meu pai me ensinou que viver em Israel é temer ser morto e sentir medo de ter que matar. Eu cresci aprendendo a valorizar a ética judia como a santidade da vida. Se um garoto árabe de 12 anos joga pedras e me chama de covarde, tudo bem, é isso que eu sou, e não atiro." Eli não mantém mais uma dieta kosher ou usa um quipá bordado, mas soldados em sua unidade o fazem. Embora sejam menos de 20% das forças israelenses, os soldados religiosos representam mais de 40% das frentes de combate – e a espinha dorsal de forças em terra e unidades especiais.[8] "Você pode usar um quipá ou não, mas infelizmente esta é uma guerra religiosa. E através da história, as guerras religiosas são sempre as mais brutais. Eu gostaria que não precisássemos ter um exército. Se os árabes depusessem suas armas hoje, não haveria mais violência. Mas, se nós depusermos nossas armas hoje, não haveria mais Israel."

A unidade de Eli passou seis meses patrulhando a fronteira libanesa, depois que o primeiro-ministro Barak retirou suas tropas da zona de segurança, no sul do Líbano, em maio de 2000, encerrando uma controvertida ocupação de 22 anos, na qual Israel perdeu mais de mil soldados. O mundo islâmico saudou o Hezbollah e os xiitas radicais por derrotarem a poderosa força de Israel e botá-la para fora. Altos oficiais militares israelenses acreditam que o Líbano foi o modelo para a Intifada que irrompeu quatro meses depois, convencendo o Hezbollah e os palestinos de que os israelenses haviam perdido sua vontade de lutar e, como não mais podiam tolerar novas perdas, fariam uma retirada semelhantemente caótica da Cisjordânia e de Gaza.[9]

Desde a guerra do Hezbollah, a área é mais perigosa. De acordo com um relatório da ONU de junho de 2007, o Hezbollah, em gritante violação da Resolução 1701 da ONU, está vastamente mais bem equipado para atacar Israel, graças ao embarque ilegal de armas avançadas da Síria e do Irã, milhares de mísseis de longo alcance capazes de atingir Haifa e outras cidades israelenses. A Síria aumentou sua presença militar na fronteira e, copiando as táticas do Hezbollah, avançou mísseis antitanques russos e outras armas com as quais acredita poder derrotar as IDF. O Hezbollah também tem fortes laços com o Hamas, a Jihad islâmica palestina, e com a OLP – Organização pela Libertação da Palestina. Eli a chama de uma fronteira que nunca dorme. "Nós rastreamos a área com binóculos infravermelhos. Se, por exemplo, um soldado vê três silhuetas carregando armas em uma área restrita, sabe que não são pastores ou pessoas em um piquenique tentando atravessar. Se um soldado os identifica e não tem dúvida razoável, então deve ter autorização de seu comandante antes de atirar. Eles não têm faces ou corpos. São apenas figuras sem nome, terroristas tentando matar israelenses. É uma decisão rápida e impessoal."

Certa noite, as coisas com o Hezbollah ficaram muito pessoais. Os palestinos atiraram um foguete que feriu três dos soldados de Eli e matou seu operador de rádio. "Nós gostávamos tanto de Elad. Eu não sabia como contar aos outros. Ninguém tinha me treinado para fazer isso", Eli recorda-se, com a voz embargada. No dia seguinte, ele e 14 soldados deprimidos foram ao funeral em Ashod. Pediram a Eli que escrevesse uma elegia. Antes de entrar no cemitério militar, ele se sentou em um restaurante. "Estava anestesiado. Eu tinha esquecido como se escreve. Não há palavras para dizer adeus a um irmão." Horas depois, Eli e sua unidade estavam de volta ao *front*. "Sem psicólogo. Sem aconselhamento. Eles esperam que sejamos duros quando estamos aos pedaços."

O serviço na Cisjordânia e em Gaza é um "inferno pior" que a fronteira libanesa, diz Eli. "É um combate urbano, e nós vemos os rostos mais de perto. Para todo canto que olhamos, há palestinos. Eles nos odeiam, mas a maioria deles é inocente. Os terroristas se escondem entre centenas de milhares de civis para se parecer com eles." Eli verbaliza um típico monólogo interno de um soldado israelense: "Aquela figura atrás de uma pedra é um homem ou uma mulher? É um menino. Ele parece um inocente de 16 anos. Mas um menino de 16 anos acaba de explodir uma loja. Ele parece desarmado. Mas, espere! Há alguma coisa volumosa sobre seu suéter?". É preciso estudar como ele está vestido, e tomar uma decisão em segundos. "Se você atirar rápido, pode matar um menino inocente. Se hesitar demais, você e outros podem ser mortos."

Eli está contando as semanas para sua liberação. "Aprendo que não odeio os palestinos, mas odeio os líderes que os encorajam a odiar. Eu odeio que não exista Israel na doutrina do Hamas.[10] Odeio que omitam Israel nos mapas escolares palestinos." Eli fica pensativo quando descreve como mudou. "Meus pais dizem que aqui entrei menino e saí um homem. Que ser um soldado me tornou sério, maduro. Eu perdi três anos da minha vida. Invejo as pessoas de 18 anos nos Estados Unidos que estão preocupadas com a faculdade, e não com permanecerem vivos."

"Quando se tem quatro filhos em idade de servir, não se dorme muito", diz a mãe de Liron, Tamir e Reli. Ela descreve um dia em que estava sentada em um abrigo antibombas em 1973, com seu filho recém-nascido e o marido mandado às pressas para a guerra. Ela então recita um verso de uma canção popular depois da vitória sangrenta: "Eu prometo, meu pequeno, que esta será a última guerra". Com tristeza, ela diz: "Já se passaram 30 anos, e ainda não posso prometer isso a meus filhos". Reli serviu dois anos em inteligência militar. Seu marido foi um oficial da reserva até os 50 anos. "Eu era muito mais calma quando Liron estava apenas dirigindo um tanque. Como sargento, ele fica com a cabeça para fora. Estou aliviada porque em breve ele será transferido para o conserto dos tanques. Por enquanto, tento não pensar nisso, ficar ocupada com meu trabalho e meus amigos." Ela também está mais preocupada com seus filhos indo de ônibus para as bases do que depois que chegam lá: manhãs de domingo são o momento preferido para os terroristas explodirem ônibus, pois estão cheios de soldados retornando do fim de semana de licença. "Eu peço a meus meninos para ligarem muito. Não é que eu precise falar com eles. Só preciso ouvi-los dizer que está tudo bem. Viver assim não é uma coisa nova para nós. Não é como se estivéssemos vivendo nossas vidas na Suíça. Mas não viveríamos em nenhum outro lugar."

Agora, sua outra filha, Ronit, está antecipando sua formatura no colégio e sua entrada no exército. Enquanto a mãe se inquieta com sua filha de 17 anos passando a noite em uma discoteca que já explodiu uma vez, Ronit e seus amigos se preocupam apenas em qual unidade irão servir. "Posso ser uma *jobnik* (funcionária de escritório) a qualquer momento na vida civil", diz Ronit. "Eu quero treinar soldados de combate, fazer alguma coisa importante."

Ronit não está sozinha em sua ambição. Desde a guerra contra o Hezbollah, cerca de 70% de novas recrutas dizem que querem servir em unidades de combate. Este entusiasmo é uma reversão dos dias pré-Estado, quando o estereótipo da sabra corajosa de grandes seios com um rifle era em parte baseado na realidade. As mulheres protegiam colônias agrícolas de ataques dos árabes e serviam com homens em organizações clandestinas lutando contra a Grã-Bretanha, por vezes escondendo granadas e pistolas sob suas roupas em lugares onde os soldados britânicos eram polidos demais para procurar. Durante a guerra de 1948, o exército era o mais integrado do mundo. Mulheres protegiam fronteiras e lutavam em perigosas operações de campo. Quando os árabes atacaram uma patrulha mista em Negev, e os corpos mutilados de soldadas foram encontrados, o Haganah (predecessor das IDF) ordenou que as mulheres saíssem das unidades de combate.

Desde então, a maioria das mulheres serve em "papéis de apoio ao combate", fazendo tarefas administrativas (frequentemente disfarçadas por títulos caprichosos). Mulheres servem em unidades de observação ao longo das fronteiras com Líbano, Jordânia e Egito, e fazem trabalhos de inteligência altamente qualificados – 70% dos instrutores de tiro são mulheres. Desde 1974, as mulheres vêm treinando homens para dirigir tanques.

E também ensinam pilotos de combate em máquinas de simulação de voo. Mas, se não fosse por Alice Miller, isso seria o mais próximo que mulheres teriam chegado de unidades de combate.

Imigrante sul-africana com diploma em engenharia aeronáutica e licença de piloto, Miller queria tentar fazer o prestigiado curso de pilotos, mas a Força Aérea recusou. Quando pediu ao presidente Ezer Weitzman (falecido em 2005), ex-comandante da IAF, ouviu a seguinte pergunta: "*Meidele* (bonequinha, em iídiche), você já ouviu falar de um homem cerzindo meias?". Em 1994, organizações feministas israelenses ajudaram-na a entrar com um processo contra o Ministério da Defesa, desafiando a dominação masculina das forças armadas. Miller ganhou a famosa ação, e a Corte Suprema ordenou que a IAF e a maioria das unidades, exceto aquelas envolvidas em combate direto, tais como infantaria, tanques e paraquedistas, admitissem mulheres. Miller não passou no teste para ingressar na Força Aérea, mas sete mulheres foram aprovadas. Embora a maioria delas tenha desistido ou fracassado nos exames, os observadores concordam que não foi por causa de discriminação de gênero: 90% dos homens também não passam nos exames.

As patrulhas de fronteiras – unidades policiais que não eram formalmente parte das IDF em 1995 – foram as primeiras frentes de combate a aceitar mulheres. Durante anos, os homens desse bastião tão machista as tornaram motivos de piadas, mas, desde a Intifada, elas são verdadeiras unidades de defesa do *front*. Em uniformes ou disfarçadas com jeans e sandálias, elas se infiltram em feiras abertas, concertos de *rock* e eventos de arte, vigilantemente examinando rostos, prontas para tomar decisões de vida e morte todos os dias. Em nenhum lugar o clichê israelense de "decisões de arrepiar os cabelos" é mais apropriado: a jaqueta solta usada por uma jovem é uma demonstração da moda ou um cinturão cheio de explosivos? O fio que sai dos bolsos é de um iPod ou de um detonador de explosivos? O sujeito deve ser abordado, abatido a tiros, ou deve-se pedir uma carteira de identidade [...] no momento em que a maior parte dos terroristas se detonam. E, mais importante, a cautela vai resultar na morte de mais israelenses? Certa tarde, Etti Rehavi, da patrulha de fronteira, estava guardando um ponto de ônibus quando um homem saiu da calçada e começou a atirar em um ônibus com colegiais. A garota de 19 anos armou seu M-16, correu para a porta do ônibus e gritou – "No chão!" – para os passageiros. Ela e sua companheira atiraram no terrorista, que já tinha matado dois estudantes e ferido dezenas. Seis meses depois, em junho de 2002, duas soldadas da patrulha de fronteira, protegendo a mesma área, viram um homem sair do carro e correr em direção a um ônibus. Sem saber se era simplesmente alguém que estava atrasado, em vez de atirar, elas o perseguiram. O terrorista, da Brigada de Tanzim's al-Aqsa, explodiu e matou sete pessoas, incluindo um bebê, e feriu dezenas.

Centenas de mulheres servem com homens em equipes de vigilância, emboscada e bloqueio de ruas. Em apenas uma área, apelidada de Givat HaShabahim, a Colina da Entrada Ilegal, entre Taibe e Tulkarm, na Cisjordânia, antes de uma barreira de segurança ser erguida, patrulhas mistas de fronteira paravam diariamente cerca de 400 palestinos tentando entrar ilegalmente em Israel. A maioria deles procurava trabalho. Nem todos. As IDF dizem ter feito uma média de 70 prisões por mês de palestinos que planejavam ataques dentro de Israel.[11]

Todos os palestinos detestam os bloqueios – significam longas e frustrantes esperas. Por vezes, soldados rudes e sem experiência lhes pedem alguma identidade. Frequentemente, ordenam que homens saiam de seus carros, levantem as camisas e abaixem as calças para mostrar que não têm fios ou uma granada escondida no bolso. Os homens se sentem humilhados, especialmente na frente dos filhos. Em 2003, soldadas começaram a checar mulheres de aparência suspeita, porque havia muitas suicidas, além de homens disfarçados de mulher. Perguntado sobre a razão de ocorrências em que militares questionam seus pares, o cabo do serviço de educação Nitzan Arbib descreve uma sucessão de exemplos de "soldados" que completaram missões de "sucesso" usando uniformes roubados das IDF. E o que dizer de notícias que acusam soldados das IDF de parar ambulâncias com pessoas doentes? Eles fazem isso. Nizam conta a história de soldados que deram busca em uma ambulância do Crescente Vermelho Palestino transportando uma criança muito doente de Ramallah. Sob sua maca, encontraram um cinto de explosivos de quase 25 quilos. (O homem-bomba do seder do Pessach carregava apenas quatro quilos.) Os soldados também dão buscas em ambulâncias israelenses. Duas desapareceram e seriam veículos de primeira classe para contrabandear armas ou ser transformadas em carros-bomba.[12]

Uma revista de moda francesa publicou uma página dupla chamativa de uma oficial israelense. É difícil acreditar que a cabo Hani Abramov, deitada em uma cama de hospital, com seu rosto grotescamente ferido, seja aquela linda mulher de uniforme. Quando a garota de 19 anos estava em um jipe de patrulha perto de um kibutz na fronteira de Israel com a Cisjordânia, um atirador Tanzim a acertou no rosto. E o que vai acontecer quando ela tiver alta? "Eu vou voltar para o campo", jurou na televisão israelense. Enquanto ela se recuperava, soldados das IDF na cidade de Qalqilyya, na Cisjordânia, capturaram dois palestinos a bordo de uma picape com uma tonelada e meia de explosivos. Seu destino? As Azrieli Towers, dois arranha-céus gêmeos em Tel Aviv. O plano fora inspirado no ataque ao World Trade Center em 1993. Desde 2005, houve um declínio acentuado no terrorismo, em grande parte graças às medidas antiterror e aos bloqueios de segurança. A inteligência israelense afirma que 98% dos ataques terroristas são brecados antes de atingir o alvo. O corolário, óbvio, é que 2% chegam ao destino.

"*Ya'ala, banot* (venham, meninas)", ordena uma mulher volumosa com seu M-16. Ninguém consegue enganar esta segunda-tenente, de 23 anos, disposta a transformar suas 50 mulheres de cáqui em oficiais prontas para a batalha. Durante uma lição de combate corpo a corpo, as soldadas usam coronhas de rifles para atingir o "inimigo". Elas melhoram suas qualidades no tiro, desmontam e remontam Uzis vendadas. A Companhia Jasmim é a prestigiosa, mas pesada, Escola de Oficiais de Campo das IDF. Como é difícil ser selecionada para o curso de oficiais de combate, elas estão muito acima da média. Algumas eram praticantes de paraquedismo, outras operavam mísseis Patriot. Efrat, filha assertiva de um coronel, era instrutora de uma unidade de franco-atiradores. Divertida e ligeiramente mimada, Tal não queria servir café – queria servir em Gaza. E há Sivan, que saiu do seu treinamento de piloto da Força Aérea e se sentiu um fracasso. Para estar mais perto do combate, juntou-se à divisão de blindados. Yafit foi escalada para "pontos quentes" e está determinada a ser a primeira etíope oficial de campo.

É ainda bem cedo pela manhã. As futuras oficiais não notam as flores selvagens ou os pinheiros. Pararam de discutir política, perfumes e homens. Mal podem respirar. É uma marcha excruciante colina acima em meio à poeira. Elas odeiam carregar "as mulheres feridas" em uma maca. Detestam bolhas. Estão suadas. É insuportável, mas as marchas forçadas das quais seus companheiros tomam parte são piores. Elas encorajam umas às outras com massagens nos ombros. Uma cadete sucumbe, mas as outras tentam animá-la. É um teste de força, vigor e companheirismo. Depois, uma cadete pede para falar com a comandante e diz-lhe que a pressão é demais. Não dá. Ela pula fora.

A Base de Treinamento Feminino 12 não foi reformada desde que os britânicos a construíram durante a Segunda Guerra Mundial. Com 20 mulheres por quarto, não há privacidade. De quem é a vez de fazer as tarefas da cozinha? Quem vai guardar o arsenal? Essas futuras aspirantes a coronéis e brigadeiros lutam e brigam como irmãs. Elas odeiam a disciplina férrea, os horários curtos, o treino sem parar, e temem que serão as próximas na corte marcial. Elas roem as unhas, reclamam em diários e atacam máquinas de venda de alimentos e bebidas. Comem para aliviar o estresse. Comem para relaxar. Comem para combater a fadiga. Há momentos divertidos. Durante a festa – totalmente feminina – do Purim na base, três centenas de soldadas e suas oficiais dançam com suas armas e seus crachás pendurados. A alegria dura apenas uma hora. Às dez da noite, as cadetes têm de ir dormir. Haverá uma marcha logo de manhã. A maioria imagina se conseguirá sobreviver durante os quatro meses.

Em casa, na licença do sabbath, uma soldada ouve sua mãe perguntar preocupada se ela está perdendo sua feminilidade. Ela tem "trejeitos militares", um andar superior e expressões faciais "rudes". Colocando uma provocante saia tingida, ela assegura à sua mãe que não está se transformando em um homem. No jantar do sabbath, outra soldada revela seu grande temor: "O que acontece, que Deus não permita, se eu for capturada em ação, abusada e estuprada?". Uma prisioneira de guerra. Ela está disposta a pagar esse preço para ter oportunidades iguais.

De volta à base, há uma série de palestras. Durante uma delas, uma coronel pergunta, retoricamente: "Quantas mulheres coronéis existem?" e "quantas são membros do Knesset?". (Em 2008, mulheres somavam 34% dos soldados, mas só quatro delas eram coronéis, e apenas 16 dos 120 membros do parlamento eram do sexo feminino. Houve duas ministras do Exterior: Golda Meir, que em 1969 se tornou primeira-ministra, e Tzipi Livni.) A coronel provoca as mulheres a "balançarem" a instituição militar. "Se as mulheres avançarem no exército, avançarão na sociedade. Sejam oficiais assertivas. Provem que mulheres podem fazer isso." A lista de ex-oficiais militares que entraram na política sem muita experiência civil é longa. E todos, homens. Os israelenses os chamam de "governo dos generais".

Para a parte mais árdua e avançada do curso, as cadetes da Companhia Jasmim vão de ônibus para um lugar perto do nada, em pleno deserto de Negev. São as únicas mulheres no corpo da base de blindados. Tem ar-condicionado, mas fora o calor é insuportável, 40 graus na sombra. Durante uma manobra com máscaras de gás, quando algumas falham em ajudar as outras, a comandante determina uma tarefa como punição à equipe: construir uma barraca de camuflagem, desmontá-la e erguê-la de novo – sem dar um pio.

Mais tarde, elas se juntam a cadetes homens para um curso de blindados. O treino extenuante empurra algumas mulheres para além de seus limites físicos e mentais. Há lágrimas, quando mais algumas são retiradas do curso. As remanescentes ficam imaginando quem será a próxima.

No estande de artilharia pesada, as mulheres deitam de costas e atiram descargas após descargas. Uma barragem ensurdecedora. Noa Feingold, sua colega cadete e professora, admite: "Como instrutora de artilharia, quero que minhas soldadas atinjam os alvos. Mas, pensando nisso antes de dormir, digo a mim mesma: 'Eu as estou ensinando a matar. O que estou fazendo?'. Mas em nossa situação, você tem de aprender a atingir o alvo".

Parte do treinamento é feito sem armas ou uniformes. Usando biquínis vermelhos, amarelos e cor-de-rosa, as cadetes passam por intermináveis exercícios na piscina da base. Só interrompidos por um alto tremor, quando tanques se aproximam da área. Homens abrem as torres blindadas e apreciam a vista. Eles sabem o nome de cada nadadora. Dias antes do final do curso, um oficial aconselha as mulheres: "É duro hoje. Será duro amanhã. Vai ser cada vez mais duro no dia seguinte. Como oficiais, vocês não partilharão a responsabilidade. Ela é apenas de vocês."

É hora da inspeção final. Elas limparam as armas, poliram as botas e limparam o chão. Um major sargento chega. Obsessivo com limpeza, percebe um encaixe de janela manchado. Um espelho riscado. Inaceitável. Medo e fadiga fazem uma cadete rir. As outras mulheres na sala perdem o controle e riem também. O major as repreende como se estivessem no jardim de infância.

Elas celebram sua última noite na base com uma festa de caraoquê com um regimento de cadetes de blindados. Cantam e dançam uma música conhecida: "Eu nasci para a paz, eu quero tanto viver em paz". Subitamente, alguns homens ficam com suas roupas de baixo e pulam na piscina. Em dias pré-feministas, as mulheres os teriam ignorado. Não mais. As futuras oficiais pegam suas armas e vão embora.[13]

Quando a cabo Etti Elimelech deixa a base, as pessoas a olham. Ela veste um uniforme e sapatos masculinos e usa a boina cinza do Corpo de Engenheiros. Em 2001, ela e outras militares convenceram a chefia das IDF que mulheres deveriam usar os mesmos uniformes dos homens. "É natural", ela afirma. "Fazemos o mesmo trabalho, as mesmas missões, e algumas treinam com combatentes homens. Isso contribui para nossa sensação de igualdade. Talvez seja apenas simbólico, mas, quanto mais símbolos tivermos, mais ajuda." Desde que ela ganhou sua batalha, as IDF vêm fazendo um grande esforço para expandir os papéis das mulheres. Ela serve na unidade especial atômica, biológica e química. Esta é uma nova batalha. Durante um curso sobre como colocar roupas protetoras contra ataques químicos e biológicos, alguns soldados ortodoxos preferiram sair do que treinar com mulheres. Os rabinos declararam que o programa de integração do exército viola a *halakha* (leis religiosas judaicas sobre a modéstia) e instruíram seus seguidores a se recusarem a servir em unidades com mulheres. Durante um exercício de treino de pilotos, um militar religioso se recusou a carregar uma maca com uma soldada.[14]

Ao entrarem na fortaleza de Yasser Arafat em março de 2002, os soldados das IDF confiscaram armas de dezenas de caixas com informações confidenciais. Aqueles documentos foram a prova mais forte de que o suposto distúrbio palestino doméstico podia ser um levante, mas que enfaticamente não tinha sido gerado ali. A inteligência israelense encontrou uma trilha de papéis de violência planejada, financiada e dirigida em sua maior parte a partir do Irã e Iraque. Era uma prova escrita de que o Iraque estava infiltrando armas e operadores em Israel para o "megaterrorismo", que Saddam Hussein usara funcionários da Autoridade Palestina como intermediários para contrabandear petróleo, dando-lhes milhões de dólares como retorno pela compra de armas, incluindo foguetes, minas, metralhadoras, mísseis teleguiados e toneladas do notório explosivo C-4. Em uma das maiores perversidades no Oriente Médio, o dinheiro do petróleo do Iraque comprou

82　Os israelenses

armas de inimigos jurados do Iraque e Irã, que também treinam membros de seus representantes, a Jihad Islâmica Palestina e o Hezbollah, para planejar e levar a cabo ataques suicidas dentro de Israel.[15]

Dias depois da apreensão dos documentos, em 3 de abril de 2002, tropas, tanques, blindados e tratores israelenses seguiram a trilha de provas até o campo de refugiados de Jenin, localizado a 40 quilômetros de Nablus, e o campo de treinamento de dezenas de homens-bomba que tiveram "sucesso". As IDF buscavam integrantes armados do Hamas, da Jihad, da Brigada de Mártires al-Awsa e do Tanzim, escondidos entre civis. Em seis dias de luta atroz, os soldados foram de casa em casa, fazendo buracos de uma moradia para outra para evitar a exposição a palestinos armados nas ruas. Apreenderam enormes quantidades de munições e explosivos, assim como desativaram laboratórios de bombas. As acusações foram disseminadas e condenatórias: israelenses assassinaram civis inocentes.

A agência de notícias palestina Wafa relatou que soldados tinham cometido o "massacre do século 21". O prefeito palestino de Jenin declarou: "Corpos decompostos de crianças e idosos estavam espalhados por todo canto, e dois terços do campo foram reduzidos a escombros". Nasser al--Kidwa, representante palestino nas Nações Unidas, disse à CNN: "Helicópteros estão disparando mísseis sobre um quilômetro quadrado tomado por quase 15 mil pessoas em um campo de refugiados.... Isso claramente é um crime de guerra, testemunhado pelo mundo todo. Estão impedindo que ambulâncias circulem, que pessoas sejam enterradas", afirmou. "Um assalto total contra toda a população." Funcionários do governo palestino descreveram como as IDF "enterraram dezenas de corpos palestinos em uma vala e usaram tratores para cobri-la". O ministro palestino Saeb Erekat afirmou que Israel matou 3 mil palestinos, e depois abaixou o número para 500. "Combater o terrorismo não dá um cheque em branco para matar civis", disse o enviado especial da ONU ao Oriente médio, Terje Larsen, da Noruega. "Os meios usados aqui são ilegítimos e moralmente repugnantes." Manchetes no Oriente Médio e na Europa gritavam: "Crimes de Guerra", "Atrocidades", "Genocídio". O *Guardian* relatou que as ações de Israel em Jenin eram "em cada detalhe" tão repelentes quanto o ataque de Osama bin Laden a Nova York no 11 de Setembro. Um correspondente do *Times* de Londres comparou a "destruição deliberada" de Jenin ao que vira na Bósnia, Chechênia e Serra Leoa. O *Daily Telegraph* disse que "centenas de vítimas foram empurradas por tratores para dentro de valas". Phill Reeves, do *Independent*, falou em "um monstruoso crime de guerra que Israel tentou esconder". Reeves, como jornalistas do *Times* e do *Telegraph*, citaram a mesma fonte: Jamal Anis, que disse ter visto "soldados israelenses empilharem 30 corpos atrás de uma casa semidestruída. Quando a pilha ficou completa, derrubaram a casa com tratores, jogando as ruínas sobre os corpos. Depois, nivelaram a terra com um tanque".[16]

"Eu fui para Jenin para descobrir o que havia acontecido", diz o ex--sargento das IDF Daniel Gordon, escritor e roteirista que relata um encontro entre uma repórter da CNN e David Zangen, um major da reserva e oficial médico no campo de Jenin. O médico disse à repórter que, ao término da luta, soldados encontraram fotos de crianças que seriam o próximo grupo de homens-bomba, com notas indicando quando cada um deles estaria pronto.

– O senhor deveria se perguntar por quê – disse ela.

– Eu faço isso – respondeu Zangen. – Não consigo imaginar que uma criança vá se tornar um assassino em massa que comete suicídio para matar mulheres e crianças.

– Bom, eu posso explicar – disse a repórter. – Para mim, resume-se a uma palavra: ocupação.

– Mas Jenin não esteve ocupada nos últimos nove anos[17] – respondeu o médico.

Zangen era médico da unidade de paraquedistas que ficara com a parte pesada da luta e viu o que aconteceu. "Algumas pessoas dizem que perpetramos um massacre. A única coisa que foi massacrada foi a verdade. Nossos soldados foram de casa em casa para que as pessoas saíssem e não se ferissem. Quando nossos soldados tentavam chegar aos mortos e feridos, os palestinos atiravam neles. Outros foram mortos quando removiam corpos com bombas." E o que dizer das acusações culpando os soldados das IDF por impedirem que ajuda médica e humanitária entrasse no campo de Jenin, e que militares invadiram o hospital do campo? "Nossos soldados nunca entraram no hospital, embora soubéssemos que havia terroristas do lado de dentro. Nós deixamos passar todas as ambulâncias, mas as revistamos." Ele fala de um paciente dentro de uma ambulância com uma agulha intravenosa grudada em sua camisa, e não inserida em sua veia. Soldados descobriram que era um terrorista procurado.

84 OS ISRAELENSES

Houve muitos relatos de um "odor de morte" no campo de refugiados de Jenin. Oficiais das IDF afirmam que vinha de carcaças de animais e corpos exumados trazidos de cemitérios próximos e enterrados em uma vala comum. Uma câmera dentro de um *drone* da inteligência israelense tirou fotos de uma procissão fúnebre. O "corpo" caiu e depois voltou à maca. As IDF dizem que o funeral foi encenado para aumentar a contagem de mortos de uma comissão da ONU que investigava o massacre.[18] Quatro meses depois, as Nações Unidas, que administram o campo de Jenin, divulgaram um relatório que não descobriu provas de um massacre. Havia 52 palestinos mortos, e 38 soldados armados. O relatório acusou militantes palestinos de deliberadamente armazenar armas entre civis no campo de Jenin, densamente povoado, o que é uma violação da lei internacional. Também questionou os relatos de destruição extensiva de casas e edifícios no campo.[19] Testemunhas e fotos de satélites mostram que a cidade de Jenin estava intocada e que os campos de refugiados tinham sofrido ligeiros danos, se tanto. O centro do campo, uma área pouco maior que um estádio de futebol, onde ocorreu a intensa luta de casa em casa, foi bastante danificado. Muitos dos edifícios estavam armados com explosivos e teriam matado soldados, se não fossem destruídos. Um alto dirigente palestino informou à revista *Time* que alguns palestinos foram mortos por detritos de bombas com as quais os próprios companheiros tinham coberto o campo.

Durante uma missão rotineira de treinamento no deserto de Negev, o piloto de um F-15 Falcon a 900 quilômetros por hora colide com cegonhas brancas em migração. Duas delas atingem a fuselagem do avião e outra é engolida por uma turbina. Cada cegonha de três quilos chega com uma força de 40 toneladas. Em segundos, o caça de 50 milhões de dólares entra em chamas, vira de cabeça para baixo e bate, matando o piloto e o navegador.

Pilotos israelenses voando em alta velocidade e baixas altitudes correm mais riscos de colidir com aves migratórias do que de ser atingidos por fogo árabe hostil. Em 2 de março de 2003, Israel quase perdeu seu comandante-em-chefe das Forças Armadas, Moshe Ayalon. Seu helicóptero Blackhawk quase foi derrubado quando um grou de seis quilos o atingiu, despedaçando três janelas e destruindo o tanque de combustível. Israel tem a maior concentração de pássaros e caças. Para os pilotos da Força Aérea Israelense,

Um exército do povo 85

essa justaposição pode ser fatal. Na verdade, a IAF perdeu mais aviões devido a choques com pássaros do que com o poder combinado de pilotos e mísseis árabes. Como Israel fica na junção de três continentes – Europa, Ásia e África, local de um gargalo geográfico de pássaros –, as chances de colisão com aves são as mais altas do mundo. Durante as migrações de primavera e outono, mais de meio bilhão de pássaros voa sobre o pequeno país. Mais de 3 mil anos atrás, sábios israelenses notaram a "miraculosa" passagem de aves sobre a Terra Santa, com mais de 280 espécies diferentes. Apenas recentemente, no entanto, foi descoberto um modo de fazer com que pássaros não derrubem aviões.

E aí entram as "soldadas dos pássaros", as mulheres que a IAF destacou para uma tarefa vital: rotear os voos para longe deles. Usando radares que podem detectar grandes revoadas de águias, pelicanos e cegonhas a 70 quilômetros de distância, elas dão alertas em tempo real aos pilotos, mantendo-os vivos e economizando incontáveis milhões de dólares em aeronaves perdidas. Elas estão fazendo esse trabalho de salvar vidas com uma das armas mais engenhosas da Força Aérea: um ornitólogo. Yossi Leshem pilota o único avião que a IAF permite voar por onde quiser. Em seu *glider* motorizado, ele voa lado a lado com as aves migratórias, registrando seu comportamento e suas precisas rotas de voo. A estratégia é simples: para evitar choques, os aviões não devem voar no mesmo espaço que as aves. "Os pássaros não conhecem fronteiras políticas", diz este homem animado, de quipá tricotado, que assessorou a Força Aérea dos Estados Unidos durante a Guerra do Golfo, em 1991. Seu mapa detalhou as migrações em massa que ocorreram sobre Iraque, Síria e Turquia durante a Guerra do Iraque, em 2003. Por causa de suas ideias inovadoras – incluindo o uso de "pássaros--soldados" –, os choques com as aves caíram drasticamente. (Pássaros e aeronaves militares israelenses colidiram mais de 2,6 mil vezes desde 1972. Na maioria dos casos, pilotos e aviões conseguiram se salvar. As aves, não.) Suas descobertas são a bíblia de voo da Força Aérea.

Pilotos da IAF são renomados por combates aéreos a curta distância e por seus ataques. Durante uma batalha encenada entre a Força Aérea Israelense e a dos Estados Unidos sobre o deserto de Negev, os israelenses "abateram" 220 caças americanos e perderam apenas 20.[20] A IAF tem ficado em estado

86   OS ISRAELENSES

de alerta desde a guerra de 2006 contra o Hezbollah. Pilotos de combate de F-16 voam pelos céus, treinando para a próxima e desconhecida missão, como Roni Zukerman, moradora de um kibutz e neta de dois líderes do levante do Gueto de Varsóvia. A mídia enlouqueceu quando ela se tornou a primeira piloto de caça em 2001. Os pilotos são estrelas, tais como ocorre em *Wings*, uma série de televisão sobre eles, que tem altos índices de audiência. Uma fala do seriado foi tirada de uma oração matutina do sabbath: "Que a salvação venha dos céus". Em 2008, havia mais dez mulheres como pilotos da IAF.

A Força Aérea de Israel é sua primeira linha de defesa, e reconhecida por seu talento e agressividade. Pilotos da IAF tiveram um papel central em todas as guerras israelenses, sobretudo durante a dos Seis Dias, em 1967, quando destruíram as Forças Aéreas do Egito, da Síria e Jordânia. Em 5 de junho, 1,6 mil caças voavam a uma altitude de apenas dez metros para evitar detecção, subindo para o ataque apenas quando estavam prestes a alcançar seus alvos. Abriram crateras em pistas egípcias para impedir que qualquer avião decolasse e, em minutos, destruíram quase metade da frota egípcia – 187 aviões. A IAF perdeu quatro aeronaves, a maior parte delas por fogo de solo. Minutos depois, em um segundo ataque, a IAF destruiu mais 94 aviões árabes, assim como suas bases, os centros de comando, radares e equipamentos eletrônicos. No total, a IAF destruiu 391 aviões inimigos em solo e outros 60 em combates aéreos, mas perdeu apenas 46 aviões.

Em 17 de junho de 1981, a IAF colocou sua enorme reputação em jogo em uma das mais difíceis missões de sua história. Por duas horas, oito pilotos voaram seus F-16 sobre 1.100 quilômetros em território inimigo até chegar ao alvo: um domo brilhando no pôr do sol. Em um minuto e vinte segundos, o reator nuclear Osirak, construído pela França e instalado perto de Bagdá, estava em ruínas. Ilan Ramon, de 27 anos, se apresentou como voluntário para pilotar o último avião, o mais provável de encontrar fogo iraquiano. "Se eu puder impedir um segundo Holocausto, estou pronto a sacrificar minha vida", disse o filho de um sobrevivente de Auschwitz. Se não fosse por ele e outros sete pilotos de caça ainda anônimos que voaram em formação cerrada para enviar um sinal de radar semelhante ao de um avião comercial, o Iraque estaria armado com bombas nucleares.

Em 16 de janeiro de 2003 – 22 anos depois – a subida do ônibus espacial era transmitida ao vivo nas estações de televisão israelenses, e depois a

Um exército do povo   87

gravação foi repetida muitas vezes porque o primeiro astronauta israelense, o coronel da Força Aérea Ilan Ramon, estava a bordo. Ele levou o desenho de um garoto de 14 anos, morto em Auschwitz, da Terra vista da lua, e uma *Torá* do tamanho de uma carteira que sobreviveu a Bergen-Belsen junto com seu dono, um professor de Física na Universidade de Tel Aviv, que supervisionou um de seus experimentos no ônibus espacial. Durante 16 dias, Israel teve um alívio mental da Intifada. Na noite de sábado, 1º de fevereiro, os israelenses que esperavam pela TV a triunfante aterrissagem souberam, para seu terror coletivo, que, em vez da recepção a um herói, haveria sete funerais. Junto com seus restos, foi encontrada a Estrela de Davi de seu traje espacial. Durante a cerimônia na colina da Galileia, seu filho de 15 anos, que usava uma jaqueta azul de piloto, disse que queria seguir os passos de seu pai. Quando a solenidade terminou, os participantes ouviram um rugido no céu: quatro pilotos voavam com seus F-16 para um último adeus.

"As ameaças de hoje", diz o major-general Eitan Ben-Eliahu, ex-chefe da IAF, "vêm de muitas direções e distâncias". A Força Aérea, como o resto de Israel, está preocupada com o eixo Teerã-Damasco-Hezbollah e, nervosamente, de olho nas fronteiras ao norte, com o Líbano e a Síria; esta é detentora do maior estoque de armas químicas no Oriente Médio e de mísseis de longo alcance para transportá-las. Muitos analistas de inteligência consideram o Hezbollah, amplamente armado e dirigido pelo Irã, um terrorista "classe A".

O Irã é o pesadelo. Seus mísseis Shabib 3 (desenvolvidos com ajuda norte-coreana) e suas armas químicas (fornecidas por empresas chinesas) podem atingir Israel. Está em desenvolvimento o intercontinental Shahab 5, que deixará toda a Europa e possivelmente os Estados Unidos dentro de seu alcance. Acredita-se que o Irã seja capaz de produzir bastante urânio enriquecido e plutônio para diversas bombas nucleares. Publicamente comprometido com a destruição de Israel, o Irã tem líderes xiitas fundamentalistas que, além de encorajar o Hamas, braço da FLP, estavam por trás das bombas na embaixada israelense em Buenos Aires, em 1992, e no centro judaico em 1994, atentados nos quais foram mortas 85 pessoas. Os israelenses levam a sério a ameaça feita na rádio Teerã por Ali Akbar Hashemi-Rafsanjani, ex-presidente do Irã de 1989 a 1997: "Uma bomba atômica arrasaria Israel sem deixar um traço, enquanto o mundo islâmico apenas seria prejudicado, mas não destruído, por uma retaliação nuclear de Israel".[21] Eles também

88   OS ISRAELENSES

levam a sério esta advertência feita por Uzi Rubin, ex-chefe do programa de defesa israelense Arrow, que passou 14 anos desenvolvendo o mais avançado sistema antimísseis do mundo: "O Irã passou do ponto de não retorno. Os iranianos não podem mais ser brecados. Eles têm agora sua capacidade doméstica e irão continuar seus programas, independente do que a comunidade internacional pensa".[22]

Na fortemente vigiada base da Força Aérea em Palmachim , ao sul de Tel Aviv, homens e mulheres com máscaras praticam a recarga de lançadores de mísseis Arrow em um ambiente "contaminado" com agentes químicos e biológicos. Israel é a primeira nação a ter tal escudo defensivo. Conseguirá proteger seus 7 milhões de cidadãos de uma barragem de mísseis do Irã e da Síria? O único teste real vai ser durante uma guerra.

Seria difícil encontrar um soldado que não prefira esta ideia *low-tech* do falecido chefe das Forças Armadas de Israel Yitzhak Rabin: "Há apenas um meio radical de preservar vidas. Sem tanques nem aviões. Apenas paz."

Notas

1. Shai Levinhar, de 29 anos, trabalhou para a subsidiária eSpeed da empresa de corretagem Cantor Fitzgerald, que perdeu 700 funcionários. Ele deixou viúva e um filho de dez semanas.

2. Em agosto de 2002, o serviço feminino no exército foi estendido para dois anos, e as mulheres em unidades de combate servem três. Apesar do alistamento universal, as mulheres constituem 32% do Exército Israelense. (As mulheres são 16% das Forças Armadas dos Estados Unidos.) Mais de 30% das mulheres israelenses não são recrutadas pelas IDF por serem ultraortodoxas, ortodoxas, casadas, grávidas, por razão médica ou objeção consciente. O número cresceu 10% na última década, segundo o brigadeiro-general Avi Zamir, chefe da Divisão de Planejamento de Pessoal do Exército, disse à Comissão de Controle de Estado do Knesset e à Comissão para o Avanço das Mulheres em 14 de outubro de 2002. Ver Leora Eren Frucht, "Women at War", *Jerusalem Post*, 10 de abril de 2003.

    Quase metade dos israelenses em idade de alistamento não é obrigada a servir – incluindo homens judeus ultraortodoxos, mulheres drusas e árabes cristãos (mas homens e mulheres se apresentam como voluntários). Os árabes muçul-

Um exército do povo 89

manos são isentos, mas homens beduínos se apresentam como voluntários (ver capítulo 13). Uma das razões pelas quais árabes israelenses muçulmanos não são convocados é a complicada questão de conflito de lealdades. Ao não servirem, os cidadãos árabes israelenses não têm direito a certos benefícios sociais, como bolsa moradia. Há discussões sobre um serviço militar obrigatório no qual todo israelense de 18 anos, independente de sexo ou crença religiosa, deveria trabalhar em revitalização de bairros, em hospitais, cuidando de idosos ou ensinando crianças com necessidades especiais, e assim por diante, semelhante ao serviço nacional que mulheres judias ortodoxas podem escolher.

3. De acordo com uma pesquisa de maio de 2002 do Centro Nacional de Pesquisa de Segurança da Universidade de Haifa, houve um aumento de 50% no nível de motivação para servir no exército, em comparação ao ano 2000, e 73% preferiram servir em unidades de combate, comparado ao índice de 59% em 2000.

4. Em 2002, o Kenesset aprovou a Lei de Adiamento de cinco anos para os estudantes de yeshivas, legalizando a prática de conceder adiamento a todos os homens que estudem 45 horas por semana nessas escolas religiosas. A lei permite que eles deixem a yeshiva por 12 meses aos 22 anos para trabalhar. Eles devem então se decidir se declaram o estudo da *Torá* como sua "profissão" ou servem um ano no serviço público, e então são permanentemente isentos do serviço militar. As IDF têm uma unidade especial ortodoxa apenas masculina, ultrakosher, que satisfaz suas exigências religiosas, tais como nenhum contato com mulheres soldadas e nenhum trabalho em bloqueios onde elas passam. Para saber mais, ver capítulo 9.

5. Masada, hebraico para "fortaleza da montanha", é uma fortificação construída pelo rei Herodes em um enorme afloramento natural de rochas cerca de 500 metros acima do Mar Morto. É o mais conhecido marco marcial de Israel, o local de um dramático episódio da história judaica. Em 73 d.C., durante a rebelião contra o domínio romano, 960 fanáticos judeus – homens, mulheres e crianças – mantiveram a fortaleza por três anos e depois se mataram, para não se entregarem aos 7 mil romanos que a cercavam. A maioria dos israelenses cresceu com a mítica narrativa de alguns judeus corajosos, que lutaram até cometerem suicídio em massa, com o *slogan*: "Masada não pode cair de novo". O relicário nacional é um poderoso ingrediente da identidade e do nacionalismo israelenses. Ver Nachman Ben-Yehuda, *The Masada Myth* (Madison: University of Wisconsin Press, 1995), e Yael Zerubavel, *Recovered Roots* (Chicago: University of Chicago Press, 1995).

6. No jornal libanês *Al Safir*, em 3 de março de 2001, o ministro das Comunicações da Autoridade Palestina, Imad al-Faluji, disse: "Quem pensa que a Intifada eclodiu por causa da desprezível visita de Sharon à mesquita al-Aqsa está errado, mesmo que a visita tenha sido a última gota d'água para o povo palestino. A Intifada foi planejada antecipadamente, desde o retorno do presidente Arafat

90 OS ISRAELENSES

das negociações de Camp David, onde ele virou a mesa do presidente Clinton: [Arafat] permaneceu firme e desafiou [Clinton]. Ele rejeitou os termos americanos e fez isso no coração dos Estados Unidos". Ver também o monitoramento diário de TV, rádio e jornais palestinos antes da visita de Sharon ao Monte do Templo, por Itamar Marcus na Palestinian Media Watch (PMW). Uma resenha da OMW (11 de setembro de 2000), da oficial Palestine Broadcasting Corporation TV, durante julho, agosto e começo de setembro, advertia: "As transmissões de violência e ódio atingiram níveis sem precedentes durante o verão na televisão palestina, deixando o clima chegar perto da eclosão de uma guerra".

7. Em maio de 1985, por exemplo, depois de uma negociação com a Frente Popular pela Libertação da Palestina, Israel libertou 1.150 terroristas presos em troca de três soldados israelenses feitos prisioneiros durante a Guerra do Líbano.

8. De acordo com o departamento de pessoal das IDF, em março de 2003, 40% dos soldados de combate eram religiosos.

9. O frágil cessar-fogo de 1981 entre Israel e a OLP no Líbano desmoronou com o tiro no embaixador de Israel na Inglaterra, Shlomo Argov, e o bombardeio da OLP da Galileia ocidental a partir do Líbano. O governo israelense respondeu primeiro com ataques aéreos e de mísseis e, depois, com uma invasão em grande escala ao sul do Líbano. A "Operação Paz para a Galileia" foi a mais longa e controvertida guerra de Israel. Houve oposição disseminada entre soldados e seus pais. Em maio de 2000, o primeiro-ministro Ehud Barak retirou as tropas da zona de segurança do sul do Líbano, esperando que Israel fosse gozar de um período de "paz armada". Analistas militares israelenses, incluindo o comandante chefe Moshe Ya'alon, confirmam que o Hezbollah e os palestinos interpretaram a apressada retirada israelense como um sinal de fraqueza, e isso encorajou a Intifada, que explodiu quatro meses depois. O sheik Hassan Nasrallah, líder do Hezbollah, comparou a sociedade israelense a uma "teia de aranha frágil e facilmente destrutível", dizendo que, apesar de seu forte exército e sua economia, os israelenses haviam se tornado fracos e mimados. Analistas militares israelenses dizem que o modelo palestino para a segunda Intifada foi o Líbano. Arafat e comandantes da milícia aplicaram a teoria da "teia de aranha" ao conflito, mas a morte de civis israelenses levou ao endurecimento das atitudes de Israel em relação aos palestinos. Ver Leslie Slusser, Jewish Telegraphic Agency, 20 de setembro de 2002.

As IDF estavam preocupadas com o perigoso eixo Síria-Irã-Palestinos, a cooperação militar e o apoio conjunto ao terror. O petróleo tinha um papel importante na relação militar da Síria com o Iraque de Saddam. Há um duto petrolífero entre o Iraque e a Síria, além da propriedade conjunta de depósitos na costa do Mediterrâneo. Ver Ze'ev Schiff, "Don't Underestimate Assad Jr", *Ha'aretz*, 3 de agosto de 2002.

Um exército do povo 91

10. Os Dez Princípios da Fé:

1. O Hamas jura conduzir uma guerra santa pela Palestina contra os judeus até que seja alcançada a vitória de Alá.

2. A terra deve ser limpa da sujeira e do mal dos conquistadores tirânicos.

3. Sob as asas do Islã é possível ter coexistência pacífica com outros grupos religiosos. Mas sem o domínio islâmico do Domo da Rocha, só pode haver ódio, controvérsia, corrupção e repressão.

4. Pelo comando do profeta, os muçulmanos devem lutar contra os judeus e matá-los onde quer que estejam.

5. O Hamas luta para estabelecer uma entidade da qual Alá seja o propósito mais alto, o *Corão* sua lei, a jihad (guerra religiosa em favor do Islã como um dever religioso) seu meio, e morrer por Alá seu desejo mais nobre.

6. A Palestina é uma entidade sagrada islâmica até o fim dos tempos. Portanto, é inegociável e ninguém pode ceder qualquer parte dela.

7. É um mandamento religioso e pessoal que cada muçulmano se engaje na jihad até que a terra seja redimida.

8. O Hamas se opõe a qualquer negociação internacional, assim como a qualquer acordo de paz possível. A soberania sobre a terra é estritamente uma questão religiosa, e conduzir negociações em torno dela significa desistir de algum controle pelos crentes islâmicos.

9. Os judeus controlam a mídia e as instituições financeiras mundiais. Por meio da revolução e da guerra, e de organizações como os maçônicos, comunistas, capitalistas, sionistas, Rotary, Lions, B'nai B'brith e coisas assim, eles minam a sociedade como um todo para destruí-la. Com o mal da corrupção, eles tentam ganhar o domínio do mundo com instituições tais como a ONU e seu Conselho de Segurança. Mais detalhes da iniquidade podem ser encontrados nos Protocolos dos Idosos do Sião.

10. O Hamas se opõe a qualquer Estado secular que a OLP busque criar na Palestina, porque, por definição, ele seria anti-islâmico. Por outro lado, se a OLP adotar o islamismo e hastear sua bandeira, então todos os membros da OLP podem ser guerreiros da liberdade que acenderiam o fogo para consumir o inimigo.

11. Entre 100 mil e 150 mil palestinos e jordanianos vivem ilegalmente em Israel. Ver Margo Dudkevitch, "A Woman's Place Is on the Border: Female Units Crop Up in West Bank", *Jerusalem Post*, 12 de outubro de 2001.

12. No dia 10 de março de 2003, em uma corte israelense, o motorista de ambulância Isalam Jibril, do Crescente Vermelho, declarou-se culpado de usar sua ambulância para transportar armas e cinturões de bombas para membros da

92   OS ISRAELENSES

Brigada de Mártires al-Aqsa. Para disfarçar esse conteúdo da ambulância, ele transportava sua cunhada, alegadamente doente, o filho dela e um médico para o hospital em Ramallah. Forças das IDF o pararam em um posto de vigilância fora de Ramallah. De "Indictment for Use of Ambulances for Terrorist Activities", *press release* do porta-voz das IDF, 12 de março de 2003.

13. Baseado em *Companhia Jasmim*, o primeiro documentário que mostrou com profundidade a rotina da Escola de Treinamento de Mulheres Oficiais de Campo, em notas da produção e na entrevista com o diretor Dan Katzir (DanKatzir@earthlink.net), um dos mais importantes jovens cineastas de Israel.

14. Em julho de 2001, Eliahu Bakshi-Doron, então um dos dois rabinos chefes de Israel, declarou que o programa de integração do exército viola a halakha. Um grupo de rabinos alinhados com o movimento sionista de direita instruiu seus homens a se recusarem a servir em unidades com mulheres militares. Embora a maioria dos israelenses considere as objeções dos rabinos insultantes e arcaicas, o exército agora permite que soldados ortodoxos sirvam em todas as unidades masculinas que quiserem. Ver Amos Harel, "Zionist Rabbis Prepare for Battle against Female Fighters", *Ha'aretz*, 2 de julho de 2000; Mary Curtis, "Rabbis Take Aim at Women in Ranks", *Los Angeles Times*, 24 de agosto de 2001.

15. "The Arafat Papers", *Sixty Minutes*, 29 de setembro de 2002. Lesley Stahl entrevistou os coronéis Ido Hecht e Miri Eisen, oficiais sêniores da inteligência do Exército de Israel. O coronel Eisen supervisionou a análise de documentos apreendidos no quartel-general de Arafat, documentos que, segundo ambos, mostram que o vice-presidente Taha Yassin Ramadan dirigiu pessoalmente a transferência de fundos para famílias de homens-bomba. Uma carta escrita à mão e assinada por Ramadan diz: "A Intifada é uma oportunidade única na história de construir a organização Ba'ath e expandir sua base organizacional" nos territórios. As IDF têm cheques assinados por Ramadan e documentos endossados por Arafat, mostrando que eles foram cúmplices em ajudar a Frente pela Libertação da Palestina, dirigida por seu fundador baseado em Bagdá, Muhammad Zaidan (Abu Abbas), e seu representante local, Rakad Salam, secretário da Frente de Libertação Árabe e do partido iraquiano Ba'ath na Cosjordânia e em Gaza. Ver Micha Odenheimer, "Vicious Circles Closing", *Ha'aretz*, 5 de outubro de 2002. Thomas von der Osten-Sacken, coeditor de "*Saddam's Last Battle?*", diz que membros influentes da OLP tinham laços com o Iraque desde 1991, quando os palestinos decidiram apoiar Saddam. Ver Daniel Sobelman, "Iraqi VP Sent Checks for Intifada", *Ha'aretz*, 10 de outubro de 2002.

16. Sharon Sadeh, "How Jenin Battle Became a 'Massacre'", *The Guardian*, 6 de maio de 2002. Ver também Richard Starr, "The Big Jenin Lie", *Weekly Standard*, 8 de maio de 2002; "Urban Warfare in Jenin", *Azure*, Verão 2003.

17. Entrevista da autora com Daniel Gordon. Ver também, de Gordon, "How the Times Distorted Jenin", *Jewish Journal of Los Angeles*, 3 de maio de 2002.

Um exército do povo 93

18. O vídeo foi feito por veículo aéreo sem piloto da IAF em uma missão de reconhecimento sobre o campo de refugiados de Jenin em 18 de abril de 2002. Quando funcionários da Autoridade Palestina viram as imagens do funeral encenado, disseram que estavam fazendo um filme de ficção. O coronel Miri Eisen, das IDF, exibiu as cenas em uma coletiva à imprensa internacional, dizendo que os palestinos fizeram a encenação para "mostrar que tantas baixas quanto possíveis estavam enterradas dentro de Jenin": "Eles tentaram falsificar evidência para a comissão da ONU executando uma cerimônia encenada carregando o 'corpo' e filmando o processo todo". Para ver o vídeo das IDF: <http://israelinsider. com/channels/diplomacy/articles/dip_0204.htm#>.

19. Fotos de Jenin antes e depois do ataque de Israel em abril de 2002, tiradas pelo satélite de imageamento Ikonos, mostram que a maior parte da luta e a consequente devastação estava em uma pequena área. De acordo com o coronel Miri Eisen, da inteligência das IDF, 130 prédios foram destruídos por suas forças, 10% de todas as edificações no campo de refugiados. "Não queríamos aplainar toda a área, mas não acho que alguém na história encarou uma batalha onde cada rua e cada casa tinha explosivos", disse o general-brigadeiro Shmuel Yachin, diretor para pesquisa e desenvolvimento do Ministério da Defesa. "Os militantes palestinos sabiam que iríamos em direção ao campo terrorista, e assim, a cada poucos metros, havia mais bombas ou explosivos". O relatório da ONU acusou Israel de impedir trabalhadores médicos e humanitários de entrarem no campo. Durante o combate, Israel forneceu alimentos, tubos de oxigênio e um gerador para um hospital palestino, além de transferir 83 pacientes para hospitais israelenses. O tenente-coronel Fuad Halhal, oficial administrador das IDF em Jenin, apresentou documentos e fotos em uma entrevista à imprensa no Centro de Estudos Estratégicos Jafee sobre as estratégias da mídia de Israel, mostrando israelenses se reunindo com representantes da Cruz Vermelha e do Crescente Vermelho, que negaram que os encontros aconteceram. Ze'ev Schiff, "Back to Jenin", *Ha'aretz*, 18 de julho de 2002.

Cerca de 250 mil pessoas vivem na cidade de Jenin e áreas circundantes, que ficaram intocadas. O campo de Jenin, administrado pela United Nations Relief and Works Agency for Palestine Refugees in the Near East (UNRWA), tem 13.055 refugiados registrados. A UNRWA ajuda apenas palestinos. (O Alto-Comissariado da ONU para Refugiados serve aos mais de 21,8 milhões de outros refugiados do mundo em 120 países.) A UNRWA opera 59 campos em Gaza, na Cisjordânia, Jordânia, Síria e no Líbano, com funcionários recrutados entre palestinos. De acordo com a agência, suas escolas usam o mesmo currículo e livros escolares que as escolas do governo hospedeiro. Os livros escolares da Autoridade Palestina omitem Israel nos mapas do Oriente Médio. De acordo com registros da ONU, os Estados Unidos financiam mais de um quarto dos custos operacionais da UNRWA.

94   OS ISRAELENSES

20. Arieh O'Sullivan, "IAF Whips U.S. Pilots in Exercise", *Jerusalem Post*, 24 de setembro de 1999. O exercício foi entre a IAF e a Sexta Frota Naval dos Estados Unidos, de acordo com a revista americana *Air Force Monthly*. Pilotos israelenses "derrubaram" 220 F-14 e FA-18 americanos, perdendo apenas 20 de seus próprios F-16. Os resultados não foram oficialmente divulgados, para proteger a reputação dos pilotos da Marinha americana.

21. Harold Evans, "The Anti-Semitic Lies That Threaten All of Us", *Times of London*, 28 de junho de 2002. Israel está na grande liga atômica: é a sexta maior potência, depois dos Estados Unidos, Rússia, Grã-Bretanha, França e China. Há estimativas de que Israel pode produzir 250 armas nucleares. *Bulletin of Atomic Scientists* (setembro/outubro 1999).

22. Ver a excelente matéria de capa de David Horowitz, "Meanwhile, in Iran", no *Jerusalem Report*, 7 de abril de 2003. De acordo com o general-major Yaakov Amidror, ex-chefe de pesquisa da Divisão de Inteligência Militar, "a Síria é a maior potência em armas químicas do Oriente Médio". A Síria também é um refúgio para frentes rejeicionistas e grupos terroristas como a Jihad Islâmica, a Frente Popular, Frente Democrática e a Frente Popular para a Libertação da Palestina-Comando Geral, de Ahmad Jibril. Durante sua visita em fevereiro de 2003 a um local no deserto, a 300 quilômetros ao sul de Teerã, o chefe egípcio da Agência Internacional de Energia Atômica encontrou centrífugas capazes de produzir urânio enriquecido para bombas nucleares. Seus anfitriões iranianos reconheceram que, em 2005, planejavam ter cinco centrífugas plenamente operacionais no local. Membros de sua equipe foram então a outro local no deserto, a 300 quilômetros a sudoeste de Teerã, onde iranianos construíram secretamente uma planta de água pesada que permite produzir plutônio em um reator nuclear. Ou seja: os iranianos têm tecnologia para fazer dispositivos nucleares com urânio enriquecido e plutônio.

4

Transformando espadas emações na bolsa

Israel e internet são uma combinação perfeita. Esperaram 2 mil anos um pelo outro. Hoje, todas as mães judias israelenses querem que seus filhos saiam da faculdade e fundem uma empresa de tecnologia. — Yossi Vardi, depois de obter 400 milhões dólares, pela segunda vez, ao vender uma nova empresa de internet; em 2007, ele investiu em 38 novas empresas

Israel faz mais com seus cérebros do que os sauditas com seus poços de petróleo. — Presidente Shimon Peres

A minutos da bela, mas ensimesmada, cidade velha de Jerusalém, Eli Barkat sobe uma colina em um parque industrial e caminha a passos apressados para o futuro. As pessoas aqui têm mais em comum com outras que estão a 16 mil quilômetros, no Vale do Silício, do que com os judeus e muçulmanos ultraortodoxos em sinagogas e mesquitas rua abaixo. Após passar por uma fábrica de *chips* da Intel, Eli se dirige a uma garagem subterrânea, que também funciona como abrigo antibomba. Muitos carros estão estacionados no estilo israelense: em cima das faixas brancas. Usando o uniforme de um CEO *high-tech*, com jeans e camiseta, Eli pega um elevador de vidro negro até a BRM Technologies, empresa de investimentos em tecnologia e *software* que ele e Nir, seu irmão mais velho, fundaram com dois amigos. Quando a primeira corrida do ouro digital varreu a Terra Santa, eles ficaram ricos e ganharam milhões gestando novas empresas. Apesar de problemas na Nasdaq e em Nablus, a alta tecnologia continua sendo o pistão que movimenta o motor econômico de Israel.

Os relógios do *lobby* marcam os fusos horários de seus investimentos e clientes nos Estados Unidos, países da Europa e Ásia. Dentro, *nerds* maldormidos batucam em teclados, com os olhos vidrados por passar tempo demais diante da tela do computador, tentando criar o próximo aplicativo genial. Como Eli, eles vivem e respiram a revolução digital, e têm um zelo feroz em vencer a concorrência. Um programador com a barba por fazer e um engenheiro de *software* conversam. Pouco tempo atrás, eles eram jovens de 22 anos em uma unidade de inteligência das IDF supervisionando engenheiros que trabalhavam em projetos de ponta. Agora debatem *bit* e *bytes* em *softwarespeack* israelense, um pouco de inglês e hebraico, uma língua concisa, de 3 mil anos, na qual são escritos os Dez Mandamentos e seus *e-mails*. O supervisor interrompe a conversa. "Não foi isso o que imaginei", diz ele. O programador rebate: "Eu sei. Do meu jeito funciona!". Tal comportamento parece insubordinação em qualquer outro lugar do mundo, mas os israelenses florescem em confrontações e na solução de problemas por discussões. "Já que falamos o que realmente pensamos, não temos de ficar adivinhando", explica o programador, dirigindo-se à copa, onde seus colegas se reúnem batendo papo em torno de xícaras de café. As linhas entre vidas pessoais e profissionais são tênues, e até invisíveis. A fofoca vai desde uma paquera quente até sobre qual companhia israelense vai ser a primeira a abrir seu capital na Nasdaq. Então, a conversa se volta para discutir se Nir Barkat será o prefeito de Jerusalém.

Mais do que qualquer outro grupo de israelenses, a geração digital transformou esta antiga terra de profetas em um campo moderno de lucros. A economia israelense cresce. Em 2007, o investimento estrangeiro e a Bolsa de Valores de Tel Aviv chegaram a altas recordes. O desemprego caiu para 7,7%, o mais baixo em uma década. Apesar do trauma da guerra com o Hezbollah, o megainvestidor Warren Buffett pagou 4 bilhões de dólares por

Transformando espadas em ações na bolsa 97

80% da Iscar, a Hewlett-Packard comprou a Mercury por 4,5 bilhões de dólares e a SanDisk aquiriu a Systems por 1,5 bilhão de dólares. "Não somos os suíços. Estamos acostumados com a guerra. Então, quando há guerra, certamente é um choque, mas não desabamos. Estivemos envolvidos em guerras por quase cem anos", explica Roby Nathanson, diretor do Instituto de Economia Política Macro de Israel.

Cento e vinte companhias israelenses, todas *high-tech*, são negociadas na Bolsa de Nova York, mais do que em qualquer outro país, excluindo os Estados Unidos. "Wall Street é um lugar onde os israelenses são mais conhecidos por sua alta tecnologia do que por lutar em guerras", observa Eli, explicando que Israel estava pronta para a era da internet antes que ela chegasse. "A alta tecnologia combina com a 'mentalidade israelense', porque solucionar problemas de forma criativa, para nós, é um modo de vida. Temos uma cultura de inovação porque estamos acostumados a improvisar, fazendo o impossível acontecer." Durante quatro anos como paraquedista, Eli aprendeu a aguardar o inesperado e a tomar rápidas decisões de vida ou morte, com base em pouca informação. "Eu me lembro de que, no Líbano, sempre tínhamos falta de equipamentos. O comandante dizia: 'Inovem'. Descobrimos um lugar onde os terroristas escondiam equipamentos e achamos três jipes quebrados. Os soldados pegaram peças aqui e ali; depois de quatro horas, estavam funcionando. É o jeito como fazemos as coisas. Os israelenses se divertem com a história de um soldado cujo tanque estava com problemas de disparo. Sem as ferramentas adequadas para consertá-lo, ele usou o grampo de seu quipá. Eli usa com frequência suas habilidades do exército para liderar seus "comandos *hight-tech*" nas batalhas dos negócios. No setor *high-tech* internacional, a velocidade em colocar um produto no mercado pode ser a diferença entre o sucesso e o fracasso. Os israelenses têm a reputação de levar novos produtos ao mercado rapidamente, explica Eli. "Pensamos rápido e funcionamos bem com a velocidade. Algo como uma equipe da SWAT. Aprendemos a sobreviver com trabalho de equipe. A ameaça da guerra produz pessoas que não se permitem perder, que atravessarão paredes para que você tenha o que precisa, que trabalharão com máscaras de gás para cumprir um prazo. Se nosso escritório na Califórnia fala para nossos engenheiros de Israel sobre um problema, temos a solução na manhã seguinte. As pessoas que acham que a internet anda rápido não viram um combate. Na internet, pode demorar um mês ou mais para saber se você estava certo ou errado. Na batalha, são segundos. Se você estiver errado, pode não haver uma segunda chance."

"Para os israelenses, a palavra não é um desafio intransponível. Se eu digo a um empreendedor israelense, por exemplo, 'o acordo morreu', ele responde: 'Quão morto? Ainda respira?'. Não existe algo como um acordo morto. Os israelenses sempre tentam encontrar um outro jeito. Você fecha a porta, e eles entram pulando a janela." Eli passa o tempo deslocando-se entre Israel, escritórios de vendas e marketing no Vale do Silício e consumidores de Roma a Tóquio, e vive muitas vezes da roupa que tem na mala. "Israel é um mercado muito pequeno para *high-tech*; os israelenses têm de pensar globalmente e criar produtos internacionais." Por isso, muitas companhias com sede em Israel têm a base de pesquisa e desenvolvimento no país e escritórios de vendas e marketing no exterior.

Eli lançou a Back Web Technologies com 1,2 milhão de dólares de capital inicial da BRM. Ela vende *software* para *laptops* da Hewlett-Packard, Kodak e IBM, entre outras, cujos empregados em viagem usam para acessar a intranet quando não há conexão com a internet. A Cisco a chamou de "Federal Express da internet". Depois de abrir o capital na Nasdaq em 1999, seu valor disparou para 2 bilhões de dólares, eliminou concorrentes e faturou milhões. Desde o estouro da bolha da internet, porém, houve demissões e reestruturação. Em 2008, a luta ainda era para produzir lucro. "Quanto maiores os desafios dos negócios, mais calmo eu fico", afirma Eli. "Acredito em transformar cada problema em uma oportunidade. Se não mata, fortalece. O negócio da área *high-tech* é criar dinheiro e valor. O dos militares é vida e morte."

Eli pensa que ter visto tantos amigos morrerem no campo de batalha lhe deu uma perspectiva mais equilibrada sobre o que é importante. Mesmo quando vai pescar no Mar da Galileia, porém, ele se esquece de relaxar. "Eu levo tudo muito a sério. É uma guerra contra os peixes. E não suporto quando não mordem a isca", ele brinca.

Em 1988 as exportações mais famosas de Israel eram as laranjas de Jaffa. Foi naquele ano que Eli, armado com seus diplomas de matemática e ciência da computação, se juntou com o irmão ex-paraquedista Nir e com um amigo da Universidade Hebraica para começar uma operação de garagem de projetos de *software*. "Meus amigos acharam que eu era um idiota. Um empreendedor? Isso é uma profissão? Por que você não arruma um emprego de verdade?" Eli vivia com sua mãe, uma dançarina de música *folk*, e seu pai, um professor de astrofísica, em uma casa de pedra de calcário amarelada na rua Deserto do Sinai. Os cheques dos negócios voltavam, mas ele se agarrou ao seu sonho de dar certo em Wall Street. Quando a histeria com vírus de computador virou manchete, o trio vendeu seu primeiro projeto antivírus. "De repente, ganhamos nosso primeiro milhão. Tínhamos que decidir entre pegar o dinheiro e gastar ou construir algo maior." Escolheram gerar mais negócios, incluindo a Check Point, empresa *high-tech* mais bem-sucedida de Israel. "Quando fui para o aniversário de 67 anos do meu pai, os amigos, que tinham me tratado como um louco, ficaram todos em cima de mim para me dar os currículos de seus netos."

Os netos e outros jovens israelenses fazem peregrinações ao escritório da BRM em Jerusalém, vendendo ideias e tentando arrumar capital inicial para lançar empresas. Alguns conseguem ser ouvidos. Muitos sonham em se tornar o próximo Gil Shwed.

Em 1993, Shwed, um jovem gênio da computação, chegou ao escritório da BRM com uma ideia que vinha fermentando na inteligência do exército: o projeto Firewall, parte da segurança de um *software* que impede *hackers* de invadir computadores. Era arriscado, e o *boom* da internet ainda não tinha acontecido. Apenas grandes empresas tinham conexões com a internet e os ciberataques não eram uma preocupação. Mas os irmãos Barkat partilhavam da visão de Shwed. A BRM lhe deu assistência técnica ao negócio e cerca de 500 mil dólares por metade da Check Point Software Technologies. Era um investimento e tanto. A Check Point tornou-se líder mundial em segurança na internet e, desde 2008, uma das mais valiosas empresas de Israel listadas na Nasdaq. Antigamente, os modelos israelenses eram líderes militares. Agora, são empreendedores. Tipos como Gil Shwed.

A sede de Gil Shwed fica em um arranha-céu no subúrbio de Ramat Gam, em Tel Aviv, onde o avô de Barjat, um motorista de ônibus, uma vez plantou tomates. Apelidado de "Gil Gates", o Bill Gates israelense levou a Check Point a ser uma empresa cujo valor de mercado chegou a 20 bilhões de dólares em 2001. No ano seguinte, ele apareceu na capa da *Forbes* como um dos poucos bilionários do mundo que se fez sozinho antes dos 35 anos (embora, desde então, a *Forbes* tenha estimado seu valor bruto em

100 OS ISRAELENSES

"apenas" 375 milhões de dólares). Seu escritório, no vigésimo quarto andar, é decorado com arte abstrata, incluindo uma pintura feita por um sem-teto de São Francisco. Solteirão de ar juvenil, com cabelos curtos e óculos tipo John Lennon, Gil explica seu orgulho por uma foto sem foco. "De longe, ela parece bem fora de foco. De perto, parece uma árvore, ou o que você quiser ver. É por isso que eu gosto dela. Porque você consegue ver o que ninguém mais pode." Foi o que aconteceu quando as pessoas disseram que sua ideia do projeto Firewall não faria dinheiro. "Sabíamos que empresas em todo o mundo iriam precisar de segurança na internet. Enxergamos coisas que as pessoas não viam. É assim que funciona com os negócios. Talvez seja assim que as coisas funcionem com a paz. As respostas virão do inesperado." Mais de 100 milhões de consumidores de *software*, incluindo muitos governos e quase todas as 500 maiores empresas da revista *Fortune* usam *firewall*s da Check Point para se proteger dos *hackers* e outros intrometidos cibernéticos. A popularidade do DSL e o acesso discado tornam muitas companhias vulneráveis a intrusos. Em 2008, o mercado de *software* de segurança passou dos 14 bilhões de dólares. O CEO da Oracle, Larry Ellison, um dos homens mais ricos do mundo, encontrou-se com Gil em Israel em agosto de 2007 e disse que os israelenses eram muito inovadores porque "sempre questionam o que têm a fazer".

A Check Point é uma companhia global com caráter israelense, e Gil está determinado a fazer com que ela continue assim. "Gostamos de experimentação não ortodoxa e nunca damos nada como certo. Se alguém disser faça desta maneira, checamos duas vezes para ver se conseguimos fazer melhor. Fazer coisas de maneira incomum é um modo de vida em Israel. Não fazemos as coisas seguindo os manuais e estamos dispostos a desafiar as regras, a experimentar, o que pode ser uma vantagem." O CEO de uma empresa americana de *softwares*, com escritórios de pesquisa e desenvolvimento em Israel, fez a seguinte observação: "Quando eu digo a um israelense que a distância mais curta entre dois pontos é uma linha reta, ele vai tentar encontrar um caminho ainda mais curto". Gil concorda e descreve o percurso de dez minutos vindo de seu apartamento em Tel Aviv. "Sempre tento uma rota diferente para chegar mais rápido. Se vejo um farol vermelho, viro à direita. Sou muito impaciente. Não suporto esperar."

A impaciência de Gil não é incomum em Israel. Se o farol fica verde e você não enfia o pé no acelerador, os israelenses buzinam ou gritam

Transformando espadas em ações na bolsa 101

pela janela. Eles colam na gente porque não suportam que alguém corte a sua frente. Aquelas linhas pintadas no meio da rua? Apenas uma sugestão. Quando um policial israelense para um carro, está pronto para uma discussão segundo a qual a lei é estúpida e tem de ser mudada. Indagado por que os israelenses são motoristas tão horríveis, o falecido ex-prefeito Teddy Kollek, de Jerusalém, respondeu que dirigir seguro é a coisa mais longe da mente quando se tem uma guerra a toda hora. "É muito mais perigoso dirigir em Israel que no espaço", afirmou o astronauta Ilan Ramon à sua família antes de sair em sua malfadada missão. Os guerreiros do asfalto israelense e empreendedores *high-tech* são conhecidos por assumir riscos e encontrar atalhos. Esse comportamento cria cenas de sangue nas ruas, mas ajudou a colocar Israel na pista mais rápida da superestrada da informação. Apenas os Estados Unidos têm mais companhias começando no setor.

Gil pensa em Israel como uma nação de principiantes. "Conseguimos criar um país do zero. Trouxemos imigrantes. Demos-lhes alimento. Criamos um sistema legal. Construímos cidades. Colocamos fazendas no deserto, inventando técnicas como a microirrigação." Ele acrescenta que pesquisadores inovadores desenvolveram muitos tipos de colheitas resistentes a vírus e fungos, como batatas e tomates que sobrevivem a doenças, além de novos modos de aumentar o valor nutricional do trigo. Sua mãe, que cresceu no Kibutz Ramat Rachel, perto de Jerusalém, perdeu o pai durante a guerra de 1948. (A família alemã do pai de Gil morreu no Holocausto.) Filho de sonhadores socialistas, ele é um realista prático, mas tenta misturar o espírito do velho kibutz, que admira, à cultura de seu escritório. "Quero que todos se sintam bem juntos. O trabalho é mais do que chegar de manhã e ir embora de tarde. Tento encontrar jeitos criativos de fazer as pessoas se sentirem valorizadas. O truque é não ser convencional." Ele acaba de levar seus 1,5 mil funcionários e seus parceiros para férias em grupo em Sun City, na África do Sul. Em outro ano, foram para Cancún, no México. Mesmo o almoço diário é um misto de comuna e experiência hippie: Gil, um aficionado por comida, tem 20 menus diferentes de restaurantes locais para seus funcionários. Na sala de jantar, seu hábito é partilhar – macarrão tailandês, com um pouquinho de enchilada. Perto da sua sala há uma máquina de capucino, aulas de ioga e aeróbica. Gil junta-se a seus empregados duas vezes por semana para uma aula de *spinning* em bicicletas ergométricas – quando ele mesmo está estacionário. Acaba de voltar de uma viagem em volta do mundo em oito dias, e, onde quer que vá, roupas negras são sua marca registrada. "O preto é muito prático. Suéteres. Meias. Tudo combina."

Os israelenses, no entanto, o consideram *cool*, mesmo em Lod, uma cidade pobre judaica-muçulmana perto do Aeroporto Internacional Ben-Gurion, onde Gil passou a manhã reunido com ex-universitários que saíram da faculdade e são monitorados por voluntários da Check Point. Com desigualdades entre as rendas de seu povo, Israel tem um dos maiores fossos entre ricos e pobres no mundo ocidental.

O próprio Gil era um estudante desinteressado. Ele credita à sua mãe, uma professora do ensino básico, suas aventuras no conhecimento. "Nós íamos para o interior. Ela chegava a uma fazenda de leite, parava e perguntava: 'Meu filho pode ver a ordenha?'. Ela batia na porta do *Ha'aretz* e pedia: 'Meu filho pode ver vocês imprimirem o jornal?'. Ela tinha curiosidade e audácia." O passeio mais memorável foi até o escritório do seu pai no Ministério das Finanças em 1972, quando tinha apenas 5 anos. "Vi um computador enorme, como nos filmes. Para uma criança, foi muito impressionante. Aos 9, matriculei-me em uma aula de computação vespertina, em um centro comunitário religioso. Era a única criança não ortodoxa." Quando tinha 12 anos, Gil teve um emprego de verão em uma empresa de *software* de tradução. Aos 14, o menino prodígio escrevia programas para uma companhia de computação. No colégio, Gil conseguiu ter aulas de ciência da computação na Universidade Hebraica. Foi a algumas delas e, como não tinha tempo, saiu.

Quando foi recrutado, o jovem gênio da computação de 17 anos qualificou-se para programas especiais de treinamento para estudantes talentosos, mas recusou. "Isso significaria que teria de ir para a faculdade durante três anos e, depois, para o exército durante seis. Não queria me comprometer pelos próximos dez anos. Eles não sabiam o que fazer comigo. Até me mandaram aprender árabe." Gil acabou em uma unidade secreta de inteligência eletrônica fazendo um trabalho que não lhe permitiram discutir. Provavelmente estava criando redes de computadores para possibilitar que alguns usuários tivessem acesso a materiais secretos, e outros não. As IDF não queriam ser uma incubadora *high-tech*. No entanto, é impossível imaginar o *boom* de alta tecnologia de Israel sem o exército. Um enorme percentual de líderes *high-tech* israelenses serviu em unidades de elite de inteligência, trabalhando jornadas brutais em equipes altamente motivadas, projetando as tecnologias de ponta que dão às IDF sua vantagem tática. Quando saem, ajudam a fomentar a alta tecnologia civil.

Depois de sua estada de quatro anos no exército, Gil pulou a faculdade. Tornou-se consultor de *software* e partilhou sua ideia do exército com dois amigos, Shlomo Kramer, da mesma unidade de inteligência, e Marius Nacht, da Força Aérea. "Começamos a 400 metros daqui", diz Gil, referindo-se ao apartamento, que pertencia ao avô de 90 anos de Nacht, onde o trio passou seis meses trabalhando em computadores emprestados. "Trabalhávamos até uma hora da manhã, e depois comíamos comida japonesa ou íamos tomar um drinque na praia." Eles lançaram seu produto em uma feira de computadores em Las Vegas em 1994. Não tinham materiais promocionais chamativos. "Os repórteres queriam um *press release*. Éramos tão ingênuos, que nem sabíamos o que era um *press release*, mas escrevemos um de qualquer maneira. Embora não tivéssemos qualquer treino de mercado, éramos bons em marketing de guerrilha." Juízes lhes deram o prêmio de melhor *software*. Batizaram-no de FireWall. Hoje, este é um nome genérico no mundo dos computadores.

Uma das primeiras pessoas que contrataram foi Dorit Dor, que também servira em uma unidade de inteligência militar secreta. Diferente de Gil, ela tinha três diplomas, incluindo um doutorado em ciência da computação da Universidade de Tel Aviv. Hoje, ela é vice-presidente encarregada de pesquisa e desenvolvimento. Quando se fala de uma famosa piada israelense – o bom de se ter uma chefe é saber que você vai ganhar mais que ela –, Gil diz que este não é o caso da sua empresa. E chama a atenção para o alto número de mulheres com cargos de chefia, e que mais funcionárias estão em licença-maternidade que no miluim (serviço na reserva). Um cliente americano pergunta por que todo mundo está brigando e gritando. "Estão apenas conversando", ele explica. A falta de diferença de *status* entre chefes, gerentes e subordinados choca não israelenses. Em vez de falarem em liderança hierárquica, muitos israelenses preferem se referir à "autoridade natural".

Dorit descreve uma reunião típica. "Todo mundo fala ao mesmo tempo, interrompendo o outro no meio de uma sentença. O silêncio quer dizer que você não está interessado." Não é apenas na Check Point; é o modo como os israelenses se comunicam. Se não interrompem nem fazem perguntas, significa que você não está capturando suas atenções. Quanto mais interrupções, melhor a conversa. Se três ou quatro israelenses falam ao mesmo tempo, é um bom sinal. Se ficam excitados e gritam, estão provavelmente muito interessados. Se alguém começa a bater na mesa, você sabe que está se fazendo ouvir.

Muitos israelenses não são bons de jogar conversa fora. É uma das heranças da geração fundadora, em que as habilidades sociais, ou sua falta, foram formadas por um coletivismo poderosamente igualitário. As boas maneiras sociais eram consideradas superficiais, falsas, ou artificialmente formais. E também perda de tempo. Até hoje, os israelenses gostam de falar em *dugri*, uma palavra árabe/turca que significa conversa direta e franca. Quando israelenses falam em *dugri*, há pouca postura ou jogos. Falar em *dugri* é o oposto de sutil: significa falar em um espinhoso estilo sabra. Falar em *dugri* significa que você sabe onde está. Algumas culturas toleram ou encorajam a incerteza e a ambiguidade, mas os israelenses não. Uma expressão cuidadosa como "essa proposta soa interessante" confunde israelenses. O estilo israelense é duro: "Essa proposta não vai funcionar". Raramente israelenses amaciam o discurso usando frases como "talvez você queira considerar" ou "se você não se importar". Em vez disso, eles podem dizer: "Você está errado". O próprio hebraico é extremamente conciso. Um provérbio hebraico de 4 palavras transforma-se em uma sentença de 16 quando traduzido para o inglês. Os israelenses muitas vezes falam inglês como seu hebraico: econômico, curto e explícito. Embora muitos americanos admirassem os discursos eloquentes do falecido Abba Eban, quando era embaixador de Israel na ONU, muitos israelenses criticavam seu estilo retórico e sua linguagem "chique". Ele, claro, foi educado em Cambridge, e não na Technion.

E os homens ultraortodoxos na equipe de Dorit? Há estilos diferentes de conversa? "Na verdade, não", responde ela, uma filha de imigrantes argentinos. O mundo *high-tech* é uma versão relativamente idealizada de Israel. Ninguém se preocupa se a pessoa no computador ao lado é ultraortodoxo ou secular, de esquerda ou de direita, se nasceu em Tel Aviv, Teerã ou Moscou. Dorit acaba de descobrir que um funcionário antigo de casa é um cristão árabe. Como? "O boneco de Papai Noel em sua mesa."

São quase dez da noite na véspera de Natal. Gil está pronto para um de seus passatempos noturnos favoritos: a grande busca epicurista. Talvez um *capellini alla pomodoro*? "Quase toda noite vou a um restaurante novo com amigos. Apesar da situação de segurança, Tel Aviv é muito mais animada e divertida que o Vale do Silício." Hoje em dia alguns israelenses ainda selecionam restaurantes pela qualidade de sua segurança, mas ele prefere a qualidade das cozinhas. Como na sala de refeições da Check Point, o jantar com Gil segue regras não convencionais. "Todo mundo tem de escolher um prato diferente e partilhar. Não é permitido falar de negócios. Faço muita força para manter o trabalho e a diversão separados. Em casa, recuso-me a ter um computador ou atender ligações de negócios." Ele telefona para um restaurante, mas o lugar está cheio. Ele havia pedido "uma mesa para Gil" – se, em vez disso, tivesse mencionado seu sobrenome célebre, poderia escolher qualquer uma. O nome Shwed tem quase tanto peso quanto o de um general ou o do primeiro-ministro. Os filhos de Yitzhak Rabin e Shimon Peres e a filha de Ehud Barak não seguiram os passos dos pais. Yuval Rabin, Chemie Peres e Michal Barak também são empreendedores *high-tech*, membros de uma nova elite digital israelense.

———

Luz! Câmera! Engula! A paciente toma uma pílula, mas não é uma pílula. Há uma câmera piscando em uma extremidade da cápsula, que viaja sem causar dor por seu trato gastrointestinal, transmitindo imagens coloridas por frequência de rádio a uma cinta usada por ela. Depois de voltar para casa, ela excreta a "pílula" naturalmente. Quando entregar ao médico seu sensor na cinta, mais ou menos do tamanho de um *Walkman*, o dispositivo carregará as imagens em um computador, onde se vê a versão acelerada da filmagem, procurando problemas. A câmera de vídeo descartável que nada pelo seu pequeno intestino delgado lembra o filme de ficção científica *Viagem Fantástica*, de 1966, no qual uma miniaturizada Raquel Welch e seus amigos viajam dentro do corpo humano em uma nave.

Batizada de PillCam, a miniatura traz boas notícias para milhões de pessoas que sofrem de doenças e desordens não diagnosticadas, incluindo tumores, úlceras, síndrome do intestino irritável e a doença de Crohn. Mais de 350 mil pacientes em todo o mundo já a engoliram, desde 2001, para que os médicos possam ver vídeos coloridos do sistema gastrointestinal. Médicos detectaram em seus pacientes milhares de doenças potencialmente fatais, desde um norueguês de 3 anos com um sangramento sem diagnóstico até um nova-iorquino que teve seus tumores cancerígenos removidos. A PillCam está também economizando vastas somas de dinheiro para sistemas de saúde. Em 2007, a FDA, agência norte-americana que regula os mercados de alimentos e saúde, aprovou outra cápsula de vídeo para o imageamento do esôfago, o que ajuda médicos a diagnosticarem ainda mais doenças. Estas duas PillCams são as únicas em um mercado internacional de bilhões de dólares por ano.

Essa invenção engenhosa foi fruto do cérebro de um obstinado cientista de mísseis com uma imaginação espantosa: Gavriel Iddan, um homem que pensa rápido, e um divertido ex-funcionário da marinha mercante, com doutorado na Technion e 25 patentes de seu cinto expansível (incluindo uma câmera de imageamento térmico que pode detectar vasos bloqueados durante cirurgias de pontes de safena). Ele descreve o dia em 1981 quando pensou pela primeira vez em uma câmera em uma cápsula. Um amigo, gastroenterologista e professor da Faculdade de Medicina de Tel Aviv, reclamou dos problemas de diagnose acurada de desordens do trato gastrointestinal. "Ele me disse: 'Se você é um cientista tão esperto, por que não acha uma solução?'. Dê-me alguns dias, brinquei. Eu não tinha uma solução, mas não conseguia tirar a ideia da cabeça."

Gavriel não sabia nada das complexidades de examinar, dentro do intestino delgado, aqueles tortuosos cinco metros ligados ao estômago. Como ex-chefe de engenharia eletro-ótica na Rafael, empresa que faz pesquisa e desenvolvimento para o Ministério da Defesa israelense, ele havia desenvolvido, entre suas tarefas, o sensor conhecido como "olho" de um míssil, que captura o alvo e dirige o projétil. Então, pensou: por que não projetar uma câmera eletro-ótica que enviasse imagens em tempo real enquanto viajasse pelos intestinos? Apenas um problema: a tecnologia crucial ainda não tinha sido inventada. "Dez anos depois, discutimos a ideia de novo. Fiz uma longa lista de problemas. Ainda estava extremamente desesperançado. As baterias duravam só dez minutos, e nós precisávamos de uma que funcionasse por dez horas. E mesmo se conseguíssemos, que médico ficaria do lado de um paciente durante oito horas assistindo a um monitor enquanto as imagens eram capturadas?"

Gavriel não desistiu. Ao falar com seus chefes na Rafael, eles pensaram que sua ideia disparatada era boa para um filme de Hollywood, não para o Exército de Israel. "Disseram: 'Estamos no negócio de mísseis, e não de endoscópios'. Deixaram-me usar os laboratórios, mas não estavam interessados em investir", diz ele. Com o tempo, uma série de inovações tecnológicas tornou a coisa possível. O engenheiro e seus colegas construíram

Transformando espadas em ações na bolsa 107

um pequeno transmissor, testado em um frango descongelado, e um amigo inventou a câmera de vídeo do tamanho de um terço de uma moeda de cinco centavos. Por acaso, em 1993, Gavriel leu sobre um minúsculo *chip* de câmera. Foi projetado por um cientista da NASA que inicialmente não mostrara interesse pelo conceito maluco de Gavriel, mas, durante uma conversa por telefone, anunciou que, em memória de seu pai, que morrera de um tumor gastrointestinal não diagnosticado, projetaria o *chip*. "Decidi fazer uma pequena cápsula e começar alguns experimentos", ele conta. Um colega ingeriu a cápsula e comparou a experiência a engolir um míssil que não explode.

Em 1994, Gavriel pediu patentes nos Estados Unidos e Israel. Seus investidores fizeram uma oferta inicial de ações depois que a FDA aprovou a cápsula M2A em agosto de 2001. Mas veio o 11 de Setembro. "Achei que a IPO estava acabada, que não tínhamos nenhuma chance, mas nosso CEO continuou pressionando", diz Gavriel, descrevendo o clima delicado no campo financeiro e político. Duas semanas depois, a Given Imaging foi a primeira companhia a abrir seu capital na Nasdaq após os ataques da Al-Qaeda. Foram levantados 60 milhões de dólares. "Depois daquelas mortes trágicas, minha esperança é que nossa pílula iria salvar milhares de vidas. É o que a *Bíblia* chama de transformar espadas em arados."

A sede mundial da Given Imaging fica em um parque industrial rural perto de Yokenam, pequena cidade entre Haiffa e Megiddo (Armagedon). Nesta nova era de medicina não invasiva, os médicos podem explorar o interior de seus pacientes sem abri-los. Mas, em outros prédios, há filhotes mais comerciais da tecnologia de mísseis da Rafael, como dispositivos de microcirurgia destinados a destruir tecido maligno da próstata e dos rins, além de dispositivos de imageamento digital para a retina. Uma empresa faz sistemas de rede de videoconferência e outra desenvolve e fabrica *lasers* que possam eliminar varizes, rugas, tatuagens, pelos corporais e vários tipos de câncer de pele, e também que tratam glaucoma e catarata, as duas causas mais importantes da cegueira.

Como acontece em muitos locais de alta tecnologia em Israel, o russo é ouvido com frequência nos corredores e salas. Alguns dos mais de 1 milhão de ex-soviéticos que imigraram para Israel desde os anos 1990 trouxeram mais que malas – chegaram com minas de ouro em pesquisas e bancos de dados. Um deles foi o engenheiro mecânico Gregory Pinchaski

108   Os israelenses

que, logo depois de desembarcar no Ben-Gurion em 1990, desenvolveu um *stent*, mola usada em todo o mundo para manter abertas as artérias de pacientes durante a terapia *baloon*. Membro fundador da Midinol, ele é um multimilionário.

O parque industrial de Yokenam fica na beira de um *wadi* (termo árabe para um leito de rio seco). Gavriel Iddan foi um dos primeiros a cunhar a expressão "Silicon Wadi" para designar o local que é um ponto quente do empreendedorismo na área entre Jerusalém, Tel Aviv e Haifa. "Quais as razões pelas quais acho que somos líderes mundiais em tecnologia?". Gavriel se lança em um discurso de uma hora sobre os judeus altamente educados, que chegaram décadas antes da independência e fundaram instituições de ponta educacionais e de pesquisa, tais como a Technion e a Universidade Hebraica. "E, graças a Hitler, temos um monte de cientistas de renome mundial. Professores que os nazistas expulsaram da Alemanha e de outras universidades ensinaram aqui."

Também foi a necessidade, ele continua. "Antes do Estado, havia um embargo total de armas. Ou as contrabandeávamos ou as construíamos. Tínhamos de depender de nós mesmos. Não havia escolha. Era improvisar ou morrer." Muitos agradecem ao ex-presidente Charles de Gaulle, da França, por forçar o país a se tornar inovador em alta tecnologia. Israel lutou a Guerra de 1967, em sua maior parte, com armas francesas. Depois disso, a França cortou todos os embarques de aviões e mísseis para Israel e aumentou as exportações para os vizinhos árabes. Israel teve de criar sua própria indústria aeroespacial e fabricar sofisticados equipamentos eletrônicos e de comunicação, instrumentos óticos e aviões, tanques e mísseis mais modernos. Criaram o *software* para operar esses sistemas. Os produtos que Israel desenvolveu para o exército fluíram para a sociedade civil em tempo para acelerar a revolução das comunicações nos anos 1990.

Desde os dias em que os pais de Gavriel imigraram para um desolado território do Oriente Médio controlado pelos britânicos, Israel deu um impressionante salto do terceiro para o primeiro mundo. A economia cresceu mais de 50 vezes desde 1948. Mesmo nos anos 1990, as exportações de Israel, ainda 70% delas agrícolas, deixavam o país em navios, e não por FedEx ou *modem*. Agora, mais da metade do valor das exportações de Israel é de alta tecnologia, também usada na medicina e agricultura, o que Gavriel chama de "versões atuais do velho espírito de pioneirismo". "Não

Transformando espadas em ações na bolsa 109

temos petróleo. Quase nem temos água. Nossos únicos recursos nacionais e naturais são areia e cérebros. E, com os cérebros, estamos transformando-a em silício." Ele bate na tampa de seu *laptop*. "O que tem aqui dentro? *Microchips*. São feitos de silício. E o *software*? É feito por cérebros."

Em Haifa, modernos edifícios de escritórios envidraçados crescem sobre o Mediterrâneo. Microsoft, Sun Microsystems, GE, Motorola, IBM e Hewlett-Packard têm centros de pesquisa e desenvolvimento nesta cidade que lembra a seus visitantes São Francisco. No centro de pesquisa e desenvolvimento da Intel em Haifa, seu primeiro fora dos Estados Unidos, engenheiros projetaram os *chips* que ajudaram a lançar a revolução dos computadores pessoais. Eles fizeram a maior parte do trabalho nos *chips* Pentium. Em 2003, exibiram os dois novos *chips* que desenvolveram secretamente para os *notebooks*, Centrino e Dotan, e um *chip* de telefone celular, o Manitoba. Em 2006, quando os foguetes do Hezbollah atingiram Haifa, a Intel continuou funcionando, com seus 2,4 mil funcionários trabalhando no porão ou em abrigos domésticos, usando o *chip* de WiFi Centrino. A empresa vendeu mais de 5 bilhões de dólares em *chips* Centrino desde 2003.

A Intel é a maior investidora estrangeira em Israel. O holandês sobrevivente do Holocausto Dov Frohman, engenheiro elétrico israelense, fez parte do grupo original que fundou a Intel nos Estados Unidos e inventou o *chip* Programável Apenas para Leitura, ou EPROM, bloco de fundação das indústrias de tecnologia da informação de hoje, indispensável para o desenvolvimento de telecomunicações a automóveis. Ele depois se tornou gerente geral da Intel Israel e vice-presidente da Intel Corporation.

São tempos de crescimento estonteante. Americanos, japoneses, chineses e outras economias estão ativamente prospectando a Terra Prometida, comprando produtos e empresas. Bill Gates disse, numa frase que ficou famosa, que Israel desenvolveu a melhor cultura *high-tech* fora dos Estados Unidos, o que pode explicar por que o primeiro centro internacional de pesquisa e desenvolvimento internacional da Microsoft está no parque tecnológico Matam, em Haifa, vizinho da Intel, Cisco Systems, Motorola e logo acima da costa mediterrânea. Quer desfrutar das fotos coloridas da *National Geographic*? Elas foram impressas por um sistema de cores desenvolvido por israelenses. Quer ouvir a missa de Natal do Vaticano

110 Os israelenses

pela internet? Jovens gênios da computação de Israel descobriram como transmiti-la. Quer fazer uma ligação? Mais da metade das chamadas telefônicas feitas nos Estados Unidos passa por mesas projetadas por Israel. Quer viajar de Hong Kong a Washington? Uma empresa israelense instalou os sistemas de tráfego aéreo.

Entre Haifa e Tel Aviv estão os cafés onde se encontram os inovadores e aqueles que querem ser. "Meu *website* é minha identidade", comenta um programador de 25 anos antes conhecido como Tomer Karissi. "Sobrenomes são tão arcaicos. Agora que mudei meu nome para Tomer.com, todo mundo sabe que sou um israelense da tecnologia." Todos são bem recebidos nos cafés, desde um ex-piloto que vende *software* de simulação de voo para aviadores alemães, franceses e indianos a um maníaco por tecnologia da Skybot, dona da patente de um robô que limpa janelas de arranha-céus. Há os empreendedores que projetaram as cercas de segurança do Palácio de Buckingham usando tecnologia militar do estado da arte, e também os que produziram os sistemas de segurança do aeroporto O'Hare em Chicago, e de outros importantes aeroportos internacionais, além de ex-soldados que desenvolveram o primeiro *software* que permite às pessoas fazer ligações de voz de graça usando a internet. Mesmo entre os israelenses, poucos sabem que engenheiros da Motorola Israel desenvolveram o primeiro telefone celular e que a maior parte do sistema operacional Windows NT foi criada na Microsoft de Israel.

"Eu vendia garrafas de ar e areia da Terra Santa a turistas que visitavam o *souk* (mercado) de Nazaré", conta Imad Younis com uma risada. Ele também ajudou na loja de couros do seu pai perto da Mesquita Branca, a mais antiga de Nazaré, construída em 1821. Depois do colégio, deixou a cidade da Galileia, na qual sua família vivia desde o século 16, para estudar na Technion. "Fui um dos dez árabes em um departamento de engenharia elétrica com quase 300 pessoas. Os estudantes judeus arrumavam emprego fácil, mas, para nós, era muito difícil." Em 1983, a maioria das empresas de alta tecnologia fazia produtos relacionados à defesa, mas os engenheiros elétricos árabes israelenses não podiam, e ainda não podem, por questão de segurança. Não até que a internet e o *boom* eletrônico civil abrissem empregos para profissionais árabes. A escola médica da Technion contratou

Imad. "Foram quatro anos ótimos, projetando ferramentas de pesquisa, de cardiologia a neurologia, com todas as ideias que os cientistas malucos tivessem", ele diz, descrevendo seu trabalho como chefe do suporte técnico. Então, contratado por uma empresa médica de Haifa, ajudou a desenvolver medidores de pressão sanguínea e sistemas de eletrocardiograma. "Eu tinha as habilidades. Tinha as conexões. Mas pedi demissão de um bom emprego, desisti de um salário e dei um salto. Decidi seguir meu sonho de abrir a primeira empresa árabe de alta tecnologia. E queria viver em um endereço de Nazaré."

Em 1992, Imad voltou para Nazaré, a maior cidade árabe de Israel. Com sua esposa nazarena, uma engenheira civil que conhecera na Technion, estabeleceu um laboratório de pesquisa em um apartamento apertado, em uma rua estreita, não longe da maior igreja católica do Oriente Médio. O casal vai à missa na Basílica da Anunciação, que os cristãos não ortodoxos acreditam ser o local da casa de Maria, da oficina de carpintaria de José, da visita do anjo Gabriel a Maria e da própria concepção.

Como sua conta bancária estava mais baixa que o Mar Morto – o local mais baixo do planeta –, Imad vendeu seu VW Jetta para comprar equipamentos. O Centro Para Desenvolvimento Judeu-Árabe, organização sem fins lucrativos que ajuda novas empresas árabes, mostrou-lhe como escrever planos de marketing e buscar bolsas do governo. Pesquisadores universitários o contrataram para desenhar equipamento de mapeamento cerebral e o impeliram a vendê-lo para uso comercial. Ele seguiu em frente e se mudou para instalações mais amplas.

Não há arranha-céus ultramodernos ou pessoas plugadas na internet por fibra ótica na seção de aluguéis baixos de Nazaré, onde a Alpha Omega Biomedical Engineering fica ensanduichada entre um supermercado e uma fábrica de revestimentos de cerâmica. Imad vai para o trabalho de bicicleta: "Não é porque não posso ter um carro, mas por ser o único jeito de eu ficar em forma. Andar pelos corredores de aviões não é um grande exercício". O determinado CEO exporta cerca de 3 milhões de dólares em equipamentos médicos para 11 países, incluindo Alemanha, Japão e França. Neurocirurgiões e pesquisadores do cérebro da Clínica Mayo, Universidade John Hopkins, do Centro Médico da Universidade da Califórnia e dos Institutos Nacionais de Saúde dos Estados Unidos, além de duas centenas de outros hospitais e laboratórios, usam suas ferramentas – que custam entre 10 mil e 100 mil dólares – para diagnosticar e tratar desordens do movimento, como doença de Parkinson, e explorar as funções auditivas, visuais e motoras do cérebro. "Nossos aparelhos tornam possível que os cirurgiões se movimentem rapidamente dentro do cérebro, causando muito menos trauma ao paciente. Uma cirurgia cerebral dura cerca de oito horas. Estamos tentando encurtar isso para meia hora".

A Alpha Omega Biomedical Engineering abre todos os dias. No Natal, na Id al-Adha (a Festa do Sacrifício islâmica), no Yom Kippur. Alguém sempre está lá, explica Imad. Sua equipe celebra feriados diferentes – diferentes sabbaths, natais e páscoas, diferentes anos-novos. Em um dia de eleição, alguns dos 40 muçulmanos e cristãos árabes e judeus da equipe seguem para as cabines de votação. A escolha caleidoscópica de pessoas de 30 partidos nacionais reflete uma sociedade fragmentada. "Nós não conversamos sobre política e religião", diz Imad com um suspiro, refletindo cansaço e cautela. "Nós temos conflitos aqui, mas não sobre isso. Nossas lutas são entre o departamento de marketing e o de pesquisa e desenvolvimento. No momento estamos batalhando contra o tempo, preparando nossas encomendas." Como seu nome sugere (Imad, em árabe, significa "alguém com quem se pode contar"), as entregas não podem atrasar.

Empreendedores visitam com frequência a primeira empresa de alta tecnologia árabe israelense. Imad é tímido demais para admitir que, na terra da infância de Jesus, ele é considerado um pioneiro. "As pessoas não vêm aqui para me ver, mas querem ver o lugar. É como jogar uma pedra em um lago. E nós estamos começando a fazer ondas." Na Galileia, mais um empresário árabe israelense abriu uma companhia que fabrica um composto químico que pode aumentar a vida de frutas, vegetais e flores nos mercados; outro dirige uma nova empresa que faz um composto vegetal destinado a baixar o colesterol. Há um parque tecnológico em construção em Nazaré.

Mas agora é hora da reunião da equipe. Como sempre, Imad deve decidir: em árabe ou hebraico? Já que os hebreus nativos estão fora do escritório, ele vai falar em árabe com tradução simultânea para o russo. Quantos russos trabalham para a Alpha Omega? "Não os chame de russos", ele insiste. "Eles são israelenses." Para esclarecer o que quer dizer, ele descreve uma festa incomum de seus funcionários no restaurante Holy Land, perto da barraca de suvenires onde ele vendia presépios feitos de madeira de oliveira. "Ramadã, Hanukkah, Natal e Ano-Novo caíram no mesmo período este ano, e, assim, fizemos as celebrações antes do Natal ortodoxo (7 de janeiro)". As pessoas que tocavam músicas árabes com oud,* burbek (bateria), violino e baixo eram seus projetistas de *software*, programadores e engenheiros elétricos, árabes e judeus russos.

"Não somos apenas colegas, somos amigos. E não é apenas na Alpha Omega, mas com os cientistas nos laboratórios da Universidade Hebraica, do Instituto Weeizman e da Technion, com os quais trabalhamos muito próximos, desenvolvendo e testando novos produtos juntos. Sem eles, minha companhia não existiria." E sem o equipamento de ponta da Alpha Omega, os neurocientistas seriam muito menos capazes de explorar o cérebro, de aprender sobre problemas da memória e dos sentidos, pesquisar tratamentos para desordens mentais e do movimento e dor crônica. "Por milhares de anos, tivemos guerras no Oriente Médio. Temos muita experiência em guerras. Se as pessoas pudessem ver nossos laboratórios, veriam outra realidade: pessoas trabalhando juntas não apenas para Israel e nossas contas bancárias, mas para a humanidade. É um quadro muito inspirador de como a vida pode ser."

Quase mensalmente, parece, pesquisadores israelenses anunciam uma nova descoberta biológica: uma droga para impedir ou tratar diabete juvenil, uma vacina antitumor, tratamentos para Parkinson, esclerose múltipla, câncer do ovário e da próstata, ou melanoma maligno. Desenvolvimentos recentes incluem músculos artificiais que podem mover um membro humano, um dispositivo para o tratamento do glaucoma, análise bioeletrônica que pode ajudar médicos a tratar pacientes de Aids, *nanochips* que detectam toxinas de armas de guerra na água e no ar, e cepas da bactéria *E. coli* que podem matar larvas de mosquitos em água parada que, depois, morrem sem causar perigo. E graças a uma neuroimunologista do Instituto Weizmann, danos à espinha dorsal podem deixar de ser incuráveis. Israel tem mais engenheiros, cientistas, pesquisadores da ciência da vida e médicos *per capita* que qualquer outro país no mundo. Depois dos Estados Unidos, Grã-Bretanha

----

* Instrumento de cordas com o bojo em forma de pera usado no Norte da África. (N. T.)

114 Os israelenses

e Alemanha, Israel lidera no número de novas empresas de biotecnologia, dispositivos médicos e de diagnóstico.

Nava Swersky Sofer busca avanços biotecnológicos. Ex-capitalista de risco, ela dirige sua própria empresa de investimentos em biomedicina com a Shamrock, o braço de investimento da família de Roy Disney. Já fez uma fortuna em vendas, inclusive uma de 100 milhões de dólares, com um dispositivo israelense revolucionário de angioplastia para a Guidant, que desenvolve produtos cardiovasculares. Israel tem o maior número de novas empresas de biotecnologia e medicina do mundo. O novo emprego de Nava: presidente e CEO da Yissum,* que comercializa a propriedade intelectual da Universidade Hebraica. (A Universidade Hebraica de Jerusalém, que tem seis prêmios Nobel entre seus professores, conduz mais de um terço de toda pesquisa acadêmica de Israel.)

Colocada entre as 15 mais importantes empresas de transferência de tecnologia do mundo, a Yissum licencia produtos que geram mais de 1 bilhão de dólares anualmente. Já foram licenciadas mais de 400 tecnologias – de nanotecnologia a biotecnologia e agricultura. A Yissum criou 60 empresas e registrou mais de 5 mil patentes, cobrindo 1,4 mil invenções com parceiros de negócios que incluem Novartis, Microsoft, Johnson & Johnson, Merck, Intel, Teva e outras. Em um negócio feito em 2007, o Goldman Sachs investiu 100 milhões de dólares em uma cria da Yissum, a MobilEye, pioneira em um "terceiro olho" inteligente para motoristas que pode reduzir drasticamente os acidentes. Nava também ajudou a lançar inúmeros acordos de biotecnologia e alta tecnologia, desde um adesivo para a doença de Parkinson até a abertura de capital de uma nova empresa de drogas contra o câncer. Ela se movimenta através de barreiras culturais com facilidade, conduzindo duras negociações com alemães, franceses e ingleses. Aos 25 anos, era vice-presidente da Novartis e a mais jovem membro de sua equipe global de administração. Uma ex-capitã das IDF, Nava tem MBA e é a mais jovem israelense a ter uma licença para advogar. "Israel produz algumas tecnologias verdadeiramente fantásticas", anota esta mãe de dois filhos pequenos. "Apesar do tamanho diminuto de Israel – o centésimo menor

---

* Quando desta publicação, Nava Swersky Sofer não era mais CEO da Yissum, mas Membro do Conselho Fundador e presidente na International Commercialization Alliance. (N. T.)

Transformando espadas em ações na bolsa 115

país do mundo, com menos de um milésimo da população mundial –, somos grandes inovadores em alta tecnologia, em tecnologia médica e biológica." E parte da revolução do genoma: quando o médico Ariel Darvasi anunciou em outubro de 2002 a descoberta de um importante gene ligado à esquizofrenia, ele virou manchete em todo o mundo. Seus detetives científicos usaram uma abordagem única para abrir segredos genéticos: eles estudam judeus ashkenazi.

Os ashkenazim, que perfazem 80% dos judeus no mundo, são uma clássica "população fundadora", um termo que geneticistas usam para descrever uma população moderna descendente de um número relativamente pequeno de ancestrais comuns que, por séculos, tiveram uma minúscula miscigenação com grupos de fora. Os cerca de 10 milhões de judeus ashkenazim do mundo moderno têm uma única história demográfica que pode ser traçada até 1,5 mil famílias que viviam na região do Reno na Alemanha e na Europa Oriental no século 14. Darvasi acredita que a "fonte original pode ser ainda menor – talvez quinhentas famílias". E suas origens? Depois que os judeus conquistaram Jerusalém no ano 70 d.C., seus descendentes partiram e se espalharam pela Espanha, França, Itália e outros países da bacia mediterrânea. Com os séculos, espalharam-se pela Europa.

Por razões religiosas e históricas, os judeus ashkenazim, em sua maior parte, casam dentro da comunidade, o que aparece em sua uniformidade genética. Como sua taxa de esquizofrenia é semelhante à da população mundial – cerca de 1% –, as descobertas do estudo histórico "são aplicáveis a toda a raça humana", ele diz. Israel, com 2,5 milhões de judeus ashkenazim, é o lugar ideal para rastrear ligações entre anormalidades genéticas e doenças. Os rastreadores em sua IDgene Pharmaceuticals, sediada em Jerusalém, estudam milhares de amostras de sangue de judeus ashkenazim de Israel sofrendo de esquizofrenia, câncer dos seios, próstata e cólon, asma, diabetes, Parkinson e Alzheimer. Os doadores devem ter quatro avós de descendência ashkenazi. Seus perfis genéticos, mantidos anônimos, são comparados com os de ashkenazim saudáveis, na esperança de encontrar agulhas no palheiro genético. Os pesquisadores também buscam ligações genéticas com outras doenças, incluindo esclerose múltipla, aterosclerose, hipertensão, osteoporose e artrite reumatoide.

A capacidade de isolar uma população de tamanho administrável é uma bênção para geneticistas que devem analisar 3 bilhões de sequências humanas

116 Os israelenses

de DNA e cerca de 40 mil genes em busca de causas genéticas comuns de doenças corriqueiras e muitas vezes fatais. Uma empresa rival na Islândia faz pesquisas semelhantes, correndo para realizar descobertas que possam levar a novas drogas. Mas, de acordo com Darvasi, ex-chefe de genética estatística na gigante farmacêutica SmithKline Beecham, os geneticistas discordam sobre o grau de homogeneidade da população da Islândia, que, segundo alguns estudos, inclui povos de descendência norueguesa e celta. Ele acredita que judeus ashkenazim são geneticamente mais homogêneos, e enfatiza que Israel tem um *pool* genético dez vezes maior – há apenas um quarto de milhão de islandeses. A Islândia, no entanto, tem volumosos registros familiares, o que não acontece com os judeus ashkenazim. Por causa do Holocausto, de *pogroms* e inquisições, além do fato de que se espalharam pelo mundo, muitos judeus ashkenazim não conhecem detalhes sobre os ramos de suas árvores familiares. A homogeneidade é uma abordagem mais poderosa que a genealogia, acredita este professor de genética da Universidade Hebraica. "O *pool* de genes de um ashkenazi é pequeno o bastante para ser estudado intensivamente, e grande o bastante para conter variáveis significativas." Mas isso não vai durar, prevê Darvasi, um ashkenazi casado com uma judia iemenita. "Dentro de um século, você não vai achar israelenses ashkenazim de sangue puro."

E o que vai acontecer depois? "Os genes são o manual de instrução do corpo, e entender seu mapeamento é o primeiro passo para curar uma doença", ele afirma. Para partir das descobertas genéticas e chegar a curas customizadas são necessários milhões de dólares, empresas farmacêuticas e anos de testes clínicos. Ele e seus 40 investigadores genéticos – geneticistas, biólogos moleculares e especialistas em computação – estão convencidos de que os genes dos ashkenazim revelarão muitos mais mistérios médicos.

Como veremos no próximo capítulo, sem os judeus ashkenazim não existiria a Israel moderna.

II
Uma nação, muitas tribos

5

Os ashkenazim
Os "Wasps"* de Israel

☙ *Para ser realista em Israel, você tem de acreditar em milagres.* — David Ben-Gurion, primeiro primeiro-ministro de Israel

☙ *Quando vovó era uma criança na Polônia, ela ouvia "judeus para a Palestina". Agora ouvimos "judeus fora da Palestina".* — Emily More, cuja avó sobreviveu à Segunda Guerra Mundial quando soldados italianos a "contrabandearam" em um trem de munições da Polônia para a Itália, onde a esconderam em um convento, e cuja mãe entrou em trabalho de parto usando uma máscara de gás em 21 de janeiro de 1991, quando mísseis iraquianos atingiram Tel Aviv

---

* Acrônimo de *white, anglo-saxon and protestant*, ou branco, anglo-saxônico e protestante, que serve de rótulo a grande parte da população dos Estados Unidos. (N. T.)

120 Os israelenses

O apartamento em um andar alto em Givat Shmuel (Colina de Samuel), em um prédio construído sobre antigos pomares de laranjas, tem vista panorâmica para os brilhantes arranha-céus de Tel Aviv, com barcos deslizando pelo Mediterrâneo, e a ultraortodoxa Bnei Brak. A menos de 80 quilômetros dali, fica a Faixa de Gaza. A sala arejada está cheia de avôs, primos, tios e tias celebrando os 75 anos da mãe de Anat. São médicos, poetas, advogados e empreendedores, a maioria deles seculares e alguns muito religiosos. São de esquerda e de direita, socialistas da linha antiga e capitalistas neoliberais. O que partilham é que são todos israelenses descendentes de antigas famílias ashkenazim, resolutos pioneiros judeus europeus que construíram o país, reviveram a língua hebraica e fundaram os kibutzim e Tel Aviv, a primeira cidade judaica moderna. Alguns israelenses os chamam de Wasp – sabras ashkenazis brancos com *proteksia* (conexões).

Um idoso lembra-se do dia, em 1993, quando Yitzhak Rabin e Yasser Arafat deram o histórico aperto de mão no gramado da Casa Branca, dizendo para uma sobrinha: "No mesmo dia em que apertou as mãos de Clinton e Rabin na Casa Branca, Arafat fez um discurso em árabe para o povo de sua terra, afirmando que o processo de paz de Oslo era uma operação para manter posses. Nós construímos este país para vocês, e vocês o estão destruindo." Embora pensem diferente, esses israelenses cheios de opiniões ficam longe da política. Conhecem os argumentos uns dos outros, mas preferem se divertir. "Todos buscamos uma solução. Só temos ideias diferentes de como chegar lá", observa Israel, que até 1996 estava na linha de frente do Partido Trabalhista, predominantemente askenazi, e era um protegido de Shimon Peres. "Acho que nós e os palestinos não temos escolha a não ser convivermos lado a lado. Para mim, Oslo não é um palavrão. Mostrou que barreiras psicológicas e econômicas para a paz podem e devem ser derrubadas. Nós temos de ser realistas e achar um caminho." Israel pensava que muitos dos seus vizinhos no bastião dos esquerdistas ashkenazim ainda partilhavam de seus pontos de vista, até que seu filho de 15 anos aliciasse 40 de seus colegas. A direita venceu por grande maioria.

Depois de anos lutando por projetos conjuntos judeus e árabes, pelo pluralismo religioso e educacional, e para tornar o país cada vez mais cultural compassivo, Israel decidiu deixar o serviço público. Antes de se tornar um executivo da rede de lojas de departamento H&O, ele foi vice-presidente da loteria nacional, um fato cuja ironia não lhe escapa. "Todos pensam que

Os ashkenazim 121

estamos jogando com nossas vidas", diz ele. "Estou descobrindo novos modos de vender sonhos: raspadinhas. As pessoas dizem que não podem pensar na paz porque ninguém sabe como cada dia vai terminar. Que frustração. Este não é o país que meus pais construíram." Em 1936, seu pai emigrou da Polônia para estabelecer um kibutz na Palestina controlada pelos britânicos. Ele perdeu contato com sua família e, só depois, soube que, como quase todos os judeus na Polônia, ela perecera no Holocausto. Quando seu segundo filho nasceu, em 1949, deu-lhe o nome de Israel, em homenagem à sua nova família, ao novo Estado.

Anat, uma repórter agressiva de fala macia, partilha do pessimismo de seu marido. Ela trabalha para a Kol Israel, a rede de rádio Voz de Israel, que transmite em hebraico e outras 12 línguas: árabe, árabe mughari do Marrocos, amárico, russo, ucraniano, romeno, húngaro, espanhol, ladino, francês, inglês e farsi (persa). O programa diário em farsi é muito ouvido no Irã. Quando seu bip toca, seus filhos sabem que isso geralmente significa que ela tem de sair correndo para cobrir uma explosão causada por algum homem-bomba ou entrevistar sobreviventes em um hospital. Parece que foi há muito tempo que seu marido e os filhos foram à marcha da paz de 1995 na qual três balas mataram o primeiro-ministro Rabin. Anak foi a primeira a divulgar a notícia, para uma nação chocada, que o assassino era um religioso fanático de direita, estudante de direito na Universidade Bar-Ilan, em frente ao seu apartamento.

Com um suspiro, Anat olha para seu filho e sua filha: "Eles cresceram com *rap* e *rock*, e eu ouvia canções patrióticas. Nos dias de hoje, aquelas músicas sobre autossacrifício estão de volta ao rádio. Quando eu tinha a idade deles, nosso país era isolado, claustrofóbico, cercado por inimigos, desconectado do mundo. Não tínhamos televisão. Filmes internacionais chegavam só dois anos depois. Agora me incomoda ver meus filhos colados na TV assistindo à guerra em Israel". Mas ela diz que eram "muito felizes" atravessando a fronteira e levando os filhos para passeios na Jordânia. "Celebramos o aniversário de 11 anos de Ohad em um clube em Amã, e os garçons cantaram 'feliz aniversário' em árabe. Quando ele se levantou e se juntou a uma dançarina do ventre, a banda começou a tocar *Hava Nagila*, e eu tinha lágrimas nos olhos. Não achei que Ohad estava louco quando me disse que seu sonho era ir de carro de Tel Aviv para a Europa cruzando a Síria."

122 Os israelenses

Anat é uma sabra de segunda geração, ou o que os locais chamam de "israelense do Mayflower". Cem anos atrás, seus bisavós construíram Tel Aviv em dunas de areia. Foi a sua geração quem cobriu a cidade com *shopping centers*. Sua filha Re'ut ("amizade" em hebraico), viciada em moda, os adora. A menina de 13 anos, uma figura delicada e cópia em carbono de sua atraente mãe, convenceu seus pais a deixá-la frequentar os *shoppings*. No auge da Intifada, ela costumava lhes assegurar que faria compras onde era "seguro" – no segundo andar, porque os suicidas geralmente detonam bombas no térreo.

Como a maioria dos estudantes israelenses, Re'ut tem um projeto de preservar as "raízes", mas não são muitos os israelenses que vêm de uma família tão intimamente ligada à história de Israel e à luta para o estabelecimento de um Estado judaico. "Não seja tímida, faça muitas perguntas", pede sua mãe. "Que outra pessoa tem tantas respostas?" Fazendo as vezes de repórter, Re'ut pergunta à sua bem-humorada avó, que dirigiu a WIZO, o maior grupo de mulheres de Israel, por que sua família deixou a Rússia.

"Os judeus eram tratados como estranhos, uma minoria não desejada", começa sua avó. "Minha mãe e os pais dela sobreviveram ao *pogrom* de Kishinev em 1903. Um bando de russos matou mais de 50 judeus no Pessach, feriu 500 e deixou milhares sem teto." Depois do massacre, eles decidiram construir uma nova vida na nova nação judaica. A família Ismojik estava entre os pioneiros que chamavam a si mesmos de sionistas, por causa de Sião, sinônimo tradicional de Jerusalém e Israel. Eles acreditavam que, depois de dois milênios no exílio, os judeus precisavam da segurança de um Estado próprio.

Em 1897, no primeiro Congresso Sionista, realizado na Basileia, na Suíça, Theodor Herzl disse que o povo judeu tinha o direito de um renascimento nacional em sua terra ancestral. Judeu secular nascido em Budapeste, ele testemunhou uma das mais famosas irrupções de antissemitismo violento quando era um jornalista cobrindo o julgamento em Paris do capitão do exército francês Alfred Dreyfus,[1] falsamente acusado de traição e sentenciado à prisão perpétua. Também concluiu que o sionismo, termo cunhado em 1885 pelo escritor socialista vienense Nathan Birnbaum, era um caminho mais verdadeiro para a segurança que a assimilação. Na versão de Herzl, o sionismo ensinou aos judeus que, como povo, deveriam partilhar sua mentalidade de minoria de diáspora e suas divisões étnicas apenas em sua própria terra, onde poderiam criar um Estado judaico moderno, e onde o trabalho físico, principalmente o agrícola, fosse valorizado. Quando a ideologia sionista foi concebida, a maior comunidade judaica do mundo estava no Território da Colônia da Rússia czarista, onde convivia com *pogroms*, não tinha direitos civis nem acesso à academia ou às profissões. Na Europa central e ocidental, particularmente no famoso império multiétnico austro--húngaro, porém, os judeus desfrutavam de níveis historicamente altos de emancipação, mobilidade social e assimilação. O sionismo foi uma ideologia criada na Europa ocidental que encontrou seu público mais atento na parte oriental da Europa, que olhava ainda mais longe para o oriente em busca de sua realização, em direção à Palestina, que durante quatro séculos fora província do Império Otomano.

Os *pogroms* inspirados pelo governo russo e leis antijudaicas levaram à primeira migração organizada de jovens judeus para o Império Otomano, nos anos 1880. Ela foi chamada de Primeira Aliyah, palavra intercambiável que é usada entre judeus tanto para a imigração quanto para a participação israelense nos serviços da *Torá*. A Segunda Aliyah começou em 1903, alimentada pelo *pogrom* em Kishinev, que os judeus chamaram de a "cidade dos assassinatos".

"Quando minha família embarcou para a Palestina em 1905, ela seguia as palavras de Herzl: 'Se você tiver a vontade, não é um sonho'. Vê isso?", pergunta a avó para Re'ut, pegando um candelabro de prata do Hanukkah no canto da sala. "Eles tinham esse menorah com eles quando chegaram a Jaffa." Foi neste porto antigo que os primeiros imigrantes judeus ashkenazim (hebreu para "alemães") desembarcaram, fugindo da perseguição, dos *pogroms* e da pobreza na Europa.

"Como era Jaffa então?", indaga Re'ut.

"Superpopulada e suja, governada pelos turcos. A família de minha mãe e outras famílias russas e polonesas decidiram se mudar. Juntas, compraram dos árabes terras ao norte de Jaffa. Em 1909, as 60 famílias originais dividiram seus lotes por sorteio e, na areia do deserto, construíram a primeira cidade judaica em 2 mil anos. Chamaram-na de Tel Aviv (Colina da Primavera). Construíram pequenas casas de telhados vermelhos e um centro cultural, que se tornou o primeiro colégio de língua hebraica dos tempos modernos. Minha mãe foi uma das 17 crianças que foram para o Gymnasia Herzliya", ela conta com orgulho. "Era uma das primeiras crianças da Palestina que na verdade falava hebraico."

Re'ut parece surpresa. "O que os judeus falavam?"

"Principalmente iídiche, russo, polonês, romeno e alemão", responde sua avó. "Minha mãe e seus colegas de escola costumavam andar por Tel Aviv pedindo que eles falassem hebraico." A bisavó de Re'ut ajudou a levar essa língua ancestral das sinagogas para as ruas, onde o hebraico não era falado. Mesmo assim, estava em uso contínuo como língua religiosa e literária para os judeus, separados por séculos e continentes. As leis sagradas – a *Bíblia*, o *Midrash*, o *Talmude* – preservaram sua continuidade. Durante 18 séculos, o hebraico não foi uma língua viva. E assim as coisas poderiam ter permanecido, não fosse por Robinson Crusoe.

Quando menino na Rússia czarista do século 19, Eliezer Perlman, um judeu ortodoxo lituano que virou secular, leu uma tradução para o hebraico do clássico de Daniel Defoe – sobre um náufrago que sobreviveu 28 anos em uma ilha remota – e se convenceu de que aquela língua de orações deveria se tornar uma linguagem secular de fala moderna, um idioma que iria unificar os judeus poliglotas da Palestina. Depois de ir de barco para Jaffa, em 1881, ele e sua mulher adotaram o sobrenome Ben-Yehuda. Eliezer anunciou que falaria apenas em hebraico e, ao devotar fanaticamente sua vida a essa ideia, educou seu filho em casa, em Jerusalém, mantendo-o isolado de outras pessoas para que ouvisse apenas os pais conversando em hebraico. O menino não falou até os 4 anos. Quando o fez, Ben-Zion (o Filho do Sião) tornou-se o primeiro judeu em 2 mil anos cuja língua nativa era o hebraico.[2]

Os desafios de recriar uma língua exigiam aquele tipo de lealdade fanática. Ben-Yehuda foi obrigado a criar novas palavras de raízes antigas – *merkava*, a palavra hebraica para carroça, serviu para criar a palavra moderna em hebraico para estrada: *rakevet*. O hebraico da diáspora, porém, não tinha uma fonética uniforme. Com suas rezas, durante os 2 mil anos anteriores, os judeus da Lituânia à Turquia, passando pelo Iraque, desenvolveram diversas pronúncias da mesma escrita hebraica. Ben-Yehuda acreditava que o som dos hebreus de Jerusalém, da antiga comunidade sefardita, era autêntico, mais perto da língua bíblica, em comparação com a tradição ashkenazi, que mudara com o correr dos séculos. Muitos imigrantes ashkenazim, no entanto, se opuseram a ele, afirmando que o dialeto sefardita soava estranho, rude, masculino e não ocidental. Ben-Yehuda persistiu por também ter fé em que, se todos os judeus adotassem o dialeto sefardita, os sefarditas/mizrahim se aproximariam mais da comunidade ashkenazi, cada vez mais poderosa, ajudando a unificar as diferentes tribos judaicas. Ele também pressentia que adotar uma única pronúncia sefardita diminuiria as diferenças linguísticas e as rivalidades entre diversos grupos ashkenazim que viveram em partes diferentes da Europa durante séculos.

Quando o mundialmente famoso Instituto de Tecnologia Technion, a mais velha universidade de Israel, foi inagurado em Haifa em 1913, o alemão era a língua oficial; a administração só adotou o hebraico depois de uma violenta greve dos estudantes. O hebraico foi uma arma potente para moldar a identidade nacional israelense. De acordo com a ideia central do sionismo, os judeus são um único povo, e os exilados deveriam retornar à sua terra ancestral e repartir sua mentalidade minoritária de diáspora, suas divisões e etnias, para criar uma nova sociedade com uma moderna língua e cultura judaicas. O hebraico foi – e é – a cola que junta a Israel atual.

Hoje, os sinais em hebraico estão por toda parte, em balcões de *sushi*, bares da moda, clubes de *striptease*, nos abrigos da guarda na escola de Re'ut. Quase metade de todos os israelenses vive na espalhada área de Tel Aviv, o centro dos negócios e da cultura israelense. O antigo Gymnasia Herzliya se foi. Em seu lugar, está a Torre Shalom, o primeiro arranha-céu de Israel. As ruas sujas, onde os chacais vagavam durante a noite, são tão congestionadas que os israelenses ou estacionam em fila dupla ou em cima nas calçadas. Achar vaga para estacionar só não é problema depois de um bombardeio.

O primo de segundo grau de 16 anos de Re'ut, Ongy Zisling, também é descendente da geração Mayflower. Quando não fica cuidando do gado no kibutz onde vive, está estudando ou tocando *jazz* em seu saxofone. Seu avô, Aaron Zisling, assinou a Declaração de Independência e foi o primeiro-ministro da Agricultura de Israel. Em 1921, fugiu de distúrbios árabes antijudeus em Jaffa e, com outros judeus russos e poloneses, comprou terras ao norte de Nazaré de agricultores árabes para fundar a primeira fazenda coletiva. Foi batizado de Kibutz Ein Harod por ficar próximo da fonte do rei Herodes. Aqueles pioneiros idealistas viviam em tendas, drenavam pântanos, plantavam árvores e alimentos, acreditando que o árduo trabalho físico transformaria o país, além de convertê-los em novos "judeus com músculos", em vez dos judeus amedrontados e perseguidos da Europa oriental que ficaram sem terras por séculos. Trabalhar a terra simbolizava o renascimento do povo judeu. Eles gostavam de assinalar que a palavra hebraica para homem, *adam*, derivava de *adama*, termo hebraico para Terra. Adotaram nomes hebraicos, como Barak (relâmpago), Tamir (altaneiro) e Oz (força), ou nomes agrícolas, como Karmi (das vinhas) e Dagan (milho). Os novos nomes eram símbolos de um renascer pessoal e coletivo. Eles deliberadamente se alimentavam com comida simples preparada em cozinhas comunais de trabalhadores. O primeiro presidente de Israel, Chaim Weizmann, ele mesmo um liberal "burguês" não socialista, impressionado com a determinação das pessoas, observou: "Para ser um sionista não é necessário ser louco, mas ajuda". Apesar do entusiasmo, a vida era massacrante para aqueles agricultores inexperientes. O Vale Jezreel (que significa Deus semeará) estava infestado pela malária e o tifo. Os verões eram abrasadores, e os invernos, uma lamaceira. Para fazer a guarda contra frequentes ataques árabes, eles criaram uma torre de vigia. Nos primeiros kibutzim, muitos sofriam de um severo estresse emocional, além de saudades de seus parentes na Europa oriental. Ciprestes cobrem o enorme cemitério Ein Harod, onde algumas das mais velhas lápides têm gravadas a frase: "Tomou sua própria vida".

Ainda assim, esses visionários socialistas perseveraram. Fervorosos em relação à igualdade, desencorajaram diferenças de renda e posição. Todas as propriedades, exceto pertences pessoais, eram de posse comunal. Nos primeiros anos, em kibutzim antimaterialistas, partilhavam roupas e sapatos, comiam todas as refeições juntos e decidiam muitas coisas pelo voto, por vezes até os nomes de seus filhos. O objetivo era criar um novo tipo de família, em que todos se sentissem como irmãos e irmãs. Os bebês eram separados de seus pais, após seis semanas, e criados em lares infantis coletivos. Em anos recentes, a vida em família nos kibutzim se tornou cada vez menos comunitária, com seus membros exigindo privacidade e autonomia para tomar decisões. Os lares das crianças, um símbolo da tradicional vida no kibutz, foram fechados em 1984.

Ongy e seu irmão mais novo foram os primeiros na família a ser criados em casa com os pais. Embora a maioria dos 500 membros da família de Ein Harod celebrem o Pessach, o sabbath e outros feriados religiosos juntos na sala de jantar coletiva, ela não é mais o centro deste kibutz. Há poucos anos, os Zisling aumentaram sua pequena casa e adicionaram uma cozinha, para se reunirem no jantar. A maioria dos 275 kibutzim de Israel agora cobra de seus membros pela comida, e alguns até fecharam suas salas de jantar. Nos anos 1970, havia apenas uma televisão no kibutz. Hoje, como faz a maioria dos kibutzniks, os Zisling veem televisão a cabo e por satélite em casa.

A geração do avô de Ongy era estritamente informal, não gostava de paletós ou saias e chegou a banir a gravata, símbolo da Europa decadente e hipócrita da qual fugira (nisso, pelo menos, os novos kibutzniks não romperam com a tradição: Ongy nunca teve gravata ou paletó). Os pioneiros rejeitavam o modo europeu "burguês" de falar, por ser "artificialmente polido", e franziam o cenho a formas reverenciais de cumprimento. Falavam sem rodeios, com uma atitude irreverente em relação à autoridade. Eram apaixonados por política e discussões. As disputas ideológicas se tornaram tão acirradas que, em 1953, o kibutz se dividiu em dois, e alguns parentes ficaram sem se falar por anos. Acima de tudo, esses kibutzniks ficaram conhecidos como improvisadores talentosos, que criaram suas próprias regras. Outros israelenses os emularam como se fossem maiores do que a própria vida. Eles foram admirados internacionalmente e glorificados no *best-seller* de Leon Uris, *Exodus*, e no filme do mesmo nome. Apesar de seu pequeno número, os kibutzniks – que chegaram a 7% da população, mas hoje são menos de 2% – tiveram um grau de influência desproporcional no país. Esse grupo de israelenses tem uma história militar importante e, não por coincidência, foram líderes proeminentes – David Ben-Gurion, Levi Eshkol, Golda Meir, Shimon Peres e Ehud Barak são ashkenazim que viveram em kibutzim. O filósofo Martin Buber disse que o kibutz é um experimento que funcionou.

Na superfície, assim parece hoje. "O kibutz é um grande lugar para crescer, uma grande família", diz Ongy. "Não importa o que acontecer, as pessoas estão lá para ajudar. Depois do exército, se eu quiser viajar pela Tailândia ou estudar música, eles vão tomar conta disso." Todos os membros do kibutz têm habitação do nascimento à morte, cuidados médicos e educação, incluindo a universidade. Ongy e seus amigos passeiam de bicicleta por casas jeitosas cercadas por grama bem cortada. Palmeiras graciosas e talos de milho verde oscilam na brisa morna. Kibutzniks bronzeados de *shorts* e sandálias fazem a colheita em campos de algodão e escolhem melões. Músicos

128   Os israelenses

da ex-União Soviética, alguns dos quais são novos membros do kibutz, praticam na sala de concerto. Voluntários de todo o mundo esticam-se à beira da enorme piscina. Turistas israelenses visitam a impressionante galeria de arte, onde a coleção de objetos judaicos do avô de Ongy está em exposição, e comem pratos vegetarianos do restaurante de sua mãe.

O entusiasmo pela agricultura exibido pela primeira geração de imigrantes de Israel agora se compara a uma expertise equivalente. Os kibutzniks de Ein Harod cresceram literalmente em uma terra de leite e mel – suas colmeias produzem cerca de cem toneladas de mel anualmente, e o kibutz administra um laticínio *high-tech* com mil vacas. Com razão, os israelenses têm orgulho de seu desempenho na agricultura. "Nossas vacas são campeãs mundiais de produção de leite", relata o pai de Ongy, Ori Zisling. Cinco de seus filhos trabalharam no laticínio; um deles, engenheiro, está desenvolvendo um robô para a ordenha. Ele jacta-se de que as galinhas israelenses produzem mais ovos do que em qualquer lugar do mundo e que seus galinheiros são monitorados por computadores domésticos. Os plantadores de algodão em Israel têm o recorde mundial de produção por acre. Lagos de peixes eletronicamente controlados produzem enormes quantidades de carpas, percas e Saint Peter. "Hoje em dia, tudo é eletrônico. As pessoas sentam-se em casa e controlam a irrigação por computador, fazendo ajustes para vento, umidade e temperatura", anota Ori. Os kibutzniks têm sistemas de irrigação e fertilização que fazem excelente uso da escassa água. Técnicas agrícolas israelenses inovadoras são usadas em todo o mundo. Especialistas em genética das plantas estão criando novas frutas e vegetais que se dão bem com água salobra. Os kibutzim produzem metade da agricultura israelense, embora a maior parte de sua renda não venha mais de arar o solo.

Com estilos de vida socialistas e sufocados por um modo de vida apaixonado pelo materialismo, os kibutzim estão em ritmo de mudança desde meados dos anos 1980. Lutando com dívidas de empréstimos, os filhos dos socialistas revolucionários foram obrigados a ler o *Wall Street Journal* e a *Fortune*, além de trazer de fora administradores de negócios. "Estamos nos transformando em realistas pragmáticos, o que significa mudar de laranjas para *chips* e cartões inteligentes", explica Ori, ao mostrar a fábrica de aço inoxidável de Ein Harod, que exporta máquinas de pasteurização para derivados de leite, sucos e café instantâneo. As lojas da Blockbuster compram máquinas de venda de Ein Harod que oferecem vídeos 24

Os *ashkenazim* 129

horas por dia. Monitores de hospitais, computadores e máquinas de fax da Polônia até Cingapura utilizam papel térmico feito no kibutz. Jovens tecnovisionários dirigem uma empresa de programação de computador no kibutz. A internet liberou os kibutzniks e outros israelenses de seu grande problema: o isolamento dos mercados. Ainda assim, um professor de Física e um terapeuta corporal, ao lado de um número crescente de pessoas em Ein Harod, emprestam carros do kibutz para ir trabalhar em cidades vizinhas. Seus salários, que são colocados em um fundo comunitário, são uma fonte poderosa da renda de Ein Harod. Outros kibutzim próximos de Tel Aviv ou Haifa lembram comunidades dormitórios, com membros que trabalham na Intel, Motorola e no Google.

"Foi natural retornar ao kibutz, casar e trabalhar no laticínio depois que saí dos paraquedistas. Hoje, nossos filhos têm outros sonhos", diz Ori. Cerca de 70% da juventude de Ein Harod acaba saindo de lá. "A taxa é ainda maior em outros kibutzim; é um problema sério, muito sério." Ori reconhece com tristeza o dilema de sua própria família. Um filho, ferido por uma granada do Hezbollah durante a guerra do Líbano, estuda chinês na Universidade Hebraica e não vai voltar para o kibutz. Outro é um emergente cineasta na Universidade de Tel Aviv. O mais velho, engenheiro, mora na Filadélfia. "Mesmo que meus filhos mais novos decidam ficar, o que acontecerá se casarem com mulheres que não queiram isso? Para sobreviver, estamos tentando saber como mantê-los ou atrair outros de volta." Os membros de Ein Harod estão falando sobre deixar seus filhos egressos construírem casas no kibutz. Ein Harod também está aceitando novos membros. Diversas famílias de imigrantes que falam russo passaram pelos procedimentos de adoção, com duração de três anos.[3] Com empregos lucrativos afastando seus membros, cerca de metade dos kibutzim do país abandonou a ética igualitária e introduziu salários competitivos (diferenciais). Ein Harod ainda não. "Eu acredito em pagamento igual, serviço de saúde, educação e segurança para a velhice", declara Ori. "Mas estamos cercados por um mundo capitalista. Ninguém sabe dizer o que vai acontecer. Vamos encarar: o idealismo e o espírito de autossacrifício do *halutziut* (pioneirismo), quando tudo, de dinheiro a alimentos e lavanderia, era um esforço comunal, está acabando. Hoje, nos questionamos muito sobre o que significa um kibutz moderno."

130   Os israelenses

Os fundadores nunca imaginaram que seus filhos dirigiriam restauran-tes *vegan*, ou alugariam salas para retiros de ioga e seminários de tai chi, nem que os kibutzim mergulhados em dívidas venderiam terras agricultáveis para construtoras fazerem casas de luxo destinadas a israelenses em busca de melhor qualidade de vida no subúrbio. Uns poucos kibutzim construíram centros de compra que abrem no sabbath, quando a maior parte do varejo israelense judeu está fechado. Esses *shopping centers*, com lojas como Home Depot e Toys 'R' Us, atraem milhares de compradores seculares. Uma brecha em uma lei de 1951 tornou isso possível. Uma organização coletiva como um kibutz ou um moshav não pode permitir que judeus trabalhem no sab-bath "em estúdios, fábricas ou campos agrícolas", mas não havia referência específica a lojas como Ace Hardware ou Pizza Hut, que não existiam na época em que a lei foi aprovada. A venda de valiosas terras em kibutzim também está levando ao desaparecimento de laranjais, e a competição com produtos mais baratos de países como Espanha e Grécia pode tornar as famosas laranjas Jaffa de Israel uma mera lembrança.

Nem todos os israelenses são empáticos com os problemas dos kibut-zim. Os judeus ultraortodoxos chamaram os kibutzniks mais seculares de "comedores de porcos antirreligiosos, profanadores do Nome Sagrado". Alguns israelenses religiosos de direita tacharam kibutzniks de "esquerdistas amantes de árabes". Ressentidos com o fato de que governos trabalhistas no passado os subsidiaram parcialmente, com cortes de imposto, contratos lucrativos e outros favores, alguns mizrahim dos subúrbios e favelas das ci-dades chamam os kibutzniks, predominantemente ashkenazim, de "elitistas com piscinas".

Com o poder crescente dos mizrahim, os kibutzniks e outros ashkena-zim perderam seu antigo quase monopólio como líderes políticos, militares, culturais, religiosos e econômicos. As divergências entre mizrahim e ashke-nazim não são uma questão fundamental em Ein Harod, onde metade dos membros nasceu no Irã, Iraque, Marrocos e Argélia. Os problemas críticos estão em achar meios inovadores para evitar o fechamento dos kibutzim, diz Ori, que estuda o sucesso do kibutz Shefayim, perto de Tel Aviv. Seus membros construíram um parque aquático popular e um vibrante *shopping center*. Ele gosta do fato de que a maior parte dos jovens fica no kibutz, em-bora poucos tenham mãos calejadas – apenas 40 do total de 500 membros trabalham no campo ou em laticínios.

"Trabalhar no campo perdeu seu apelo", admite Ori. Antes era tabu contratar trabalhadores de fora, mas essa proibição já caiu por terra na maioria dos kibutzim – cerca de três quartos dos trabalhadores de kibutzim agrícolas são da Tailândia e China. Não em Ein Harod. Ali, os únicos empregados contratados são 40 muçulmanos e cristãos árabes das vilas vizinhas e de Nazareth, que durante anos vêm trabalhando com os kibutzniks nas fábricas.

O derramar de sangue árabe judeu que infestou a área de 1936 a 1948 era uma memória distante, até que conflitos de árabes israelenses irromperam na região em setembro de 2000, durante a primeira semana da Intifada. Ori insiste que as amizades judaicas com árabes israelenses locais são muito fortes. "As pessoas ficam surpresas por termos contratado mais árabes. Por que não? Ainda vamos aos aniversários, casamentos e funerais uns dos outros. Árabes e judeus que não são fundamentalistas são bons amigos. Hoje, dois amigos árabes, um engenheiro e um empreiteiro, estiveram em minha casa, e discutimos política. Eu almoço com amigos em Nazaré", diz ele, referindo-se à maior cidade muçulmana e árabe israelense de Israel, a 30 minutos de ônibus, que foi atingida por foguetes do Hezbollah no verão de 2006. "As tensões são altas, claro. Não espero que eles pensem como eu. Somos todos humanos, todos esperando outros dias. Depois da noite, vem o sol."

Outro grupo diferente e significativo de ashkenazim chegou a Israel depois da Segunda Guerra Mundial carregando um pesado fardo de memórias dolorosas. Os filhos desses sobreviventes do Holocausto acreditam que a destruição sistemática de judeus europeus, quase todos eles ashkenazim, é uma peça imensurável da história judaica que continua a formar a identidade dos israelenses e alimenta antigas inseguranças. "Nos dias de hoje, quando mamãe liga a TV e vê escolas judaicas e sinagogas queimando na Europa, suásticas em cemitérios e pessoas gritando 'judeus para a câmara de gás!', ela sai correndo da sala. E diz que é o pior antissemitismo desde a Segunda Guerra, e ela não quer se lembrar", confidencia Gil Nevo, advogado de 33 anos que cresceu em Jerusalém, "um lugar onde todos se lembram de ter esquecido alguma coisa, mas não se lembram do que é", como escreveu o poeta Yehuda Amichai. "Quando eu era criança, pedi a ela que me ajudasse a escrever meu projeto de 'raízes'. Sabe o que ela me disse? 'Vai ser divertido

132   Os israelenses

criar uma árvore genealógica. Use sua imaginação'. Assim, inventamos nomes e profissões de parentes e criamos histórias incríveis." Durante anos, a mãe de Gil, Haya, sempre fugiu das perguntas. Foi apenas quando seu irmão mais velho comprou passagens para uma viagem à França, para toda a família, que ela mostrou suas raízes reais. Poucos meses antes da Intifada, seus quatro filhos alugaram uma van e viajaram pelo passado de Haya, que cresceu em uma fazenda familiar perto de Avignon, no sul da França.

Ao correr por uma trilha perto da velha cidade de Jerusalém, avistando o Monte das Oliveiras e o Jardim do Gethsemane, Haya Nevo para um momento para dar água ao seu golden retriever. Impulsivamente, ela vai até uma campina para apanhar sálvia e alecrim, lembrando-se da viagem familiar à França. "Na verdade, achamos a casa de pedra onde eu cresci. Estava em ruínas. Vivemos lá até que uma vizinha entregou meus pais para a Gestapo." Os lutadores da Resistência francesa esconderam Haya e seu irmão nos Alpes. Uma viúva francesa a "adotou", dando-lhe um colar com um crucifixo e uma nova identidade cristã. "Até hoje", Haya conta, "quando vejo uma daquelas cenas de turistas diante da manjedoura com o bebê Jesus, me parece estranhamente familiar". Sua avó se escondeu em Paris até que os nazistas a prenderam. Por sorte, a guerra acabou antes que ela fosse enviada para os campos de extermínio. Seus pais não tiveram a mesma sorte.

Com a ajuda de uma agência judaica, a avó de Haya rastreou os dois órfãos. Seu irmão estava em um acampamento de pessoas sem-lar. "O mundo que conhecíamos havia desaparecido", diz Haya. Sua avó queria deixar o "cemitério" europeu e começar uma vida nova na Palestina, mas foi proibida de fazer isto pelas autoridades britânicas que ocupavam a Palestina. Como escreve o historiador Bernard Lewis, da Universidade de Princeton, "nos anos 1930, as políticas nazistas alemãs foram a principal causa da imigração judaica para a Palestina, então sob um mandato britânico, e o consequente reforço da comunidade judaica no local". "Os nazistas não apenas permitiram essa migração como também a facilitaram até o começo da guerra, enquanto os britânicos, numa esperança meio desesperada de conquistar a confiança árabe, impuseram e exerceram restrições", diz Bernard Lewis. "Mas a liderança palestina da época e muitos outros líderes árabes apoiaram os alemães, que enviaram os judeus para a Palestina, e não os britânicos que tentaram mantê-los fora."[4] Mesmo assim, desde 1940, os judeus conseguiam furar o bloqueio britânico, principalmente pelo mar.[5] Em julho de 1947, o Exodus, um barco a vapor deteriorado, com 4,5 mil refugiados, incluindo mulheres grávidas e centenas de crianças, que partiu rumo à Palestina, foi cercado por quatro destróieres da Marinha Real quando se aproximava da costa. Os marinheiros de um deles abordaram com violência o Exodus, subindo a bordo com metralhadoras e granadas, mas enfrentaram a resistência dos passageiros que lutaram com batatas, latas de carne e os próprios punhos. Os marinheiros abriram fogo e espancaram mulheres e crianças. Na batalha, que durou mais de duas horas, morreram quatro judeus, incluindo um bebê de um dia, e outros 200 ficaram feridos. Sob escolta, enquanto o danificado Exodus se arrastou com dificuldade para Haifa, os judeus se juntaram no deque superior e cantaram *Hatikvah*, o hino hebraico da esperança. Aqueles que queriam ser imigrantes, que sobreviveram ao maior genocídio já registrado na história, passaram poucos minutos na superfície da Terra Santa. Os britânicos colocaram aqueles *"hooligans"* judeus em três barcos de transporte e os deportaram para o solo que odiavam: a Alemanha. Mais uma vez, os judeus foram enviados para campos cercados (desta vez, controlados por britânicos). A odisseia trágica do Exodus – um grande golpe de relações públicas para os sionistas e um desastre para os britânicos – ajudou a persuadir o mundo de que os judeus precisavam ter seu próprio Estado.

No dia 29 de novembro de 1947, a Assembleia Geral da ONU votou a favor da divisão da Palestina em dois Estados: um judeu, outro árabe. O país encontrava-se no auge de uma guerra sangrenta quando o primeiro-ministro Ben-Gurion proclamou o Estado de Israel em 14 de maio de 1948. No dia seguinte, com o fim do mandato britânico, as tropas do Reino Unido completaram sua partida. Aviões egípcios bombardearam Tel Aviv e os exércitos egípcio, jordaniano, sírio, iraquiano e libanês invadiram o território. A guerra continuou por seis meses. Foram 6 mil mortos (o que hoje seria equivalente aos Estados Unidos perderem 2,5 milhões de pessoas).

Logo depois que a luta terminou, em fevereiro de 1949, Haya, seu irmão e sua avó deixaram Marselha em um barco lotado com mais de mil sobreviventes. "Nós dormíamos na proa", lembra Haya. "Meu irmão e eu brincávamos com outras crianças. Nunca vou esquecer de adultos escondendo pão debaixo de seus colchões." O barco aportou em Haifa, perto da carcaça enferrujada do Exodus. Europeus aturdidos, carregando malas gastas, sacos e bebês, desembarcaram em um país que experimentava simultaneamente as dores da morte e do nascimento. Israel estava de luto pelos mortos na guerra. Dezenas de milhares de soldados desmobilizados estavam feridos, sem emprego, e havia um severo racionamento de alimentos. Israelenses "veteranos", eles mesmos ex-imigrantes, tiveram de lidar com uma maré de judeus desorientados vindos de mais de 70 países diferentes. No final de 1949, um em cada três israelenses era recém-chegado. Ben-Gurion, nascido na Polônia, fez um discurso encorajador para o novo corpo governante de Israel, o Knesset, que tinha 70% de seus membros nascidos na Europa oriental. "Até onde eu saiba, não havia nem empregos nem casas esperando os 600 mil Filhos de Israel quando eles começaram o êxodo do Egito, mas Moisés não hesitou e os enviou de lá."

O primeiro lar de Haya foi um campo militar britânico abandonado, em Haifa. Depois, os três se mudaram para outro acampamento lotado com milhares de judeus refugiados. Em todo o país, *ma'abarot* (favelas de refugiados sem água encanada, eletricidade ou privacidade) foram construídas às pressas. "Tudo era racionado. Tínhamos cartelas de cupons, um ovo por semana, com longas filas", continua Haya. "Ouvi Boma (apelido de sua avó) dizer que estar em Israel a fazia sentir que todo o mundo não era do mal. Que Israel deu aos judeus força para retornar à vida depois do Holocausto." Milhares de crianças, órfãs como Haya, nunca souberam o que tinha acontecido com seus pais. Alguns nem sabiam o próprio nome ou a idade. Outros tinham visto seus pais ser baleados e espancados em campos de concentração. "Boma me falou de uma mãe que ainda pensava que os nazistas a perseguiam. Por isso, pintou os cabelos de sua filha de loiro, para que pudesse passar por ariana. Quase toda noite ouvíamos pessoas gritando durante o sono. O Holocausto aconteceu porque os judeus não tinham seu próprio país."

Não demorou muito, e os três foram removidos para outro campo de imigrantes, desta vez em Netanya, na época uma pequena cidade cercada por laranjais, a apenas 11 quilômetros do que era então a fronteira com a Jordânia. Partilhavam uma tenda com uma família francesa, e depois ocuparam um barraco de madeira com três outras famílias, duas polonesas e uma italiana. Os europeus judeus não se viam como um grupo étnico nem chamavam a si mesmos de ashkenazim. Eram belgas, lituanos, húngaros e romenos, por vezes contando piadas mordazes uns sobre os outros. "E lá estávamos descobrindo que os judeus não eram os únicos povos reunidos na Terra Prometida", diz Haya com um tanto de sarcasmo. "Outros vizinhos vestiam túnicas norte-africanas, turbantes floridos, e falavam árabe. Mesmo entre os mizrahim havia tensões – eram marroquinos que não gostavam dos iraquianos e tunisianos que não gostavam de sírios. Mas, olhando para trás, éramos todos refugiados, vítimas de racismo. Juntas, as crianças brincavam bem; não víamos quaisquer diferenças, mas os adultos faziam restrições à convivência. Quando fiquei mais velha, Boma me viu com um garoto de pele mais escura e disse: 'Por que você está namorando um *schwarz* (termo iídiche para *negro*)?'. Ele nem era mizrahi, era polonês. Eu a ignorei. E meu irmão fez o mesmo." (Astrofísico da Universidade Hebraica, o irmão de Haya é casado com uma judia iemenita.)

Quando tinha 12 anos, Haya mudou-se com sua família para uma pequena casa em Netanya. Em sua escola, que tinha muitos mizrahim, descobriu uma outra divisão. "Alguns dos sabras ashkenazi viam as crianças imigrantes como estrangeiras. Eles riam da minha pronúncia hebraica e do modo como eu me vestia. Minha avó queria que eu usasse saia e chapéu, o que era bom em Paris, não em Netanya. Quando coloquei *shorts* e sandálias e comecei a falar hebraico melhor, fui aceita." Para deixar o passado para trás, muitos imigrantes hebraizaram seus nomes. Em hebreu, o nome de Haya significa "vida". Antes, era Claire. Seu irmão Issie virou Yitzhak, "aquele que ri". Haya mal se lembra de ver sua avó rir. "Até o final de seus dias, ela falava da minha mãe, do seu marido, de toda a família que perdera, e a única vez em que parecia feliz era quando tocava *Carmen* no fonógrafo. Seus amigos também estavam sempre melancólicos. Os números tatuados em púrpura em seus braços eram o eterno lembrete do porquê."

Embora tenha conseguido transcender a situação, Haya Nevo é parte de uma geração de imigrantes ashkenazim cuja visão de mundo é dominada pelo Holocausto, com a destruição dos judeus europeus. Ashkenazim que chegaram antes da Palestina turca carregavam memórias dos *pogroms* em Odessa ou Kishinev. A grande transição demográfica de Israel, desde sua chegada em 1949, foi uma mudança de foco para outro grupo da diáspora cuja experiência histórica era fundamentalmente diferente: os mizrahim.

136   Os israelenses

Notas

1. Alfred Dreyfus, capitão judeu do Exército da França, foi falsamente acusado de espionar para os prussianos em 1894 e sentenciado à prisão perpétua. Sua corte marcial criou uma violenta revolta antissemita no país, resultando não apenas na epifania de Herzl como no *J'Accuse*, de Émile Zola.

2. Para saber mais, ver Benjamin Harshav, *Language in the Time of Revolution* (Berkeley: Universidade da California, 1993); Martin Gilbert, *Jerusalem in the Twentieth Century* (Nova York: Wiley, 1996); e Robert Alter, *Hebrew and Modernity* (Bloomington: Universidade de Indiana, 1994).

3. De acordo com uma pesquisa de 2001 do Instituto de Pesquisa do Kibutz da Universidade de Haifa, três quartos dos membros dos kibutzim encorajam que seus membros trabalhem fora do kibutz e que forasteiros os substituam. Quase 33% dos kibutzim têm algum diferencial nas rendas de seus membros, embora apenas 6% paguem salários reais. Metade dos kibutzim deixa seus membros comprarem carros privados, e um terço permite que membros aumentem suas casas, arcando com os próprios custos. Alguns kibutzim pararam o recrutamento porque os membros querem dividir propriedades e ativos se o kibutz se dissolver. Em breve, alguns kibutzim podem ser transformados em colônias de comunidades cujos membros tenham suas próprias casas, sem partilhar salários entre eles nem pagar por serviços básicos como saúde e educação.

4. Bernard Lewis, "The Revolt of Islam", *New Yorker*, 29 de novembro de 2001.

5. A imigração legal muito limitada pelo Mandato Palestino foi classificada como Imigração-A ou, em hebraico, *le-Aliyah Aleph*. A imigração ilegal, muito maior, ou Imigração-B, foi nomeada *le-Aliyah Bet*. A organização que criava bloqueios e forjava documentos para imigrantes de campos de pessoas deslocadas em toda a Europa e no Mediterrâneo era a Mossad le-Aliyah Bet, ancestral direta do serviço de segurança israelense, o lendário Mossad Ian Black e Benny Morris, *Israel's Secret Wars* (Nova York: Grove Weidenfeld, 1991).

6

Os mizrahim
Os outros israelenses

❦ *Na beira das águas da Babilônia, nós nos sentamos e choramos enquanto pensávamos no Sião.* — Salmos, 137

❦ *No Iraque, nós não sabíamos que havia judeus ashkenazim e mizrahim. Sentíamo-nos em uma irmandade inocente com todos os judeus do mundo. Fui educado como um garoto judeu árabe iraquiano, apenas como um menino em Umm-al Fahm (a maior cidade israelense toda muçulmana)... Quando encontrei alguns intelectuais judeus e palestinos na Espanha, os palestinos descreveram em palavras tocantes a falta que sentiam da terra da qual haviam fugido ou sido expulsos. Quando foi minha vez, eu disse que, como eles, tinha saudade da minha terra, mas na orgulhosa Israel não é apropriado para um judeu sentir saudade de seu lugar de origem, sem mencionar que o poder reinante em Bagdá estava sedento por meu sangue.*
— Sami Michael, um dos mais importantes romancistas de Israel, que fugiu de Badgá em 1948

"Quando eu tinha cinco anos, minha tia me pegou dentro de uma bacia de alumínio jogando alvejante em mim mesma. Aterrorizada, ela perguntou o que estava acontecendo. Expliquei-lhe que queria ser branca." Naomi Kehati, psicóloga clínica, cresceu em uma vizinhança pobre próxima de Tel Aviv. Ela nasceu em 1955 em uma tenda de imigrantes perto de onde seus pais viveram depois de deixar o Iêmen em 1949. "Meu pai tinha 15 anos; minha mãe, 12, e já era divorciada de seu tio. Ela era analfabeta, limpava casas e nos trazia roupas usadas de seus patrões." O pai de Naomi, profundamente religioso, trabalhava em dois empregos: como escriba de textos sagrados hebraicos e zelador que limpava o chão de uma escola primária.

Excelente estudante, Naomi foi aceita em um colégio acadêmico em uma vizinhança ashkenazi perto de Tel Aviv. "Havia só mais um iemenita em minha escola", ela recorda. "A transição foi como um terremoto. Eu não me encaixava, sentia-me inadequada e solitária. Os outros estudantes, que tinham ideias políticas bem desenvolvidas, chegavam mesmo a discutir com os professores. Quando ia à casa deles, ficava chocada. Com apenas duas crianças na casa, elas tinham seu próprio quarto. Havia livros por toda parte. Seus pais eram intelectuais da sociedade israelense. Então, um dia, um garoto da minha classe que era apaixonado por mim apareceu em nossa casinha – porque não tínhamos um telefone. Ele viu a pintura descascada e aquele monte de gente. Meus pais estavam comendo com as mãos, falando árabe iemenita, e tudo estava desarrumado. Quase morri de vergonha. Era como se alguém tivesse entrado em meu intestino e visto o lado de dentro. Eu sabia que não tinha feito nada errado, mas podia ver nos olhos dele o que pensava de nosso 'atraso'. Ele havia visto a 'outra Israel', a minha Israel."

"Nossos livros escolares eram escritos de uma perspectiva ashkenazi. Em casa, nada refletia o que eu aprendia na escola. Estudávamos sobre os judeus da Europa, os *pogroms* na Rússia. O trauma do Holocausto sobrepujava tudo. Eu tinha sonhos terríveis sobre crianças escondidas, crianças nos campos. Estava me perdendo no mundo deles. Aprendia sobre os pioneiros heroicos, todos ashkenazim, que estabeleceram um novo Estado e os kibutzim, mas não a história da outra metade do nosso povo – pessoas como eu, os pobres mizrahim, os judeus árabes. Queria fazer parte, mas minha história não estava nos livros. Nossa cultura parecia não contar."

A comunidade judaica do Iêmen orgulha-se de origens que remontam aos tempos bíblicos, embora seus primeiros registros tenham "apenas" 1.700 anos. Quando o Iêmen adotou o islamismo no século 7, os judeus se tornaram cidadãos de segunda classe, proibidos, por exemplo, de montar em um jumento a não ser que fossem mais altos que um pedestre muçulmano. Os judeus eram forçados por lei a limpar latrinas públicas, e órfãos judeus eram convertidos à força ao islamismo. Com o nascimento de Israel, quase todos os 60 mil judeus do Iêmen caminharam a pé, por semanas, até um campo de pouso no protetorado britânico de Aden. Milhares, como o avô de Naomi, morreram no caminho. Os sobreviventes, mais de 50 mil, foram enviados de avião para Israel na operação Tapete Mágico,[1] mais de 400 voos em C-47 remanescentes da guerra.

A saga dos judeus mizrahim (que significa "leste" em hebraico) é uma parte raramente contada da história israelense contemporânea.[2] Com a ascensão do nacionalismo árabe e islâmico nos anos 1940, a violência antijudaica se espalhou por regiões do Oriente Médio e norte da África, onde os judeus tinham vivido períodos alternados de paz e perseguição por mais de 20 séculos. Sinagogas, casas, lojas e escolas foram queimadas ou saqueadas, propriedades judaicas eram confiscadas. Milhares de judeus foram presos e mortos. De 1948 até os anos 1960, 870 mil judeus mizrahim fugiram do Iêmen, Iraque, Egito, Líbano, Marrocos, Síria, Argélia, Tunísia, Líbia, Irã e Afeganistão. Mais de 600 mil refugiados foram parar em Israel. Alguns deixaram barracos; outros, casas luxuosas. Artesãos de prata abandonaram lojas em Casablanca, doutores deixaram hospitais em Damasco, empreendedores fecharam cinemas no Cairo. Escritores, eruditos, líderes políticos e do judiciário também desistiram de suas carreiras. Mas, sejam quais forem as circunstâncias que comunidades tribais judaicas deixaram para trás – muitas das quais datam de um milênio antes da conquista árabe muçulmana do século 7 –, eles chegaram a Israel destituídos. Hoje, pequenas comunidades judaicas permanecem no Iêmen, Egito, Líbano, Marrocos, Síria e Tunísia. Há quatro judeus restantes no Iraque. O Irã, com a maior comunidade sobrevivente judaica misrahi fora de Israel, tem cerca de 30 mil judeus.

Em 1951, refugiados em campos de trânsito eram, em sua grande parte, do Oriente Médio e do norte da África. A maioria, formada por religiosos, raramente havia convivido com ashkenazim seculares e muito menos com mulheres que julgavam desavergonhadas, com pernas nuas e blusas sem mangas, trabalhavam com homens, e até eram chefes deles. Eles tinham ideias socialistas malucas e ingeriam comida sem gosto, como schnitzel e pão preto russo. Não gostavam de cuscuz ou kubeh (quibe). Sua pronúncia nem soava como um hebraico "real", suas preces e melodias pareciam rudes e estrangeiras. Não comiam milho ou arroz no Pessach. Pior ainda, a maioria dos ashkenazim não observava o sabbath.

Similarmente, poucos ashkenazim tinham conhecido judeus mizrahim. De repente, havia judeus que se pareciam com árabes e partilhavam seus gostos em alimentos e música. Como é que eles podiam ouvir a cantora Umm Kulthum, e não Mozart? Havia funcionários do governo, insensíveis à diversidade cultural, que tentavam transformá-los em modelos de si mesmos, ashkenazim israelenses seculares e socialistas. Alguns adultos tinham removido seus nomes impronunciáveis, árabes ou persas, e recebiam nomes hebraicos. Para se parecerem mais com ashkenazim seculares, algumas crianças iemenitas cortavam seus cachos laterais.[3] Se falassem curdo, farsi ou árabe, o que era a realidade de muitos recém-chegados, os mizrahim eram tratados como estereótipos e incompreendidos. Como podiam ser judeus se não falavam iídiche, Golda Meir se perguntou em 1964. Como ela, muitos israelenses "veteranos" conheciam pouco sobre a cultura rica e variada ou as tradições religiosas dos recém-chegados. De acordo com o escritor Tom Segev, "nos anos 1950, alguns professores da Universidade Hebraica estavam tão preocupados com o 'problema étnico' que argumentavam que o único modo de resgatar aqueles judeus árabes do 'atraso' era uma forte infusão de valores culturais europeus".[4]

"Era degradante para minha família", lembra Sammy Smooha, sociólogo mundialmente renomado da Universidade de Haifa, que passou sua infância em um campo favelado em Jerusalém. "Disseram-nos para não falarmos árabe, mas não sabíamos hebraico. Tudo era estranho. Meu pai deixou de ser um ferroviário em Bagdá para virar um 'ninguém' sem talentos. Nós sofremos uma terrível perda de identidade. Em retrospecto, chamaria isso de repressão cultural. Por trás de sua ideia sofisticada de 'um povo', eles agiam como superiores e paternalistas." A família Smooha era parte da mais antiga comunidade judaica no mundo fora de Israel. Iraque, a Babilônia da *Bíblia* e do *Talmude*, foi a primeira terra de exílio dos judeus, depois da destruição do Primeiro Templo em 586 a.C. Como em muitos países islâmicos, os judeus do Iraque tinham papéis importantes na vida pública e cultural. Havia um ministro das Finanças judeu e um vice-presidente da Corte Suprema antes do *pogrom* de 1941, instigado por iraquianos pró--nazismo, quando foram mortos 137 judeus e destruídas milhares de lojas e casas. Então, com o estabelecimento de Israel, o sionismo tornou-se um pecado capital. Em Bagdá, onde quase um quarto da população era de judeus, multidões ruidosas se juntavam para vê-los enforcados na praça central. O governo iraquiano nacionalizou as propriedades judaicas, prendeu e matou centenas de judeus.

Quase todos os 150 mil judeus do Iraque escaparam para Israel em 1950. Ao contrário de outros judeus mizrahim, os refugiados do Iraque logo conseguiram sair dos campos de trânsito para Tel Aviv e outras cidades desejáveis no centro de Israel. "Os textos dos livros da escola primária usados entre 1948 e 1967 descreviam os mizrahim como pessoas apáticas, primitivas e atrasadas, que não gostavam de trabalhar", continua o professor Smooha, especialista em pluralismo israelense. A ironia é que os judeus mizrahim eram em grande parte urbanos, vindos de cidades como Bagdá, Damasco e de *shtetls* (termo iídiche para "vilarejos") do Leste Europeu.

Fale com a maioria dos judeus do Iraque, da Síria e do Iêmen, e você vai ouvir que os mizrahim são os mais antigos judeus da diáspora, que estabeleceram grandes e importantes comunidades mil anos antes da grande conquista muçulmana do século 7, antes do que se chama hoje de países árabes terem quaisquer árabes.

Os judeus viveram no Crescente Fértil e na Ásia Menor por quase 3 mil anos, mas sua disseminação foi acelerada pela destruição do primeiro templo judeu em Jerusalém em 586 a.C. pelos exércitos da Babilônia. A diáspora resultante criou dois pilares espirituais para o judaísmo: um de fala aramaica remanescente onde hoje é o Iraque, estabelecido durante a Catividade Babilônica, e outro, depois que o rei persa Ciro, o Grande, permitiu que os judeus retornassem ao litoral mediterrâneo, na Palestina. A partir de ambos os locais, eles estabeleceram comunidades através do Oriente Médio, incluindo a Arábia.

Os judeus da Arábia tiveram grande poder econômico, envolvendo-se com vinicultura, agricultura e comércio em alguns dos oásis importantes de Hijaz, a Península Arábica. Seu antigo centro no sul iemenita regia o comércio de especiarias. Histórias do lendário rei guerreiro Dhu Nuwas, convertido ao judaísmo na segunda década do século 6, ainda são parte da

142 Os israelenses

tradição oral árabe. Muitas tribos pagãs, que habitavam o lugar onde hoje é a cidade de Medina, dependiam das prósperas tribos judaicas da área. Em 610, a emergência do profeta Maomé, da grande tribo Quraish em Meca, pareceu um bom augúrio para os judeus da Arábia. Impressionado com a tradição bíblica dos judeus, Maomé os convidou para se juntar à sua nova comunidade. Muito do que tinham ouvido falar sobre ele – jejuns compulsórios, esmola, rezar na direção de Jerusalém, fortes princípios de justiça, a individualidade absoluta e a invisibilidade de Deus – era familiar. Mas as versões dos relatos bíblicos lhes pareceram distorcidas. Os judeus se recusaram a aceitá-lo como o último dos profetas enviados por Deus. De acordo com a tradição judaica, as profecias tinham acabado séculos antes de Maomé. Os judeus foram castigados por sua recusa em adotar o islamismo, ao mesmo tempo que tanto o judaísmo quanto o cristianismo foram considerados como fés correlatas, embora inferiores. Enquanto Maomé construía sua nova fé na comunidade muçulmana principiante de Medina, para onde fugiu em 622, ele criou polêmicas cada vez mais inflamadas contra os judeus. Após ser rejeitado por eles, Maomé subjugou algumas tribos judaicas e expulsou outras da Arábia. Em algumas tribos, todos os homens foram decapitados. Os infiéis que sobreviveram foram obrigados a se submeter à autoridade muçulmana e a pagar tributos. No *Corão*, os judeus são vilificados como corruptores e perversores das Escrituras (Sura 4:44), e amaldiçoados por Alá por sua "descrença".[5]

A relativa tolerância islâmica com os judeus e cristãos flutuou ao correr dos séculos e de lugar para lugar. O Profeta reconheceu a validade de ambas as religiões porque possuíam revelações escritas, mas a teoria clássica islâmica assevera que os possuidores das Escrituras devem ser combatidos até se renderem. Em retorno à sua adesão a regulamentos especiais discriminatórios, tais como impostos, eles receberam oferta de proteção – vem daí o termo *dhimmis* (povos protegidos).[6] Na Casa do Islã, havia um nicho para os chamados povos protegidos do Livro, os cristãos e judeus, cujas Escrituras e monoteísmo os elegiam para algum lugar no mundo do Islã. Os judeus que ocuparam aquele lugar eram, em sua maioria, mizrahim.

Até o século 11, na verdade, os mizrahim eram a maioria dos judeus do mundo. Depois disso, os sefarditas (de S'farad, hebraico para Espanha, onde os judeus inicialmente fixaram residência antes do primeiro século a.C.) assumiram a liderança do judaísmo. (Com frequência, a palavra sefardita é usada indevidamente para incluir judeus mizrahim do norte da África e do Oriente Médio que tiveram origem na Península Ibérica.[7]) Os judeus sefarditas da Espanha eram a maior comunidade judaica da Europa e a mais bem-sucedida, produzindo médicos, poetas, místicos e filósofos, de Judah HaLevi a Solomon Ibn Gabirol. Seu filho mais famoso é provavelmente o filósofo, médico e jurista do século 12 Moshe ben Mai-mon, mais conhecido no ocidente como Moisés Maimônides, que cresceu em Córdoba, na época a cidade mais sofisticada do mundo islâmico. Ele viveu brevemente na Palestina e então se estabeleceu perto do Cairo, onde foi médico da corte do sultão e chefe da comunidade judaica egípcia.

A Inquisição, com a expulsão dos judeus da Espanha que começou com a reconquista castelhana em 1492, foi um marco na história judaica. Judeus sefarditas fugiram da Península Ibérica e se espalharam através do Mediterrâneo europeu, chegando à Palestina, Grécia, Turquia, Bulgária, Iugoslávia, Itália, Holanda e ao Novo Mundo (as tripulações de Colombo tinham secretamente muitos judeus sefarditas). Fora do mundo cristão, durante o Império Otomano, aqueles exilados espanhóis e portugueses foram mais bem recebidos. Um número de sefarditas israelenses, cujas famílias chegaram à Palestina depois da expulsão, hoje tem posições influentes na sociedade do país. Com frequência, eles se distanciam dos israelenses mizrahim, enfatizando sua própria herança cultural e linguística. Muitos dos sefarditas mais velhos ainda falam ladino, o espanhol medieval usado pela geração da expulsão. Neste capítulo, e na Israel de hoje, mizrahi refere-se à descendência dos judeus que deixaram terras islâmicas (embora judeus turcos não sejam incluídos porque a maioria deles não é sefardita).

O declínio econômico e político do Império Otomano foi o ponto de virada na história da diversidade étnica dentro do mundo judaico. No século 16, judeus mizrahim e sefarditas perderam seu predomínio cultural e sua maioria numérica para os ashkenazim do Leste Europeu. No final do século 19, os mizrahim eram apenas um décimo dos 10,5 milhões de judeus do mundo,[8] de acordo com Sammy Smooha. No romper da Segunda Guerra Mundial, muitos dos ashkenazim do mundo haviam se esquecido dos mizrahim e sefarditas ou os consideravam insignificantes. O Holocausto mudou para sempre a demografia judaica. Embora a comunidade judaica sefardita da Grécia tenha sido quase completamente dizimada durante o Holocausto e os judeus sefarditas da Iugoslávia, Bulgária, Romênia, Itália,

144 OS ISRAELENSES

Líbia e Turquia também tenham perecido nos campos, quase todos os 6 milhões dos judeus assassinados eram ashkenazim.

Quando os mizrahim começaram a chegar em massa durante os anos 1950, os ashkenazim, que constituíam mais de 80% dos judeus israelenses, estavam profundamente entranhados em todos os aspectos da vida política, cultural e religiosa. Nos anos 1960, no entanto, a grande migração mizrahi virou a vida israelense de cabeça para baixo. O país agora tinha uma feição diferente: 60% dos israelenses eram mizrahim, a maior parte vinda do norte da África. O novo Estado precisava desesperadamente de trabalhadores agrícolas e fabris, além de soldados. Embora poucos mizrahim soubessem alguma coisa sobre plantar toranjas ou pepinos, muitos foram enviados para trabalhar nos kibutzim. Marroquinos, tunisianos, iraquianos e iemenitas começaram 200 *moshavim* que ajudaram a proteger perigosas áreas de fronteira. Outras famílias extensivas mizrahim, acostumadas a viver em comunidades fechadas, foram divididas e enviadas para cidades distantes de casas populares na Galileia, no Vale do Jordão, ou para o árido Negev, onde muitos conseguiram empregos em construção, na indústria têxtil e de alimentos, ou em outros setores de baixa tecnologia. As cidades pobres de habitações populares e as áreas urbanas degradadas de Israel são agora o novo lar de seus filhos e netos – a classe baixa de Israel.

O vento poeirento que sopra do deserto de Negev não parece incomodar os garotos de 11 anos, de calções verdes brilhantes e camisas amarelas, que se dirigem para os campos de futebol de Dalet, o bairro mais pobre de Beer-Sheva. Aqueles meninos vivem em habitações populares de concreto, construídas no começo dos anos 1960, quando suas famílias chegaram em grande número do norte da África. São apinhadas: cerca de 1,2 mil pessoas moram em um prédio de apartamentos, mais ou menos a mesma quantidade de pessoas que vive no kibutz Ein Harod. "*Ahlan, ahi* (Yo, Bro)", seu técnico os saúda em uma gíria árabe mizrahi. "É hora de jogar." Meir Bouskila, um homem forte de jeans e camiseta, é o flautista mágico de Dalet. Nos últimos 20 anos, este homem superativo, sorridente e de olhos castanhos, treinou mais de 2 mil jovens jogadores de futebol mizrahim, mantendo-os fora das ruas e longe das gangues. Alguns pais ficam nas laterais torcendo por seus filhos. "Se não fosse por Meir, eu teria me metido em grandes confusões", diz Itzak, motorista de caminhão, nascido na Tunísia, que jogou em seu time. "Meu filho o tem como exemplo. Meir lhe dá disciplina e grita se não fez sua lição de casa." Meir também ajuda a levantar dinheiro para os uniformes e livros escolares. (As escolas israelenses exigem que os pais comprem os livros das crianças, um problema para famílias mizrahim, que têm em média seis filhos.) Os meninos precisam dessas doações. Metade dos residentes de Dalet ganha menos que um salário-mínimo. Alguns mesmo fuçam a xepa, procurando frutas machucadas ou vegetais dispensados quando terminam as feiras livres. Homens e mulheres, com portes de armas, agora encontram emprego fácil como guardas de segurança.

"Deus me dá força para ajudar os outros", diz Meir, que veste um quipá bordado de judeu religioso. Ele se preocupa com o futuro de seus jogadores de futebol naquela rude vizinhança tomada pelas drogas e o desemprego, um mundo pouco conhecido dos mais afluentes ashkenazim de Israel. O primeiro chefe de governo de Israel, David Ben-Gurion, sonhou em recobrar o Negev e transformá-lo em uma das regiões mais vibrantes e produtivas do país. Beer-Sheva, capital de Negev, tem um moderno hospital de pesquisa, dois *shopping centers*, alguma companhias de alta tecnologia e uma das universidades que mais crescem no país, batizada em homenagem a Ben-Gurion. Beer-Sheva também tem alguns dos cidadãos mais desprivilegiados de Israel. Ex-trabalhador de construção, Meir declara: "Eu não sou amargo. Sou um construtor".

É por isso que ele recebe bem em sua equipe os meninos da Etiópia e da ex-União Soviética que vivem em um novo centro de absorção de imigrantes nas proximidades. "Não quero que essas crianças se sintam alienadas, como aconteceu comigo quando cheguei", diz ele, lembrando-se dos seis anos que sua família passou em um acampamento de trânsito fora de Beer-Sheva. "Quem se importa se eles mal falam hebraico, desde que queiram brincar?" Quando um garoto do Uzbequistão chuta no gol, seus companheiros festejam. "Ouviu isso? Este é o som de crianças israelenses mizrahim, etíopes, beduínas e russas. Eu quero que todas elas se sintam 'azul e branco'. Não quero que meus jogadores de futebol se sintam fora do jogo."

Meir e seus pais emigraram do Marrocos em 1963.[9] No ano seguinte, havia quase 300 mil marroquinos, que se tornaram a maior e única comunidade única judaica, até que os ex-soviéticos chegaram durante os anos 1990. A tendência dos judeus mais seculares, urbanos e educados do Marrocos,

146   Os israelenses

Tunísia e Argélia foi emigrar para a França e o Canadá. Os mais pobres e com menor grau de instrução foram para Israel e tiveram dificuldade em aprender a lutar por seus direitos na caótica burocracia israelense. "Levou tempo, mas estamos ganhando nossa voz. Quando enfrentamos ameaças árabes, como agora, todo mundo engole suas queixas", diz Meir, ex-médico de combate. "É triste, mas estamos dando o melhor de nós quando lutamos. Precisamos de paz para que o governo possa colocar sua atenção e mais dinheiro na solução de nossos problemas aqui." No entanto, ele se orgulha de que seu filho mais velho esteja em ascensão rápida em sua carreira como oficial do exército.

Os mizrahim ascenderam à proeminência nacional, especialmente no meio militar e na política. Os pais de Dan Halutz, ex-chefe da Força Aérea de Israel e comandante em chefe das Forças Armadas, nasceram no Iraque e no Irã. Depois da guerra do Líbano, em 2006, Halutz renunciou e foi substituído pelo comandante Gabi Ashkenazi, cujo pai, nascido na Bulgária, e mãe deixaram a Síria quando ele tinha 10 anos. O ex-ministro da Defesa Shaul Mofaz nasceu no Irã. Em 2002, o ministro da Defesa, general Binyamin Ben-Eliezer, nascido no Iraque, tornou-se o primeiro mizrahi a liderar o Partido Trabalhista. O segundo, Amir Peretz, nascido no Marrocos, foi ministro da Defesa durante a guerra do Líbano de 2006. São exemplos de outros políticos marroquinos os ex-ministros do Exterior Sivan Shalome David Levy, Shlomo Ben-Ami, que se formou em Oxford, e o ultraortodoxo líder do Shas, Eli Ishai.

Meir ficou muito feliz quando Moshe Katsav tornou-se o primeiro presidente mizrahi de Israel. "A história dele foi a nossa", ele lembra. Katsav chegou do Irã com 6 anos e cresceu em um campo de trânsito. Filho de um trabalhador em frigorífico, atraiu os alienados e despossuídos moradores de seu pobre condomínio habitacional em Kiryat Malachi. Aos 24 anos, foi eleito o mais jovem prefeito de Israel e depois foi para o Knesset. Em 2000, quando o Likud o selecionou como candidato à presidência de Israel, ele declarou: "Eu não sou parte da aristocracia. Não sou um nobre". A surpreendente vitória de Katsav contra o candidato do Partido Trabalhista, o veterano político Shimon Peres, encarnação da elite ashkenazi, chocou a nação e simbolizou uma mudança geracional e étnica da sociedade israelense. Em seu discurso de posse, o presidente Katsav dirigiu-se aos filhos de imigrantes etíopes e a todas as crianças da periferia socioeconômica e geográfica de Israel com palavras simples e poderosas de esperança: "Se eu consegui, vocês também podem." Meir diz que seus jogadores de futebol se identificaram com seu presidente de quipá e um sotaque hebraico mizrahi. Então, em 2007, um escândalo sexual destruiu sua reputação e ele saiu da presidência. Em junho de 2007, Shimon Peres tornou-se o novo presidente israelense. O membro mais longevo do Knesset na história do país, Peres dividiu o prêmio Nobel da Paz de 1994 com Yitzhak Rabin e Yasser Arafat.

Treinador em tempo integral com salário de meio período, Meir vive perto dos campos de futebol em uma modesta casa de três quartos na rua HaTalmude, que, segundo ele, é um palácio comparado ao barraco de madeira onde ele e sua mulher educaram quatro crianças. Antes de entrar, Meir toca com reverência o mezuzah à direita da porta. Aromas penetrantes de alho e hortelã vêm da cozinha. Sua mulher está fazendo cuscuz marroquino e peixe temperado com sua filha Dana, que tem procurado emprego desde que terminou o serviço no exército. Eles se cumprimentam com uma mistura de hebraico e judaico-marroquino (um dialeto árabe distinto). "Ouça isso", pede Dana, de 21 anos, quando a melodia de ornadas texturas da cantora Zehava Ben enche a casa. Palestinos, jordanianos e egípcios costumavam encher salas de concerto para ouvir aquela cantora israelense desfiar com entusiasmo músicas em árabe e hebraico. "Ela é nossa vizinha, seus pais também são de Marrakesh. Uma marroquina que deu certo, mas isso aconteceu há um bilhão de anos, quando se pensava que a paz era possível", diz Dana. Zehava Ben também foi uma figura de importância para levar a música mizrahi ao topo das paradas israelenses. "Os ashkenazim amam nossa música. Eles costumavam chamá-la de 'música barata dos cassetes dos terminais de ônibus', e isso me enfurecia. Agora toca o tempo todo no rádio. Nos programas de TV, é engraçado quando os ashkenazim tentam soar como mizrahi. Meus amigos ashkenazim usam hamsas (amuleto em forma de mão do Oriente Médio que afasta o mau-olhado). Eles as penduram nos espelhos de seus carros para trazer boa sorte. Não se trata mais apenas de nossa comida e nossa música. Eles finalmente descobriram que outras partes de nossa cultura são legais."

Há fotos enquadradas dos venerados homens sagrados judeus marroquinos, como Abu Hasiera e o cabalista Baba Sali, nas paredes da sala de jantar. Também tem uma foto do falecido rabino Yitzhak Kadouri, nascido em Bagdá, celebrado cabalista. Durante as eleições, militantes do partido ultraortodoxo Shas distribuíram centenas de milhares de amuletos "mágicos" abençoados pelo rabino Kadouri para atrair eleitores mizrahim – vote

148   OS ISRAELENSES

no Shas e você será abençoado. O desemprego e a pobreza alimentaram a popularidade do Shas, o partido de base étnica mais bem-sucedido de Israel. Dalet é um curral eleitoral especialmente forte do Shas. Homens barbados ultraortodoxos com quipás negros falando mizrahi vão de porta em porta atraindo seus vizinhos para usar sua rede de serviços de assistência, escolas e yeshivas com refeições e transporte grátis.

Formado em 1984, o Shas é tanto um movimento étnico de protesto quanto um partido político religioso importante que cresceu com a ascensão do setor *high-tech*. Oferece uma mistura de valores mizrahim tradicionais e uma sensação de pertencimento, como um antídoto à arraigada sensação de negligência governamental e injustiça social. "Estão em todos os lugares, em todos os condomínios populares", diz Meir, um devoto simpatizante do Likud e crítico do Shas. Sejam apoiadores do Shas ou do Likud, os mizrahim cresceram desprezando o Partido Trabalhista, dominado pelos ashkenazim. "Muitos mizrahim pensam nos trabalhistas como esquerdistas, uma elite antirreligiosa que olha gente como nós de cima para baixo. Eles chegaram aqui primeiro e pegaram as posições confortáveis, mas não fizeram o bastante para ajudar os mais fracos", explica Meir. Embora os líderes do Shas sejam ultraortodoxos, grande parte de seus simpatizantes é mizrahi tradicional e não ortodoxo que, como Meir, pratica uma forma leniente de judaísmo. Para eles, pertencer ao Shas é um símbolo de orgulho mizrahi, um lembrete da era dourada, quando sua cultura era exaltada e produzia rabinos, e não a maioria dos criminosos de Israel. Quando seus líderes reverenciam Maimônides como um dos grandes eruditos judeus, estão enviando aos ashkenazim uma mensagem: não somos inferiores.

Meir sente-se incomodado por alguns de seus jogadores frequentarem escolas ultraortodoxas, um mundo enclausurado de estudos religiosos, com quase nenhuma aritmética, ciência, história ou geografia no currículo. "Quanto da *Torá* eles devem aprender? Não se pode fazer essas crianças rezarem tanto. Meu Deus é flexível e tolerante. Isso significa que vou aos serviços do sabbath e, depois, treino futebol. As crianças precisam disso; melhora sua autoimagem. Elas têm metas e tentam alcançá-las. Nós juntos, como israelenses, lutamos bem. Então, por que nos separar para lutarmos uns contra os outros? Ficamos ressaltando nossas diferenças. Somos todos israelenses."

A cidade de Kiryat Gat, no Negev, fica a norte de Beer-Sheva, a dez minutos de carro da área onde se diz que David matou o filisteu Golias. No salão sonolento de um café perto da estação de trem, homens que fumam sem parar jogam gamão e ouvem as ricas rimas da música andalusa do norte da África e a sensação da canção israelense Rita – Rita Yahan Faruz, que nasceu em Teerã e deixou o Irã quando tinha 8 anos. Hoje é o vigésimo oitavo dia do mês, quando um terço dos residentes deste conjunto habitacional recebe salário-desemprego e benefícios sociais do Seguro Nacional. É também o dia em que as filas da Mifal Hapais, a loteria nacional de Israel, são as mais longas. "Se eu ganhar, vou embora", diz um jovem amargurado, que perdeu o emprego em uma fábrica de velas de shabbath e hanukkah. Ele é um trabalhador pouco qualificado em um país cada vez mais digital.

Cerca de um terço dos residentes de Kiryat Gat é da ex-União Soviética. Como todos novos imigrantes, recebem auxílio do governo e subsídios para moradia. "Odeio os russos, eles têm tudo na mão", diz com desprezo Danny, um franco pintor de casas. "Meus pais não receberam nada quando eram refugiados (de Tripoli, na Líbia). Eu acabo de voltar do serviço de reserva. Como você acha que me sinto, vendo esses russos que chegaram há poucos meses com dinheiro para comprar o maior apartamento do meu prédio? E um carro isento de impostos. Eles se aposentam, e nós pagamos suas pensões. Eu ainda pago aluguel e minha mulher anda de ônibus. Outro dia, gritei com o filho deles. Sabe do que me chamaram? De árabe."

Em cidades "mistas" como Beer-Sheva e Kiryat Gat, campanhas eleitorais se tornaram batalhas étnicas entre candidatos russos e mizrahim. Perturbados por terem perdido seu poder demográfico e político, alguns mizrahim chamam os russos – com desprezo – de "terebentinas", porque diluem o "negrume" de Israel (ou seja, o poder dos mizrahim, de pele escura).

Ainda assim, há muitos judeus de descendência mizrahi que não se mostram amargos com os imigrantes de fala russa. "Eu me lembro de como era estar na pele deles. Estou melhor, e por que eles não deveriam estar?", diz um motorista de táxi, judeu curdo que nasceu no Iraque. Ele aluga seu apartamento de quatro cômodos para duas famílias da Ucrânia. Seus pais trabalham como seguranças. "São educados e, por isso, eu digo que, quanto mais rápido se tornarem israelenses, melhor para Israel."

150 Os israelenses

Há três vezes mais mizrahim que ashkenazim sem trabalho, e até recentemente Kiryat Gat tinha uma das mais altas taxas de desemprego do país. O principal ex-empregador da cidade, a Polgat Textiles, fechou duas de suas três fábricas. Como acontece em muitos conjuntos habitacionais, centenas de milhares de mizrahim com experiência em tecelagens, comida processada ou engenhos de açúcar estão desempregados. A manufatura está sendo importada de países como Turquia, Egito e Jordânia, onde a mão de obra é mais barata. Outras fábricas contratam trabalhadores semilegais, procedentes de países como Romênia e Gana, que recebem ainda menos que a maioria dos operários israelenses, em sua maioria mizrahim. Perto de alguns depósitos abandonados fica a Shalon Chemical, onde os empregados produzem "sistemas de proteção" nucleares, biológicos e químicos. Com ameaças do Hezbollah, da Síria, do Irã e Hamas, e tão próximos de Gaza, os trabalhadores estão ocupados fabricando uma gama de máscaras de gás, protetores para crianças, respiradores para civis e descontaminadores.

Adiante, pelo caminho que passa por alguns lotes vazios na zona industrial, um muro de concreto cerca outro mundo – o do silício. Lá está a Intel, a maior produtora mundial de *chips*. Seu enorme complexo, erguido sobre 75 acres de deserto, é a maior e mais cara fábrica israelense. Dentro de seus edifícios de pedra rosada com janelas esmeralda, minúsculos processadores estão criando uma revolução. A boa notícia em Kiryat Gat: há muitas aberturas de vagas na nova fábrica de 4,4 bilhões de dólares da Intel, que deverá aumentar as exportações anuais da subsidiária israelense em mais de 2 bilhões. A Intel de Kiryat Gat vem produzindo mais de 1 bilhão de dólares dos mais finos *chips* do mundo desde sua abertura em 1999. No saguão, um segurança senta-se perto de um *display* de vidro com dois vasos de barro muito antigos, descobertos por operários da construção civil. E, como é apropriado, esses vasos de 4,5 mil anos estão cheios de areia – a matéria-prima das placas de silício da Intel.

Os corredores estão tomados de trabalhadores, a maioria usando o mesmo uniforme informal: crachá, camiseta e jeans. Alguns deles de *shorts* se encaminham para a academia da empresa, onde pulam ao som de *rock* em alto volume nas aulas de aeróbica. Em outro local, uma sala de conferências que faz o papel de sinagoga e abrigo antibombas, engenheiros e analistas de sistemas discutem as vendas do *chip* Centrino, projetado em Israel. Na hora do almoço, as pessoas deixam os cubículos e telas de computadores e vão para a espaçosa cafeteria. Não há restaurante executivo para os 3 mil trabalhadores da Intel. A informalidade e a diversidade são as regras estabelecidas por Dov Frohman, fundador e ex-presidente da Intel Israel, apelidado de "o Herzl *high-tech*". Com sua barba branca, jeans desbotados e sandálias, ele lembra um *hippie* envelhecido, especialmente quanto vem de motocicleta de sua casa em Jerusalém.

As pessoas que se juntam para o almoço são um corte da sociedade israelense: executivos, técnicos e motoristas de vans. Um engenheiro elétrico com um longo rabo de cavalo come macarrão com um ortodoxo barbado de quipá tricotado. Duas programadoras conversam em russo. Mas a atmosfera de igualdade não é bem o que parece. "É um emprego seguro, mas sabemos quem tem os maiores salários", diz uma mulher de forte sotaque mizrahi que se serve de carne assada. Ela se refere à linha que divide a velha economia israelense – com seus desempregados e força de trabalho desqualificada – da nova, formada em sua maior parte por engenheiros e outros graduados ashkenazim.[10] Em meados dos anos 1960, a Israel socialista era a segunda sociedade mais igualitária do Ocidente desenvolvido, apenas atrás da Suécia. Na economia de livre mercado de hoje, a disparidade entre quem tem e os que não têm é gritante. "Aqui nós vivemos em um mundo com ar-condicionado que é mais Vale do Silício do que Oriente Médio", diz um engenheiro elétrico de 24 anos, um dos judeus "gaúchos" que emigraram de Buenos Aires. Quando vai para casa em seu bairro chique de Tel Aviv, ele está em outra Israel.

Embora a Intel dê a seus empregados generosos incentivos em dinheiro para viverem em Kiryat Gat, poucos da equipe técnica aceitam a transferência. "As pessoas que vêm de carro de Jerusalém e Tel Aviv têm os bons empregos. Por que eles iriam querer morar aqui?", resmunga um guarda de segurança tunisiano. "Por que eles iriam querer seus filhos em nossas escolas? Imagine só a filha deles namorando meu filho. No exército, namorei uma ashkenazi. Ela queria que eu dissesse aos seus pais que era de Paris."

Limpar o chão e trabalhar na cafeteria são empregos comuns dos mizrahim de Kiryat Gat e conjuntos habitacionais vizinhos. O que pode uma enorme empresa de alta tecnologia fazer para aliviar o crônico problema de desemprego de Kiryat Gat, quando apenas 200 dos 55 mil moradores locais têm diploma universitário?

152 Os ISRAELENSES

Os problemas começam com o sistema escolar israelense e suas duas camadas. Antes de 1995, nenhuma cidade de conjuntos populares tinha uma faculdade acadêmica. Mesmo hoje, cerca de 40% dos estudantes mizrahim frequentam escolas técnicas, onde são mal preparados para passar nos exames de matrícula nas faculdades – se fossem aprovados poderiam frequentá-las, e, após a qualificação, arrumar um emprego decente. "As escolas estão falhando com essas crianças. Esse nível de escolaridade reproduz a divisão étnica; então, como pode haver um multiculturalismo real em Israel?", pergunta Yossi Ohana, diretor do projeto Mayanot le Haskila (Muitas Primaveras para a Educação), um grupo de educadores mizrahim que trabalha em Kiryat Gat, em outras cidades de baixa renda e bairros na periferia das grandes cidades. Eles ensinam matemática e física para crianças carentes e treinam os professores. Também aconselham os pais, com quem falam em uma mistura de hebraico e árabe do norte da África, citando passagens bíblicas para enfatizar a importância da educação. No período de três anos, entre 2005 e 2008, o percentual de estudantes de Kiryat Gat que passaram nos exames de matrículas pulou de 44% para 60%. "Estamos mostrando que podemos reduzir o fosso. Mas, apesar de tudo que fizermos para motivá-los, ainda vivemos sob um clima que reforça a imagem de que os mizrahim são incapazes. Veja como aparecemos na mídia: anúncios com mulheres mizrahim vendendo detergente e as ashkenazim oferecendo carros caros e cirurgia a laser para os olhos. Onde estão os repórteres de jornais e tevês com pele escura ou sotaque mizrahi?", questiona Yossi. "Quando ouvimos palavras como 'a periferia' ou 'os conjuntos habitacionais' sabemos que são códigos para designar uma área mizrahi. As pessoas até tomam o cuidado de não usar o termo 'atrasados', mas as crianças são espertas e entendem expressões como 'eles não têm nossa cultura', 'problemas sociais nos conjuntos habitacionais', 'bolsões de etnicidade' e 'pobreza cultural'. A mensagem? Os progressistas ashkenazim construíram este país. Não é de surpreender que essas crianças não tenham autoestima. Eu posso me ver nelas."

Yossi tinha 6 anos quando sua família deixou um pequeno vilarejo berbere no sul do Marrocos e emigrou para Israel em 1969. "Como criança, sonhava em me parecer com um 'sabra de verdade', de pele clara. Eu tinha vergonha quando as pessoas no ônibus ouviam meus pais falando árabe marroquino. Agora tenho muita vergonha do meu nome." Enviado a uma escola interna vocacional, principalmente para meninos mizrahim malcomportados e com "baixa capacidade intelectual", ele recebeu notas ruins em matemática e inglês, o que o fez pensar que era estúpido. "Como não acreditava em mim mesmo, saí da escola", ele diz. "Quando fui convocado, alguém escreveu erroneamente que eu tinha passado no exame de matrícula de inglês; por isso, fui enviado para o treinamento como um oficial de segurança. Foi aí que mudei meu nome de Ohana para Hets a fim de mascarar minha identidade mizrahi. Depois do exército, quando vi meus soldados indo à universidade para estudar Economia e Direito, percebi o que a educação significa. Com 24 anos, voltei para o colégio." Aos 30, Yossi tinha seu bacharelado e mestrado em História e Ciência Política. "Minha consciência mizrahi emergiu lentamente. Perto da época em que meu quarto filho nasceu, adotei de volta meu nome original, Ohana, mesmo sabendo que dar a meus filhos um sobrenome mizrahi significava que eles provavelmente teriam uma vida mais dura. Mas eu precisava resgatar minha identidade mizrahi. É importante que as crianças com as quais trabalho vejam que pessoas educadas também têm nomes mizrahim. Ser israelense não significa ser ashkenazi. Levou muito tempo para eu aprender isso."

"A solução é investir em educação, mostrar às crianças as possibilidades. Voluntários da Intel ensinam matemática, artes e tecnologia para milhares de estudantes e dirigem acampamentos de verão de ciências. Doamos centenas de computadores para escolas e demos à biblioteca municipal um sistema computadorizado", relata Ahuva Marziano, mulher séria e dinâmica que dirige um programa de relações com a comunidade da Intel em Kiryat Gat, tentando estreitar o fosso do conhecimento. Quando criança, ela e seus pais imigraram para Israel vindos do Irã. "Meu pai é motorista de caminhão e me empurrou para ter uma educação." Com ajuda financeira, Ahuva conseguiu um MBA na Universidade Ben-Gurion. "Nossa influência será sentida nos próximos anos. Se as pessoas tiverem paciência."

A chamada Sala Limpa, hermeticamente selada, maior que dois campos de futebol, é o coração da Intel Kiryat Gat. É fanaticamente sanitizada, milhares de vezes mais limpa que uma sala de cirurgia hospitalar, para que nenhuma partícula de poeira possa arruinar a fabricação dos finos *chips* de bolachas de silício, os "cérebros" dos computadores do mundo. Um grupo de estudantes de 16 anos, de olhos arregalados, e seus professores juntam-se perto de uma janela, espiando os técnicos da Sala Limpa, que parecem extraterrestres em trajes brancos, botas azuis e capacetes, monitorando cada

154   OS ISRAELENSES

bolacha. Os adolescentes – em sua maior parte mizrahi e cujos pais, em muitos casos, desistiram do colégio – estão cara a cara com uma Israel diferente. "Uau! Esses técnicos ganham salários americanos?", pergunta um estudante, que veste seu boné de beisebol ao contrário. "Como eu faço para ser contratado?"

"Precisamos de trabalhadores capacitados", diz ao grupo a guia da Intel, filha de um imigrante iemenita. "Se vocês estudarem matemática e ciência e aprenderem computação, suas possibilidades de emprego serão animadoras." "É, mas animador não paga o aluguel", retruca uma garota com *piercing* no nariz. "Depois que minha mãe foi demitida da Polgat (uma fábrica de roupas), não conseguiu mais emprego aqui." A Intel tem duas condições para o recrutamento que desqualificam a maioria dos pais: eles precisam ter passado nos exames do colégio e falar inglês. "Pode ser que não tenhamos um emprego para sua mãe", diz a guia. "Mas talvez teremos um para você."

Sderot é a cidade israelense mais próxima da fronteira de Gaza, a apenas 800 metros. "*Tseva adom! Tseva adom!*" Sirenes disparam. Código de alerta vermelho. Só 15 segundos para buscar abrigo antes que os mísseis caiam. Aos 9 anos de idade, Gabi Boron sabe bem o que fazer. "Se tem uma casa perto, eu corro para dentro dela sem bater, mesmo sendo um estranho. Se não tiver casa, corro para uma árvore. Se não tiver árvore, me deito na terra de barriga para baixo e cubro a cabeça." Os mísseis atingiram uma escola elementar com explosivos, balas, pregos e detritos. Foi em 2007; durante o pior ataque, as crianças por sorte não estavam nela. Seus parentes as mantiveram em casa, protestando contra o governo por não ter reforçado salas de aula em número suficiente nessa área alvo de foguetes, no oeste de Negev.

No segundo dia do ano letivo 2007-08, uma barragem de nove foguetes caiu sobre o local, um deles danificando uma creche cheia de bebês. Os nove foguetes Kuds-3 foram "um presente para o início de um novo ano escolar", a Jihad islâmica anunciou em seu *website*. Pais apavorados – já furiosos com o fracasso do governo em protegê-los e a seus filhos do fogo quase diário – tiraram suas crianças das escolas. Entre pais e filhos, 12 foram mortos em Sderot, incluindo imigrantes da Etiópia e Uzbequistão. "As crianças não dormem, não conseguem se concentrar. Mais de 33% têm síndrome de estresse pós-traumático", diz o psicólogo Roni Berger. "Os foguetes muitas vezes caem quando as crianças estão indo para a escola", acrescenta a professora de história da arte do colegial Miri Levin. Um foguete atingiu sua sala recentemente. "As vidas das crianças estão arruinadas. Não estou com medo nem com raiva. Gostaria de poder falar com os palestinos em Gaza. Costumávamos ter contatos regulares com eles, mas isso não ocorre mais. Nossos filhos não sabem nada sobre eles, mas estão com medo e raiva."

Na prefeitura de Sderot, há uma sala cheia de centenas de pedaços de metal retorcidos de mísseis lançados pelo Hamas, pela Jihad Islâmica e Brigada de Mártires al-Aqsa do Fatah – com as datas pintadas neles. Os palestinos dispararam mais de 5 mil mísseis de Gaza para Israel desde 2001. Muitos atingiram escolas, apartamentos, sinagogas. George Adjedej, nascido na Argélia, lembra-se de um dia quando caminhava para seu carro. "Ouvi um silvo de um Kassam no céu. Ele caiu a dois metros de mim, mas não explodiu. Minha neta de 5 anos, Adar, me pede que eu brinque com ela no quarto blindado em minha casa. Ela se recusa a se sentar na sala. A incerteza está nos matando. Tenho certeza de que, do outro lado da fronteira, um avô palestino está dizendo as mesmas coisas que eu. Ele também está cansado, mas não pode convencer o pessoal do Hamas a parar com os foguetes."

Para tentar levar uma vida normal, os adolescentes de Sderot transformaram um abrigo de bombas em uma sala de música. Eles a chamam de "SdeRock", em honra às estrelas locais. Kobi Oz, líder da famosa banda Teapacks, cresceu em Sderot. Os israelenses votaram maciçamente no Teapacks para representar Israel no Festival da Canção Eurovision de 2007. Para uma audiência de 1 bilhão de telespectadores, o Teapacks criou uma tempestade com seu *rock* politicamente motivado, *Apertem o botão*. Ao falar sobre a aniquilação nuclear, Kobi adverte: "O mundo está cheio de terror; se alguém cometer um erro, vai explodir nós todos, para a morte. Ele vai apertar o botão, apertar o botão... Não quero morrer. Eu quero ver as flores brotarem, não quero explodir". Sua letra reflete a ansiedade israelense em relação ao presidente Ahmadinejad, do Irã, que quer Israel "varrida do mapa".

A vida não parece promissora para Sderot. Depois de um sangrento golpe em junho de 2007 contra o Fatah, o Hamas ganhou acesso a um enorme arsenal, o que aumentou significativamente sua capacidade de disparar mísseis. O Hamas também está contrabandeando novos mísseis russos

156 Os israelenses

de longo alcance, com uma carga maior de explosivos, capazes de atingir Ashkelon, 16 quilômetros ao norte de Sderot, cidade de 200 mil habitantes, com o segundo maior porto israelense e uma usina que fornece um quarto da energia elétrica de Israel. O Hamas também tem mísseis russos antitanque e antiaéreos, lançadores de granadas, milhares de rifles de assalto M-16 e Kalashnikov. E a Jihad Islâmica tem os foguetes al-Quds-4, com alcance relatado de 22 quilômetros

Entre os 24 mil residentes da cidade, em sua maioria mizrahi, há recém--chegados da Etiópia e da ex-União Soviética. Sderot, que significa "campos", foi fundada nos anos 1950 por judeus destituídos do Marrocos, da Argélia e de outros países muçulmanos. As pessoas imploraram futilmente ao residente nascido no Marrocos, o ministro Amir Peretz, da Defesa, que parasse os foguetes. Peretz, o segundo mizrahi a liderar o Partido Trabalhista, pouco pôde fazer porque saiu em junho de 2007. Foi preciso que um bilionário russo israelense desse aos nervosos residentes de Sderot algum alívio. Arkady Gaydamak enviou milhares de moradores da cidade para férias pagas em Eilat. "O governo não faz nada. Deveríamos construir uma estátua para Gaydamak", disse o dono de uma loja que quebrou. "Ele tem um coração aberto." E um talão de cheques idem. Quando os foguetes do Hezbollah atingiram o norte de Israel, o controvertido biliardário criou uma cidade de tendas para abrigar milhares de pessoas fugindo do bombardeio. Gaydamak comprou o Beitar Jerusalem, time de futebol com uma fervorosa torcida mizrahi. E em 2007, lançou o partido político Justiça Social. Seus apoiadores mais ávidos: os mizrahim e os russos. Nada como alguns bilhões para construir um movimento político.

Notas

1. De 1948 a 1949, cerca de 50 mil judeus foram levados para Israel em mais de 430 voos, que foram chamados de "Nas Asas das Águias", como na profecia da redenção de Isaías – "Eles montarão nas Asas das Águias" –, e mais tarde renomeada operação Tapete Mágico.

2. A partir dos anos 1940, governos árabes expulsaram as populações tribais judaicas como parte de uma campanha defendida por lideranças de árabes palestinos, dirigidas por Hajj Amin el-Hussayni, que se reuniu e conspirou com Hitler para aniquilar os judeus no Oriente Médio e Norte da África. Durante o debate

Os *mizrahim* 157

palestino na ONU em novembro de 1947, diversos delegados árabes (egípcios, iraquianos e palestinos) fizeram ameaças violentas contra judeus mizrahim. As ameaças foram levadas a cabo depois do voto pela partição em 1947, quando centenas de judeus foram massacrados em conflitos organizados por governos, deixando milhares de feridos e milhões de dólares perdidos em destruição de propriedades judaicas. Após expulsarem os judeus, Iraque, Egito, Líbia e Síria confiscaram suas propriedades, que hoje valeriam bilhões de dólares. Quase todas aquelas comunidades judaicas ancestrais desapareceram: há cerca de 200 judeus no Egito, 4 no Iraque, 100 na Síria, 1,5 mil na Tunísia e 3 mil no Marrocos. Ver <www.jimena-justice.org> (Judeus do Oriente Médio e Norte da África).

3. Citação do livro de Tom Segev, *1949: The First Israelis*, p. 229 (Jerusalém: Domino, 1984) .

4. *Idem*, p. 156.

5. Em "My Heart Is in the East", pp. 143-45, escrito por Jane Gerber, no livro *The Illustrated History of the Jewish People*, editado por Nicholas De Lange (Nova York: Harcourt Brace, 1997).

6. Sob a lei islâmica, judeus e cristãos eram chamados de *dhimmi* (Povos do Livro) e tolerados, com permissão para praticar sua religião, mas frequentemente sujeitos à discriminação. Eles tinham de pagar impostos especiais e usar trajes que denotavam sua inferioridade, e também eram proibidos de carregar armas e montar cavalos ou camelos – montarias nobres reservadas para os muçulmanos. Como sinal de respeito, sinagogas deviam de ser mais baixas que as mesquitas. O tratamento dispensado aos judeus flutuou sob diferentes governantes islâmicos: por vezes, eles prosperaram; em outras ocasiões, foram perseguidos. Por séculos, judeus do mundo islâmico frequentemente viveram melhor que os judeus da Europa cristã, onde eram mortos em cruzadas, inquisições, *pogroms* e no Holocausto – segundo Nicholas De Lange, editor do livro *The Illustrated History of the Jewish People* (New York: Harcourt Brace, 1997), pp. 147-148.

7. Os judeus mizrahim adotaram a liturgia sefardita. A etnia judaica pré-Estado era dividida entre comunidades sefarditas e ashkenazim. Sob o Império Otomano, o rabino chefe sefardita era o único representante oficialmente reconhecido por todos os judeus da Palestina. Mas, quando chegaram os ashkenazim pioneiros, o poder dos sefarditas, amplamente religiosos, declinou continuamente, segundo Sammy Smooha, no livro *Israel: Pluralism and Conflict* (Berkeley: University of California Press, 1978), p. 61.

8. No mesmo livro (p. 49-51), Smooha estima que os não ashkenazim eram dois terços dos judeus do mundo em 1500, dois quintos dos 2,5 milhões em 1800 e, no final do século 20, apenas um décimo dos 10,5 milhões de judeus no mundo.

158 Os ISRAELENSES

9. Os judeus viviam no Marrocos desde antes da destruição do Segundo Templo em 70 a.C. A comunidade cresceu durante a Inquisição espanhola, quando judeus foram expulsos da Espanha. Sob o domínio árabe, a vida cultural, comercial e erudita floresceu no Marrocos. No entanto, os notórios e superpopulados mellah (guetos), construídos no século 13 para proteger os judeus de ataques de multidões árabes, são um lembrete de seu *status* de cidadãos de segunda classe. De 1438 a 1912, os judeus sob o domínio árabe tiveram o *status* de "dhimmi", ou vassalos protegidos. As condições melhoraram em 1912, quando o protetorado francês deu aos judeus igualdade e autonomia. Durante a Segunda Guerra, com o regime antissemita de Vichy controlando o Marrocos, o sultão Muhammad V impediu a deportação de judeus. Em 1948, quando exércitos árabes atacaram Israel, houve conflitos contra os 300 mil judeus. Ondas de judeus emigraram: cerca de 80% para Israel e 20% para França, Canadá e Estados Unidos. A Guerra de 1967 piorou as condições, e muitos judeus remanescentes fugiram.

10. De acordo com o Bureau Central de Estatísticas, apenas um quarto dos graduados israelenses é da comunidade mizrahi, e os ashkenazim têm o dobro do número de empregos qualificados. Um estudo, feito em 2000 pelo Ministério da Educação, mostra que 53% de todos os israelenses de origem ashkenazi têm 13 anos ou mais de escolaridade, taxa que cai para 23% entre os mizrahim. De acordo com um relatório de 1999 do Instituto de Democracia de Israel, os mizrahim são 27% dos advogados, 26% dos médicos e 18% dos Ph.Ds. O ashkenazi médio tem renda 150% maior que o mizrahi médio.

7

Os russos
O novo êxodo

Não mais russo, mas ainda não israelense. — Ator, no bilíngue Gesher Theater, composto em sua maior parte de imigrantes russos

O hebraico é a única língua que os filhos ensinam seus pais. — Hayim Bialik, o mais famoso poeta israelense, nascido na Ucrânia

Quando tinha 17 anos, as únicas palavras em hebraico que Boris Katz conhecia eram *shalom* e *masehot* (máscara de gás). Esta era sua idade quando ele, seus pais, a irmã e a avó fugiram do caos econômico na Ucrânia para encontrar uma vida melhor em Israel. Dois meses depois, em 1991, começou a Guerra do Golfo. "Que introdução a Israel", diz Boris. "Sempre que ouvíamos as sirenes de alerta, nós cinco colocávamos máscaras de gás e nos amontoávamos na sala. Tínhamos muito medo. Não sabíamos o que estava acontecendo, porque a rádio e a tevê falavam apenas hebraico. Achamos que fosse uma bomba nuclear. Então, certa noite, ouvimos uma explosão na rua. Era um míssil iraquiano Scud. E onde ele tinha sido fabricado? Na Rússia!"

160 Os israelenses

O agitado jovem de um metro e noventa agora tem uma máscara de gás muito melhorada e não sente falta de notícias em russo. Com um toque no controle remoto, ele e sua mulher podem ver as legendas da TV em russo ou notícias a cabo direto de Moscou. Ele conheceu Yonit, quando ambos eram estudantes, em um dormitório da Universidade Hebraica. O apartamento deles em um prédio de cinco andares perto de Tel Aviv é esparsamente mobiliado com coisas de segunda mão dos parentes israelenses de Boris. Eles recebem à moda russa com uma quantidade de pratos ricos em calorias: *blinis* recheados com cerejas, *piroshki* e *borscht* coroados com creme azedo.* "As pessoas que ficaram na fila do pão não tem de se preocupar com calorias", brinca Boris, que, com seu brinco dourado, Palm Pilot e gíria hebraica aprendida como tenente das IDF, soa e parece com os engenheiros sabra que ele supervisiona em uma fábrica israelense de telefones celulares.

"Pelo menos os israelenses não furam a fila por temer que acabe a comida. Eles apenas cortam a fila porque são impacientes", Yonit acrescenta com um sorriso de quem sabe o que diz. Depois de emigrar das Montanhas Urais, ela parou de usar seu primeiro nome, Yana, e mudou para seu nome hebraico do meio, Yonit. Além de estudar administração industrial, trabalha como manicure, pintando as unhas de uma clientela em sua maioria russa e árabe. Mas logo vai parar. Há um bebê a caminho, e ela não quer inalar substâncias químicas. "É ótimo viver em um país com fraldas descartáveis. Quando fui pesquisar berços e roupas de bebê, havia tantas opções. Para mim, decidir como fazer as escolhas foi difícil. Viemos de um lugar onde não havia muitas, onde o governo lhe dava um minúsculo apartamento e lhe dizia o que fazer." Na sua chegada em 1994, Yonit vagava por um supermercado, aberto 24 horas, olhando frutas estranhas chamadas abacates e mangas. "Adoro os vegetais baratos. Onde nasci, eles eram tão caros, e as saladas eram para as celebrações."

Boris e Yonit são parte da maior onda de imigrantes da história de Israel, uma das maiores da história do mundo. Após o presidente Mikhail Gorbachev relaxar as restrições a viagens de longa distância em 1989, e depois do colapso da União Soviética, mais de 1 milhão de imigrantes partiram para Israel.

---

* Pratos da culinária russa, blinis, piroshki e borscht correspondem a crepes, torta de carne ou repolho e sopa de beterraba, respectivamente. (N. T.)

Não é de surpreender que um *aliyah* que representa 20% de toda a nação tenha mudado o perfil de Israel. Da Alta Nazaré à Galileia, de Beer-Sheva a Negev, muitas lojas exibem placas em cirílico e hebraico. Ouve-se russo em maternidades, enfermarias geriátricas e em cabines de votação. Nomes russos preenchem fichas criminais, fichas de pacientes e dissertações de Ph.D. Um número cada vez maior de túmulos de soldados, vítimas do terror, e de guardas de segurança tem inscrições em russo. Atletas de classe mundial estão conquistando medalhas para seu país adotivo. Músicos talentosos, cineastas e escritores somam-se à rica mistura das culturas israelenses. Esses recém-chegados, que transformaram o delicado equilíbrio demográfico e político israelense, ganharam força política maciça – nenhum outro grupo de imigrantes galgou o poder tão rápido. Negociadores do poder no Knesset, eles tiveram posições-chave em todos os gabinetes desde 1996. Estão reformando o país, tornando-o mais ashkenazi, menos religioso e ainda mais cristão.

Algumas cidades lembram Moscou no Mediterrâneo. Centenas de supermercados não kosher vendem linguiça de porco, pão ao estilo russo, vinhos da Geórgia, peixe salgado e dezenas de variedades de vodka. Em restaurantes e clubes noturnos de cidades como Ashdod e Ashkelon, o russo é a linguagem comum, e não o hebraico ou o árabe. Há psicólogas, cabeleireiras e prostitutas falando russo. Para os nostálgicos, agências de viagens oferecem descontos em passagens para o Uzbequistão e a Ucrânia. Cerca de três quartos desses novos israelenses assistem a canais russos da TV a cabo com novelas, jogos de futebol e muito mais notícias sobre o Kremlin do que sobre o Knesset. "Quando cheguei, tínhamos apenas um jornal semanal russo", lembra Boris. Em quiosques na sua vizinhança são vendidas dezenas de jornais e revistas de língua russa, incluindo as versões russas de *Vogue, Playboy* e *Penthouse*. Considerados os mais ávidos leitores de Israel, eles sustentam cerca de 400 livrarias russas, algumas das quais famosas por seus saraus poéticos.

A etiqueta genérica dos "russos" chega a ser grosseira. A maioria deles vem de repúblicas europeias, especialmente Ucrânia, Rússia e Belarus. Outros chegam de países da Ásia Central e da ex-União Soviética. Os imigrantes variam do porteiro de aeroporto semiletrado da Georgia a uma elegante divorciada da capital cultural da Rússia, São Petersburgo, uma cidade majestosa de palácios e museus. Uma livreira de Haifa lembra que, quando vivia em São Petersburgo, costumava chamar os moscovitas de rudes. "Aqui em

162 OS ISRAELENSES

Israel, vejo todos esses 'negros' que mal falam russo", diz ela com desprezo, referindo-se a "judeus das montanhas", caucasianos de pele mais escura. Eles e outros judeus não ashkenazim das repúblicas islâmicas da Ásia Central, como Uzbequistão, Azerbaijão, Tajiquistão, Cazaquistão e Chechênia, tendem a ser mais tradicionais e ter famílias maiores e menos educação que outros emigrantes da ex-União Soviética.[1]

"Os israelenses pensam que somos todos os mesmos. Não somos." São Petersburgo sozinha tem quase tantos residentes quanto toda Israel. Para aqueles que deixaram uma vasta terra de 11 fusos horários, é inicialmente difícil entender que viagens de trens sejam medidas em minutos, e não em dias. A Ucrânia é 30 vezes maior que Israel. "Quando fui pela primeira vez à praia em Eilat e vi a Jordânia, Arábia Saudita e o Egito, percebi como este país é pequeno", diz Boris. Viver em uma claustrofóbica faixa de terra cercada por inimigos foi um ajuste e tanto, assim como conviver com um caldeirão de "judeus hifenados" – como iranianos-israelenses, italianos-israelenses e até mesmo indianos-israelenses, 60 mil dos quais vindos do sudoeste da Índia, onde acreditam ter chegado em 70 d.C., depois da destruição do Segundo Templo.

O que espanta Boris, particularmente, são as batalhas verbais intermináveis. "Eu vejo pessoas batendo boca com guardas de trânsito. No ônibus, crianças discutem com os motoristas. E os pais, com professores. No Knesset, políticos amaldiçoam e gritam. Eles fazem isso no Kremlin também, mas pelo menos esperam sua vez. Aqui existe uma cultura de embates, mas aprendi também que é uma cultura de cuidados. Um israelense pode atropelar você com seu carro, mas depois ele vai levá-lo nas costas ao hospital."

Os hospitais tratam milhares de pessoas da Ucrânia e Belarus cujas doenças se relacionam ao vazamento da letal radiação de plutônio de Chernobil. Israel também herdou uma gigantesca população geriátrica que passa seus dias remanescentes sustentada por cuidados médicos de graça e benefícios do seguro social. Mas os cérebros desses imigrantes ajudaram a tornar a alta tecnologia o setor de crescimento mais rápido da economia. Pode-se ouvir russo na Motorola, Nokia e na empresa de telefones israelense para a qual Boris trabalha com inúmeros "ex-comunistas pontocom". Entre os israelenses que trabalham com alta tecnologia e biotecnologia, mais de um terço é de ex-soviéticos altamente capacitados. (Em 2008, o Kremlin tentou atraí-los de volta.) "Acho que se pode dizer que somos um novo tipo de pioneiros", diz Boris, comparando sua geração à de seu tio-avô, nascido na Ucrânia, que ajudou a iniciar um kibutz na Galileia em 1932. "Meu tio cultivava os campos. Nós programamos computadores e olhamos através de microscópios."

Israel já tinha profundas raízes russas antes da grande imigração dos anos 1990: a maioria dos ideólogos do sionismo e quase todos os ex-primeiros-ministros nasceram ou tinham parentes de áreas anexadas pela União Soviética: Ben-Yehuda, Trumpledor, Jabotinsky, Ben-Gurion. Golda Meir, que imigrou para Israel de Milwaukee em 1921, nasceu em Kiev.

Cada cidade judia israelense tem ruas com nome de heróis de fala russa. "No ônibus, é hilário ver israelenses com lágrimas nos olhos quando o rádio toca velhas canções patrióticas hebraicas sionistas sobre os bravos soldados e a linda terra", diz Boris. "Eles não percebem que muitas das famosas melodias 'israelenses' são música bolchevique ou revolucionária socialista." Diferente de russos anteriores que vieram "construir e reconstruir" uma terra arrasada, que chamavam uns aos outros de camaradas, cantavam a *Internacional* e celebravam o dia dos trabalhadores em maio, os recém-chegados, em sua maioria, são ávidos capitalistas que odeiam o socialismo. Quando lhes oferecem moradia nos kibutzim, poucos aceitam – porque um kibutz os lembra de um kolkhoz, o fracassado experimento soviético de fazendas coletivas. Esses consumidores estão ansiosos para conseguir um apartamento de luxo em Haifa e Tel Aviv. Os voos de volta a Kiev e Moscou estão cheios de russos israelenses, com suas pastas, à caça de acordos lucrativos.

Os ex-soviéticos são também os menos conscientes do judaísmo entre os imigrantes na história de Israel. Sob os czares, e depois sob os comissários comunistas, o antissemitismo era a política oficial do governo. Durante sete décadas de ateísmo militante oficial, milhões de famílias como a de Boris eram conhecidas como os "judeus do silêncio". "Tínhamos medo, escondíamos nosso judaísmo. Eu nem sabia que minha avó falava iídiche fluente até que a vi conversando em um ônibus em Tel Aviv." Ao chegarem, muitos não se lembram o que é o Pessach. "Eu não sabia quase nada do meu primeiro Pessach na casa de meu tio-avô", lembra Boris. "O Pessach era o nascimento da nação judaica e, de certa forma, meu primeiro seder foi o nascimento de meu judaísmo. É a antiga festa da liberdade. Foi muito significativo provar as ervas amargas (para que os judeus se recordem de suas vidas como escravos no Egito). Eu pensava na amargura que minha família passou. Os judeus nunca viveram bem na União Soviética, e ainda

164   OS ISRAELENSES

não vivem. Lá, ainda estão atacando judeus." Tentando esconder sua raiva, Boris descreve uma multidão que, em abril de 2002, marchou pelo principal bulevar de Kiev gritando "morte aos judeus!" e, depois, bateram nos fiéis da sinagoga central.[2]

O fato de que a maioria dos ex-soviéticos tem pouco conhecimento sobre o judaísmo preocupa Gregory Kotler, que estuda para ser o primeiro rabino da reforma de fala russa. "Os judeus têm de suplantar décadas de amnésia." Gregory tem a aparência amarfanhada de um estudante do rabinato, com barba preta, quipá tricotado e seus olhos castanhos cansados. "Não apenas sabemos pouco sobre o judaísmo como também não nos contaram que 2 milhões de judeus soviéticos foram mortos durante a Segunda Guerra. Quem quer ensinar isso? Muitos ucranianos, lituanos e letões colaboraram com os nazistas. Em sua maior parte, o que as pessoas sabem sobre o judaísmo é um monte de distorções e mentiras. Nunca vou esquecer quando perguntei a um homem de minha cidade, na Ucrânia, se ele já tinha visto uma *Torá*. Ele disse que sim: 'No Museu do Ateísmo em Moscou, em um display que mostrava como os povos primitivos rezavam'."

Gregory, ex-mecânico de automóveis, é de Donetsk, a mesma cidade conhecida por suas minas de carvão onde cresceu Natan (Anatoly) Sharansky, que passou nove anos em uma prisão de Moscou por ser um ativista judeu.[3] "Eu era como qualquer criança da União Soviética. Tudo que sabíamos sobre o judaísmo era que 'judeu' estava escrito em nossas carteiras de identidade. Stalin fechou nossa sinagoga em 1937. Os judeus, que Stalin e os nazistas não eliminaram fisicamente, foram destroçados espiritualmente pelos comunistas . Sabia que meu avô ia secretamente à casa de um vizinho para rezar, e pedi que me ensinasse sobre o judaísmo, mas ele temia demais por nossa segurança." Os estudos judaicos foram proibidos na União Soviética até 1987. Gregory foi convocado e passou dois anos no exército. "Durante a Perestroika os soldados se abriam, discutindo suas identidades nacionais. Foi aí que comecei a pensar seriamente sobre minha religião e Deus. Quando saí do exército, estudei hebraico com um velho polonês que o aprendera quando criança. Apaixonei-me pelo hebraico, que despertou fortes sentimentos judaicos dentro de mim." Então, em 1990, um emissário israelense chegou a Donetsk. "Ver qualquer estrangeiro era excitante, mas ele foi o primeiro israelense", diz Gregory. No ano seguinte, aos 22 anos, ele partiu para Israel.

Pensativo e cofiando sua barba, Gregory menciona que, mesmo depois de alguns anos em Israel, muitos imigrantes não sabem nem o básico do judaísmo: por que os judeus se voltam para Jerusalém quando rezam, colocam mezuzahs em suas portas, ou o que significam as leis dietárias? Ele conta a história de uma mulher russa que convidou um colega nascido em Israel para um chá. Quando ela graciosamente lhe ofereceu um prato com salame e queijo, ele se sentiu desconfortável, deixando-o e lado. Quando ela insistiu que comesse, ele explicou que não comia carne e leite juntos. Ela pediu mil desculpas – nunca tinha ouvido falar de "kosher" – e foi até a cozinha, onde fez dois pratos, um com salame, outro com queijo, achando que tinha resolvido um problema de dieta. Um ator de fala russa do internacionalmente aclamado Teatro Gesher, de Israel, disse tudo: "Já não um russo, mas ainda não israelense."

Gregory vive em um lugar sem charme de Jerusalém com sua mulher e a filha. Na sala gelada, sem aquecimento, Marina levanta a filha de 3 anos para ajudá-la a acender as velas do Hanukkah. "Queríamos que ela se chamasse Tânia em homenagem à sua avó, mas é russo demais. E Toible é iídiche demais. Então, lhe demos um nome hebraico moderno, Talia (carneiro), porque sabemos que ela quer se encaixar", explica Marina. A família vive em um prédio de apartamentos sem graça que foi construído rapidamente pelo governo nos anos 1950 para abrigar refugiados judeus de campos árabes. "Muitos russos estão se mudando para cá porque é mais barato", ela diz indiferentemente, sem saber que essa vizinhança pobre, em sua maioria mizrahi, chamada Katamon, foi o local de nascimento do movimento Panteras Negras. Nos anos 1970, jovens mizrahim raivosos protestavam contra o que chamavam de "protecionismo" do governo de Golda Meir contra os 200 mil imigrantes que tinham conseguido sair da União Soviética. Alguns mizrahim têm a mesma queixa – que os novos imigrantes de hoje recebem generosos benefícios, as chamadas "Volvo-villas": carro de luxo, mais casa de luxo. A "villa" dos Kotler é um desolador apartamento de dois quartos, iluminados por lâmpadas em soquetes. Seu "Volvo" é o ônibus número 18, que homens-bomba do Hamas já explodiram duas vezes.

Marina trabalha perto do grande *shopping center* de Jerusalém onde, antes da segunda Intifada, havia considerável movimento de compradores palestinos e jordanianos. Em seus piores meses, parece que os guardas de segurança superam o número de compradores. Em sua empresa, que produz

166 OS ISRAELENSES

bancos de dados médicos, cerca de um terço dos trabalhadores fala russo. Com algum humor, Marina descreve uma disputa no escritório: "Dois empregados russos discutiam seriamente sobre horas de trabalho, escondendo sua raiva do supervisor. Não é nosso costume delatar o próximo. Viemos para cá para fugir do autoritarismo. Quando o chefe se afastou, eles terminaram sua discussão ao estilo russo, com os punhos. Os israelenses gritam com os outros, mesmo com seus chefes, mas não batem neles." Como seus colegas falam um hebraico precário, Marina diz que os supervisores subestimam suas habilidades, deixando-os frustrados. "Meu hebraico é pobre, e eu falo muito pouco. Por longo tempo, tive um emprego de baixo nível. Eles não achavam que eu era séria, ou esperta." Levou tempo, mas o chefe de Marina, formada em matemática aplicada e ciência da computação, descobriu seu potencial e a promoveu para um posição de gerência.

"Quando cheguei aqui, em 1991, a piada era que, se não estivesse carregando um violino ao descer de um avião da União Soviética, você era um médico", recorda o doutor Baruch Persitz. Essa leva de imigrantes deu a Israel a mais alta taxa do mundo de médicos por paciente. (Mais de 30% dos médicos israelenses são da ex-União Soviética.) Por serem tantos, alguns hospitais colocam avisos alertando que funcionários de fala russa conversem em hebraico. "Quando os médicos fazem as rondas falando com os outros em russo, nos sentimos excluídos", reclama uma enfermeira no Hospital Soroka em Beer-Sheva. "Por vezes, penso que estou trabalhando em Moscou, e não em Israel. Quando estou com meus pacientes, preciso de um tradutor. A maioria fala apenas árabe." Mais da metade dos pacientes é de beduínos.

Em Moscou, Persitz era um gastroenterologista. Em Jerusalém, ele é acupunturista e edita um periódico médico em russo para os colegas israelenses. "Há muitos de nós, demais até", declara ele. "É parte do preço que se tem de pagar para começar de novo. Para mim, valeu a pena." Os israelenses não se chocam mais ao descobrir que a mulher que limpa as janelas é uma cirurgiã e que o homem na bomba de gasolina é um endocrinologista. Depois de aprender hebraico, eles precisam de retreinamento para passar nos rígidos exames de qualificação médica de Israel. "Mesmo quando são aprovados, não importa qual seja sua qualificação, geralmente arrumam trabalho apenas como médicos em começo de carreira", explica Persitz. "Mas, pelo menos, os hospitais têm medicamentos e equipamentos modernos. E os médicos recebem. Aqui, em poucos dias de trabalho, um médico pode ganhar o que levaria um mês para ganhar na Rússia."

A taxa de 40% de desemprego, durante o pico da imigração dos anos 1990, não existe mais. Mesmo assim, muitos profissionais estão desempregados, apesar de seu alto nível de escolaridade. Do lado de fora do *shopping*, um quarteto de cordas se apresenta na rua Ben-Yehuda, em Jerusalém. Em Moscou, esses virtuosos faziam temporadas em salas de concerto. Agora, tocam por míseros shekels que são jogados em uma caixa de violino aberta. Alguns arrumam emprego, como os ex-soviéticos que preenchem mais de um terço das vagas da Filarmônica de Israel. Mas, como o país tem apenas uma dezena de orquestras, 400 maestros e milhares de músicos têm de dar um passo profissional para trás. Outros vivem em conjuntos habitacionais ou comunidades de periferia, onde os aluguéis são mais baratos e há menos competição por empregos. Um pianista de concerto dá aulas particulares para crianças cristãs e muçulmanas em vilarejos perto de Nazaré. Um grupo de professores de música do colegial em Beer-Sheva formou sua própria orquestra de câmara, uma bem-vinda contribuição à pobre cena musical de Negev. Na cidade portuária de Ashdod, a Orquestra Andalusa, símbolo da revolução cultural mizrahi, toca música do Oriente Médio – mas o tocador marroquino de oud é acompanhado por um violista e um grupo de músicos "mizrahim", que, na verdade, são russos.

Não há trabalho em Israel para engenheiros de petróleo, minas ou ferrovias, e muitos são forçados a mudar de profissão. Em um clube cultural russo, em Jerusalém, homens bebem chá, trocam fofocas e jogam cartas. "Os israelenses amam a imigração, mas não os imigrantes", diz um ex-professor de Botânica, que reclama de seu trabalho como caixa na Pizza Hut. Depois, ele admite que sua renda ultrapassa de longe os 78 dólares por mês que ganhava em Misnk. Um professor de balé descreve com ironia suas alunas, "sabras desengonçadas" e indisciplinadas. "Tutus e leotards que não combinam. Os cabelos desarranjados, selvagens. E elas pedem desculpas quando se atrasam? Não. São tão despreocupadas que me deixam louco". Mas o homem de presença dominadora, que tem medo de abrir sua própria escola de balé, está espantado com a economia de livre mercado de Israel. Quando perguntam qual o nome de seu antigo país, sua resposta também surpreende: "Vivíamos em uma única casa em Chernivtsi. Nunca nos mudamos. Nossa

168   Os israelenses

casa era na Ucrânia. E na União Soviética. E na Romênia. E na Polônia e, antes disso, no Império Austro-Húngaro."

Nos lotados *workshops* de carreiras no clube de Jerusalém, as pessoas aprendem como procurar novos empregos. Na ex-União Soviética, onde o desemprego era um crime, o governo escalava pessoas para empregos sem qualquer preocupação com seus desejos. Conselheiros explicam que eles não podem mais depender de subornos para conseguir um emprego, entrar em uma universidade ou sair do exército. Muitos devem desaprender a tão popular expressão russa: "Se você não azeitar (pagar propina), não dá para começar um caminho". Eles descobrem que empregos são anunciados nos jornais e também que currículos de oito páginas são inaceitáveis. "Não tinha percebido que é preciso se 'vender bem' para conseguir um emprego", reclama um médico que tinha um posto prestigiado em Moscou. "Quando fui a uma entrevista de trabalho na Universidade Hebraica, o chefe de departamento me pediu para descrever minha pesquisa. Não sabia o que dizer. Não somos acostumados a falar de nós mesmos. Achei que soaria pretensioso. Então, disse apenas que 'tudo o que eu fiz é uma mera gota no oceano'." Ele não conseguiu a vaga.

Os israelenses admiram os que correm riscos e são inovadores. Mesmo assim, algumas pessoas de fala russa temem mostrar iniciativa porque "foram ensinados que, se cometerem um erro, serão punidos", explica uma conselheira de empregos que observou uma disseminada má comunicação nos locais de trabalho. "Há outro problema. Por vezes, eles concordam em fazer coisas que não pretendiam fazer. Israelenses interpretam isso como enganador; não percebem que os russos consideram rude recusar um pedido." Após descrever as diferentes éticas de trabalho daqueles que passam anos em locais inadequados, onde são tratados com crueldade, ela aponta a atitude que prevalece entre os russos: "Fingem que estão me pagando, e eu finjo que trabalho".

Também existem aqueles que desaparecem por horas, cuidando de pequenas coisas particulares, porque de onde vêm tinham empregos garantidos e recebiam o salário, mesmo se não fizessem quase nada. "Nós os ensinamos que aqui não podem agir assim. Há um ditado que diz que não vemos as coisas como elas são, mas como nós somos. Leva tempo para ver a vida com os olhos de um israelense."

Gregory tem outras preocupações: os quase 500 mil judeus que permanecem nas repúblicas da ex-União Soviética. "Cresci em uma sociedade ateísta onde era proibido praticar nossa religião. Éramos judeus porque nos tratavam diferente, mas não por sermos religiosos. A repressão não é mais o grande problema. Mas a assimilação ainda é. Tornou-se a grande ameaça à sobrevivência judaica." Gregory aceitou uma tentadora oferta de emprego: ser o rabino da única sinagoga da reforma, mas em Moscou. "Vai ser muito triste partir, Israel é nosso lar. Mas, se não formos, quem irá?" Entre os 250 mil judeus de Moscou, não são muitos os que têm conhecimento sobre sua religião. Gregory acredita que pode remediar isso.

"Em 50 anos, os israelenses serão, em sua maioria, ortodoxos: russos ortodoxos", diz David Chinitz, um religioso que é professor da Universidade Hebraica, com meio-tom de pilhéria. Em alguns dos bairros predominantemente russos, isso já parece ser a realidade. No começo dos anos 1990, um quarto dos imigrantes não era judeu. Desde 2000, em parte porque mais de 80% dos judeus da Ucrânia, Belarus e Rússia se casaram com não judias, as taxas subiram para perto de dois terços, de acordo com o Ministério do Interior. Em dezembro de 2008, muitas casas russas tinham árvores de Natal decoradas com luzes e bolas coloridas. As crianças recebem Ded Moroz, o equivalente russo do Papai Noel. "Quando minha vizinha me viu carregando uma árvore escada acima, ela gritou: 'Se você quer celebrar o Natal, volte para a Rússia'", diz uma matemática de 30 anos que mora em um subúrbio de Haifa. "Eu lhe disse que a árvore não era para o Natal, mas para o Ano-Novo russo. Meu marido é judeu, e todos os judeus de Baku têm árvores para o Ano-Novo. Então, ela afirmou que o Ano-Novo aqui é Rosh Hashana; o dia 1º de janeiro é para os cristãos. Assim que tivermos mais dinheiro, quero sair desse prédio, com canos vazando e pessoas que odeiam russos, para um bairro 'europeu' em Haifa." No Natal (7 de janeiro, de acordo com o calendário ortodoxo, que segue o calendário gregoriano), igrejas ortodoxas russas ficam cheias. Na Páscoa, fiéis trocam a saudação russa *Christos voskres* (Cristo se levantou). Na maioria das cidades, não há igrejas ortodoxas russas e, por isso, algumas igrejas ortodoxas árabes oferecerem missas em russo. Alguns cristãos de fala russa fazem encontros para rezar em seus apartamentos. Um grande número de congregações, inclusive dos batistas, adventistas do sétimo dia e messiânicos, tem atraido russos cristãos convertidos.[4]

"Eu estava na fila para pegar minha carteira de motorista e vi uma porção de gente usando cruzes. O que está acontecendo?", pergunta retoricamente um professor judeu ortodoxo de Rishon LeZion (Primeiro para o Sião). Esta cidade – a que mais cresce de Israel – foi fundada por sionistas russos em 1882, que decidiram criar a primeira colônia agrícola de sucesso na Palestina pré-Estado. Foi lá que ergueram a primeira sinagoga moderna, que hastearam a primeira bandeira israelense, e onde o imigrante romeno Naftali Imber escreveu seu poema *Hatikvah*, cujos versos se tornaram o hino nacional de Israel. Foi lá também que um homem-bomba do Hamas matou 16 palestinos em uma sinuca na rua Sakharov em 2002. Como tantas pessoas de fala russa, Rishon LeZion foi apelidada de "Russos no Sião", explica o professor de 26 anos. "Meus bisavós escaparam de *pogroms* cristãos na Rússia para vir para cá. Se deixarmos entrar mais cristãos, será um suicídio nacional. Esta é a única pátria judaica que nós temos. Temos de mudar a Lei do Retorno."

A Lei do Retorno permite que todo judeu imigre para Israel. Em 1970, o Knesset fez uma emenda para incluir qualquer pessoa com um avô judeu.[5] Em outras palavras, por causa de um avô judeu morto há muito tempo, uma esposa cristã e seus filhos e netos cristãos são elegíveis para receber passagens de graça até o aeroporto Ben-Gurion, benefícios financeiros e a cidadania israelense. Quando a emenda foi feita, Israel era um país muito mais pobre cercado por vizinhos hostis, e os judeus estavam trancados dentro da União Soviética. Até existe uma piada dos anos 1970 que fala sobre judeus querendo ir embora – dois judeus estão cochichando no banco de um parque, quando um homem que passa para e diz: "Não sei o que vocês estão discutindo, mas eu também queria poder sair daqui".

Naquele tempo, ninguém imaginava que, nos anos 1990, a União Soviética se desintegraria, que os judeus poderiam partir e que o israelense médio ganharia quase 20 mil dólares por ano – um incentivo para não judeus "descobrirem" um avô judeu, de acordo com Hirsch Goodman, editor fundador do *Jerusalem Report*. O saltador olímpico Konstantin Matussevich só conseguiu emigrar de Kiev porque sua esposa tinha uma avó judia. Embora os dois agora sejam divorciados, o atleta de dois metros de altura continua saltando por Israel; "é o lugar ao qual pertenço", explica. Muitos israelenses gostariam que mais gigantes do esporte competissem pelo país, mas outros desejam que o governo pare de deixar entrar aqueles com ligações tão tênues com o judaísmo.[6]

O membro do Knesset Avraham Ravitz, um rabino ultraortodoxo com 12 filhos, ventilou suas preocupações demográficas: "Os árabes são 20% de nossa população. Tem mais meio milhão de imigrantes russos não judeus, com uma projeção de mais 9% a caminho, e mais 400 mil trabalhadores estrangeiros. Se somarmos tudo isso, em vez de termos um Estado judaico, vemos que já são 40% de não judeus. Israel ainda será um país judeu daqui a uma geração?".[7] *Refuseniks* que foram presos nos anos 1970 por dar aulas clandestinas do hebraico e da *Torá* colocaram anúncios na imprensa em língua russa e hebraica, exigindo uma mudança na Lei do Retorno, porque ela estaria destruindo o judaísmo do Estado.[8] Jornais em São Petersburgo estão cheios de anúncios oferecendo serviços de documentação para "provar" que alguém é judeu, alerta o doutor Yuli Nudelman, um refusenik que imigrou em 1971. "Centenas de milhares de não judeus com ligações com judeus estão vindo para Israel sob falsas intenções."[9] Os passaportes russos com nomes que soam judeus, alterados para "provar" a ancestralidade judaica, são sucessos de venda no mercado negro da antiga União Soviética. Outros estão usando certidões de nascimento e casamento para se "passar" por judeus.

Também há os imigrantes que consideram a si mesmos judeus, para acabar descobrindo que o rabinato israelense não acha a mesma coisa. Sob a lei religiosa judaica, apenas pessoas com mães judias – ou convertidos – são considerados judeus. Na antiga União Soviética era o oposto. Sob a lei soviética, a religião era determinada pelo pai, não pela mãe. Já que os documentos soviéticos de identidade listam filhos pela nacionalidade do pai, muitos "não judeus" sofreram com o antissemitismo oficial. Quando se tornaram adultos, filhos com um dos pais judeu e outro não judeu podiam escolher sua nacionalidade. Milhares que se consideram judeus imigraram para Israel, mas lá descobriram um novo dilema. Como descreve um soldado das IDF: "Na Rússia, me chamavam de *zhid*; aqui, sou um *goy*".

Para evitar ser mortos pelos nazistas, homens e mulheres que não podiam provar que não eram judeus subornavam autoridades soviéticas para mudar seu documento de identidade de "judeu" para "russo". A avó materna de Yonit provavelmente salvou sua vida ao destruir seu documento.

Sessenta anos depois, quando Yonit e Boris quiseram se casar, isso virou um problema. Ela não tinha documentos para convencer o rabinato ortodoxo, que detém o monopólio sobre os casamentos de judeus israelenses, de que sua mãe era judia. O rabinato ortodoxo declarou Yonit não judia, e, em Israel, judeus não podem se casar com não judeus. Assim, como milhares de ex-soviéticos, o casal viajou para Chipre e se casou lá. "Eu fiquei pasma", diz Yonit. "Como meu pai provou que era judeu, eu sou judia o bastante para ser cidadã israelense, mas não para me casar com um judeu aqui."

O Shas, partido político mizrahi ultraortodoxo, tem anúncios no rádio chamando imigrantes russos de "frequentadores de igrejas, falsários, criminosos e prostitutas". Para a família de Boris, essas difamações se tornaram extremamente pessoais. Seus pais moram perto de Jerusalém, em Beit Shemesh (Casa do Sol), que tem maioria religiosa mizrahi e uma minoria de fala russa em expansão. "Foi muito difícil para meus pais começarem uma nova vida", diz Boris. "Nos primeiros dois anos, o único emprego que conseguiram foi de faxineiros, para lavar escadarias de prédios. Eles não falavam muito, mas eu sabia que se sentiam humilhados. Algumas vezes ouvi minha mãe chorar. Mas ambos estavam determinados a dar uma vida melhor para mim e minha irmã." A mãe de Boris aprendeu hebraico e conseguiu suas credenciais para dar aula. No colégio, muitos de seus alunos de inglês são estudantes de famílias do norte da África que apoiam o Shas. Depois de ter passado no exame para engenheiro civil israelense, seu pai recebeu licença e ficou extasiado quando um rabino do Shas o contratou para ser o engenheiro da construção de um enorme complexo com sinagoga, colégio e yeshiva. "É engraçado, porque meu pai não sabia nada sobre judaísmo. Acho que ele nunca tinha entrado em uma sinagoga. Mas ficou tão feliz com o emprego que, ao ganhar um pôster do rabino Ovadia Yosef (o líder espiritual do Shas), pendurou-o na parede da sala."

Enquanto seu pai supervisionava a construção do imponente complexo religioso de pedra, o Shas fez uma manifestação antirrussos. Além de pesadas críticas contra os açougues russos, chamou os imigrantes não judeus de "quinta-colunas", "porcos e prostituídos", focos "de impureza e sujeira". O rabino chefe da yeshiva disse que, em Israel, há excesso "de gentios, que não têm conexão com o judaísmo e estão cobertos de abominação". "Essa manifestação destruiu meu pai", Boris se lembra com tristeza. "Ele gostava de trabalhar para o Shas. Mas foi estapeado na cara por aquela horrível manifestação. Nós não compramos carne de porco para nos revoltarmos contra o judaísmo, mas sim porque sempre comemos isso, e é barato. O porco não tem qualquer simbolismo para nós. Em vez de nos estereotipar, deveriam tentar nos entender. Por que caras com um monte de dinheiro são chamados de mafiosos?" No ônibus para o trabalho, ele raramente lê um jornal russo: "Pode significar que carrego uma bandeira vermelha para que alguém me chame de 'russo sujo'". (Agora Boris tem um Subaru e lê jornais em russo e hebraico na internet.)

Em 17 de outubro de 2000, na irrupção da segunda Intifada, dois soldados da reserva das IDF tomaram um caminho errado e foram parar em Ramallah. Naquela noite, a nação viu imagens chocantes de uma multidão de linchadores palestinos jogando um corpo ensanguentado pela janela de uma delegacia de polícia. Era de Vadim Nozich, nascido na Sibéria. Apenas uma semana antes, ele estivera sob uma tenda fazendo sua jura matrimonial. Aquele vídeo horripilante mudou abruptamente as atitudes israelenses. Vadim era o marido, irmão e filho de todos.

"Comparados a nós, os israelenses são muito tolerantes. Em nosso país o racismo floresce. O mais triste é ver que os filhos aprendem com os pais. Eu aprendi", diz Hila Berl, ativista social de 29 anos. "Fomos educados para odiar qualquer pessoa que não seja como nós. Crescemos com *slogans* nacionalistas dizendo que nós éramos os melhores. O que sabíamos sobre imigrantes? Quem imigraria para a Ucrânia? Meu pai (um não judeu) é um típico ucraniano; ele detesta todos os estrangeiros, inclusive judeus." A família de Hila vive em Ashkelon, cidade portuária mista russa-mizrahi, com um prefeito nascido na Rússia. Ela ouviu seu pai, um técnico de elevadores, dizer a alguém, "você é legal, mesmo sendo um judeu". A cada sábado, ele e seus amigos fazem piqueniques no parque, bebem e cantam músicas ucranianas e russas. "Eles olham os mizrahim com desprezo. Odeiam os árabes. Eu também era assim, até que fui para a Universidade Hebraica. E, nesse emprego, conheço muitos israelenses progressistas."

Hila trabalha na Shatil, uma organização sem fins lucrativos que dá assistência e apoio financeiro a centenas de grupos militantes, como os "desempoderados" mizrahim, etíopes e beduínos. Ajuda os recém-chegados da antiga União Soviética a aprenderem como a democracia funciona nesse país

174 OS ISRAELENSES

obsessivamente político. Muitos se surpreendem com a profusão de slogans, os ubíquos adesivos de carros que declaram a opinião das pessoas. "Eles estão acostumados com um regime ditatorial, caos político e instituições disfuncionais, e não com dezenas de escolhas na urna de votação", explica Hila. Os ex-soviéticos estão gostando de suas aventuras na democracia. Políticos inteligentes sabem que, para sobreviverem, é preciso cortejá-los. Partidos de esquerda e de direita lutam por seus votos, enviando oradores russos para atrair simpatizantes, colocando anúncios nos jornais em russo e legendas em russo nas campanhas políticas na TV, cobrindo os muros da cidade de pôsteres e panfletos com o alfabeto cirílico. Quem quer que tenha virado os votos dos russos ganhou cada uma das eleições desde 1992. E eles gostam de botar eleitos para fora. Seus votos ajudaram a colocar Yitzhak Rabin no gabinete. Quatro anos depois, em 1996, eles mostraram sua ira com o governo de Shimon Peres, liderado pelos trabalhistas, por ter ignorado suas necessidades – seus votos tornaram Benjamin Netanyahu, do Likud, o primeiro-ministro.

Em 1999, Ehub Barak contratou conselheiros de fala russa para criar formas de aumentar seu apelo na comunidade. Foram mostradas imagens do ex-chefe do exército com uniforme e medalhas, enfatizando as ousadas operações que fizeram de Barak o soldado mais condecorado de Israel. Ele foi retratado como o "guerreiro da paz", um culto intelectual, com diploma da Universidade Stanford. Fizeram até mesmo esse filho de imigrantes lituanos tocar piano para agradar os ex-soviéticos. Em 2000, desesperado para reverter a queda do apoio russo, o primeiro-ministro Barak convocou uma "revolução cívica contra os partidos religiosos, pelo casamento civil, ônibus no sabbath" e outras mudanças seculares que agradassem os eleitores russos. Depois veio a Intifada. Os ex-soviéticos foram parte da vitória esmagadora de Ariel Sharon, filho de imigrantes russos, que conquistou o poder em 2001, e de novo em 2003.

Sharon deixou o Likud em 2005 e lançou o Kadima. Depois de ter sofrido um derrame cerebral em 4 de janeiro de 2006, foi sucedido por Ejud Olmert que se tornou primeiro-ministro. Os pais de Olmert fugiram da Ucrânia e Rússia para Harbin, na China, e emigraram para a Palestina britânica em 1933. Por precisar de aliados políticos, Olmert convidou o controvertido Avigdor Lieberman para se juntar à sua coalizão – seu partido, Israel Beiteinu (Israel é Nosso Lar), ganhou 14 cadeiras no Knesset.

"A comunidade de fala russa – cuja maior parte dividiu seus votos entre os partidos conservadores de Israel – adora o direitista Lieberman, e não seu antigo rival Natan Sharansky, que não é mais popular em Israel, explica Lily Galil, repórter do *Ha'aretz*. "Os ex-compatriotas de Lieberman gostam de sua persona, da imagem de homem forte como a de Putin." Lieberman, que saiu da coalizão em 2008, descreve seu apelo a ex-compatriotas soviéticos assim: "Acho que todos os imigrantes da Rússia têm uma compreensão melhor da situação – eles conhecem as ilusões da esquerda e seus *slogans* vazios".

Hila explica que o *Vesti* (Notícias), jornal de maior circulação em russo, tem uma tendência direitista que reflete "a mentalidade de militarismo e conquista com as quais foram educados". Chegando de um vasto território, as pessoas não entendem por que a minúscula Israel deveria concordar em devolver terras estrategicamente significativas, como as Colinas de Golan, para um inimigo jurado como a Síria. E os filhos da Perestroika, que não sabem muito sobre a Guerra Fria nem sobre Marx ou Lenin? "Se você quiser descobrir como eles pensam, leia isso", diz Hila, folheando o suplemento juvenil *Teenager Plus*, do *Vesti*. Nele, adolescentes escrevem sobre seus sentimentos conflituosos em relação aos sabras de suas classes: "Temos interesses diferentes, lemos livros diferentes e ouvimos música diferente"; "eles me xingam, e por isso eu fico perto de outros imigrantes"; "o que aprendemos no sétimo grau, os israelenses aprendem no décimo". Outras declarações juvenis: "A escola é muito mais livre em Israel. Em nosso país, professores eram como guardas de prisão. Eles faziam tudo de acordo com as regras e não nos elogiavam a não ser que tivéssemos sucesso"; ou "as crianças israelenses são tão relaxadas e divertidas porque vivem no presente, mas eu também queria ser assim".

Muitos são biculturais – dançam ao som do último *rock* em hebraico, mas sabem toda a letra do mais recente *rap* ucraniano. Falam muito mais hebraico que seus pais. O que o mais famoso poeta israelense, Hayim Nahman Bialik, nascido na Ucrânia, escreveu há quase cem anos ainda é verdadeiro hoje: "O hebraico é a única língua que os filhos ensinam os pais". A maioria frequenta *sites* em hebraico. Em um clube de xadrez em Beer-Sheva, as crianças gritam "*yesh!*" (gíria hebraica para "hurra!") quando veem uma garota de 12 anos empatar com o campeão mundial Garry Kasparov em um jogo na internet. Jogadores imigrantes como ela levaram Israel de uma posição medíocre à alta classe mundial. "O xadrez era uma profissão judaica

176 OS ISRAELENSES

na União Soviética. Em Israel, é uma profissão russa", explica um menino desengonçado em hebraico, com ligeiro sotaque.

No colégio Shevah-Mofet, na zona industrial ao sul de Tel Aviv, uma estudante reclama que sua mãe a pressiona para ter uma carreira de sucesso: "Ela me faz ter aulas de russo, para que eu possa falar com minha *babushka* (avó), e também de física avançada". Comumente chamada de "a escola russa" ou "Harvard", ali o idioma do ensino é o hebraico, mas nos corredores e pátios ouve-se apenas russo. Os 1,4 mil estudantes, em sua maioria, são filhos de imigrantes russos, que levantam ao amanhecer e fazem longas viagens de ônibus para estudar engenharia, robótica, matemática e literatura. Muitos de seus pais se mudaram para Israel para que eles tivessem um futuro melhor.

Numa agradável noite de sabbath em junho de 2001, muitos estudantes decidiram ir dançar, em vez de estudar para os exames finais. Quando Polena Vallis, de 18 anos, e sua amiga chegaram a uma discoteca em Tel Aviv de frente para a praia, centenas de adolescentes, a maioria de fala russa, estavam na fila esperando para entrar na Dolphinarium. "De repente, ouviu-se um som ensurdecedor", lembra Polena. "Uma explosão, e depois um cheiro repulsivo. Sangue e corpos. Eu senti um calor que queimava. Meninos e meninas estavam em chamas. Minhas pernas estavam cobertas de sangue. Na ambulância, rezava para desmaiar e parar de ouvir os gemidos da garota morrendo ao meu lado." Médicos removeram estilhaços das pernas e pés de Polena. Quem não teve a mesma sorte foi outra adolescente, Ilona Schwartof, que vestia uma camiseta na qual se lia "Paz" e sonhava se tornar modelo. Hoje, seus amigos não conseguem olhar seu rosto. Pregos e parafusos colocados na bomba se alojaram em seu cérebro. Depois de seis anos de terapia, há uma melhora, ela consegue falar cerca de 50 palavras.

A maioria dos 120 mortos e feridos era de adolescentes que falam russo. Foi a pior tragédia coletiva experimentada pela comunidade de 1 milhão de pessoas. Estranhamente, muitos dizem que foi um ponto de virada, tornando-os mais aceitos pela sociedade israelense. Isso está evidente no memorial de pedra perto da discoteca, com inscrição dos nomes em hebraico e cirílico. Sabras e russos de todas as idades e origens param ali para depositar flores e bilhetes.

O homem-bomba da Jihad Islâmica manteve a promessa que fez em seu vídeo: "Eu vou dilacerar seus corpos e deixar seus ossos em pedaços para que sintam o gosto da morte. Para matar os sionistas, os ocupadores, faremos isso em honra dos mártires, em honra ao Profeta". Os pais de Hussein Mohammed Tawil mostraram a jornalistas a carta de congratulações de Yasser Arafat, que chamou seu filho de "um modelo de homem": "Transformar o corpo em uma bomba é o melhor exemplo de disposição para fazer um sacrifício por Alá e sua terra natal". Arafat enviou-lhes, com a carta, um mapa da Palestina. O mapa incluía toda Israel.[10]

Ina Harp nunca se esquecerá da noite em que perdeu, na Dolphinarium, seis colegas de sua classe no colégio. Ela irá a uma discoteca de novo? "Sim, sou uma adolescente e adoro dançar. Se não for, será uma vitória para esse maluco que se explodiu. Então, temos de continuar com nossas vidas e dançar."

Em setembro de 2003, apenas 16 meses depois que seus amigos tinham morrido na discoteca, estudantes e professores excitados lotaram o auditório do colégio Shevah-Mofet. No palco estavam dois *superstars*: os criadores do Google, Sergey Brin e Larry Page. Esses dois amigos transformaram um projeto de pesquisa na universidade em um império internacional de bilhões de dólares. Google é o *site* favorito dos israelenses, que são pesquisadores ávidos – muitos colocam o Google em hebraico como sua *homepage*.

Como a maioria dos estudantes e professores no auditório, Sergey Brin, nascido em Moscou, fugiu com seus pais do antissemitismo. Falando em russo, antes de passar para o inglês, ele fascinou o público: "Eu deixei a Rússia quando tinha 6 anos e fui para os Estados Unidos. Como vocês, tenho típicos pais russos judeus. Meu pai é professor de matemática, que sempre manteve uma atitude de incentivo com relação aos estudos. E acho que vocês podem entender isso, porque me disseram que essa escola recentemente ganhou sete dos primeiros lugares em um concurso nacional de matemática em Israel". Ele fez uma pausa. "O que vou fazer agora é repetir as palavras do meu pai: 'E os outros três?'"

Sergey Brin procurava talentos nesse colégio de Israel apelidado de "pequena Rússia". Em 2008, o Google tinha estabelecido escritórios de pesquisa e desenvolvimento em Tel Aviv e Haifa, onde são planejadas as inovações do amanhã. Com cores vivas, PlayStations gigantes, cadeiras de massagem e vistas para o Mediterrâneo, os escritórios do Google em Israel lembram salas de brinquedos – mas com muitos fios. Não são apenas os salários e as opções de ações que fazem do Google um lugar popular para se trabalhar.

178   Os israelenses

Lá existe uma regra: nenhum funcionário deve estar a mais de cinco metros de comida e bebida de graça.

Metulla é a cidade mais ao norte de Israel. Aninhada entre ciprestes e oliveiras, com uma vista do Monte Hermon, fica na volátil fronteira libanesa, um lugar muito improvável para a única pista israelense de patinação no gelo de dimensão olímpica. Dentro, sons suaves de música clássica não conseguem encobrir as explosões reverberantes de fogo antiaéreo. Mesmo assim, os casais de patinadores deslizam sem esforço, aperfeiçoando rotinas para a próxima competição internacional. "Antes de eu chegar aqui", diz um instrutor, "meus amigos me alertaram que a patinação ornamental no gelo era tão popular em Israel quanto corridas de camelos na Sibéria".

Eles estavam errados. Fora desse ringue na Galileia, patinadores com nomes como Sergei, Tatiana, Galina e Vadim se mantêm ocupados. Já voaram de Tóquio a Minneapolis, ganhando medalhas para seu país de adoção. Embora não haja uma expressão moderna em hebraico para patinação no gelo (o verbo mais próximo significa "escorregar"), pela primeira vez Israel pode sonhar com as Olimpíadas de Inverno.

Notas

1. Os milhares de "judeus da montanha" em Israel emigraram em sua maior parte de áreas muçulmanas do norte do Cáucaso: Daguestão, Azerbaijão, Chechênia, Ossétia do norte, Kabarda. A mais antiga comunidade judaica na ex-União Soviética fala judeo-tat, mistura de dialeto antigo farsi e hebraico, uma espécie de "iídiche persa". Menos educados que outros imigrantes da ex-União Soviética, eles têm maiores taxas de desemprego. Judith King, *Absorption of Immigrants from the Caucasus in the 1990s.* (Jerusalém: Brookdale Institute, 1999).

2. A Ucrânia foi alvo de alguns dos piores *pogroms* perpetrados sob o domínio czarista, mas, apesar disso, a ideia do "judaísmo ucraniano" é nova. Em partes da atual Ucrânia, judeus costumavam se identificar como russos, galegos poloneses, romenos, bessarabianos, húngaros, austríacos e soviéticos. Durante a guerra civil e a luta por uma Ucrânia independente, depois da Primeira Guerra Mundial, cerca de 100 mil judeus foram mortos. Durante a Segunda Guerra, o mais notório massacre foi fora de Kiev, em Babi Yar, onde os nazistas mataram 33.771 em uma ravina em 29 de setembro de 1941. De acordo com pesquisa

da Liga Antidifamação de 1999, 44% dos russos têm uma série de estereótipos sobre judeus: 58% acreditam que "judeus têm poder demais". Alguns líderes de organizações extremistas ilegais e suas publicações exigem que os *zhids* (palavra ofensiva para referir-se a"judeus") ou deixem Israel ou sejam encarcerados.

3. Ex-prisioneiro da KGB, Natan (Anatoly) Sharansky chegou a Israel em 1986 como um herói mundial. Dez anos depois, iniciou o primeiro partido de imigrantes russos de Israel, Yisrael ba-Aliyah (Israel com Imigração), que se fundiu ao Likud em 2003. Ele foi ministro do Comércio e Indústria, da Habitação e das questões da Diáspora em diversos governos israelenses.

4. Desde a imigração soviética nos anos 1990, Israel tem cerca de 80 congregações messiânicas, com mais de 20 mil cristãos messiânicos. Ver Haim Shapiro, "Russian Olim Swell Ranks of Messianic Jews", *Jerusalem Post*, 1º de dezembro de 1999.

5. De acordo com as leis nazistas, qualquer um que tivesse avô judeu seria não ariano e, portanto, indicado para o extermínio. Ser um oitavo judeu qualifica a pessoa para a câmara de gás, prossegue o argumento; então, o mesmo fato também deveria garantir-lhe a proteção automática do Estado judeu, nascido das cinzas do Holocausto. Hirsch Goodman, "Legislators Beware", *Jerusalem Post*, 29 de novembro de 1999.

6. Uma pesquisa de maio de 2000 da International Fellowship of Christians and Jews mostra que 41% dos israelenses dizem que a Lei do Retorno deveria ser mais restritiva e, para 39%, ela não deveria ser mudada.

7. Ver Herb Keinon, "Changing Faces", *Jerusalem Post*, 26 de novembro de 1999.

8. Artigo de Suzanne Zima, "Israel's Russian Revolution", *San Francisco Chronicle*, 13 de março de 2000.

9. Reportagem de Netty C. Gross, "Judaism? No Thanks", *Jerusalem Report*, 25 de novembro de 1997.

10. A família do homem-bomba mostrou a carta assinada por Arafat no programa "The Father of the Terrorist", da TV alemã WDR, Weltspiegel, em 24 de junho de 2001.

8

Fora da África
Os israelenses etíopes na Terra Prometida

> *Assim como um homem sedento busca a água e um homem com fome procura alimento, da mesma forma cheguei a Israel.* — Menasie Menashe, um kes, ou líder religioso judeu etíope, falando ao Knesset logo depois de sua chegada, em 1991

> *Na primeira vez que meu pai viu uma televisão, ele ficou maluco e perguntou: "Quantas pessoas cabem nessa caixinha?" Ele tinha muita vergonha de trocar de roupa na frente delas na sala.* — Do comediante etíope israelense Yossi Vassa, de 28 anos, em show solo

Durante nove meses ele foi James Bond, preparando-se para uma das maiores operações secretas da história. Primeiro oficial etíope israelense na Força Aérea de Israel, Solomon Ezra arriscou sua vida centenas de vezes, subornando dezenas de funcionários do governo da Etiópia para contrabandear milhares de seus companheiros judeus de remotas cidades nas montanhas, onde durante séculos eles rezaram para retornar a Jerusalém. Acuadas pela fome e por uma sangrenta guerra civil, mulheres correm o risco de extinção:

182 OS ISRAELENSES

seus barracos e as sinagogas de sapê e barro foram destruídos, seus maridos
e filhos assassinados. A maioria fugiu a pé ou se escondeu em caminhões na
árdua jornada até Adis Abeba. Chegaram lá doentes, destituídos, e tiveram
de esperar em cabanas lotadas nas piores favelas da cidade. Solomon lhes
deu a certeza de que logo desembarcariam na Terra Prometida. Todos rezavam para que ele estivesse dizendo a verdade.

Suas preces foram atendidas no dia 23 de maio de 1991. Enquanto tropas rebeldes cercavam Adis Abeba, aviões sem identificação fornecidos pela
IAF e El Al chegaram para o êxodo. Tinham poucas horas para resgatar os
judeus etíopes antes que as forças rebeldes os impedissem de sair. Solomon
enviou a esperada mensagem. Milhares de judeus apavorados começaram
a encher um acampamento perto da embaixada israelense. Vestidas com
túnicas brancas ondulantes, descalças e andando com dificuldade, mulheres e grávidas carregavam bebês amarrados em suas costas. As crianças
eram a maioria do grupo. A logística foi impressionante. Durante 30 horas,
Solomon e outros oficiais israelenses etíopes os interrogaram e checaram
listas para confirmar suas identidades. Disseram-lhes que deixassem para
trás quaisquer posses porque cada sacola significava que caberia menos um
judeu no avião.

À 1h45 da madrugada o governo israelense deu a luz verde. Comboios
de ônibus deixaram o aeroporto escoltados por soldados israelenses disfarçados em trajes civis, com metralhadoras Uzi escondidas em sacolas.
Os passageiros apreensivos embarcaram nos grandes pássaros com asas de
metal, os primeiros aviões que viam. Em minutos, cerca de três dezenas de
jatos estavam lotados de judeus etíopes – em alguns, os assentos tiveram de
ser removidos. "Perguntei ao piloto quantos passageiros havia em seu avião.
Ele disse que eram mais de mil. Alertei-o que aquilo era impossível, porque
o avião não poderia comportar mais de 500", lembra Solomon. "A resposta
dele? 'Tudo bem. Eu não quero deixar ninguém do meu povo para trás'.
Eu nunca senti tanto orgulho de ser israelense." (O livro *Guinness World
Records* registra que este foi o maior número de pessoas em um avião.)

O longo pesadelo acabara. Quando os judeus etíopes sem lar deixaram a
África, alguns choravam, mas a maioria se manteve em silêncio. Eles sabiam
que tudo estava prestes a mudar. Durante o voo de 2,5 mil quilômetros até
Israel, médicos a bordo fizeram o parto de sete bebês. "Foi um milagre",
recorda Solomon, que saiu no último avião. "Quando voamos sobre o Mar

Vermelho, senti-me como se fôssemos os filhos de Israel fugindo do Egito." Em 36 horas, Israel contrabandeou 14.324 judeus etíopes a bordo de 33 jatos. Chamada de operação Solomon, foi a maior carga aérea humana da história, sem paralelos em abrangência e velocidade.

Quando aterrissaram, muitos recém-chegados, tomados de alegria, ajoelharam-se e beijaram o chão. Os pilotos choravam, os soldados choravam, os motoristas dos ônibus choravam. "Ver a maior parte do meu povo chegar em casa foi o sonho da minha vida", diz Solomon, um homem gentil e sóbrio, um herói para muitos dos 100 mil etíopes de Israel. "Que outro país correria o risco de resgatar africanos pobres? Nunca antes pessoas negras tinham sido tiradas da África com dignidade e imediatamente recebidas como irmãos e irmãs perdidos."

Os israelenses ficaram eletrizados com o resgate dramáticos desses filhos "perdidos", que durante séculos acreditaram ser os últimos judeus remanescentes no mundo. Aqueles modestos judeus etíopes encantaram Israel, que os cobriu com tantas roupas, berços e brinquedos, que funcionários do governo israelense tiveram de pedir que parassem. "No momento em que os israelenses imaginavam qual o significado de sionismo, nós o vimos em ação", disse uma garçonete de Tel Aviv com números de campo de concentração tatuados indelevelmente em seu braço. Como muitos israelenses, ela "adotou" imigrantes, tomando conta deles, ajudando-os a atravessar a burocracia. É incomum que israelenses tenham um consenso, mas quase todos concordaram que o resgate dos etíopes judeus foi um dos melhores momentos do país.

O voo de três horas e vinte minutos de Adis Abeba a Tel Aviv levou moradores analfabetos de um dos países mais pobres do mundo para um centro urbanizado de alta tecnologia. Em um único final de semana, eles passaram de uma minoria de párias sobrevivendo em um país negro para a vida em uma terra de judeus não negros. Chegaram durante o pico da maciça imigração soviética e foram colocados em centros de absorção, lotados de pessoas falando em russo, poucas das quais tinham visto uma pessoa negra. No ex-hotel de luxo Shalom, em Jerusalém, ex-soviéticos não entendiam por que algumas mulheres etíopes estavam dormindo nos corredores – era porque não havia "abrigos" de sangue menstrual onde pudessem ficar isoladas de suas famílias para observar leis de pureza bíblica.[1] Os soviéticos também não sabiam que seus vizinhos não desligavam a luz nem fechavam as torneiras por medo de que aquelas coisas miraculosas não fossem reaparecer. Com apenas três elevadores servindo a cerca de mil imigrantes etíopes e soviéticos, uma simples ida ao saguão podia demorar mais de 30 minutos. Grupos de mulheres etíopes aos risos entravam em elevadores já cheios e apertavam todos os botões da "caixa preta que se move". Na parada em cada andar, elas espiavam em volta. Passageiros de fala russa as observavam com espanto. "Eles são de outro mundo, e eu estou atrasado para uma entrevista de emprego", era um comentário típico. "Além disso, como esses negros podem ser judeus?"

"Não há duas comunidades judaicas mais disparatadas", de acordo com o ex-preso político soviético Natan Sharansky, que participou do voo de Adis Abeba como jornalista para testemunhar o incrível resgate aéreo. "Nossos imigrantes eram os mais espiritualmente isolados do judaísmo, mas esses etíopes eram o grupo mais isolado geograficamente. Em nosso país, éramos completamente assimilados, enquanto os etíopes haviam preservado seu judaísmo por séculos depois de serem apartados dele. Nós não tínhamos quase ideia de uma vida comunal judaica, enquanto a própria sobrevivência e identidade dos etíopes dependiam de comunidades tribais fechadas. Na África, eu estava entre os israelenses do lado de fora dos aviões que foram tirá-los de lá. Essa jornada foi o momento pelo qual vim para Israel."[2]

No saguão do hotel, uma confusa recém-chegada lutava para abrir uma lata de Coca-Cola, sem saber que o lençol branco no qual se enrolara, como uma toga, era destinado à sua cama, e não ao seu corpo. Um grupo de etíopes tentava entender como usar um telefone público. Num sofá, uma assistente social etíope israelense tranquilizava uma mulher assustada com o som de um aspirador de pó, e depois mostrou-lhe como colocar uma fralda no bebê. Como não havia cozinhas privadas, famílias comiam em uma sala enorme. Uma soldada israelense encorajava um homem a comer com garfo e faca, sem perceber que homens etíopes não estão acostumados a obedecer ordens de uma pessoa mais nova, e certamente não de uma mulher. Eles se serviam de alimentos sem temperos e insossos como ovos cozidos, queijo e azeitonas. Um homem examinava fatias de peru, perguntando-se se aquela estranha comida era kosher, morta de acordo com as estritas exigências bíblicas.

No *playground* de um centro de absorção de imigrantes, um jovem etíope vestindo uma camiseta doada, com os dizeres "*Shop 'Til You Drop*" (ou, compre até cair de cansado), ajudava um garoto ucraniano a construir um castelo de areia. Perto dali, uma garota de 3 anos ninava sua boneca Barbie com uma canção russa. Quando um menino etíope começou a bater em um balde de plástico, uma criança loira de Kiev se juntou a seus novos amigos etíopes em uma ancestral dança amárica. Diferentemente de seus pais, as crianças não distinguem as pessoas pela cor.

Em um porão lotado no hotel Diplomat, servindo a mais de mil etíopes recém-chegados a Jerusalém, crianças e seus pais sentam-se em cadeiras e no chão, esperando pacientemente e em silêncio. Para a maior parte deles, era o primeiro encontro com um médico ocidental. Um pediatra sobrecarregado disse a um homem que ele tinha tuberculose e depois deu a uma garota antibióticos para seus parasitas intestinais. O rosto de uma mulher se contorceu de agonia quando um médico lhe explicou o que era tracoma, uma doença dos olhos que pode causar cegueira. "Não temos tradutores, enfermeiras e médicos de olhos em número suficiente", explicou o doutor Michael Harari, um israelense australiano. Alguns pacientes resfolegavam ruidosamente. "Asma?", ele se perguntou. Sua enfermeira etíope israelense sorriu e lhe explicou que o som significava "sim" em amárico. Ela sabia que *ner* significa vela em hebraico, mas não que podia também significar supositório. Quando um *kes* (líder espiritual) barbado com um turbante branco entrou queixando-se de tosse, a enfermeira perguntou, respeitosamente: "O senhor não tomou uma colherada do remédio?". O *kes* não sabia o que era colher, e tomou o remédio com uma concha. "Estamos tentando lidar com muitos mal-entendidos e diferenças culturais", disse Harari. "Muitos pacientes reclamam que o coração doi. De início, alguns médicos inexperientes lhes deram glicerina, porque não sabiam que, para os etíopes, o coração é a fonte de toda dor física."

Outros etíopes estavam profundamente deprimidos porque membros de suas famílias nunca conseguiram chegar a Israel. Comportamentos que médicos israelenses tendem a interpretar como síndrome de choque pós--traumático, ansiedade ou depressão causados pelo trauma da migração são, para muitos imigrantes etíopes, uma possessão por espíritos, ou *zar*. Com o tempo, diversos médicos israelenses aprenderam a enviar pacientes

186 OS ISRAELENSES

para uma "segunda opinião" de seus curandeiros tradicionais, ou *balazar*. "Durante toda minha vida, conheci a guerra na Etiópia. Finalmente, tenho paz", relata Malaku Mukonen, de 22 anos, enquanto acaricia sua filha, Israela, nascida dias depois de sua chegada. Ele está sentado em seu quarto de hotel em Jerusalém, ouvindo notícias em amárico. "Eu gostaria que meus pais a vissem." Com relutância, conta como seus pais morreram de fome durante a guerra civil. E ilumina-se ao falar de seus planos: "Depois de aprender o hebraico, quero ir para a escola me tornar um mecânico de aviões."

Mais etíopes estão chegando a Israel. Eles rapidamente se livram de seus mantos tradicionais. De jeans e tênis, exploram a Israel contemporânea. Entram em lojas de computadores e observam crianças israelenses brincando com os jogos mais recentes. Esses judeus do leste africano, profundamente religiosos, olham surpresos para mulheres, quase nuas deitadas na praia, que tentam escurecer suas peles. Eles procuram etíopes israelenses veteranos, como Solomon, que lhes expliquem os mistérios da vida entre *ferenji* (judeus brancos estranhos). "Eu entendo o choque deles", diz Solomon, homem compassivo com uma espinha de aço. "Quando vi pela primeira vez pessoas dirigindo carros no sabbath, me perguntei se isso era realmente Israel. Era como se tivesse vindo parar em um país errado." É por isso que ele gosta de levar recém-chegados para orar no Muro Ocidental da antiga Jerusalém, o último remanescente do Templo de Salomão. "Ali, eles sabem que estão no lugar certo", diz. "A primeira vez que toquei essas pedras, foi como um sol brilhante depois de uma longa noite escura."

Engenheiro elétrico que projeta a próxima geração de *chips* da Intel, Solomon nunca usou eletricidade ou viu um telefone até os 12 anos. Cresceu em um barraco em um vilarejo judeu remoto nas terras altas escarpadas etíopes, onde seu pai, um meeiro em uma plantação de trigo, sobrevivia com dificuldades. Os devotos judeus do lugar observavam meticulosamente o sabbath e as leis dietárias, praticando antigos rituais bíblicos, como sacrificar bodes para o Pessach. Solomon e sua família rezavam em uma sinagoga de barro e sapê toda sexta de noite e no sábado, e jejuavam em todo Yom Kippur. No Pessach, as mulheres faziam farinha de matzá com as mãos, e no seder, homens se sentavam com homens, mulheres com mulheres e crianças com crianças. Por 2,5 mil anos, suas canções e histórias foram preenchidas com a ânsia de voltar à terra do Sião.

Perguntas sobre quando e como adotaram o judaísmo são provavelmente irrespondíveis. Solomon, que vem de uma longa linhagem de kessim, diz que algumas pessoas acreditam que Moisés tinha um esposa negra de Kush, o nome bíblico da Etiópia. Em Isaías, 11:11, há uma forte implicação de que havia uma comunidade judaica etíope estabelecida nos dias do profeta, aproximadamente em 740 a.C. Alguns eruditos acreditam que eles são originários da tribo de Dan. Outra teoria diz que são descendentes dos judeus que deixaram Israel depois que os babilônios destruíram o templo de Salomão em 586 a.C. De acordo com a história da criação da Etiópia, Sheba, mais conhecida como a rainha de Sabá, e o rei Salomão conceberam um filho que foi educado na corte de Jerusalém. Ele se tornou Menelik I, fundador da dinastia etíope salomônica. Tanto os judeus quanto os cristãos coptas da região de Amhara afirmam ser descendentes de povos tribais, que se casaram com bispos judeus e os criados que foram enviados pelo rei Salomão para a comitiva de Menelik I, quando ele foi assumir o reinado da Etiópia. A única coisa certa é que o judaísmo era disseminado na Etiópia antes que a dinastia Aksum a convertesse ao cristianismo no quarto século.

Seja qual for sua origem, durante séculos os judeus etíopes exerciam sua religião de acordo com rituais ancestrais dos cinco livros de Moisés (*Torá*) e partes mais antigas da *Bíblia* (*Profetas* e a primeira metade dos *Escritos*), escritas em *geez*, língua semítica ancestral das escrituras e liturgias[3] tanto judaicas quanto cristãs. Eles não conheciam leis e livros judeus posteriores. O *Talmude* (o *Mishna*, ou tradição oral, e o *Gemara*) foi desenvolvido na Babilônia e Palestina a partir de 515 a.C., muito depois de eles terem perdido contato com outros judeus. Em seu isolamento, os judeus etíopes desenvolveram sua própria interpretação do judaísmo. A literatura histórica descreve mais de 1 milhão de judeus, com um rei e rainha judeus, que viveram em grande parte da Etiópia no sexto século. Depois que os judeus perderam sua independência no sétimo século, os cristãos coptas proibiram que eles possuíssem terras. Embora falassem a mesma língua e fossem fisicamente indistinguíveis de seus senhores cristãos, os judeus viviam apartados nos próprios vilarejos. Seus vizinhos cristãos os desprezavam e temiam, chamando-os zombeteiramente de *falasha* (estrangeiros) e acusando-os de ter *budda* (mau-olhado ou poderes satânicos). Além de plantarem trigo e cuidarem de gado, os judeus eram ferreiros e oleiros, trabalho de casta baixa que usava o fogo associado à bruxaria. Uma crença comum dizia que,

188 Os israelenses

durante o dia, os judeus se disfarçavam de humanos e, de noite, se transformavam em hienas, que podiam sugar o sangue de vítimas desatentas.[4] Além de hostilidade e perseguição, os judeus eram por vezes vendidos como escravos ou massacrados. Milhares se converteram ao cristianismo.

O mundo exterior não sabia da existência de judeus negros na Etiópia até que o explorador escocês James Bruce os mencionasse em seu livro de 1790, *Viagens para descobrir a fonte do Nilo*. Setenta e sete anos depois, a Alliance Israelite Universelle, entidade francesa de filantropia judaica, após saber que missionários ingleses estavam convertendo judeus,[5] enviou o estudioso e linguista semita Joseph Halevy à Etiópia para investigar se aquele povo poderia ser os judeus perdidos da lenda ou os descendentes da tribo de Dan. Quando ele fez contato, os etíopes suspeitaram daquele homem branco, que afirmava ser judeu, mas poderia ser outro missionário cristão. Quando Halevy falou de Jerusalém, eles ficaram excitados e perguntaram: "Você veio da cidade abençoada? Você viu com seus próprios olhos o Monte Sião, e a Casa do Senhor de Israel, o Templo Sagrado?". Halevy concluiu que aqueles africanos praticantes do judaísmo eram mesmo judeus. E eles se convenceram de que Halevy era mesmo um judeu branco, o primeiro que tinham visto.

Jacques Faitlovitch – aluno de Halevy – mudou-se para a Etiópia e dedicou sua vida a trazê-los para mais perto do judaísmo dominante. Esse judeu ortodoxo polonês foi reverenciado pelos etíopes e o responsável por sua entrada na consciência judaica. Não fosse por seu trabalho, eles provavelmente teriam desaparecido da história. Faitlovitch abriu um internato e uma sinagoga em Adis Abeba em 1923. Ensinou os homens judeus a usar quipás e *tallit* (xales de oração), e as mulheres aprenderam a acender as velas do sabbath. Todos passaram a orar em hebraico, adotaram a estrela de Davi, fizeram bar mitzvah para seus filhos e observaram feriados como Hanukkah e Purim, que entraram no calendário judaico depois que os etíopes perderam contato com outros judeus. Faitlovitch enviou jovens nativos judeus à Palestina, para receber educação judaica e conhecimentos gerais. Depois, eles retornaram aos seus vilarejos com a missão de ensinar os judeus e prepará-los para a emigração. O rabino chefe ashkenazi da Palestina, Abraham Isaac Kook, altamente respeitado, enviou uma carta em 1921 para o mundo judaico, incitando-o a "salvar nossos irmãos *falasha* da extinção e resgatar suas almas sagradas da Casa de Israel do esquecimento, trazendo seus filhos pequenos para centros judaicos na Palestina".[6]

A história, no entanto, interrompeu os planos. Os fascistas italianos ocuparam a Etiópia em 1936, fechando sinagogas e escolas, e reprimiram os judeus. Depois da Segunda Guerra, Faitlovitch retomou a causa. Mas os judeus europeus, devastados pelo Holocausto, estavam esgotados com a construção de um Estado na Palestina.

Nos anos 1950, poucos judeus estavam ensinando judaísmo e sionismo em vilarejos etíopes, mas ainda conseguiram levar 27 nativos promissores para Israel, incluindo a irmã mais velha de Solomon. Apesar dos seus incansáveis esforços, Faitlovitch não convenceu os rabinos israelenses a parar de questionar o judaísmo tribal e trazer mais judeus para Tel Aviv, onde morreu em 1955. Foi só em 1973 que o rabino chefe sefardita Ovadia Yosej (agora o líder espiritual do Shas) decretou que eles eram judeus autênticos, descendentes da tribo perdida de Dan, e pediu que fossem transferidos para Israel imediatamente para cumprir a profecia de Isaías de trazer todos os judeus espalhados para sua pátria.

O momento foi terrível. Poucos meses depois, em setembro, começou a Guerra do Yom Kippur, e a Etiópia cortou relações com Israel. No ano seguinte, o imperador Haile Selassie, que reinara 57 anos, foi derrubado por um golpe militar liderado pelo ditador afro-stalinista Mengistu Haile Mariam.

Em 1975, Solomon Ezra ganhou uma bolsa e deixou sua vila para estudar em um colégio em Adis Abeba. Um dia, durante a aula de matemática, "subitamente dois policiais à paisana entraram" e o prenderam. "Acusaram-me de ser um espião sionista. Meu único crime foi estudar o judaísmo na clandestinidade. Colocaram-me com dez homens em uma cela do tamanho de um banheiro. Sem janela. Uma vez por dia, deram-me pão e água. E choques com fios elétricos. Rezei para morrer", ele se lembra com um arrepio. "Teria sido melhor que a tortura." Seis meses depois, um agente do serviço de inteligência israelense, o Mossad, conseguiu tirá-lo da prisão.

"Tinha 16 anos quando desci do avião para o solo sagrado da minha verdadeira pátria", conta Solomon. "Foi o dia mais feliz da minha vida." Na época, havia apenas mais cem judeus etíopes em Israel. Solomon estava sozinho e foi enviado para estudar em um kibutz. "Fiquei surpreso. Quando os professores entravam na sala, eles não ficavam de pé e os chamavam pelo primeiro nome. No começo, eu costumava sentar quieto atrás e não olhava para os professores quando eles falavam", afirma. "Provavelmente acharam que eu não estava prestando atenção ou não conseguia entender o hebraico, ou tinha problemas emocionais. Mas nós não olhamos nos olhos dos mais velhos, nem mesmo quando falamos com nossos pais. E somos ensinados a guardar nossos sentimentos dentro de nós." Solomon guardava muita coisa dentro de si. Os pais e seus seis irmãos haviam ficado para trás, no vilarejo. Passariam 12 anos antes que os visse de novo. "Meus colegas de classe foram realmente maravilhosos. Eu os ajudei com inglês e matemática, e eles me ajudaram com minhas lições de hebraico. Também me ensinaram a argumentar e interromper. Eu não conseguia acreditar como os israelenses eram diretos, como deixavam suas emoções brotar."

Quando ele foi convocado, os militares decidiram que aquele adolescente de fala suave, com cicatrizes nas pernas, era do que precisavam. "Eles me aceitaram na Força Aérea, e eu fiquei muito orgulhoso", diz Solomon, sorrindo. De início, os homens em sua unidade presumiram que o piloto de uniforme cáqui e boné azul fosse um iemenita. Nenhum deles já tinha visto um etíope. "As pessoas me tratavam muito bem, com exceção de um oficial. Durante o treinamento, ele me chamou de *kushi* (gíria ofensiva em hebraico para negro, derivada de Kush, o nome bíblico da Etiópia). 'Eu me sinto insultado', gritei de volta para ele. 'Sou um judeu, como você.' Ele se desculpou. Nunca mais ouvi outro comentário racista. Fora da base, muita gente me olhava. Em um Rosh Hashana, fui para uma sinagoga hasídica. Quando as pessoas me viram orando em hebraico, olharam para mim, e não para seus livros de rezas. Esta é uma razão pela qual estava determinado a me tornar um oficial. Queria mostrar à minha família e para todos os etíopes que ainda estavam presos nos vilarejos que aqui se podia vencer."

Durante os seis anos na Força Aérea, Solomon pilotou jatos de caça F-16 em missões secretas. Foi condecorado pelo presidente Chaim Herzog em 1984 como um dos mais brilhantes oficiais das IDF. "A Força Aérea é o lugar para a audácia. Foi onde aprendi que sempre há um jeito quando não tem jeito." Esse tipo de atitude ajudou Solomon a usar meios engenhosos para resgatar etíopes e trazê-los para Israel clandestinamente.

No caminho para o apartamento de sua família, em Kiryat Gat, Solomon para o carro em um grande monumento de granito negro em honra dos quase 5 mil judeus que morreram na horrível marcha da Etiópia ao Sudão em meados dos anos 1980. Quase todo etíope israelense perdeu entes queridos por fome e doenças ou mortos por bandidos em sua jornada através da Etiópia, ou nos miseráveis campos de refugiados sudaneses, onde muitos foram espancados e estuprados. Solomon perdeu um tio e 20 primos. Mas o sonho de ir para Israel trouxe ainda mais judeus. Consciente do crescente número de mortos nos campos de refugiados, o governo israelense subornou o presidente do Sudão, Numeru. Em 1984-85, cerca de 8 mil judeus etíopes foram resgatados em uma série de voos com o codinome Operação Moisés. Quando vazaram informações sobre o acordo secreto, o governo sudanês brecou o resgate. Não foi muito antes de Solomon ir para o lado queniano da fronteira etíope. Usando vistos de estudantes europeus falsos, ele contrabandeou perto de 6 mil judeus para Israel de 1986 a 1990. Depois, veio a operação Solomon. Completada em uma semana, foi a maior e mais dramática ação de resgate aéreo secreto da história, batizada em homenagem ao rei Salomão e em parte engendrada por seu xará, Solomon Ezra. Nenhum outro etíope ajudou a resgatar tantos judeus.

Poucos judeus se sacrificaram tanto para emigrar. E nenhum grupo chegou com mais desvantagens: negros em uma sociedade branca, seres pré-industriais em um país urbanizado pós-industrial. O governo israelense investe em cada etíope cerca de quatro vezes mais que em outros imigrantes. Como disse o ministro da Absorção, "absorver os russos é um enorme desafio nacional, mas absorver os etíopes é nosso teste nacional de honra". Os etíopes recebem aulas de hebraico, cobertura de saúde, aconselhamento e uma série de outros benefícios. Por causa da ajuda governamental, todos os etíopes, exceto os últimos recém-chegados, puderam sair de centros de absorção e *trailers* para seus próprios apartamentos ou abrigos públicos. Eles recebem os maiores subsídios à moradia, cerca de quatro vezes mais que os ex-soviéticos. Como consequência dos altos preços de imóveis de Israel, mesmo uma ajuda de 90% de um financiamento de 120 mil dólares significa que a maioria pode apenas pagar apartamentos em bairros marginais e conjuntos habitacionais. Ainda assim, estudos mostram que a maioria dos etíopes está satisfeita com seus apartamentos e por viver perto de suas famílias estendidas.

Os etíopes que chegaram a bordo da operação Solomon se reuniram com alegria a parentes que não viam há anos. Para alguns, porém, o júbilo não durou. Um marido ficou profundamente perturbado quando descobriu que sua mulher e filhos, após oito anos de distância, haviam se tornado

192 Os israelenses

estranhos – israelenses barulhentos e agressivos. "Casei-me quando tinha 15 anos", explica a esposa, agora com 40, que tinha visto seu marido pela última vez em uma vila isolada na montanha, onde ela fazia potes de barro, tecia cestas de palha e criava três crianças. Hoje ela carrega um Palm Pilot, e não água da fonte. Não prepara mais a *enjera* (panqueca esponjosa) no fogo fora de casa, mas usa um fogão a gás. Não é mais a mulher reservada com uma túnica branca solta, mas uma confiante higienista dental que prefere muito mais sua aparência elegantemente esportiva. Os três filhos não falam mais amárico nem desviam os olhos para mostrar respeito quando conversam com o pai, que fez 55 anos. Na cabana de palha, ele era a figura da autoridade. No apartamento em Lod, perto do Aeroporto Ben-Gurion, deixou de ser o provedor e o educador. Em Israel, suas habilidades de boiadeiro que sabia como forjar arados e facas não têm utilidade. Ele está desempregado, com pouco a fazer, enquanto sua mulher ganha dinheiro e seus filhos aprendem coisas novas. As mulheres etíopes, frequentemente com 10 a 20 anos a menos que seus maridos, geralmente se adaptam muito mais rápido. O fenômeno da esposa com marido desempregado é comum. As tensões aumentam quando os homens ficam deprimidos por perder prestígio e controle. O divórcio entre etíopes é seis vezes maior que entre outros judeus israelenses.

Na Etiópia, as crianças dependiam dos pais. Em Israel, os pais dependem de seus filhos que falam hebraico para ajudá-los a lidar com não etíopes. "Meu pai anda muito ansioso hoje em dia", diz a filha, que tem uma bolsa para estudar enfermagem. "Ele liga a televisão e vê ambulâncias, um ataque terrorista. Pessoas chorando, e muito sangue. Ele não entende o que está acontecendo. Entra em pânico e chama por mim ou pela minha mãe." Poucos adultos etíopes sabem hebraico, o que pode ser mais que um inconveniente. Pode ser fatal. Isso foi ilustrado de forma trágica perto de Alta Nazaré em 2002, quando um motorista de ônibus notou um homem suspeito e ordenou que todos os passageiros saíssem. Todo mundo desceu, exceto um etíope de 85 anos que não entendeu o apelo. Quando o homem-bomba se detonou, ele ainda estava em seu assento. Foi vítima do terror e de sua falta de conhecimento do hebraico. Nenhum outro grupo de israelenses está tão distante das notícias quanto os etíopes – apenas uma hora e meia de rádio em amárico é transmitida por dia, e há apenas meia hora de TV em amárico nas sextas-feiras à tarde. Há dois pequenos semanários em amárico, mas três quartos dos etíopes adultos são analfabetos. Uma linha de ajuda oferece aconselhamento em amárico para pais e filhos. Mas nem todos os etíopes entendem amárico – um número deles fala apenas tigrinya, uma língua etno-semítica confinada à Eritreia e ao norte da Etiópia.

Com seus lânguidos olhos castanhos e formas esculpidas, Ziona tem a aparência sedutora e a energia para realizar seus sonhos: ou emular sua prima, modelo da TV israelense e de anúncios de revistas, ou se tornar uma maquiadora na televisão. No momento, no entanto, como estudante do colégio de Beer-Sheva, ela tem lições de casa sobre a *Bíblia* e de hebraico para fazer. Seus pais não podem ajudá-la, pois não sabem ler ou escrever um hebraico simples. A maioria dos etíopes recebe ajuda financeira para pagar seus livros, lanches e roupas de ginástica, mas, com seus filhos, nunca é suficiente. É o grupo judaico mais pobre de Israel. Mais de dois terços das famílias etíopes dependem de pensão social e têm cinco ou mais filhos. Ziona estuda em uma escola religiosa do Estado, como faz a maioria dos etíopes. Seu tutor, depois das aulas, está tentando ajudá-la a conseguir dinheiro para fazer uma viagem de campo no Pessach para a Galileia. "Não é apenas a viagem que eu quero", ela diz. "É liberdade. Na escola, é obrigatório usar longas saias e mangas compridas, mas, depois disso, minhas amigas se vestem como querem. Eu não. Minha mãe odeia isso", ela diz, indicando sua blusa com decote generoso. "Meus pais dizem que não estou me comportando com uma etíope. Bom, eu não sou mesmo. Sou israelense." Ensinadas a ser reservadas e a manter o controle emocional, crianças etíopes supostamente não dizem não aos mais velhos, e não falam na presença de adultos sem permissão. Em famílias mais tradicionais, os filhos não comem até seus pais terminarem a refeição e devem cumprimentar um idoso respeitado com um gesto de honradez: beijando os joelhos, o local da força de um homem. (Em amárico, *gulbatam* – a pessoa do joelho – é alguém corajoso, resiliente e com resistência física.) "Eu gosto de ir na casa de minha amiga (uma africana do norte de terceira geração). A mãe dela tem a atitude certa. Ela aluga vídeos muito legais. A minha gosta apenas daqueles vídeos românticos (em amárico)."

"Os etíopes da segunda geração, crianças nascidas em Israel ou que vieram como bebês – que mal falam amárico ou tigrinya – têm grandes problemas. Seus pais não os entendem, e eles ficam envergonhados, ao ser vistos ao lado deles, quando vestem túnicas brancas e caminham com cajados", diz Menberu Shimon, que aconselha a juventude etíope em risco. "Eles estão explodindo com problemas. Alguns não têm dinheiro para o ônibus. Outros não têm pais." Menberu é um dos muitos órfãos etíopes que vieram para cá. Sua mãe morreu tentando fugir pelo Sudão. Ele chegou ao país com 14 anos. Na época, a política governamental – após partidos religiosos ganharem uma batalha política – era colocar os etíopes em internatos vocacionais religiosos.[7] A maioria não tinha família nem amigos que pudessem cuidar deles. Os outros estudantes eram mizrahim com problemas, frequentemente de famílias disfuncionais.

"Era difícil. Perdi as pessoas mais preciosas da minha vida, e os professores não entendiam o que eu estava passando", conta Menberu, informando que os internatos repetiam os mesmos erros cometidos com os mizrahim. "Faziam a gente ter vergonha de nossa cultura e tradições religiosas. Diziam que não praticávamos o judaísmo apropriadamente. Poucos de meus amigos tinham pais. Quando iam para a casa no sabbath, recusavam-se a comer as refeições preparadas pela mãe porque foram ensinados que não era kosher o bastante. Nossos professores diziam que os judeus reais colocavam mezuzot nas portas e não sacrificavam bodes no Pessach. Bom, nós éramos judeus reais." Com suas habilidades subestimadas pelos professores, que muitas vezes lhe davam provas culturalmente distorcidas, as crianças etíopes eram frequentemente colocadas em classes atrasadas.[8] "Era ignorância, não racismo", insiste Menberu. "Eles veem um garoto tímido que mal sabe falar hebraico, e então por que não treiná-lo como um eletricista ou mecânico? Uma garota de boa índole e bonita; bem, ela pode tomar conta de bebês ou idosos. Estereotipadas pelos professores, muitas crianças inteligentes perderam a chance de ter uma educação superior. Nossas crianças são espertas. Elas querem aprender."

Com a maioria das famílias reunidas, os dias das escolas vocacionais sem saída estão terminando. Mais de dois terços das crianças etíopes vivem em casa e frequentam escolas na vizinhança. Elas também estão se integrando bem: 84% têm amigos sabras. Estudos recentes mostram que, com cursos enriquecedores e bons colégios acadêmicos, os etíopes igualam-se ou ultrapassam seus colegas sabras. Os professores observam que eles exibem mais memória, concentração e paciência que outros estudantes. "Viemos de uma cultura tradicional africana oral", explica Solomon. "Não apenas as

Fora da África 195

crianças memorizam o nome de todos em nossas famílias estendidas (de 500 a 1,2 mil membros), mas espera-se que saibamos sobre os membros de, pelo menos, sete gerações do passado. Memorizamos todos os Salmos do livro e centenas de provérbios que nossos pais nos ensinaram." Muitas crianças, mas não o bastante, recebem programas educacionais individualizados e tutorados, além de cursos fora do horário escolar sobre computação, hebraico e inglês. Milhares de etíopes frequentam acampamentos acadêmicos de graça. Como resultado, a proporção de imigrantes etíopes graduados no colégio e aptos a certificados de matrícula na universidade passou de 7% no começo dos anos 1980 – o nível mais baixo para um grupo étnico em Israel – para 45% em 2008. Um grande aumento, mas ainda assim dolorosamente lento. Mais da metade dos 110 mil etíopes de Israel tem menos de 15 anos e, com o dinheiro curto para a educação, um número significativo cai para fora do sistema. "Muitos deles precisam desesperadamente de tutores, de mais mentores", insiste Menberu. Ele sabe porque trabalha com jovens etíopes como Yoni.

Yoni veste jeans *baggy* de cavalo baixo, adora Bob Marley e a cultura rastafári, e usa um quipá tricotado em cima de seus *dreadlocks*. Tirando um cigarro do bolso, ele espera seus amigos do lado de fora do Ethiopian Style, um salão de cabeleireiro no quarto andar da estação de ônibus central de Tel Aviv. Yoni está mais uma vez matando aulas de sua escola religiosa. "Penso em estudar fotografia, mas estou indo muito mal na escola", ele diz, usando a última gíria hebraica. "Meus professores são muito chatos. Tudo o que eles fazem é passar lição de casa e mais lição de casa." Mais da metade das crianças etíopes vive em famílias com apenas um dos pais. Yoni vive com seu pai, um operário desempregado. Nas tardes de quinta-feira, centenas de adolescentes etíopes encontram-se na estação de ônibus. Alguns estão desiludidos com a escola, e muitos querem desistir de vez. Outros visitam o "centro de encontro", duas pequenas salas decoradas com murais, imagens nostálgicas da vida no interior, fotos de judeus com mantos brancos em marcha para Israel e etíopes rezando no Muro Ocidental de Jerusalém. Há mensagens escritas à mão nas paredes, citando sábios do rabinato, como a frase "nada pode ficar no caminho de uma vontade". Garotos sentam-se em um sofá gasto e assistem a um vídeo de *Guerra nas Estrelas*. Outros se encontram com conselheiros etíopes que oferecem ajuda a estudantes com problemas e delinquentes juvenis. Ultimamente, poucos têm aparecido.

196 OS ISRAELENSES

A estação de ônibus central de Tel Aviv é um alvo visado pelos terroristas. Não se espera que o terrorismo desapareça nem o sumiço de outro problema sério: entre as crianças etíopes, a taxa de desistência do colégio é mais que o dobro da registrada pelos sabras.[9]

"Na Etiópia, não havia uma crise da juventude. Todos sabiam seu papel, os quais não são definidos com clareza aqui", diz Batia Eyob, que entrevistou centenas de jovens israelenses etíopes para sua tese de mestrado na Universidade Hebraica. "Nós tínhamos nossos líderes tradicionais e famílias estendidas tradicionais. Os kessim eram as autoridades religiosas. Aqui, eles não têm papel. Abaixo deles, estavam os chefes das famílias, os mais idosos, os pais. O sistema funcionava por causa da estrutura da comunidade. Agora que todos estão juntos em Israel, temos um problema de liderança. Essa mudança tem tido efeitos dolorosos na coesão da comunidade." Dedicada aos estudos, a universitária Batia – que chegou a Israel em 1983, com 10 anos de idade – conduziu parte da primeira pesquisa sobre a comunidade etíope em Israel feita por uma judia etíope. Para entender esse grupo geograficamente espalhado, ela monitorou os programas de rádio em amárico. "A maioria dos jovens tenta ser tão israelense quanto possível. Muitos encontram essa identidade no exército. Não é incomum que soldados escondam problemas médicos para que possam se alistar na infantaria, na divisão de tanques ou de paraquedistas. E acreditem na ideia de 'quanto mais na linha de frente, mais israelense'. Outros estão tentando descobrir quem são, lutando com suas identidades mistas." Em uma experiência, pesquisadores da Universidade de Tel Aviv colocaram dois grandes mapas no chão, um de Israel e outro da Etiópia. Pediram a duas dúzias de soldados, todos nascidos na Etiópia, para ficarem em pé onde se sentiam em casa. Alguns ficaram hesitantemente sobre o mapa israelense, e outros poucos sobre o mapa etíope. A maioria escolheu o espaço no meio. Mais de 40 mil etíopes nasceram em Israel, e "muitos deles não sabem muito sobre a Etiópia", reconhece Batia. Eles também estão tentando saber quem são.

Nos clubes de *rap* e *reggae* em Tel Aviv, etíopes com roupas de *hiphop* da moda giram na pista de dança, imitando grupos que aparecem na MTV ou na versão israelense de *American Idol*. Sentem uma paixão cega pelos *rappers* afro-americanos, por atores e jogadores de basquete. Alguns homens ostentam correntes douradas e adotam apelidos de *rappers* como Ice T e Puff Daddy. "Eu adoro *rap*. Nós o chamamos de a CNN dos negros", diz

Devorah, uma linda mulher com seu longo cabelo em tranças e um brinco de esmeralda no nariz. Ela e uma amiga, que trabalham juntas em um banco em Tel Aviv, vieram para se divertir tarde da noite. "Quando minha mãe me diz para ficar em casa, eu falo para ela que este é um grande lugar para encontrar os caras certos (etíopes). Sei que ela quer que eu encontre um." Devorah explica que sua família não gosta do "cara branco" com quem sua irmã se casou. Por causa de sua cor? "Não", ela diz abruptamente. Por que ele é um garçom? Ela até admite que ele não tem muita ambição, mas aponta o grande problema: "Ele não é religioso e, no seder, nem sabe as preces".

Um "cara branco" com *dreadlocks* está transformando em fenômeno internacional a música judaica etíope, que é rica em letras bíblicas. Idan Raichel, ex-conselheiro de um internato para crianças etíopes, criou The Idan Raichel Project, um grupo que canta em amárico e hebraico, tornando--se um modelo para jovens etíopes. Seu *hit* em amárico, *Das Profundezas*, transforma o Salmo 130 em uma assombrosa canção de amor. Os músicos e vocalistas, de origens diferentes – etíopes, iemenitas e árabes israelenses –, já viajaram de Haifa para o Harlem e Hollywood. Em 2006, abriram o Festival de Música da Etiópia, terra que inspirou grande parte de sua música. Para dois cantores etíopes do grupo, que chegaram a Israel ainda crianças nos anos 1980, foi a primeira vez que retornaram à sua terra natal. Essa apresentação também foi a primeira que uma banda israelense fez na Etiópia, onde duas de suas canções, em amárico-hebraico, são sucessos: *Bo'ee* e *Mi'Ma'amakim*.

A iniciativa de ação afirmativa de maior sucesso do governo é no ensino superior. Etíopes em universidades e faculdades são totalmente subsidiados, desde as mensalidades até a habitação. Em 1993, havia apenas 145 etíopes na faculdade, a maioria em serviço social e pedagogia. Em 2008, eram mais de 3 mil, estudando direito, ciência da computação, enfermaria e medicina. Uma garota que Solomon resgatou agora é diplomata no Ministério do Exterior, participando de uma florescente classe profissional que atua como mentores em sua própria comunidade. Shlomo Berihun faz parte de uma nova geração de universitários etíopes – tem orgulho de ser negro e judeu – que assumem o papel de pais para etíopes mais jovens. Apontando para um grupo de estudantes de programação de computador em um inovador curso de ciências e matemática no Instituto Technion em Haifa, ele relata: "A maior parte de seus pais e mães nunca viu uma sala de aula. Mas esses garotos querem estar nelas assim que tomam gosto." Shlomo tem bacharelado em Psicologia e MBA. "Fico com raiva quando as pessoas dizem que os etíopes não são motivados. E as crianças descalças que andaram desde a Etiópia para tentar chegar a Israel?" O próprio Shlomo sobreviveu a uma marcha de 25 dias de seu vilarejo, no norte da Etiópia, até o Sudão, em 1984. "No caminho, fomos roubados e largados no deserto." Depois de oito meses em um campo miserável no Sudão, Shlomo partiu de avião para Israel. Ele foi um dos que tiveram sorte. Em vez de ser mandado para um internato vocacional religioso, estudou no internato Andover de Israel, que é meio etíope. Shlomo credita ao diretor esclarecido da Yemin, ou Vila da Juventude, perto de Haifa, as grandes conquistas alcançadas por estudantes de sua escola. "Fomos ensinados que, se quisermos ser mais conhecidos do que apenas pela nossa pobreza e polidez, a educação superior é a resposta. Aprendemos que temos uma cultura maravilhosa e que não devemos perdê-la. O orgulho de nossa herança é o princípio da autoconfiança. Sem um passado, você não tem futuro."

Soldados etíopes ganharam uma reputação de ser altamente patrióticos e disciplinados, com enorme disposição e forte determinação para superar desafios. Com 18 anos, mais de 95% dos etíopes qualificados servem o exército, percentual maior que o de qualquer grupo de recrutados. O primeiro soldado a morrer na Intifada foi um etíope, Yossi Tabjeh, que voou para Israel quanto tinha 11 anos, e foi baleado por seu colega da Autoridade Palestina durante uma patrulha conjunta, horas antes de Ariel Sharon fazer uma visita provocativa ao Monte do Templo. Em 4 de setembro de 2004, Natan Sandaka também estava em patrulha com seu colega sabra, na esquina da rua dos Profetas com a rua Etiópia, em Jerusalém. Era a hora do congestionamento da manhã, quando os soldados viram um jovem haredi (judeu ultraortodoxo) com barba, um longo casaco preto e um quipá preto. Sua enorme mochila verde era suspeita. Quando Natan pulou à sua frente e ordenou que parasse, o terrorista sorriu e puxou o detonador. Natan foi atingido em cheio pela explosão. Ele ficou em coma, severamente queimado, com os pulmões perfurados por estilhaços, e não se esperava que sobrevivesse. "Natan salvou minha vida e a de muitos, muitos israelenses", declara seu parceiro sabra. "Eu o chamo de *hachi achi* (o melhor irmão)."

Outros membros de sua unidade mantiveram vigília ao lado do seu leito no hospital Hadassah, e o mesmo fez o então presidente Moshe Katsav. Duas semanas depois, Natan acordou para descobrir que era um herói nacional. "Nós trabalhamos duro para provar que somos os melhores", diz o desfigurado Natan, que era criança quando chegou a Israel na operação Solomon. "Queremos retornar a Israel o que nos foi dado". Sua família, de dez filhos, enviou todos para unidades de combate.

Como as mulheres etíopes vêm de famílias religiosas, elas têm a opção de prestar serviço no exército regular ou em postos de ensino em programas extracurriculares para crianças etíopes. Os pais não relutam mais em deixar que suas filhas morem em bases militares mistas, e não é mais de espantar ver mulheres etíopes gritando ordens para homens durante treinamento com rifles e tanques. Bat-Chen Yalu deixou a Etiópia em 1985, com seus pais e oito irmãos, fugindo a pé com apenas uma muda de roupa nas costas para uma marcha de um mês até o Sudão. Em uma ousada manobra no deserto sudanês, um avião da Força Aérea de Israel resgatou a família em um C-130 e os levou com outros etíopes para Israel. Depois de ser convocada para uma unidade de resgate da IAF, Bat-Chen descobriu que estava trabalhando com os mesmos médicos que a haviam resgatado quando ela tinha 5 anos. "O destino me guiou até aqueles que me trouxeram para Israel", ela diz.[10]

"Devemos a nossos irmãos e irmãs judeus nossa educação, nossas casas e até nossas vidas. Mas, durante as batalhas sangrentas, todo o país descobriu que não somos tão pacientes e gentis quanto eles pensavam." Solomon fala sobre o que os etíopes chamam de "a grande indignação". Em 24 de janeiro de 1996, o jornal *Ma'ariv* noticiou que, durante anos, funcionários da organização Magen David Adom tinham secretamente descartado o sangue doado por etíopes por terem medo de provocar infecções pelo vírus HIV. Quando descobriram que o sangue que haviam doado por patriotismo fora jogado fora, cerca de 15 mil etíopes marcharam até o gabinete do primeiro-ministro em Jerusalém. Alguns manifestantes jogaram pedras e garrafas de sangue falso nos policiais. Outros carregavam cartazes que diziam: "Nosso sangue é tão vermelho como o de vocês" e "Nós somos tão judeus quanto vocês!". "Eles nos enganaram aceitando nosso sangue e depois o jogaram secretamente no lixo. O sangue, para nós, é muito simbólico. Por isso, a rejeição da substância que faz de nós e outros judeus uma família foi uma coisa muito emocional", explica Solomon. Foi como se nossos camaradas

200　Os israelenses

judeus tivessem nos jogado na lata do lixo." A indignação da comunidade etíope evocou a empatia nacional. Depois dos magníficos resgates aéreos, as pessoas se sentiram tristes por ver os etíopes tão desiludidos e feridos. Estranhos paravam etíopes nas ruas e os cumprimentavam por terem se manifestado. O primeiro-ministro Shimon Peres pediu desculpas e, chamando a política de sangue de "irresponsável e estúpida", nomeou uma comissão para investigar. As descobertas: a rejeição secreta do sangue não era racismo, mas um caso extremo de paternalismo mal direcionado. Os médicos justificaram seu segredo, afirmando que não queriam estigmatizar os etíopes, que haviam deixado um país onde a Aids é prevalente. As manifestações acordaram os israelenses para outros problemas sérios. Apesar das políticas de ação afirmativa do governo em habitação, empregos e admissões nas universidades, o progresso socioeconômico não caminhava tão rápido quanto se esperava.

Antes da questão do sangue, os israelenses raramente discutiam a discriminação racial, que, por causa do Holocausto e do antissemitismo, é uma questão emocionalmente carregada. No colégio Shalon Kiryat Gat, que tem uma mistura de estudantes etíopes, mizrahim e ex-soviéticos, um professor de ciências expressa uma perspectiva dominante: "Racismo? Não existe. Somos todos judeus. Meus estudantes etíopes, especialmente os nascidos aqui, pensam, falam e agem como todo mundo". Quando os etíopes reclamam de discriminação, uma resposta comum é "bem-vindos ao clube", o que significa que todos os imigrantes – dos sobreviventes do Holocausto aos indianos e geórgios – experimentam preconceitos com base em etnicidade, classe econômica e em relação a quanto tempo já estão em Israel. Conhecidos por suas roupas e comportamentos formais, os judeus alemães são apelidados de *yekke* (termo iídiche para "paletó"). Os durões marroquinos são chamados de "facas", e os russos ricos, de "mafiosi". Como ocorre em todo lugar do planeta, o humor local étnico pode ficar pesado: "Qual é a diferença entre um húngaro e um romeno? Um húngaro venderia a própria mãe. O romeno também, mas não entrega". Os etíopes não riem quando ouvem piadas de israelenses como essa: "Por que trouxemos vocês para Israel? Porque precisávamos de peças de reposição para os iemenitas".[11]

"Os etíopes são especialmente sensíveis quanto à questão da cor", diz Batia. "Nós nunca fomos uma minoria racial antes de chegarmos a Israel. E muitos israelenses não tinham muito contato conosco. Um estudante da

Fora da África 201

Universidade Ben-Gurion me disse que, ao entrar em um escritório para uma entrevista de emprego, o funcionário foi direto: 'Quando falamos ao telefone, por que você não me disse que era etíope?'" Em hebraico, não existe uma palavra para tato.

Em uma pesquisa recente, quando se pediu que escolhessem candidatos qualificados para um emprego, os sabras afirmaram preferir muito mais os etíopes que os ex-soviéticos.[12] Outros dados: 95% dos sabras disseram que não se importariam de ter um filho servindo sob as ordens de um oficial etíope do exército, 89% disseram que ficariam felizes de ser tratados por um médico etíope, e 71% não consideravam os etíopes um fardo para a economia. Mas 52% admitiram que não ter um único amigo etíope.

Embora a discriminação racial aberta seja rara, Solomon e outros israelenses etíopes tiveram que batalhar para conseguir trazer mais 20 mil pessoas desamparadas da Etiópia, porque funcionários do governo e religiosos ainda questionavam a autenticidade de suas raízes judaicas. Eles são chamados de Falash Mora, descendentes de judeus que se converteram ao cristianismo. No século 19, missionários protestantes europeus escolheram judeus etíopes para a conversão, oferecendo-lhes comida e educação. Então, a grande fome de 1888 a 1892 eliminou dois terços dos judeus etíopes, incluindo muitos kessim. A igreja cristã copta, que tinha muitas terras na Etiópia, não deixaria os judeus a possuírem se não se convertessem. Muitos se tornaram cristãos para sobreviver. "A família de meu tio se converteu para poder ter terras", diz Solomon. "Mas continuava secretamente a praticar o judaísmo, e seus vizinhos cristãos os consideravam judeus." Solomon compara essa situação à conversão forçada de espanhóis judeus durante a Inquisição. Seus detratores no governo e no *establishment* de Israel argumentam que o país não deveria abrir seus portões a povos cujas ligações com o povo judeu são tênues, porque, se deixarem entrar todos aqueles que afirmam ser Falash Mora, incontáveis milhares de etíopes cristãos pobres em busca de uma vida melhor tentariam chegar a Israel fingindo ser Falash Mora – e advertem que alguns já são missionário que fazem trabalho cristão entre etíopes em Israel.

Apoiadores da emigração Falash Mora dizem que, ao contrário dos mais de 300 mil cristãos imigrantes da ex-União Soviética, eles têm sangue judeu, raízes judaicas e parentes em Israel. Milhares de adultos e crianças malvestidos mudaram-se de seus vilarejos para campos em Adis Abeba e Gondar, dormindo em esteiras de fibras com quase nada para comer, esperando permissão da embaixada israelense para emigrar. Solomon, um especialista na linhagem de judeus etíopes, retornou à Etiópia para ajudar autoridades de imigração de Israel a verificar a ancestralidade judaica de casa pessoa. Ele também ajuda a supervisionar escolas onde adultos e crianças aprenderam hebraico e judaísmo rabínico. Nelas, crianças e adultos alimentam-se de comida kosher, acendem velas no sabbath e sopram o shofar para o Rosh Hashana. "Eles vivem vidas de judeus ortodoxos", diz Solomon, contando o caso de um menino, em uma sinagoga, que fechava os olhos enquanto recitava o *Sh'ma*, a mais antiga prece judaica (Ouça, oh, Israel, o Senhor nosso Deus, o Deus é Um). "Eu lhe perguntei: 'O que você vê quando fecha os olhos?'. 'Israel', ele me disse." Alguns etíopes israelenses e grupos como a Conferência Norte-Americana Sobre Judaísmo Etíope estão pressionando Israel para permitir a entrada dos milhares de Falash Mora remanescentes. Uma vez em Israel, alguns passariam por um retorno cerimonial ao judaísmo.

Mesmo para quase todos os etíopes israelenses que viveram como judeus devotos por séculos, a vida religiosa em Israel tem seus problemas. Pelo fato de o judaísmo etíope ser inspirado na *Bíblia*, e não no *Talmude*, o *establishment* rabínico israelense é ambivalente sobre o pleno judaísmo deles. O chefe do rabinato insiste que eles deveriam passar por uma conversão simbólica para remover todas as dúvidas sobre seu judaísmo. Os rabinos acham que, por terem vivido séculos separados do restante dos judeus do mundo, os etíopes não seguem as leis apropriadas de divórcio, recasamento e conversão. Assim, teria havido uma mistura significativa de não judeus. Poucas semanas depois de Solomon ter chegado a Israel, o rabinato enviou ao então garoto de 16 anos uma nota exigindo que ele passasse por um processo simbólico de conversão, uma imersão ritual em um *mikvah*. (Este é um pedido insultuoso para os judeus etíopes, que se purificam em rios e igualam a imersão em um banho ritual ao batismo que os missionários cristãos tentaram forçá-los). Também exigiu que ele passasse por uma circuncisão simbólica (colher uma gota de sangue do pênis no caso de a circuncisão original não ter sido realizada de acordo com a halakha, a lei judaica). "Quando li aquela nota, fiquei tão deprimido que, ao voltar para meu quarto no kibutz, chorei durante horas", afirma Solomon. "Como posso me converter de judeu em judeu? Eu não posso ser mais judeu. Cresci judeu, orando três vezes por dia, sempre mantendo minha dieta estritamente kosher. Recusei-me a passar por aquele processo humilhante para ser aceito como um pleno judeu israelense. Estava tão furioso que joguei fora meu quipá."

Enquanto servia na Força Aérea durante a Guerra do Líbano, Solomon conseguiu um tempo de licença para preparar seu casamento. Vestindo seu uniforme cáqui de oficial, ele foi ao escritório do chefe do rabinato em Jerusalém em busca de um documento que todos os judeus israelenses devem ter antes de se casar: a prova de que são solteiros e judeus. Um funcionário pediu que mostrasse seu certificado de conversão por imersão. "Disse-lhe que eu era um judeu. Que não importava quantas vezes me colocassem na água, eu não poderia me tornar mais judeu do que sou. Que me recusava a fazer isso." O funcionário se negou a lhe dar o documento e, quando Solomon exigiu ver o rabino de plantão, disse que ele estava ocupado. Ultrajado, o oficial entrou impetuosamente no gabinete, tentando esclarecer a situação, mas o rabino, um homem barbado, com o quipá preto de um judeu ultraortodoxo, balançou a cabeça e disse que as regras de conversão se aplicavam a todos os judeus etíopes. "Fiquei furioso. Eu lhe disse que tinha lutado em uma guerra por quatro anos e, depois, o questionei: 'Você nunca esteve no exército, então, como pode me dizer se sou judeu o bastante para me casar? Sofri para ser um judeu na Etiópia e agora você vem me fazer sofrer aqui?'. O rabino ainda assim se recusou. Então, afirmei que não sairia da sua sala enquanto não assinasse o certificado. Ele pegou o telefone, dizendo que iria chamar a polícia. Coloquei meu M-16 em sua cara e ameacei: 'Se discar, eu mato você. Assine o papel'. Ele assinou e eu fui embora."[13]

A audácia que Solomon e outros soldados etíopes adquiriram os ensinou a se abrir mais e defender suas posições, em vez de ficar quietos e aceitar tudo. "Aprendemos a parar de sentar em nossas mãos e passamos a agir como outros israelenses quando têm queixas", diz Solomon. Etíopes enfurecidos fizeram marchas pelas ruas de Jerusalém e bloquearam a entrada do prédio da chefia no rabinato. Fizeram ameaças de suicídio em massa se os rabinos não desistissem da exigência humilhante de que todos os etíopes teriam de passar pela conversão simbólica. Grande parte da imprensa e dos religiosos apoiou sua causa. Finalmente, o chefe do rabinato decretou que o Estado aceitasse os etíopes como judeus.[14] Mas, em outro tema doloroso – em que retiraram a autoridade religiosa dos kessim –, recusou-se a recuar. Um *kes* não pode conduzir um casamento, um bar mitzvah ou um funeral.

204   OS ISRAELENSES

Quando a mãe de Solomon morreu aos 73 anos em 1994, cerca de 3,5 mil etíopes vieram de todas as regiões de Israel para apresentar seus pêsames no cemitério de Lod. O pai dela era o falecido *kes* chefe da Etiópia. Em uma cena incongruente, um rabino ultraortodoxo com chapéu preto e casaco preto conduziu a cerimônia fúnebre. "Havia lá 15 kessim graduados, que sabiam enterrar minha mãe de acordo com nossas tradições, que saíram direto dos Cinco Livros de Moisés", Solomon se lembra com tristeza. "Mas em Israel, nenhum deles podia fazer isso."

Notas

1. As vilas judias ficavam perto de rios por causa dos rituais de purificação (a versão africana do mikvah). As mulheres se mudavam para o "abrigo", ou "cabana de sangue", por sete dias, durante a menstruação, e se purificavam no rio antes de entrar em casa. Essa prática ancestral da *nidda* aplica-se também a mulheres por 40 dias depois do nascimento de um menino e por 80 dias após o nascimento de uma menina. Vem do *Levítico* 15:19: "E se uma mulher tiver um problema e se o problema em sua carne for o sangue, ela deve ficar sete dias em sua separação menstrual, e quem quer que a toque ficará maculado".

2. Ver Donna Rosenthal, "Israel: The New Exodus", *Atlantic*, maio de 1992.

3. A *Bíblia* cristã copta e os trabalhos religiosos estão também escritos em *geez*, que não é falado há séculos. Judeus e cristãos no noroeste da Etiópia falam amárico ou tigrinya, além de línguas semíticas relacionadas ao hebraico. Como os cristãos coptas e muçulmanos na Etiópia, os judeus comem apenas carne de animal morto por um membro de sua religião. O retalho é feito meticulosamente, de acordo com prescrições relevantes bíblicas que governam o pacto entre Deus e os fiéis (*Êxodo* 29).

4. Das visitas da autora a vilarejos etíopes perto de Gondar. Ver também Hagar Salamon, *The Hyena People: Ethiopian Jews in Christian Ethiopia* (Berkeley: University of California Press, 1999).

5. Um acordo de 1838 entre o imperador etíope e a Sociedade Londrina para a Promoção da Cristandade entre Judeus estipulou que esses missionários podiam fazer proselitismo entre os judeus, mas todos os convertidos deveriam ser batizados na Igreja Copta Etíope.

6. O rabino chefe Ovadia Yosef escreveu: "Os falashas são sem dúvida da tribo de Dan, e nós temos ordens de salvá-los da assimilação, apressar sua imigração para Israel e educá-los no espírito da *Torá* sagrada, tornando-os companheiros na

Fora da África 205

construção da Terra Sagrada". Com uma citação de Isaías 11:11, ele concluiu: "Deus redimido retornará a Israel... e Ele também vai levar de volta nossos irmãos da Assíria, do Egito e de Pathros (Alto Egito)". Esta é apenas uma das diversas referências bíblicas indicando que os judeus viveram na Etiópia (geralmente citada na *Bíblia* como Kush) pelo menos desde o período do primeiro Exílio, no final do sexto século a.C., e possivelmente até antes disso. Da entrevista da autora com o rabino Yosef na Kol Israel Radio, em 1973.

7. Em 1984, o governo do Likud e o Partido Nacional Religioso fizeram um acordo de coalizão para mandar todas as crianças etíopes de 12 anos ou mais para internatos religiosos. A medida, ostensivamente por questões humanitárias, foi política. Embora muitos kibutzim quisessem adotar os imigrantes etíopes, o ministro da Absorção, o rabino ultraortodoxo Yitzhak Peretz, se opôs a isso porque os kibutzim "os forçariam à apostasia e ao crime". Shlomo Mula, líder de um grupo imigrante etíope, acusou Peretz de usar "imigrantes da Etiópia como munição em sua luta" contra israelenses seculares: "Ele deveria nos consultar sobre mandarmos pessoas para os kibutzim". O chefe do movimento kibutz, Muki Tzur, disse ser "intolerável que Peretz, um ministro antissionista que não entende nada de sionismo, esteja a cargo da parte mais vital de nosso país – a absorção dos imigrantes". Escolas decadentes não tinham alunos suficientes, mas com um influxo de alunos etíopes, políticos ortodoxos podiam exigir mais fundos do governo. Ver Yossi Klein Halevi, "The Ethiopian Revolution", *Jerusalem Report*, 24 de setembro de 2001; Micha Odenheimer, "Malignant Neglect", *Jerusalem Report*, 7 de março de 1996.

8. A Comissão de Distribuição Conjunta Brookdale fez um estudo com professores pedindo que fizessem uma previsão sobre as notas que seus alunos etíopes conseguiriam em testes de matemática. As notas reais ficaram apenas 10% em comparação com as de outras crianças, mas os professores estimaram que seriam 30% abaixo da média. Houve um reexame; alguns internatos estão preparando estudantes para os exames de matrícula, que são pré-requisito para a faculdade.

9. Nos graus 9-11, a taxa de desistência é de 5,4% entre alunos etíopes que chegaram a Israel no período de 1990 a 1995, e de 16,5% entre aqueles que chegaram de 1996 a 1999. De acordo com uma pesquisa do Centro Adva, que estuda igualdade e justiça social em Israel, 47% dos etíopes de 25 a 54 anos estão desempregados. De acordo com o Instituto Nacional de Seguridade, 90% dos imigrantes etíopes vivem abaixo da linha de pobreza.

10. Havia 25 oficiais etíopes nas IDF em 1992 e cerca de 200 em 2000. As IDF fizeram esforços especiais para promover etíopes talentosos ao oficialato, que é um meio rápido de ascensão e integração social. Para saber mais sobre Bat-Chen Yalu, ver *Israel Air Force Magazine* (julho 2000).

206 OS ISRAELENSES

11. Os judeus etíopes têm identidade forte e preconceitos regionais. Em Israel, há conflitos violentos entre os judeus das províncias de Tigre e Gondar. Nativos de vilarejos muitas vezes chamam os judeus mais educados de Adis Abeba de esnobes. A comunidade, frequentemente envolvida em rixas, tem seu próprio racismo. Muitos desprezam os judeus da região de Quara, que são fisicamente diferentes, mais escuros e mais pobres. Os judeus etíopes veem a si mesmos como marrons-avermelhados e usam a palavra depreciativa kushi para se referir aos etíopes do sul, mais escuros, que também são considerados racialmente inferiores por muitos etíopes do norte – judeus, muçulmanos e cristãos. Da pesquisa da autora na Etiópia.

12. Quando perguntados sobre sua primeira escolha entre três candidatos igualmente qualificados para um emprego, 38% escolheram um sabra, 22% um etíope e apenas 3% um russo. A pesquisa de junho de 2000 foi coordenada pela International Fellowship of Christians and Jews.

13. Embora a Corte Suprema tenha decidido que o rabinato deve registrar casamentos etíopes sem a exigência da conversão, apenas um rabino israelense oficia casamentos de etíopes que não passaram pela "conversão simbólica" (imersão ritual em uma mikvah).

14. Sob muita pressão da comunidade etíope, em 1985 os rabinos chefes Mordechai Eliahu e Avraham Shapira decretaram que apenas homens não circuncidados teriam de passar por uma circuncisão simbólica. Alguns grupos ortodoxos, como o Habad-Lubavich, ainda negam o judaísmo dos etíopes, cujos filhos não podem frequentar suas escolas. Nos anos 1960, o rabinato disse à Bnei Israel, a maior comunidade de judeus da Índia, que passasse pela reconversão. Depois de duros protestos, o rabinato desistiu da exigência.

III

Ampliando as linhas de divisão entre judeus e judeus

9

Os haredim
Judeus-judeus-judeus

❧ *Há os judeus. E os judeus-judeus. Nós somos os judeus--judeus-judeus.* — Moshe Stein, de 13 anos

❧ *Um homem que abandonou a yeshiva e entrou para o exército visita sua família em Jerusalém. "Onde está sua barba?", pergunta a mãe. "Mãe", ele responde, "no exército, ninguém usa barba". "Mas pelo menos você mantém o sabbath?", ela pergunta. "Mãe, no exército eu fico de guarda no sabbath." "Mas você ainda come comida kosher?", ela indaga. "No exército, sim. Mas em Tel Aviv, quando fico com minha namorada, é difícil." Sua mãe se inclina e murmura: "Então me diga, você ainda é circuncidado?".* — piada ouvida em um casamento ultraortodoxo em 2007

Um vento quente do deserto, conhecido como *hamsin*, sopra em Jerusalém. O ônibus sem ar está cheio de soldados – mulheres e homens – ouvindo o rádio transmitir boletins sombrios sobre a Intifada, misturados ao som de *rock* de doer os ouvidos. Duas estudantes da Universidade Hebraica,

210 Os israelenses

de *shorts* e *tops*, conversam no fundo, ignorando a mulher rotunda no corredor, que balança como se estivesse em transe. Ela está lendo o *Livro dos Salmos*. Quando o ônibus se aproxima de Mea Sharim, o bairro ultraortodoxo mais populoso da cidade, essa mulher, vestida com uma longa saia fora de moda, blusa de mangas compridas, meias pretas e lenço escuro, desce com outras mulheres trajadas de forma semelhante. Homens de casacos pretos, calças pretas e chapéus pretos também desembarcam, desaparecendo no agitado mercado aberto. Esses judeus ultraortodoxos, ou haredim, o hebraico bíblico para "aqueles que tremem perante Deus", são um terço de todos os habitantes de Jerusalém. Muitos aparentam pertencer a um *shtetl* (povoado) polonês ou russo do século 19. De muitas maneiras, pertencem; o calendário sempre parece estar em 1874, o ano em que judeus pios do leste da Europa construíram as primeiras comunidades judias fora da Cidade Antiga na próxima Mea Sharim. A área ainda lembra uma fortaleza murada. Hoje, no entanto, os muros são psicológicos. Vivendo em um mundo cuidadosamente construído, autossuficiente, os haredim preservam séculos de tradição dos judeus do Leste Europeu. O ar nessa área ultraortodoxa de Israel está "saturado de orações e sonhos", como escreveu o falecido poeta israelense Yehuda Amichai. "Como o ar nas cidades industriais, é difícil de respirar."

Há tantos modos de ser um ultraortodoxo em Israel quanto há modos de ser judeu. Para o olhar não treinado, no entanto, os judeus ultraortodoxos parecem indistinguíveis, como extras em *Yentl* ou *O violinista no telhado*. Diferenças sutis em suas roupas ou cabeças podem revelar que rabinos, rituais e políticos eles seguem. Um grupo haredi usa faixas sobre longos casacos pretos e calças pretas enfiadas em meias pretas; outro usa calças curtas que revelam meias brancas. Todos os homens usam quipás pretos e os cobrem com chapéus pretos. Para quem sabe, um chapéu entrega as crenças religiosas de seu possuidor. Cada grupo haredi usa chapéus inclinados em ângulos diferentes. Alguns homens usam as abas para cima, outros para baixo. Alguns chapéus têm três chanfros, outros têm dois. E há os *peyot* – os cachos laterais. Alguns homens os mantêm curtos, outros os deixam abaixo das orelhas.[1]

Nesse bairro haredi, sinais advertem as mulheres para se vestirem modestamente, sem expor muita pele. Blusas cobrem do pescoço aos pulsos. Saias longas que mal revelam as meias opacas que escondem o joelho. Cada garota deve vesti-las, seguindo o *Deuteronômio* 22:5: "As mulheres não devem usar o que pertence ao homem. Todas que assim o fazem estão em abominação ao Senhor". Todas as mulheres haredim casadas cobrem seus cabelos, aderindo a uma lei judaica que diz que "o cabelo de uma mulher provoca o desejo".[2] Dependendo do grupo haredi, as mulheres usam chapéus modestos, lenços ou perucas. As mulheres religiosas mizrahim seguem a regra do rabino Ovadia Yosef, que as proíbe de usar perucas. Aos olhos dele, as mulheres ashkenazim com perucas violam a lei, porque "a visão do cabelo de uma mulher é uma impropriedade". Mesmo que todos os grupos haredim acreditem que as leis judaicas devem ser seguidas estritamente, eles quase sempre discordam sobre como elas devem ser interpretadas. Membros de diferentes grupos haredim raramente rezam nas sinagogas dos outros.

Embora dizimados no Holocausto, os haredim da comunidade ashkenazi não são mais uma minoria marginal, como eram na fundação de Israel. Eles inflaram e são quase meio milhão, em grande parte devido à sua generosa taxa de natalidade e a um renascimento de novos judeus religiosos.[3] O *baby boom* é aparente. Ruas estreitas são tomadas por mulheres grávidas empurrando carrinhos de bebês e crianças brincando em todo canto. Em uma academia, garotas com saias até o tornozelo conseguem fazer acrobacias, enquanto suas amigas pulam corda ou patinam. Meninos de olhos esgazeados admiram o presente de bar mitzvah de um amigo de 13 anos, uma bicicleta de corrida quase nova. Todos usam quipá e têm *tzitzit* (franjas rituais brancas) saindo debaixo de suas camisas.[4] Não há uma criança secular à vista. "Meu pai quer que tenha amigos que tenham crenças como nós", explica Moshe Stein, o menino do bar mitz-vah. "Eles (os judeus seculares) não sabem o que é *shabbos* (termo iídiche para 'sabbath') nem o que é kosher. Há judeus. E os judeus-judeus. Nós somos os judeus-judeus-judeus."

Seu pai, Benjamin Stein, concorda em deixar sua família ser entrevistada se seus nomes reais e detalhes identificadores não forem usados. Pensativo, magro e curvado, ele parece mais velho que seus 35 anos. Seu cabelo, o *peyot* curto e barba generosa estão salpicados de branco. Com dez filhos, a cena em sua casa de quatro quartos subsidiada pelo governo é um caos controlado. "Com as crianças em casa, todos os cantos estão cheios", ele observa. Quando Benjamin tinha 20 anos, um profissional de encontros o apresentou a Sarah, de 16 anos. Depois de duas caminhadas no parque, eles decidiram se casar. Rapida e fielmente, eles seguiram o mandamento: "Crescei e multiplicai-vos" (Gênesis 1:28).

212 OS ISRAELENSES

"Mais doce que o mel é uma casa cheia de crianças", ele diz em um hebraico formal. Benjamin é um israelense de quarta geração, e ainda assim seu hebraico é rígido, um sinal do seu limitado contato com o mundo não religioso. Livros sobre as leis religiosas judaicas, halakha, enchem as paredes da sala. Uma pequena parte da parede é intencionalmente nua, sem pintura, em memória à destruição do Tempo. Pendurado proeminentemente sobre a enorme mesa de jantar há uma foto em preto e branco de um homem de 103 anos com barba branca e chapéu preto: o rabino Eliezar Menahem Schach, líder dos haredim "lituanos" não hassídicos, grupo religioso ao qual os Stein pertencem. (Embora muitos seguidores não tenham ancestrais lituanos, o próprio grupo se nomeou em homenagem ao país onde seu estilo de judaísmo floresceu, primariamente na cidade de Vilna, agora Vilnius, antes chamada de "a Jerusalém da Europa".) Benjamin estava entre as centenas de homens judeus ultraortodoxos que foram ao funeral do rabino Schach em Bnei Brak,[5] em 2001. Desde o começo do Estado, o rabino Schach assegurou um compromisso com o governo para que instituições públicas observassem práticas religiosas judaicas e estudantes ultraortodoxos fossem isentos do serviço militar. E muitas vezes enraiveceu a maioria dos não ortodoxos, chamando-os de "idólatras comedores de porco" e afirmando que não eram "judeus reais". Mesmo manifestando-se contra israelenses "sem Deus", os líderes haredim continuam cortejados pelos políticos. Seu poder pode fazer ou desfazer coalizões governamentais.

Sionistas seculares supuseram que a religião teria pouco lugar em um novo país. O antes ilustre mundo haredi dos grandes centros de aprendizado da Torá do Leste Europeu havia sido dimizado pelo Holocausto – cerca de quatro quintos dos haredim foram mortos nos campos de concentração, uma proporção mais alta que a de qualquer outro grupo judeu. Logo depois da independência, o primeiro-ministro Ben-Gurion concordou com os pedidos do rabino Schach, e de outros rabinos, para liberar os haredim eruditos das tarefas militares e deixá-los tentar reconstruir sua comunidade devastada. Quando Ben-Gurion introduziu os deferimentos militares em 1954, foram aplicados a 400 estudantes. Em 2008, foram concedidos a mais de 50 mil convocados de yeshivas. Os líderes israelenses não previram a explosão impressionante de eruditos religiosos isentos do serviço. Hoje, existem mais judeus estudando em academias religiosas do que em todo o mundo judeu antes do Holocausto. E os demógrafos calculam que, em 2020, o número de israelenses ultraortodoxos irá dobrar, chegando a 17% do total.

A vasta maioria dos homens haredim, como Benjamin, é formada por estudantes religiosos em tempo integral. Benjamin passa a maior parte do dia na *kollel* – uma academia onde homens casados estudam o mais sagrado livro judaico, a *Torá*. (A escola é subsidiada pelo governo e por doações do exterior.) A *Torá*, do verbo hebraico "ensinar, guiar", refere-se aos primeiros cinco livros da *Bíblia*, o Pentateuco ou os Cinco Livros de Moisés. "A *Torá* é o presente de Deus para nós. É a marca de Deus. Seu livro das leis." Benjamim acrescenta: "Por milhares de anos, a *Torá* manteve os judeus vivos, dizendo-nos como nos comportar, como sermos judeus. É a ligação para os judeus espalhados por todo o globo". Para os haredim, a *Torá* é a palavra de Deus, ditada por Moisés no Monte Sinai. Os homens haredim também examinam o restante da *Bíblia* judaica: o T'nakh, acrônimo de *Torá* (Leis), o Neviim (*Profetas*) e o Ketuvim (*Escritos*), e o *Talmude*, um trabalho enciclopédico de interpretação de leis bíblicas, tradições orais e extensos comentários.[6] (Judeus não chamam sua *Bíblia* de "Velho Testamento", porque a consideram seu "Único Testamento".) Os homens haredim devotam horas à memorização, discussão e aos comentários detalhados que cobrem virtualmente qualquer aspecto da vida judaica, da medicina ao casamento e à menstruação.

Algumas das observações escritas há séculos por rabinos, que eram os psicólogos de seu tempo, ainda são ricas e relevantes. Outras são totalmente misteriosas. "O estudo é meu meio de vida, e o *Talmude* minha profissão", declara Benjamin, que não trabalha. O mesmo é verdadeiro para 70% de todos os homens haredim israelenses. Como ele diz, sucintamente: "O bem espiritual de aprender o *Talmude* vale mais que qualquer contracheque". Sua mulher é a única em casa que tem um salário. Uma mulher rotunda de 34 anos, Sarah Stein usa uma peruca avermelhada, *sheitel* em iídiche. Inteligente, ela tem aparência elaborada, o que não é de surpreender, uma vez que Sarah desenha e vende perucas importadas de Nova York no esquálido apartamento que aluga perto de onde mora sua família em Geula, que significa "redenção" em hebraico. Lá, mulheres ultrarreligiosas podem fugir de fraldas, pratos e dogmas. No reprimido mundo haredi, onde é tarefa de uma mulher casada ser atraente apenas para seu marido, pôsteres por vezes criticam mulheres que usam perucas "muito na moda". De fato, algumas

214 Os israelenses

haredim usam deliberadamente perucas sintéticas desajeitadas. Mas não as freguesas de Sarah. Elas deixam seu salão com perucas chiques e *sexys*. "A modéstia está do lado de dentro, não importa o que você vestir", insiste Sarah. "Ninguém nos diz para sermos feias. Se fosse assim, nos sobressairíamos por nossa negligência."

Sarah leva com calma seu cotidiano extremamente cansativo, dividido entre clientes e filhos. Ela sempre viveu em um mundo onde os homens aprendem e as mulheres trabalham. Ser casada com um erudito talmúdico, que faz seus estudos em tempo integral, significa que ela está estafada, mas tem um lugar de destaque na sociedade haredi israelense. "Quando os judeus viviam em *shtetls* e guetos, as pessoas eram tão pobres que passavam o tempo tentando encontrar algo para comer. Assim, quantos podiam se permitir uma vida de estudos espirituais? Poucos, eu lhe digo. Estudar a *Torá* e o *Talmude* é o mitvah fundamental: está tudo lá. Tudo. Leis, ética e história. É como o oceano, tão vasto e profundo. E ser um erudito como Benjamin? E logo aqui em Jerusalém? É a maior honra." Para enfatizar, Sarah cita uma versículo de Isaías (2:3): "Do Sião deve partir a *Torá*, e o Mundo de Deus de Jerusalém".

Os Stein dependem do auxílio do governo, incluindo quantias em dinheiro para cada filho, serviços de saúde gratuitos, isenção de impostos municipais e, claro, dos ganhos de Sarah. Seu negócio com as perucas vai bem, mas com dez filhos e cortes nos subsídios governamentais, comprar carne ou comer na pizzaria *glatt* kosher do bairro são luxos incomuns. As crianças usam roupas dos irmãos mais velhos. No próximo Pessach, Sarah espera ter renda suficiente para comprar sapatos novos para eles. "O que não temos em dinheiro, temos em espiritualidade", ela comenta, citando um ensinamento religioso. "O que temos não é pobreza, é uma vida simples." Nos bairros haredim, a face sem adornos dessa "vida simples" é especialmente evidente durante os feriados, quando as pessoas ficam na fila para alimentos da cesta básica. Perto do apartamento dos Stein, toda quinta-feira às 5h30, uma entidade de caridade distribui refeições para o sabbath. Jerusalém tem o maior grau de pobreza de qualquer cidade israelense e a mas baixa renda *per capita*. A seguir, vem a cidade de Bnei Brak, predominantemente haredi. Em média, a família haredi tem mais de sete filhos. Mais da metade vive abaixo da linha de pobreza, é dependente do dinheiro público, suplementado por caridade.[7] Os israelenses não ortodoxos são rápidos ao dizer que essa pobreza é uma escolha, já que 60% dos homens haredim tem isenção de impostos e não procuram emprego.

Na comunidade haredi, onde as portas estão frequentemente destrancadas, as famílias dependem do apoio mútuo. Os vizinhos fazem as vezes de babás e emprestam – uns aos outros – carros, roupas, berços. "Se qualquer um da comunidade precisar, todo mundo ajuda. Você nunca está sozinho", diz Sarah, que segura um fax com uma oração de uma amiga em Bnei Brak, que tem um bebê doente. Sarah quer levar o pedaço de papel para o Muro Ocidental, perto de sua casa, e enfiá-lo entre as pedras ancestrais. Os vizinhos com frequência aparecem para enviar um fax, usar sua máquina de lavar ou pedir fitas cassete emprestadas. A coleção dos Stein vai de "*rock haredi*" a comentários sobre a *Torá*. No seu pouco tempo livre, Sarah se reúne com amigas e freguesas em um coral feminino.

Como quase todos os haredim, os Stein não têm televisão e nunca foram ao cinema. "Não somos contra a tecnologia", Sarah declara, apontando para seu celular e o micro-ondas. "Mas filmes e televisão estão cheios de tentações, que envenenam a pureza da família e dão às pessoas *yatzir ha-ra* (o instinto do mal). Eu adoraria ver uma televisão haredi. Talvez um dia tenhamos uma. No momento, pelo menos, temos bons programas de conversa haredi no rádio." Na casa dos Steins, as crianças não podem mexer no sintonizador – para evitar que ouçam rádios não haredi. "Tem muita música boa. Há o programa de encontros. Ouço pessoas ligando para os rabinos para contar seus problemas, e o programa do rabino paranormal. Seu coração está em forma tão pura que ele vê as coisas direito, e tem sido correto com meus amigos. Comigo, quando as coisas estavam tensas e eu não sabia se poderia importar perucas ou não, ele me disse que a porta do sucesso tem marcado 'empurre e puxe'. Assim, eu empurrei, e as mulheres estão comprando. Uma delas acaba de levar três perucas! Também adoro ouvir o programa de horóscopo. Usar o horóscopo de forma religiosa é aceitável. Não apenas as estrelas têm significado, mas, no judaísmo, os números também têm. Gosto do número seis porque ele representa o céu e a terra, e as quatro direções. O rabino explicou que o Magen David (literalmente, o escudo de Davi, a estrela de seis pontas judaica, um símbolo do século 20 do judaísmo) significa 'Deus em todo lugar'.[8] Então, ouvimos o rádio."

Sarah está tentando convencer Benjamin a comprar um computador para as crianças. "Mas ele nem quer ouvir falar nisso." Quando os Stein viajam para visitar amigos em Nova York, eles sentam na seção sem filmes, haredi, dos aviões da El Al – onde os homens podem usar seus xales de oração e rezar nos corredores voltados para o leste, em direção ao Muro Ocidental, sem atrair olhares. "Uma vez, quando viajamos", admite Sarah, que é um pouco rebelde, "deixei as crianças se mudarem para onde podiam assistir a *Os cento e um dálmatas*. E por que não? Minha vizinha deixa seus filhos verem *O rei leão* em CD em seus *laptops*, e não acontece nada de ruim."

No mundo dos Stein, praticamente tudo está dividido entre o obrigatório e o proibido. Eles seguem estritamente as leis judaicas, milhares de rituais e éditos rabínicos, que governam coisas como dar um nó no cadarço do sapato pela manhã, que música podem ouvir, e se a pirataria de *software* se encaixa na proibição bíblica ao furto. Um judeu não haredi ignora essas regras, as tradições antigas e restritivas. O judaísmo haredi coloca grande ênfase no ritual como um modo de se aproximar mais de Deus. Os haredim pensam como desempenhar cada ação, desde preparar comida até lavar as mãos antes de comer e fazer amor na sexta-feira à noite, porque cada uma delas é uma ligação espiritual com Deus. "Nós não fazemos as coisas automaticamente", explica Benjamin. "Há significado em cada pequena parte de nossas vidas." Na casa dos Stein, os Dez Mandamentos são apenas o começo; judeus religiosos tentam seguir os 613 mandamentos sagrados da *Torá*, ou mitzvot, leis éticas e morais específicas.[9] "Nossa vida é guiada pelos mitzvot", diz Sarah, que obedece estritamente as *khashrut*, isto é, as leis dietárias bíblicas que supostamente acrescentam santidade e higiene às vidas judaicas e auxiliam os judeus a manter sua identidade vivendo entre vizinhos não religiosos. Os Stein também observam rigorosamente o sabbath, que em hebraico significa "cessar", assim como "descansar".

"Desde o nascimento, somos educados com os shabbos", explica Sarah, usando a palavra iídiche para o sabbath. "É a Rainha dos Dias. Significa alegria, o não trabalho – apenas orar, comer e relaxar com família e amigos, fazendo coisas que realmente contam." O sabbath tem sido comparado a um santuário do tempo para a alma, um tempo de sentir o mundo do sagrado. Não é apenas um dia. É uma destinação. As palavras hebraicas para os seis dias são simplesmente números contados até o sabbath: domingo é o "primeiro dia" para o sabbath; a segunda, o "segundo dia"; e assim por diante, até o sétimo dia. A maioria das lojas e empresas em Israel fecha na sexta-feira ao meio-dia, dando às pessoas tempo para deixarem o mundo cotidiano e se prepararem para o sabbath, o único "feriado" judaico que é um dos Dez Mandamentos. Por mais de 3 mil anos, os judeus vagaram pelo mundo, carregando o sabbath como uma casa portátil, um tabernáculo móvel. Como escreveu o poeta Ahad Ha Am: "Mais do que o povo de Israel manteve o sabbath, o sabbath manteve o povo de Israel".

Desde o pôr do sol na sexta-feira até que três estrelas apareçam no céu na noite de sábado, os judeus praticantes não fazem qualquer trabalho. Não tocam em dinheiro, não atendem o telefone ou ouvem rádio. Não acendem cigarros, as luzes, ou o fogão, nem usam qualquer tipo de aparelho elétrico, porque "acender um fogo" significa trabalho. Os kibutzim religiosos usam temporizadores para ativar e desligar as máquinas de ordenha automática no sábado de manhã. Como não se permite aos judeus praticantes que apertem botões de elevadores no sabbath, o Knesset aprovou uma lei, em 2001, decretando que cada prédio público ou privado, de hotéis a hospitais, devem ter pelo menos um "elevador do sabbath", que para automaticamente em cada andar. Os haredim interpretam o trabalho com tanto rigor que alguns nem abrem embalagens de papel higiênico, deixando um de reserva. Durante séculos, centenas de páginas de minúcias obtusas e esotéricas foram escritas sobre tipos de trabalho proibidos no sabbath, que incluem tecer, costurar, construir, cozinhar, escrever. Não se pode andar de ônibus, ou a cavalo, que foi proibido pelo *Talmude* "em caso de uma pessoa puxar um galho de uma árvore", por causa da lei bíblica que proíbe "colher". Dirigir é proibido porque significa trabalho a ignição de um motor de combustão. No sabbath, os haredim tentam policiar suas ruas, amaldiçoando ou até jogando pedras nos blasfemos que dirigem por seus bairros.

O jantar do sabbath de sexta-feira é preparado com antecedência. Sarah e suas filhas passam o dia fazendo compras, limpando e cozinhando. Ela assa o *challa*, um pão em forma de bolo que os ashkenazim torcem e tran-çam como um lembrete de que a santidade do sabbath deve ser entrelaçada com os dias seculares. O peixe "gefilte" (termo iídiche para "recheado") é o favorito da família – peixes são o símbolo da fertilidade, e nessa noite se requer que os casados façam amor. Sarah e as meninas colocam uma toalha branca na mesa e vestem trajes brancos de sabbath. O branco é associado à pureza. Quarenta minutos antes de o sol se por, Sarah introduz a "presença divina" acendendo as velas do sabbath. Como uma das leis do sabbath

218 Os israelenses

proíbe acender fogo, as velas devem ser acesas antes do início do feriado. Uma vela acesa simboliza a alma; acender duas, misticamente, fornece uma "alma extra." Uma é em honra do mandamento para lembrar o sabbath e mantê-lo sagrado, e a outra representa guardar o sabbath não fazendo trabalhos proibidos. As mulheres desempenham esse ato sagrado "porque o lar é ainda mais importante que a *shul* (sinagoga); aqui, Deus se sente em casa". Os homens devem rezar três vezes diariamente em horas particulares. As mulheres não precisam participar da oração pública. "Deus quer que façamos o mais importante: ficar em casa com os filhos", explica Sarah enquanto limpa Coca-Cola derramada no chão da cozinha.

Aos 20 minutos antes do pôr do sol, Benjamin e os meninos encaminham-se para a sinagoga, onde leem as mesmas porções semanais da *Torá* que são lidas por judeus em todo o mundo. Benjamin entoa a canção de amor do rei Salomão (Provérbios, 31:10-31), elogiando as virtudes de uma "mulher de valor", e mostra carinho por sua mulher exausta. Também recita o *kiddush*, uma prece de santificação sobre o vinho e depois sobre o *challa*. Eles frequentemente convidam os amigos para esse jantar festivo, cheio de colesterol. Por vezes, quando há homens convidados, as meninas ficam nervosas, ou mesmo malcomportadas. Em casa, como na sinagoga, quando estão entre homens de fora da família, elas não podem rezar nem cantar. Há séculos, os talmudistas que escreveram o *Gemara* decidiram que "a voz de uma mulher é sexualmente ofensiva", e que ouvi-la distrai os homens da reza. Por isso, os haredim seguem uma lei chamada *kol ishah*, que os proíbe de ouvir uma mulher cantando ou orando. Nas sinagogas haredim e ortodoxas, mulheres sentam-se em galerias fechadas ou por trás de cortinas, onde os homens não possam espiá-las. A proscrição contra homens e mulheres se misturarem na sinagoga vem das descrições talmúdicas de uma seção de mulheres no antigo Templo de Jesusalém.

Em casamentos, bar mitzvahs e outras celebrações haredim, os homens não comem ou dançam juntos – são separados por uma *mechitzah* (partição). "Fomos ao bar mitzvah de um vizinho que brinca com Moshe. Quando serviram carne e galinha, parecia delicioso, mas nós só comemos as saladas", lembra Sarah. "Eles são marroquinos muito religiosos. Benjamin disse que não deveríamos pegar porque a comida não era kosher o bastante para nós.[10] Quando as mulheres perguntaram por que eu não estava comendo, não quis embaraçá-las, e disse que estava com um problema estomacal. Nós participamos do brinde porque o vinho era bom para nós. Não tenho nada contra eles, ou persas ou mesmo curdos, mas seus costumes e *halaka* não são os nossos. Os mizrahim comem arroz no Pessach." Não é apenas entre um ashkenazi haredi e os mizrahim que há padrões de kashrut competitivos; mesmo dentro do mundo ashkenazi, as pessoas por vezes não comem nas casas das outras. Alguns grupos haredim operam seus abatedouros, com rituais próprios, porque apenas seu selo "ultrarrestrito kosher" é aceitável.

Seja galinha ou detergente, Sarah apenas compra produtos "escrupulosamente superkosher", com o tipo "certo" de certificado, emitido pelos rígidos inspetores de sua comunidade. "Para nós, apenas o *She'erit Yisrael* (o certificado de *kashrut* observado pelos lituanos) pode ser confiável", ela explica. "Nossos inspetores nunca permitem o mínimo traço de infiltração de substâncias não kosher." Seu bairro, uma mistura de diferentes grupos – da comunidade haredi ou mizrahi, por exemplo –, tem mercados com produtos com uma gama de certificados kosher. Alguns mercados oferecem até mesmo horários de compras separados para homens e mulheres. O gerente de uma agência do correio local se recusa a empregar mulheres – elas podem ofender fregueses homens. Nas piscinas públicas que os haredim frequentam, homens e mulheres nadam em horários alternados. Algumas das praias de Israel são segregadas, com espaços reservados para homens e muheres. Mulheres haredim geralmente não sentam junto de homens no ônibus. Quando caminham, algumas se afastam quando homens estão perto para não contaminá-los por "passarem entre duas mulheres".

"Algumas pessoas acham que isso é tolice", diz Sarah, suprimindo um riso. "No quarteirão, há uma família de Gerer (a maior seita hasídica israelense). Ele é tão rígido com sua mulher que não a deixa caminhar em público ao seu lado nem a chama pelo primeiro nome."[11] Embora não sejam tão rigorosos, Benjamin e Sarah não ousam mostrar qualquer afeição física ou verbal em púbico. Ficar de mãos dadas em frente de estranhos é atitude que denota falta de recato. É proibido porque pode provocar pensamentos lascivos, que por sua vez podem resultar em emissão promíscua de sêmen, uma ofensa do *hallack*. Por isso, os rabinos haredim geralmente proíbem o uso de preservativos, pílulas anticoncepcionais ou DIU, exceto por razões médicas ou psicológicas. Os haredim consultam seus rabinos em questão que variam da impotência à fertilidade ou mamogramas. Algumas mulheres haredim também são recatadas demais para deixar que os médicos toquem seu corpo. Se o médico descobrir câncer ou outra doença séria, as mulheres frequentemente guardarão segredo. Tal estigma torna seus filhos menos elegíveis para o casamento.

Em casa, os haredim também precisam observar as regras de decoro. Quando uma amiga secular de 60 anos, de Tel Aviv, fez uma visita a Sarah, Benjamin se recusou a se sentar com ela porque pessoas não relacionadas do sexo oposto não devem ficar sozinhas na mesma sala. A mulher deu à sua filha de 7 anos uma "Barbie dentista", mas, depois que ela saiu, Benjamin colocou a boneca de volta na caixa, totalmente desconfortável com as formas da Barbie, como se ela fosse uma militante feminista. "Ele disse que aquilo que as garotas seculares conhecem aos 7 anos, nossas filhas não devem conhecer até os 17", relata Sarah, que não protestou quando o marido a instruiu a trocar a curvilínea Barbie por uma boneca "apropriada". "Ele sabe mais sobre as coisas que realmente importam. Assim como um ônibus tem apenas um motorista, no casamento só deve haver um líder. A *Torá* sagrada nos ensina que, se tratarmos os maridos como reis, eles nos tratarão como rainhas." Ocasionalmente, Sarah se incomoda com seu tratamento. Quando levou para casa uma popular revista feminina israelense para estudar os últimos estilos de cabelo, seu marido a viu e achou que as fotos eram "moralmente poluídas". Ela jogou a revista "não kosher" e inapropriada no lixo, mesmo discordando da avaliação. Por vezes, porém, se esquece de jogar fora as edições mantidas em seu salão de perucas.

O jornal haredi que Benjamin lê não tem fotos de modelos atraentes. Não tem foto de mulher alguma. Algumas repórteres usam apenas suas iniciais, e um típico anúncio de casamento tem apenas o primeiro nome da noiva. (O jornal também publica a lista de lojas e restaurantes de Jerusalém que ousam abrir aos sábados, e instrui os leitores a boicotá-los. Alguns já foram vandalizados ou incendiados.) Benjamin ocasionalmente compra um jornal secular "para entender o pensamento deles": "É muito desconfortável ler esse tipo de imprensa, controlada por odiadores do haredi. Eles nos chamam de 'khomeinistas' e 'parasitas'", diz ele com tristeza, referindo-se à percepção disseminada entre os israelenses de que os haredim são fundamentalistas que fogem do serviço militar e vivem de esmolas do governo. "Sempre que deixo o bairro, sei o que as pessoas pensam quando me veem. Posso sentir o ódio delas. Quando fui tirar o passaporte, ouvi uma mulher na fila falar: 'A única coisa que temos em comum com esses *dossim* é o passaporte" (dossim, termo derrogatório para os haredim, é o iídiche para "religioso"). Ele descreve o que aconteceu durante um passeio em Ein Gedi, perto de Masada, onde parou em um posto de gasolina. "Eu perguntei onde era o banheiro, e o atendente disse: 'É lá, mas é para israelense, e não para *negros*' (termo desprezível, que se refere aos trajes negros dos haredi)." Benjamin acrescenta: "Tudo o que os seculares sabem de nós são mentiras grosseiras. Eles dizem que nos odeiam mais que aos árabes. Mas, desde que os árabes começaram a mandar homens-bomba para cá, pelo menos eles pararam de dizer isso."

A filha mais velha dos Stein, Leah, de 16 anos, com uma longa trança e aparelho nos dentes, logo estará pronta para o agente de encontros profissional. O valor de uma jovem haredi é baseado em sua aparência e religiosidade, nas finanças e conexões de sua família. As crianças haredim casam cedo – as mulheres, geralmente, entre os 17 e 20 anos, os homens dos 20 aos 23 –, e a família haredi média tem oito filhos. Assim, quando chegarem aos 50, Sarah e Benjamin poderão ser "abençoados" com mais de sete netos. "Com famílias pequenas, há rumores de que algo está errado", diz Sarah. "Ainda assim, espero que Leah não tenha muitos. Hoje, quem pode se dar ao luxo de um apartamento de tamanho decente? Para encontrar um, ela provavelmente terá de se mudar de Jerusalém. Os mais baratos mesmo estão nas colônias. Mas de que adianta ter um apartamento grande se seus vizinhos (palestinos) o querem morto?"

Um bom partido para uma verdadeira "garota Torá" como Leah seria um "verdadeiro homem da Torá" (um estudioso haredi). "Eu sei que o Sagrado irá nos ajudar a encontrar alguém adequado." Um prodígio na *Torá* de uma família hasídica se qualificaria? Sarah assinala que seu grupo ultra-ortodoxo, os lituanos, também chamam a si mesmos de *Mitnagdim*, o que significa oponentes. "Isso é porque nossos rabinos eram contra os hasidim. Nós ainda não gostamos do jeito como eles centram suas vidas em torno do rabino e deixam que ele dirija tudo. Mas, comparados com outros nesse país, os hasidim são a coisa mais próxima que temos dos judeus."

O hasidismo espalhou-se por comunidades destituídas de judeus do Leste Europeu durante o século 18. O fundador carismático desse movimento populista, o rabino Yisrael Ben Eliezer, mais conhecido como Shem Tov (Mestre do Bom Nome), desafiou as práticas lituanas tradicionais do judaísmo. Ele ensinou que o caminho para Deus é por meio do coração, e não da cabeça,

222 Os israelenses

através de preces, canções e danças fervorosas, e não os estudos pomposos do *Talmude*. Os ensinamentos populares hassídicos trouxeram um conforto espiritual para os pobres e semiletrados judeus que nunca poderiam ser eruditos ou rabinos como os lituanos. Seus discípulos enfatizavam a alegria de fazer bons atos, em vez do temor de desobedecer leis judaicas menores. Os hassídicos abraçaram a cabala, a prática do misticismo judaico, o que também atraiu seguidores. Seus ensinamentos mágicos e misteriosos sobre o céu, a reencarnação e a vinda do Messias ofereciam uma fuga de um mundo miserável de pobreza chocante e de *pogroms* assassinos de cossacos e camponeses.

Os revolucionários ensinamentos hassídicos tornaram-se tal ameaça, que o chefe não oficial dos judeus russos e lituanos, o estimado Vilna Gaon – o gênio de Vilna, Lituânia –, excomungou os judeus hassídicos, cujas atitudes anti-intelectuais e práticas cheias de emoção distorciam o judaísmo. A amargura diminuiu, mas os lituanos ainda se consideram os verdadeiros "guardiões" da lei e das tradições talmúdicas, e acreditam que o judaísmo sobreviveu durante séculos porque os judeus ficaram apegados ao estudo da *Torá*. Eles não têm dúvida de que o judaísmo não deve mudar com o tempo – ao contrário, o judaísmo deve mudar os tempos. Os ashkenazim religiosos se dividiram em dois grupos: os lituanos e os hasidim. A divisão não terminou aí. Grupos hassídicos se separaram e nomearam a si mesmos – em homenagem aos fundadores rabinos de suas cidades do Leste Europeu pré-Holocausto – como Ger, Breslov, Belz, Satmar e Lubavitch. Quase dois séculos depois, os lituanos e diversos grupos hassídicos ainda se estranhavam, mas geralmente se aliavam para votar contra a maioria, os judeus não ortodoxos.

"Benjamin quer mesmo que Leah se case com um verdadeiro moço da *Torá*, mas nisso nós concordamos como gato e cachorro", ela confidencia. "Prefiro que ela se case com um homem que tenha uma renda real, talvez trabalhando com computadores." Uma solução óbvia poderia ser um garoto lubavitcher esperto em computação, já que esses hasidim foram os primeiros a ter seu próprio *website* e dirigir suas próprias empresas de computação. Sarah parece incrédula. "Do jeito que eles reverenciam aquele rabino? Como lituanos, não acreditamos em um *rebbe* milagroso. Nossos líderes o chamam de herético." Ela se refere ao carismático rabino Menachem Schneerson, que liderou os lubavitchers/habad[12] por 40 anos a partir de sua casa em Crown Height's, em Nova York, até morrer em 1994, com 91 anos. "Construíram uma réplica exata de seu quartel-general de tijolos vermelhos no Brooklyn aqui mesmo em Israel, que ele nem visitou. Quando estava no aeroporto, vi um enorme cartaz com seu rosto. E sabe o que estava escrito? 'Nós queremos o Messias. Agora!' Alguns deles pensam que ele é o Messias. Essa é uma ideia que nenhum judeu deveria aceitar."

Mais do que outros grupos religiosos, os lubavitchers/habad chegaram aos judeus não praticantes, acreditando que são um antídoto para a assimilação. Para eles, existem apenas dois tipos de judeus: os religiosos e os ainda não religiosos. Alguns "habadniks" dirigem vans apelidadas de "tanques mitzvah", distribuindo velas do sabbath e encorajando os homens a usar o tefillin. Eles transformaram uma pequena comunidade hasidim do Leste Europeu em uma rede educacional internacional. Muitos emissários que dirigem escolas, acampamentos infantis e dão aulas em 109 países são *ba'al teshuva*, isto é, novos religiosos ou "judeus nascidos de novo". Muitos que frequentam não são haredim, nem mesmo ortodoxos.

Em Israel, o número dos *ba'al teshuva* cresce rapidamente. Alguns estão aderindo a vários grupos hassídicos, outros preferem os lituanos. "Nós os acolhemos bem, mas é melhor que nos casemos entre nós mesmos." Usualmente loquaz, Sarah fica em silêncio, para não cometer o pecado de *lashon hara* (língua maldosa ou conversa maliciosa). Os judeus são ensinados que a língua separa o homem da besta, e que o discurso os aproxima mais de Deus, que está tão preocupado com o que sai pela boca quanto como o que nela entra: as leis da maledicência e a fofoca aparecem na *Bíblia* perto das leis de alimentos não kosher. Entre outras coisas, um menino lubavitcher, especialmente de uma nova família religiosa, não seria aceitável para Leah porque sua mãe não fez o mikvah, ou banho público ritual, antes de conceber. Qualquer garoto de uma mãe não limpa pelo ritual é "não kosher". O judaísmo associa a pureza do corpo com a pureza da mente. Sarah obedece escrupulosamente as leis sexuais de pureza. Quando está menstruada, não toca em seu marido, e quando o ciclo termina, ela faz uma imersão no mikvah para restaurar sua pureza. Para os haredim e muitos homens e mulheres ortodoxos, ir a um mikvah para purificação tanto física quanto espiritual é parte crucial de ser um judeu. O *Talmude* chama o mikvah de uma das dez mais importantes instituições judaicas.[13]

Enquanto seus pais se preocupam em encontrar um parceiro "kosher" para Leah, ela se preocupa com a lição de casa. Seu uniforme azul-escuro da escola quase esconde seus tênis Nike. O sistema educacional haredi decretou

224 Os ISRAELENSES

que as mulheres não são adequadas para o árduo estudo da *Torá*. "Aquele que ensina a *Torá* à sua filha, é como lhe ensinar a lascívia" (*Mishna*, Tractate Sotah 3:4). Garotos e garotas vão para escolas distintas e têm currículos diferentes. As meninas haredim fazem cursos religiosos filtrados, com a porção semanal da *Torá*. Desde a infância, o haredi batalha para ser justo, fazendo uma quantidade extraordinária de trabalho caridoso. O judaísmo dá maior prioridade a ajudar pessoas do que adorar a Deus, porque Deus nunca está necessitado, mas as pessoas sim. Fazer caridade (*tzadaka*, em hebreu, significa literalmente "justiça" ou "retidão") é uma obrigação religiosa. Os colegas de classe de Leah entregam refeições kosher para os pobres e também trabalham em um asilo de idosos. Outros são voluntários na Yad Sarah, uma instituição de caridade que distribui equipamentos médicos de graça para judeus e árabes, tais como cadeiras de rodas e muletas. O haredi lituano que a fundou, Uri Lupolanski, foi eleito prefeito de Jerusalém em 2003.

As proibições de educação secular para as meninas são bem menos restritivas que para seus irmãos educados na yeshiva. Algumas garotas haredim aprendem matemática, inglês e um pouco de ciências, embora não biologia. Elas podem ler literatura hebraica, mas não livros que possam expô-las a ideias não religiosas. Os censores rabínicos não permitem que meninas leiam os livros de aclamados escritores israelenses não ortodoxos, como Amos Oz, ou A. B. Yehoshua ou David Grossman, porque desafiariam suas crenças. Todo o currículo é examinado para assegurar que esteja livre de "conteúdo ofensivo" que possa prejudicar a religião ou contradizer a lei judaica. Mais importante, ele não deve mencionar ideias heréticas como o sionismo. Muitas escolas da comunidade haredi são fortemente antissionistas. Leah não sabe nada de Theodor Herzl, David Ben-Gurion, Moshe Dayan ou Golda Meir. Também nunca ouviu *Hatikvah*, o hino nacional de Israel – que, ao ser tocado no Knesset, provoca dois tipos de atitude nos políticos haredim: ou permanecem sentados ou saem do salão com outros não sionistas, como a maioria de seus colegas árabes.

Embora sua educação seja bancada pelo governo "sionista", muitos alunos haredim aprendem que a criação do Estado foi uma catástrofe moderna do judaísmo, porque apenas Deus tem permissão de restaurar a terra dos judeus. Suas escolas não perdoam os fundadores por terem se rebelado contra a divindade, e muitas nem hasteiam a bandeira israelense. As crianças são encorajadas a rezar para que Israel se torne um dia uma teocracia, governada pelas leis da *Torá*. Os haredim, geralmente, ignoram o Dia da Independência ou se compadecem dele – furiosamente antissionistas, eles jejuam nessa data de "destruição espiritual".[14] Para os hassídicos lubavitchers/habad, no entanto, o Dia da Independência é um feriado religioso porque eles acreditam que o nascimento de Israel, em 1948, marcou o começo da redenção messiânica. As crianças haredim não comemoram o aniversário do assassinato de Yitzhak. Por vezes, no Lag b'Omer, um feriado de primavera quando os judeus israelenses fazem festas em torno de fogueiras, a televisão mostra imagens de crianças haredim jogando bandeiras de Israel nas chamas, o que enraivece a maioria dos espectadores.

As garotas haredim, em sua maioria, estão mais preocupadas em se tornar meninas da *Torá*, que podem combater a esmagadora pobreza, do que ser líderes de torcida para seus irmãos que queimam bandeiras. Diz muito o fato de a brochura da escola de Leah prometer educar garotas "para ocupar seus lugares honrados como mães judias, treinando-as ao mesmo tempo para uma carreira compensadora que permita que ajudem suas famílias". Os campos populares femininos, que ensinam como cuidar de crianças e tarefas de secretárias, estão cheios demais e mal estruturados. Cada vez mais, rabinos haredim percebem que as garotas precisam de novas habilidades se quiserem tirar suas famílias da pobreza. A escola de Leah passa por uma silenciosa revolução. No laboratório de computação, meninas aprendem a lidar com o Microsoft Office. Algumas sonham em se tornar programadoras. No entanto, os computadores não têm *modems* – o ciberespaço aterroriza os rabinos. Um comunicado assinado pelos mais importantes rabinos haredim, distribuído em bairros ultraortodoxos, acusa a internet de ser "um perigo mil vezes maior que a televisão": "Ela incita e encoraja o pecado e a abominação da pior espécie". A maioria dos rabinos haredi proíbe o uso da internet em lares. Há, no entanto, exceções: empregos *high-tech* são permissíveis; a internet, por outro lado, é um problema. "Ninguém a supervisiona, não há nada que proteja as pessoas de suas influências daninhas", diz um porta-voz do Eidah HaHaredit, grupo linha-dura que proíbe qualquer ligação com a internet por ser "um veneno mortal que queima as almas".[15]

Em 2008, mais de 60% das famílias haredim tinham computadores. Ninguém sabe quantos obedecem às ordens para deletar os navegadores de internet. A sinagoga de Benjamin Stein fica perto da Torah Scholar Software. Uma loja como essa não escarnece dos éditos rabínicos, porque há volumes de questões do halack a serem respondidas e, como não há um bom índice, o *software* facilita encontrá-las. Embora ele seja a favor de eruditos usarem computadores, seja para escrever sobre temas talmúdicos ou achar textos obscuros, não permite que ninguém em sua casa faça o mesmo, ainda que sua esposa e filhos não ousassem lhe pedir um *modem*. O que Benjamin acha da internet? Ele faz uma careta e, com um gesto de mão, pronuncia: "É um lixo terrível. Você teria de supervisionar as crianças o tempo todo, e nunca saberia o que elas poderiam encontrar".

Os alunos da yeshiva foram apanhados usando seus celulares para acessar serviços eróticos na internet. Em 2002, rabinos haredim ameaçaram boicotar as empresas de telefonia que vendiam a seus seguidores celulares com conexão para a internet. Benjamin parece desconhecer que a poucos quarteirões no moderno Russian Compound, cercado de cafés e *pubs* que funcionam até tarde da noite, homens haredim avidamente surfam na *web* no Netcafé. Alguns fazem compras *on-line*, entram em salas de bate-papo seculares e acessam *sites* pornográficos. Com a crescente pobreza e a revolta secular, alguns homens haredim estão pesquisando *sites* de empregos. Estão começando a combinar a verdade da *Torá* com a alta tecnologia.

O Centro Haredi de Estudos Tecnológicos fica em uma rua calma em Mea Sharim. Na entrada, uma placa ostenta uma linha do médico e filósofo sefardita medieval Moisés Maimônides: "O mais alto grau de caridade é ajudar a pessoa a ganhar a vida, para que ela não precise depender dos outros". Surpreendentemente, quando o centro abriu, em 1997, proeminentes rabinos haredim – hassídicos, lituanos e mizrahim, que raramente concordam sobre coisa alguma – deram suas bênçãos a esse lugar revolucionário. Desde sua inauguração, com 35 estudantes, as matrículas explodiram para mais de 2 mil estudantes em cinco escolas em Israel. Nessa "atmosfera haredi", mulheres vão a aulas de dia, e os homens de noite. (Os haredim são proibidos de estudar em universidades que tenham classes mistas, que são cheias de "descrentes".) O centro age como ponte entre o mundo insular haredi e o *high-tech* sem fronteiras. Mulheres da comunidade geralmente aprendem linguagens de computador, escrita técnica e engenharia mais rápido que homens treinados em yeshivas, porque aprenderam coisas como álgebra, inglês e geometria. Elas estudam para ser programadoras, administradoras de sistemas, artistas gráficas e técnicas em consertos de computadores. Algumas optam por trabalhar em casa, onde podem cuidar dos filhos e ficar longe dos olhos do público. Outras procuram empregos em departamentos femininos. Cada vez mais, algumas procuram emprego no lucrativo mundo *high-tech*.

Pressionados pela pobreza, aliada à crescente revolta secular e aos cortes no apoio do Estado, os homens haredim também estão em busca de emprego. A transição, porém, é difícil. Eles vêm aos centros sabendo pouco do mundo fora da yeshiva e da sinagoga e com poucas habilidades que possam vender. O típico haredi estuda em tempo integral em um seminário religioso desde os 6 até os 42 anos, passada a idade da convocação. Depois da idade do bar mitzvah, como nas escolas Shas, garotos não estudam ciência, história e matemática, nem inglês, porque temas seculares são "bitul Torah", ou seja, tempo perdido que deveria ser ocupado com o estudo da *Torá*. Alguns nem conhecem tabelas de multiplicação. Por vezes, o hebraico deles é tão abaixo do padrão, que é difícil entender o que estão dizendo ou escrevendo. No entanto, esses "homens do Livro" são acostumados ao estudo rigoroso, passando até 12 horas decifrando a complicada lógica talmúdica e decodificando opiniões rabínicas conflitantes. As páginas do *Talmude* são cheias de conversas não lineares e múltiplas, com tipologias diferentes, como se fossem uma sala de bate-papo ancestral. Os professores descobrem que esses homens treinados para ser analíticos e intuitivos, para quebrar os problemas talmúdicos em pequenas partes, são hábeis para aprender Java e outras linguagens de programação de computador. "A *Torá* é, na verdade, o primeiro hipertexto do mundo", observa Yossi Vardi, investidor de risco milionário que investiu em uma empresa de *software* haredi porque seus donos "são muito motivados e espertos por anos de estudos do *Talmude*". A prestigiosa Technion supervisiona os cursos do centro e dá ao graduado haredi um diploma altamente qualificado.

O professor da Technion que coordena os programas vê um potencial revolucionário em trazer os haredim para a era da informação. "Estamos fazendo uma das mais importantes missões de Israel hoje." Har Hotzvim, uma das áreas *high-tech* de Jerusalém, é cercada por novos prédios de apartamentos, para onde se mudam novos moradores haredim, que também estão entrando em empresas como a Intel. Dvora, uma modesta haredi em um mundo de Pentium 4, trabalha para o maior fabricante de *chips* do mundo. Sua grande boina preta esconde seus cabelos. Ela não quer usar seu nome: "Meu trabalho com os homens é uma questão delicada". Durante suas primeiras semanas na Intel, sentia-se pisando em ovos. "Tentava saber como agir", ela diz. "Mas aquelas pessoas na Intel têm muita consideração. Descobri que posso trabalhar aqui sem comprometer meu halakha. Quando ouvi uma engenheira de *software* falar um palavrão, até tive coragem de me manifestar e pedir que parasse. Como estamos nos misturando com seculares, e mesmo com ortodoxos, estamos ajudando-os a nos entender." Dvora acha bom que as pessoas sejam curiosas. "Fiquei amiga de uma garota do meu grupo, que me convidou a ir à sua casa para o shabbos. Eles querem saber por que comemos matzah no Pessach ou por que meu marido me deixa trabalhar aqui. Depois de terroristas atirarem no ônibus que minhas filhas pegam para a escola, ela me perguntou como eu conseguia aparecer no trabalho. Eu lhe disse que não tenho medo. Cada bala tem um endereço."

A transição da *Torá* para o *high-tech* não é fácil. Um hassídico, trabalhando em um cubículo, mantém seu chapéu fedora preto em cima do monitor do computador. Ele parece alheio às suas colegas, algumas das quais usam minissaia e trabalham no sabbath – e fazem comentários. "Quando ele começou, nunca tinha visto um número romano, nunca tinha ouvido falar de Yahoo ou de Bill Gates", comenta uma delas. A cada tarde, ele se reúne com diferentes grupos haredim para preces no abrigo antibombas/sinagoga. Ele desistiu de seu estudo em tempo integral da *Torá* e, como já passou muito da idade do serviço militar, conseguiu esse emprego para ajudar a alimentar sua família. Os jovens haredim, na maioria, permanecem estudiosos em tempo integral – o que, por enquanto, os isenta do serviço militar.

No Dia da Lembrança, quando as sirenes soam por Israel, a maioria dos judeus israelenses fica em silêncio em honra dos soldados que morreram por seu país. A maioria dos haredim ignora desafiadoramente as cerimônias. Imagens chocantes na televisão de garotos da yeshiva rindo ou brincando, enquanto as sirenes tocam, enfurecem a maior parte dos israelenses, que repetem acusações, feitas há décadas, de que eles fogem em massa da convocação. Os israelenses estão cada vez mais enraivecidos com o fato de que seus amados estão colocando uniformes e arriscando suas vidas, enquanto homens haredim capazes estudam em segurança. "Sei que eles se ressentem de nós", diz Benjamin Stein. "Eu tenho uma dispensa. Espero que meus filhos também tenham. Com soldados lutando contra terroristas, o que eu posso explicar parece desimportante para os seculares, mas é apenas porque falamos duas línguas diferentes. Acreditamos que nossas preces podem ser tão poderosas como tanques e armas. Ao rezar para proteger a nação, estamos fazendo a eles um favor maior do que servindo o exército. Mais filhos irão morrer se não rezarmos. Somos soldados a serviço da nação. Deus cuida deles por causa de nós." Tal resposta enfurece soldados israelenses, que exigem saber por que o sangue haredi vale mais que o deles.

Eles acharam que suas questões tinham sido resolvidas em 1998, quando uma histórica decisão unânime da Corte Suprema de Israel (incluindo dois juízes ortodoxos que endossaram a decisão) colocou fora da lei as dispensas do exército de ultraortodoxos em idade de convocação. Eles escreveram: "A dispensa cria uma profunda divisão na sociedade israelense e um sentimento crescente de iniquidade. A situação atual criou toda uma população que não está integrada no mercado de trabalho e, cada vez mais, depende dos estipêndios do Estado". Em 2003, o Likud convidou o antiortodoxo Shinui para a coalizão e excluiu os políticos ashkenazim e mizrahim de chapéus pretos. Sua força combinada não mais estava no caminho de um governo tentando colocar a lei para funcionar. Essa era uma nova era, na qual a religião e a política não estavam inextricavelmente misturadas. Mas foi uma era curta. No final de 2004, os ultraortodoxos foram chamados de volta à coalizão governamental.

Embora os rabinos insistam na proibição, um número pequeno, mas crescente, de haredim tem se alistado. Esses jovens que abandonaram a yeshiva, com seus peyot pendentes, servem em um "batalhão sagrado", todo haredi, onde não têm contato com soldadas, tomam aulas de *Talmude* e se alimentam com comida "apropriada" (por lei, toda a comida das IDF é kosher, mas não kosher o bastante para se ajustar aos padrões mais rígidos dos haredim). De origem ashkenazi ou mizrahi, eles levantam cedo para orar e depois pegam seus rifles de assalto. Sua unidade de infantaria de combate é uma das responsáveis pela segurança no Vale do Jordão. Os haredim não se inscrevem para certos trabalhos, como pilotos de jatos, porque não podem voar no sabbath e suas barbas interferem nas funções das máscaras de oxigênio. Quando esses soldados voltam para casa de licença, poucos ousam entrar no bairro haredi de uniforme.[16]

"Há uma lavagem cerebral real contra os militares", afirma um novo recruta que poderia passar por um bem moldado surfista da Califórnia.

"Servir, em vez de estudar, é uma mácula para a vida. Coloque um uniforme e perca todas as chances de uma boa *shidukh*", diz o soldado de cáqui, referindo-se à parceira para o casamento. Ele é um ex-haredi, e sabe do que está falando.

Para evitar levar vergonha à sua família, que vive em uma comunidade haredi em Haifa, "Josh" pediu que seu nome real não fosse usado. É difícil imaginar que, apenas dez meses antes, ele era um jovem assustado de 21 anos, com peyot, casaco e quipá pretos. Sua transformação começou embaixo das cobertas, onde ele secretamente usava um fone de ouvido para escutar estações de rádio seculares. Em bar mitzvahs e casamentos, se houvesse convidados seculares, Josh ficava ao lado deles. Levou tempo, mas ele discou – uma linha de ajuda para voluntários da Hisel, uma organização que assiste jovens haredim que decidiram se tornar seculares. Foi necessária uma coragem enorme para que Josh tomasse um ônibus para sair do seu bairro, sem posses, dinheiro ou qualquer amigo não haredi. Em um local combinado, ele encontrou sua família adotiva, que lhe deu o primeiro vislumbre de um novo mundo. Ele cortou seu peyot e removeu seu casaco e sapatos pretos. Do armário de seu irmão adotivo, ele escolheu jeans Levi's apertados, um casado de couro preto e sandálias. Parecia um suburbano secular. Mas não era. Não do lado de dentro. Durante seus primeiros dias "fora", o irmão de Josh o levou para ver seu primeiro filme. Dominado, Josh percorreu seu primeiro *shopping*, deu seu primeiro chute em uma bola de futebol e foi a seu primeiro concerto de *rock*. "Eu nem sabia quem era Avi Geffen. Nunca tinha ouvido suas músicas. Alguém me disse que ele é sobrinho de Moshe Dayan. Eu continuei não entendendo. Depois as pessoas se levantaram, homens e mulheres dançando juntos, o que foi um choque. No sabbath alguém me deu um cigarro. Dei uma tragada e depois o escondi, para que Deus não visse."

Deixar a vida haredi é intimidador. Josh deixou um mundo de respostas absolutas por um de escolhas contínuas. As coisas não estavam mais previamente escritas sobre o que devia vestir ou ler ou com quem devia se casar. Ele passou muito tempo explorando Tel Aviv, que haviam lhe ensinado ser a versão moderna de Sodoma e Gomorra. "Uma garota que trabalha na Ikea paquerou, mas ele não soube o que fazer", lembra seu irmão adotivo. "Ele me perguntou: 'Como vocês namoram?' E eu lhe disse que devia convidá-la para um café. A garota não tinha ideia de que aquele cara de aparência *cool* não tinha absolutamente nenhuma experiência com mulheres. Ele nem mesmo sabia como os bebês nascem."

Josh passou sua vida estudando em yeshivas. As únicas mulheres que conhecia eram suas parentes. Ele foi aconselhado por um assistente social, que o colocou em um grupo com outros jovens ex-haredi. Um deles treina cavalos em um kibutz secular. Dois estudam para o exame de matrícula e esperam ser admitidos na faculdade. Outro cursa a Academia de Arte Bezalel, em Jerusalém. Depois de deixar o enclausurado mundo haredi, todos sofrem com problemas semelhantes – da solidão à enorme culpa de "desertar" da família e dos amigos. Josh diz que se sente um traidor. "No mundo haredi, é melhor ter um filho criminoso do que um que abandonou a religião", ele diz em voz quase inaudível. "Quando parti, desgracei toda minha família." Mesmo após tomar sua decisão, ainda esperou um ano até que suas duas irmãs mais velhas se casassem. Ele explicou que o estigma de sua partida iria prejudicar o "valor para o casamento" de suas duas irmãs mais novas.

Depois de uns dias "fora", Josh ligou para casa. Sua mãe atendeu. "Ela começou a chorar quando ouviu minha voz. Eu falei, mas ela não disse nada. Nem uma palavra. Depois mandei uma carta. E outra. Acho que nenhuma resposta é uma resposta." Passados alguns meses, ele ligou de novo. "Desta vez, meu pai atendeu. Quando ele ouviu minha voz, gritou: 'Você não existe mais. Eu agora só tenho oito filhos'. E desligou. Talvez nunca me deixem visitá-los", diz Josh com poucas esperanças. "Mas eu nunca vou ser capaz de apagá-los da minha vida."[17]

Notas

1 Os judeus usam peyot e barbas seguindo a prescrição bíblica do *Levítico* 19:27: "Você não deve aparar o cabelo de suas têmporas, nem deve desfigurar os cantos de sua barba".

2 Cobrir a cabeça não é uma lei bíblica. É um costume observado por todos os judeus ultraortodoxos e muitos ortodoxos, simbolizando um "poder mais alto" sobre suas cabeças. O rabino Ovadiah Yosef proíbe mulheres mizrahim casadas de usar peruca porque elas parecem "naturais demais".

3 Os demógrafos preveem que, em 2023, os ultraortodoxos serão 20% dos israelenses. Ilene R. Prusher, "Jewish Scholars Toggle Torah and Technology",

232 Os ISRAELENSES

Christian Science Monitor, 15 de março de 2000, citando o economista Eli Berman, da Universidade de Boston.

4 A *Bíblia* manda que os judeus usem franjas visíveis, tzitzit, em *Números* 15:34--41: "Deus disse a Moisés, fale ao povo judeu e o instrua para que façam franjas nas pontas de suas roupas [...] por todos os tempos [...] assim serão lembrados de observar todos os meus Mandamentos e serem sagrados com seu Deus". Os haredim e alguns homens ortodoxos usam um pequeno tallit, uma simples peça de vestuário de quatro cantos sob suas camisas, que tem um tzitzit visível. Quando rezam, os homens usam outro xale ritual maior, branco, o tallit, que também tem um tzitzit.

5 Muitos homens mizrahim compareceram ao funeral de Schach, em 4 de novembro de 2001, porque ele foi o primeiro rabino ashkenazi a aceitá-los em sua yeshiva. O rabino Yosef, líder espiritual do Shas, não compareceu. Ele e Schach foram cofundadores do Shas em 1984, mas, no começo dos anos 1990, tiveram uma desavença – e Shas saiu da influência de Schach. Diz muito o fato de poucos hassídicos – com os quais os haredim lituanos têm uma rivalidade tradicional – terem ido ao funeral. A Comissão de Nomes de Bnei Brak mudou o nome da rua Herzl, uma das principais da cidade, para rua Rabino Schach. "Eles não têm vergonha", disse o membro do Knesset Yossi Paritzki (Shinui) à Rádio Israel. "A cidade de Bnei Brak, com milhares de cidadãos que são apoiados pela sociedade sionista, troca o nome do fundador do sionismo, em uma rua, pelo de alguém que odiava o sionismo".

6 Cada sinagoga tem pelo menos uma *Torá*, um papiro sofridamente escrito à mão. O T'nakh é composto da *Torá* (os Cinco livros de Moisés: Gênesis, Êxodo, Levítico, Números e Deuteronômio), *Profetas* (de Josué a Malaquias) e *Escritos* (de Salmos a Crônicas II). O *Talmude* tem duas divisões: o *Mishnah*, uma interpretação da lei bíblica que vem sendo transmitida por séculos como a Tradição Oral, começando em 515 a.C., e o *Gemarah*, comentários sobre o *Mishnah* por milhares de eruditos durante muitos séculos. O *Talmude* é um repositório monumental de leis, tradições e história judaicas. Quando os israelenses dizem que estão estudando a *Torá*, isso significa todo o corpo dos ensinamentos judaicos.

7 A família média ultraortodoxa tem 7,8 filhos (Jerusalem Statistical Yearbook). O governo encoraja altas taxas de fertilidade entre os judeus como forma de assegurar uma vantagem demográfica em relação aos árabes israelenses. Relatório de dezembro de 2000 indica que 50% dos judeus ultraortodoxos de Israel vivem abaixo da linha de pobreza, em comparação com 24% de árabes israelenses, de acordo com o Ministério do Trabalho e o Jerusalem Institute for Israel Studies. (Os estudos que incluem os "árabes" de maneira ampla são enganosos: os cristãos árabes têm os mais altos índices de renda e educação de todos os israelenses.)

Os haredim   233

8   Magen David, literalmente Escudo de Davi, também chamado de Estrela de Davi, é o símbolo universalmente reconhecido do judaísmo hoje. No entanto, é relativamente novo. Supostamente, representa o escudo do rei Davi ou o emblema sobre ele, mas não há evidência histórica disso. Alguns atribuem ao símbolo um significado teológico profundo, notando que o triângulo inferior aponta para baixo, para o mundo real. Outros dizem que seus 12 lados representam as 12 tribos de Israel. O símbolo de boa sorte, de triângulos entrelaçados, é comum no Oriente Médio e norte da África. O Magen David tornou-se um símbolo popular do judaísmo quando o movimento sionista o adotou como emblema. No entanto, o símbolo causou controvérsia e, quando o moderno Estado de Israel foi fundado, houve muito debate sobre sua utilização na bandeira (ver <www.jewfaq.org/signs.htm>).

9   Os 249 mandamentos positivos correspondem a partes do corpo humano, e os 365 negativos, a dias do ano solar. Os mandamentos positivos incluem visitar doentes, ser hospitaleiro com convidados, estabelecer tribunais de Justiça, ajudar cada judeu a ter um casamento e funerais apropriados se a família não puder pagar. São exemplos de mandamentos negativos: não cometer idolatria, blasfêmia, incesto ou furto, e não comer carne de um animal vivo.

10 A *Bíblia* separa animais entre limpos e não limpos (*Levítico* 1:11-47). Os judeus apenas comem a carne de animais "limpos" – mamíferos ruminam e têm patas fendidas – que deve ser ritualmente esquartejada. Como é proibido comer sangue, a carne é encharcada e salgada para eliminá-lo. Peixes com barbatanas e escamas podem ser comidos, mas não os frutos do mar, répteis, insetos e certos pássaros. Em diversos locais, a *Bíblia* manda: "Não se cozerá o cabrito no leite de sua mãe"(*Êxodo* 34:26; *Deuteronômio* 14:21). Por isso, vieram os rituais de separar a carne dos laticínios e de usar utensílios diferentes para prepará-los e servi-los. Sob uma lei de 1983, o rabinato do Estado tem o monopólio sobre a certificação kashrut. Como judeus ashkenazim ultraortodoxos desafiam a autoridade do rabinato ortodoxo ashkenazi, eles frequentemente têm seus próprios certificados.

11 Ger, que tem o mesmo nome de um vilarejo perto de Varsóvia, era a maior seita hasídica na Polônia pré-Segunda Guerra. Seus rabinos eram talmudistas respeitados. Depois da Segunda Guerra, os Ger, como outros haredim, estavam quase todos aniquilados. A primeira-dama de Israel, Gila Katsav, mulher do presidente Moshe Katsav, nascida no Irã, cresceu em uma família Ger.

12 Como a maioria dos outros hasidim, os lubavitchers tiraram seu nome da sua cidade de origem, Lubav, que significa "amor" em russo. Também são chamados de Habad, acrônimo das palavras hebraicas *hokmah*, *binah* e *da'at*, que definem seus princípios centrais: sabedoria, compreensão e conhecimento.

13 Antes dos banhos privados, os banhos públicos eram a única segurança de limpeza pessoal. "Não se deve abordar uma mulher para revelar sua nudez quando

234 OS ISRAELENSES

ela está em sua impureza menstrual", *Levítico* 18:19. As leis de pureza familiar proíbem relações sexuais durante o período menstrual e, posteriormente, por um número diferente de dias. As mizrahim religiosas seguem o Shulhan Arukh, código da lei judaica compilado pelo rabino sefardita Yosef Karo (também grafado como Caro) no século 16, e esperam de 10 a 11 dias depois da menstruação antes do ritual de imersão; as religiosas ashkenazim esperam 12 dias. Esta diferença é uma das razões pelas quais haredim de origem ashkenazi não veem com bons olhos os casamentos "mistos"com mizrahim.

14 Há exceções para os hassídicos lubavitchers/habad. No entanto, o Dia da Independência é um feriado religioso porque eles acreditam que o nascimento de Israel em 1948 marcou o início da redenção messiânica.

15 Quase todos os membros do Conselho Ultraortodoxo dos Sábios da Torá assinaram uma regra rabínica contra "os terríveis perigos dos computadores, tocadores de CDs, cinemas ou internet". Ver Ilan Shahar, "Torah Sages Ban Internet Use", *Ha'aretz*, 7 de janeiro de 2000.

16 A Unidade Haredi Nahal, criada em 1998, recebe quase 160 recrutas por ano. Eles passam dois anos no serviço militar e mais um em treinamento vocacional ou estudando para os exames de matrícula. *On the Fringe*, um documentário em hebraico de Noam Demsky, entrevista soldados dessa unidade haredi, muitos dos quais são proscritos por suas famílias e comunidades.

17 Entrevista da autora com as doutoras Ami Dolev e Laura Sacs, voluntárias do Hilel, a associação dos judeus que deixam a ultraortodoxia. Não há estatísticas sobre o número de novos judeus seculares, mas, desde que o Hilel foi fundado em 1991, o número de jovens haredim que ajudou cresceu, assim como as ameaças haredi a eles. Depois de o Hilel ter distribuído pôsteres com seus números de telefone em 2002, as chamadas mensais dobraram, chegando a cem. Hilel ajuda em sua maioria jovens de 18 a 25 anos; 85% são homens em yeshivas onde seus parentes não podem monitorar seus telefonemas. As garotas são mais apegadas às suas famílias. Ver também Dalia Shehori, "The Yeshiva Boys Want to Know What's on the Outside", *Ha'aretz*, 14 de maio de 2002.

10

Os ortodoxos

Essa terra é sua terra? Essa terra é minha terra.

> "Um judeu acabou chegando a uma ilha deserta após um naufrágio. Depois de muitos anos, resgatadores ficaram espantados ao ver que ele tinha construído três sinagogas ortodoxas. Por que três? "Uma sinagoga é aquela onde eu rezo", ele respondeu. "As outras são aquelas nas quais nunca pisarei."

> "Um pobre colonizador religioso aceita um emprego para ficar sentado fora da cidade, onde será o primeiro a receber o Messias. "Por que você aceitou um salário tão baixo?", reclama sua esposa. "Não paga muito", ele concorda. "Mas, pelo menos, é um trabalho seguro a longo prazo."

Com suas espaçosas casas de pedra, quadras de tênis e basquete, e os filhos com motonetas e *skates*, Alon Shvut lembra mais um subúrbio do Arizona que uma colonização na Cisjordânia, a mais famosa zona de guerra do mundo. Sejam compostas por fundamentalistas messiânicos ou apenas escrupulosos praticantes, as 600 famílias que vivem aqui se consideram com sorte de morar em um ponto espiritualmente rico do coração de Israel, a apenas 20 quilômetros ao sul de Jerusalém. Os residentes – sabras, em sua maior parte – incluem funcionários públicos com *laptops*, cientistas, políticos e executivos *high-tech*, que se veem como israelenses ortodoxos modernos, mostrando o mesmo espírito idealista de autossacrifício dos pioneiros sionistas (em sua maioria, seculares) que construíram o país. Na verdade, os colonizadores religiosos formam a parte mais conhecida da população ortodoxa de Israel (a maioria dela fora das colônias). Eles e seus filhos têm uma intensa vida religiosa, mas, diferente dos haredim ultraortodoxos, não estão isolados dos israelenses seculares. Ao longo de calçadas sombreadas por romãzeiras, oliveiras e palmeiras, há quatro sinagogas, termas rituais e abundantes atividades ligadas à *Torá*. O prédio que mais chama atenção é o da ultracontemporânea Har Etzion Yeshiva, uma renomada academia talmúdica. Entre os estudantes imersos em textos rabínicos, há 600 soldados combinando estudos judaicos com o serviço militar obrigatório. Essa colonização no topo de uma colina – entre Hebron, a cidade de Abraão, e Belém, onde nasceu Davi – fica em uma área biblicamente rica e emocionalmente significativa, um lugar onde escrituras, narrativas históricas e nacionalismos estão entrelaçados em um abraço letal. Aqui, quando um judeu diz a um muçulmano, "o meu não é mais que o seu", ele está falando de história.

O atraente *campus* yeshiva fica a uma curta caminhada do Instituto Zomet, uma organização de inteligência teológica. Ali, os rabinos pesquisam questões que vão desde quem é judeu até o alistamento de mulheres e a ética dos transplantes de órgãos. (Eles encorajaram a família de um estudante yeshiva morto em Tel Aviv, após explosão de uma bomba do Hamas, a doar seus órgãos; uma garota palestina recebeu seu fígado.) Há também uma fábrica que produz equipamentos *high-tech* para o sabbath, como temporizadores que ligam diversos aparelhos elétricos. Os dispositivos – aprovados pelo rabinato – usam a tecnologia para manter atividades necessárias sem obrigar os judeus a dessacralizar o resto do dia escrevendo ou usando eletricidade. Para os agricultores praticantes, há estufas e sistemas de ordenha e coletas de ovos automatizados. Engenheiros criaram o elevador do sabbath, que para em todos os andares, dispensando qualquer um de apertar os botões, o que é proibido (usar um circuito elétrico é "acender um fogo"), e cadeiras de rodas elétricas. Os hospitais de Israel também têm seus sistemas de sabbath que usam em sinalização de enfermagem e equipamentos médicos. Para médicos, soldados, policiais e políticos religiosos há telefones de sabbath e, já que os rabinos permitem a escrita temporária em emergências, "canetas de sabbath": a tinta desaparece em alguns dias. Soldados com quipás usam dispositivos que respeitam o sabbath em seus *walkie-talkies*, sistemas de vigilância por vídeo e jipes.

Alon Shvut é a maior das 14 colônias – cuja maior parte é ortodoxa – da Cisjordânia (conhecida como Gush Etzion) e tem um centro comunitário regional muito ativo, que oferece ginástica aeróbica, aulas de arte e de religião. Em uma sala, feministas ortodoxas debatem quanto de cabelo uma mulher deve cobrir. Em outra, por que a decisão da Corte Suprema, em 2003, proibiu as mulheres de orar em voz alta, ler o pergaminho da *Torá*, vestir xales de preces e portar filactérios, geralmente reservados para homens, no Muro Ocidental. No auditório, atrizes amadoras ensaiam *Rainha Esther*, peça interpretada apenas para o público feminino, em que elas levantam dinheiro para órfãos e viúvas vítimas do terrorismo. (Venderam todos os tíquetes, embora, depois de escurecer, as ruas entre as colônias sejam ainda mais perigosas.) Nem todos os colonizadores nasceram em Israel. Para os residentes que falam inglês, russo, francês ou amárico, há aulas intensivas de hebraico. Nem todos os colonizadores nasceram judeus. No verão de 2002, índios peruanos deixaram suas tendas e foram bem recebidos em *trailers* nessa colônia judaica na colina.[1] Embora esses ex-cristãos tenham adotado sobrenomes hebraicos, eles ainda não sabem a diferença entre Herzl e o Hamas. Os "judeus incas"[2] já aprenderam a "santa trindade": a *Torá*, o Povo e a Terra. E chamam a margem ocidental do rio Jordão pelos seus nomes bíblicos, Judeia e Samária. "Sabíamos que estávamos vindo para um lugar chamado 'territórios' porque outros peruanos, que tinham imigrado antes, vivem nas colônias", diz um convertido, usando quipá e carregando um livro de orações em espanhol e hebraico. "Mas não tenho problemas, pois não considero que os territórios sejam ocupados. Não se pode conquistar o que pertence a você desde o tempo do patriarca Abraão."

Os nadadores na piscina olímpica da comunidade observam as horas de segregação por sexo. Em vez de dar braçadas, a professora do primeiro grau Shlomit Katz corre, com uma saia sobre seu moletom por causa do recato. "Mulheres não devem se vestir como homens", ela explica, voltando para a casa onde educou sete filhos. "Que lugar melhor para crescer do que onde pessoas judias nasceram? Bem na rota dos patriarcas." Como historiadora e guia de viagens, ela conta que Abraão passou por essa região pastoral

238   OS ISRAELENSES

da Judeia a caminho de levar Isaac para ser sacrificado no Monte Moriah, agora Monte do Templo. Davi nasceu em Belém, lá pastoreou carneiros, e depois foi proclamar seu reinado. A tumba de Raquel, perto de Belém, fica a apenas cinco minutos de carro: "Raquel morreu e foi enterrada a caminho de Efrat (o nome antigo de Belém). E Jacó erigiu um lar sobre sua tumba, o mesmo que está lá até hoje" – Gênesis 35:16-20. O primeiro local sagrado do judaísmo, o Túmulo dos Patriarcas, fica a sete minutos. Ambos são fortemente guardados. "Por vezes, eu rezo lá", diz Shlomit. "E não tenho medo de ir. Os soldados nos protegem."

Shlomit e seu marido estão entre as famílias fundadoras de Alon Shvut, que significa "retornar ao carvalho", referência a uma árvore de 800 anos que fica do lado de fora da cerca elétrica de segurança. Ao crescer, Shlomit olhava para essa enorme árvore do lado israelense da fronteira pré-1967. "Para mim, ela simbolizava o sonho do retorno." Os quatro kibutzim ortodoxos de Gush Etzion foram destruídos por árabes e reconstruídos duas vezes antes da votação de 1947 da ONU sobre a partição do Mandato Britânico da Palestina entre os Estados judeu e árabe. Durante as batalhas que precederam a declaração de independência de Israel, a Legião Árabe da Jordânia, treinada pelos britânicos, atacou – Shlomit e outros bebês foram contrabandeados para fora. Sua mãe escapou escondida em um caminhão que transportava vacas. Durante o cerco de cinco meses, os homens e mulheres, na maioria, foram mortos, e o restante feito prisioneiros pelos jordanianos. Gush Etzion foi destruída pela terceira vez em 13 de maio de 1948, apenas um dia antes de o primeiro-ministro David Ben-Gurion declarar a independência do Estado judaico. No serviço memorial, ele fez um alto elogio aos defensores de Gush Etzion, que impediram que tropas egípcias chegassem a Jerusalém. "Eu não consigo pensar em outra batalha nos anais das IDF que tenha sido mais magnífica, mais trágica e mais heroica que a luta Gush Etzion", disse. "Se há uma Jerusalém judaica hoje, o povo judeu deve sua gratidão aos defensores de Gush Etzion."

"Por 19 anos, não pudemos voltar. Os jordanianos controlaram Judeia e Samária. E então veio o milagre." Shlomit acredita que Deus estava sorrindo para os judeus na Guerra dos Seis Dias, em 1967, especialmente no terceiro dia, quando seu noivo Yaacov e sua unidade de paraquedistas entraram na Cidade Velha de Jerusalém e rezaram às lágrimas no Muro Ocidental. Naquele dia, 7 de junho, os soldados das IDF também alcançaram os kibutzim

destruídos de Gush Etzion. Sobreviventes e seus filhos pediram ao primeiro-
-ministro Levi Eshkol permissão para retornar. Depois de considerar cuidadosamente as enormes implicações políticas de estabelecer colônias nos
territórios jordanianos recém-conquistados, o líder trabalhista consentiu.
Em 1971, Shlomit e Yaacov e poucas outras famílias estabeleceram Alon
Shvut, a primeira colônia "não kibutz" que se tornaria o protótipo de outras
na região. Seu pai fundou uma colônia próxima. O que antes era apenas
uma colina cheia de rochas é hoje Efrat, uma comunidade ortodoxa de 7
mil habitantes. Desde 1967, cada governo israelense, seja do Likud ou dos
trabalhistas, apoiou os colonizadores de Gush Etzion. Nas negociações de
Ehud Barak com Yasser Arafat e depois no plano Yossi Beilin–Abu Maazen,
a maioria das colônias de Gush Etzion seria anexada a Israel.

Os filhos de Shlomit são a terceira geração da família vivendo em Gush
Etzion. Seu filho mais novo, Nevo, como os cinco irmãos, é oficial da reserva
em uma unidade de combate. "Em casa, meus amigos são religiosos e de
direita. Na unidade, meus amigos são seculares e de esquerda, exceto um.
Ele é um beduíno", diz o documentarista promissor de 24 anos, agora de
volta a Gaza. Ele explica que não escolheu a escola religiosa de cinema de
Jerusalém por ser "muito conservadora". "Toda minha vida estudei em lugares ortodoxos. Já chega. Sou religioso, mas fechado para o mundo. Quero
encontrar outras pessoas e entender o que acontece com elas." Com uma
risada, ele diz que ganhou o apelido de "o colonizador" entre seus colegas
na Faculdade de Tecnologia Hadassah: "Quero fazer documentários para
dar às pessoas visões seculares de nossas vidas, mostrar como é estudar em
uma yeshiva ou namorar, se você for moderno, ortodoxo ou um colonizador,
como eu. A maioria das pessoas tem ideias muito distorcidas sobre nós. Eles
acham que somos fundamentalistas enlouquecidos."

Nada causa debates mais acalorados entre israelenses do que seus 250 mil
concidadãos que vivem entre 3,5 milhões de palestinos. As 123 colônias que
pontilham a Cisjordânia (em Gaza, todas as 22 foram evacuadas em 2005)
vão de alguns *trailers* a cidades crescentes com mais de 25 mil habitantes.
Mais da metade dos israelenses que vivem nas colônias não é ortodoxa,
mas foi atraída para o outro lado da fronteira por subsídios à moradia,
descontos de impostos e boas escolas. Os colonizadores ortodoxos são de

todo tipo de direita, como os pragmáticos, que acreditam que é possível coexistir com seus vizinhos árabes, e os extremistas, que dizem que "sem árabes não haverá terror" e gostariam de ver palestinos hostis "transferidos" da Cisjordânia para a Jordânia.

Não importa onde estejam no mapa ideológico, os colonizadores ortodoxos acreditam que a criação do Estado de Israel em 1948 e a reunião de exilados judeus de todo o mundo não foram um acidente. A seus olhos, a Guerra de Seis Dias de 1967, quando Israel capturou a Cisjordânia e Gaza, respectivamente da Jordânia e do Egito, foi um milagre divino que trouxe o berço do judaísmo para as mãos dos judeus. Eles acreditam nos sinais, citados pelos Profetas, que indicam a vinda do Messias e que a redenção aconteceria quando os judeus controlassem a Terra de Israel. Pela primeira vez desde 1948, Jerusalém foi reunida, e os judeus puderam orar em locais como o Muro Ocidental em Jerusalém e no segundo local mais sagrado do judaísmo, a Tumba dos Patriarcas em Hebron. Os sionistas religiosos abraçaram sua causa sagrada, "reclamando" terras que consideram física e espiritualmente inseparáveis do judaísmo, terras que consideram seu local de nascença bíblico, as terras que Deus prometeu a Abraão 4 mil anos atrás. Os palestinos chamam essas terras de ocupadas e estão determinados a fazer delas seu lar nacional.[3] Muitos críticos dos colonizadores em Israel, porém, dizem que eles são um enorme obstáculo para a paz, um perigo para os soldados das IDF que os defendem e uma carga para a economia. Os colonizadores são uma força que todos os governos israelenses têm de enfrentar desde a guerra de 1967. Com influência política suficiente e ministros simpáticos à sua causa, eles podem ameaçar derrubar qualquer governo que tente removê-los de sua terra sagrada.

No entanto, há tantas batalhas entre as facções ortodoxas dos colonizadores que deixam tonto qualquer observador. Alguns desconfiam de Netanyahu, embora a maioria concorde com ele que um Estado palestino seria "uma escola primária para os homens-bomba do mundo". Outros não gostam de Sharon e Olmert por "se renderem ao terrorismo" e, unilateralmente, evacuarem todos os 8 mil colonizadores de Gaza, o que provocou sua tomada pelo Hamas e uma inundação de armas e foguetes, que, em 2008, colocavam um quarto de milhão de israelenses ao seu alcance. Um número de colonizadores ortodoxos critica abertamente os rabinos extremistas, que pregam que a lealdade à *Torá* é mais importante que a lealdade ao Estado, e diz a soldados de quipá que desobedeçam as ordens de seus comandantes para remover colonizadores de seus postos avançados. Além disso, as forças de segurança de Israel mantêm estreita vigilância sobre um pequeno grupo de fanáticos que sonha em construir o Terceiro Templo. Joseph Cedar, um ex-colonizador religioso da Cisjordânia que se tornou cineasta, ganhou seis prêmios da Academia Israelense de Cinema por seu chocante *Tempo de favor*, sobre seguidores de um carismático rabino colonizador (interpretado pelo filho de Moshe Dayan) que planejam explodir o Domo da Rocha, para que os judeus possam rezar no Templo do Monte e se preparar para o Messias. Parte do filme é real. "Foi muito perturbador pensar que existem pessoas assim", diz Nevo, que descreve a fama de divergências políticas não apenas entre colonizadores ortodoxos, mas dentro de famílias. "Meus dois irmãos mais velhos são mais de direita do que eu. Eu sou mais como meu pai."

Depois de recitar as *Shaharit* (preces da manhã) na sinagoga próxima, o pai deles, Yaacov, dirige até seu emprego de alto escalão no Ministério da Educação em Jerusalém. O trajeto pode levar 20 minutos. Ou horas. Por vezes, a estrada é fechada. A Estrada do Túnel, que custou 41 milhões dólares, foi construída para acelerar a passagem de israelenses por vilarejos e campos de refugiados palestinos, mas, apesar da construção de barreiras de concreto para proteger os motoristas de franco-atiradores, tem havido muitos ataques e mortes. Em seu Mazda à prova de balas? Yaacov balança cabeça dizendo que não. "Os árabes jogam pedras em mim. Uns tiros, aqui e ali. Até agora, sem danos", ele diz. Uma mulher, que mora em outra colônia na Cisjordânia, reclama que, por causa do custo, só pode comprar um colete de 1,5 mil dólares à prova de balas. Quando seus seis filhos estão no carro, ela não sabe em quem colocá-lo. Yaacov veste um colete? "Não. Isso não ajuda. Todo mundo que conheço que morreu foi baleado na cabeça." E então, como é possível se proteger? "Antes de ligar o carro, eu recito a Oração para a Estrada: 'Que seja vossa vontade, oh Senhor Nosso Deus e Deus de nossos ancestrais, nos guiar e dirigir nossos passos em paz; nos manter na paz e nos trazer de volta ao lar em paz'."

Embora atiradores palestinos tenham aberto a estação de caça aos colonizadores, os residentes de Gush Etzion continuam sua jornada estressante até Jerusalém. Na verdade, famílias estão se mudando para Alon Shvut, e não para fora, Yaacov enfatiza. "Se as pessoas saíssem após os ataques,

242 Os israelenses

acabaríamos perdendo Alon Shvut, depois Jerusalém, depois Tel Aviv, e terminaríamos no mar." Não apenas as pessoas estão se mudando para Judeia e Samária para cumprir uma tarefa religiosa como sentem que as colônias são um tampão de segurança. De acordo com uma pesquisa realizada durante o terceiro ano da Intifada, 68% dos israelenses dizem que, "sem contar o tamanho ou a força de um Estado palestino, se ele for estabelecido, irá constituir uma ameaça a Israel". É uma mudança dramática. Antes da Intifada, cerca de 30% dos israelenses se consideravam de direita. A maioria, no entanto, sentia que um Estado palestino independente era moral e politicamente necessário tanto para terminar com as lutas entre dois movimentos nacionais legítimos quanto para favorecer concessões territoriais e desmantelar muitas colônias.[4]

"Queremos paz. Mas não a qualquer preço", continua Yaacov. A cada manhã, ele lê o jornal *Ha'aretz*, de esquerda, que diz ter mais leitores *per capita* em Alon Shvut que em qualquer outra comunidade israelense, seja nas colônias ou na própria Israel, embora muitos colonizadores ortodoxos (e não colonizadores) esposem ideias inabaláveis de direita. "Queremos descobrir o que o inimigo (a mídia de esquerda) pensa. A imprensa de todo o mundo nos chama de nomes feios. Colonizadores são sinônimos de monstros. Fanáticos, patriotas enlouquecidos, fascistas. É triste ver que pessoas não saibam quem somos, ou o que pensamos." E as acusações de que colonizadores estão tomando terras palestinas? "A única vez que os judeus não viveram aqui foi entre 1949 e 1967. A terra onde vivemos pertencia aos judeus desde os anos 1920. Os árabes a venderam aos judeus. Três anos atrás, construímos outro bairro em Alon Shvut, e nem um metro foi expropriado dos árabes. Em circunstâncias normais, muitos árabes nos venderam sua terra de boa vontade porque queriam o dinheiro. Mas hoje a Autoridade Palestina e os terroristas os intimidam. Nós só construímos em terras dos judeus, e podemos provar isso. Moral e eticamente, é assim que tem de ser feito."

Mais de mil crianças ortodoxas frequentam a escola regional de Gush Etzion, na qual a esposa de Yaacov, Shlomit, é professora. O chefe de manutenção, um árabe que trabalhou na escola durante três décadas supervisionando judeus e árabes, foi colocado de licença temporária por causa do medo que as crianças têm dos árabes, incluindo ele. Em maio de 2001, dois meninos da remota colônia de Tekoa mataram aula, provavelmente buscando um lugar para fazer uma fogueira para o festival de Lag b'Omer. Quando Yosef Ishran, de 14 anos, e o americano Kobi Mantel, de 13, não retornaram, os pais acharam que ambos tinham ido com amigos a uma manifestação em Jerusalém para que o governo fosse mais duro com os terroristas. Quando ficou escuro, no entanto, entraram em pânico. Depois de uma busca que durou toda a noite, equipes de resgate entraram em uma caverna e viram sangue espalhado pelas paredes. Debaixo de uma pilha de rochas, descobriram os corpos mutilados dos garotos, com os crânios esmagados. Milhares de crianças e pais das colônias de Gush Etzion foram ao duplo funeral. Depois, residentes de Tekoa foram à gigantesca caverna onde os meninos foram encontrados. Acenderam fogueiras e entoaram salmos que o rei Davi pode ter escrito quando procurou abrigo ali.

Em 20 de dezembro de 2001, às sete e meia da manhã, dois ônibus escolares blindados, deixando Tekoa, pararam ao lado de um carro crivado de balas. Três bebês dentro dele gritavam. A mãe estava morta e o pai sangrava. Os motoristas dos ônibus tiveram de decidir se arriscavam um resgate, sabendo que os terroristas podiam ter preparado outra emboscada, ou fugiam com seus passageiros. Os dois aceleraram. Depois, quando as crianças chegaram à escola regional de Gush Etzion, chamaram especialistas em traumas, que lhes pediram que desenhassem cenas de um lugar seguro. Uma menina desenhou a escola, com tanques do lado de fora, e um menino fez a si mesmo rezando em uma sinagoga, com um rifle no banco ao lado.

Como famílias podem educar crianças nesse local perigoso, onde pais enterram seus filhos jovens, e onde residentes armados patrulham as ruas? Teimosia? Bravura? Idealismo? Loucura? "Temos uma ligação real com a terra, nossa história e nossas tradições. Acreditamos que foi aqui que Deus e a *Torá* nos instruíram a viver", diz Shani Simkovitz, uma mãe divorciada que cria seus cinco filhos em Tekoa. A colina varrida pelo vento, lar de 250 famílias, tem um laticínio de cabras, uma fazenda de cogumelos orgânicos e seis sinagogas – de origem ashkenazi e mizrahi, com diferentes estilos de prática ortodoxa.

Ao norte, Tekoa tem a vista do Monte das Oliveiras, em Jerusalém. O Deserto da Judeia e o Mar Morto estão a leste; e, a distância, vê-se o Monte Nebo, na Jordânia, onde, de acordo com as Escrituras, Deus permitiu a Moisés

244   OS ISRAELENSES

que mirasse a Terra Prometida, mas não que entrasse nela. Herodion, uma fortaleza construída pelo rei Herodes, fica bem próxima. Quando os residentes de Tekoa descobriram que o governo pretendia dá-la à Autoridade Palestina como parte do odiado processo de Oslo, alguns se tornaram soldados de Deus. Escalaram a montanha e fizeram sessões de rezas e salmos, recusando-se a sair. Shani explica por que a Judeia e a Samária são partes da Terra de Israel mais conectadas com a *Bíblia* e a história judaica. "Judah, uma das 12 tribos de Israel, viveu aqui. Da Judeia (Yehuda em hebraico), temos o nome judeu. Os árabes usaram denominações bíblicas para locais como Hebron, Belém e Jericó. Por que não usam o nome Judeia? Não soaria estranho afirmar que os judeus roubaram a Judeia dos árabes?" Shani argumenta que os colonizadores não ressuscitaram nomes bíblicos para essas terras. A *Enciclopédia britânica* e as Nações Unidas usaram os termos Judeia e Samária até 1950. O termo Margem Ocidental (do rio Jordão, ou a Cisjordânia) entrou em uso depois de 1948, durante o governo jordaniano de 19 anos. "Nunca houve uma terra conhecida como Palestina governada por árabes. Quando os britânicos e turcos mandavam aqui, os judeus eram palestinos." Ela pega um papel amassado. É a certidão de nascimento de 1900 de sua avô otomana-turca, da Velha Cidade de Jerusalém, onde está escrito "Palestina".

Por não saber dirigir, Shani pega carona de Tekoa até seu escritório em Alon Shvut. Ela levanta fundos para as colônias de Gush Etzion, a maior parte doada por judeus e cristãos do exterior. Os projetos incluem um centro secular, com retiro para o diálogo religioso, e laboratórios de pesquisa que desenvolvam produtos "verdes" (ambientalmente amigáveis). O fundo que costuma enfatizar a construção de escolas, agora serve para reforçá-las contra morteiros. As colônias de Gush Etzion também têm necessidades prementes de coletes à prova de balas para crianças, estações de primeiro socorro, binóculos de visão noturna e sistemas de vídeo de circuito fechado. Surpreendentemente, algumas colônias ainda não têm muros de segurança. "Nós absolutamente não queremos uma cerca", Shani deixa claro. "Uma cerca aqui constrange a comunidade judia, brecando nosso crescimento sobre terras legitimamente de posse do governo de Israel. Além disso, não podemos viver murados como num gueto. Nós tínhamos guetos na Polônia." Embora Tekoa não tenha cercas, durante os ataques em série, soldados sentam-se em tanques ao lado da entrada e vigiam o topo do Herodion.

Por que soldados seculares de esquerda arriscam a vida defendendo colonizadores de direita? "A razão disso, de estarmos aqui, é por ser uma parte inseparável do país. Nós somos uma zona tampão. Sem nossas comunidades importantes, a fronteira ficaria no *lobby* do Hyatt Dead Sea ou no Hyatt Hotel em Jerusalém. Estamos aqui para defender Israel." Ela diz que muitos soldados das colônias defendem Israel dentro das fronteiras de 1967. Sua própria filha é uma soldada que serve em Sderot, cidade empobrecida no sul de Israel atingida milhares de vezes por foguetes palestinos de Gaza. "Toda Israel é um campo de batalha. Somos um pequeno Davi cercado por 22 Golias árabes. Não importa quanta terra lhes ofereçamos, nunca será o bastante. Sabemos que não vai ser fácil, mas nós prevaleceremos. Temos que fazer isso. Do Holocausto surgiu a única nação judia do mundo. A história judaica se repete. É cheia de tragédias e força e milagres."

"Bolo? Café?", Ruth Gillis, uma alegre mulher ortodoxa, com seu chapéu cobrindo o cabelo escuro, pergunta aos soldados estacionados em um quiosque, oferecendo um lanche feito em casa. Por vezes, esses soldados, que protegem as colônias de Gush Etzion, deixam bilhetes de agradecimento, tais como: "Não desista. Os soldados da Brigada Yehuda". Ruth consegue tempo para se tornar voluntária, mesmo sendo a mãe sozinha que cria cinco filhos. Foi dela a ideia de abrir um quiosque, em homenagem a seu marido – hematologista de renome mundial e solista dos cantos da *Torá* em tempo parcial –, morto em um ataque terrorista enquanto dirigia do hospital Hadassah para sua colônia de 90 famílias religiosas. Durante o cortejo fúnebre no caminho para o cemitério em Gush Etzion, milhares de palestinos se alinharam na autoestrada. Depois do funeral, um dos pacientes de Gillis, um dirigente muito próximo de Arafat, ligou para o centro médico Hadassah para se desculpar. "Em vez de trazermos Arafat do exílio em Tunis e armar seus seguidores, deixando que doutrinassem seu povo com o ódio, deveríamos ter investido na qualidade de vida dos palestinos", diz a viúva. "Deveríamos ter lhes dado livros escolares, remédios e infraestrutura, e não milhares de armas. Nós fizemos a opção errada." Um folheto no quiosque tem o seguinte texto: "Oslo = 1.500 israelenses assassinados, 10 mil feridos". Outro: "Mapa do caminho = mapa da ilusão".

246 OS ISRAELENSES

Depois da ocorrência de mortes, por vezes surgem novas colônias. (Durante a segunda Intifada, pelo menos 66 postos avançados brotaram, de acordo com o Peace Now, grupo militante que se opõe às colônias na Cisjordânia.) Moradores e o prefeito de Gush Etzion, Shaul Goldstein, ergueram uma nova colônia, Tzur Shalem, em memória do "doutor Gillis". Foi por isso que dez famílias chegaram para viver em *trailers*, a poucas centenas de metros da colônia do médico. Enquanto a família de Gillis ainda estava de luto, em 5 de junho de 2002, dois palestinos disfarçados com uniformes das IDF, armados com rifles e um machado, entraram em Tzur Shalem. Mataram um soldado e um jovem casal de colonizadores – ela estava grávida de nove meses.

O prefeito Goldstein fez uma visita de condolência à viúva do soldado da reserva e aos seus dois filhos, que não são religiosos nem colonizadores. "A família não culpa os colonizadores", diz o prefeito, desmentindo críticas que acusam as colônias de não protegerem Israel, mas usam soldados para se protegerem. Ele também não se arrepende da decisão de estabelecer o posto avançado, que chama de "bairro". Em vez de "colonizadores", ele prefere o termo "residentes"; em vez de "colônia", usa o termo "comunidade" ou "cidade". "Uma colônia é temporária, um lugar ao qual não se pertence. Nós pertencemos a este lugar. Esta é nossa terra." O jovem prefeito, um dos líderes religiosos ascendentes de direita, cresceu em Beer-Sheva, em uma família secular de orientação esquerdista, e teve uma educação típica não religiosa israelense. Segundo ele, seu passado o ajuda a entender por que tantos israelenses não compreendem a determinação dos colonizadores de permanecerem ali. "Muitos jovens israelenses sabem mais sobre lugares sacros hindus que judeus, acham que nossos locais bíblicos são apenas pilhas de rochas velhas e, por isso, não se incomodam de dá-los aos palestinos." Quando estava na Força Aérea, ele leu sobre o cristianismo e o islamismo, um pouco sobre a religião *New Age* e vagou de um rabino a outro até "descobrir que a *Bíblia* não é apenas um livro na estante". "Eu decidi que, se os judeus têm o direito de viver em qualquer lugar na França ou nos Estados Unidos, por que não deveríamos ter o direito de viver em nossa pátria histórica? Afinal de contas, Abraão viveu em Hebron, e não em Haifa. Belém era a cidade de Davi, e não Beer-sheeva." Ele vive em Neve Daniel, uma colônia a dez minutos de Jerusalém, com sua mulher e seis filhos. "Durante anos, fui otimista. Ao ser eleito prefeito, delegações de Hebron e vilas árabes vieram me abraçar e me beijar. Realmente pensei que nós e nossos vizinhos árabes poderíamos viver juntos. Visitávamos as casas uns dos outros no al-Fitr, Id al-Adha, no Sukkot, e eles jogavam futebol com meus filhos. Eu achava que nós, 'o povo', teríamos êxito onde os governos fracassaram. Queríamos mostrar que a paz não é dos bravos, mas de simples vizinhos. Quando entrei naquela caverna e vi como homens malvados mataram aquelas crianças com pedras, minhas esperanças se despedaçaram." Desde então, não consegue contar quantos caixões viu baixarem à terra.

Pendurado vistosamente em seu ensolarado escritório em Alon Shvut, que tem vista para o *wadi* onde Davi lutou com Golias, há um mapa jordaniano datado de 1951, no qual as terras judaicas em Gush Etzion estão marcadas em vermelho. Para o prefeito Shaul Goldstein, o mapa prova que os jordanianos reconheceram oficialmente que judeus compraram legalmente as terras dos árabes. Embora tivesse apenas 8 anos na Guerra de 1967, ele pode passar horas falando por que Israel não pode desistir da maior parte das terras que capturou e dar aos palestinos um Estado independente.

"E deixá-los trazer Hezbollah, Al-Qaeda, sírios e mísseis para cá? Os palestinos dizem que estão lutando contra a Israel desde a 'ocupação' de 1967 e que, se evacuarmos as colônias, eles pararão com o terrorismo. Mas entre a independência e a Guerra de 1967, árabes infiltrados da Jordânia, Síria, Egito e Líbano mataram centenas de civis israelenses. A OLP foi fundada em 1964 para 'libertar' a Palestina, mas que Palestina eles estavam tentando libertar? A Jordânia controlava a Cisjordânia. Não havia judeus vivendo aqui. A OLP foi criada para destruir Israel. Em inglês, eles dizem ao mundo que estão lutando contra a ocupação de 1967, mas, em árabe, afirmam que estão lutando contra a ocupação da Palestina em 1948. Eu acredito no que eles dizem em árabe. Em escolas, mesquitas e na imprensa. Essa guerra não é contra os colonizadores. É uma guerra religiosa. E irá continuar se Israel lhes der um Estado."

Numa noite de sexta-feira em novembro de 2002, um grupo de colonizadores judeus completou suas preces regulares do sabbath na Tumba dos Patriarcas em Hebron. Quando retornavam para suas casas, protegidos por soldados das IDF, tiros soaram. Uma emboscada da Jihad Islâmica matou 12 soldados e colonizadores. É perigoso proteger duas das mais voláteis

248 Os israelenses

colônias na Cisjordânia: Hebron e a vizinha Kiryat Arba. Um mês depois, em 18 de dezembro de 2002, perto do mesmo lugar, uma patrulheira de fronteira de 19 anos sofreu uma emboscada. "Vale a pena mantermos a tumba e os lugares sagrados pelos quais minha filha e outros soldados morreram?", pergunta a mãe, lamentando em sua casa dentro de Israel. "Todo dia preciso encarar o fato de que enterrei minha filha. Não há um pedaço de terra que valha essas vidas."

Hebron é uma cidade antiga de ódios profundos, mútuos, e contínuo derramamento de sangue. Em nenhum outro lugar da Cisjordânia israelenses e palestinos vivem tão perto e, ainda assim, tão longe. Em nenhum outro lugar as relações são tão envenenadas e mortais. Os muçulmanos e judeus da Cidade dos Patriarcas estão entre os mais devotos e radicais – uma mistura inflamável. Os 500 judeus religiosos – famílias e estudantes da yeshiva – vivem em um enclave fortemente armado no coração de Hebron, entre 130 mil palestinos que os odeiam. Como testemunho de sua resolução de permanecer, os colonizadores dizem que essa terra é quase tão importante quanto a própria vida, e mostram túmulos novos e buracos de balas em suas casas. Como os kibutzniks seculares dos anos 1950, eles falam de autossacrifício, pioneirismo e na colonização da terra, mas seu sionismo é algo com que Herzl nunca sonhou. Alguns carros com placas amarelas de Israel têm adesivos dizendo "Hebron, sempre e para sempre". Os colonizadores são entusiásticos ao explicar que, para os judeus, apenas Jerusalém é mais sagrada que Hebron.

A cidade de Hebron data de cerca de 1720 a.C., mas a terra em torno é ainda mais antiga; como acontece com muitos lugares na Cisjordânia, tem uma origem bíblica. De acordo com o Gênesis, Abraão comprou o campo e a Caverna de Machpelah como uma tumba para a família de Efron, o hitita, por 400 shekels de prata. Os comentaristas bíblicos aludem muito ao fato de Abraão ter insistido em comprar a terra, e não aceitar a oferta do hitita de ter privilégios em funerais mesmo sem a propriedade legal. Também há muitos comentários sobre a compra de Machpelah como a origem da terra de Israel, porque, de acordo com o Gênesis, os patriarcas Abraão, Isaac e Jacó, este também conhecido como Israel, estão enterrados ali, com as matriarcas Sarah, Rebbeca e Leah. (A única que falta é Raquel, que morreu no parto em Belém, onde sua tumba é também um relicário.) Para muitos judeus, e muitos colonizadores, a história judaica começa em Hebron.

Livros subsequentes da *Bíblia* registram que, depois do êxodo do Egito, Johsua destinou Hebron a Caleb, da tribo de Judah (Josué 14:13-14), que liderou sua tribo na conquista da cidade e suas vizinhanças (Juízes 1:1-20). Depois da morte do rei Saul, Deus instruíra Davi para ir a Hebron, onde foi aclamado rei da Judeia (II Samuel 2:1-4). Sete anos depois, em Hebron, Davi foi consagrado como rei de Israel (II Samuel 5:1-3). A cidade era parte do Reino Unido de Israel e, mais tarde, do Reinado Sul da Judeia, até cair sob o domínio dos babilônios em 586 a.C. Os judeus continuaram a viver em Hebron (Neemias 11:25), e a cidade foi mais tarde incorporada ao reinado hasmoneano (judeu). A partir do século 13, quando a Palestina era governada pelos mamelucos muçulmanos, os judeus foram impedidos de entrar na Tumba dos Patriarcas e restritos ao sétimo degrau de uma escada exterior, onde podiam rezar e ver a tumba por uma janela. A tumba é sagrada para todas as três fés monoteístas por ser o local do enterro de seu pai mútuo, Abraão. Os judeus construíram o relicário original. Os cristãos bizantinos o reconstruíram como igreja. Os muçulmanos medievais ergueram uma mesquita. O Gênesis descreve que os dois filhos mais velhos de Abraão, Ismael e Isaac, separados desde a infância e líderes de nações rivais, somente se reencontraram, pela primeira vez em quase 75 anos, para enterrarem seu pai lá.

Durante a guerra de 1948, Hebron foi capturada pela Legião Árabe e anexada à Jordânia. De 1948 a 1967, período durante o qual jordanianos e residentes locais destruíram completamente o Quarteirão Judeu de Hebron e violaram o cemitério judaico, não se permitiu que os judeus visitassem os locais sagrados em Hebron e no resto da Margem Ocidental e também no leste de Jerusalém. Então, menos de um ano depois de Israel ter capturado toda a Cisjordânia na Guerra dos Seis Dias, um grupo que se fez passar por turistas foi ao Park Hotel de Hebron e se negou a sair, anunciando que eles haviam chegado para restabelecer a comunidade judaica de Hebron, massacrada em 1929. Para desmontar a crise que inevitavelmente resultaria na construção de uma colônia na própria Hebron, o governo trabalhista do primeiro-ministro Levi Eshkol decidiu construir uma colônia fora da cidade. Tomando a frase do *Livro de Josué* – "Agora o nome de Hebron era Kiryat Arba" –, a construção começou em 1972. Hoje, a colônia de Kiryat Arba tem 6 mil residentes religiosos e não religiosos.

250 OS ISRAELENSES

Devotadamente religioso, Baruch Goldstein com frequência andava de sua casa, em Kiryat Arba, para orar naquela tumba sagrada. Ex-membro do conselho da cidade e médico de emergências, ele tratava colonizadores israelenses e árabes em Hebron. Depois de Israel assinar os Acordos de Oslo com a OLP, o número de ataques a colonizadores locais sofreu uma escalada, o que manteve o médico nascido no Brooklyn ocupado, tentando, muitas vezes sem sucesso, salvar vidas. Esse antigo discípulo do rabino Meei Kahane, vítima de assassinato, e membro do partido de direita radical Kach Party culpou o sacrílego Yitzhak Rabin e seus ministros pelas mortes dos colonizadores e por destruírem o sonho de redenção, ao darem a Terra de Israel aos palestinos. Certa manhã, logo cedo doutor Goldstein colocou seu uniforme de reservista e foi para o serviço judaico de orações na Tumba dos Patriarcas. Depois, passou para outro salão, atrás de um pilar, e abriu fogo, com seu rifle de assalto, contra a caverna da Mesquita Ibrahimi, onde aproximadamente 500 muçulmanos estavam ajoelhados em suas orações do Ramadã. Em três minutos, ele matou 29 religiosos e feriu mais de cem. O tiroteio só parou depois que alguns árabes o mataram com golpes de barras de ferro. O massacre de 1994 provocou revoltas que duraram cinco dias. Desde então, judeus e muçulmanos não vão mais juntos para lá – a tumba tem entradas separadas. Soldados israelenses guardam a área sagrada, preparados para a próxima batalha entre os filhos de Isaac e os filhos de Ismael.

A maioria dos israelenses repudiou o massacre. Ao falar no Knesset, o primeiro-ministro Rabin disse que estava envergonhado pelas mortes, e que seu pior pesadelo não chegava nem perto de ver um israelense perpetrando crime tão brutal. Alguns membros do gabinete de Rabin pediram a evacuação imediata dos colonizadores judeus de Hebron. O governo israelense declarou o partido Kash fora da lei por pregar a violência antiárabe. Alguns líderes disseram, privadamente, que a proibição já deveria ter acontecido há tempos. Mas, mesmo hoje, os membros extremados da direita messiânica não consideram Goldstein um médico enlouquecido, mas um herói, por ter vingado o sangue dos colonizadores mortos por palestinos e tentado arruinar os odiados Acordos de Oslo. Geula Amir, professora ortodoxa do jardim de infância que fazia peregrinações ao túmulo de Baruch Goldstein, no centro de Kiryat Arba, foi uma representante dos adoradores do "herói". Seu filho de 25 anos – também um admirador de Goldstein – cursou direito e computação em Bar-Ilan, a única universidade religiosa de Israel, e estudou em um *campus* yeshiva, onde por vezes se mostrava melhor que seus professores no *Talmude*. Em seu tempo livre, trazia colegas da extrema-direita para fins de semana solitários com os colonizadores radicais de Hebron, onde praticavam os serviços do sabbath e rezavam na Tumba dos Patriarcas. Também participou dos confrontos de colonizadores com soldados e se manifestou contra o governo Rabin-Peres por dar milhares de armas ao "exército de terroristas" de Arafat (a polícia palestina), além de ter aprovado a autonomia palestina na Cisjordânia e em Gaza e deixado os colonizadores "vendidos" (as negociações finais entre Israel e palestinos seriam a evacuação de muitas colônias). Para aqueles que acreditam na redenção da Grande Israel e na chegada do Messias, a traição Rabin-Peres, com os Acordos de Oslo, causou uma crise teológica, porque a redenção plena somente pode acontecer quando os judeus controlarem a terra bíblica de Israel. Em manifestações contra o governo, cartazes apareceram com Rabin vestindo o uniforme das SS ou o keffyiah de Arafat. Com a palavra "traidor".

No sábado, 4 de novembro de 1995, Yigal Amir foi à sinagoga e rezou para que, naquela noite, Deus o deixasse salvar a nação. Durante o trajeto no ônibus, removeu seu quipá. Ao chegar à praça Reis de Israel, em Tel Aviv, abriu caminho até um estacionamento mal iluminado atrás do palco onde o primeiro-ministro Rabin discursava na manifestação pela paz sobre "a erosão da democracia pela violência". Convencido de que estava prestes a cumprir a vontade divina, Yigal Amir deu três tiros nas costas de Rabin, matando o herói da Guerra de 1967. Depois do assassinato, a polícia fez uma busca no quarto de Amir, na casa de seus pais. Encontrou um livro de 550 páginas: *Baruch, o Herói: um volume memorial para o dr. Goldstein, o Santo, que Deus vingue seu sangue.* Amir disse aos investigadores estar certo de que Deus aprovou o crime – ele também esperava que isso interrompesse o processo de paz.[5]

A cada primavera, durante o festival de Lag b'Omer, mais de 100 mil religiosos de todo o país e das colônias se dirigem ao Monte Meron, na Galileia. Uma marcha de peregrinos sobe o caminho íngreme e sinuoso até a tumba do rabino Shimon Bar Yochai, sábio do segundo século que acreditava na tradição folclórica e autor do *Zohar*, o principal trabalho literário da tradição numerológica e mística judaica conhecida como cabala.[6]

252   Os israelenses

Muitos daqueles reunidos ali são judeus tradicionais de origem mizrahi, cujas famílias fizeram jornadas semelhantes quando viviam no norte da África ou no Oriente Médio. Rezar na tumba de uma pessoa sagrada é uma ocasião auspiciosa no aniversário de sua morte, quando podem ser atendidas as preces, curadas as doenças e revelados os segredos do texto sagrado. Essa cena anual mais parece um *Woodstock* judeu do que uma reunião sacra – é um mercado aberto espiritual que mistura piedade, piqueniques e festas. Vendedores ficam atrás de fileiras de barracas vendendo velas para iluminar a tumba do rabino Shimon e cópias do *Zohar*. As pessoas também compram música religiosa e amuletos supostamente benzidos por cabalistas mizrahim. As filas para compras de bilhetes de loteria são especialmente longas – um bilhete abençoado no túmulo do rabino sagrado pode ser o grande ganhador.

Os amigos se abraçam amigavelmente, e os mais velhos geralmente se cumprimentam em dialetos como o mughrabi marroquino. Tendas coloridas, feitas de cobertores e tapetes, cobrem a área com um mosaico colorido. Sob o sol brutal, mulheres servem um banquete com vários pratos, enquanto homens fazem churrascos de carneiro e cabra. A carne kosher abatida no Monte Heron é especialmente sagrada. Esse é um feriado de superindulgência culinária e de vinho sem limites. As pessoas entoam canções elogiando o rabino Shimon e o casamento místico de sua alma com Deus, ao som de animada música ao vivo e tambores incessantes. Existem histórias de que autoridades severas da *Torá* tentaram proibir essa ruidosa celebração que atravessa a noite, mas desistiram após o rabino Shimon aparecer para elas em sonhos, dizendo que o aniversário de sua morte deveria ser uma época de festejo, e não de luto. Muitos dançam em torno de fogueiras enormes, e até jogam xales e velas nelas para ter boa sorte.

"As fogueiras são em honra da luz espiritual que o rabino Shimon trouxe ao mundo. Afinal de contas, seus ensinamentos estão no *Zohar*, que significa luz brilhante", explica uma mulher ashkenazi, que acaba de voltar de uma viagem à Índia. Como judia *new age*, ela estuda em uma "yeshiva ashram" na vizinha Safed, local de nascimento da Cabala. As mulheres lubavitch/habad distribuem literatura sobre o Messias, dançando perto de homens mizrahim que usam quipá brancos e dos novos seguidores religiosos do Breslov, um grupo ashkenazi-hassídico. A multidão é espantosamente heterogênea.

Entre os festeiros, há milhares de haredim rigorosamente moralistas, que sobem a montanha por outro caminho, tentando evitar os "sacrílegos" hassídicos e os mizrahim com seus "amuletos". Quando os veneradores alcançam um pátio murado, as diferenças desaparecem. Eles se tornam uma enorme onda, empurrando-se para chegar à tumba do místico do segundo século reverenciado por todos no Monte Meron. No Lag b'Omer, é costume dos mizrahim e ashkenazim religiosos cortar o cabelo de um menino quando ele faz 3 anos, a idade para começar a aprender a *Torá*. As mulheres ficam afastadas, olhando a celebração de homens alegres que cantam e dançam em círculos, enquanto meninos de 3 anos, de cabelos compridos, passam por seu primeiro corte. A crença ortodoxa tem raiz em uma passagem do *Zohar* que compara o homem a uma árvore. A *Torá* também estabelece que é proibido pegar frutas de árvores durante os três primeiros anos de crescimento. Da mesma forma, os meninos não são "colhidos" até o terceiro ano, quando começa sua educação religiosa.

Uma adolescente mizrahi anuncia *"tisadou v'tevorhu"* (cantem e sejam abençoados), distribuindo fatias de carne assada. É um dia especial, um mitzvah para distribuir comida, especialmente para os pobres. Ela oferece comida para mulheres mais velhas, que recusam polidamente, talvez porque interpretem as leis dietárias judaicas diferentemente dos mizrahim. As leis do kashrut foram feitas para unir, e não separar os judeus, reclama a adolescente. "Não somos da mesma religião? O mesmo povo judeu?" Um homem de pele oliva está de pé, ao lado de um pôster gigante de um octogenário, de manto preto e bordados dourados, com um turbante azul: é o rabino Ovadia Yosef, nascido em Bagdá, o cáustico líder espiritual do partido político Shas e símbolo de uma era dourada na qual a religião mizrahi florescia. "Rav Yosef é responsável por meu despertar espiritual, um grande *gaon* (gênio tamúdico)", diz o homem em um apaixonado hebraico urbano, convidando os passantes para um encontro religioso revivalista do Shas.

Quando Adi Rosenfeld conheceu Moti Lalou, ela se lembrava vagamente do rabino Ovadia Yosef – nunca tinha namorado um mizrahi. Estava com uniforme de uma unidade ortodoxa de mulheres do exército, servindo como tutora de crianças etíopes e ex-soviéticas em uma escola religiosa do Estado. Moti era professor da mesma escola elementar ortodoxa em um bairro danificado de Netanya. Adi admirava Moti por ele passar seu tempo livre trazendo doações das padarias para os pobres naquela cidade costeira, e a admiração logo se transformou em atração. "Embora tivéssemos muitos interesses em comum, nossos sotaques hebraicos fossem os mesmos e nós dois amássemos os locais sagrados do judaísmo, Moti vem de um meio religioso e cultural diferente do meu", diz Adi, com um movimento de sua trança castanha, longa até a cintura.

Moti é filho de israelenses ortodoxos argelinos que fizeram peregrinações à tumba do rabino Shimon no Monte Meron. (Ele fez seu primeiro corte de cabelo lá.) Adi é filha de israelenses americanos que faziam peregrinações a feiras de ciências e museus. Sua família emigrou em 1982 e vive em uma casa cheia de livros perto do Instituto de Ciência Weizmann em Rehovot. Seus pais, ambos educadores, treinam professores árabes e judeus. Depois que os pais de Moti fugiram de conflitos antijudaicos na Argélia em 1956, ficaram alojados em um campo de transição em Netanya, onde agora vivem. "O coração de nossos alimentos reside nos temperos", explica Moti, que enumera alguns favoritos: canela, coentro, pimenta-caiena. Adi cresceu acreditando que "temperos" significavam ou pimenta ou sal. As duas famílias têm costumes religiosos diferentes e pontos de vista políticos diferentes. Os Lalou, de direita, votam em Netanyahu e Sharon e admiram o rabino Ovadia Yosef. Eles acreditam na rápida retaliação a ataques terroristas e que as colônias trazem segurança. Os esquerdistas Rosenfeld defendem a negociação com os inimigos, acreditando que a segurança pode ser assegurada com o desmantelamento das colônias na Cisjordânia. Embora as duas famílias sejam separadas por um fosso político e cultural, a pequena soldada, de 18 anos, e o magro e desengonçado professor, de 25, sabiam que o amor o cobriria.

Adi e Moti combinaram uma data para o casamento. "Enquanto nos preparávamos, eu me dei conta de como são diferentes nossos rituais religiosos", confidencia Adi, que se sentiu como parte de uma expedição da *National Geographic*, descobrindo hábitos dos judeus do norte da África. Ela foi a primeira ashkenazi na família de Moti. Suas seis irmãs se casaram com homens com raízes na Argélia, Iraque e Marrocos. Três noites antes do casamento, ela e sua família foram convidadas para um jantar no apartamento da família de Moti. Lá, o grande clã Lalou apresentou à família Rosenfeld a Noite da Henna, uma tradição pré-casamento mizrahi e árabe.

"Fiquei abestalhada. Foi muito estiloso, como um minicasamento", afirma Adi, com exuberância. "E tão acolhedor e divertido." Pediram que ela colocasse uma peça de herança da família Lalou, um cafetã verde de veludo argelino, com um intricado bordado dourado. Moti vestiu um cafetã branco e um barrete vermelho com borla. A cerimônia começou quando a senhora Lalou trouxe um prato que tinha nas bordas flores vermelha da paixão. O macarrão tingido com hena ajudou Adi e Moti a fazer tatuagens temporárias nas palmas de suas mãos, símbolos ancestrais de longa vida e prosperidade. Então, os convidados jogaram sobre o casal doces de amêndoa e água de rosas, desejando-lhes *siman tov* (termo hebraico para "bom augúrio"), e "mabruck" (termo árabe para "boa estrela"). Brindando-os com doses copiosas de arak, os membros da família de Moti bateram palmas e cantaram alegres músicas judaicas e árabes. As seis irmãs de Moti dançaram enquanto equilibravam delicadamente pilhas de pratos de sobremesa descartáveis.

Quando a música rítmica e sincopada dos tambores começou a ficar mais alta, o ondular das mulheres se intensificou. "No começo fiquei muito acanhada. Nunca tinha dançado daquele jeito antes", relembra Adi. "E nunca tinha visto homens e mulheres dançando de forma tão provocativa e desinibida." Uma menina ortodoxa, ashkenazi e "educada", não se movimentaria assim. Mas, naquela noite, Adi aderiu à dança sem restrição, como fizeram seus pais e seus três irmãos mais novos. Naquela noite, a ponte sobre o abismo cultural foi a hena vermelha. Moti e Adi vivem perto da casa dos pais dela em Rehovot, uma cidade mista de operários e profissionais liberais, tanto religiosos quanto seculares. Muitos vizinhos, em seus prédios de aparência desbotada, são de fala russa ou amárica, como seus ex-estudantes. O casal mantém um estilo kosher mizrahi, e Adi tenta ansiosamente emular a cozinha de sua sogra. "A mágica dessas comidas é que traz um encanto para as celebrações religiosas", diz Moti, cujos olhos se acendem de desejo ao descrever o carneiro temperado com cominho, *tajies* (cozidos de carne e vegetais) de dar água na boca, *bastila* (torta de lombo) e um suntuoso cuscuz. Arenque, carne curada e pão de centeio não são do seu gosto.

A escolha do nome da filha deles também gerou uma aventura religiosa transcultural. Os mizrahim dão nomes aos bebês em homenagem a parentes vivos, e Moti esperava abençoar o seu com o nome de sua mãe. Mas os ashkenazim acreditam que ter o nome de uma pessoa viva pode tirar a vida plena de um bebê. "Nós sabíamos que iríamos desapontar um dos lados da família porque, no judaísmo, nomes têm muito significado", explica Adi. "E são muito relacionados com a alma." Uma semana antes do Hanukkah, ela deu à luz uma menina, chamada Liora, que, em hebraico, significa "eu tenho a luz", em memória da falecida avó de Adi. A mãe de Moti deu a Liora um amuleto dourado retangular, inscrito com a palavra *Shaddai* (Todo--Poderoso), um dos muitos eufemismos hebraicos para Deus. Nele, estão pendurados dois golfinhos, que simbolizam a boa sorte. Adi aprendeu com a sogra que "peixes dormem de olhos abertos para que o mal não os tome". Quando Moti tem perguntas sobre a lei judaica, pega na estante um livro, que, muito provavelmente, foi escrito pelo líder espiritual do Shas, Ovadia Yosef, rabino chefe sefardita/mizrahi de 1973 a 1983. Esse eminente erudito da *Torá* escreveu mais de 30 livros populares sobre a lei judaica, e a maioria dos mizrahim tem em casa pelo menos um. (Seus livros, raramente encontrados em um lar ashkenazi, são banidos de yeshivot lituanos.) Israel tem dois rabinos chefes – um ashkenazi e outro sefardita/mizrahi – que administram os negócios de acordo com suas próprias leis religiosas. O rabinato chefe dual levou a divergências sérias e, por vezes, absurdas. O conceito de chefe do rabinato e as cortes rabínicas não são parte da tradição e das leis judias, e os grupos judeus ultraortodoxos não reconhecem sua autoridade. O sistema do rabinato chefe foi instituído pelo Império Otomano e continuado pelos britânicos. Por centenas de anos, a maioria dos judeus na Terra Santa era mizrahi/sefardita, e os otomanos reconheciam apenas o rabino chefe sefardita. Os imigrantes ashkenazim eram tratados com condescendência pelos sefarditas. No século 18, os ashkenazim constituíam apenas 20% dos judeus da Palestina. Em 1911, os rabinos sefarditas tentaram sem êxito unir a comunidade judaica na Palestina com um conjunto de leis e costumes religiosos. Sob o controle britânico, a imigração ashkenazi aumentou, e os mizrahim se tornaram uma minoria que pouco chamava a atenção. Depois da independência, quando os padrões demográficos se reverteram e os judeus mizrahim se tornaram de novo a maioria, o *establishment* religioso permaneceu ashkenazi.

Enquanto Moti, formado pela Universidade Hebraica, estuda para seus exames de contabilidade, Adi termina seu mestrado em educação especial na Universidade Bar-Ilan, onde não é incomum ver estudantes seculares vestidos como se estivessem indo à praia, e religiosos que beijam o mezuzah antes de entrar na sala de aula, e escrevem "com a ajuda de Deus" em exames. Depois do primeiro ano de casamento, Adi começou a usar chapéu e saias longas. "Em pequeninos passos, Moti e eu estamos nos tornando mais religiosos que nossos pais. Sei que é difícil para minha família aceitar, mas sinto que estou representando os ortodoxos no modo como me visto e me comporto. Nós, religiosos, somos minoria e, de certa forma, um símbolo. Sinto que tenho uma missão a cumprir, de ser gentil e generosa. Quero que as pessoas gostem de ortodoxos como nós." Adi e Moti não cozinham no sabbath ou ligam a TV, nem usam o telefone ou dirigem. Eles colocam Liora em um carrinho e caminham até a sinagoga.[7]

Muitos israelenses de origem mizrahi frequentam sinagogas tradicionais "étnicas" de pessoas que deixaram os mesmos países. "Nunca tinha rezado em uma sinagoga mizrahi, embora tenha crescido perto dessa", diz Adi, que se senta na galeria com as mulheres e meninas. "Levou dois anos para eu me sentir confortável com as tradições deles, suas melodias e seu livro de orações", afirma ela, a única ashkenazi entre a maioria de marroquinos, argelinos e tunisianos. "Meus ouvidos não estavam acostumados com canções árabes, tão diferentes das que eu ouvia. Eles repetem as mesmas músicas emocionais, melodias muito bonitas que datam de séculos. Todo mundo sabe de memória todas as rezas e músicas, mesmo as crianças pequenas." Isso vem do tempo em que alguns judeus não sabiam ler, Adi explica, e, por isso, tinham de memorizar tudo. "Há tanto mais de música, de comunhão, uma espiritualidade tão grande e tal amor por nossa religião que meus olhos ficam marejados. Em comparação, os serviços ashkenazim, com os quais eu cresci, são entediantes – as pessoas rezam baixo e o *hazan* faz a maior parte do canto. Aqui, os praticantes fervorosos e os não tanto se unem na reza. Eu me surpreendo como eles têm a mente aberta. Depois dos serviços, vi um cara, com brinco e cabelo penteado com gel, beijar a mão do rabino, com muito respeito, e sair dirigindo, talvez para a discoteca ou uma festa. Que ashkenazi ortodoxo faria isso em um sabbath, bem em frente do rabino?"

A maioria dos mizrahim tem uma abordagem leniente e flexível em relação ao judaísmo, e não vê nada errado em dirigir até a praia ou ao estádio de futebol (a maioria dos jogos profissionais de futebol acontece no domingo). Afirma-se que nenhum mizrahi é emocionalmente apartado do judaísmo, apenas distanciado da prática religiosa. Embora os judeus originários do Iraque, Marrocos, Egito ou Iêmen sigam práticas religiosas ligeiramente diferentes, eles são muito mais homogêneos que os ashkenazim, e não são divididos em campos religiosos facciosos. As desconcertantes subdivisões do judaísmo ashkenazi – entre os vários grupos haredi e hassídicos ortodoxos, não ortodoxos e ultraortodoxos – são alheias aos judeus sefarditas e mizrahim. O judaísmo no Mediterrâneo, norte da África e no Oriente Médio não passou pelas tremendas mudanças que transformaram grande parte do judaísmo ashkenazi.

Os ashkenazim eram o que os israelenses modernos chamariam de ortodoxos até que os muros dos guetos medievais começassem a cair e os judeus não vivessem mais em bairros separados, usando roupas e insígnias que os distinguissem. Durante a "emancipação", grosso modo entre 1789 e 1917, na maioria dos países do oeste e centro europeu, os judeus ganharam mais direitos civis e liberdades religiosas, e mesmo a cidadania. ("Emancipação" no Leste Europeu era outro assunto. Metade dos judeus vivia na Rússia, onde ficavam no ostracismo social e, em grande parte, intocados pela "emancipação", até que centenas de milhares deles fugiram em direção ao ocidente nos anos 1880.) Os judeus eram aceitos em muitas escolas secundárias, universidades e profissões liberais. No final do século 19, não mais unificados pela segregação, muitos judeus ashkenazim desistiram das maneiras muito pias de seus pais, mais tradicionais. (Os haredim continuaram ligados estritamente às leis religiosas, mantiveram suas comunidades e as cortes de seus rabinos.) No final do século19, a maioria dos judeus da Europa Ocidental e América do Norte era não ortodoxa ou tinha relaxado e abandonado importantes práticas ortodoxas, como descanso no sabbath, restrições dietárias, rezas diárias e banhos rituais. Com frequência, a assimilação levou ao questionamento ou à perda da identidade judia. O casamento entre religiões, antes raro, tornou-se comum.

Hoje, os "ortodoxos" de Israel estão lentamente sendo redefinidos pela forma como diferem das tendências "não ortodoxas", especialmente em relação aos movimentos da reforma e de conservadores. Judeus como Adi e sua família acreditam ser possível combinar tradições judaicas com a vida contemporânea.

Diferente de Adi, sua mãe não tem sinais visíveis de que é ortodoxa. Fora da sinagoga, Melodie não tem problemas de usar calças ou deixar os cabelos descobertos. Dá aulas em uma faculdade perto de Beer-Sheva, onde seus estudantes são, em sua maior parte, professores de educação especial judeus e beduínos. Ela tem orgulho de Adi fazer mestrado em educação especial. Melodie tem outro emprego como professora de um colégio feminino ortodoxo, onde ter uma boa educação é mais importante que checar o tamanho das saias e mangas. Lá, o corpo docente não acredita ser contra a lei que as garotas estudem textos judaicos, inclusive a *Torá*, e, por isso, encoraja as meninas a pensar independentemente e ter sua própria voz. Elas também aprendem os valores humanísticos judeus e a beleza do pluralismo cultural e religioso. Os professores enfatizam que todas as formas de judaísmo devem ser bem-vindas em Israel. Ao contrário de muitos colégios religiosos, esse não mistura política com educação.

Melodie e Sherman Rosenfeld acreditam firmemente na separação entre a sinagoga e o Estado: o Beit Knesset e o Knesset. Adi e Moti não. "Se separarmos Estado e religião, o que vai ligá-los?", rebate sua filha espirituosa. "Então, Israel poderia se tornar como qualquer outro país. Durante séculos, nossos ancestrais foram perseguidos e mortos por manter as tradições religiosas – por rezar, se manter kosher –, mas eles ainda as preservam, mesmo em segredo. Os judeus acendiam velas do sabbath em latrinas de campos de concentração. Acho triste que muitos ashkenazim seculares não percebam que o judaísmo significa muito mais que um seder ou jejum no Yom Kippur." Tanto Adi quanto seus pais estão entristecidos porque seus dois irmãos mais novos, soldados, abandonaram seus quipás. O exército é frequentemente a primeira experiência que um ortodoxo tem de viver intensamente em perigo, como os israelenses seculares. Os soldados que usam quipá descobrem que as diferenças estão no modo de pensar e também no uso de expressões hebraicas. O soldado religioso diz "com a ajuda de Deus", enquanto seu colega secular no jipe afirma: "Vamos esperar o melhor". Um soldado praticante diz: "Shabbat Shalom", mas seu comandante secular pode responder, "divirta-se no final de semana". No Rosh Hashana, a soldada secular diz "feliz Ano-Novo", e seu namorado ortodoxo responde: "Que você possa receber uma bênção".[8]

Muitas famílias ortodoxas, que vivem em Israel ou nas colônias, lidam com a dor de filhos flertando com a secularidade. Quando o livro *Geração dos quipás descartados* saiu, falando sobre por que tantos jovens tiram seus quipás e as mulheres "se afastam de sua trilha", o autor Shraga Fisherman, psicólogo educacional, esperou ser denunciado. Em vez disso, pais e professores têm convidado esse decano de uma faculdade sionista na colônia de Elkanah, na Cisjordânia, a dar palestras. Fisherman descobriu que "muitos adolescentes dizem que não podem fazer perguntas" em casa nem na yeshiva. "Quando um garoto que estuda a *Torá* há 12 anos me diz que sua primeira experiência espiritual poderosa foi em Goa (uma praia na Índia popular entre israelenses pós-exército), nós temos de nos perguntar: Deus do céu, o que está acontecendo com as escolas?" Embora não haja estatísticas confiáveis sobre como muitos ortodoxos jovens, colonizadores ou não, estão se tornando seculares, ele cita uma pesquisa que mostra que, pelo menos, 23% são *datlashim*, acrônimo hebraico para "ex-religioso". Um pôster ilustra a situação embaraçosa: um quipá tricotado desfiando-se até que nada reste.

Sherman Rosenfeld usa um quipá estranho, do tamanho de um prato de sopa, bordado e multicolorido, sobre seu cabelo castanho. Criador de programas de educação científica no Instituto Weizmann, ele viaja pelo país orientando professores de ciência judeus, cristãos e árabes muçulmanos, que são desde fervorosamente religiosos a intensamente antirreligiosos. "Uso esse quipá 'não político' porque meu judaísmo não está ligado à política, mas tem a ver com espiritualidade e justiça social. O tamanho, material e cor do quipá em Israel podem revelar a religião de um homem ou sua afiliação política", ele diz, descrevendo o que chama jocosamente de "quipologia". "Um quipá de veludo negro pode significar um haredi que não reconhece Israel. Um quipá branco, com tricotado solto, é usado por um hasidim bratislavo. O hasidim habad tem um quipá diferente. Se os israelenses veem você usando um pequeno quipá tricotado, bem fechado, vão concluir que você é de direita. O judaísmo israelense se tornou superpolitizado, esteoreotipado em muitas formas. Quando alguém morre numa explosão, não perguntamos se é 'bordado, quipá preto, ortodoxo ou não religioso?'. Nós todos estamos nisso juntos, somos uma sociedade que tem fome de paz lutando pela sobrevivência."

Embora o quipá incomum de Sherman, produzido em Buchara, não revele suas crenças políticas, em Israel religião e política são firmemente entrelaçados. Ele gosta da perspectiva do Meimad, pequeno partido de esquerda – associado ao Partido Trabalhista, antes dominante em Israel, mas hoje em declínio –, e o vê como uma alternativa ortodoxa aos partidos de direita religiosos pró-colonizadores. Para Sherman, o movimento dos colonizadores enfatiza demais a santidade da terra de Israel. "Conheço muitos colonizadores que dizem 'esta é nossa terra, e nos foi dada por Abraão, prometida a nós por Deus; não podemos dá-la de volta'. Meimad diria, 'sim, é verdade, mas o judaísmo tem outros valores, como os do comprometimento, da vida em paz com nossos vizinhos árabes. E esses valores são mais importantes que a terra'."

De acordo com Sherman, muitas colônias são um erro. Ele não está sozinho. Como parte do acordo de paz com os palestinos, cerca de três quartos dos israelenses são a favor do desmantelamento de muitas das colônias. Em abril de 2003, o primeiro-ministro Sharon disse sobre as colônias: "Eu sei que teremos de abrir mão de alguns desses lugares". Sherman afirma: "Por causa de nosso sistema de coalizão, durante anos o forte *lobby* político colonizador forçou nosso governo a agir de um modo que não faz parte dos melhores interesses do povo. Algumas colônias são difíceis de manter, não são defensáveis e causam ainda mais conflito com os palestinos. Tenho uma postura avançada. Acho que algumas das chamadas colônias dentro do consenso nacional deveriam permanecer, como Gush Etzion e áreas em torno de Jerusalém."

Os Rosenfeld têm observado que israelenses ortodoxos ficam discutindo na sinagoga Yitzahak Rabin, em frente ao apartamento de Adi e Moti. Única sinagoga em Israel com o nome do falecido primeiro-ministro, ela foi aberta um ano depois de seu assassinato. Alguns judeus ortodoxos mantêm sua promessa de nunca entrar nela por ter o nome de um sabra secular, cuja política eles detestam. Os anúncios da sinagoga, por vezes, são rasgados logo depois de afixados. "A política encobre a espiritualidade. Isso mostra que ainda temos muito trabalho a fazer." Sherman explica que dar nome à sinagoga em homenagem a Rabin foi uma expressão clara. "Veja o que acontece quando se mistura política com religião. Essa tragédia é uma das feridas abertas da história de Israel, e foi um de seus momentos mais sombrios. A morte de Rabin mostrou que devemos tolerar outros pontos de vista. No ambiente politicamente carregado de hoje, as pessoas estão de novo descobrindo como é difícil ouvir opiniões diferentes das suas. Precisamos de mais diálogo entre todos os israelenses, mas também dentro das comunidades ortodoxas. Há muitas lutas internas, e elas não nos aproximam mais de Deus. Precisamos ouvir. É um desafio não apenas para Israel, mas para todo o Oriente Médio."

262 OS ISRAELENSES

Notas

1. Alon Shvut é a maior de 12 colônias e três kibutzim em Gush Etzion (o Bloco Etzion). De 11 mil residentes em 1990, já superou 20 mil hoje. Cada uma das três tentativas de colonizar a área, de 1927 a 1948, resultou em tragédia por causa de ataques árabes. Os ashkenazim ortodoxos e judeus iemenitas, que construíram a primeira colônia em 1927, a abandonaram depois que árabes massacraram os judeus em Hebron em 1929. Durante o Mandato Britânico, Samuel Holtzman, agricultor de laranjas de Rehovot, comprou grandes extensões de terra na área em que foi construída em 1935 a segunda colônia, chamada Kfar Etzion, destruída pelos árabes em 1937. ("Etzion" é a transposição para o hebraico do nome Holtzman, "homem de madeira"; "etz" é o hebraico para "madeira", em homenagem a Holtzman.) Depois, um grupo de judeus ortodoxos criou quatro kibutzim. Os árabes atacaram, matando 246 judeus e capturando outros 11, que ficaram aprisionados na Jordânia. Gush Etzion caiu em 13 de maio de 1948, um dia antes de Israel declarar sua independência. Ver Ina Friedman, "Suburbia Under Siege", *Jerusalem Report*, 26 de março de 2001.

2. Os B'nai Moshe, ex-cristãos citados, por vezes, como judeus incas, têm praticado o judaísmo desde os anos 1950. Mantiveram-se kosher, rezavam com rolos da *Torá* que faziam, vestiam xales de reza feitos em casa, usavam o mar como banho ritual e viajavam a Lima para ser circuncidados. Em 1989, um tribunal religioso judeu converteu o grupo com a condição de que levassem vidas praticantes, o que era impossível no Peru. Em 1990, 140 deles se mudaram para a colônia religiosa Elon Moreh, na Cisjordânia. Depois de passarem pelos exames de conversão dos rabinos, outro grupo fez aliyah em 1991. Em 23 de novembro de 2001, três dirigentes do rabinato chefe de Israel foram ao Peru e converteram oficialmente mais de 150 judeus incas. Em maio de 2002, o governo israelense os levou para Israel, onde se juntaram a outros 300 nativos peruanos. Esse grupo se mudou para colônias em Gush Etzion, incluindo Alon Shvut. De entrevistas da autora com membros de Gush Etzion e de Bryan Schwartz, "Peruvian Jews Given Glimmer of Hope to Make Aliyah", *Jewish Bulletin of Northern California*, 26 de outubro de 2001, e Jan Sedaka, Jewish Telegraphic Agency, 26 de novembro de 2002.

3. Entrevistas da autora com o falecido professor Ehud Sprinzak, da Universidade Hebraica, importante especialista em direito religioso de Israel. Ver, também de sua autoria, *Brother against Brother* (Nova York: Free Press, 1999) e *The Ascendance of Israel's Radical Right* (Nova York: Oxford University Press, 1991).

4. A pesquisa foi feita em 2002 pelo Instituto Hanoch de Jerusalém, encomendada pela Organização Sionista da América. Ver também Yossi Klein Halevi, "Terror Hardens the Israeli Right", *Los Angeles Times*, 22 de novembro de 2002.

Os ortodoxos 263

5. Para saber mais sobre o *background* de Goldstein, Amir e dos acontecimentos que antecederam o assassinato de Rabin: Sprinzak, *Brother against Brother*, pp. 244–86.

6. De acordo com os cabalistas, Lag b'Omer marca o dia da morte do rabino Shimon Bar Yohai no segundo século. Logo antes de sua morte, o *Zohar* diz que ele expôs segredos da *Torá* a seus discípulos favoritos. Na verdade, o *Zohar*, que significa "esplendor", foi escrito pelo rabino espanhol, do século 12, Moshe de Leon e contém discussões sobre a *Torá* do rabino Yohai e seus discípulos.

7. Israelenses não pertencem formalmente a uma sinagoga, quase todas fundadas por conselhos religiosos locais. Em contraste, a maioria das sinagogas da diáspora foi fundada por afiliação paga e também serve como centros educacionais e sociais.

8. Daniel Ben Simon, "Doing Things by Halves", *Ha'aretz*, 16 de junho de 200, resenha de *Eretz Shesu'a: Ha-im Milhemet Tarbut He Bilti Nimna'at? (The Divided People)*, por Eva Etzioni-Halevy (Arieh Nir-Modan Publishing, 2000).

11

Os não ortodoxos
A guerra do *cheeseburguer*

> *Dois homens estão sentados no banco de um parque em Jerusalém. Depois de um longo silêncio, um deles dá um tremendo suspiro: "Oh!". O outro levanta e grita: "Se você vai falar de religião, eu vou embora".* — Piada israelense sobre o tema candente do pluralismo religioso em Israel

> *Qual é a diferença entre judeus ortodoxos, conservadores e da reforma? A mãe da noiva ortodoxa está grávida. A noiva conservadora está grávida. O rabino da reforma está grávido.* — Um médico em uma maternidade israelense

Sivan Meshulam pediu demissão de seu trabalho como projetista de máscaras de gás. Enquanto procura trabalho para ilustrar livros, essa mulher de 28 anos voltou para a casa de pedra de sua família em Jerusalém. Seu jardim, tomado por perfumados jasmins e frangipanis púrpuras, é um oásis de calma, cercado por muros desbotados turco-otomomanos do século 19. Do outro lado do portão, porém, há outro mundo: a movimentada rua dos Profetas, que corta o coração da Jerusalém ocidental. Aqui, os judeus não

266   OS ISRAELENSES

ortodoxos como Sivan trombam com judeus ultraortodoxos a caminho da reza no Muro Ocidental. Em um restaurante do bairro, popular entre estudantes, escritores e ativistas de esquerda desiludidos, uma garçonete com *piercing* no umbigo serve "bife branco" (eufemismo hebraico para a carne de porco proibida). Abaixo, no quarteirão, em uma lavanderia a seco, uma mulher haredi de aspecto exausto apanha os ternos pretos de seu marido. Perto dali, israelenses rodopiam com o ritmo hipnótico de uma aula de tango, dada por um dançarino com um extravagante cabelo laranja. Essa cidade que a religião construiu – e repetidamente destruiu – é lar dos piedosos e dos perplexos. "Você pode ver todos os rostos diferentes do judaísmo aqui mesmo em nossa rua", diz Sivan, que, como a maioria dos judeus israelenses, não é rigorosamente ortodoxa nem completamente secular, mas algo pelo meio disso. "Nós vivemos juntos, mas muito separados."

Cerca de 80% dos judeus israelenses são não ortodoxos, uma categoria com variações infindáveis. Alguns se alimentam de leite e carne, mas nunca no sabbath. São judeus que, na maioria, têm dois feriados religiosos – rezam na sinagoga no Rosh Hashana e no Yom Kippur. Outros oram no estádio de futebol, mas apenas quando seu time está perdendo. Sejam comprometidamente ateus, agnósticos, semipraticantes, reformistas ou conservadores, os judeus não ortodoxos levam vidas judaicas. Quase todos frequentam um seder no Pessach, acendem velas no Hanukkah e observam ao menos algumas das leis da dieta kosher. Eles circuncidam seus filhos e, 13 anos depois, fazem o bar mitzvah. Quase todos os lares judeus têm uma mezuzah na porta. O mesmo acontece nos edifícios públicos de Israel.[1]

Israel é, ao mesmo tempo, uma terra sagrada e um Estado secular, cujos símbolos são judeus. O emblema oficial é a *menorah*, o candelabro de sete velas com a forma da ancestral planta moriah, que foi objeto importante de ritual no Templo do Rei Salomão. O shekel era usado como moeda antes do tempo de Abraão. O hino nacional – *Hatikvah* (A esperança) – , um antigo hino sionista, descreve a ancestral "esperança de ser um povo livre na terra do Sião e de Jerusalém". A bandeira nacional azul e branca, com a estrela de Davi no centro, é baseada no tallit (o xale de orações), que simboliza a importância de trazer o sagrado ao cotidiano.[2] Os diálogos em hebraico em filmes baratos mal seriam inteligíveis para os súditos do rei Davi 3 mil anos atrás. Um israelense que lê a moderna literatura hebraica, além de quadrinhos e jornais, também pode ler fragmentos dos papiros do Mar Morto.

Israel funciona no "tempo judaico". Usa o calendário solar-lunar judaico, que começa na data em que Deus criou Adão e Eva. (O calendário solar cristão começa com o nascimento de Jesus e o muçulmano solar-lunar, com a fuga de Maomé de Meca para Medina no dia 16 de junho de 622.) Os dias de feriado nacional em Israel são judeus. Poucos judeus israelenses trabalham no sabbath, o dia nacional do descanso. A maioria dos negócios em Israel fica fechada, os ônibus não rodam (exceto em Haifa e Eliat) e a El Al, a linha aérea nacional, mantém seus aviões no solo. Muitos israelenses vão para o aeroporto ou para as praias durante os dois feriados de Ano-Novo: o Pessach (o nascimento do povo judeu) e Rosh Hashana (o nascimento do homem). Mesmo os mais inflados israelenses antirreligiosos comemoram feriados que poucos judeus da diáspora celebram. Os israelenses usam fantasias no Purim, plantam árvores no Tu b'Shvat, fazem festas em torno de fogueiras no Lag b'Omer. A esmagadora maioria da juventude israelense – 75% – frequenta escolas seculares do Estado, que têm uma forte orientação judaica. Na pré-escola, as crianças aprendem os costumes judeus e as músicas do Rosh Hashana, Hanukkah e Pessach. Os estudantes do segundo grau estudam a *Bíblia* como história e literatura e celebram o começo de seus estudos bíblicos com uma cerimônia do *kabbalat Torá* (a aceitação da lei), geralmente em sinagogas ortodoxas. Durante excursões de campo, as crianças veem de perto a conexão da *Bíblia* com a terra. Aprendem histórias judaicas em pedras, ao caminharem entre tumbas de profetas e reis, ruínas de sinagogas ancestrais e campos de batalha. Antes de se graduarem no colégio, têm um exame nacional de matrícula para testar seu conhecimento bíblico. O exército regular faz concursos da *Bíblia*, assim como as prisões. Quadros de aviso nos escritórios do governo listam as três horas do dia para as preces. Há livros de orações em escritórios de médicos e dentistas, e também em salas de espera de hospitais. Mesmo nas portas do metrô de Haifa há inscrições com o mandamento da *Torá* de ceder lugar aos mais velhos e honrá-los. A maioria "secular" israelense é muito mais tradicional, mais conectada com a vida judaica que a maioria dos judeus seculares da diáspora.

A caminho de seu trabalho de voluntário, ajudando uma escultora presa a uma cadeira de rodas, Sivan passa por ruas com nomes do rabino Hillel, do primeiro século a.C. (que assim resumiu o judaísmo: "O que for odioso para você, não faça aos outros"), rei Davi e Tambam (Maimônides).

"O judaísmo está em todos os lugares. Quase todas as ruas, parece, têm uma sinagoga", diz Sivan, que, como a maioria de judeus israelenses não ortodoxos, acredita em Deus e na espiritualidade, mas não está interessada na religiosidade baseada na sinagoga. Jerusalém tem mais de mil sinagogas, e seu pai, que é arquiteto, desenhou duas delas. "É tão irônico. A última vez que ele compareceu aos serviços foi no bar mitzvah do meu irmão. Teve de ser ensinado sobre o que fazer. Ele nunca tinha aprendido muito sobre o judaísmo. Cresceu escondido quando 1,5 milhão de crianças judias foram mortas." Seu pai foi uma das crianças judias de sorte na Europa ocupada pelos nazistas: apesar de uma aliança com o Terceiro *Reich*, o rei da Bulgária, Boris II, e a igreja se recusaram a entregar a maioria dos 50 mil judeus sefarditas[3] para os campos de extermínio. "Na Bulgária comunista, papai não aprendeu muito sobre religião. Tivemos de ensiná-lo. Nunca vou esquecer quando ele pegou meus livros da escola elementar, que explicavam histórias da *Bíblia*, e ficou surpreso de ver como eram tão incrivelmente humanas. Depois, ele leu a *Bíblia* do colegial do meu irmão e se apaixonou pela poesia, pelo hebraico rico, toda a história dramática."

Em contraste, a mãe de Sivan foi educada em um lar moderadamente religioso. Em muitos sábados pela manhã, Mira caminhava com seu pai para os serviços em uma sinagoga ortodoxa ashkenazi de Jerusalém. "Havia apenas dois tipos de sinagogas – ortodoxa e ultraortodoxa", lembra Mira. "No colégio, decidi ser como meus amigos e não ir a sinagoga de jeito nenhum. E quando eu estava no exército, descobri que ser realmente sabra significa ser secular. Foi então que os valores liberais e humanistas se tornaram minha religião. Ensinei meus filhos que você não tem de ser religioso para amar nossas tradições, que o judaísmo não é apenas para aqueles que usam chapéus pretos e perucas. Nós frequentemente temos jantares de sabbath na casa do meu irmão – sua esposa cozinha fantásticos pratos marroquinos. Acendemos as velas, dizemos o kaddush (a bênção) sobre o vinho e o *hamotzi* sobre o pão, e comemos peixe temperado. Depois, costumávamos sair para festas. Não mais. A vida mudou. Nós sentamos e conversamos. As pessoas realmente precisam umas das outras. Estamos todos nos sentindo deprimidos. Todo mundo busca um significado para estes tempos horríveis. Uma tragédia dos dois lados. Alguns dos maiores agnósticos estão se interessando por religião. Indo à sinagoga. Estudando a cabala. Um amigo ateu estava frequentando um grupo judaico-palestino de diálogo. Quando os palestinos pararam de ir, o grupo decidiu continuar – passando a falar desta vez com judeus ortodoxos, que eles raramente haviam conhecido. Agora, juntos, discutem textos religiosos e têm conversas filosóficas."

Mira e Sivan vivem no marco zero de Israel. Durante a segunda Intifada, houve dezenas de ataques terroristas perto de sua casa – até mesmo na frente dela. Uma explosão estilhaçou a janela da cozinha; uma cabeça voou por cima do muro do jardim. Um terrorista disfarçado como um judeu ortodoxo se detonou. "Como pode existir um Deus?", Mira se pergunta. "Como Deus pode deixar isso acontecer?" Sivan, pintando um retrato com aquarela, coloca seu pincel de lado e diz: "Às vezes, vou a memoriais onde as pessoas colocam velas e flores. Não sei o modo apropriado de rezar, de fazer os rituais, mas não é preciso ser religioso para ler o livro dos salmos. Acho que os salmos são aceitáveis, não importa quem os leia. Gosto de ver os haredim deixar livros dos salmos nos memoriais, de limparem o local (os pedaços de corpos) depois das bombas. Eles não fazem distinção se uma pessoa é árabe ou judia, religiosa ou não. Esses são os haredim que eu respeito. São voluntários com devoção. Por que eles não podem mostrar o mesmo respeito por todos os judeus vivos? Fico enraivecida ao pensar em alguns de nossos vizinhos. Eles acreditam que existe apenas um modo de ser judeu – o modo deles."

Sivan recorda-se vividamente de quando caminhava para casa, vindo da escola elementar e atravessando o Mea Sharim, ultraortodoxo, que fica perto da esquina de onde mora. "Algumas crianças haredim, de repente, começaram a gritar uma palavra estranha para mim. Não tinha ideia do que significava. Tudo o que sabia é que eu não me parecia com eles. Quando entrei em casa, perguntei a meus pais, mas eles não conheciam a palavra. Disseram que não era hebraico. Então, alguém me falou que era o termo iídiche para 'vagabunda'" – e, por implicação, mulher secular. Os homens haredim em "patrulhas do recato" por vezes acossam mulheres, com braços ou pernas expostos, que entram em seu bairro. Já jogaram tinta em dezenas de mulheres e as amaldiçoaram quando passavam a caminho do trabalho no Ministério da Educação, perto de um bairro haredi. Pontos de ônibus que exibiam anúncios com insinuações sexuais foram queimados.

Quando Sivan era adolescente, uma vizinha haredi pediu que ela entrasse em seu apartamento e acendesse as luzes. "Fiz isso e comecei a pensar: se é proibido que um judeu ligue as luzes no sabbath, por que ela pediu a mim, outra judia, para cometer um pecado? Só porque sou secular não sou uma judia real? Ela pensou em mim como um *shabbos goy* (gentio que, no sabbath, ajuda os religiosos judeus a desempenhar funções proibidas para eles no dia do descanso). Fiquei incomodada e consultei um rabino, e ele me explicou que ela tinha violado a lei religiosa. Realmente me chateia que existam haredim de mente estreita que acham que tudo que trata do judaísmo é deles. Eles acreditam que têm valores melhores, que são mais sagrados que nós. Nós também somos judeus legítimos. Se não fosse pelos judeus não religiosos que trouxeram os judeus para cá, muitas famílias haredim provavelmente teriam permanecido na Europa e sido mortas. Na escola, uma vez alguém me disse que metade dos estudantes odeia os haredim.

No curso colegial, a maioria lia a revista de ciência, editada por Mira, que não era permitida em escolas ultraortodoxas. "Acham que a ciência é para os seculares, e que a *Bíblia* é para eles. Bem, tentei mostrar a meus leitores que a *Bíblia* pertence a todos nós", diz Mira, que sempre incluiu citações bíblicas sobre a natureza na revista. "Como o judaísmo foi uma das primeiras grandes religiões ambientais, muitos temas ecológicos na lei judaica e na tradição são relevantes hoje", enfatiza. Ela cita uma frase do *Deuteronômio*, relevante tanto para a onda árabe de ataques incendiários em florestas israelenses e campos como para a destruição pelas IDF dos olivais palestinos, onde os terroristas se escondem: "Mesmo que você esteja em uma guerra contra uma cidade [...] você não deve destruir suas árvores" (*Deuteronômio* 20:19-29). Por causa de cortes governamentais, a revista fechou, e Mira agora dirige um centro educacional ecológico em Jerusalém, que tenta criar árabes e judeus "verdes". Ela também faz parte de um grupo de voluntários que preserva locais históricos na rua dos Profetas. A casa da família, de 150 anos, uma sinfonia de curvas, com muros espessos de pedra, telhados altos e abobadados, foi uma das primeiras erguidas fora do muro da Velha Cidade. É um marco nacional, um tesouro da história secular israelense.

A casa foi construída em 1850 pelo pintor inglês William Holman Hunt, fundador do movimento pré-rafaelita e um primeiro cristão sionista. Em 1892, soldados turcos otomanos tomaram a casa, ocupada depois pela igreja ortodoxa russa. Em 1914, Helen Kagan, uma pediatra de 24 anos de Taskent, no Uzbequistão, transformou a casa em uma movimentada clínica, dirigida por ela e duas freiras americanas de Hadassah. A poeta que usava apenas o nome de Rachel viveu em 1925 nessa casa, onde escreveu um famoso poema, *A pereira*, sobre uma árvore do jardim. Mais tarde, o marido de Kagan, Emil Hauser, violonista mundialmente famoso e fundador do Quarteto de Budapeste, iniciou lá sua primeira academia, um centro para músicos judeus que fugiram do nazismo.

Kagan era uma nacionalista que deixava membros do movimento clandestino esconderem ouro contrabandeado no jardim, por saber que os turcos não suspeitariam dela. Era uma das poucas médicas para atender aos 80 mil judeus, muçulmanos e cristãos – um terço dos quais estava morrendo de cólera,[4] malária, tifo ou fome. Um dos pacientes, salvo por ela, era um fervoroso menino haredi da vizinha Mea Sharim. Paradoxalmente, anos depois ele fundou o Neturei Karta (Guardiões da Cidade), uma minúscula seita "ultraultraortodoxa".

Sivan lembra-se de uma calma noite quando via televisão na sala com sua mãe. "Ouvimos um barulho do lado de fora. Não sabíamos o que era, mas parecia assustador. Depois, vimos um menino espiando pela janela aberta. Fiquei apavorada. Ele parecia estranho. Tinha um chapéu e um peyot longo. Achei que estava olhando para nós, até que percebi que assistia à televisão. Nós o convidamos para entrar, e ele era realmente tímido. Desajeitado. Sentou-se em frente à TV, muito tenso. Quando lhe dei o controle remoto, ele ficou excitado e começou a apertar os botões, pulando de um programa a outro. Alguns minutos de *talk-show*, e depois *Quem quer ser um milionário*. Ele continuou olhando para a tela como se estivesse em transe. Apesar de um calor realmente pegajoso, não tirou seu pesado casaco preto. Não quis nem beber nossa água. Talvez porque nossos copos não fossem kosher o bastante para ele. Poucos dias depois, nós o vimos na janela de novo. Foi mesmo bizarro. Eu lhe disse para vir até a porta. Ele se sentou e pegou o controle remoto e, como da vez anterior, ficou pulando os canais." Sivan ficou pensando: os haredim chamavam a TV de "uma abominação do mal", mas o garoto estava adorando. "Ele não quis nos dizer seu nome. Achava que a 'patrulha da modéstia' o seguia porque seu pai era um rabino famoso. E mal nos olhava, talvez se sentisse esquisito sozinho com duas mulheres vestindo *shorts*. Nossa sala está cheia de livros 'proibidos' que ele nunca poderia ler, sobre biologia, arte grega, e até meu *Apanhador no campo de centeio*, que tínhamos de ler no colégio. Depois de algumas vezes, ele parou de vir. Nunca o vimos de novo. E ele mal falou uma palavra."

272   OS ISRAELENSES

"De vez em quando, se ouço meninos falando iídiche na vizinhança, penso nele", diz Sivan. Na esquina fica o número 21 da rua Etiópia, a antiga casa de Eliezer Ben-Yehuda, o pai do hebraico moderno. Os haredim que falam iídiche e acreditavam que a Língua Sagrada deveria ser usada apenas em rezas, e não profanada pelo uso cotidiano, proclamaram a excomunhão daquele herege de fala hebraica. A placa do lado de fora da casa de Ben-Yehuda foi roubada tantas vezes que hoje já não existe mais. Outro "herege secular", Yitzhak Rabin, nasceu duas casas adiante.

A casa de Ben-Yehuda não fica longe do mais conhecido campo de batalha entre os haredim e seculares, a rua Bar Ilan, onde "guardas do sabbath" fazem pesados ataques verbais contra os blasfemos motoristas do sábado. Outra vezes, eles atiram pedras ou fraldas sujas. Durante manifestações para manter a rua aberta para o tráfego no sabbath, a polícia ergue barreiras para separar os ultraortodoxos dos não ortodoxos. Certa ocasião, quando a coisa descambou para a violência, ela usou gás lacrimogênio para impedir que judeus atacassem uns aos outros. Os bairros religiosos têm o direito de barrar o tráfego no sabbath, mas ruas movimentadas como Bar Ilan, que atravessam bairros não ortodoxos e ultraortodoxos, têm um *status* ambíguo. A Corte Suprema de Israel aprovou o fechamento da rua Bar Ilan para o tráfego apenas durante os serviços do sabbath, e por enquanto a maioria dos ultraortodoxos aceita este arranjo. "Eu participava de uma manifestação pacífica alguns anos atrás, mas, quando caminhava para casa, de repente, um homem haredi cuspiu em mim, e eu estava vestida respeitosamente", diz Sivan, contrariada. "Esses 'chapéus pretos' têm tempo de cuspir e atirar pedras, mas não para trabalhar ou servir o exército. Eles dizem que estão muito ocupados rezando. De vez em quando, ao tirar o carro da entrada de casa, homens haredim gritam 'Shabbos! Shabbos' para mim. Esses fanáticos não têm o direito de nos impor suas regras religiosas. E eles estão brigando por conta de um dia espiritual que supostamente tem a ver com a paz."

A rua Bar Ilan não é o único local que serve como cabo de guerra na briga secular *versus* religioso. O mesmo acontece com os Arcos Dourados. Quando o primeiro McDonald's abriu em Jerusalém em 1995, judeus não ortodoxos ansiosamente entraram na fila para pedir *milkshakes* e *cheeseburguers*. Enfurecidos pela invasão não kosher do *fast food* na Cidade Sagrada, judeus ultraortodoxos protestaram. Poucos meses depois, um incendiário tentou queimar o restaurante. Foi apenas o começo. O McDonald's pagou pesadas multas – mais de 20 mil dólares – por permitir que adolescentes judeus fritassem hambúrgueres no sabbath. Não é permitida a venda do popular sanduíche *Egg McMuffin* porque ele contém carne de porco. Os preços são mais altos porque o McDonald's de Israel paga 40% a mais por sua carne argentina ou uruguaia em comparação com as lanchonetes americanas. As leis religiosas judaicas proíbem a importação da carne não kosher.

Os problemas da rede ficaram mais evidentes quando o McDonald's decidiu abrir uma loja no novo terminal de ônibus da cidade, em 2002. A comunidade haredi ameaçou dizendo que, se a comida não fosse kosher, organizaria protestos em massa. O McDonald's concordou. Isso não foi o bastante – o conselho religioso de Israel exigiu que o McDonald's mudasse o nome de suas lojas kosher para McKosher, argumentando que, de outra forma, estaria iludindo o público ao sugerir que toda a rede era kosher. Quando o McDonald's disse não, o conselho religioso da cidade se recusou a emitir um certificado kosher, uma necessidade para a operação no terminal de ônibus. Os advogados do McDonald's entraram em ação, e a Corte de Magistrados de Israel aceitou seus argumentos. Mesmo sem o certificado kosher, o restaurante está dando muito certo; perto dos Arcos Dourados um aviso diz: "Toda a comida é kosher, e nós fechamos no sabbath". É proibido vender pão durante o Pessach, mas o McDonald's dá um jeito servindo pães feitos de farinha de batata, em vez do trigo (grão sem levedura). Em outros restaurantes, a ultraortodoxa "patrulha do Pessach" atacava e, caso visse religiosos renegados comendo coisas proibidas como pizza ou *hotdogs* em pães, multava os donos dos estabelecimentos fora do curso.

A "patrulha do Pessach" já desapareceu quase totalmente. No entanto, a certificação kosher é muito importante – ninguém quer perder valiosos consumidores. Por isso, a maior parte de fabricantes de alimentos, escolas, hospitais e salões de casamento israelenses paga inspetores kosher para certificarem que suas cozinhas estão de acordo com as leis dietárias religiosas, garantindo que os pratos com leite, por exemplo, não são colocados perto da carne durante sua preparação. Os inspetores checam se os hotéis não profanam o sabbath. As festas de sexta-feira devem terminar duas horas antes do começo do sabbath. Os hotéis que promovem eventos não judeus, como festas de Natal ou Ano-Novo, podem perder seus certificados kosher. O recato também é considerado fundamental. Alguns salões de casamento que permitiram a apresentação de dançarinas do ventre, em trajes exíguos, tiveram seus certificados kosher suspensos. Ser "patrulheiro kosher" pode ser um negócio lucrativo. Às vezes, até demais: inspetores ortodoxos e haredim já foram apanhados exigindo dinheiro por baixo do pano para fazer vista grossa, ou mesmo fazendo propostas ultrajantes, como dizer a donos de restaurantes que sintonizassem rádios ortodoxas e não seculares. As vítimas raramente protestam porque podem perder seus certificados kosher.

"Por vezes, parece que somos nós e eles", diz Sivan, descrevendo a divisão crescente entre os não ortodoxos e os ultraortodoxos de Jerusalém. "Mal falamos uns com os outros. Eles desprezam nossa cultura moderna, e nos acham repulsivos." Alguns seculares comentam amargamente que deveria haver duas capitais judaicas: Jerusalém para os judeus, e Tel Aviv para os israelenses. Na última década, milhares de jovens judeus não ortodoxos se mudaram. "Eu realmente amo Jerusalém, minha família está aqui, e foi nesta casa que nasci", diz Sivan. "Um monte de amigos meus vive em Tel Aviv. E posso ser a próxima."

"Entendo como ela se sente", diz Mira, enquanto passa cola em um selo postal (essa cola em Israel tem certificado kosher). Ela está irada por enviar um cheque para pagar seu imposto predial. "O que me transtorna é saber que os estamos sustentando, e veja como eles nos tratam." Apesar de serem mais de um terço da população de Jerusalém, os ultraortodoxos pagam menos de 10% de impostos municipais. Poucas famílias ultraortodoxas têm alguém ganhando um salário, de modo que cada contribuinte não ortodoxo financia entre uma e três famílias ultraortodoxas. "Estão nos espoliando, tirando dinheiro do nosso bolso. Meus vizinhos têm dez filhos, que nem mesmo pagam impostos, e não os enviam para o exército. Acham que Deus destinou o trabalho duro deles para nós. Eles estudam, mas nós trabalhamos arduamente e lutamos nas guerras deles, e o Messias vai chegar. Por que os homens deveriam deixar de servir o exército ou não pagar impostos? Eles vivem à nossa custa. Nós fizemos nossos deveres – eu fui uma soldada, meu ex-marido estava na Guerra do Yom Kippur e na reserva, e meus dois filhos serviram na Guerra do Golfo, quando os mísseis Scud estavam caindo." Os haredim em Jerusalém têm muito poder político. Os judeus religiosos são a maioria no conselho municipal e, em 2003, Jerusalém teve seu primeiro prefeito haredi, pai de 12 filhos.

Entre os eleitores futuros essa participação vai crescer, porque as crianças de Jerusalém são, em sua maioria, haredim. A guerra de úteros fica evidente na rua abaixo, no hospital Bikur Holim (visitem os doentes), onde mulheres grávidas na sala de espera cheia são, na maior parte, ultraortodoxas ou muçulmanas. "Logo estaremos em minoria", diz um obstetra secular. "Quando tenho de tomar uma decisão médica para salvar uma vida, meus pacientes haredim não concordam, a menos que tenham a aprovação do rabino. Imagine, no século 21, eu precisar da permissão de um rabino fundamentalista para salvar uma vida. Quando o rabino não responde a tempo, tenho de apelar a um juiz (secular) para prosseguir."

Mas há um paradoxo em Jerusalém.

Enquanto o poder e a população de ultraortodoxos se expandem, a vida secular se tornou espiritual e culturalmente mais diversa. Lojas *new age* com cheiro de incenso vendem livros sobre ioga e cabala, ou cartas do tarô. A capital tem museus internacionalmente aclamados, vibrantes festivais de cinema e música, além de feiras de livros. Existem lojas de comida saudável e restaurantes não kosher. Há clubes tão na moda que os modernos de Tel Aviv dirigem até lá para dançar *tecnopop* até de manhã. "É verdade", afirma Mira. "Paradoxalmente, Jerusalém se tornou mais secular e mais religiosa. Quando eu era menina, nadava na primeira piscina 'mista', de homens e mulheres. Os haredim ficaram horrorizados quando ela abriu. Eles a chamavam de Brika Hameriva (piscina da discórdia) e jogavam pedras em nós enquanto nadávamos." Agora, Jesusalém tem não apenas dezenas de piscinas públicas "mistas", como até sinagogas "mistas", onde homens e mulheres podem se sentar juntos.

———————

"Eu não me importo que nos chamem de a 'sinagoga dos seculares'. Gosto que venham aqui pessoas que nunca estiveram envolvidas com uma congregação. A geração mais nova, *high-tech*, tem tremenda sede de uma forma autêntica de judaísmo liberal", declara o rabino Meir Azari, da sinagoga Beit Daniel, a única da reforma em Tel Aviv, que é 90% não ortodoxa. Azari, um novo tipo de rabino franco e aberto, provocou debates sobre o papel da religião no único Estado judaico do mundo. O rabinato ortodoxo detém o monopólio dos casamentos, divórcios, conversões e funerais judeus. O rabino Azari tem insistido que a maioria não ortodoxa tome de volta alguns direitos religiosos, que seus líderes seculares e avós abriram mão quando fundaram Israel. "Depois da morte de Rabin, as pessoas que não tinham disposição para entrar em uma sinagoga começaram a acorrer ao local. Eles não querem render sua religião ao eleitorado de direita do Yigal Amir." Desde então, houve um surto na frequência de judeus antes não praticantes. Na Beit Daniel, os serviços religiosos, grupos de juventude ou de aposentados, pré-escolas e classes de judaísmo para imigrantes russos estão lotados. Azari e outros rabinos da reforma ou conservadores estão sobrecarregados com pedidos para que oficiem casamentos e os bar e bat mitzvahs, em busca de uma alternativa ao secularismo.

Essa é uma conquista e tanto, já que o rabinato ortodoxo, sancionado pelo Estado, os considera "ilegítimos" e não reconhece qualquer forma não ortodoxa de judaísmo. Embora 80% dos israelenses sejam não ortodoxos, quase todas (98%) das mais de 10 mil sinagogas de Israel são ortodoxas ou ultraortodoxas. "Aos olhos deles, apenas o judaísmo ortodoxo é kosher", afirma o rabino Azari. "Eles acreditam que nos reconhecer minaria seu monopólio do judaísmo. Israel é a única democracia no mundo ocidental onde os judeus não têm liberdade de religião, o único lugar onde se nega a liberdade religiosa aos judeus. Estamos lutando pelo direito de os judeus terem a liberdade de escolher como querem ser judeus."[5]

Judeus da reforma e conservadores têm feito campanhas conjuntas na mídia nacional, em jornais, cartazes de ônibus, rádios e TVs, em russo e hebraico. O rabino Azari causou uma sensação no país com o seguinte anúncio, repetido muitas vezes na Rádio Israel. "Eu quero lhes contar um segredo: há mais de um meio de ser judeu. Nossa comunidade acredita no judaísmo de acordo com o espírito do tempo e do local. Em nossas congregações, homens e mulheres são iguais. Em nossas sinagogas, homens e mulheres se sentam juntos, as meninas no bat mitzvah são convocadas para a *Torá* e, em nossas cerimônias de casamento, a mulher também contrai matrimônio com o homem. Se você quiser aprender sobre esse tipo de judaísmo, ligue. Você só tem de escolher." A chefia do rabinato ortodoxo contra-atacou com anúncios em jornais, advertindo israelenses a não frequentarem sinagogas conservadoras ou da reforma, porque "suas preces não serão ouvidas por Deus".

Os ataques a judeus conservadores e da reforma continuam. Para o chefe do rabinato ortodoxo, são "muito mais perigosos" que os judeus israelenses não praticantes e "desencaminhados". "Nunca tivemos um problema com o judaísmo dos judeus não praticantes", diz o ex-rabino chefe ashkenazi Yisrael Lau. "Mas tenho um problema com alguém que chega e diz que não precisamos disso, que está fora da moda ou é anacrônico." Antes de terminar seu exercício, o rabino chefe sefardita Eliahu Baskhi-Doron chegou a advertir que o judaísmo da reforma e o conservador irão levar à assimilação, o que, segundo ele, seria ainda mais desastroso para os judeus que o Holocausto. As transmissões por satélite e internet do Shas chamaram os líderes da reforma e conservadores de "usurpadores tentando destruir o judaísmo", criticando-os por praticar "um cristianismo sem uma cruz". O ex-vice-prefeito de Jerusalém Haim Miller disse: "Todos os interessados na integridade do povo judeu devem lutar para fazer com que os conservadores não tenham lugar em Israel". Alguns jornais ultraortodoxos publicaram artigos tão belicosos que o promotor geral teve de intervir e admoestar os editores e *publishers* por suas "provocações daninhas". Os vândalos chegaram a atacar sinagogas da reforma e conservadoras.

Apesar desses ataques – ou talvez por causa deles –, a maioria dos judeus israelenses está abertamente descontente com o controle do rabinato ortodoxo sobre sua vida. Pesquisas recentes mostram que 79% dos israelenses acreditam que todos os ramos do judaísmo devem ter *status* igual em Israel. Os israelenses seculares não mais gracejam, dizendo que "a sinagoga que não frequento é ortodoxa". Não mais chamam os movimentos conservador e reformista de "judaísmo diluído", importações americanas ou "judaísmo *light*". Os israelenses que passaram mais tempo nos Estados Unidos e na Europa aprenderam sobre alternativas não ortodoxas ao judaísmo, seguidas pela maioria dos judeus fora de Israel. Nos Estados Unidos, apenas 11% da população judaica é ortodoxa; 80% são da reforma ou conservadores.

Israelenses não ortodoxos também são fortemente afetados pelo que alguns chamam de "renascença judaica". Em grupos de estudos judaicos, os não ortodoxos estão aprendendo sobre obras da "estante judaica". De salas de jantar seculares em kibutz a porões coletivos e apartamentos *yuppies* de frente para o mar, grupos discutem filósofos judeus como Maimônides, leem livros de escritores como Biliak, estudam o *Zohar* e debatem a porção semanal da *Torá*. "Acho ótimo que estejamos tirando livros judaicos do armário, porque esses livros são nossa herança também", diz Tamar Kriegel, que frequenta o grupo de estudo da Beit Daniel com 30 outros jovens israelenses, desde estudantes de medicina a um mecânico. "O shul é bacana. Todos em minhas aulas estão encontrando conexões significativas com nossas vidas."

278 Os israelenses

A consultora Tamar, de 27 anos, que trabalha com adultos autistas, está estudando as mulheres da *Bíblia*. Sua favorita é Michal, filha do rei Saul. "Ela está apaixonada por Davi. E fez o que mulheres judias acham que não podem – colocou um tefillin." Iconoclasta, Tamar usa um quipá bordado com cores vibrantes. Uma mulher de quipá atrai muitos olhares, ela admite. "As pessoas ficam muito curiosas. Quando me perguntam a respeito, eu apenas digo: 'Sou religiosa'. Isso as confunde ainda mais porque, quando os israelenses ouvem 'religioso', ainda pensam em ortodoxo ou haredi. E eu certamente não me pareço com eles", diz com uma risada, apontando sua saia provocante e suas botas de caubói. "Onde está escrito que as mulheres são proibidas de usar quipás? São usados pelos homens para mostrar que Deus sempre está acima deles. Deus não está sempre acima das mulheres também? Estamos desafiando algumas tradições do judaísmo. Por que as mulheres não deveriam rezar com os homens?"

A área de orações em frente do Muro Ocidental, o mais sagrado local judaico, tem uma divisão separando homens e mulheres, assim como nas sinagogas ortodoxas e ultraortodoxas. Quando grupos mistos de conservadores e reformistas ousam quebrar a tradição para rezarem juntos, violando as "divisões que regras de Deus designaram a homens e mulheres", judeus ultraortodoxos ultrajados por vezes empurram, xingam e jogam sacos de leite achocolatado neles. "O Muro pertence a todo o povo judeu", declara Tamar. "As mulheres são também judias legítimas. Nós deveríamos ter o direito de rezar do jeito que desejarmos. Colocar tefillin, quipá e xales de prece. E por que não se permite que as mulheres recitem a *Torá* em voz alta?"

Tamar levantou uma série de questões no funeral do seu avô. Pediu que Azari o oficiasse, mas rabinos não ortodoxos não podem conduzir funerais em cemitérios ortodoxos, e há poucos cemitérios seculares judeus em Israel (exceto aqueles nos kibutzim, onde o espaço é limitado).[6] "Eles disseram que meu rabino não é autêntico. Trataram-no como um judeu de segunda classe. Mesmo que minha família não seja religiosa, não tivemos escolha. Ficamos com um 'chapéu preto' (rabino ultraortodoxo)." Centenas de pessoas foram ao funeral do seu avô, um renomado pintor de telas a óleo e fundador da Ein Hod, famosa colônia de artistas no Monte Carmel, perto de Haifa. No túmulo, Tamar começou a recitar o kaddish (oração dos mortos) em voz alta, desafiando a tradição ortodoxa que proíbe a mulher de rezar na frente de homens. "O rabino ficou horrorizado. Uma mulher recitando o kaddish? Ele me fez caretas ameaçadoras, mas eu o ignorei. Minha mãe sussurrou 'pare', e meu pai estava surtando." Então, Tamar pegou a pá e colocou terra no túmulo, quebrando de novo a tradição (que diz que somente os homens devem fazer este gesto final). "O rabino ameaçou ir embora. Sei que incomodei pessoas, mas, como era o último momento com meu avô, eu tenho todo direito de prantear do meu jeito, de mostrar meu amor por ele. Também queria que as pessoas percebessem que eles não têm o monopólio sobre o judaísmo. Quem disse que nosso jeito de morrer tem de ser ortodoxo? Nós deveríamos ter o direito de decidir como enterrar nossos parentes. Talvez, se os ortodoxos parassem de exercer sua coerção, meus amigos não se sentissem tão alienados. Talvez, fossem na sinagoga sexta à noite, em vez de irem para os bares."

Israelenses de todas as denominações estão debatendo o papel que a religião deveria ter em sua democracia. A maioria não ortodoxa se compara a Davi enfrentando o ortodoxo e ultraortodoxo Golias. Os israelenses não ortodoxos estão incomodados por haver tão pouca separação entre a sinagoga e o Estado. Oficialmente, Israel é um Estado secular sem uma religião de Estado. Mas Israel não tem Constituição formal, em parte porque a maioria dos judeus não ortodoxos quer uma Constituição que lhes garanta mais liberdades políticas, sociais e religiosas. Quando David Ben-Gurion leu a Declaração de Independência em 14 de maio de 1948, estabelecendo o primeiro Estado judaico em 2 mil anos, os próprios fundadores não sabiam o que significava um "Estado judaico". A proclamação afirma explicitamente que Israel "irá garantir liberdade de religião". A maioria dos judeus ultraortodoxos quer uma Constituição com base em leis judaicas tradicionais – na verdade, uma impressionante maioria de 64% acha que Israel deveria ser uma teocracia. A questão parece intratável.

Já que nenhuma Constituição formal define os limites da autoridade religiosa, o governo frequentemente se dobra às exigências dos partidos religiosos ortodoxos e ultraortodoxos em suas coalizações. Esta é a razão pela qual judeus não ortodoxos, especialmente dos movimentos conservador e da reforma, vão aos tribunais civis para desafiar o *establishment* ortodoxo sobre a religião. Suas batalhas legais têm sido em grande parte um sucesso. A militante Corte Suprema decretou uma série de regras revolucionárias em favor do pluralismo religioso. Atacou os subsídios desiguais, e por vezes ilegais, do governo a escolas e instituições religiosas ortodoxas e ultraor-

280 OS ISRAELENSES

todoxas. Permitiu que lojas em kibutz abrissem no sabbath. Ordenou que Israel reconhecesse conversões ao judaísmo feitas pelos rabinos da reforma e conservadores no exterior. Mas, quando a Corte Suprema colocou fora da lei as isenções de serviço militar dos homens ultraortodoxos, a decisão foi tão explosiva que rabinos haredim ultrajados chamaram seus soldados.

Em uma brilhante tarde ensolarada em fevereiro de 1999, cerca de 500 mil homens haredim apareceram perante a Corte Suprema. Foi a maior manifestação antissecular da cáustica história moderna israelense de guerras religiosas. Os manifestantes carregavam cartazes, dizendo que "a antirre-ligiosa Corte Suprema está nos perseguindo" e "a *Torá* é mais sagrada que suas leis". Esse poder do "chapéu preto" uniu os geralmente conflitantes hassídicos, lituanos, haredim e simpatizantes do Shas. O rabino Ovadia Yosef, líder espiritual do Shas, chamou a Corte Suprema de uma "instituição pecaminosa", acusando seus 12 membros – nove homens e três mulheres – de "tiranos juristas esquerdistas" e "inimigos do judaísmo", além de serem "a causa dos tormentos do mundo". Os rabinos lideraram seus seguidores em rezas. O ministro da Justiça, Aharon Barak, recebeu tantas ameaças de morte – semelhantes às que o primeiro-ministro Rabin recebeu antes de ser assassinado –, que teve de contratar guarda-costas em tempo integral.

Perto da Corte Suprema, cerca de 50 mil pessoas surgiram para uma contramanifestação anti-haredi. Comboios de ônibus da Galileia ao Negev levaram estudantes, professores, adolescentes, kibuztiniks e imigrantes de fala russa. Alguns eram militantemente seculares, outros vestiam quipás tricotados. Todos foram dar apoio às decisões da Corte Suprema sobre pluralismo religioso. Alguns seguravam placas com os dizeres: "resgatem o judaísmo das mãos dos haredim"; "não deixem que eles sequestrem o judaísmo!"; "coloque-os no exército também". O rabino Azari e dezenas de outros rabinos da reforma e conservadores atacaram os privilégios da minoria ultraortodoxa, desde a dispensa do exército ao sistema de patronato que banca suas instituições religiosas e escolas à custa dos contribuintes. Os manifestantes cantaram *A canção da paz* e distribuíram pôsteres de uma multicolorida estrela de Davi, símbolo do pluralismo judaico. "Mostramos que somos a maioria e que não vamos mais ficar em silêncio. Nós somos os judeus – eles são a alternativa", diz o rabino Azari, que descreve como essa manifestação ajudou a inflamar uma revolução religiosa. Em 2003, o anti-haredi Shinui – que significa "mudança"– tornou-se o segundo maior partido no governo. Pela primeira vez em duas décadas, não havia partidos ultraortodoxos na coalizão. Mas a mudança teve vida curta. O mesmo aconteceu com a coalizão. O Shinui não cumpriu as mudanças prometidas. "Pelo menos, estamos vendo a ascensão de vozes judaicas alternativas. E há mudanças dramáticas no espírito de Israel. Isso não é mais o Irã."

Em um rito de passagem pós-exército, dezenas de milhares de jovens israelenses viajam à Ásia ou América do Sul todo ano para um caleidoscópio de experiências. Depois de seis meses viajando de moto pela Índia, Tamir Heffetz chegou ao "teto do mundo". Nos monastérios budistas e templos hindus do Nepal, ficou pasmo ao ouvir mais hebraico que hindi. Uma surpresa ainda maior foi o Pessach perto da embaixada israelense. "Parecia uma cena do *Êxodo*", ele diz, chacoalhando seu longo rabo de cavalo loiro. Estava no maior seder do Pessach do mundo. Mesas cobertas com matzah, vinho e peixe temperado – tudo importado de Israel. Para quase mil jovens israelenses, era um Kathmandu kosher. "Lá cheguei eu, longe de casa, e quem mais estava lá? Caras que eu conhecia. Da última vez que estivemos juntos, cantamos canções do Pessach em uma tenda também – mas era uma barraca do exército. Fazíamos nosso seder à luz de velas, não para sermos românticos, mas para evitar que o Hezbollah atirasse em nós. Eu estava lesado, com problemas para comer, porque tinha acabado de ver meu oficial ser morto por uma bomba. Pelo menos, em Kathmandu, ninguém atirava em nós." Tamir e seu irmão mais velho, Ori, passaram meses na Ásia "limpando a cabeça" e fazendo uma "busca espiritual". Quando Ori desembarcou na Índia, um supermercado favorito para a turma pós-exército, dirigiu-se à rua principal de lojas em Nova Delhi e se instalou no hostel Rama. "Estava no telhado com um bando de israelenses de olhos vidrados, trocando guias de viagem, falando das garotas. Eles partilhavam cachimbos de maconha. Um rabino habad israelense veio se sentar conosco e tentou fazer parte do nosso clima. Quando perguntou o que faríamos no sabatth, um cara disse: 'Quem se imposta com o sabbath?'. O rabino era um cara legal e ganhou nossa confiança, sem nos incomodar. Ele nos convidou: 'Por que vocês não vêm ao sabbath? Vamos cozinhar uma deliciosa comida kosher'. Por que não? Assim fomos. Qualquer coisa por comida de graça, e era mesmo ótima. O que me surpreendeu foi perceber que tantos daqueles israelenses sabiam tão pouco sobre o judaísmo. Alguns estavam usando o teffilin pela primeira vez. Um cara me disse que não sabia que o sabbath podia ser tão espiritual." Ori, que se considera um "semipraticante", frequenta um jantar multigeracional de sabbath, em Tel Aviv, no apartamento de sua avó, alemã e de seu avô, descendente de uma antiga família síria e egípcia de Jerusalém.

"É estranho ver tantos israelenses deixando o país para descobrir o judaísmo", continua Ori. Durante sua viagem pela Tailândia, descobriu que "onde quer que os israelenses se juntem, sempre há um rabino habad". Ele passou Rosh Hashana, Yom Kippur e Sukkot (a Festa do Tabernáculo) com outros israelenses na Casa Habad em Bancoc, onde a comida kosher alimentava mais de 9 mil mochileiros israelenses por ano até que ameaças de um ataque potencial da Al-Qaeda diminuíram esse número. "Cantamos e ouvimos as histórias dos rabinos sobre o Baal Shem Tov. Alguns tiveram experiências judaicas realmente positivas, e vi aqueles rabinos fazendo alguns caras se interessarem pelo judaísmo."

Como muitos israelenses, Ori descobriu outros mistérios. Sob as palmeiras nas praias das ilhas do sul da Tailândia e também em Goa, na Índia, milhares de israelenses em trajes de banho, não ortodoxos e ortodoxos, dançam com a batida da música trance psicodélica. "Nós damos ao *trance* uma chance. Quebramos todas as regras porque estamos fora do exército, o que é como sair da cadeia. Queremos redescobrir a vida. E muitas pessoas descobrem pessoas de outras religiões." Ori se lembra de ter encontrado uma mulher britânica festeira perto de um templo tailandês. "Quando ela me disse que era o domingo de Páscoa, perguntei o que aquilo queria dizer. Ela não conseguia acreditar que eu não soubesse o que era a Páscoa. O que os israelenses conhecem sobre Jesus? Ela foi a primeira cristã que conheci. Acho que a maioria de nós tem de sair de Israel para conhecer cristãos."

Longe da volátil e dividida pátria, milhares de israelenses sedentos de harmonia se dirigem a Dharamsala, na Índia, onde vive o Dalai Lama. (Muitos também participam do seder anual local.) Mesmo o sobrinho de 28 anos do rabino chefe ashkenazi, Yisrael Lau, que estudou na yeshiva, chama a Índia de seu segundo lar espiritual. Ori sentou-se com as pernas cruzadas e os olhos fechados em um ashram de conscientização krishna em Mumbai e no templo de Puna, onde os Beatles meditaram. "Tenho fortes crenças judaicas monoteístas", ele diz, enfatizando que acredita em um Deus indivisível. "Mesmo que as cerimônias hindus e budistas envolvam a adoração de ídolos, eu tive *insights* que abriram minha mente sobre o judaísmo. Minha nova consciência me fez apreciar o judaísmo de um novo jeito."

De volta à Terra Sagrada, cada vez mais israelenses estão combinando seu romance com o misticismo asiático com a espiritualidade judaica. Em "yeshivas-ashrams", judeus ortodoxos estudam hasidismo, cabala e misticismo asiático. Enquanto cursava Física na Universidade de Tel Aviv, Ori conheceu muitos colegas "graduados em Índia" em suas aulas de filosofia chinesa e indiana. Cerca de 20 mil israelenses comparecem ao festival anual do Bereshit (Gênesis), realizado durante três dias na floresta de Megiddo (Armagedon), a cada Rosh Hashana. Ele atrai os jovens *hippies*, soldados que acabaram de tirar o uniforme e suas famílias. Os judeus estudam reiki e reflexologia. Há *workshops* de tai chi, ioga e toque de chifre de bode. Perto de uma pirâmide de meditação, a saudação mais comum é: "Você é do leste ou do sul?" (ou seja, foi mochileiro na Ásia ou na América do Sul). Pessoas partilham livros sobre budismo tibetano e cabala. Vendedores oferecem CDs que misturam música *soul* judaica, *reggae* e *fusion*.

Durante os serviços de Hosh Hasahana, um novo tipo de israelense se evidencia na enorme tenda chamada Casa do Amor e das Orações. Nessa "sinagoga", os fiéis cantam músicas tradicionais do Hosh Hashana acompanhadas por tambores e violões. Crianças vagam entre os fiéis oferecendo as tradicionais maçãs com mel. Depois do canto extasiante e da reza apaixonada, eles dão as mãos e se abraçam. A celebração termina com um estrondo de dezenas de *shofars* (chifres de bode). Em dezenas de outros encontros religiosos judeus há *Bíblias*. E também bandas. Uma das favoritas é a Sheva, um grupo da Galileia. Seus músicos – judeus, cristãos e muçulmanos – começaram a tocar juntos em concertos de *trance* na Índia para israelenses. Vestidos com ondulantes túnicas beduínas, eles tocam cítara, xilofone persa e tambores marroquinos, cantando salmos hebraicos e muçulmanos. O público dança, absolutamente relaxado, sua conhecida música hebraico-árabe chamada *Shalom-Shalam*. Eles cantam: "Que a paz esteja conosco, sobre todos nós. Paz, sobre nós e sobre todo o mundo. Paz, paz!". Por um momento, essas frases hipnóticas e repetitivas parecem afogar os altos decibéis da vida israelense.

Estima-se que 200 mil israelenses estejam envolvidos com o judaísmo *new age*. "É uma alternativa moderna à necessidade de achar uma tribo", diz o Yoav Ben-Dov, do Instituto de Filosofia e História da Ciência da Uni-

284 OS ISRAELENSES

versidade de Tel Aviv, que realizou um estudo sobre os jovens israelenses na Índia. "Estamos vendo uma expansão da crença em coisas relacionadas ao misticismo. Um retorno às experiências místicas, uma cultura israelense de exploração. Jovens das classes média e alta estão se convertendo a todas as versões *new age* do judaísmo. Mas aqueles que fazem parte dos grupos socioeconômicos mais pobres, que nunca fizeram parte da Israel moderna, estão retornando ao judaísmo que seus avós seguiram, em lugares como o norte da África, e reinventando-o." Eles não percebem que os amuletos que os rabinos lhes dão são com frequência feitos na Índia.

As estrelas que cobrem um céu de veludo sobre Netanya são tão brilhantes que quase dá para vê-las piscar. Yisraela Gratzyani está exausta de lidar com outro caso de divórcio, mas essa morena alta está feliz de passar o Sukkot com seus parentes em uma casa na praia, na celebração da colheita, que dura uma semana. Ela admira o sukkah, uma cabana feita de ramos de palmeira decorada com frutas aromáticas, que seu irmão mais novo, Gidi, construiu no quintal. Por toda Israel, famílias judias comem fora no Sukkot, lembrando-se das habitações ancestrais e temporárias em que os israelitas antigos viveram depois de ter fugido do Egito e vagado 40 anos pelo deserto.[7] "É realmente frágil, como a fragilidade da vida", diz Yisraela, referindo-se a todas as vidas que foram encurtadas pela segunda Intifada. "É como se vivêssemos em um sukkah o tempo todo, que pode a qualquer momento ser explodido."

"Não precisamos de muros permanentes para nos sentirmos seguros, mas precisamos da fé em Deus", diz Gidi, que tem a notável aparência mediterrânea de sua irmã. "O sukkah nos lembra de dar uma passo para trás e admirar os presentes mais simples da terra", ele explica, enquanto apanha uma *etrog* (fruta aromática semelhante ao limão) e um *lulav* (feixe de ramos de palmeiras, mirtos e chorões). "Cada tipo de galho representa um tipo diferente de judeu – aqueles que estudaram a *Torá*, os que fazem gentilezas, aqueles que fazem ambas as coisas e os que não fazem nenhuma delas. Quando os seguramos juntos, somos uma comunidade: mais nos une do que nos divide." Seguindo a tradição judaica, Gidi balança o lulav nas quatro direções, para cima e para baixo, gestos que simbolizam a onipresença de Deus.[8]

Os não ortodoxos   285

Quando termina a cerimônia, Yisraela ajuda sua mãe, que é cabeleireira, e sua avó a servirem uma pródiga mesa de pratos sefarditas: pimentões e tomates recheados, salada de berinjela assada, *burekas* (massa recheada com queijo), folhas de uva com arroz, *travados* (massa com recheio de amêndoas) e *baklava* (salgados de massa folhada) – prova de que a cozinha kosher não tem de significar uma camisa de força culinária. As três mulheres falam ladino, o espanhol do século 14, a língua dos judeus sefarditas, a língua de Cervantes (que, de acordo com uma pesquisa recente sobre o autor, era um dos judeus espanhóis clandestinos). Como a língua e a comida, essa família tem influências espanholas, turcas, gregas e italianas.

Yisraela segue os rituais judaicos seletivamente. Depois de acender as velas em cada sabbath, ela adora dançar em festas nas casas dos amigos. Mantém uma cozinha livre de carne de porco, mas, fora dela, gosta muito de camarão agridoce. "Sou uma sefardita tradicional, o que significa que tenho fortes laços emocionais com o judaísmo, mas tenho a cabeça muito aberta." Alguns objetos em sua bolsa revelam as diversas fontes de inspiração: uma miniatura do *Livro dos Salmos*, um amuleto benzido por um rabino curdo, um hamsah, um CD do Pink Floyd e outro do Led Zepellin. Quando adolescente, ela sonhava ser cantora de *rock*, uma Madonna israelense, mas acabou defendendo os direitos da mulher no Knesset e na Corte Suprema. Ela cantava muitas melodias e rezas na sinagoga sefardita do moshav que seu avô e outros imigrantes, descendentes de gregos e italianos, fundaram. Agora que vive em Tel Aviv, ela ocasionalmente vai à sinagoga mais próxima. "Não me importo que tipo de sinagoga é. Há apenas um Deus, e Ele ouve nossas preces onde estivermos." Quando cutucada, ela admite: "Quando vou a uma sinagoga ashkenazi, seja ortodoxa, conservadora ou da reforma, seu estilo de prece e melodias parece me soar estranho."

Enquanto a família come no sukkah, o padrasto de Yisraela brinca com Gidi sobre sua transformação religiosa. Ex-modelo, ele agora tem barba e quipá preto. Milhares de israelenses não religiosos estão se tornando *ba'alei teshuvah* (novos judeus religiosos). Gidi vai à sinagoga todos os dias. Ele gosta da fé extasiante, das preces ferventes e das celebrações alimentadas pela vivacidade da música e dança hasídicas. Em casa, usa dois conjuntos de pratos e talheres para laticínios e comida. Muitos pais israelenses não ortodoxos, cujos filhos aderiram ao movimento de retorno à religião, se preocupam com as mesmas questões: essa metamorfose é uma fuga temporária das exigências da vida israelense, das notícias sombrias durante as 24 horas, do serviço na reserva, de contas bancárias no vermelho? Estão flertando com a ortodoxia ou se casando com ela?

Gidi ficou interessado nos hassídicos Breslov, um grupo de fala iídiche, antes minúsculo, que apresentou grande crescimento no país. Jovens mizrahim e sefarditas descontentes com o que chamam de "secularismo vazio" são atraídos pelo movimento ashkenazi hassídico, iniciado pelo rabino Nahman na Bratislávia, Ucrânia, em 1802. Yisraela ajudou a impulsionar a transformação religiosa de seu irmão não praticante quando lhe deu alguns dos escritos de Nahman. Suas fábulas enigmáticas são algumas das mais cativantes da literatura judaica. Afirma-se que influenciaram autores como Franz Kafka e S. Y. Agnon, e são estudadas em aulas seculares de literatura hebraica. "Elas constituem um universo em si mesmo, nas quais os sonhadores vão além de seus sonhos, além de seus desejos, alimentados por sua busca de imaginação e salvação, e uma ânsia infinita por inocência e maravilhamento", diz o escritor Eli Wiesel. "São cheias de sabedoria simples e inspiração."[9]

O pai adotivo de Gidi, um secular inquebrantável, ex-kibutznik que dirige um táxi em Tel Aviv, fala do comportamento dos novos judeus praticantes: "Eles dançam em torno de suas vans, com alto-falantes, tocando música hasídica a todo volume. Eu os vejo distribuindo folhetos, em todos os cantos, com aqueles estúpidos pôsteres e adesivos." E cita os *slogans* impressos no material – "Uman, Uman, Rosha Hashana" – incitando os israelenses a se unirem à peregrinação anual em massa ao túmulo do rabino Nahman, na cidade ucraniana de Uman. "Religiosos doidos", ele diz, sem conseguir esconder seu incômodo.

"Servir a Deus não é doidice", retruca Gidi, que agora está estudando com um rabino habad. "Só estou tentando ser o judeu que sou, e ajudando os outros." No papel de mediadora, Yisraela interrompe, usando habilidades que aprendeu como advogada de família: "Ele e seus amigos estão no exército. Pagam impostos. O que há de errado com suas preces jubilosas, com sua fé em Deus? Todo o país gosta do trabalho que ele está fazendo".

O trabalho de Gidi o mantém em permanente alerta. Ele é um dos voluntários religiosos que correm para a cena depois de um ataque terrorista. Entre o cheiro de corpos queimados, ele junta partes de pessoas para um enterro, porque a lei judaica ensina que cada pedaço do corpo é santo. Em um ritual frequente demais e sombrio, ele numera cada olho, cada mão, cada pé. Raspa pedaços de carne de ônibus, de paredes e barracas de frutas e verduras, e os coloca cuidadosamente em sacos para o enterro. As partes que não combinam com um corpo são levadas para o instituto médico legal para exames de DNA, raio-X e de digitais. Gidi e os homens com quem trabalha são os maiores especialistas do mundo em juntar e identificar partes de corpos. Até o 11 de setembro, nenhum país tinha tal grupo de voluntários.

Ele tem pesadelos. Não consegue comer carne. Não pode tocar em nada vermelho – tomates, amoras, morangos. Continua com seu trabalho porque "é o maior mitzvah que um judeu pode fazer": "É uma doação pura porque não há modos de um morto retribuir. Não há o que se possa obter dele. O importante em minha vida é fazer boas ações".

Depois de um ataque no mercado a céu aberto, pouco distante da casa de Gidi, israelenses espancam um trabalhador árabe – que era inocente. "Eles deviam descobrir quem fez o atentado, puni-los e fazê-los pagar por todas as contas de hospital. É parte do judaísmo ser tolerante, e não odiar", diz Yisraela, recitando um provérbio que sua avó lhe ensinou. "Se você vive para procurar vingança, cave um túmulo para dois." Sua avó tinha razões para odiar. Sua família turca sefardita viveu na cidade sagrada de Hebron por gerações. Em 1929, conflitos anti-israelenses irromperam e árabes mataram mais de 60 vizinhos judeus e seus filhos. Aos 6 anos, a avó de Yisraela viu o pai ser esfaqueado até a morte pelo sócio árabe. "Mesmo depois daquilo, ela nunca perdeu sua fé ou odiou árabes." Quando Yisraela ficou seriamente doente e precisou de uma transfusão de emergência, o único com sangue compatível era um árabe que trabalhava nos laranjais de seus avós. "Ele salvou minha vida. Ele reza em árabe, eu rezo em hebraico." A Intifada a tornou menos tolerante? "Absolutamente não. Quando uma bomba explode, eu digo: 'Terroristas podres'. Eu nunca digo 'árabes podres'."

Notas

1. Um estudo de 1999 do Instituto Louis Guttman, feito para Pesquisa Social Aplicada de Israel, descobriu os seguintes dados: 98% dos israelenses colocam mezuzahs em suas portas, 91% acreditam ser "muito importante" conduzir o

seder do Pessach, 90% mantêm uma casa kosher, até certo ponto, e 71% jejuam no Yom Kippur.

2. Shekel significa literalmente "peso". Quando Sarah morreu, Abraão comprou a Caverna de Machpelah em Hebron de Ephron, o hitita, como tumba para sua família por 400 shekels de prata. O poeta judeu Naftali Imber, nascido na Romênia, escreveu o poema *Hatikvah*, que se tornou o hino sionista: "Tão longa quanto a profundeza do coração/ A alma dos judeus anseia/ E em direção ao Oriente/ Um olho olha para o Sião/ Nossa esperança ainda não está perdida/ A esperança de 2 mil anos/ De ser um povo livre em nossa terra/ A terra de Sião e Jerusalém". Com música escrita por um imigrante da Moldávia, Samuel Cohen, *Hatikvah* (A Esperança) tornou-se o hino nacional de Israel. David Wolffsohn, historiador e filósofo, sugeriu que a bandeira de Israel fosse inspirada no tallit: "O ritual com o qual nos embrulhamos, quando rezamos, deve ser o nosso símbolo nacional de orgulho".

3. A comunidade judaica da Bulgária, quase inteiramente sefardita, data da expulsão dos judeus da Espanha em 1492. Como muitos judeus búlgaros, o pai de Sivan cresceu falando ladino, o "iídiche espanhol".

4. Um menino haredi febril, de Mea Sharim – que foi salvo pela médica Kagan, ardorosa sionista secular –, mais tarde fundou a minúscula seita "ultraultraortodoxa" antissionista Neturei Karta (Guardiões da Cidade), cujos seguidores não reconhecem o Estado "sem Deus" de Israel e hasteiam bandeiras negras nos feriados nacionais. Yasser Arafat nomeou o líder deles, o rabino Moshe Hirsch, para o governo palestino.

5. "Anglos", ou imigrantes de fala inglesa, estabeleceram em Israel as congregações da Reforma e Conservadora nos anos 1960. Em vez de usar a carregada palavra "reforma", ela é chamada de Movimento pelo Judaísmo Progressista (o acrônimo em hebraico é Telem). O movimento Conservador é chamado de Masorti, ou "tradicional". Muitos líderes dos dois movimentos dizem que os judeus israelenses, em sua maioria, são reformistas e conservadores, só não sabem disso. As congregações ortodoxas recebem mais fundos do governo que as da reforma e conservadora.

6. Em 1997, a Corte Suprema determinou o fim do monopólio ortodoxo nos funerais. A maioria dos enterros não ortodoxos ainda acontece nos kibutzim, que têm uma longa tradição de enterros seculares, mas espaço limitado para cemitérios. Em Beer-Sheva, foi inaugurado em 1999 um cemitério secular onde as mulheres podem ter *status* igual nos rituais de enterro. Organizações ortodoxas ainda controlam o enterro de judeus, não permitem que rabinos da reforma ou conservadores conduzam funerais e não alocam espaços em cemitério judeu para indivíduos que não sejam reconhecidos como tal.

Os *não ortodoxos*   289

7. Comer no sukkah celebra a gentileza de Deus durante o Êxodo, quando os he-
    breus "viveram em cabanas por sete dias", segundo *Levítico* 23:33-34 – "para
    que gerações futuras possam saber que fiz o povo israelita viver em cabanas
    quando os trouxe para fora da terra do Egito".

8. A palmeira, que tem gosto, mas não aroma, simboliza o judeu que conhece a
    Torá mas não pratica seus gestos gentis. A murta, que tem aroma, mas não gos-
    to, representa o judeu que faz boas ações, mas não sabe. O chorão, sem aroma
    ou gosto, denota um judeu que não pratica bons gestos nem conhece a *Torá*.
    A etrog (cidreira), que tem gosto e aroma, representa a pessoa ideal, imersa na
    Torá e nas boas ações. Juntos, os feixes de ramos e a etrog representam todos
    os judeus aprendendo e ajudando uns aos outros (*Leviticus Rabba* 30:12).

9. Ver *Souls on Fire: Portraits and Legends of Hasidic Masters*, de Elie Wiesel, pp.
    171-172 (Nova York: Random House, 1972).

IV
Esquizofrenia:
não judeus em um Estado judeu

12

Os muçulmanos
Os outros filhos de Abraão

Nesses dias, eu vejo alguma esperança no horizonte. Talvez, esses últimos anos de brutal loucura terminem para todos. Aqui em Haifa, vejo judeus e árabes vivendo juntos. O que precisamos são modelos de coexistência, como ter mais boas escolas onde crianças árabes e judias possam aprender sobre as culturas uns dos outros e a respeitar diferenças. Eu acho que a idade ideal para começar é três anos, antes que a criança esteja exposta à tensão circundante. Isso pode ser um importante presente para as crianças dessa terra conflitada. — Do pediatra Yasser Mansou, integrante de um grupo de pais árabes e judeus, tentando criar uma pré-escola árabe e judaica

Não somos árabe-israelenses ou muçulmano-israelenses. Esses termos são divisivos, ignoram nossa identidade e nossa história. Eu sou um palestino árabe que vive em Israel, um dos povos nativos dessa terra. — Suhad Hammoud, 29 anos, advogado de direitos humanos que defende palestinos em Israel, na Cisjordânia e Faixa de Gaza

294 OS ISRAELENSES

Enquanto tanques e homens-bomba matam a confiança entre judeus e árabes palestinos, o pneumologista e pediatra Yasser Mansou, um israelense árabe muçulmano salva vidas, desde um recém-nascido com problemas respiratórios a um bebê que engasga com um caroço. "Eu me tornei pediatra porque queria ajudar crianças, e não importa se são árabes ou judias", declara Yasser com uma convicção reconhecida pela gratidão de muitos pais judeus e árabes. Eles a expressam de várias formas: um pai hassídico lhe deu um amuleto benzido por um rabino; uma mãe lhe trouxe tortas, cobertas por um lenço muçulmano; e um político do Shas demonstrou sua confiança pregando um mezuzah em sua porta. Esse incansável médico de 40 anos trata crianças em duas clínicas de Haifa e também no hospital Rambam, onde crianças árabes e judias partilham uma enfermaria pediátrica. Em todo o hospital, médicos árabes israelenses cuidam de soldados feridos e de judeus alvos do terrorismo, e médicos judeus tratam de terroristas e vítimas árabe-israelenses do terror. Durante a guerra do Hezbollah, em 2006, quase cem mísseis caíram sobre Haifa, alguns perto do Centro Médico Rambam. Durante as cirurgias, sirenes soavam. A equipe de trauma – judeus e árabes – tratou de quase 400 feridos. No primeiro grande ataque terrorista em Haifa, um passageiro entrou em um ônibus lotado, com árabes e judeus, e detonou um cinturão de explosivos com pregos, matando 15. Em segundos, árabes e judeus correram à rua banhada de sangue para ajudar dezenas de feridos. "É por isso que esta cidade é especial", diz Yasser, que estava ao lado da cama do motorista do ônibus. "Haifa é uma ilha de sanidade."

Ainda assim, no estacionamento do hospital há adesivos em carros que expressam sentimentos antiárabes, e mesmo ilegais e racistas, como "fora, árabes".[1] Perguntado como se sente a respeito disso, um olhar de tristeza ocupa seu rosto. "Assim como há dedos em minha mão, há todos os tipos de judeus e árabes. Quando as crianças brincam juntas na sala de espera, elas não julgam umas às outras por nome ou religião. Essas diferenças não significam nada para elas."

Mas aquelas mesmas diferenças significam muito para tantos adultos. Yasser descreve uma situação em que estava na fila de embarque no aeroporto internacional Ben-Gurion, com cerca de 30 pneumonologistas, esperando um voo para participar de uma conferência em Istambul. Sem estetoscópio e jaleco branco, esse homem de um metro e noventa e pele oliva, chamado Yasser, é uma bandeira vermelha; por isso, um preocupado segurança do

Os muçulmanos 295

aeroporto o afastou da fila. Ele apresentou seu passaporte israelense. Mostrou seu crachá do hospital Rambam. Tirou sua carteira de membro do Rotary Club árabe-judeu de Haifa. "Você sabe como é humilhante ser o único escolhido? Na frente dos meus colegas?", ele diz, tentando permanecer calmo ao contar a dolorosa provação ocorrida antes de o governo anunciar, em 2007, que todos os passageiros – árabes e judeus – deveriam passar por checagens de segurança idênticas. "Uma de minhas amigas judias disse que, da próxima vez que fosse ao aeroporto, iria me dar uma camiseta com os dizeres, 'não sou um terrorista, sou um israelense'. Agora, quando questionam nossa lealdade, vejo que nem sempre confiam em nós. Eu sinto o conflito entre 'israelenses' e 'árabes palestinos' como parte de minha identidade. Temos identidades fracionadas." Bem-vindos ao mundo esquizofrênico dos árabes muçulmanos de Israel.

Yasser Mansour é um muçulmano sunita, assim como mais de 1 milhão de outros israelenses árabes, que representam 87% da população islâmica de Israel.[2] Os muçulmanos são o grupo de maior crescimento entre cidadãos israelenses, com uma taxa de fertilidade que é o dobro da de judeus. Em cada cinco israelenses, um é árabe muçulmano. No prazo de 20 anos, a relação será de um para três.[3] Como a maioria dos pais de fala árabe em sua sala de espera – as mulheres da limpeza, a secretária, o empregado de siderúrgica desempregado –, Yasser é mais um dos filhos dos "Árabes de 48", um grupo que decidiu ficar no lugar durante a guerra da independência de Israel, em 1947-48. Para aqueles que não ficaram – a maioria dos árabes da Palestina –, as consequências foram calamitosas. Cerca de 700 mil árabes fugiram, a maior parte para a Jordânia e partes da Palestina, que o Egito e a Jordânia haviam conquistado durante a Guerra de 1948: respectivamente, Gaza e Cisjordânia. (Seus números cresceram para quase 4 milhões de refugiados registrados, com quase um terço vivendo nos campos administrados pela ONU.)[4] O número exato de quantos árabes fugiram e quantos foram postos para fora é um tópico contencioso entre historiadores da guerra. Os 160 mil "árabes de 48" que ficaram estavam desorientados, pobres, e a maioria era analfabeta.[5] Eles também estavam fragmentados e sem liderança. Representantes das classes média e alta, em sua maioria, saíram, com seus líderes religiosos. O êxodo em massa destruiu quase todas as instituições políticas, sociais e islâmicas criadas durante o Mandato Britânico. No novo Estado de

Israel, subitamente árabes eram uma minoria e os judeus a maioria – uma situação incomum para ambos os grupos.

Muitos "árabes de 48" eram "refugiados internos", desalojados de seus lares e vilas, que foram destruídos ou abandonados durante a luta, e das terras que tradicionalmente cultivavam. O novo governo expropriou o vilarejo dos pais de Yasser, na Galileia, porque era um local "militarmente estratégico". Eles tiveram muita companhia – o novo governo de Israel confiscou cerca de 40% das terras, cultivadas por árabes palestinos, para uso agrícola e militar. A família se mudou para Haifa, cheia de casas abandonadas pelos 70 mil árabes que fugiram do país – mais uma vez, sob circunstâncias que permanecem como discussão corrente. O pai de Yasser, que deixou a escola aos 14 anos para apoiar sua família desalojada, trabalhou em uma barraca de verduras no mercado de Haifa durante 30 anos e colocou todos os seus cinco filhos na universidade. Quando Yasser era um residente da pediatria, seu pai e um colega de sua ex-vila o apresentaram a Jumana, que estudava para ser professora da pré-escola. Não demorou para que as famílias do vilarejo abandonado há tanto tempo se reunissem no moderado casamento dos dois – apenas 400 convidados.

Enquanto seus filhos pequenos brincam com um jogo de geografia em hebraico no computador, Yasser e Jumana relaxam no terraço de seu apartamento, que tem vista para o porto e fica próximo dos terraços dos jardins de Bahai, na colina dessa cidade mediterrânea.[6] "Nós queremos que eles brinquem apenas com jogos não violentos em seu computador", diz Jumana, de 31 anos. "Na televisão, toda semana aparecem cenas de lutas ou funerais. Se pego eles vendo o noticiário, coloco um vídeo do Pernalonga ou de *Harry Potter*." Yasser diz que quase todos os seus pacientes foram afetados pela violência. "Eles têm problemas para dormir. São hiperativos, nervosos, agitados. É bom que nossas escolas tenham programas especiais para que aprendam a lidar com isso. Até o momento, temos conseguido manter as mentes de nossos filhos em outras coisas. E isso é uma grande notícia." Jumana está esperando uma menina.

Yasser e Jumana fazem parte de uma classe média muçulmana em expansão. Médicos que trabalham em hospitais de Israel não são ricos – motoristas de ônibus podem ganhar mais. O que parece ser uma fortuna para um médico que emigrou da Rússia é modesto para padrões israelenses. De fato, para suplementar o salário de 1,5 mil dólares por seu trabalho em tempo parcial no hospital, Yasser aluga espaço em uma clínica de bairro, habitado em grande parte por profissionais liberais, para um urologista e um psiquiatra, ambos imigrantes russos. Yasser divide outra clínica com um clínico geral cristão árabe e um ginecologista judeu em um bairro de classe média judeu-árabe. "A maioria dos filhos dele é de likudniks de extrema-direita. Cada vez que há um ataque, eu espero perder pacientes judeus. Mas não importa quão ruim fique, ninguém parou de vir, o que me deixa feliz."

Em Acre, Lod e Jaffa, outras cidades "mistas"como Jerusalém, "coexistência" significa viver juntos, mas separadamente. Em Haifa, significa "viver juntos". "Para os árabes, Haifa é o melhor lugar para viver e trabalhar", diz Yasser, cuja vizinhança mistura muçulmanos e cristãos árabes, judeus de origem ashkenazi e mizrahi. "Ainda sentimos que a coexistência é possível." Ele elogia a "cabeça aberta" do ex-prefeito Amram Mitzna, de Haifa, um general aposentado das IDF que lutou na Cisjordânia durante a primeira Intifada, cuja gestão ajudou a manter boas relações – o que é incomum – entre árabes e israelenses nessa nação tão polarizada. (Depois de dez anos como prefeito, Mitzna, que disse querer desmantelar as colônias unilateralmente e negociar com os palestinos, apesar dos sucessivos ataques terroristas, foi eleito chefe do Partido Trabalhista. Concorreu ao cargo de primeiro-ministro contra Sharon, que ganhou de lavada. Em 4 de maio de 2003, Mitzna renunciou à liderança do partido.) "Ele manteve fortes relações com os árabes porque realmente se importa com todos os seus cidadãos. Sabe que nós (árabes) não acreditamos em palavras, apenas em ação. E, assim, nos fez sentir que somos parte de Haifa, que todos temos o sentimento de pertencimento. Aqui, nós vivemos em todo lugar, compramos apartamentos onde queremos, e não como em outras cidades. Ele realmente tentou muito nos dar uma igualdade política, econômica e educacional. E se esforçou por mais projetos árabes e judeus." Yasser e Jumana, com um grupo de outros pais árabes e judeus, estão tentando convencer a prefeitura a apoiar a ideia da primeira escola elementar árabe-judaica de Haifa. "Por que devemos ter nossos filhos em escolas separadas? Mais que nunca, árabes e judeus precisam mostrar que podem ter um bom relacionamento."

Bilíngues e biculturais, Yasser e Jumana falam hebraico fluente com apenas um traço de sotaque árabe. Não se vestem diferente de seus amigos seculares judeus. Na verdade, sabem mais sobre religião e costumes judaicos que alguns judeus seculares. Com um sorriso, Yasser lembra-se de uma mulher judia que ficou admirada com os longos cachos de uma menina. "Quando eu lhe disse que a criança era um menino, ela pareceu confusa. Depois de explicar que os pais do garoto eram religiosos e, por isso, não cortariam seus cabelos até completar 3 anos, e provavelmente não até o Lag b'Omer, ela brincou comigo, dizendo que eu falava como um rabino." Ele e Jumana se mantêm a par das apimentadas fofocas sobre membros judeus e árabes do Knesset, assim como das últimas brigas políticas na Autoridade Palestina. São leitores ávidos da imprensa árabe e hebraica, especialmente do esquerdista *Ha'aretz* e do maior jornal de circulação de Israel, *Yediot Aharonot*, que estranhamente tem maior número de leitores árabes israelenses que qualquer outro jornal de língua árabe. Televisão a cabo e por satélite traz uma nova riqueza de notícias em árabe, desde a mais popular, Al-Jazeera, a estações na Arábia Saudita e Síria, além da furiosa anti-israelense al-Manar, do Hezbollah, transmitida do Líbano. Na maior parte do tempo, Yasser e Jumana assistem à CNN e às notícias da televisão em hebraico, sátiras políticas e documentários. Jumana também é fã da MTV do Líbano.

"Quando nossos amigos árabes e judeus aparecem, por vezes discutimos como Haifa está se tornando cada vez mais russa (um quarto de sua população fala russo). Um russo chega e, logo de cara, tem mais notícias do que os árabes. E muitos deles nem são judeus. Nós os vemos comprar carne de porco (em açougues árabes cristãos e russos), e todos sabem alguma oração para Jesus nas igrejas. Mas, hoje, nós falamos da *matsav* (situação). Não dá para fugir disso, nem na mesa de jantar." O uso que Yasser faz da vaga palavra hebraica *matsav* reflete a confusão que a maioria dos israelenses sente em relação aos anos de terrorismo e foguetes, mas não chamam de guerra. Ele parafraseia Amos Oz: vai ser uma tragédia checoviana em que todos terminam amargos, alienados e desafeiçoados, ou uma tragédia shakesperiana onde todos acabam mortos? "Esta é a pior época que já experimentamos. E, para os palestinos, o desespero vai além da crença. Meu primo de 80 anos, de Gaza, conseguiu uma autorização para nos visitar. Ele disse que todos estão sofrendo. Não há trabalho. A infraestrutura está destruída. Precisamos de soluções, não de vitórias. Mais que tudo, queremos que os palestinos tenham seu Estado. Mas nossas aspirações são diferentes. Nós temos nosso Estado, este é nosso país. Não há outro lugar onde eu viveria. Minha família nasceu aqui. Somos cidadãos israelenses. Judeus e árabes precisam pensar seriamente sobre que tipo de futuro querem, porque todos nós teremos de partilhá-lo."[7]

Em Haifa, mais do qualquer outro lugar em Israel, os judeus e árabes têm uma longa história de dar e receber. As divisões religiosas não são um tema candente. Como Moisés, Jesus e Maomé nunca puseram os pés no local, há espaço para todas as fés. Há poucos lugares sagrados ancestrais. Um deles, porém, é a caverna de Elijah, famoso centro de peregrinação conhecido por seus poderes miraculosos, onde gerações de muçulmanos, judeus e cristãos têm feito seus cultos, ao mesmo tempo, sem qualquer problema.[8] Depois das preces de sexta-feira ao meio-dia, muçulmanos religiosos saem em grupo das mesquitas locais. Em janeiro de 2003, os pais de Yasser fizeram a peregrinação para Meca, a *hajj*, um dos cinco pilares do islamismo. Ele e Jumana não entram com frequência em uma mesquita para rezar. Em dias de aula, ela coloca roupas conservadoras e vai à mesquita do Monte Carmel, com minaretes gêmeos e um grande domo branco, para ensinar crianças pequenas que pertencem a uma pequena seita xiita do Islã, os ahamadies.

Mesmo sem ser praticantes, Yasser e Jumana comem carne *halal* (permitida pelo islamismo), que, às vezes, lhes é dada por seu tio, um açougueiro religioso de uma cidadezinha perto dali. Não apenas muitos muçulmanos israelenses se alimentam com comidas *haram* (proibidas), como alguns vão a restaurantes durante o mês sagrado do Ramadã, quando comer, beber, fumar e fazer sexo são proibidos do nascer ao pôr do sol. Para fundamentalistas islâmicos, tais ações são blasfêmias – mas, nessa cidade tão tolerante, os fundamentalistas são escassos.

Embora o álcool, a dança, a música ocidental e trajes indecentes sejam *haram*, há *pubs* e clubes noturnos em Haifa que estão cheios de muçulmanos que ignoram essas questões religiosas. "Não planejo retornar ao meu vilarejo. É conservador demais", diz uma mulher, de *top* laranja, que fuma um cigarro atrás do outro. A maioria dos muçulmanos vive em cidades e vilarejos totalmente árabes na Galileia e na parte central de Israel. "Não gosto que meus parentes critiquem o que eu visto, ou que digam com que homem, de tal família, devo me casar. Aqui, eu faço o que bem entendo." (Em árabe, o conceito de privacidade é mais associado com a solidão.) Na Universidade de Haifa, onde ela estuda literatura arábica, um de cada cinco estudantes é muçulmano, a maior taxa de qualquer universidade israelense. Ela planeja permanecer em Haifa, assim como diversas de suas amigas. Os clérigos islâmicos de Haifa não gritam sacrilégio, e os haredim da cidade não jogam pedras. No sabbath, árabes e judeus dirigem seus carros, sem temor, passando por bairros haredim a caminho do estádio de futebol para torcer pelo Maccabi Haifa, cujos jogadores árabes são heróis locais. Ela vai com frequência à praia – mas não para aquela ao lado do hospital Rambam, com uma separação ao estilo haredi: um lado para homens, outro para mulheres.

No meio de estudantes, crianças e veteranos em cadeiras de rodas, que participaram da maior manifestação pela paz de Israel, em 4 de novembro de 1995, havia milhares de árabes israelenses. Um deles era Yasser Mansour. "As pessoas não se dão conta de que muitos de nós fomos lá, mas estávamos sim, e cheios de esperança", diz ele. "Via Rabin no palco a poucas centenas de metros. Nós o amávamos porque ele entendia nossa luta para sermos tratados como cidadãos plenos. Sua coragem fazia a mudança parecer possível. Ele estava criando uma nova realidade israelense." O primeiro-ministro Rabin foi o primeiro líder israelense a reconhecer que, por décadas, tanto os governos trabalhistas quanto os do Likud ignoraram os cidadãos árabes de Israel. Os eleitores árabes foram influentes na vitória de Rabin, e seu governo de coalizão trabalhista-Meretz foi o primeiro da história a depender do apoio de membros árabes do Knesset.

O governo Rabin foi pioneiro na tentativa de fechar o enorme abismo social e econômico entre os muçulmanos árabes e os judeus israelenses. Começou a melhorar a habitação e pavimentação, além de construir esgoto em cidades árabes. Iniciou um aumento de fundos para escolas públicas árabes e prometeu colocar mais graduados árabes na estrutura de governo.[9] Com Rabin, a vasta maioria dos árabes israelenses apoiava os Acordos de Oslo, esperando que fosse possível terminar com o derramamento de sangue e o ódio entre palestinos e judeus, por tantas gerações, e trazer um fim para a disseminada percepção judia de que os árabes são uma minoria hostil e um risco de segurança.

"Nossa terra natal estava buscando a paz com o povo palestino", acrescenta Yasser. "Acreditamos que finalmente seríamos tratados como cidadãos plenos e leais. Enquanto entoávamos a *Canção da Paz* com Rabin, fiquei pensando que aquela era a Israel sã, a melhor Israel. Tivemos uma sensação de pertencimento como nunca tínhamos tido. Olhando para trás, é o período mais feliz de que me recordo." Quando Yasser e seus amigos abriam espaço na multidão, ouviram rumores. "As pessoas diziam: 'Rabin foi baleado'. Eu não podia crer. Ninguém acreditava. No ônibus, durante a viagem de volta para Haifa, ouvimos o noticiário. Não sabíamos o que tinha acontecido. Quando entrei em casa por volta da meia-noite, Jumana e eu ficamos assistindo a televisão esperando que não fosse verdade. Então, ouvimos o boletim: Rabin estava morto." A voz de Yasser fica embargada e suas longas mãos tremem. "Morto em uma manifestação pela paz. Morto com a *Canção de Paz* ainda em nossos ouvidos." Yasser fica em silêncio, com os olhos marejados.

Quando tem tempo de navegar na internet, Yasser lê o que os israelenses estão escrevendo no Walla!, popular sala de bate-papo em hebraico. Ele nota que os *posts* ficam particularmente virulentos depois de cada ataque terrorista ou de foguetes da Jihad Islâmica. "Quando leio o que algumas pessoas escrevem, sinto-me doente. Nunca vi tantas mensagens antiárabes, tanto racismo horrível, como se todos os árabes fossem terroristas sedentos de sangue. Quando os tempos são bons, sinto-me israelense; mas, quando leio aquelas mensagens torpes, só me sinto mais palestino. É uma crise de identidade corrente. Quero acreditar que duas partes de Israel podem viver em paz. Não posso acreditar que tenhamos descido a um ponto tão baixo."

Os israelenses sempre suspeitam de um pacote largado em ônibus, teatro ou *shopping center*. Com homens e mulheres palestinos fazendo o papel de bombas, muitos judeus temem que qualquer árabe, incluindo israelenses, pode ser potencialmente fatal. "Jumana e os meninos quase não saem mais de Haifa. Quando vou a Tel Aviv ou outro lugar para uma reunião, meu grande medo é a explosão de uma bomba." Ser árabe no lugar errado na hora errada pode ser perigoso. Depois que um suicida palestino matou dois judeus no mercado central em Netanya, alguns homens, ao ver um árabe correndo, bateram tanto nele que foi hospitalizado. Era inocente, um dos palestinos da Cisjordânia, de Gaza ou da Jordânia que vivem e trabalham – legal e ilegalmente – dentro de Israel. "Jumana e eu costumávamos fazer compras lá, mas agora que árabe vai assumir tamanho risco? Ultimamente,

302   OS ISRAELENSES

tenho me sentido mais como um cidadão de Haifa que de Israel. Ninguém que conheço aqui me trata diferente, mesmo depois da Intifada."

"Espere um minuto", interrompe Jumana. "Mesmo Haifa não é a mesma de antes. Com estranhos, o clima mudou. Quando levo as crianças para brincar no parque, por vezes as chamo em hebraico, não em árabe." Essa mulher de olhos castanhos "passa" facilmente por uma judia. Muitos árabes e judeus são parecidos.

De acordo com o livro do Gênesis e o *Corão*, judeus e árabes são proles de Abraão/Ibrahim, ambos descendentes de seus filhos Isaac e Ismael. (Abraão em hebraico é Avrohom, significando "pai de muitas nações".) Algumas recentes descobertas israelenses indicam que a relação não está apenas na gênese, mas na genética. Pesquisa feita por Ariella Oppenheim, da Escola de Medicina Hadassah, demonstrou que árabes e judeus partilham uma ancestralidade comum. O número de mutações que aparecem no cromossomo Y – que determina o sexo e passa, imutável, de pai para filho – de homens judeus e árabes trabalha como uma espécie de relógio biológico. Como as mutações supostamente aparecem em taxa constante, os cientistas podem calcular como um ramo recentemente divergiu.

A equipe da doutora Oppenheim comparou os cromossomos Y de 143 israelitas e árabes palestinos muçulmanos, cujos bisavós não estavam relacionados ao grupo de 119 judeus israelenses de origem ashkenazi e mizrahi/sefardita. O resultado: árabes e judeus têm cerca de 18% de seus cromossomos em comum. O exame de DNA mostrou que mais de 70% dos homens judeus e mais de 50% dos homens árabes herdaram seus cromossomos Y dos mesmos ancestrais paternos, que viveram no Oriente Médio na Idade da Pedra, cerca de 9 mil anos atrás. Outro geneticista descobriu que o cromossomo Y dos árabes do Oriente Médio são quase indistinguíveis dos dos judeus. De acordo com a professora Oppenheim, uma parte – ou até a maioria – dos árabes muçulmanos de Israel é descendente de cristãos e judeus que se converteram durante a ascensão do islamismo no século 7. Esses judeus e cristãos, por sua vez, tiveram origem em uma população que habitou a área por diversos séculos, alguns desde tempos pré-históricos. "Nossas descobertas estão em boa concordância com a evidência histórica e sugerem uma continuidade genética em ambas as populações, apesar de sua longa separação e da ampla dispersão geográfica dos judeus", relatou Oppenheim.[10]

Por muito tempo, Haifa sentiu-se longe das linhas de frente, e até imune ao terrorismo. Durante 18 anos, uma família árabe israelense que dirigia um restaurante na cidade não precisou contratar nenhum segurança para seu popular ponto comercial. Mas tudo mudou em uma tarde de domingo de março de 2002, quando entrou um jovem de 22 anos. Não estava interessado em falafel nem diferenciou árabes de judeus. A tremenda explosão destruiu todo o restaurante. Entre os 15 israelenses que o homem-bomba matou estava um jovem pai árabe e um diretor do Beit Hagefen, um centro cultural árabe-judeu local, que tem discussões de grupo inter-religiosas, exposições de arte e uma companhia de teatro itinerante, que encena peças em árabe. No dia em que o restaurante Matza reabriu, fregueses leais – judeus e árabes – lotaram as mesas. "Este é o espírito de Haifa", diz Yasser. "E costumava pensar que, algum dia, assim seria o espírito de toda Israel. Estamos tentando mostrar o caminho, acreditando que nem mesmo as bombas impedirão judeus e árabes de viverem juntos." Mas, em tom de cautela, ele acrescenta: "Todo o país é diferente agora. Se as mortes e suspeitas continuarem, quem saberá dizer que espécie de convivência poderemos ter."

Suhad Hammoud faz parte da nova geração árabe. Como Yasser, ela não é religiosa, mas seus pontos de vista políticos diferem. Menos moderada e mais impaciente, ela não quer ser chamada de árabe israelense. "Essas palavras negam nossa identidade e história", insiste. "Sou uma cidadã palestina de Israel." Ela não está sozinha. Em uma pesquisa recente, mais de 70% dos árabes identificaram-se como palestinos, mas apenas 15% deles se descreveram como israelenses ou árabes israelenses.[11] Dona de uma beleza fotogênica, com o rosto enquadrado por longos cachos castanhos, vestindo uma saia justa e botas de couro de cano alto, Suhad, uma advogada franca que luta pelos direitos de árabes israelenses, exibe um autocontrole e uma assertividade além de seus 29 anos. "A minoria árabe em Israel é parte da nação palestina. Israel, para mim, é um país que tomou nossas terras e nos deu passaportes. Israel é meu lar, mas não escolhi ser israelense. Sou uma palestina, e meus pais são palestinos. Queremos nos mudar para um Estado palestino? Claro que não. Nossas raízes estão aqui." Ela pretende continuar como cidadã de Israel, plenamente, não apenas por amor ao Sião, mas porque essa é sua terra. Muitos jovens árabes concordam.

Ela prossegue, dizendo que sua geração "desperta" é bem diferente da geração "derrotada", formada por pessoas da idade dos seus pais,

304 OS ISRAELENSES

cerca de 8% da população árabe israelense nascida antes do surgimento do
Estado. Eles viram os judeus da Palestina derrotarem cinco exércitos e se
descobriram vivendo em um Estado judaico, com um medo enorme de seus
hostis vizinhos muçulmanos. Temendo que se transformassem em perigosa
"quinta-coluna", o novo governo impôs uma administração militar sobre
os árabes israelenses em 1948, que começaram a desenvolver o que Suhad
chama de "complexo de uma mentalidade subjugada". Cidadãos árabes
de Israel têm direito de votar, mas, na época, seus movimentos e atividades políticas eram restritos. Durante décadas, apesar de hostilidades contra
Israel conduzidas por exércitos árabes ou por terroristas palestinos, quase
todos os israelenses árabes permaneceram não violentos e cumpridores das
leis. Mas, com a exceção do rádio (Israel não teve televisão até 1968), eles
foram alijados do mundo muçulmano ao seu redor, perdendo contato com
aqueles que partilhavam sua religião, língua e as tradições. O mundo árabe
os considera reféns ou colaboradores dos judeus. Por vezes, são rotulados de
"árabes molengões", caçoados por suas vidas mais fáceis e por não ajudarem a luta anti-Israel. Logo depois que a administração militar foi suspensa,
houve a Guerra de 1967, e a geração "derrotada" assistiu a mais um revés.
Em seis dias, as forças de Israel tomaram as colinas de Golan da Síria, a
Cisjordânia e Jerusalém Leste da Jordânia, além de Gaza e Sinai, do Egito.
Com as fronteiras abertas pela primeira vez, árabes israelenses restabelece-
ram laços com suas famílias e descobriram que eram enormes os abismos
financeiros e sociais entre eles. Durante os anos seguintes, a facilidade de
contato provocou impacto sobre as frágeis identidades árabes israelenses.
Muitos começaram a desenvolver uma consciência palestina.[12]

A geração de Suhad nem havia nascido quando forças egípcias, sírias
e jordanianas fizeram um ataque surpresa no Yom Kippur de 1973, e uma
Israel assombrada respondeu humilhando os árabes mais uma vez. No final dos anos 1970, o mundo árabe começava a restaurar sua confiança
nos árabes "molengões", e foi representado na OLP por diversos ex-árabes
israelenses. Mesmo que isso fosse um crime antes dos Acordos de Oslo de
1993, árabes e judeus israelenses estavam se reunindo com Arafat. Ahmed
Tibi, cidadão israelense formado pela Universidade Hebraica, era um conselheiro oficial de Arafat (depois, tornou-se membro do Knesset). Durante
a primeira Intifada, alguns árabes israelenses doaram comida, dinheiro e
medicamentos para seus irmãos palestinos na Cisjordânia e em Gaza. Eles

fizeram manifestações não violentas, incluindo uma em Nazaré em 1988, considerada, na época, a maior manifestação árabe israelense da história do país. Alguns judeus israelenses começaram a se perguntar: eles podem ser pró-palestinos sem ser anti-Israel? Alguns árabes israelenses começaram a se perguntar: nós podemos ser pró-árabes sem ser contra Israel? O fato de a OLP se transformar de grupo terrorista em organização internacionalmente reconhecida em 1993 ajudou a fomentar o nacionalismo palestino árabe israelense. No período entre o acordo de Oslo de 1993 e a segunda Intifada, algumas escolas árabes israelenses tocavam o hino nacional palestino e convidavam funcionários da Autoridade Palestina para cerimônias de formatura. "Seja onde for – morando aqui em Israel, em campos de refugiados em Gaza e no Líbano, na América ou em qualquer lugar de nossa diáspora – nós, os palestinos, somos um povo", diz Suhad enfaticamente.

Ela é de Acre, onde existe um dos portos mais antigos e pitorescos do mundo, na baía norte de Haifa. Por 4 mil anos, Acre foi destruída e ensanguentada por sucessivos invasores, que também deixaram arcos góticos, arcadas em domo, sinagogas antigas, igrejas e mesquitas dentro da velha cidade murada como silenciosos lembretes de pedra. Depois que cruzados cristãos massacraram a maioria dos muçulmanos em 1104, mudaram o nome de Akko para St. Jeanne D'Acre, que se tornou capital do reino da Terra Santa. Em 1918, os britânicos capturaram a cidade dos turcos otomanos. Transformaram o palácio do notório governador turco da Galileia – cuja crueldade lhe rendeu o apelido de al-Jazaar, "o açougueiro" em árabe – na maior prisão da Palestina. Hoje, é um museu. A mesquita al-Jazaar, na vizinhança, um relicário para alguns fios que dizem ser da barba do profeta Maomé, é o ponto principal da comunidade muçulmana de Acre, que cresce rapidamente. O que antes era o centro educacional e espiritual da Galileia, onde juízes costumavam estudar a shari'a, a lei religiosa muçulmana, é agora uma área de tráfico de drogas. A negligência governamental e uma liderança local sem inspiração deixaram alguns mercadores com suvenires que não conseguem vender. Em época próspera, Acre é uma balbúrdia socioeconômica.

Ao passar a pé por um grupo de homens fumando em cachimbos com filtro de água, a caminho do almoço em um restaurante de frutos do mar, um empreiteiro de 50 anos descreve a cena em Acre. "Somos fundamentalistas tentando colocar o *Corão* em nossas mãos. E os 'comedores de *sushi*', os educados, dizem que devemos nos juntar à luta palestina. O que eles querem? Tornar este lugar igual aos outros da Autoridade Palestina? Dirigido por gângsteres corruptos que atiram em quem pergunta como eles ficaram ricos? Sou parte de uma maioria silenciosa, mas estamos cheios. Quebrando. Antes, as pessoas se entendiam: árabes e judeus. Vivíamos nos mesmos prédios, fazíamos negócios juntos. Isso não acontece mais. Os judeus que podem estão se mudando." Os muçulmanos já representam cerca de um terço dos 50 mil habitantes de Acre. Demógrafos dizem que, em breve, eles serão maioria.[13]

Durante sua infância, havia muito mais judeus no bairro de Suhad, que, aos 8 anos, foi com seus amigos a um acampamento de verão. Ela era a única árabe. "Nós todos estávamos em grupos com nomes de unidades do exército", ela relata. "A minha era chamada Brigada Golani, o mesmo nome da minha rua. Foi durante a guerra do Líbano, quando os israelenses invadiram. Eu me lembro da conselheira dizendo como nosso exército era forte, que nossos soldados derrotariam os árabes, e ouvi algumas criança dizerem: 'Cães árabes, vão para o inferno'. Depois da aula, a conselheira me viu no canto, chorando. Ela pediu desculpas por não ter percebido que o que falara iria me magoar. Mesmo naquela idade, eu tinha consciência de que ser árabe em um Estado judeu lhe dá a mentalidade do 'outro'. Todos os feriados nacionais são judeus. Tudo é judeu."

Suhad não é diferente de muitos árabes israelenses, que querem a substituição dos símbolos judaicos do país – desde o *Hatikvah* à bandeira azul e branca com a estrela de Davi – por outros que não sejam "ofensivos". "Tudo que é sionista parece ser a causa do meu desastre. A bandeira é o símbolo de um Estado que destruiu 400 de nossas cidades dentro de Israel." Ela se recusa a cantar *Hatikvah*, que descreve como nostalgia judia do Sião. "Quando era criança, eu sentia uma mistura de medo e raiva quando ouvia isso. Odeio a letra." Em hebraico perfeito, ela recita as palavras *nefesh yehudi* (alma judia). "Temos almas judias? E o que dizer da frase 'ser um povo livre em nossa terra, a terra de Sião e Jerusalém'? Todas as palavras nos excluem." A televisão israelense sai do ar à meia-noite tocando o hino nacional. "Cada vez que o ouço, corro para a TV e desligo. Pelo menos agora, que tenho TV a cabo e por satélite, não tenho de escutá-lo."

Os pais de Suhad a enviaram para escolas completamente árabes. "No colégio, só cantava músicas patrióticas palestinas. Eu me lembro de um dia, quando a OLP estava no exílio em Tunis e proclamou um estado palestino, em que nós realmente celebramos." Ela descreve o Yom Kazikarom, Dia da Lembrança, com sirenes de ataque aéreo sinalizando os dois minutos em que os israelenses ficam de pé honrando os soldados mortos e as vítimas do terrorismo. Estudantes israelenses comparecem a cerimônias lacrimosas, com músicas solenes, e ouvem histórias de partir o coração, sobre como ex-alunos de suas escolas morreram em combate. Suhad conta que a cena, em seu colégio, não era assim. "Quando ouvíamos as sirenes, ninguém ficava de pé, exceto um cara druso. Todos ríamos dele." Perguntada por que, ela responde: "Ele estava traindo a nós, os palestinos."[14]

Suhad faz uma pausa quando são mencionadas as sirenes que ecoam no Yom Hashoah, o Dia do Holocausto. Ela parece desconfortável. "Na verdade, não aguento pessoas que analisam quem fica de pé ou não. E, claro, apenas os árabes 'bons' ficam, e os 'maus' não. Eu não fico de pé, mas não tenho sentimentos ruins a respeito – os árabes não podem ignorar tal catástrofe. Aprendemos sobre ela na escola." Em outras partes do Oriente Médio, porém, não ensinam nada disso aos estudantes. A mídia da Autoridade Palestina, Síria e Arábia Saudita, do Egito e Irã está repleta de histórias que negam o Holocausto ou elogiam a "solução final" e Hitler. Em 2003, a TV egípcia colocou no ar uma série cheia de ódio com base na falsificação antissemita dos Protocolos dos Sábios do Sião e, em 2002, o diário egípcio *Al-Akhabar* publicou um artigo considerando o Holocausto "uma fabricação, uma faude" e "um imenso complô judeu": "Hitler, se você tivesse mesmo feito, irmão, se tivesse mesmo acontecido, o mundo poderia suspirar de alívio".[15] "Tudo bem aprender sobre o Holocausto, mas não aprendi minha própria história palestina", reclama Suhad. "Nossos livros escolares são desenvolvidos pelo governo – nós (árabes) aprendemos a história pelos olhos dos outros."

Israel tem uma lei que prevê um sistema escolar de fala árabe, separado e com um currículo diferente. Do terceiro ao décimo segundo grau, os estudantes árabes têm de estudar hebraico, geralmente ensinado por professores de fala árabe.[16] Estudam gramática hebraica, leem prosa e poemas da *Bíblia*, da era dourada na Espanha, e literatura contemporânea hebraica. "Estudei mais a *Torá* que o *Corão*. Tive de fazer provas para meus exames de matrícula sobre judaísmo, e não sobre o islamismo", diz, lembrando-se de uma história pessoal. "No exame de matrícula, o pedido foi para escrevermos sobre uma pessoa que tivesse uma influência especial sobre nós. Você consegue adivinhar quem escolhi? Eu, uma jovem árabe, escrevi sobre Rachel (a mais famosa poetisa israelense judia). Realmente gostava dela, e não tinha nada contra ela, mas, ainda assim, esse incidente conta toda uma história. Os árabes não estão envolvidos em decisões sobre o currículo. Nós lemos literatura e poesia sionista, e não a poesia árabe palestina que é estudada em todo o mundo árabe, e nada de autores árabes, exceto os não políticos."

Versões conflitantes da história se tornam evidentes no Dia da Independência, quando os judeus por todo o país participam de paradas, festas e piqueniques. O patriotismo tem andado muito em voga desde a segunda Intifada; bandeiras israelenses tremulam em carros, em casas, alguns árabes até se enrolam nelas. Suhad, como a maioria dos árabes israelenses, boicota a celebração e comemora o al Nabka – que significa "desastre" ou "catástrofe" –, termo árabe usado para a criação do Estado de Israel em 1948. Eles participam de manifestações em que pessoas ostentam bandeiras da OLP e do Hezbollah. Outros fazem peregrinações às ruínas das vilas árabes pré-1948 e aos memoriais de árabes mortos nas guerras com Israel. No dia 15 de maio de 2000, árabes israelenses observaram silêncio pela primeira vez, pranteando o dia em que Israel se tornou um Estado e mostrando solidariedade com a segunda Intifada.[17] Uma pesquisa dos professores Sammy Smooha e Assad Ganem, da Universidade de Haifa, feita com árabes israelenses, revela um aumento dramático dos sentimentos de alienação do Estado e de suas instituições, misturado a uma crescente crítica ao governo. Os árabes que se disseram dispostos a içar uma bandeira israelense em suas casas caiu de 45% em 1995 para 27% em 2001. Apenas 33% dos entrevistados afirmaram que a palavra "israelense" descreve corretamente suas identidades, quase metade dos 63% que haviam dito a mesma coisa em 1995.

De Acre a Lod, jovens palestinos estão lançando um novo estilo musical: o *rap* palestino. Um dos mais populares é o *rapper* Tamer al-Naffar, de 24 anos, que entoa suas queixas sociais e políticas acompanhado de uma batida rítmica insistente e incansável. Seu trio, DAM, toca para multidões, que superam 3 mil pessoas, e dá shows de graça para grupos que defendem a paz, formados por árabes e judeus israelenses e palestinos. Em uma de suas músicas mais populares, *Quem é o terrorista*, a letra irada, em árabe e hebraico, insulta os judeus por temerem os árabes e o governo por não confiar neles: "Eu sou o terrorista? Você é o terrorista. Como posso ser um terrorista se eu vivo em meu país? Nosso sangue não é sangue de cães, mas sangue humano, e é valioso. Eu tenho cidadania israelense, mas isso não faz nada por mim. Sou um cidadão israelense, e isso não faz nada por mim. No final das contas, eu decido quem sou." "Eu sou apenas um palestino", diz Tamer, "que calhou de viver em uma zona de guerra chamada Israel."[18]

Enquanto seus amigos judeus se alistavam no exército, Suhad se preparava para sair de casa para estudar na *alma mater* de seu pai advogado, a Universidade de Tel Aviv. Com duas colegas árabes, uma estudante de direito e outra de literatura inglesa, ela procurou um apartamento perto do *campus* no bairro liberal de Ramat Aviv. "Uma mulher me perguntou: 'Você é estudante? Já fez o serviço militar?'. Quando lhe disse que não tinha ido para o exército, ela indagou: 'Que espécie de nome é Suhad?'. Um nome árabe, eu disse. 'Ah, um nome árabe? Bem, eu tenho de consultar os vizinhos'."

Outra senhoria, ao perceber ligeiro sotaque no hebraico de Suhad, perguntou-lhe se era da Rússia. "Quando eu disse que tinha nascido aqui, ela perguntou: 'Então, o que você é? Quais são suas origens?'. Quando respondi que sou árabe, uma palestina, a voz dela mudou: 'Volte amanhã'. Procurei em um monte de lugares e, finalmente, fui a um mediador do Estado, que me disse francamente: 'Muitas pessoas são sensíveis ao fato de você ser árabe'. Foi um processo humilhante", ela diz com uma raiva mal contida. As três garotas acabaram encontrando um apartamento perto do *campus*. A caça a um apartamento hoje ainda é mais difícil. Desde a segunda Intifada e o ataque de foguetes de Gaza, cada vez mais judeus entendem a palavra "palestino" como um "potencial terrorista" em vez de um colega cidadão.

Além de Suhad, havia mais nove árabes em uma classe com 200 judeus. "Meus colegas tinham uma porção de concepções errôneas sobre os muçulmanos", ela relata. "Só porque usava calças e não cobria meus cabelos, eles achavam que eu devia ser uma cristã árabe." (Poucos semestres depois, elegeram uma cristã árabe como presidente do grêmio da faculdade de Direito.) Suhad diz que os colegas judeus eram liberais: "Tínhamos muitos debates políticos. Alguns deles me visitaram em Acre. Acho que foi a primeira vez que estiveram em uma casa árabe." A maioria dos estudantes judeus tem apenas contatos superficiais com árabes israelenses muçulmanos, em lojas, ônibus, restaurantes e hospitais. Encontros mais profundos são raros.

Depois da sua formatura em 1997, Suhad trabalhou em um escritório de advocacia, em Haifa, que era dirigido por uma mulher árabe e prestava serviço para mulheres árabes. Ao mesmo tempo, ela tinha um programa diário, *Lei e Tribunal*, entrevistando advogados árabes e israelenses e juízes na rádio estatal Israel, que a tirou do ar depois de um controvertido debate sobre os direitos dos prisioneiros políticos árabes. Suhad foi contratada pela televisão de Israel para ser apresentadora do *Arabesque*, programa bilíngue semanal sobre questões árabes, e depois integrou um grupo de poucos advogados israelenses que passou um ano estudando as leis de direitos civis na Universidade Americana, em Washington, com bolsas financiadas por judeus americanos e israelenses. "Eu disse às pessoas que sou palestina, parte de uma geração que não tem medo de desafiar o governo por nos tratar como cidadãos de segunda classe. Não temos medo de defender nossos direitos nem de lutar por isso. Exigimos os direitos da plena cidadania, a igualdade com a maioria judia." Ela promete trabalhar para tornar Israel um "Estado para todos os seus cidadãos", em vez de um Estado judeu.

Esse desejo, que, na superfície, casa com os princípios progressistas em todo o mundo, é uma ameaça à existência de Israel e de um Estado judeu. Também simboliza uma revolução na identidade nacional para muitos árabes israelenses. Antes de fugir de Israel em 2007, suspeito de espionar para o Hezbollah, o membro do Knesset Azmi Bishara era um proponente apaixonado da ideia. Bishara exige o fim da Lei do Retorno. Quer barrar a entrada de imigrantes judeus e dar aos refugiados palestinos (que já devem somar 4 milhões) o direito de retornar. Não há dúvida sobre seu apoio à luta nacional palestina, mas sim sobre seu apoio para um Estado judaico israelense. Em junho de 2001, em uma cerimônia na Síria para o falecido presidente Hafez al-Assad, Bishara ficou ao lado de inimigos israelenses, como Hassan Nasrallah, chefe do Hezbollah, e líderes do Hamas e de outras organizações militantes palestinas. Também fez um discurso incitando países árabes e organizações terroristas a aumentarem sua "resistência" contra Israel. No retorno a Israel, Bishara disse: "Não sou um patriota israelense, eu sou um patriota palestino". Ultrajados, colegas do Knesset o chamam de traidor. Bishara também tem detratores árabes israelenses, que, entre outras coisas, o "acusam de desonestidade intelectual para hastear a bandeira da democracia e dos direitos das minorias em Israel e, ao mesmo tempo, cortejar o regime ditatorial sírio", escreveu Isabel Kershner, no

Jerusalem Report.[19] Na mesma época, Suhad já tinha aderido ao Adalah, o Centro Legal para Direitos de Minorias Árabes em Israel, que acorreu em sua defesa.[20] "Nossos membros do Knesset como Bishara fazem nossa luta avançar", diz Suhad, que, como muitos árabes israelenses educados em universidades, o admira. "O Adalah ("justiça" em árabe) luta por palestinos israelenses para conseguir sua igualdade como cidadãos. Nós usamos todas as ferramentas da lei – legislação, litígio e a mídia – para conquistar nossas metas." Suhad começou esse trabalho em um momento histórico, outubro de 2000, na primeira semana da segunda Intifada. Dezenas de milhares de árabes israelenses, encorajados por Arafat e líderes árabes israelenses como Bishara, manifestaram-se em solidariedade aos palestinos. Conflitos que eclodiram em sua cidade, Acre, e em Jaffa, estenderam-se para cidades na Galileia e no centro de Israel. Houve um despejar de raiva e frustração com o que chamaram de propostas vazias do governo. Outros clamavam por vingança contra a provocadora visita de Sharon ao Haram al-Sharif (Monte do Templo). Alguns árabes israelenses tiraram judeus de seus carros e os espancaram. Outros incendiaram florestas perto de comunidades judaicas na Galileia, chocando vizinhos judeus e árabes que – com exceção daqueles três dias – sempre tinham vivido em paz desde 1948. Por três dias, os revoltosos fecharam estradas no norte de Israel.[21] No clima enlouquecido, alguns policiais israelenses mal treinados e mal preparados (a maior parte deles judeus, e uns poucos cristãos, beduínos e drusos) foram sobrepujados pelas multidões de manifestantes enraivecidos. Eles entraram em pânico e atiraram com munição de verdade, matando 13 muçulmanos israelenses e ferindo centenas. Foram os mais sangrentos protestos árabes internos da história de Israel.

Suhad e um batalhão de advogados árabes israelenses, trabalhando com o Adalah, investigaram essas mortes e apresentaram seus relatórios durante audiência do governo na Corte Suprema em Jerusalém. Exibiram um mapa com 34 pontos, destacados em púrpura, apontando locais dos maiores enfrentamentos entre a polícia e os árabes israelenses. Por conhecer a mídia pelo lado de dentro, Suhad foi a porta-voz temporária. "Parte de nossa luta como advogados é conquistar a opinião pública", ela diz. "Nossa geração entende os judeus, sabe como falar com eles em sua própria língua." Um repórter do jornal *Ha'aretz*, que cobria as audiências, descreveu o grupo de advogados que estava processando o Estado:

"Eles se parecem com *yuppies*, usam ternos da moda, falam três línguas fluentemente e sempre estão disponíveis para responder a perguntas da imprensa local e estrangeira. [...] Estão a uma longa distância da imagem tradicional dos árabes na imprensa hebraica – como marginais cujas vozes não são ouvidas. Sempre que há um intervalo, as pessoas do Adalah, apoiadas por três membros do Knesset, se aproximam dos repórteres para alimentá-los com as reações e interpretações sobre testemunhos que acabaram de ouvir. [...] Monitoram a reportagem de perto e não hesitam em criticar ou corrigir repórteres quando acham necessário. Eles são profissionais que sabem a importância de falas curtas para as câmeras de televisão, como dar boas citações para as rádios e conseguirem boas manchetes nos jornais."[22]

Como a polícia testemunhou, houve uma escalada da fúria árabe. Depois que um pai árabe, cujo filho tinha sido morto, pulou a área de testemunhas e socou um policial, colocaram um vidro à prova de balas no local. A polícia disse que estava despreparada, sem comando, e que atirou com balas reais como autodefesa. "Por que a polícia atirou com balas de verdade? Quando judeus se manifestam, eles nunca fazem isso", acusa Suhad. "Os policiais foram brutais. Após esse tiroteio, nossos sentimentos de discriminação se intensificaram, e o mesmo aconteceu com nossa solidariedade à Intifada. Os cidadãos palestinos de Israel sentem cada vez mais que somos 'cidadãos ilegítimos do Estado'. Eu quero que meu bebê cresça em um país onde sinta um completo pertencimento." O repórter Ori Nir, do *Ha'aretz*, observou que a separação por vidro blindado no tribunal simbolizava um crescente distanciamento e o aprofundamento da alienação entre judeus e árabes, um sinal doloroso de como a Intifada afastou ainda mais israelenses árabes e judeus.[23]

Em 1999, quando Ehuk Barak concorreu ao cargo de primeiro-ministro, os árabes israelenses, normalmente em comunidades muito divididas, deram a ele quase todos os seus votos, esperando que um governo de centro-esquerda trouxesse uma mudança revolucionária. Na eleição nacional de 2001, manifestaram sua ira com Barak por ele não ter se desculpado depois dos tiroteios ou por não ter cumprido as promessas. Quase todos os árabes israelenses boicotaram as eleições ou votaram em branco, contribuindo para a primeira vitória esmagadora de Ariel Sharon.

Umm al-Fahm, a maior cidade totalmente muçulmana de Israel, a cerca de meia hora a sudeste de Acre, é a "capital" do Movimento Islâmico Israelense. Há muros pintados com *slogans* como "islamismo é a resposta" e "morte aos judeus", enquanto outros têm raivosos grafites árabes, com suásticas vermelhas e pôsteres de Nasrallah, o líder do Hezbollah. Judeus raramente se aventuram por lá – nem mais para consertar seus carros baratos, nem para comprar o famoso azeite de oliva ou ensinar no Centro Para Ciência, Tecnologia e Arte – desde que os mais violentos conflitos em Israel ocorreram no começo da segunda Intifada. Desde que um pai dirigindo para casa com sua família, voltando de um final de semana no Mar da Galileia, foi parado por alguém na entrada dessa cidade montanhosa que lhe perguntou: "Onde fica Umm al-Fahm?". Quando o motorista respondeu em hebraico, o homem atirou nele e desapareceu. Não vão mais lá desde quando diversos palestinos e membros do Movimento Islâmico Israelense foram apanhados planejando lançar ataques terroristas.[24] E também desde uma manifestação pró-Iraque em março de 2003, na qual pediram que Saddam Hussein bombardeasse Tel Aviv com armas químicas. Umm al-Fahm fica localizada no chamado "Triângulo", uma região no centro de Israel perto das cidades de Jenin, Nablus, Qalqilyya e Tulkarm, na Cisjordânia, com centros conservadores islâmicos e do Hamas, além de fortalezas da Jihad Islâmica. Ali não é difícil encontrar pessoas que acham que os homens-bomba são mártires, e não assassinos.

"O que as pessoas esperam de nós? Há palestinos, em ambos os lados da fronteira, que odeiam e até matam judeus, que acham que fazer nada é uma espécie de suicídio. A maioria de nós obedece às leis, mas o que o governo faz? Ele nos negligencia. O que os judeus têm, os árabes devem ter", afirma Nabila, uma dona de casa que mora com sua família extensiva em uma casa grande de dois andares, mas reclama: "Todo mundo em Umm Al-Fahm está espremido no espaço". Há uma severa falta de moradias nesse ex-vilarejo. Desde 1948, sua população cresceu sete vezes, chegando a mais de 40 mil. É o centro regional de cerca de 20 mil árabes de cidadezinhas israelenses ao redor. A infraestrutura está assoberbada, de ruas sem asfalto a escolas sem equipamentos. Homens desempregados sem nada para fazer ficam matando tempo nas ruas, jogando gamão em cafés ou indo a mesquitas. "O Movimento Islâmico toma conta dos pobres, dando-lhes comida e dinheiro, da mesma forma que o Shas faz com os judeus (mizrahim). É por isso que o

314 OS ISRAELENSES

apoiamos", diz Nabila. Comunidades árabes da Galileia a Negev comandam o movimento, que cresce rápido e controla cerca de 40% de todas as mesquitas israelenses. Muitos creditam a velocidade de seu crescimento a seus serviços socais, administrando clínicas, bibliotecas, acampamentos, escolas e um jardim de infância para onde Nabila manda seu filho – ele tem o nome mais comum para um menino israelense, Muhammad. "Nós lhe demos o nome do Profeta. Acreditamos que não há um Deus, a não ser Alá (Al Lah é o arábico para "o Deus") e Maomé foi seu mensageiro", explica Nabila, uma muçulmana devota que não aperta as mãos de visitantes masculinos e cujo marido não permite que ela use o sobrenome dele. As paredes brancas de sua sala são decoradas com versos enquadrados do *Corão* e um retrato da famosa mesquita al-Aqsa, com sua cúpula prateada, em Jerusalém. Quando Nabila nasceu, em 1980, havia apenas quatro mesquitas em Umm al-Fahm. Agora, são 25. "Graças a Alá, que Seu nome seja abençoado, eu vejo cada vez mais pessoas devotadas. Mulheres em todo lugar se vestem desse jeito", diz ela, referindo-se ao conjunto de saia longa e *hijab* (lenço islâmico de cobrir a cabeça). "As garotas, mesmo as pequenas. E as professoras também. As pessoas nos mostram respeito, e está escrito em nosso santo *Corão* que as mulheres devem ser cobertas." Grupos crescentes de jovens mulheres, como Nabila, estão exibindo sinais exteriores de islamização – cerca de 65% dos árabes israelenses se consideram "religiosos". "Antes de me casar, eu me vestia imodestamente, mas, por dentro, sempre tive fé em Deus." Nabila, que frequenta aulas semanais religiosas em uma mesquita, é muito mais pia que seus pais – como muitos árabes israelenses mais velhos, eles foram envolvidos pela luta secular de direitos árabes com apoio dos integrantes do Partido Comunista Israelense (Hadash).[25] Umm al-Fahm foi um bastião do partido até 1989. Foi quando o xeique Ra'ed Salah, cujo *slogan* é "o islamismo é a verdade, o islamismo é a solução", foi eleito prefeito. Desde então o Movimento Islâmico Israelense ocupa a prefeitura.

Até o gabinete do prefeito tem uma mesquita privada conjugada, diz o marido de Nabila, cujo macacão está manchado por ele pintar carros. Também ardente simpatizante do Movimento Islâmico, ele abraça o Islã com fervor. É um *hajji* – título honorífico que significa que já fez *hajj*, a peregrinação à cidade sagrada de Meca, onde nasceu Maomé no ano de 570. Milhares de muçulmanos israelenses fizeram a viagem que todos os muçulmanos devem fazer uma vez ao menos na vida. Nessa tarde, Nabila e seu marido estão assistindo a *hajj* ao vivo de Meca na televisão por satélite; 2 milhões de peregrinos circulam lentamente a *kaaba* – enorme Casa de Deus em forma de cubo que, dentro, tem uma pedra negra sagrada. "Quando as crianças forem mais velhas, vou levar Nabila", diz ele. "Tem gente de todo lugar: do Irã, do Paquistão, da Indonésia." Entre os 1,3 bilhão de muçulmanos, apenas um em cada grupo de cinco é árabe. Na verdade, as maiores populações islâmicas ficam em países não árabes: Indonésia, Paquistão, Índia, Bangladesh e Irã. "A maioria veste mantos brancos porque, na presença de Deus, somos todos iguais. Não importa se é um rico do Kuwait ou um pobre da Argélia, nosso *Corão* é o mesmo *Corão*, e nosso Profeta é o mesmo Profeta. Recitamos as mesmas orações, e fazemos jejum durante o Ramadã." Quando termina a *hajj*, famílias muçulmanas em todo lugar celebram o Id al-Adha, a Festa do Sacrifício. O feriado de três dias – um tempo de orações, regozijo e festas com famílias e amigos – comemora o mandamento de Deus a Ibrahim/Abraão para sacrificar seu filho Ismael na *kaaba* em Meca a fim de testar sua fé, a versão islâmica do pedido de sacrifício de Isaac no Gênesis 22. O marido de Nabila mata um carneiro ou uma cabra e distribui a carne para os pobres porque Alá permitiu que Ibrahim sacrificasse a cabra em vez de Ismael.

Perguntada sobre suas raízes ancestrais islâmicas, Nabila responde que o profeta Maomé ensinou que os árabes são os outros filhos de Ibrahim, por meio de seu primeiro filho, Ismael, com Hagar (sua empregada egípcia). Muitas leis rituais islâmicas como a circuncisão e a proibição de comer carne de porco, além de 19 dos 25 profetas do *Corão*, vieram das escrituras judaicas. "Nós acreditamos na *Torá*", Nabila se apressa em falar. "Mas os judeus a distorcem e falsificam. Nosso *Corão* a corrige. E corrige também a *Bíblia* dos cristãos." Os muçulmanos consideram o *Corão* o mundo literal de Deus, e que o islamismo é a revelação final de Deus. "Maomé foi o último profeta de Deus. Ele completou o trabalho de Moisés e Jesus. Está escrito no *Corão* que o islamismo é a verdadeira religião de Ibrahim. O islamismo é a verdadeira religião de Moisés. E de Jesus também", ela acrescenta. "E o profeta Jesus não foi crucificado. Um homem como ele o substituiu na cruz porque Alá não permitiria que tal coisa acontecesse a um de seus profetas. Um dia, restará apenas uma religião, e será o islamismo."[26]

Islã significa "entregar-se" ou "submeter-se à vontade de Deus", e Nabila e seu marido se submetem obedientemente. Cinco vezes por dia – no amanhecer, ao meio-dia, de tarde, no final do dia e à noite – quando os muezins cantam com alto-falantes *llahhu Akbar*, Alá é maior, muçulmanos devotos param em qualquer lugar que estejam, em campos ou fábricas, lojas e escolas, tiram seus sapatos, voltam-se para Meca e se curvam, prostrados e depois ajoelhados perante Deus, enquanto recitam versos do *Corão*. "Por vezes, em casa, estendo minha esteira e rezo. Mesmo que as mulheres não tenham que fazer isso, em algumas sextas-feiras eu vou até a mesquita", diz Nabila, que reza na galeria do andar de cima – o de baixo é para os homens. Depois, o imã, o líder das rezas, dá um sermão. "De vez em quando falamos de dar dinheiro aos pobres ou de um dos outros pilares." Ela se refere aos "cinco pilares do Islã": declarar a unidade de Alá e seu mensageiro Maomé, rezar cinco vezes por dia, jejuar durante o Ramadã, fazer caridade e cumprir a peregrinação a Meca pelo menos uma vez na vida. Há muçulmanos que promovem um sexto pilar, a jihad – luta ou conflito armado – em defesa do Islã. "Na sexta-feira passada, o imã advertiu contra o jogo e contra a bebiba." O álcool, proibido pelo Islã, não é vendido em Um al-Fahm. No entanto, as garrafas vazias de cerveja Maccabee e de vodka na plantação de oliveiras e campos de trigo indicam, como diz o jornalista Ori Nir, que a bebida é um problema sério entre os jovens muçulmanos israelenses.[27] "Ele também nos fala dos perigos dos estilos de vida permissivos. Meninos e meninas se misturarem é *haram*. Somos conservadores, mas não fanáti-cos. Aqui não é a Arábia Saudita." Com um meio sorriso, Nabila descreve entusiasticamente suas leituras da *Lilac*, revista árabe israelense que é uma versão da americana *Cosmo*. A *Lilac* também patrocina o concurso de beleza Miss Árabe Israelense.

Para árabes israelenses, assim como a maioria do mundo árabe, a mais popular estação de TV é a Al-Jazeera (a Península), a CNN do mundo árabe, que transmite retratos de agressões israelenses contra o Hezbollah, a Jihad Islâmica e Hamas do ponto de vista árabe, intensificando o ódio dos árabes contra Israel. Nela, as pessoas assistem a anti-islamitas e jornalistas árabes perguntarem a chefes de Estado árabes sobre a censura e corrupção governa-mentais. Em *talk-shows* importantes, os árabes agora ousam discutir tabus como morte por honra e homossexualidade, ou se Arafat realmente morreu de Aids. O tom de Nabila muda quando é indagada sobre uma apresentado-ra israelense da Al-Jazeera, Jabara Hussniya, a primeira mulher muçulmana eleita para o Knesset. "Não gostamos dela. Ela é uma simpatizante sionista.

Os *muçulmanos* 317

Está em um partido político judeu (o esquerdista Meretz, árabe-judeu). Nenhum árabe deveria estar no Knesset. O xeique Salah diz que é ilegal."

Ela se refere ao xeique Ra'ed Salah, o carismático ex-prefeito, que carrega uma pasta com um *Corão* e um celular. Há analistas políticos que consideram esse homem alto e barbado, de 55 anos, o mais importante líder político e religioso muçulmano de Israel, além de uma aguda ameaça ao país. Quando o Movimento Islâmico decidiu tomar parte nas eleições do Knesset em 1996, o xeique saiu do partido e abriu a ala norte do movimento militante que agora dirige. O movimento não reconhece Israel nem participa de eleições nacionais – e são inflados os números de seus simpatizantes radicais. Para eles, é contra a lei islâmica qualquer muçulmano fazer um juramento de lealdade a uma "entidade sionista ilegal". Como diz Salah, cujo falecido pai serviu na polícia israelense – como fazem dois de seus irmãos –, "Israel é ilegal, construída inteiramente sobre terra sagrada islâmica usurpada". "O Knesset é contra o que Alá ordenou e nos legou. Israel é um Estado alienígena, que vai contra as metas da *umma* (comunidade islâmica)", acrescenta. "A posição da religião islâmica com relação ao sionismo ilegal é a rejeição total, a resistência permanente e a jihad contínua. Ele não tem direito de existir." Salah acredita em um governo islâmico entre o rio Jordão e o Mediterrâneo – o que significa em toda Israel.[28]

Depois que a Guerra de 1967 abriu as fronteiras com Cisjordânia e Gaza, milhares de estudantes islâmicos israelenses, incluindo Salah, foram até lá para o treino religioso. Os muçulmanos procuravam novas respostas após sua devastadora derrota de seis dias, e o fundamentalismo islâmico estava se enraizando. Ao mesmo tempo, Israel permitiu que figuras religiosas árabes, como o xeique Ahamad Assin, fundador e líder espiritual do Hamas, rezassem e conduzissem os serviços de sexta-feira nas mesquitas israelenses. O número de mesquitas em Israel mais que quadruplicou. Em 1978, a Arábia Saudita – que, como a maioria dos Estados muçulmanos, proibira a entrada de pessoas com passaportes israelenses, incluindo muçulmanos – permitiu que muçulmanos israelenses fizessem a *hajj* para Meca usando documentos jordanianos de *laissez-passer*. No prazo de um ano, a revolução iraniana triunfou, e Khomeini começou a exportar o fundamentalismo islâmico. Alguns árabes israelenses, tomados pelo islamismo radical, ligaram-se a generosos doadores do Irã, da Arábia Saudita, do Kuwait e outros países ricos em petróleo do Golfo Pérsico. As "contribuições caridosas" foram

318 Os ISRAELENSES

destinadas a grupos islâmicos que acreditam que o conflito de israelenses e palestinos é uma guerra religiosa.[29]

Os simpatizantes de Salah defendem essa crença. Eles promovem ativamente o islamismo em Israel, desde a direção de clubes de jovens à construção de escolas religiosas. O Colégio de Estudos Islâmicos Umm al-Fahm é uma escola irmã da Universidade de Direito de Al-Najah na cidade de Nablus, na Cisjordânia. Placas no campos tem dizeres como "Israel tem bombas atômicas, nós temos homens-bomba". Em setembro de 2001, para celebrar o aniversário da Intifada, milhares de estudantes, depois de pisarem em bandeiras israelenses e americanas, entraram em uma lanchonete da escola celebrando os homens-bomba. Um grupo reencenou a explosão suicida em uma réplica da pizzaria Sbarro, em Jerusalém, onde o Hamas matou 15 judeus. Havia até pedaços de corpos de plástico pendurados do telhado. Em outro setor, manequins estavam vestidos como homens-bomba, cada um deles carregando um *Corão* e um rifle automático. Em frente a um manequim de um judeu ultraortodoxo, com chapéu, calças e casaco pretos, havia uma grande pedra com um aparelho de gravação embutida que repetia: "Oh, crente, há um judeu atrás de mim. Venha matá-lo".[30] Os voluntários do *campus* do Hamas recrutaram homens-bomba e outros que desejavam sê-lo, incluindo jovens israelenses de Movimento Islâmico de Umm al-Fahm.[31] Além do Hamas, Hezbollah e Fatah-Tanzim, a inteligência israelense relata que a Al-Qaeda também recrutava cidadãos muçulmanos israelenses, que podem se mover com facilidade dentro de Israel.[32] Quando perguntado sobre terroristas, Salah diz: "Entendo suas motivações e admiro sua especialidade técnica". Ele descreve o que os *shahids* (mártires) encontram no paraíso. "Está escrito no *Corão* e nos Suras (as tradições sobre a vida de Maomé) que o *shahi* recebe de Alá 70 virgens, nenhum tormento em sua tumba e a escolha de 70 pessoas de sua família e amigos mais próximos para levar ao paraíso com ele."[33] Com apoio do Movimento Islâmico e de outros membros árabes israelenses do Knesset, Salah fez telefonemas de condolências e deu contribuições a famílias de homens-bomba do Hamas. (Até a queda de Saddam, o governo iraquiano "premiava" a família de cada suicida com 25 mil dólares e dava mil dólares a cada palestino que ferisse israelenses em combate.[34] Escritor e poeta prolífico, Salah também acredita em usar a mídia para a jihad. Uma publicação israelense muçulmana mensal em Umm al-Fahm faz comentários do *Corão* em estridentes colunas anti-

-israelenses e biografias dos "mártires" muçulmanos.[35] Em maio de 2002, a polícia prendeu Salah por canalizar milhões de dólares de grupos islâmicos do exterior para organizações filiadas ao Hamas na Cisjordânia e Faixa de Gaza. Depois de sua libertação em 2005, Salah continuou a dirigir manifestações gigantes contra Israel, pedindo que árabes israelenses se insurgissem contra o país. Em um discurso de 2007, Salah pediu que "todos os árabes e todos os muçulmanos ajudassem o povo palestino a lançar uma terceira intifada". Em 10 de agosto de 2007, um jovem israelense árabe do vilarejo de Kafr Manda, na Galileia, saiu atirando na Cidade Antiga de Jerusalém, ferindo um transeunte antes de ser morto por um guarda de segurança. Salah descreveu esse seu discípulo como um "mártir de Alá, um herói exaltado que deve ser emulado por todos os árabes israelenses".

Em Umm al-Fahm, como em inúmeras cidades árabes israelenses, muros são tomados por pôsteres da mesquita al-Aqsa em Jerusalém e uma mensagem incendiária: "Al-Aqsa está em perigo" – o grito de guerra do Movimento Islâmico. A mesquita é o terceiro relicário mais sagrado do Islã e fica no Monte do Templo, ou Haram al-Sharif (Santuário Nobre), como os muçulmanos o chamam. É o mais contestado e potencialmente o mais explosivo bem imobiliário do mundo, sagrado para as três maiores religiões monoteístas. O Monte do Templo é o mais sagrado lugar judaico, para onde judeus de todo o mundo se voltam quando rezam. É onde ficavam o Primeiro e o Segundo Templos Sagrados. Abaixo, fica o Muro Ocidental, o muro externo do Segundo Templo do rei Herodes. De acordo com a cristandade, Jesus – ainda menino e, depois, já adulto – visitou o Segundo Templo. E é o lugar de onde Maomé sonhava ascender ao céu.

Jerusalém era uma cidade cristã dentro do Império Bizantino durante a vida de Maomé. Seis anos depois que ele morreu em Medina em 632, Jerusalém foi capturada pelos muçulmanos. O califa Abd al-Malik construiu o magnífico Domo da Rocha no Monte do Templo/Haram al-Sharif. O relicário, de fama mundial, domina o horizonte de Jerusalém com seu domo dourado. Está construído sobre uma rocha exposta que, de acordo com a tradição judaica, foi onde Deus pediu que Abraão sacrificasse seu filho Isaac como teste último de sua fé. Os muçulmanos acreditam que, dessa pedra sagrada, Maomé montou em al Buraq, seu cavalo voador, que tinha o rosto de uma mulher e a cauda de um pavão, para um voo noturno até o sétimo céu. Lá, Maomé encontrou-se com todos os profetas que o precederam e

320   OS ISRAELENSES

também com Alá, em um trono cercado por anjos. As inscrições árabes dentro do Domo da Rocha incluem uma que comemora a vitória islâmica sobre o judaísmo e o cristianismo.[36] Cerca de 80 anos depois da morte de Maomé, o califa seguinte transformou a igreja bizantina de Santa Maria, no Monte do Templo, acrescentando um domo em forma de cebola, e a converteu em uma mesquita. Batizou-a de al-Aqsa, que o *Corão* chama de al-masjid al-aqsa, a Mais Remota Mesquita. É para onde os muçulmanos acreditam que Maomé foi depois de deixar a Mesquita Sagrada em Meca, embora o *Corão* nunca mencione o verdadeiro local da mesquita al-Aqsa.[37]

Jerusalém foi conquistada 37 vezes, controlada sucessivamente por judeus, babilônios, assírios, romanos, bizantinos, árabes, cruzados, otomanos e, durante a Segunda Guerra Mundial, pelos britânicos. Quando tomaram a Cidade Antiga e Jerusalém Leste em 1948, os jordanianos expulsaram os residentes judeus – durante 19 anos, os judeus não puderam visitar o Muro Ocidental; qualquer religioso e residentes cristãos foram compelidos a incluir ensinamentos muçulmanos em suas escolas. Durante a Guerra de 1967, Israel capturou a Cidade Antiga e Jerusalém Leste, abriu locais muçulmanos, cristãos e judeus para todas as fés, dando a custódia do Monte do Templo/ Haram al-Sharif para o Waqf, o Truste Religioso Muçulmano. Em 1993, Yasser Arafat removeu o clero afiliado à Jordânia e nomeou o controvertido Akram Sabri como mufti, o clérigo chefe islâmico de Jerusalém, assim como um imã da Mesquita al-Aqsa. Por cinco anos, o Waqf proibiu que judeus e cristãos orassem no Templo do Monte/Haram al-Sharif, afirmando que a área é puramente muçulmana e que nenhum templo judeu existiu ali. O influente mufti, cujos sermões no rádio e na TV atraem uma enorme audiência, chamou os judeus de "filhos de porcos e macacos" e advertiu que, se os judeus tentassem "controlar nossa mesquita, seria o fim de Israel": "Se eles tentarem rezar em nossa mesquita, isso significará massacres de magnitude que apenas Alá conhece".[38]

Ele não é o único líder muçulmano a acreditar que os judeus não têm conexão histórica com Jerusalém, embora seja um dos mais francos. (Jerusalém, a capital judaica por 3 mil anos, é mencionada na *Bíblia* hebraica 657 vezes. Mas não é citada no *Corão* ou em orações muçulmanas.) "A *Bíblia* nos fala sobre o Templo e o Templo do Monte. Acreditamos que a *Bíblia* foi forjada, e o *Corão* diz isso. A questão do Templo do Monte e do Templo não é a única coisa forjada na *Bíblia*", insiste Salah. "Os judeus não têm direito de qualquer espécie na área do Templo do Monte, nem mesmo a uma única pedra na mesquita al-Aqsa. Pesquisadores e arqueólogos já provaram isso. O Muro al-Buraq (o nome islâmico para Muro Ocidental) não é a parede ocidental do Templo."[39] Na televisão palestina, acadêmicos e arqueólogos muçulmanos afirmaram que os incidentes descritos na *Bíblia* hebraica, na verdade, aconteceram no Iêmen. Publicações da OLP e *posts* na internet argumentam que "qualquer templo judeu que possa ter existido" ficava em Nablus, na Cisjordânia. Segundo esse raciocínio, Jesus nunca esteve em Jerusalém, também jamais pisou no Templo do Monte.

O xeique Salah é conhecido em grande parte do mundo islâmico como chefe da fundação al-Aqsa, sem fins lucrativos, que financia projetos no Monte do Templo/ Haram al-Sharif, em parte com o intuito, aos olhos da maioria dos israelenses, de destruir evidências de seu passado judaico. Desde 1999, ele vem conduzindo um trabalho extensivo de construção não autorizado, "renovando" e expandindo partes do local. Com a aprovação de mufti Sabri, Salah está frequentemente lá, supervisionando engenheiros e voluntários do Movimento Islâmico Israelense que vem perfurando, escavando e pavimentando o templo. Com uso de tratores, máquinas de cortar pedras e serras elétricas, transformaram os cavernosos Estábulos de Salomão, sob o templo, na mesquita Marwani, com pilares de mármore – ela pode acolher 15 mil fiéis. Enquanto as escavações subterrâneas prosseguem, uma rica evidência histórica provando as conexões judaico-cristãs com o Templo do Monte está desaparecendo. Em milhares de toneladas de terra que foram despejadas no Vale Kidron, arqueólogos descobriram artefatos judaicos destruídos e relíquias cristãs únicas dos tempos bizantino e das cruzadas. Por temerem uma reação islâmica internacional, sucessivos governos israelenses não pararam com a transformação do Templo do Monte. Exigências de arqueólogos, engenheiros, historiadores israelenses e internacionais foram ignoradas. A presença de não muçulmanos não é permitida no Monte do Templo.[40] Durante as conversações de paz de Camp David, em 2000, negociadores israelenses e palestinos contestaram asperamente os direitos de soberania sobre o templo. Um mês após as conversações fracassarem, em 28 de setembro de 2000, Ariel Sharon, então líder do partido de oposição Likud, visitou o Templo do Monte/Haram al-Sharif com uma forte escolta policial, dizendo que exercia seus direitos de soberania judaica. (Ele foi por razões políticas, e não religiosas, temendo que Benjamin Netanyahu fosse

322   OS ISRAELENSES

contestar sua pretensão de ser candidato a primeiro-ministro pelo Likud.)
No dia seguinte, depois do sermão de sexta-feira, os protestos eclodiram.
Sete palestinos foram mortos em confrontos com forças de segurança israelenses. De acordo com as descobertas da Comissão Mitchell, a Autoridade
Palestina não fez esforço para conter as manifestações que se espalharam
por Cisjordânia e Gaza e, uma semana depois, para Israel.[41] Liderados pelo
então prefeito Salah e por membros do Conselho da Cidade, centenas de
homens de Umm al-Fahm queimaram símbolos do Estado judeu – um banco, uma agência de correio e um posto de gasolina (de propriedade de um
cristão árabe) – e atacaram um motorista de ônibus (que era árabe israelense
muçulmano), incendiando o veículo. Jogaram pedras e coquetéis molotov
na polícia, que lutou sem sucesso para manter a principal estrada aberta. A
segunda Intifada é frequentemente chamada de Intifada al-Aqsa, para enfatizar sua conexão islâmica. Duas semanas antes de ela eclodir, cerca de 70
mil pessoas encheram o estádio de futebol de Umm al-Fahm para a quinta
manifestação "al-Aqsa em perigo", convocada pelo prefeito da cidade, o xeique Salah – as manifestações também levantam fundos para seu trabalho de
construção no Monte do Templo. Homens entoaram: "Com sangue e fogo
iremos redimir a Palestina". Alguns usavam faixas na cabeça com o *slogan*:
"Palestina do rio ao mar". As luzes estavam sobre Salah, que aparecia diante
de uma enorme imagem da mesquita al-Aqsa, ampliada por computador e,
simbolicamente, cercada por correntes, com um punho fechado saindo das
chamas. Orador incendiário, Salah advertiu a multidão: "A insistência de
Israel em ter soberania sobre Haram al-Sharif é uma declaração de guerra ao
mundo muçulmano. Apenas muçulmanos e o povo palestino têm autoridade
lá. Não vamos partilhar nem uma pedra ou grão de areia com os judeus".
Antes da manifestação, a televisão palestina e outras estações árabes transmitiram imagens da mesquita al-Aqsa queimada, dando a impressão aos
telespectadores que os judeus a tinham destruído. Mas não era ao vivo: as
cenas eram de agosto de 1969, quando um cristão australiano transtornado
provocou um incêndio e danificou parte da mesquita.

Três dias antes do próximo comício anual de Salah, o mundo mudou.
Terroristas da Al-Qaeda sequestraram aviões e os jogaram contra o World
Trade Center e o Pentágono. O presidente George W. Bush prometeu "uma
cruzada" para vingar os ataques. Cruzada é palavra explosiva para muçulmanos, porque evoca memórias das guerras brutais dos cruzados, quando

Os muçulmanos 323

"infiéis" mataram muçulmanos, desonraram solo sagrado muçulmano e tornaram Jerusalém capital de seu reino de 1099 a 1187. O governo israelense pediu a Salah que cancelasse a manifestação no estádio de futebol. Ele não quis. Dirigiu-se à multidão em frente de um novo pôster, também enorme, com a imagem de Yusuf ibn Ayub, guerreiro curdo muçulmano do século 12, mais conhecido como Saladin, montado sobre um cavalo branco para expulsar os cruzados de Jerusalém. No fundo estava a mesquita al--Aqsa com a legenda: "Voltamos a al-Aqsa". Salah disse à massa de gente: "Somos os donos de al-Aqsa. Nosso direito sobre ela é um direito total muçulmano, árabe e palestino". Ele prosseguiu acusando os Estados Unidos de lançar uma cruzada contra o Islã e, depois, pediu que o presidente Bush se convertesse ao islamismo.[42]

Um dos mais leais seguidores de Salah faltou ao comício. Poucos dias antes, Muhammad Shaker Habashi, um comerciante bem-sucedido de meia--idade com duas mulheres e dez filhos, foi para uma estação de trem em Naharyia, a cerca de 30 minutos de distância. De jeans, ele carregava uma mochila e uma caixa de papelão de aparência suspeita. Quando a detonou, explodiu a si mesmo, matou três transeuntes e feriu mais 80 israelenses, inclusive três árabes de sua cidade na Galileia. Habashi fez história: foi o primeiro cidadão árabe israelense a executar "com sucesso" uma explosão. Depois do ataque, o Hamas divulgou um vídeo de um cidadão israelense barbado segurando um M-16 e um *Corão*, que a televisão israelense colocou no ar. "Eu vou cometer um autossacrifício religioso", Habashi explicou friamente. "Alá me dá a honra de ser um *shahid*." O Hamas distribuiu um panfleto dizendo que Habashi provou que eles podiam recrutar árabes israelenses para atacar o centro de Israel.[43]

Os vizinhos de Habashi na cidadezinha de Abu Snan rapidamente o condenaram. Alguns exigiram que sua família fosse expulsa, suas duas casas fossem destruídas e suas duas viúvas não recebessem pensão do Estado. Nesse vilarejo misto de muçulmanos, cristãos e drusos de 10 mil habitantes, as crianças carregam mochilas com Homem-Aranha e Pokémon, mas seus pais arrastam amarguras. "Isso é um desastre. Fere mais a nós (muçulmanos) que aos judeus", reclama Tarik, um agricultor local de tabaco e melancia. "Quando ouvi que alguém explodiu sua loja, não fiquei triste." Ele nota que Habashi, que frequentemente organizava marchas do Movimento Islâmico, era ligado a Salah. "Gostaria que Israel pudesse redesenhar a fronteira e empurrar Umm al-Fahm para a Palestina. Eles gritaram para que Saddam bombardeasse Israel, porque odeiam Israel; então, deixe que eles virem palestinos. Eles querem? Claro que não. Querem permanecer israelenses porque sabem que a vida aqui é melhor.[44] Eu preferia que minha filha se casasse com um judeu do que com um deles."

Tarik não é o nome real do agricultor. Durante sua entrevista, ele reconsiderou sua decisão de revelar sua identidade: "Eu poderia ser morto". Sete de seus vizinhos estão na cadeia, condenados em novembro de 2000 por planejar ataques terroristas em Israel, além de matar vizinhos, que "colaboravam" com os judeus, e recrutar outros simpatizantes. "Temos vergonha deles. Habashi morava perto de um druso, mas não um druso qualquer. Um figurão, um general importante. Tenho certeza de que muitos drusos e cristãos, em nossa cidade, imaginam qual de nós (muçulmanos) pode ser o próximo 'inimigo do lado de dentro'. E depois aqueles palestinos nos acusam de sermos israelenses demais e que não estamos dispostos a fazer mais por eles, a morrer por eles", diz, servindo outra taça de Merlot. O que aconteceria se um de seus quatro irmãos religiosos viessem visitá-lo e o vissem curtindo uma garrafa de vinho? "Eu a colocaria de lado porque os respeito. Minha mãe é uma *hajji*. Pessoas bacanas e normais também vão à mesquita." Após colocar um CD do Pink Floyd e beber o resto da taça, ele revela seu temor sobre a crescente divisão entre árabes israelenses moderados e aqueles que pensam que o Estado não deveria existir. Ele profere insultos árabes contra certos líderes religiosos e políticos por exacerbarem as tensões intramuçulmanas. "Alguns de nossos membros do Knesset só estão interessados em publicidade. Todos no Knesset denunciaram os palestinos por celebrarem depois do 11 de Setembro, mas eles fizeram algo? Não. Quando todos os outros no Knesset assinaram uma carta de tristeza para os americanos, eles se recusaram; o que isso lhe parece? Eu gostaria que eles mantivessem suas grandes bocas fechadas, em vez de criarem problemas para o resto de nós." Tarik critica o Movimento Islâmico Israelense: "Por que deixá-lo operar com liberdade? Nós (israelenses) deveríamos bani-lo. Jogá-lo para fora do Knesset". E cita especificamente Abdulmalik Dehamshe, que é membro do movimento. "Ele acha que Habashi é um mártir islâmico. Já disse que também deseja ser um *shahid* e morrer para proteger al-Aqsa. Está sempre gerando problemas. Diz que vive em 'Nazaré, na Palestina'.[45] Gente como ele se senta no Knesset e me chama de traidor por eu ensinar meus filhos a serem leais a Israel."

A televisão palestina transmite um programa chamado *O Clube das Crianças*, que é visto também em Israel. Nele, meninos e meninas cercados por personagens de desenhos animados fazem atividades normais e, na maior parte, cantam e dançam, como ocorre em programas infantis de TV em todo o mundo. No *Clube das Crianças*, porém, as letras das músicas incluem: "Como *shahids*, vamos inundar o chão com nosso sangue".[46] Tarik diz: "Estão ensinando crianças que Alá terá orgulho delas se morrerem tentando matar judeus. Ligue o rádio, e o que você escuta? Um xeique dizendo, 'mande seus filhos para um acampamento de verão palestino'. Eles ensinam futebol? Não, mas ensinam a atirar, dizem que colocar uma bala na cabeça de um judeu os levará ao céu. Já ouvi um xeique palestino na televisão dizendo: 'Bendito seja quem coloca um cinturão de explosivos em si mesmo ou em seus filhos'. Meu filho me mostrou o que havia descoberto na internet. O *site* dos leais a Arafat (<www.fateh.net>), onde se diz que as mortes devem continuar até que o Estado sionista seja demolido. E qual é a mensagem que há nos *sites* da Jihad Islâmica e do Hamas para nós, árabes israelenses? Ataquem pelo lado de dentro. Estão nos pedindo que nos juntemos a eles, que destruamos nossas vidas e nosso país."

Notas

1. Em agosto de 1986, na esteira da lei que baniu o partido Kach da Liga de Defesa Judaica (medida que foi motivada pelo massacre de Hebron), o Knesset aprovou a Lei Penal 20 de Israel, que tornou crime o incitamento ao racismo. *Touro International Law Review* 6 (1995).

2. No mundo, 80% dos muçulmanos são sunitas, um grupo que reconhece a sucessão da liderança de Maomé a quatro discípulos principais. Os outros 20%, na maioria, são xiitas, que vivem em grande parte no Irã e Iraque, e que reconhecem a sucessão de Maomé a seu genro.

3. De acordo com o Bureau Central de Estatísticas de Israel, do total de 1,3 milhão de israelenses não judeus, havia 82% de muçulmanos, 9% de cristãos e 9% de drusos em maio de 2003. Os israelenses muçulmanos têm a mais alta taxa de fertilidade (4,6 filhos por mulher), quase o dobro da média dos judeus israelenses (2,6 filhos). Os beduínos são o segmento de crescimento mais rápido da população árabe israelense. O aumento populacional dos palestinos é mais

326   OS ISRAELENSES

alto que o dos árabes israelenses, dobrando a cada 20 anos. Ver Yair Sheleg, "A Very Moving Scenario", *Ha'aretz*, 23 de março de 2001. A idade média das mulheres judias é 30 anos, já a das muçulmanas de Israel é 18, o que significa que há muito mais muçulmanas na idade de engravidar. Ver Eric Rozenman, "Israeli Arabs the Future of the Jewish State", *Middle East Quarterly*, setembro de 1999.

4. Quase 4 milhões de refugiados palestinos registrados vivem no Oriente Médio. A Jordânia tem 1,65 milhão. A seguir, vêm Gaza (com 853 mil), Cisjordânia (608 mil), Síria (392 mil) e Líbano (383 mil). A maior concentração demográfica (81%) ocorre em Gaza, que tem uma das maiores taxas de crescimento populacional do mundo. Informações da Sociedade Acadêmica Palestina para Assuntos Internacionais, Agência da ONU para Ajuda, *New York Times*.

5. Cerca de 95% dos árabes eram analfabetos em 1948. O número despencou para os índices de hoje.

6. Um dos mais famosos marcos de Haifa, o relicário de Bahai, com seu domo dourado e seus magníficos jardins, é a sede de 5 milhões de bahais do mundo: eles acreditam que todas as religiões são essencialmente a mesma, e que Moisés, Buda, Jesus, Maomé e Bahaula eram todos profetas.

7. Sete meses antes da eclosão da Intifada, 82% dos árabes israelenses disseram preferir ser cidadãos de Israel que de qualquer outro Estado no mundo, e 75% expressaram satisfação com sua qualidade de vida em Israel, virtualmente os mesmos percentuais dos judeus israelenses. A pesquisa foi feita pela Sikkui, organização israelense de Jerusalém que analisa questões de igualdade árabe--judaicas. Ver Michael S. Arnold, "More Palestinian Than Israeli?", *Jerusalem Post*, 21 de maio de 2000.

8. Os muçulmanos reverenciam o local como a caverna El Khader, o "profeta verde" Elijah. Judeus e cristãos acreditam que a caverna protegeu o profeta do rei Ahab. Judeus rezam pelo retorno de Elijah como o arauto do Messias. A tradição cristã sugere que a família sagrada repousou ali em seu retorno do Egito. Para saber mais sobre relações árabe-judaicas em Haifa, ver Lily Galili e Ori Nir, "From King Faisal Square to Golani Brigade Street", *Ha'aretz*, 19 de novembro de 2001.

9. O Ministério da Educação gasta quase o dobro com crianças judias em relação às árabes; 28,3% dos árabes israelenses vivem abaixo da linha da pobreza, comparados a 14,4% de judeus, de acordo com dados da organização Sikkui, de Jerusalém. Aos poucos, o fosso que separa os valores de subsídios governamentais para municipalidades árabes e judias está se estreitando. No entanto, muitas prefeituras árabes são ineptas em impor e coletar impostos, que, por lei nacional, são destinados a pagar serviços públicos. De acordo com estimativas,

Os muçulmanos 327

apenas de 30% a 50% das taxas municipais são coletadas. Ver Hertzl Fishman, "The Arabs of Israel", *Avar ve'Atid*, 1996.

10. Entrevista no programa de televisão *Jerusalem Online*, 11 de fevereiro de 2001. Ver *American Journal of Human Genetics* (dezembro de 2000, novembro de 2001).

11. Dados registrados em 2000 pelo Instituto para Pesquisa da Paz, Givat Havivah.

12. Entrevista da autora com o professor Sammy Smooha, da Universidade de Haifa. Ver também Mark Tessler e Audra Grant, "Israel's Arab Citizens: The Continuing Struggle", *Annals of the American Academy of Political and Social Science* (janeiro de 1998).

13. Ver Lily Galili e Ori Nir, "For the Jews, Acre's Arab Flavor Is Already Too Much", *Ha'aretz*, 12 de novembro de 2000.

14. Os drusos são convocados. A isenção da convocação de árabes israelenses não é prevista por lei, mas fica a cargo do poder discricionário do ministro da Defesa. A vasta maioria de árabes muçulmanos e cristãos não serve nas IDF e, por isso, não há conflito de lealdade entre Israel e seus irmãos árabes fora das fronteiras.

15. Fatma Abdallah Mahmoud, "Accursed Forever and Ever", *Al-Akhbar*, 29 de abril de 2002, traduzido pelo Middle East Media Research Institute, <www.memri.org>. O governo egípcio deu um prêmio nacional a Ahmed Ragab por sua coluna, de 20 de abril de 2001, agradecendo Hitler pelo massacre dos judeus e se vingando, "antes dos palestinos, contra os mais vis criminosos na face da Terra; mas sua vingança sobre eles não foi o bastante". No jornal da Autoridade Palestina *Al Hayat al Jadida*, em 13 de abril de 2001, um jornalista escreveu: "Seis milhões de judeus cremados nos campos nazistas de Auschwitz são uma mentira de propaganda". Ver Yossi Klein Halevi, "Dance of Death Overtakes the Arab World", *Los Angeles Times*, 18 de maio de 2001.

16. Sem conhecer o hebraico, os árabes não podem entrar em universidades israelenses, ler livros didáticos nem encontrar empregos bem pagos. Embora o árabe seja uma língua oficial em Israel, ela é opcional na escola elementar judaica. Alunos do sétimo ao décimo grau devem estudá-la, mas nem todos o fazem. Citando pressões de pais judeus, alguns diretores não empregam professores árabes. Muitos professores árabes relutam em trabalhar em escolas judaicas durante períodos tensos, mas também por conta de problemas disciplinares; estudantes judeus geralmente são mais indisciplinados com árabes. Ver Ori Nir, "School Students 'Hostile' to Arabic", *Ha'aretz*, 27 de abril de 2001.

17. 15 de maio de 1948 é o dia seguinte à declaração de independência de Israel, de acordo com o calendário gregoriano. O Dia da Independência e outros feriados nacionais seguem o calendário judaico.

328 Os israelenses

18. DAM é abreviação de Da Rabia Mcs. Entrevistados por Richard Engel, "The World News Magazine", Public Radio International, 28 de março de 2002, e reportagem de Gila Swirsky sobre a performance do DAM na Manifestação da Paz no Portão de Jaffa, Cidade Velha de Jerusalém, em 28 de dezembro de 2001. No evento, estiveram presentes membros árabes e judeus do Knesset e grupos como Peace Now, Coalition of Women for Peace, Bat Shalom e Women in Black.

19. Isabel Kershner, "The Battle of Words", *Jerusalem Report*, 17 de dezembro de 2001.

20. O membro do Knesset Azmi Bishara foi acusado de dar apoio a organizações terroristas em dois discursos: um foi feito para árabes israelenses em Umm al--Fahm, e o outro para líderes "rejeicionistas" sírios, do Hezbollah, e palestinos na Síria – elogiando a "determinação, persistência e heroísmo do Hezbollah" em tirar Israel do sul do Líbano e chamando isso de uma lição para os palestinos. As observações de Bishara não foram muito diferentes das feitas por outros membros árabes do Knesset. Três anos antes, o presidente sírio Hafez Assad recebeu um grupo de membros árabes israelenses que, apesar de terem feito promessa de fidelidade a Israel, desejaram a Assad vitória em novos confrontos com Israel. Na Cisjordânia, em novembro de 2000, o membro do Knesset discursou ao lado de representantes do Hamas e elogiou a Intifada al-Aqsa, pedindo que os árabes israelenses participassem. De acordo com uma pesquisa de 2001, cerca de 70% dos árabes israelenses disseram que apoiariam os palestinos em uma confrontação aberta com Israel. Pesquisa citada em Jonathan Rosenblum, "The Threat from Within", *Jerusalem Post*, 24 de junho de 2001.

21. Michael Arnold, "Fear and Loathing in the Galilee", *Jerusalem Post*, 15 de outubro de 2000.

22. Aviv Lavie, "No Question Goes Unanswered", *Ha'aretz*, 16 de fevereiro de 2001.

23. Ori Nir, "The Conquerors from Kafr Manda", *Ha'aretz*, 18 de junho de 2001. O primeiro-ministro Ehud Barak estabeleceu a Comissão Judicial Or de Inquérito em 8 de novembro de 2000 para investigar os confrontamentos, mas alguns o acusam de ter feito isso para ganhar votos árabes na campanha à reeleição. Entre os membros da comissão, estavam o juiz da Corte Suprema Theodore Or (presidente), o professor Shimon Shamir, da Universidade de Tel Aviv e ex--embaixador na Jordânia e no Egito, e o juiz Hashem Khatib, da corte distrital de Nazaré.

24. De 2001 a 2003, aumentou duas vezes e meia o número de árabes israelenses envolvidos em ataques terroristas, de acordo com o serviço de segurança Shin Bet. Ver Uzi Benziman, "The New Collaborators", *Ha'aretz*, 6 de abril de 2003. Houve 8 casos conhecidos de árabes israelenses ajudando terroristas palestinos

em 2000, 15 em 2001 e 35 em 2002. Editorial, *Jerusalem Post*, 21 de abril de 2002. Em fevereiro de 2003, o chefe do Shin Bet, Avi Dichter, disse que serviços de segurança descobriram que, em seis incidentes separados, grupos terroristas estavam sendo formados em Umm al-Fahm. O Shin Bet também suspeita que alguns ativistas do Movimento Islâmico têm dado suporte a ataques terroristas palestinos em Israel. Ver Ori Nir, "A Change in Policy toward the Islamic Movement's Radical Wing", *Ha'aretz*, 18 de fevereiro de 2002; David Ratner, "Umm al-Fahm Terrorists Charged", *Ha'aretz*, 24 de setembro de 2001.

25. Em 1989, o xeique Salah derrotou o prefeito Hashem Mahameed, do Partido Comunista, que se tornou um membro do Knesset. Em 1999, o primeiro-ministro Barak nomeou Mahameed para a Comissão de Assuntos Estrangeiros e Defesa. Ele também fez declarações apoiando o Hezbollah e prestando condolências a famílias de terroristas suicidas palestinos.

26. De acordo com estudiosos islâmicos, Maomé se apropriou da figura de Abraão e de outros importantes personagens bíblicos, rituais judaicos e numerosos princípios do ancestral monoteísmo judaico, transformando-os no islamismo. Depois de muitos judeus em Meca e Medina se recusarem a aceitar Maomé como O Profeta, ele ensinou que os judeus eram maus e, maliciosamente, haviam falsificado sua própria *Torá*. Raphael Patai, *The Seed of Abraham: Jews and Arabs in Contact and Conflict* (Salt Lake City: University of Utah Press, 1986), p. 331.

27. Ori Nir, "Treatment Centers Show That Arab Youth and Alcohol Do Mix", *Ha'aretz*, 19 de agosto de 2001.

28. O professor Eli Rekhess, da Universidade de Tel Aviv, chefia um programa de pesquisa sobre árabes israelenses. Ver seu livro *Islamism across the Green Line: Relations among Islamist Movements in Israel, the West Bank and Gaza* (Washington Institute, August 1997), pp. 14-18.

29. Os ricos governantes do petróleo no Golfo Pérsico, incluindo o Kuwait, transferem dinheiro para o Hamas e outros muçulmanos religiosos na Cisjordânia e em Gaza. A Al-Jazeera é uma plataforma regular para líderes do Hamas. Funcionários da inteligência israelense dizem que o Irã ajuda a financiar a Jihad Islâmica, com o Hezbollah e o movimento muçulmano xiita libanês. Ver Danny Rubinstein, "Backing the Wrong Horse Again", *Ha'aretz*, 6 de agosto de 2001.

30. Mohammed Draghmeh, "Palestinians Mark One Year Uprising", Associated Press, 23 de setembro de 2001.

31. David Ratner, "Umm al-Fahm Terrorists Charged", *Ha'aretz*, 24 de setembro de 2001.

32. Um agente de Bin Laden foi preso depois de uma missão de recrutamento em Umm al-Fahm. Fontes do Shin Bet dizem estar impressionadas com a facilidade

330 OS ISRAELENSES

com que o Hamas recrutou árabes israelenses. Amos Harel, "Bin Laden's Long Reach into Israel", *Ha'aretz*, 14 de setembro de 2001.

33. Jalal Bana, "Among the Believers", *Ha'aretz*, 26 de outubro de 2001.

34. Abdallah Nimer Darwish, que dirige a ala sul do Movimento Islâmico, e Abdulmalik Dehamshe, membro do Movimento Islâmico no Knesset, têm laços com o Hamas e receberam contribuições de árabes israelenses para famílias de homens-bomba. Nadav Haetzni, "Another Ticking Bomb", *Ma'ariv*, 1º de fevereiro de 1998.

35. Yosef Algazy, "Always Suspect", *Ha'aretz*, 15 de outubro de 1999, e Rekhess, *Islamism across the Green Line*, pp. 14-18.

36. O historiador da arte islâmica Richard Ettinghausen argumentou que o Domo da Rocha não era meramente um memorial para a ascensão do Profeta, mas suas inscrições indicavam que é um monumento ao triunfo sobre o judaísmo e a cristandade. O *sholar* Ignaz Goldziher argumentou que Abd al-Malik construiu o Domo da Rocha para dirigir o comércio com os peregrinos para Jerusalém. Para o estudioso islâmico S. D. Goitein, Abd al-Malik queria construir uma estrutura para se comparar com as magníficas igrejas de Jerusalém. O nome árabe para Jerusalém, al-Quds (o Sagrado), aparece primeiro no final do século 10. Bernard Wasserstein, *Divided Jerusalem: The Struggle for the Holy City* (New Haven: Yale University Press, 2001). Ver também Manfred Lehmann, "The Muslim Claim to Jerusalem", *Algemeiner Journal*, 19 de agosto de 1994.

37. O Sura 12:1 do *Corão* conta o sonho de Maomé sobre uma cavalgada noturna ao céu em al-Burak: "Glória a Ele que aceitou Seu servo à noite da Mesquita Sagrada para a mesquita mais remota". No tempo em que o texto foi escrito (em torno de 621), não havia mesquitas em Jerusalém. A Mesquita Sagrada era em Meca, mas "a mesquita mais remota", de acordo com o historiador do Oriente Próximo Daniel Pipes, "foi uma variação da frase, não um lugar". Maomé morreu em 632. Os árabes não conquistaram Jerusalém até 638. A elaborada inscrição no Domo da Rocha, completada em 691, não menciona a jornada noturna de Maomé, embora ele provavelmente tenha ascendido de um pedaço de rocha exposta no local do antigo Templo Judaico. De acordo com Pipes, a interpretação desse verso do *Corão*, aplicada a Jerusalém, foi instigada por razões políticas pela dinastia Umayyad, com base em Damasco, que assumiu o controle de Meca. Vinte anos mais tarde, o filho do califa, Abd al-Malik, construiu a mesquita de al-Aqsa, afirmando que ela tinha sido antes o Templo do Monte. A mesquita al-Aqsa original foi destruída diversas vezes por terremotos, e sempre reconstruída. Hershel Shanks, "How Israel Gave Away Judaism's Most Sacred Site", *Moment* (junho de 2002).

38. Jeff Jacoby, "A Mufti's Unending Vitriol", *Boston Globe*, 23 de agosto de 2001. De acordo com a Palestinian Media Watch, Mufti Sabri chamou os terroristas

suicidas de "meios legítimos para confrontar Israel". Em junho de 2001, ele pregou: "Oh, muçulmanos, ataquem e ganharão uma de duas bênçãos: ou a vitória ou o martírio. [...] Os muçulmanos amam a morte e o martírio". Uma semana depois, um homem-bomba do Hamas, que estudara em uma mesquita perto de Umm al-Fahm, assassinou 21 israelenses do lado de fora da discoteca Dolphinarium em Tel Aviv.

39. Jalal Bana, "Among the Believers", *Ha'aretz*, 26 de outubro de 2001.

40. Em 19 de julho de 2001, o congressista americano Eric Cantor (Republicano da Virgínia) apresentou ao Congresso a Lei de Preservação do Monte do Templo. Mostrou fotos e outras evidências da Comissão para a Prevenção da Destruição de Antiguidades do Monte do Templo, formada por importantes arqueólogos e acadêmicos, liderada pelo arqueólogo Eilat Mazar, da Universidade de Tel Aviv. Ver também Nadav Shragai, "Knesset Examines Evidence of Temple Mount Work" *Ha'aretz*, 17 de julho de 2001.

41. Em março de 2001, durante uma manifestação da OLP no sul do Líbano, o chefe de Comunicações da Autoridade Palestina, Imad Falouji, disse que a Intifada não tivera nada a ver com a visita de Ariel Sharon ao Monte do Templo, e que fora planejada depois dos ataques fracassados de julho. Israel submeteu um documento à Comissão Mitchell no qual destaca, no parágrafo 173, que o chefe Jibril Rajoub, da Autoridade Palestina, tinha especificamente assegurado que a visita de Sharon ao Monte do Templo não significaria um problema. Isabel Kershner, "Jihad for Jerusalem", *Jerusalem Report*, 7 de junho de 2001; Ranwa Yehia, "Recollection of Horror", *Al Ahram*, 27 de setembro de 2001.

42. Jalal Bana, "Among the Believers", *Ha'aretz*, 26 de outubro de 2001; Ori Nir, "Islamic Movement Blasts U.S. 'Crusade', " *Ha'aretz*, 16 de outubro de 2001.

43. O número de casos em que árabes israelenses estiveram envolvidos com terrorismo mais que triplicou desde o começo da Intifada, de acordo com o serviço de segurança Shin Bet. Foram 2 incidentes em 1999; 8 em 2000; 21 em 2001 (cinco células em Umm al-Fahm); 19 nos cinco primeiros meses de 2002. O Shin Bet também apura a suspeita de que alguns ativistas do Movimento Islâmico tenham dado suporte para ataques terroristas de dentro de Israel. Ver Ori Nir, "Arab Israeli Involvement in Terrorism Has Tripled, Says Prime Minister's Office", *Ha'aretz*, 4 de junho de 2002.

44. Em uma pesquisa de março de 2002 com adultos árabes em Israel para o Instituto de Paz, de Givat Haviva, o dr. As'ad Ghanem e o professor Sammy Smooha, da Universidade de Haifa, descobriram que quase dois terços dos residentes em Umm al-Fahm não querem ser anexados em um Estado da Palestina.

45. Nina Gilbert, "Islamic Movement Knesset Member Abdul Malik Dehamshe", *Ha'aretz*, 12 de setembro de 2001. Abdul-malik Dehamshe passou um tempo na cadeia em uma prisão israelense depois de ter sido condenado por pertencer

332 OS ISRAELENSES

a uma organização terrorista. Antes de ser eleito para o Knesset, Dehamshe era um dos advogados de Ahmad Yassin, fundador e líder espiritual do Hamas. Ver também Nadav Haetzni, "Another Ticking Bomb", *Ma'ariv*, 1º de fevereiro de 1998. No dia 1º de setembro de 2000, entrevistado na TV palestina, Dehamshe chamou os acordos com Israel de um cessar-fogo temporário antes de Israel ser liquidada.

46. Para ver alguns programas de televisão infantis da autoridade palestina, visite <http://www. pmw.org.il>.

Um vídeo que foi ao ar repetidas vezes, depois de janeiro de 2003, mostra uma menina sorrindo, diante de seu balanço e cavalo de pau que pegam fogo. A mensagem: Israel ataca crianças enquanto elas brincam. Outros exemplos: um pai dá a seu filho uma pedra para atirar contra israelenses; judeus escondem uma bomba dentro de uma bola de futebol, e ela explode quando um menino a chuta; atores, representando soldados israelenses, atiram na cabeça de uma idosa e explodem uma mãe e seu bebê.

Um vídeo musical infantil, transmitido de 2001 até pelo menos 21 de abril de 2003, mostra crianças jogando pedras em soldados israelenses e numa janela com a palavra "Israel", escrita em hebraico, uma estrela de David e uma bandeira israelense. Eles quebram o vidro, destruindo os símbolos judaicos e extinguindo as chamas de um menorah (tradicional candelabro judeu).

13

Os beduínos
Tribos, tendas e antenas parabólicas

Não somos um grupo étnico. Somos árabes. Beduíno é um modo de vida. Deriva do árabe badi, e sua raiz significa "começar". Originalmente, todos os humanos começam como um beduíno. — Professor Ismal Abu-Saad, diretor fundador do Centro Beduíno na Universidade Ben-Gurion em Negev

Para ser beduína, por que uma mulher precisa ser miserável e viver nas condições mais humilhantes? Uma mulher beduína que tem educação não tem apenas um diploma. Ela rompe com a tribo. Tem liberdade de escolha, independência, pela primeira vez em sua vida.
— Sarab Abu Rabyia, 25 anos, que tem mestrado pela Universidade Ben-Gurion e é líder da "revolução silenciosa" das mulheres beduínas

Amal el-Sanna, como a maioria dos quase 200 mil beduínos de Israel, vive em Negev, a rochosa área semiárida que perfaz mais de metade do país. Ela é descendente de tribos seminômades corajosamente independentes, pessoas que um dia viajaram incansavelmente por um Oriente Médio desobstruído

334 OS ISRAELENSES

de fronteiras[1] ou lealdades nacionais. Embora beduínos sejam muçulmanos, a maioria considera sua cultura distinta. Na verdade, eles frequentemente chamam a si mesmo de o Povo do Deserto, os "árabes originais". Com sua túnica longa, solta, e um lenço branco, que esconde seus cabelos e pescoço, Amal lembra outras mulheres de sua poeirenta cidade, um desarranjo de casas cercadas por cordeiros, camelos e cabras perambulando. Ela cresceu em uma casa de quatro cômodos, de concreto e gesso, onde sua mãe sempre parecia estar preparando quantidades enormes de comida – saladas de galinha e berinjela, com azeite de oliva e iogurtes feitos em casa – para seus 13 filhos e visitas frequentes. Um velho ditado árabe descreve a irresistível hospitalidade: "Um beduíno mata seu último camelo para alimentar seus convidados". Um gerador fornece eletricidade para o computador de seu irmão de 11 anos, mas a modernidade é um verniz fino. Esse é um mundo onde as famílias estendidas assistem a *Oprah*, *Nasce Uma Estrela* (versão israelense de *American Idol*) e novelas egípcias trazidas por satélite, mas, ainda assim, passam a maior parte do tempo em tendas em frente de suas casas. É um mundo de pobreza e poligamia, onde esposas se ajoelham no chão lavando roupas em baldes de plástico, enquanto seus maridos partilhados conversam nos celulares. "Nós somos um povo do Terceiro Mundo tentando viver em um país *high-tech*", diz Amal, de 29 anos, integrante de um grupo crescente de beduínos letrados, que deixaram de ser nômades. Como assistente social, ela tenta ajudar seu povo a lidar com a confusa e muitas vezes traumática transição para o século 21.

"As pessoas em nossa tribo (el-Sanna) choraram quando nasci. Estavam com raiva. Eu era a quinta menina, e tentaram convencer meu pai a arrumar outra esposa, para que pudesse ter meninos. Ele não fez isso. Ao contrário, deu-me seu nome, Amal, que significa esperança, porque ele tinha esperança de que teria filhos. Meu pai queria muito ter filhos homens, e até acho que foi por isso que me tratou como um menino", ela confidencia. "Ele me deixou ser pastora, embora seja um trabalho masculino. Acho que ele queria que eu construísse minha personalidade, mostrando que garotas também podem fazer alguma coisa. Toda manhã, eu levantava às seis e meia, montava em um burro, levava carneiros e cabras para os campos. Aprendi a sonhar passando minha infância sozinha com a natureza."

Ao andar pelas montanhas rochosas, Amal sonhava com uma boa educação. No tempo dos seus pais, se os meninos fossem para a escola,

Os beduínos 335

geralmente era para aprender o *Corão*. As meninas ficavam em casa. "Meu pai conhece o bom árabe e hebraico. Minha mãe não sabe ler nem escrever. Nunca foi à escola, e é muito mais cabeça fechada com relação à educação que meu pai. Mas quando lhe pedi que me mandasse para uma boa escola, um internato em Haifa, ele disse que não. Sabia que a tribo não permitiria, que seria criticado", ela diz, descrevendo como tribos beduínas ainda estão fortemente ligadas às tradições. As meninas beduínas ficam sob a severa supervisão dos pais, ou parentes mais velhos, e raramente saem desacompanhadas.

O sonho do pai foi realizado quando sua mãe, mais tarde, teve seis meninos. Mandaram o mais velho para o internato. "Nós (sete meninas) sempre ficamos com os restos... De roupas, de comida, de educação", reclama Amal. Esse é um mundo onde garotas ficam fora do colégio, especialmente se tiverem de ir de ônibus a outra cidade com os meninos. (Existem razões para que o censo demográfico dos beduínos seja tão impreciso. Uma delas: quando se pergunta quantos filhos tem, o beduíno por vezes dá o número de *walad*, ou seja, de filhos homens. Para chegar ao número correto, o pesquisador tem de saber perguntar sobre mulheres.) Embora toda criança israelense tenha direito a 12 anos de educação de graça, os beduínos do Negev têm as mais altas taxas de desistência: mais de 50% dos meninos não termina o colégio. Para as meninas, a taxa chega a 70%. Depois que suas filhas completam 13 anos, poucos pais as mantêm nas escolas com meninos, que representam uma ameaça à virgindade delas ou à honra da família. Depois da quinta série, a maioria das meninas é forçada a ficar em casa, ajudando a cuidar de seus muitos irmãos até que os pais arranjem um casamento. Como muitos pais desistiram do colégio, eles sabem que há poucos maridos em potencial que pagarão um dote decente por uma noiva educada.

Amal, no entanto, queria ficar no colégio. O mais perto ficava a meia hora de distância, em Tel Sheva, e fora construído em 1967 numa tentativa de urbanização para os beduínos de Negev. "A tribo disse que nenhuma menina poderia ir para o colégio. Meu pai retrucou: 'Essa é a regra de vocês, não a minha. Ela vai estudar'. Aconteceu uma grande briga com membros da tribo, mas fiquei feliz por ele ter coragem de encará-los", diz Amal. "Uma vez que comecei a estudar, as aulas ficaram terríveis." Foi uma consequência das instalações abaixo do padrão, típicas de escolas para beduínos, com orçamentos grosseiramente achatados e uma desesperante falta de professores beduínos qualificados.[2] "Os professores eram tão ruins que eu sabia mais que alguns deles. O cara que devia nos ensinar inglês mal conhecia a língua – tinha apenas um diploma do colégio. Comecei a me tornar um problema, e organizava greves. Se ficarmos quietos sobre nossas frustrações, não iremos longe. Veja a situação das vilas não reconhecidas."

Ela se refere aos remotos acampamentos e favelas que se espalham por Negev, onde não é incomum ver uma garota beduína equilibrando um balde de água na cabeça enquanto seu irmão, sentado em uma pedra, lê um livro. "Escola" é frequentemente um barraco de latão ou madeira, por vezes tão cheia que as crianças estudam em turnos. Depois, alguns fazem sua lição de casa ao lado de uma fogueira, ou dentro de uma barraca, com uma lanterna. Os problemas educacionais são particularmente agudos para essa garotada – sem falar de suas casas que não têm água encanada, esgoto, eletricidade ou linhas de telefone, porque o governo as considera ilegalmente erguidas sobre terras do Estado. Como os rebanhos da comunidade ficam no caminho de campos de treinos militares e bases da Força Aérea, de kibutzim, fábricas e reservas naturais, a Comissão Para o Avanço de Assuntos Beduínos (que faz parte do Ministério Nacional da Infraestrutura) vem tentando realocar os moradores para sete cidades e vilarejos com escolas, clínicas e outros serviços sociais.

Apesar dos percalços, quase metade dos beduínos de Negev se recusa terminantemente a deixar suas tendas e acampamentos não reconhecidos. Eles estão desafiando o governo, afirmando que vivem em terras onde sempre fincaram suas tendas e pastorearam seus animais. Sob a lei israelense, no entanto, a terra deve ser formalmente registrada e os impostos pagos, conceitos desconhecidos para a maioria dos beduínos tradicionais. (Na maioria dos países do Oriente Médio, eles não têm direito à terra, que é privilégio apenas dos usuários.) As disputas furiosas pela posse da terra existem há décadas, e os beduínos se tornam cada vez mais alienados quando o Estado destrói suas habitações. Em 2002, o governo fez gestos para reconhecer sete acampamentos e melhorar a infraestrutura inadequada nas cidades. "Onde quer que os beduínos vivam, nossa maior necessidade é a educação; 99% das mulheres com mais de 40 anos são analfabetas. Temos de convencê-las que aprender é um direito que elas têm; só assim, poderemos conseguir ter educação para todas as nossas crianças, inclusive as meninas", enfatiza Amal.

Aos 16 anos, mesmo antes de terminar o colégio, Amal recrutou suas irmãs e amigas para ensinar as mulheres beduínas de sua vila a ler e escrever. "Primeiro, tinha de convencer os maridos a nos deixar dar aulas no salão social, que era reservado 'apenas para homens'. Eles não gostaram da ideia de ver suas esposas fora de casa; por isso, eu lhes disse que queria ensiná-las a ler o *Corão*. Aprender o *Corão* pode, porque é a mensagem de Deus. Lentamente, conseguimos o consentimento e começamos a acompanhar as mulheres a caminho das aulas e na saída delas. Temos mulheres que mal saem de casa. Não vão ao centro de sua própria cidade. Não conseguem ler as placas nas ruas. É por isso que muitos bairros têm números, e não nomes. Bem, eu tenho orgulho de dizer que minha mãe, que não lia uma palavra, está no terceiro grau."

Amal e sua turma ensinam com cautela outros temas, que vão desde conceitos básicos – não usar pasta de dente ou estrume de camelo para tratar queimaduras – a tarefas domésticas. "As mulheres não sabem o que é uma máquina de lavar", acrescenta. "Elas têm de aprender a colocar roupa na máquina, colocar carne na geladeira e organizar a casa. Não queremos que os maridos parem com nossas aulas; por isso, temos cuidado de não ensinar ideias como pedir aos homens que ajudem nas tarefas de casa. Somos uma sociedade tradicional e ainda estamos passando por uma transformação muito radical. Outros lugares do mundo levaram séculos para fazer a transição de tendas tribais para casas permanentes. Nós fomos forçados a fazer isso da noite para o dia. Quando o governo decidiu que devíamos viver em vilas, minha mãe passou por enorme mudança no seu estilo de vida. Ela morava em uma barraca, e sua mãe a tinha ensinado a costurá-la. Minha avó manteve seu véu quando andou em um cavalo. Minha mãe cresceu com vacas e camelos, carneiros e cabras. As mulheres ordenhavam os animais e preparavam toda a comida, costuravam as roupas, batiam os tapetes e ajudavam os homens na colheita. Cada mulher era como uma fábrica, e os homens estavam lá para ajudar. Seja para cuidar dos animais e dos filhos, as mulheres eram parceiras ativas dos homens. Nos dias de hoje não é assim", diz Amal, para quem as colônias permanentes fizeram as mulheres "regredirem para a modernidade", impedidas de pastorear rebanhos no deserto, onde antes não corriam o risco de encontrar homens estranhos. "Desde a mudança para vilas e cidades, as mulheres não são mais parceiras ou ajudantes dos homens. Nem produtivas. São desempregadas, prisioneiras em casas

338 Os israelenses

de concreto no deserto, dentro de quatro paredes, sem terra, carneiros ou vacas. Sentam-se nas esteiras fazendo comida em pequenos fogões. A única coisa que restou para elas é casar e ter filhos", Amal suspira. "Minha mãe e avó não foram a escolas, mas sabiam muitas histórias e poemas lindos. Quando me traziam água do poço, elas costumavam cantar: 'Eu sou como a gazela nas montanhas'. É sobre a liberdade."

Pressionado por grupos de beduínos e de ativistas judeus, além de temer a crescente atração beduína pelos partidos islâmicos, o governo vem lentamente melhorando as condições, com a construção de mais escolas, e oferecendo bolsas a estudantes. Como Amal lembra: "Quando minha irmã recebeu uma bolsa para estudar em uma faculdade de pedagogia em Beer-Sheva, meu pai a levava e buscava de carro todos os dias, porque não se permite que uma menina vá a qualquer lugar desacompanhada. As pessoas em nossa vila ficaram chocadas. Não podiam entender por que ele tinha enviado uma filha, em idade de casar, para uma escola na cidade. Tornaram a vida dele miserável e chamaram minha irmã de prostituta. Também disseram que iriam matá-la se não parasse de ir à escola. Mas meu pai foi corajoso, e deixou-a terminar os estudos." Quando Amal recebeu uma bolsa para estudar na Universidade Ben-Gurion e viver em um dormitório, seu pai encarou uma situação ainda pior. Uma garota beduína vivendo sozinha, sem a companhia de um parente mais velho? Ele recusou. Mas Amal ameaçou entrar em greve de fome, e ele cedeu. Obstinada, sua filha tornou-se a primeira estudante beduína a viver em dormitório. Ela se destacou – havia apenas outras duas beduínas no *campus*. Em 2008, porém, eram 250 beduínas, incluindo uma estudante de medicina, e 170 universitários beduínos. Seu diretor fundador, Ismael Abu-Saad, vive na vila de Amal. Filho de uma mãe analfabeta e de um motorista de caminhão, ele se tornou professor de Pedagogia. O Centro Beduíno de Estudos e Desenvolvimento oferece a estudantes beduínos aulas de hebraico e inglês, além de ajudar a suplantar os choques, como ver namorados de mãos dadas e mulheres desafiando professores e liderando greves. "Na minha vila, todo mundo se surpreende com meu avanço", diz Amal. "Não dá para comparar como estudantes judeus, mas eu aprendi a pegar coisas da cultura judaica, ser aberta a outras ideias. E a abrir meu caminho a cotoveladas."[3]

Abrir caminho desse jeito é uma habilidade útil para Amal, que a usa como meio de levantar fundos para projetos que incluem uma biblioteca infantil circulante e acampamentos de verão para crianças surdas. Mulheres beduínas agora fazem trabalhos que geram renda. A oficina Bordados do Deserto começou com poucas mulheres da tribo de el-Sanna. Hoje, são mais de 200 mulheres em todo o Negev produzindo bolsas, painéis decorativos de parede e esteiras para exportação. Para um número significativo de mulheres – que foram abandonadas, se tornaram viúvas ou divorciadas –, bordar é a renda principal. Descendentes de tribos briguentas, elas trabalham para a mesma cooperativa, e a maioria faz o serviço em casa. Como parte da "silenciosa revolução das mulheres", Amal treina voluntários sociais (que já se formaram no colégio) para ensinar as beduínas e lhes dá conselhos sobre como proceder e ter cautela antes de conhecer seus alunos. Beduínos de tribos diferentes ficam desconfortáveis de partilhar a mesma sala de aula. Algumas têm problemas de aceitar orientação de alguém que pertença a uma tribo rival.

"A *hamula* (tribo) é tudo", explica Amal. *Hamula* é uma rede tradicional de famílias estendidas, com alianças que governam a vida social e política da maioria dos árabes e drusos. Pergunte a um beduíno do Negev de onde ele vem, e a resposta geralmente é o nome de um clã, e não o da vila, o que pouco surpreende em uma cultura que, em apenas uma geração ou duas, foi removida do nomadismo. Durante as eleições, não é incomum que os líderes se aproximem de cada candidato perguntando o que terão em retorno pelos votos do clã. "Tudo é lealdade ao sangue, lealdade ao clã, lealdade à *hamula*", diz Amal. "A *hamula* determina com que homem você pode se casar." De acordo com a tradição tribal árabe, um pai que permitir que sua filha se case fora da família cairá em desgraça por não proteger a "pureza do útero" dela. Não obedecer a essa tradição pode custar a vida de uma mulher. Amal aprendeu isso, em primeira mão, quando se apaixonou por um advogado de uma pequena tribo, em um vilarejo vizinho. "Era inaceitável que eu casasse fora da tribo. Todos ficaram tristes e tentaram impedir o casamento. Minha mãe tinha medo. Todos os meus tios e irmãos concordaram em apoiá-la. Eles disseram: 'Vamos matá-la. Se ela quer se casar com um advogado, devia escolher seu primo'. Uma semana antes de nosso casamento, alguém incendiou o carro do meu pai." Decidida, Amal se casou com seu primeiro amor, e eles se mudaram para Beer-Sheva, onde ela aconselha mulheres, muitas das quais foram forçadas a se casar com parentes.

Cada vez mais, beduínas ousadas estão se apaixonando por homens de tribos "inferiores", e fugindo com eles, ocasionalmente, para o exterior.

O casamento entre parentes, que data de muito antes do islamismo, preserva o poder da tribo e persiste nas comunidades de muçulmanos e drusos. Já que as dinastias tribais são determinadas pela linhagem masculina, irmãos comumente fazem arranjos para que seus filhos se casem uns com os outros. Os casamentos com primos e tios também asseguram que o dote e a herança permaneçam dentro da família. No entanto, eles também levam a defeitos de nascença, que são comuns em quase toda comunidade muçulmana ou drusa. As taxas são especialmente altas entre os beduínos, dos quais cerca de 70% se casam com parentes. Geneticistas do hospital Soroka em Beer-Sheva treinam beduínos já formados, o clero muçulmano e os líderes tribais, que programam visitas às escolas e aos centros comunitários beduínos para comunicar os perigos genéticos do casamento interfamílias. Mas com frequência a mensagem é ignorada. Muitos, talvez a maioria, dos beduínos preferem negar os riscos genéticos do que se casar com alguém de fora e prejudicar a honra da tribo, a "pureza" da família e da filha. Insistentes, os conselheiros beduínos tentam convencer as mulheres a consultarem um ginecologista para exames de desordens genéticas em fetos.

"É muito difícil, porque todo mundo sempre diz *inshallah* (se Deus permitir)", afirma uma conselheira beduína que trabalha no centro de saúde de um vilarejo e pediu para não ser identificada. Ela tem plena consciência de que está contra a crença fatalista, tão predominante na comunidade, de que Alá controla tudo o que acontece. Uma *fatwa* (regra religiosa muçulmana) dos clérigos de Jerusalém, permite que mulheres façam abortos, mas apenas até os quatro meses de gravidez. "O planejamento familiar é outra questão difícil", diz a conselheira, ao informar que a taxa de natalidade beduína, a mais alta de Israel,[4] já cresceu dez vezes desde 1948. "As pessoas acreditam que Alá é generoso, e que cem crianças podem ser alimentadas com um único prato. Ainda assim, cada vez mais mulheres perguntam sobre DIU e pílula anticoncepcional. Sabemos que algumas delas têm de esconder as pílulas dos maridos." Ela comenta que os maridos querem ter mais filhos, pois frequentemente ganham ajuda mensal do governo, que aumenta progressivamente conforme o número de dependentes. Uma família beduína com dez filhos recebe mais de 650 dólares por mês.

Os beduínos 341

Tradicionalmente, as mulheres davam à luz em casa. Hoje, são beduínas cerca de 60% das pacientes na maternidade do Centro Médico Soroka, em Beer-Sheva. Algumas voltam a fazer partos com uma frequência inferior a nove meses – certa vez, funcionários descobriram que uma grávida tinha parido apenas três meses antes. Depois, descobriram que era uma beduína palestina que usara a carteira de identidade de uma israelense. Registros de computador também revelaram outro milagre na maternidade: o tipo sanguíneo de uma mulher grávida tinha "mudado" desde seu último parto. Tais esquemas são apenas "a ponta do *iceberg*", de acordo com funcionários do hospital e a polícia. Apesar de barreiras de segurança, mulheres grávidas cruzam a fronteira próxima com a Cisjordânia, mas não mais a de Gaza. Com carteiras de identidade emprestadas de parentes israelenses beduínos, elas podem parir em um moderno hospital israelense e ainda receber uma bolsa maternidade de 250 dólares do Estado. Como parte do arranjo, a dona real do cartão israelense beduíno se torna apta a um cheque adicional mensal do governo quando a criança fizer 18 anos.[5]

Enfermeiras de salas de parto por vezes reconhecem aqueles pais que são visitantes frequentes da maternidade. Um xeique de 67 anos tem seis esposas que lhe deram 59 filhos. Sua mulher mais nova se casou com ele aos 14 anos, forçada pelo pai. Quase metade dos beduínos está em relações poligâmicas, que estão se tornando mais, e não menos, populares.[6] "Jovens, especialmente aqueles que ganham salários, querem mais mulheres", nota a conselheira. "É algo como um símbolo de *status*." Logo antes de os mísseis de Saddam caírem sobre Israel, um homem dirigiu sua picape até a sede do comando em Beer-Sheva para apanhar 22 máscaras de gás para seus filhos e suas duas esposas. Alguns homens contrabandeiam esposas de Gaza, Cisjordânia e Jordânia.[7] Algumas delas queixam-se de que os maridos não lhes dão dinheiro suficiente para seus filhos, mas, de alguma forma, eles têm para um novo dote (cerca de 10 mil dólares) por uma esposa mais jovem. Como a lei israelense proíbe a poligamia, apenas uma das mulheres pode ter o certificado de casamento oficial. Os homens contornam a regra casando com as outras "esposas" em cerimônias presididas por um xeique. Não é ilegal que um "marido" tenha diversas namoradas vivendo em sua casa. A desigualdade entre a esposa legal e as outras mulheres (e entre as crianças legítimas *versus* as ilegítimas), além de ser regra nesse tipo de estrutura familiar, é consagrada.

"Muitas mulheres têm medo de abrir a boca para reclamar. Não se trata apenas de apanhar, mas elas não querem que outras esposas tomem seu lugar, ou que seu marido prefira os filhos das outras." Muitas temem ser deixadas de lado por um segunda, terceira ou quarta esposa. Se o marido se casa com uma quinta esposa, o que é contrário às leis islâmicas, ou se ele simplesmente quer se livrar de uma delas, pode se divorciar não oficialmente. Mesmo depois de um "divórcio" muitas mulheres ficam na casa do homem e o obedecem, temendo ser expulsas e perder seus filhos.[8] "Muitas mulheres acham que a poligamia é legal em Israel, como em outros países do Oriente Médio", diz Amal. "Elas não entendem, e a gente tenta ajudá-las."

À primeira vista, não é evidente que Rahat seja a cidade mais pobre de Israel, como indicam as estatísticas. Capital não oficial dos beduínos do Negev, Rahat tem ruas amplas e iluminadas, campos de futebol e quadras de basquete. Há um pequeno *shopping center* com placas em arábico e cirílico. Os produtos baratos atraem consumidores russos que vêm de Beer-Sheva ou mesmo da distante Ashkelon. As lojas de celulares ou de autopeças e açougues são bons negócios. Em um ultramoderno centro de ciências, garotos e garotas com lenços na cabeça frequentam aulas extracurriculares de biologia, matemática, física e computação. O kibutz Shuval, nas proximidades, tem cursos bilíngues desde o jardim de infância há anos. Crianças e pais judeus e beduínos, muitas vezes, visitam as casas uns dos outros e celebram feriados judaicos e muçulmanos juntos. Em Rahat, quase toda casa de mais de um andar fica em um acre de terra, tem uma parabólica no telhado, um carro e uma tenda em frente à fachada. Por trás dessas cenas, porém, a vida aqui é outra história.

Em 2001, quando o primeiro grupo de teatro beduíno em Israel começou a funcionar em Rahat, não eram muitas as pessoas que já tinham visto uma peça ao vivo. Na verdade, poucas delas haviam estado no meio de um público misto – essa é uma cidade onde muitos pais se recusam a enviar suas filhas para escolas mistas, preferindo mantê-las em casa. Desde a primeira apresentação, os atores amadores, todos homens jovens, encenaram peças que muito sutilmente exploram tópicos sensíveis: poligamia, violência entre tribos, o sistema educacional falido, desemprego, crime e drogas. São problemas que assolam os habitantes de Rahat, onde cerca de

Os beduínos 343

65% dos residentes vivem abaixo da linha da pobreza. No banco, nos dias 20 e 28 de cada mês, homens vestindo *keffiyhas* esperam em longas filas para receber seguro-desemprego, pensão por invalidez, ou pagamentos por filhos e idosos na família. Antes de 1972, quando Rahat foi criada, o governo tentou aprender com erros do passado na construção de outras cidades beduínas. O planejamento oficial deixou as famílias fazerem suas próprias casas em vizinhanças tribalmente homogêneas. Ainda assim falharam, relata Ismael Abu-Saad, um voluntário do Centro de Estudos e Desenvolvimento Beduíno e professor em tempo integral da Universidade Ben-Gurion, que desenvolve programas educacionais, sociais e médicos para ajudar a aliviar os problema dos beduínos, muitos dos quais reclamam da política do governo de urbanização forçada. "Os planejadores não entendem que um beduíno precisa de uma tenda, ou um barraco temporário, e tirar leite de cabras. É tudo parte de sua cultura. Não se pode manter tal cultura em um ambiente urbano. Eles não entendem que os beduínos têm rebanhos, por vezes múltiplas esposas, muitos filhos, e não gostam de viver em casas tão grudadas umas das outras."

Abu-Saad, que é o mais velho de cinco irmãos, tem 45 anos e nasceu em uma tenda. Ele andava de burro até a escola mais próxima, distante 11 quilômetros, que ficava em um barraco. "Nós tínhamos um único professor para quatro turmas. Ele também era o enfermeiro e o zelador. O primeiro grau ficava na primeira fila, o segundo na segunda fila, e assim por diante." Como os colégios locais eram muito ruins, Abu-Saad foi mandado para um internato perto de Tel Aviv. Primeiro beduíno do Negev a obter Ph.D., ele passou sua vida profissional ensinando ou estabelecendo projetos educacionais inovadores, como o Programa de Incubação de Cientistas, que prepara estudantes beduínos do colégio para carreiras nas áreas de Física, Engenharia, Agricultura e Medicina. "Embora os beduínos sejam um quarto da população do Negev – e nossa comunidade cresça a 5,5% ao ano –, nós continuamos excluídos do processo de planejamento da região. Por que há mais de cem colônias agrícolas no Negev, e nem ao menos uma que seja beduína?"

Com o crescimento, Rahat chegou a 40 mil beduínos e 10 mil cabras, registrando ocorrências comuns de rivalidades e disputas de sangue. Sob a lei beduína, por exemplo, parentes de um homem assassinado podem atacar qualquer membro masculino da família do assassino, até um parente de quinto grau sem qualquer ligação com o crime. Existem as animosidades entre beduínos, originalmente da Península Arábica, que se consideram a "elite do deserto" e que se sentem superiores aos *fellaheen* (camponeses) sem-terra, e os muçulmanos que imigraram para o Negev no século 19, de outras áreas da Palestina e do Vale do Nilo, e se tornaram meeiros. Com terras de pasto encolhendo, famílias crescendo e uma baixa demanda por mão de obra não qualificada, a competição por empregos é acirrada: homens sem capacitação não encontram trabalho em fábricas ou canteiros de construção, nem para dirigir ônibus, caminhões ou máquinas agrícolas.

Com a piora das condições, os homens mais velhos das tribos estão perdendo sua autoridade. A delinquência juvenil, roubos de carros, vandalismo, alcoolismo e abuso de drogas – problemas que costumavam ser raros entre beduínos – estão em alta. Beduínos foram apanhados contrabandeando prostitutas, armas e narcóticos através das fronteiras com Cisjordânia, Gaza e Egito. (Há um ditado beduíno que diz: "Deus e o Estado existem até Beer-Sheva; ao sul de Beer-Sheeva, o deserto não conhece a lei.") "Não havia *junkies* beduínos uma década atrás", diz Abu-Saad. "O negócio das drogas traz dinheiro fácil e criou um novo tipo de jovem beduíno: o criminoso." Alguns beduínos cujos pais andavam de camelos dirigem Mercedes comprados com dinheiro das drogas.

Abu-Saad preocupa-se tanto com as drogas quanto com a ascensão do fundamentalismo religioso, preocupação partilhada por muitos outros israelenses. Rahat tem um prefeito muçulmano. O Movimento Islâmico e outros grupos militantes anti-Israel são fortes em seis outras cidades e vilarejos beduínos, onde seus membros têm assento em Câmaras de Vereadores e preenchem um vazio oficial dirigindo escolas, ou programas de recreação e antidrogas, e construindo mesquitas. Em eleições recentes, mais da metade dos beduínos do Negev votou em simpatizantes do Movimento Islâmico. A ala radical do xeique Ra'ed Salah também promove um esforço concentrado no Negev.[9] Tais grupos nunca tinham feito parte da conservadora sociedade beduína até anos recentes, de acordo com Abu-Saad. "A comunidade beduína sempre foi quieta e paciente. Desde que Israel nasceu, nós beduínos temos sido israelenses bons e leais, nos apresentamos como voluntários para o exército e votamos em partidos sionistas, achando que seríamos tratados com justiça. E o que ganhamos em troca? Negligência. É por isso que uma comunidade pacífica está ficando hostil. As pessoas se voltam para a religião quando ficam desesperadas, e algumas delas estão se tornando fanáticas. Estamos vendo cada vez mais beduínos identificando-se com extremistas religiosos."

Tudo começa nas escolas. Com uma grave falta de professores beduínos certificados para uma população de crescimento explosivo, o Ministério da Educação tem enviado ao Negev educadores de fala árabe e diretores de outras partes do país, que se apresentam como voluntários para ensinar em escolas beduínas.[10] Alguns são fundamentalistas muçulmanos que desencorajam meninos beduínos a se apresentarem como voluntários para o serviço militar e impedem que recrutas beduínos das IDF entrem nos colégios. Em 1998, um líder beduíno do Movimento Islâmico de Rahad divulgou um decreto religioso proibindo que cidadãos árabes e beduínos prestem serviço nas IDF. A *fatwa* chama quem desobedecer de "herege" e determina que seja rejeitado pelos muçulmanos até sair do exército. Além disso, membros do Movimento Islâmico, dominantes na maioria dos conselhos municipais das cidades beduínas no Negev, dificultam que soldados dispensados encontrem trabalho.[11] Um número crescente de jovens beduínos "não acredita no Estado nem no governo", diz Abu-Saad. "São alienados. Simplesmente cheios das promessas vazias." Estudos recentes o apoiam: 75% dos adolescentes beduínos no Negev preferem ficar na cadeia a servir o exército, se tiverem de encarar esta opção. Quase 50% diz que Israel não tem direito de existir. Apenas 17% identificam-se como israelenses. Outras pesquisas indicam que, de todos os árabes israelenses, os beduínos do Negev são os mais frustrados, alienados ou radicais.[12]

Desde o começo do Estado, soldados beduínos têm mostrado excelente habilidade como rastreadores em unidades de patrulha de fronteira, detectando terroristas infiltrados e ajudando colegas de combate a não se perderem nas trilhas. Na maioria das vezes, são beduínos do norte – e somam quase 70 mil – que vivem na Galileia e no Vale Jesreel, cujas tribos um dia vagaram pelo deserto sírio. Eles são distantes dos beduínos do Negev por sua própria história e por falar um arábico diferente, mas também são mais prósperos e mais urbanizados. Durante o Mandato Britânico, muitos compraram pequenas fazendas, legalizadas no Registro de Terras. Eles geralmente têm laços mais próximos com o Estado. Na luta pela independência,

346 OS ISRAELENSES

muitos dos beduínos do norte juntaram-se a forças judaicas e serviram nas linhas de frente. Seus filhos e netos continuaram com orgulho essa tradição, acreditando que o serviço militar é parte do "pacto de sangue" beduíno com o Estado. Na Galileia perto de Nazaré, há um impressionante museu que honra soldados beduínos mortos na defesa de Israel.

Em novembro de 2000, o major sargento Kahlil Taher foi morto por uma explosão durante um trabalho para as IDF na fronteira libanesa, mas o imã da mesquita al-Jezera na Cidade Antiga de Acre se recusou a conduzir o serviço funeral religioso. Nenhuma mesquita oficial em Acre anunciou a morte de Taher ou leu versos do *Corão* em sua memória. Quando o caixão do soldado beduíno foi coberto com a bandeira de Israel, a maioria dos muçulmanos abandonou o funeral. Durante os dias de luto, muitos judeus, e quase nenhum árabe, transmitiram suas condolências à família. A família extensiva foi tratada como marginal por muçulmanos não beduínos do Acre. "Já chega", disse Ahmed Taher, irmão de Khalil que, como todos os homens na família, serviu nas IDF. "Já chega. Ninguém veio nos confortar, as pessoas nos ignoram nas ruas e, num casamento, ninguém fica perto de nós. Queremos nos mudar de Acre."[13]

Outros soldados beduínos também tiveram enterros recusados em cemitérios muçulmanos porque morreram lutando pelo "inimigo sionista", e suas famílias foram colocadas no ostracismo. Poucos beduínos ousam aparecer de uniforme quando visitam suas cidades ou vilas. Quando lavam seus uniformes, as mães não os penduram fora de casa porque outras famílias beduínas foram ameaçadas por vizinhos israelenses muçulmanos. Durante a Intifada, seus números caíram a um baixo nível histórico. "Se o governo continuar a ignorar nossos problemas", adverte o professor Abu-Saad, "a próxima intifada poderá vir dos beduínos".

Notas

1. O problema da aliança nacional começou, durante a Guerra da Independência (1947-49), quando o exército egípcio invadiu o Negev, com ajuda de alguns beduínos. Outros apoiaram o novo Estado de Israel. Forças egípcias e israelenses expulsaram dezenas de milhares de beduínos – e só foi permitido que cerca de 12 mil deles permanecessem no Negev, mas sua população, desde então, já aumentou dez vezes. Outros 70 mil beduínos, a maior parte de tribos diferen-

Os beduínos 347

tes, vivem no centro e norte de Israel, mas eles têm política, história e alianças diferentes.

2. Nas escolas beduínas do Negev, 23% dos professores não têm qualificação profissional e 40% não são beduínos locais. Cerca de 60% das crianças beduínas do Negev abandonam a escola, bem acima das médias registradas no setor árabe restante (40%) e no judeu (10%), de acordo com o *Statistical Yearbook of the Negev Bedouin* (Beer-Sheva: Ben-Gurion University) publicado em dezembro de 1999.

3. Robert Arnow, presidente emérito do corpo de reitores da Universidade Ben-Gurion, criou em 1998 o Centro de Estudos e Desenvolvimento Beduíno, que oferece bolsas plenas e se destaca como a maior fonte de material de pesquisa sobre beduínos israelenses. De acordo com um estudo de 1999, apenas 10% dos beduínos do Negev passaram nos exames de matrícula – abaixo das médias de 23% dos outros árabes israelenses e de 44% dos judeus. Para os beduínos do Negev, há dois formados na universidade em cada grupo de mil, enquanto a média nacional é de 80 para cada mil pessoas.

4. Dados obtidos em entrevistas com o professor Yehuda Gradus, diretor do Centro de Negev para Desenvolvimento Regional.

5. Haim Shadmi e Anat Cygielman, "A Women Pose as Bedouin to Give Birth in Israel", *Ha'aretz*, 24 de dezembro de 2000.

6. Entrevistas com os professores Yehuda Gradus e Ismael Abu-Saad, que é diretor do Centro de Estudos e Desenvolvimento Beduíno. De acordo com estudos, cerca de metade das mulheres beduínas não adota o controle de natalidade, 60% são casadas com parentes, 46% estão em uniões polígamas ou casamentos na lei comum, e 48% das mulheres beduínas são vítimas de violência doméstica.

7. Esses casamentos ilegais com palestinos beduínos de áreas perto de Hebron e Gaza aumentam os laços de beduínos israelenses com o nacionalismo palestino. Ver Ori Nir, "There's a Limit Even to Bedouin Patience", *Ha'aretz*, 21 de março de 2002.

8. Dafna Lewy-Yanowitz, "The Quiet Revolution", *Ha'aretz*, 27 de agosto de 1999.

9. Daniel Ben-Simon, "As Good as It Gets", *Ha'aretz*, 24 de janeiro de 2000. Ver também Oi Nor, "There's a Limit Even to Bedouin Patience", *Ha'aretz*, 21 de março de 2002; Daniel Ben-Tal, "The Bedouin: A Traumatic Transition", *Ha'aretz*, 8 de agosto de 1999.

10. Há uma crescente carência de professores. De acordo com estudos do professor Abu-Saad, as crianças representam mais de 65% dos beduínos e crescem 4,8% ao ano, uma das maiores taxas do mundo.

348 OS ISRAELENSES

11. Alguns soldados beduínos no Negev foram apanhados vendendo armas para árabes israelenses e gangues judias, assim como para palestinos. Em 2002, dois beduínos do Negev foram presos por incitação ilegal e apoio a organizações terroristas durante uma manifestação do Dia da Terra em uma vila não reconhecida perto de Beer-Sheva. Cerca de 5 mil árabes (incluindo não beduínos de outras partes de Israel) ergueram bandeiras palestinas e do Hezbollah, pedindo que o Hezbollah atacasse Tel Aviv. Ver Jalal Bana and Aliza Arbeli, "Israeli Arabs Protest IDF Action in W. Bank", *Ha'aretz*, 7 de abril de 2002.

12. Os dados são de pesquisas feitas em 1997 pelo sociólogo Salman Albador, da Universidade Ben-Gurion. O Instituto de Pesquisa para a Paz, de Givat Haviva, por meio de outra pesquisa, realizada em maio de 2001, confirma isso: quase 50% dos beduínos dizem que Israel não tem nenhum direito de existir, bem acima da média de 15,8% do restante da população árabe israelense com a mesma opinião. Há diferenças significativas entre beduínos fora do Negev, não exibidas nessa pesquisa.

13. Sharon Gal, "Family of Slain Bedouin Soldier Requests New Home", *Ha'aretz*, 13 de dezembro de 2000.

14

Os drusos
Entre a modernidade e a tradição

Não importa o que há sobre sua cabeça. O que conta é o que há dentro dela. — Fahmi Halabi, primeira mulher drusa a se tornar membro do conselho de sua vila

Nós, israelenses, coexistimos pacificamente aqui em Isfiya (um vilarejo no Monte Carmel, 78% druso, com alguns cristãos, muçulmanos e judeus) e também em Haifa; então, por que não no resto do Oriente Médio. — Reda Mansou, poeta e diplomata druso

O pomar de cerejeiras está vazio. Os tratores estão estacionados. O café está fechado. O clima é extraordinariamente sombrio. Homens chorando, de uniforme do exército israelense, estão ao lado de esposas e filhas, que usam as tradicionais longas saias escuras, com lenços de cabeça diáfanos, e se parecem com árabes muçulmanas. "Ele era primeiro um soldado de Israel e depois meu filho", diz um pai em árabe, descrevendo a conhecida disposição dos drusos de sacrificar sua vida para defender o Estado. Perto dali, mais de 50 lápides têm as mesmas sentenças entalhadas em árabe e hebraico: "Morto no cumprimento do dever". Ao se inclinar sobre o túmulo de seu filho de 19 anos, o pai se conforta em saber que ele vai retornar. Esse vilarejo, belo como um cartão postal, na Alta Galieia, empoleirado na base do Monte Meron, é típico entre a maior parte das cidades drusas israelenses. No entanto, os 9 mil residentes drusos de Beit Jann perderam, em proporção, um número maior de soldados em relação a qualquer outro lugar de Israel – e abundam histórias sobre sua coragem em combate. Os drusos são famosos por sua falta de medo diante da morte. Acreditam na imortalidade da alma drusa, e que são passageiros de breve duração neste mundo.

Quase 9 milhões de drusos moram em países vizinhos. Sua religião lhes ensina que devem ser leais ao Estado onde vivem; por isso por vezes se encontram de fuzil na mão, vestindo uniformes israelenses, libaneses, sírios ou jordanianos. Ocasionalmente, drusos até se descobrem lutando com parentes mortos: depois que um druso morre, sua alma entra no corpo de um druso recém-nascido do mesmo sexo. Essa crença que vai além da vida pode criar dilemas formidáveis. "Eu posso ser um soldado das IDF nesta vida, mas posso renascer como um libanês ou sírio, crescer e virar um soldado", explica um tenente druso. Seu primo teve um problema sério quando serviu nas IDF: ele não podia suportar ficar perto de tanques. Acreditava que, em uma encarnação anterior, fora um soldado druso sírio esmagado por um tanque israelense. A reencarnação é um princípio básico da misteriosa vida religiosa dos drusos.

Em Dalat al-Carmel, a maior aldeia drusa de Israel, em cima das Montanhas Carmel, o clima também é contido. Os 13 mil residentes pranteiam uma menina de 12 anos morta por um homem-bomba que explodiu um ônibus em Haifa, em abril de 2003. Um xeique majestoso, com longa túnica preta, turbante e barba brancos, gerencia sua loja de artesanato na rua principal. Pendurados na parede, há tecidos coloridos e cestas de vime feitas por mulheres drusas locais. Esse homem de aparência formidável é um *uqaal*, isto é, um religioso iluminado, um zelador dos segredos da religião. Apenas poucos podem saber os ensinamentos rigidamente guardados da religião, que se afastou do islamismo no Cairo do século 11. Ele revela muito pouco. Grande parte da religião permanece oculta do mundo exterior, assim como da maioria dos drusos, que têm acesso somente a uma versão simplificada da fé. No entanto, o filho dele, Fadel Nasralden, um homem de 28 anos que parece um sósia de Silvester Stallone em uma jaqueta de couro preta, se dispõe a falar. Ele sabe dos significados íntimos dos livros sagrados, mas, como um *uqaal* relapso, não mais participa dos serviços religiosos nem segue os rigorosos códigos éticos.[1] "Eu costumava ser muito religioso. Agora, não mais. Há regras demais. Regras estritas. Não podemos beber. Não podemos falar palavrão. Não podemos fumar. Homens não podem falar com mulheres. Não podemos ir a discotecas. Quero que meus filhos vivam no mundo de hoje", ele diz, atendendo de novo o celular. Nessa vila perto de Haifa, onde quase todo telhado tem uma antena parabólica, um celular é tão exótico quanto uma escova de dente. "Ser druso é mais que uma religião, é nosso modo de vida", acrescenta. "Nós somos proibidos de casar com não drusos. Se alguém quer se converter à nossa religião, não pode. É por isso que nossas comunidades ficaram juntas."

Por quase mil anos, os drusos têm praticado uma estrita endogamia. O proselitismo é proibido, e, em tese, nenhum novo membro foi admitido desde 1043.[2] Casamento fora do grupo etno-religioso é terminantemente proibido. Um druso que casa com uma não drusa é excomungado e expulso da comunidade. Em 2001, líderes religiosos drusos nas Colinas de Golan exigiram a expulsão, de todas as escolas primárias e secundárias, das crianças que não tivessem um parente druso. O Ministério da Educação israelense recusou. Pais drusos fizeram greve, e as crianças foram transferidas para outras escolas. Poucos meses depois, líderes religiosos pressionaram pela demissão de dois professores de biologia, bem populares no colegial. Seus pecados: um deles tinha esposa cristã, e o outro tinha pai druso e mãe judia.[3] Os drusos até desaprovam casamento com um membro de uma *hamula* rival. Como diz um ditado druso: "É melhor casar com um parente pobre que com um estranho rico". Mais de um terço dos casamentos é com parentes próximos, e nas vilas mais conservadoras isso chega à metade. O resultado, como acontece com os beduínos, é alta incidência de defeitos de nascença e retardo entre crianças drusas. "Até recentemente, todos tinham um casamento arranjado dentro da *hamula*. Nós não sabíamos sobre problemas genéticos. As crianças têm problemas mentais e ósseos", relata Fadel. "Agora estamos mais cuidadosos com nossas escolhas no casamento." E precisam ser: os drusos são monogâmicos. Embora o divórcio seja permitido, o casal é proibido de se ver para sempre. O governo israelense designa oficialmente os drusos como uma comunidade religiosa separada, o que significa que têm seus próprios tribunais religiosos, que arbitram casamento, divórcio,

352　OS ISRAELENSES

pensão, propriedade e outros assuntos, e esses tribunais, de acordo com a lei religiosa drusa, dão direitos iguais a homens e mulheres. Elas podem iniciar processos de divórcio e têm direito à sua propriedade. Se uma jovem mãe morre, seus filhos e propriedades revertem para uma mulher do lado dela da família. No entanto, como os muçulmanos, os drusos são fortemente patriarcais, e juízes religiosos drusos frequentemente decidem em favor dos homens. Um marido pode iniciar um processo de divórcio se sua mulher não puder lhe dar filhos, especialmente homens. Outro caso: se uma viúva casa de novo, a família de seu falecido marido frequentemente fica com a custódia dos filhos.[4]

Enquanto fala, Fadel anda até os fundos da loja. "Quando os compradores ficam curiosos com a herança drusa, eu os trago aqui." Tapetes persas, de cor vinho e gastos, cobrem o chão espaçoso. Não há mobília. "A cada domingo e quinta-feira à noite, drusos religiosos oram em uma sala como essa. É chamada de *khalwa* (casa de retiro). Quando rezamos, ficamos separados das mulheres, e não nos viramos para qualquer direção especial, como Meca ou Jesualém. Para nós, rezar é um privilégio, não uma tarefa." Uma enorme bandeira drusa está pendurada na parede ao fundo. Cada uma das cinco listas representa as qualidades de um profeta sagrado druso. O vermelho denota bravura e coragem. O verde, a terra e natureza. O amarelo, conhecimento e iluminação. O branco, paz e conciliação. E o azul, tolerância, perdão e fraternidade. Ele aponta para uma estrela de cinco pontas, o símbolo da religião. "Você vê essa estrela em qualquer lugar que drusos se reúnam. É muito importante que sempre falemos a verdade, além de mantermos nossas promessas. E devemos nos proteger reciprocamente porque todos os drusos são responsáveis uns pelos outros." Não há grupos drusos dissidentes, como no judaísmo, islamismo e cristianismo. No entanto, como outras comunidades religiosas judias e muçulmanas, os drusos são politizados e há muitas facções. São divididos por clã, vila e alinhamentos regionais. Fadel chama atenção para uma foto da Tumba do Profeta Jethro, o mais religioso local druso. Jethro é a figura bíblica que os drusos reverenciam. Todo dia 25 de abril, muitos dos cerca de 100 mil drusos israelenses vão visitar a tumba, a oito quilômetros de Tiberias, perto do vulcão extinto no Mar da Galileia.[5] "O profeta Jethro foi sogro de Moisés", explica Fadel. "Moisés se casou com sua filha Zippora. Assim, de certa forma, estamos ligados aos judeus."

A seita drusa foi fundada por dois pregadores do Cairo: um afegão persa chamado Hamza Ibn Ali e um turco chamado Muhammad al-Darazi, cujo nome (alfaiate, em árabe) é a fonte provável do termo "druso". Ambos ensinavam a crença em um Deus que tinha sido se revelado várias vezes em forma humana, começando com Adão, e que o regente do Império Fatimida, o califa al-Hakim, um muçulmano xiita com mãe cristã ortodoxa, era a mais perfeita revelação de Deus. O califa al-Hakim sumiu misteriosamente perto do Cairo em 1021 d.C. Depois de descer à terra em forma humana para fundar a religião drusa (um misto de judaísmo, misticismo cristão, islamismo persa, zoroastrismo persa e crenças hindus de reencarnação), ele ascendeu ao céu. Os drusos acreditam que, em mil anos, Al-Hakim vai retornar para conduzi-los à "Era Dourada".[6] Perseguidos pelos muçulmanos por suas crenças "heréticas", os primeiros seguidores da religião fugiram do Egito e se estabeleceram em montanhas isoladas, porém defensáveis, no que hoje é a Síria, o Líbano e norte de Israel. Durante séculos, foram uma minoria maltratada no Oriente Médio árabe. Muitos drusos israelenses enfatizam que são um grupo etno-religioso que se tornou arabizado. Em um hebraico impecável, Fadel diz: "Nós falamos árabe, comemos as mesmas comidas e gostamos das mesmas músicas. Muitos de nós têm nomes que poderiam ser muçulmanos ou cristãos, mas não somos árabes". As origens étnicas drusas são desconhecidas. Eles podem ser uma mistura de persas, curdos, turcos e cruzados, que frequentemente usavam drusos como guias e aliados em batalhas contra os muçulmanos. Alguns drusos, especialmente daquelas cidades perto de Acre, a ex-capital dos cruzados, têm peles e cabelos claros, olhos azuis ou verdes.

Do lado de fora da loja, Fadel observa o cenário. Mesmo que os drusos não observem o sabbath judeu, poucos carros estão na rua. Esse é um típico congestionamento de sábado. São israelenses e turistas que visitam a pitoresca Daliat al-Carmel, que deve seu nome a vinhas próximas (*daliat* é o termo árabe para "vinha"), conhecida por seu movimento comercial e sua comida extremamente apetitosa. Sob um anúncio de Lucky Strike, soldados judeus e drusos comem *shwarma* e *shishlik* de um serviço *delivery*. Há um memorial no Monte Carmel para os 360 drusos mortos nas guerras de Israel, com um testamento em pedra do *brit damim* (pacto de sangue), a relação especial entre judeus e drusos desde a independência do país em 1948. Durante a segunda guerra do Líbano, o batalhão *Herev* (Espada), totalmente druso, mostrou bravura especial e, em 2007, recebeu a Comenda do Comandante Chefe. "É nossa tarefa servir a nosso país e nos orgulhamos disso; assim fui educado, e é assim que educo meus filhos", explicou Riad Assad, cujos cinco filhos servem o exército. "Ninguém ganhou a última guerra. Temos de fazer o que pudermos pela paz, mas quando a guerra é inevitável, devemos defender nosso país." Homens drusos são o único grupo não judeu de israelenses que fazem serviço militar obrigatório. Muitos drusos optam por carreiras militares. Seus salários e pensões são frequentemente o único sustento de suas grandes famílias estendidas. Os drusos perfazem cerca de um quarto da polícia de fronteira e servem em unidades de elite das IDF.

Em setembro de 2000, mais de 3 mil drusos acorreram à vila de Abu Snan, na Galileia ocidental, para honrar Yosef Mishlab, o primeiro major--general das IDF. Como comandante do *front* doméstico, uma de suas responsabilidades era distribuir máscaras de gás. Por que tantos drusos compareceram? "Para demonstrar nosso orgulho com o oficial de mais alta patente de nossa história", de acordo com Zeidan Atashi, comentarista de assuntos árabes da televisão israelense e ex-membro do Knesset. Em seu livro *Drusos e judeus em Israel: um destino partilhado?*, ele descreve as origens do "pacto de sangue" com os judeus. Em 1942, o waqf muçulmano, apoiado pelo Alto Comissariado Árabe, chefiado por um simpatizante de Hitler, Amin el-Husseini, o mufti de Jerusalém, exigiu o controle da Tumba de Jethro.[7] Os drusos na Síria, no Líbano e no Mandato Palestino ficaram ultrajados e fizeram uma petição para líderes muçulmanos e funcionários britânicos. Em 1945, tribunais britânicos permitiram que os drusos mantivessem o controle da tumba, mas a controvérsia causou uma cisão irreparável com os nacionalistas muçulmanos. Durante a guerra árabe-israelense, no período 1947-49, os drusos estavam sob intensa pressão para se juntar aos ataques muçulmanos contra os judeus. Entre a escolha de viver como minoria em um Estado muçulmano ou viver como minoria em um Estado judeu, muitos drusos se aliaram com os judeus haganah, e em alguns casos lutaram ao lado deles. (O mesmo fizeram soldados drusos sírios que desertaram e se tornaram israelenses.) Diferente da maioria dos árabes palestinos, os drusos não se tornaram refugiados, e suas vilas e terras permaneceram intactas. (Durante a guerra, centenas de famílias árabes, que fugiram ou foram desalojadas de suas próprias vilas, encontraram refúgio em aldeias drusas.) Em meados dos anos 1950, enquanto Israel continuava a se deparar com ameaças árabes, os líderes de clãs drusos apelaram ao então ministro da Defesa, Ben-Gurion, para serem convocados.[8] Hoje, a proporção de drusos é maior que a de judeus entre os que servem nas IDF.[9] Mais da metade dos soldados drusos está em unidades de combate.

Os drusos são cientistas e professores, e também trabalham no Knesset e no gabinete. Em 2007, Majalli Whbee, vice-ministro do Exterior, tornou-se, por curto período, presidente em exercício quando Moshe Katsav renunciou, tornando-se o primeiro chefe Estado não judeu de Israel. Seu filho é o primeiro membro druso da Israel Army Radio. O ex-diretor de notícias da Israel Television é um veterano jornalista druso. Drusos trabalham na ONU e como embaixadores no Vietnã e em Angola. Aos 35 anos, Reda Mansour tornou-se o mais jovem embaixador de Israel, exercendo o cargo no Equador. Escritor premiado, Mansour é o primeiro poeta não judeu que escreve exclusivamente em hebraico. Fluente em cinco línguas, chefiou o primeiro esforço diplomático israelense para abrir um diálogo com os muçulmanos moderados na Europa e nos Estados Unidos, para promover a paz e a reconciliação.

Por serem tão confiáveis e favorecidos pelos judeus, os drusos provocam frequentemente o ressentimento dos muçulmanos, especialmente com relação a seus soldados. Quando um grupo de banhistas muçulmanos no Mar da Galileia viu um druso com uma credencial militar, o espancou; por ele ser "pior que um judeu porque fala nossa língua". No verão de 2001, cerca de cem drusos israelenses se reuniram em Amã, na Jordânia, com líderes jordanianos, libaneses e sírios que lhes pediram que se recusassem a servir o exército de Israel. Líderes religiosos drusos rebateram e lhes disseram que parassem de interferir, assinalando que há centenas de voluntários israelenses árabes muçulmanos e cristãos no exército. Ex-membro do gabinete druso, Saleh Tarif acusou o controvertido Azmi Bishara, membro árabe israelense do Knesset, que o ajudou a montar a conferência, de fazer uma "tentativa cínica e deliberada de causar atritos entre os drusos no resto do Oriente Médio e os drusos de Israel": "Quase 99% de nós ainda nos sentimos como israelenses em todos os sentidos da palavra", disse.[10] Em 2007, Bishara fugiu de Israel após ser acusado de espionar para o Hezbollah durante a guerra.

Sem o uniforme militar, alguns drusos reclamam que não se sentem muito israelenses. Walid, um professor druso, estava esperando um ônibus em um ponto para ir ao serviço de reservista quando um policial, suspeitando

356 OS ISRAELENSES

dele, o questionou. "Os judeus nos olham como árabes, e os árabes nos chamam de amiguinhos dos judeus", ele relata com ressentimento incontrolável. "Quando recebo minha carta de alistamento, sou um druso, mas quando pedimos mais esgoto, somos árabes." Esse desconforto ajudou a despertar a alienação de Walid, que agora se autointitula cidadão palestino de Israel. Ele pede que jovens drusos se identifiquem com árabes israelenses e se juntem a seus protestos, exigindo fundos do governo mais equitativos para suas 13 cidades e vilas. Os jovens drusos não vivem mais complacentemente em vilas isoladas, ele afirma. "Nós saímos. Eu vejo os carros que meus amigos judeus dirigem. Também fui até suas belas casas em Tel Aviv e Haifa. Pelo menos, eles servem o exército. Já aqueles haredim, o governo os cobre de dinheiro. Seus meninos derraman o sangue? Meu avô lutou com os judeus em 1948. Eu lutei na última Intifada e agora estou de volta a essa."

Outro caso de identidade trocada recebeu atenção na imprensa, provocando indignação nacional. Depois de uma série de ataques terroristas perto de Haifa, em 2001, um casal druso que empurrava seu carrinho de bebê no *shopping center* Grand Canyon foi atacado verbal e fisicamente por um grupo de judeus, ao ser tomado por árabes. O marido era um soldado de licença das IDF servindo nas Colinas de Golan.

Os 20 mil drusos que vivem nas Colinas de Golan sentem na pele o dilema de viverem em uma região onde as fronteiras estão em fluxo constante e são estabelecidas ou com uma arma ou uma caneta. Depois que tanques sírios invadiram o país durante a Guerra de 1967, Israel capturou as Colinas de Golan, estrategicamente importantes, para evitar que os soldados inimigos atirassem facilmente sobre os kibutzim israelenses. Residentes muçulmanos (exceto os beduínos) fugiram para a Síria. Os drusos permaneceram em suas quatro vilas. Apesar da inimizade histórica com os sírios, os drusos de Golan, em número expressivo, identificam-se patrioticamente de árabes sírios e ondulam bandeiras sírias.[11] Aqueles que mostram sinais de lealdade a Israel percebem que seus parentes, do outro lado da fronteira, podem ser tratados como traidores (cerca de 600 mil drusos vivem na Síria), e que eles mesmos podem sofrer retaliação se Israel devolver as Colinas de Golan para a Síria. Embora circulem panfletos com advertências – como "morte aos traiçoeiros colaboradores, onde quer que se encontrem" –, há grupos de drusos em Golan que assumem a cidadania israelense. Uma pesquisa ilustra o paradoxo: quando se perguntou a estudantes drusos do colegial onde queriam viver se a Síria recobrasse a soberania, 75% disseram que preferiam permanecer em Israel. Como disse um professor druso: "Por que eu iria querer ganhar 72 dólares por semana na Síria se ganho mais de mil dólares aqui?". Os drusos não gostam dessa conhecida piada: "Por que a bandeira dos drusos tem uma parte de baixo e outra em cima? A de cima é para mostrar ao conquistador quando ele chegar, e a de baixo é para chutar sua bunda quando for embora".

Não é incomum ver fotos do presidente da Síria, Bashar Assad, exibidas em casas e lojas na parte drusa de Golan. Alguns deles têm parentes em Daliat el-Carmel, cujas lojas exibem bandeiras israelenses, e os donos votam nos trabalhistas, no Likud ou nos partidos comunistas. Daliat el-Carmel foi fundada 250 anos atrás por drusos, em sua maior parte da Síria. Apesar das divergências políticas, há fortes sentimentos de camaradagem entre os drusos – o que acontece em uma comunidade reverbera nas outras. "Os drusos são como uma bandeja de cobre. Se você bate de um lado, toda ela ressoa", diz um ditado popular. "Onde quer que vivamos, ou em quem votemos, os drusos são todos irmãos. Somos bons em adaptação às condições e mudanças. Agora estamos tentando preservar nossas tradições e levar uma vida moderna ao mesmo tempo", continua Fadel. "Não é fácil para caras como eu, então imagine como é para as garotas." Perto dele, uma drusa, indistinguível de muçulmanos e judeus seculares, com sua maquiagem e jeans apertados, mostra para uma amiga sua nova cor das unhas. "Na idade delas, é especialmente difícil ter o pé em duas culturas." Na esquina, um soldado druso desengonçado, com uma boina preta e um M-16, conversa com uma soldada judia. Na base, longe de curiosos olhares drusos, eles podem namorar, e até dormir juntos.

Se Salwa, de 17 anos (esse não é seu nome real), está pensando em namorar, ninguém deve saber. "Tenho um namorado, mas não saímos juntos. Nossa religião proíbe. Quando quero me divertir, vou ao *shopping* de Haifa com minhas amigas. E ao cinema também. Meninos e meninas podem ficar juntos, mas em casa, e apenas se estiverem compromissados." No momento, ela pensa em Brad Pitt, procurando um espaço na parede do seu quarto para colocar outro pôster do astro. Como jovens beduínos do Negev e fundamentalistas islâmicos em Umm al-Fahm, essa animada estudante do colegial tem um caso de amor com a televisão. "É minha vida. Eu vejo, pelo menos, duas horas por dia. A maioria é de programas americanos, como *Desperate*

Housewives, porque os programas árabes são idiotas. E também é o melhor jeito de aprender inglês." Salwa consegue falar um excelente inglês e mascar chiclete sem grudá-lo em seu aparelho. "Adoro o canal de filmes. Vi *Uma Linda Mulher* de novo." Julia Roberts como uma adorável prostituta que se torna respeitável é, claro, apenas uma fantasia da tela, mas torna-se ainda maior para os drusos. Na cultura drusa, mesmo a palavra "sexo" é tabu. Educadoras sexuais voluntárias que ensinam garotas drusas do colegial cautelosamente a substituem por termos como "educação familiar", "higiene" ou "puberdade". Sexo antes do casamento ou fora dele é proibido e considerado prostituição. Mulheres drusas são proibidas de expor qualquer parte do corpo que possa despertar paixão masculina. A honra das mulheres drusas é tão sacrossanta, que não lhes são exigidas fotos em documentos oficiais israelenses. A religião drusa passa por cima dessa exigência porque tirar foto de uma mulher significa envergonhar sua honra. "Vou viver em casa até me casar. Todas nós, e isso não se questiona", explica Salwa. Nas vilas drusas, onde as casas de pedra ficam destrancadas, existem poucos segredos. Há algum lugar para ir onde você não deveria estar? "Sim", ela murmura. "Para encontros secretos, ouvi dizer que o centro comunitário é um bom lugar, se você tiver um namorado." Tais encontros são ousados. A fofoca maliciosa pode ser perigosa. Algumas mulheres muçulmanas que envergonharam os pais, por serem desonradas ou estupradas, tornam-se vítimas potenciais das "mortes por honra" familiares. Em alguns casos raros, o mesmo acontece com mulheres drusas.

Muitas pessoas na mais moderna cidade drusa de Israel lembram-se da história incomum de Ibtihaj Hassan. Quando ela era adolescente, sua família lhe arranjou casamento com um homem druso local. Depois do divórcio, ela cometeu a transgressão de se mudar. Mas, depois, ainda cometeu um pecado imperdoável: casar fora da fé, com um beduíno. Passaram-se anos. Convencida por seu irmão mais velho de que a família a perdoara, ela retornou a Daliat el-Carmel. Na praça da cidade, na frente de testemunhas, seu irmão puxou uma faca. Enquanto a esfaqueava no estômago, alguns passantes gritaram para ele: "Herói! Herói! Você é um homem de verdade!". Com o derramamento de sangue, seu irmão limpou publicamente o nome da família. Naquela noite, a Israel Television mostrou o vídeo da multidão em torno de seu corpo, com diversas mulheres fazendo gestos de vitória. "Ela veio de tão longe para morrer aqui", disse sua mãe. "Vivi em vergonha pelo que ela fez conosco. Nós, drusos, não aprovamos que uma garota deixe sua casa." "O assassinato foi benfeito", acrescentou um primo. "Ela desobedeceu as regras e ficamos felizes de lhe dar um fim. Qualquer garota que faz uma coisa assim tem de morrer. Cada cadela tem o que merece." Depois da prisão, seu irmão disse que ficou angustiado pela decisão. "Ela é minha irmã, minha pele e sangue, e eu sou um ser humano. Não queria matá-la. Não queria estar nessa situação. Os membros da comunidade me empurraram para tomar essa decisão. Sei o que esperavam de mim. Por ter feito isso, eles olham para mim como um herói, um cara limpo, um homem de verdade. Se não matasse minha irmã, as pessoas me olhariam como se eu fosse uma pessoa pequena." Depois do assassinato, circulou na aldeia uma lista que dava o nome de outras mulheres que tinham se "comportado mal".[12] Alguns homens ainda acreditam em um velho provérbio árabe: "A grama cresce mais rápido sobre o sangue que foi derramado honradamente."

Doaa Fares, uma linda morena com olhos verdes e lábios carnudos, mudou seu nome para Angelina por causa de seu ídolo, a atriz Angelina Jolie. Ela assistiu a horas da Fashion Television preparando-se para conquistar seu sonho de ser Miss Israel 2007. Durante os testes, os juízes descobriram que a garota de 17 anos, de biquíni vermelho, era uma drusa, e lhe perguntaram se isso era um problema. "Eu lhes disse que não, porque minha família me apoia", ela lembra. "Preparei-me para isso desde a infância." Sua mãe defendeu seu direito de ser coroada rainha – e ganhar um contrato de modelo, 5 mil dólares e um carro vistoso. Doaa e 13 finalistas israelenses voaram para a Tailândia para uma visita supervisionada ao país. Embora elas estivessem passeando e nadando, revistas israelenses publicaram fotos de Doaa com minissaia e um *top* sem mangas. Ao voltar para sua vila na Galileia, ela recebeu ligações e *e-mails* ameaçadores. Drusos de uma vila vizinha gritaram insultos quando ela apareceu na rua. "Eles disseram: 'Você é uma garota drusa, e devia ter vergonha'. Alguns dos homens até me acusaram de prostituição", Doaa contou ao *Times* de Londres. Simpatizantes a estimularam a ficar nas finais, mas críticos – incluindo o líder espiritual druso, xeique Mowafak Tarik – exigiram que ela saísse. "Nós encorajamos o progresso e a modernização, mas há limites para quanto uma garota pode se expor", disse o xeique Tarik. A polícia foi informada de que dois de seus tios tinham contratado dois homens para comprar armas e um terceiro para matar a sobrinha. Ela ficou sob proteção policial, e os cinco homens foram presos. "Essas pessoas me amam, e eu as amo. Mas fiquei chocada", Doaa disse. "Eu saí, por respeito a nossos líderes religiosos. Acima de tudo, por respeito à minha família." Os pais se recusaram a fazer acusações contra os tios dela, e eles foram libertados. "Minha vida é muito mais importante que um concurso, mas é muito difícil para mim desistir do meu sonho." Ela contratou um agente e está estrelando um documentário sobre seu drama na cultura drusa.

Também há a história de Naim Asad, de 28 anos, que disse à sua família que queria deixar Beit Jann. Uma mulher que deixa sua vila sem casar pode trazer desgraça à sua família. A mãe e sua irmã mais velha acorreram a um vizinho para ajudá-las a proteger a honra da família. Pediram que ele contratasse um assassino palestino para matar Naim. O vizinho informou a polícia, que montou uma operação, cuidadosamente planejada, e prendeu as duas mulheres. Elas foram indiciadas no tribunal de Haifa, acusadas de conspiração de assassinato.

Pouco depois disso, Beit Jann passou por outro drama, mais atraente que qualquer novela árabe captada por antenas parabólicas. Moradores descobriram panfletos anônimos em suas caixas de correio descrevendo a secreta e selvagem vida sexual do chefe do conselho com diversas mulheres casadas da vila. "Em nossa cultura drusa, isso é considerado tabu", explicou o pesquisador Salim Bariq, da Universidade de Haifa. "Acusar qualquer um de dormir com alguém é coisa muito séria. O mais grave de tudo é que revelaram as identidades das mulheres que supostamente dormiam com o chefe do conselho. É impossível descrever o que isso pode ser para os maridos e filhos dessas mulheres", diz. "O banho de sangue é apenas uma questão de tempo."[13] O acusado, Shafiq Asad, suspeitou de seu antigo rival político, que perdera por pouco a última eleição, achando que ele era a pessoa por trás do material difamatório. O clã Asad declarou guerra ao clã Qablan. Cerejeiras foram cortadas, granadas lançadas, tanques de água explodidos, e rivais políticos atiraram uns nos outros. Como quase todos os homens na vila drusa tinham servido nas IDF, armas e munições existiam por todo canto. No último minuto, um líder espiritual druso interveio e chamou para um *sulha* (encontro de reconciliação). A paz delicada entre os dois clãs pode durar – pelo menos até a próxima eleição.

Em cidades drusas, não é costume o perdedor de uma eleição abraçar o vitorioso. De saída, o perdedor muitas vezes começa a planejar vingança, enquanto o ganhador inicia a perseguição de seus rivais. Uma mulher em Beit Jann, casada com um homem de um clã rival, teme cada eleição porque ela é sempre acusada de traição. O lado de seu marido a acusa de votar nos candidatos de seus parentes; seus parentes a acusam de votar nos candidatos de seu marido.

———————

Leis religiosas drusas estabelecem que a família deve educar suas filhas. Se não houver dinheiro suficiente para educar uma filha e um filho, a educação da menina tem precedência, porque um homem sempre pode encontrar trabalho. Apesar dessa lei progressista, poucas mulheres drusas, na faixa de 40 anos, têm diplomas do colegial. Não foram muitos os pais conservadores que ousaram desprezar uma proibição religiosa a classes mistas. Essas mulheres tendem a ficar em suas vilas, vendendo comidas e artesanato ou cuidando de pequenas propriedades agrícolas nas colinas.

As mulheres que trabalham fora de suas vilas, frequentemente em fábricas têxteis ou de alimentos, muitas vezes precisam de um parente do sexo masculino como escolta. "Minhas amigas e eu queremos trabalhar, mas não nas fábricas", diz Maisa Hamahdy. "Nós somos uma geração diferente. Minha irmã é enfermeira. E minha amiga acaba de entrar na Technion. Ela será a primeira mulher doutora lá."

Está acontecendo uma transição para uma vida mais moderna. Quando a primeira mulher drusa ousou tirar carteira de motorista em 1972, os líderes religiosos a condenaram, advertindo que suas ações levariam a uma "indesejável licenciosidade". O chefe da comunidade drusa israelense divulgou um édito proibindo todas as mulheres drusas de dirigir. Em 1992, outra rebelde de Daliat al-Carmel chocou a família quando chegou à sua casa com uma carteira de motorista. De início seu pai foi incisivo: ela não deveria usá-la. Foi necessária muita persuasão para que ele mudasse de ideia. Embora tenha comprado um carro, se recusa a andar com ela. Maisa diz que poucos homens andam em um automóvel com uma mulher ao volante. A mãe dela também ignora o édito. Uma vizinha que apenas terminara o sexto grau foi ainda mais longe. Ela causou um pequeno terremoto ao ser a primeira mulher israelense drusa a ocupar um cargo no conselho da cidade. "Eu realmente gosto do que ela disse", afirma Maisa: "O que importa não é o que há sobre sua cabeça. O que importa é o que há dentro dela". Logo

362   Os israelenses

Maisa vai entrar na Universidade de Haifa. "Fiquei feliz em saber que as mulheres já são mais da metade dos estudantes drusos de lá."

Maisa dirige-se ao centro de Daliat al-Carmel, descendo uma rua suja, para chegar a seu trabalho de meio período. Ela entra em uma barbearia e a atravessa até chegar a um quatro convertido, onde toca música árabe em alto volume. "Prefiro *hard rock* ou Celine Dion", diz, reunindo-se a outras 19 mulheres drusas que trabalham em uma linha de montagem onde soldam sistemas de alarmes para carros e montam placas de circuitos. Essa é a sede da primeira e única empresa *high-tech* drusa de Israel. "Sei que não parece *high-tech*", diz seu chefe, Nisim Abu Hamad. Os pais vivem no andar de cima, e ele cresceu nessa casa com 11 irmãos e irmãs. "Quando veem esse lugar, os fregueses ficam surpresos. Mas atrair clientes não é fácil. Quando conto às pessoas que tenho uma empresa *high-tech* em Daliat al-Carmel, elas dizem: 'O quê? Naquela cidade tem *fast food*?' Eles querem falar de comer, mas eu quero falar de negócios. Por vezes, sento-me com eles por horas, tentando mudar suas ideias sobre os drusos." De barba, óculos e fala macia, Nisim tem diploma de Economia, e acaba de confortar sua esposa, cujo primo de 12 anos estava entre os mortos por atentado terrorista em um ônibus em Haifa.

O empresário quer usar a audácia que aprendeu no exército para convencer o governo a criar uma zona industrial na cidade. "Com audácia se consegue mais resultados. Talvez, eu precise chamar mais atenção." Embora os drusos sejam conhecidos por sua coragem militar e tenham papel importante na segurança do país, cidades judias conseguem substancialmente mais fundos que vilas drusas. "Os jovens, especialmente, estão perdendo a paciência. Alguns já começam a perguntar se todos os nossos sacrifícios pelo Estado valem a pena." Ele cita uma frase de um popular poeta druso: "A bala de um inimigo não distingue entre judeus e drusos; então, por que o governo faz essa distinção?".

Nisim abriu sua empresa em 1994 com dois irmãos – um era barbeiro, e o outro, professor da escola elementar. Agora, "temos 25 funcionários", diz com satisfação evidente. A maior parte do quadro é de parentes mulheres. (As drusas não podem ficar sozinhas com homens de outra família.) "Nossa companhia está batalhando duro para dar certo. Quero provar que um druso pode fazer isso. Os drusos perdem tempo no exército. Eu perdi três anos. Mas, por causa do exército, comecei esse negócio. Antes dele, não tinha amigos judeus. É difícil abrir um negócio *high-tech* com um druso. Para entrar no mercado, consegui um parceiro judeu, um amigo que é coronel. Suas ligações ajudaram." Nisim o conheceu no exército durante a primeira Intifada. "Queriam me mandar para Gaza. Estava disposto a servir, mas não lá. Não suporto ver combates. Eu não quis fingir que tinha um problema médico, e usei minha religião para me ajudar. Disse ao oficial: 'Sou um druso e acredito em reencarnação. Na minha vida passada, morri lutando em Gaza'. Funcionou. Fui transferido para um escritório de relações humanas em Acre, e consegui viver em casa." Ele faz uma pausa: "Não me entenda mal. Acredito em reencarnação, cem por cento. Eu sou irmão de meu pai."

Notas

1. Durante a guerra civil libanesa nos anos 1980, cristãos maronitas, lutando com seus antigos rivais drusos, se apossaram de livros sagrados drusos, escritos em árabe. Os drusos afirmam que apenas quem se inicia na religião pode entender os significados íntimos e sutis de suas escrituras; nenhum segredo foi relevado.

2. Os 300 mil drusos do Líbano são uma notável exceção. Afirma-se que o clã mais importante no país, os Jumblatts, tem raízes curdas. Os drusos no Líbano e na Síria tiveram papéis cruciais em lutas árabes contra o colonialismo francês.

3. David Ratner, "In Druze Schools, Endogamy Is Everything", *Jerusalem Post*, 2 de setembro de 2001.

4. Ruth Sinai, "The Creeping Emancipation of Druze Women", *Ha'aretz*, 5 de julho de 1998.

5. A tumba de Jethro, nos Chifres de Hattin, é o lugar de onde as tropas do muçulmano Saladin expulsaram os cruzados em 1187. A tumba fica dentro de um salão, com domo em forma de mesquita e 500 finos tapetes persas. Antes de entrar, os drusos tiram os sapatos e cobrem as cabeças.

6. Depois da morte de al-Darazi's, Hamza anunicou ser a verdadeira reencarnação de al-Hakim. Exige-se de todos os drusos que reconheçam a divindade de al-Hakim. Ver Robert Breton Betts, *The Druze* (New Haven: Yale University Press), publicado em 1988, pp. 8-19.

7. Mufti Haj Amin el-Husseini e outros clérigos muçulmanos lideraram o apoio a Hitler. Em 21 de novembro de 1941, durante reunião ocorrida em Berlim, Husseini disse a Hitler que seu plano de expulsar judeus alemães da porção judia da Palestina iria criar um poderoso Estado judeu, e que a melhor solução seria "matar todos os judeus". Nos julgamentos de Nuremberg, Dieter Wisliceny, um assessor de Adolf Eichmann, testemunhou que o "mufti fora um dos iniciadores

364 OS ISRAELENSES

do extermínio de judeus europeus e aconselhou Eichmann e Himmler a executar seu plano".

8. Zeidan Atashi, *Jerusalem Letter: The Druze in Israel and the Question of Compulsory Military Service*, 15 de outubro de 2001, e *Druze and Jews in Israel: A Shared Destiny?* (Sussex, U.K.: Sussex Academic Press, 1997). Membro do Knesset – nos períodos 1977-81 e 1984-88 – pelo partido Shinui, Stashi foi o primeiro israelense não judeu a ocupar um posto diplomático. Foi cônsul em Nova York e depois membro da delegação de Israel nas Nações Unidas.

9. Os drusos são convocados desde 1956 – 83% deles foram alistados em comparação com 80% de judeus homens, de acordo com dados de uma subcomissão de Assuntos Estrangeiros e Segurança do Knesset. Ver Dalia Shehori, "Druze, Circassians More Likely to Serve in IDF", *Ha'aretz*, 12 de dezembro de 1999. No entanto, os percentuais mudam quando se estudam diferentes grupos de soldados judeus. Mais de 95% dos homens etíopes, com mais de 18 anos e capazes, servem o exército, um índice maior que qualquer outro grupo de convocados.

10. Sobre 14 mil drusos vivendo na Jordânia. Jalal Bana, "Israeli Druze to Jumblatt: Stop Interfering", *Ha'aretz*, 16 de agosto de 2001.

11. Em 1925, os drusos lideraram uma rebelião antifrancesa que culminou com a independência da Síria. Mesmo assim, Hafez Hassad, seu filho Bashar e sua minúscula, mas poderosa seita islâmica, os alawitas, bloquearam o avanço dos drusos na política e no exército sírios.

12. Suzanne Zima, "When Brothers Kill Sisters," *Montreal Gazette*, 17 de abril 1999.

13. Sharon Gal, "Two Druze Women Charged with Honor Killing Conspiracy", *Ha'aretz*, 9 de julho de 1999. Ver também Daniel Ben-Simon, "Trouble in Paradise", *Ha'aretz*, 17 de setembro de 1999.

15

Os cristãos
Desconfortáveis na Terra de Jesus

> *Nós, cristãos, agora nos sentimos como se estivéssemos na cruz.* — Ibrahim Shomali, dono de restaurante em Belém, enquanto vendia suas posses antes de se mudar para Michigan

> *Eu frequentemente me sinto como uma ponte entre judeus e muçulmanos. Os cristãos sempre viveram entre os dois mundos. Por isso, talvez sejamos aqueles que podem conectá-los* — Michail Fanous, diretor executivo da Open House em Ramle

Com pouco mais de 500 metros quadrados, a murada da Cidade Velha, no coração de Jesusalém, está banhada de fé – e sangue. Os dois sempre andaram juntos. Os sinos das igrejas, o canto nas sinagogas, os muezins chamando os fiéis à reza são lembretes de que, aqui, religião e território estão inexoravelmente entrelaçados. Por séculos, uma gama de conquistadores destruiu sinagogas, converteu igrejas em mesquitas ou mesquitas em igrejas. Hoje, uma turma de adolescentes, que veio com um grupo cristão de Haifa, pega a rota que muitos acreditam que Jesus seguiu carregando sua

366 OS ISRAELENSES

cruz a caminho da crucificação, a Via Dolorosa. Em uma placa que marca um das 14 estações da cruz, eles param e recitam orações fervorosas em árabe. Quase 150 mil árabes israelenses são cristãos – muitos de famílias que viveram na Terra Santa desde os primeiros dias da cristandade; alguns são descendentes de cristãos bizantinos e outros de cruzados. Um microcosmo da própria cristandade, os árabes israelenses cristãos são católicos gregos, católicos romanos (latinos), armênios, maronitas, melequitas, coptas etíopes, episcopais (anglicanos), batistas, pentecostais e demais denominações.

Na sua caminhada devocional pelo labirinto de ruas de pedra, passando ao lado de turistas que seguem um homem carregando uma cruz alugada de um negociante muçulmano, os adolescentes entram na ensolarada praça do Bairro Cristão. Frades franciscanos idosos, de túnicas marrons e sandálias, recitam Salmos. Padres coptas etíopes de postura respeitosa, em roupas brancas, passam por padres armênios ortodoxos, com túnicas negras, cintos púrpura e chapéus pretos triangulares. Os adolescentes parecem mais interessados em flertar que em olhar o passar da cristandade, mas o líder do grupo os conduz a um enorme edifício de pedra, a Igreja do Santo Sepulcro. Lá dentro, estão as cinco últimas Estações da Cruz. (Católicos e cristãos ortodoxos acreditam que Jesus, após ser crucificado e enterrado, ressuscitou aqui.) Na igreja cavernosa, aromas intensos de incensos ocupam o ar. É tão escuro e barulhento que eles retiram seus óculos escuros e fones de ouvido. Grego ortodoxo, um padre barbado lhes dá velas votivas e os encaminha para a rotunda: é a décima quarta Estação da Cruz, com a tumba vazia, onde acreditam que Jesus foi colocado após sua morte. Debaixo de um vidro há uma pedra, que se acredita seja o local da crucificação. Na tradição católica romana, isso é chamado de Calvário. Na denominação dos ortodoxos gregos, é Gólgota.[1] O grupo se esforça para ouvir o padre, que está cercado de outros clérigos, lendo o Evangelho em uma cacofonia de cantos, a música de muitas camadas de Jerusalém.

Por mais de 17 séculos, a música toca nesse local. Depois de conquistar Jerusalém em 306, Constantino, o Grande, construiu a igreja original do Santo Sepulcro sobre o que tinha sido anteriormente um templo romano para Vênus. Quando Jerusalém se tornou um centro de peregrinação para cristãos ortodoxos bizantinos do leste, a população cristã local cresceu. Os egípcios invadiram a cidade em 1009 e, sob as ordens do califa al-Hakim (a quem os drusos veneram), destruíram a construção. Os cruzados conquistaram

Jerusalém em 1099 e, além de destruir sinagogas e mesquitas e matar seus ocupantes, reconstruíram a igreja de Constantinopla. Em 1555, os franciscanos reconstruíram o dilapidado relicário. Os gregos ortodoxos, que erigiram a igreja atual em 1890, ainda controlam grandes porções dela.

Um cavalheiro impecavelmente trajado, perto das tumbas de Godfrey de Bouillon e seu irmão Baldwin, nobres franceses da Primeira Cruzada que governaram o "Reino de Jerusalém" de 1099 a 1118, apresenta seu cartão a um visitante, explicando que é o administrador e guardião da porta da Igreja do Santo Sepulcro. Sua família, os Nusseibeh, tem a posse da chave da igreja desde que Saladin expulsou os cruzados de Jerusalém em 1187. "Eles precisam de um muçulmano para mediar entre os cristãos", diz com um riso contido. "Eles mal falam uns com os outros." O administrador refere-se aos clérigos gregos ortodoxos, católicos romanos, ortodoxos armênios, franciscanos, ortodoxos sírios, egípcios e coptas etíopes, que por tantos séculos brigam pelo controle da igreja, discutindo sobre como rezar e mudar uma lâmpada, ou mesmo se algum monge franciscano espalhou sujeira em um espaço "armênio". Embora, em teoria, a responsabilidade por toda a área da igreja tenha sido destinada, existem partes que estão em situação lastimável por causa dos desacordos sobre quem deve consertar o quê – consertar implica posse. Rivais antigos chegaram a se agredir com cruzes pesadas. No século 16, incapazes de pagar impostos ao sultão otomano, coptas etíopes perderam a "propriedade" de sua parte da igreja para seus rivais, os coptas egípcios, e vivem em tendas no telhado.

Nada ilustra melhor o conflito do que a Páscoa. Durante a cerimônia do Fogo Sagrado, que marca o clímax da Páscoa ortodoxa, cerca de 10 mil ortodoxos gregos, católicos romanos e armênios lotam a igreja. De acordo com a tradição, os patriarcas gregos ortodoxos entram na tumba de Jesus, que é então selada, e um fogo miraculosamente emana do túmulo. Em 2002, houve um choque entre membros das congregações grega ortodoxa e armênia sobre qual clérigo deveria deixar a tumba primeiro. Em anos passados, lutas sangrentas ocorreram com os rivais sírios ortodoxos. Apesar de rivalidades contínuas dentro da igreja, os cristãos da Terra Santa têm do lado de fora problemas muito mais prementes.

368   OS ISRAELENSES

Na Rua do Bairro Cristão, tomada de barracas atulhadas e lojas com cabeças de carneiros penduradas em ganchos, um mercador calvo está sentado, tristonho, na porta de seu pequeno negócio. A loja está cheia de adoráveis estátuas de oliveira de Maria e Jesus, além de rosários de prata. Quando percebe uma morena elegante manobrando para evitar um burro carregado com figos, sua face se ilumina. Naila, sua ex-vizinha, vai almoçar na casa da mãe depois do trabalho. Ele pergunta sobre a família. Ouviu falar das demissões no banco Hapoalim (hebraico para Banco dos Trabalhadores). Seu emprego ainda está bem? Até agora sim, Naila responde com um suspiro. "Eu deveria ser promovida, mas ainda sou caixa. Acho que deveria ser grata." Ela passa por um homem com um *keffiyah* quadriculado vendendo pinturas da Última Ceia em veludo. Para atrair alguns mochileiros, ele grita: "Desconto especial para estudantes". Mas eles não estão interessado nos ícones de plástico de Jesus ou em garrafas com os dizeres: "Água da Terra Santa" – o líquido que vem diretamente de uma torneira. "*Salaam aleikum*", Naila o saúda e pergunta polidamente sobre sua saúde. Ele responde descrevendo a má saúde de seu negócio. Altos e baixos do turismo. Amaldiçoa o Fatah. Depois o Hamas. Ela nada diz.

"Critique a Intifada para a pessoa errada, e ela pode achar que você é um colaborador", Naila confidencia enquanto um mercador muçulmano se afasta da escuta. Ela se dispõe a falar sem autocensura desde que seu nome não seja revelado. Para os cristãos, a segunda Intifada foi diferente da primeira, de 1987 a 1991. "Essa não é nossa Intifada. Quantos cristãos usam armas? Há algum homem-bomba cristão? Chama-se Intifada al-Aqsa porque é islâmica, e o povo que luta nela agita o *Corão*. Nós estamos em uma posição horrível aqui." Ela faz um gesto em direção a uma banca com jornais e livros árabes. Alguns livros têm na capa Osama bin Laden. "Apenas uns meses atrás, eles vendiam doces. Isso me assusta, mas olhe aquele muro." Naila traduz o que está escrito em árabe: "'Depois do sábado, vem o domingo'. Você sabe o que isso significa? Significa: 'Nós já acabamos com os judeus, é a vez dos cristãos'". Ela prossegue, com uma ponta de raiva: "Eles odeiam nossa religião, chamam-nos de cães infiéis. Heréticos. Eles nos querem fora daqui."

Para enfatizar seu argumento, ela muda de direção e para na frente de uma loja, fechada por placas de alumínio. "Como muitos de nós, meu tio achou que tinha de ser muito nacionalista para provar que é um 'bom' e leal palestino. Quando lhe disseram que atacasse, ele fechou sua loja. E toda vez que lhe disseram que precisava pagar 'impostos' da Intifada (dinheiro para bandidos muçulmanos), ele pagou. No fim, se encheu e recusou. O que eles fizeram? Tentaram incendiar a loja. Irritado, mudou-se para Jaffa. E ele era um dos últimos cristãos donos de loja. Isso aqui é o Bairro Cristão apenas no nome. Todos com quem cresci já se mudaram. Agora só sobrou minha mãe."

A família dela é grega ortodoxa, a maior e mais rica comunidade de cristãos israelenses e do resto do Oriente Médio. Os patriarcas gregos orto-doxos são donos de cerca de 70% da terra da Cidade Antiga. Em Jerusalém ocidental, o Knesset, a Corte Suprema, o Museu de Israel e as residências oficiais do presidente e do primeiro-ministro estão em terras da Igreja Or-todoxa Grega. Ninguém sabe o que vai acontecer quando o arrendamento terminar na próxima década. A igreja também tem algumas das mais caras propriedades de cidades como Nazaré, Haifa, Jaffa e Ramle.[2]

Inclinada sobre um enorme cesto, Naila experimenta as azeitonas e dá alguns shekels para uma mulher de aparência cansada, com saia bordada, sentada em uma porta. "Meu marido adora esse bairro", Naila observa. "Quando nos casamos, pensei em morar perto da minha mãe. Mas comprar no leste de Jerusalém é difícil. Mesmo os muçulmanos mais moderados têm medo de vender para cristãos. As pessoas que vendem para nós, ou qualquer judeu, são chamadas de colaboradores. Alguns tomam tiros.[3] De qualquer maneira, estou feliz de viver em Jerusalém ocidental (que é predominante-mente judia). Longe dos distúrbios, dos levantes."

Urbanos e cosmopolitas – e, em muitos casos, mais próximo de judeus que dos muçulmanos em educação e renda –, os cristãos foram absorvidos pela sociedade israelense judia muito mais que os muçulmanos. A maioria dos árabes cristãos israelenses vive em cidades mistas (de judeus e árabes), como Haifa, Jerusalém e Jaffa, o que lhes permite (assim como a muçul-manos moderados) um estilo de vida mais ocidental que nas tradicionais cidades árabes. Nazaré, uma cidade toda árabe, tem a maior população cristã de Israel.

Com uma ponta de amargura, Naila comenta que Jerusalém ocidental tem infraestrutura muito superior em relação à parte oriental. "É menos lotada. Tem parques. Tudo funciona melhor. Nós queríamos um bom apar-tamento. Com nosso último nome, sabíamos que haveria problemas para encontrar um lugar. É por isso que procuramos um corretor judeu. Trabalho com minha irmã no banco, e ela me aconselhou a usar uma grande cruz ao visitar o dono do apartamento. Dessa forma, ele saberia que somos árabes 'bons'. É assim que funciona conosco", ela diz, descrevendo suas identidades superpostas. "Estamos presos no meio. Muitos muçulmanos não confiam em nós porque somos cristãos. E muitos judeus não confiam em nós porque somos árabes; eles acham que todos os árabes são terroristas."

O casamento entre membros de denominações cristãs israelenses era raro, mas não é mais. Naila tem um "casamento misto". Seu marido é anglicano.[4] "A parte mais difícil é coordenar o calendário de Natal", ela brinca. Seu marido celebra o Natal no dia 25 de dezembro. Sua família, em 7 de janeiro. Para seus vizinhos armênios, alguns deles descendentes de peregrinos do quarto século, o Natal cai no dia 19 de janeiro (assim como para os coptas etíopes). "Nada é simples no Oriente Médio. Mesmo ir à igreja no domingo. Todo mundo trabalha." Domingo é o primeiro dia de trabalho em Israel. Os bancos abrem, assim como escolas e prédios do governo. "Os judeus nem sabem quando é Natal ou Páscoa. Aqui, são apenas dias comuns de trabalho. Quando tiro esses dias de folga, sempre tenho de lembrar meu chefe por quê." A cada Páscoa, ela e seu marido oram em um suntuoso jardim de estilo inglês fora dos muros da Cidade Antiga, o Jardim do Túmulo, onde os protestantes acreditam que Jesus foi crucificado e enterrado.[5] Como no resto do mundo, o protestantismo é uma religião dinâmica e proselitista em Israel, embora não entre os muçulmanos ou judeus ou muçulmanos palestinos, que podem ser mortos por se converter à cristandade. Os esforços têm dado frutos entre imigrantes russos e cristãos árabes, particularmente entre ortodoxos gregos, muitos dos quais se sentem abandonados pela hierarquia da igreja, exclusivamente grega. Um sínodo totalmente grego elege o patriarca, que nunca é um árabe. Como resultado, as tensões étnicas nacionais e políticas, que já duram séculos, entre os clérigos gregos e suas congregações árabes estão se intensificando, e há congregados que agora se denominam "árabes",[6] em vez de ortodoxos "gregos".

Quando Naila se aproxima da casa branca de pedra onde cresceu, seu espírito se eleva. Ela escuta música árabe do jeito que era. Sua mãe viúva está na janela, ouvindo os sons assombrosos da lendária cantora egípcia Umm Kulthum. O teto alto em forma de domo e os mosaicos azuis no chão fazem do grande espaço mais o quarto de um paxá que uma cozinha. Sua mãe insere outro CD, desta vez de *My Fair Lady*. "Acabei de ouvir isso na Tel Aviv Opera House. Adivinhe quem fez o papel de Eliza Doolittle? Mira Awad." É uma cristã árabe israelense. Ao pegar um prato de quibes do micro-ondas, ela pede desculpas por servir sobras. A aula que dá na academia de música de Jerusalém ocidental foi até tarde. "Você se incomoda de esperar para comer? Seu primo ligou. Aconteceu alguma coisa."

Sentadas no pátio ensolarado entre oliveiras retorcidas, Naila e sua mãe sentem alívio quando veem Daoud (David). Sem fôlego e agitado, ele descreve o que aconteceu no caminho desde sua casa, em Belém. Primeiro, ele teve de esperar muito em postos de segurança israelenses. Depois, quando passava com seu Subaru por um campo de refugiados, colocou um *keffiyah* no painel para não ser confundido com um judeu. Mesmo assim, meninos árabes atiraram pedras em seu para-brisa. "Por sorte, dessa vez não me machuquei. Lembra quando demorava menos de meia hora para chegar aqui? Levou quase duas." Como todos os residentes da Cisjordânia, ele precisou de uma permissão difícil de conseguir para entrar em Jerusalém. Ele estuda na Universidade de Belém, a única católica romana na Terra Santa, e parcialmente financiada pelo Vaticano como parte de um esforço pela causa da emigração de árabes palestinos da Cisjordânia. Hoje, mais de 80% dos estudantes são muçulmanos. "Você sabe o que alguns deles querem? Transformar a sala de aula em uma mesquita", ele diz com tristeza. "Meus professores têm medo de dizer qualquer coisa." O Hamas dirige o grêmio estudantil.

"Todo mundo sabe que tipo de Palestina eles querem", sua tia interrompe. "Uma república islâmica. A Palestina governada pelo *Corão*."[7] Daoud parece irritado quando a conversa se dirige para a discriminação contra cristãos. Embora seja um apaixonado nacionalista palestino e admire o cristão árabe Hanan Ashrawi, ex-porta voz da OLP, ele detesta Arafat por forçar a islamização da Intifada. Depois de assumir o controle em 1995, Arafat mudou a demografia de Belém ao expandir as fronteiras municipais para incluir três campos de refugiados e encorajar milhares de muçulmanos[8] a se mudarem para lá. Em 1948, uma mesquita servia a área da grande Belém. Em 2008, havia mais de uma centena. Desde que Israel deu ao Fatah o controle sobre Belém em 1995, centenas de famílias árabes cristãs têm deixado a cidade. Os cristãos de Belém estavam engajados na indústria do turismo. Desde a segunda Intifada, a maioria fechou suas lojas, hotéis e restaurantes.

372   OS ISRAELENSES

Muitos dos que não desistiram ainda planejam fugir. "Al-Aqsa é uma inti-fada popular? Arafat está por trás dela, e isso apenas tem tornado nossas vidas mais difíceis. Perdemos nossa terra, nossos homens, nossa liberdade. Eu não entendo como alguém pode se explodir", reclamou a vendedora de suvenires Nadia Housef.[9] Em 1990, Belém era 60% cristã. Hoje, é menos de 15%. As palavras "Jihad Islâmica" estão escritas em grafites abaixo do campanário da Igreja Luterana do Natal. "Que maravilha de Palestina você e Hanan estão criando", reclama sua tia. "Igrejas sem cristãos."

Durante a Guerra de 1948, cerca de três quartos dos cristãos árabes ficaram em Israel, mas os pais de Daoud estavam entre aqueles que fugiram para Belém, na época sob controle da Jordânia. Depois da Guerra de 1967, ela passou para o comando israelense, mas, como parte do Acordo de Oslo de 1993, o governo a transferiu à Autoridade Palestina em 1995. "Meus pais ainda desejam que seja de Israel", declara Daoud. Eles pediram a cidadania israelense. O mesmo fizeram outros árabes cristãos vivendo na Cisjordânia e em Gaza, que podem se mudar para Israel por meio da reunificação familiar ou do casamento com árabes cristãos israelenses. Por todo o Oriente Médio – Jordânia, Autoridade Palestina, Líbano, Síria, Iraque e Egito – há um êxodo corrente de cristãos, a maior parte deles para países da América do Sul e os Estados Unidos. A exceção é Israel, que é o único Estado no Oriente Médio onde o número de árabes cristãos teve um ligeiro crescimento.[10]

No tempo de Jesus, Nazaré era uma pequena vila com algumas centenas de judeus. Hoje é a maior cidade cristã de Israel. Os cristãos são cerca de 35% de seus 65 mil habitantes. A renomada Basílica da Anunciação, de domo preto, pode ser vista de qualquer caminho que leva à cidade de Jesus. Maior igreja do Oriente Médio, foi construída no local onde, de acordo com a tradição católica, o anjo Gabriel anunciou à Virgem Maria que ela estava grávida.[11]

O operador de caixa em uma loja de doces na rua Casanova fica tenso quando vê centenas de homens barbados que afluem para uma mesquita de lona verde perto da Basílica. Outro sermão incendiário do xeique Nazim Abu Salim, jovem imã que tem diploma de bioquímica da Universidade Ben-Gurion, soa forte nos alto-falantes: "Todos que não embarcarem no islamismo estão perdidos. Qualquer um que queira estar certo em sua vida, e também depois de sua morte, deve se converter ao islamismo. No final, o islamismo será a única religião restante no mundo". "Os 'barbados' estão nos comendo e nos afastando", diz o caixa, sombriamente, em voz quase inaudível. "Se Jesus voltasse, ficaria chocado. Por vezes, tenho medo de usar minha cruz."

A mesquita – que é uma tenda – vem sendo fonte de atritos entre cristãos e muçulmanos desde o final de 1997. A prefeitura começou a construir uma praça pública em um terreno perto da Basílica – como parte dos preparativos para receber grande número de turistas cristãos durante a visita do papa João Paulo II –, enquanto demolia uma escola pública abandonada para ganhar espaço. Mas as escavações revelaram uma tumba, que se afirma ser de um sobrinho de Saladin. Centenas de fundamentalistas islâmicos atravessaram as barreiras em torno das obras, afirmando que se tratava de solo sagrado islâmico. Eles apresentaram projetos para construção da maior mesquita do mundo, com minaretes que ficariam acima da Basílica, e levantaram uma tenda temporária, onde sermões inflamados têm incendiado as paixões religiosas. "Uma mesquita ligada à memória de Saladin perto de nossa igreja?", desafiou um indignado frei franciscano, que coordena serviços na Basílica.[12] "Você pode imaginar o clamor dos muezins vindo dos alto-falantes dos minaretes competindo com nossos sinos?"

O cabo de guerra em Nazaré se intensificou um ano mais tarde. Em campanha pela mesquita, o Movimento Islâmico conquistou a maioria dos assentos no conselho municipal. No entanto, foi reeleito o prefeito ortodoxo árabe grego, que apoia a construção da praça. Após receber ameaças de morte, ele foi esfaqueado por fundamentalistas locais. "Achei ruim que lojas com decorações cristãs fossem atacadas. Na Páscoa, ficou ainda pior", relata Maryam, que ensina no mesmo colégio árabe onde estudou. Ela foi testemunha ocular das paixões religiosas que ferveram na cidade de Cristo. "Estava saindo da missa de Páscoa na Basílica com meu marido e meu filho. Nós os ouvimos (jovens muçulmanos) gritar insultos e *Allahu Akbar* (Alá é o maior). Houve brigas e muitas pessoas ficaram feridas. Qualquer carro era destruído se tivesse uma cruz no espelho ou um adesivo da Virgem." Durante dois dias de conflitos, igrejas foram queimadas. Foram vandalizadas mais de 60 lojas de cristãos e duas de muçulmanos, simpatizantes do prefeito. A reputação de Nazaré, de coexistência muçulmana-cristã, foi por água abaixo.[13]

374   OS ISRAELENSES

"Até surgir esse problema da mesquita, ninguém que eu conheça se importava se o vizinho se chamasse George ou Muhammad", continua Maryam. "Meus amigos muçulmanos têm cabeça aberta. Vamos juntos a concertos e filmes, a restaurantes no *shopping center*. Lutamos juntos por mais dinheiro do governo em nossas ruas, que estão entupidas com o trânsito, para nossas escolas e por mais *playgrounds*. Nossos filhos jogam no mesmo time de futebol. Estou tentando ensinar os meus que somos todos filhos de Deus. Na escola, meus alunos nunca se importaram de qual família você vem, se é muçulmana ou cristã. Agora ouço coisas horríveis, como 'cristãos não são árabes de verdade'. Que idolatramos ídolos. Que acreditamos que Jesus é filho de Deus. Para eles, isso é uma blasfêmia." Quando Maryam nasceu, em 1962, os cristãos ainda eram maioria, como haviam sido durante séculos. Hoje, em grande parte por causa da baixa taxa de natalidade dos cristãos – as mulheres muçulmanas têm o dobro de filhos –, menos de 30% dos 70 mil habitantes de Nazaré são árabes cristãos. Além disso, os cristãos estão se mudando para Alta Nazaré, a cidade judaica vizinha.[14]

Maryam descreve uma cena, ocorrida no centro de Nazaré, no primeiro aniversário da Intifada, em 29 de setembro de 2001. O membro do Knesset Abdulmalik Dehamshe, do Movimento Islâmico, e outros legisladores árabes conduziram quase 3 mil militantes até o centro de Nazaré. Eles carregavam bandeiras verdes islâmicas e retratos da mesquita al-Aqsa, gritando contra a ocupação israelense, a cristandade e os Estados Unidos, por caçarem Bin Laden.[15] "Do jeito que as coisas vão, Nazaré vai ficar como Umm al-Fahm (a meia hora de carro em direção ao sudeste). Logo não vão nem nos permitir tomar vinho", lamenta Maryam. "Exceto, talvez, na comunhão."

Na noite de 14 de novembro de 2001, um grupo de homens secretamente invadiu o terreno para construir a mesquita. O governo israelense, temendo a violência inter-religiosa, ordenou a paralisação imediata da construção ilegal. O Vaticano divulgou uma advertência: "Construir a mesquita colocará esse local sagrado em permanente estado de cerco". O líder do Movimento Islâmico em Nazaré respondeu: "O Vaticano quer controlar Nazaré. A mesquita ficará na história como um símbolo que marca o início do domínio muçulmano na cidade".[16] A Santa Sé foi apanhada em uma situação delicada. Quer preservar o lugar sagrado, mas não pretende enfurecer o mundo árabe. Depois de forte pressão do Vaticano, o governo Sharon brecou qualquer construção na mesquita, preferindo um possível confronto com islâmicos israelenses a uma rixa com o mundo católico. A maioria dos residentes de Nazaré está irritada com a questão. O buraco onde a construção parou lembra uma ferida aberta, esperando para sangrar ou sarar.

Em cima de um café e de uma loja de temperos, com vista para a tenda islâmica e a Basílica, fica a redação do influente jornal de língua árabe *Al- -Sinnara*, que vem cobrindo as contendas em Nazaré e no resto de Israel desde que foi lançado, em 1983. O Movimento Islâmico tem tremenda liberdade de ação, observou o editor católico Lutfi Mashour, alertando sobre sua crescente assertividade. Antes de sua morte, vítima de câncer no pulmão, em 2006, Lutfi disse: "Que outro grupo em Israel pode trazer mais de 50 mil pessoas a comícios como os que são organizados pelo Movimento Islâmico de Umm al-Fahm?". Duro e firme, Lutfi foi considerado o mais importante jornalista árabe de Israel. Ele não teve medo de atacar aqueles palestinos que celebraram os ataques terroristas ou criticar políticos judeus, árabes muçulmanos ou cristãos (especialmente o nazareno e ex-membro do Knesset Azmi Bishara, que fugiu de Israel em 2007, depois de ser acusado de espionar para o Hezbollah). Lutfi acreditava que os árabes israelenses não serão plenamente aceitos pelos judeus sem uma paz duradoura entre palestinos e judeus.

Os Mashour são de classe média e ocidentalizados, como quase todas as famílias cristãs israelenses. Árabes cristãos são o grupo demográfico mais bem-educado e próspero de Israel. Nos primeiros anos do Estado, eles preencheram uma lacuna criada pelo êxodo de muitos líderes árabes muçulmanos. Durante as décadas de 1950 e 1960, os cristãos eram cerca de metade dos membros árabes do Knesset, excedendo em muito sua proporção da população árabe. Mesmo que os cristãos sejam agora apenas 13% dos árabes israelenses, eles têm papel importante nos negócios, cultura e política árabes. A maioria fala hebraico e inglês fluentes e navega com facilidade entre as culturas do Oriente Médio e ocidentais.

Os árabes israelenses têm "sede de moderação e buscam direção", asseverou Lutfi. "Acho, como muitos intelectuais árabes, que a reforma da sociedade deveria começar em casa – como tratamos nossas esposas e filhas." As duas filhas do jornalista, que frequentaram o colégio católico perto de parentes na Carolina do Norte, têm mestrado na London School of Economics. "Dar a minhas filhas boa educação não é lhes fazer favor algum. É meu dever." Ardente simpatizante do movimento dos direitos da mulher,

376   OS ISRAELENSES

ele sempre depositou muita esperança no avanço das mulheres árabes israelenses que não param de estudar. Sua filha mais velha, Yara, dirige uma
publicação inovadora, a primeira revista feminina de Israel editada por, e
para as, mulheres.

"Fiquei um pouco surpresa com a existência de tamanha necessidade
por esse tipo de revista. Nunca achei que venderíamos tão bem", diz Yara.
Ela é editora da *Lilac*, uma mistura da *Cosmo*, *People* e *National Catholic
Reporter*. Embora seja dirigida a mulheres jovens árabes liberais, a revista
também vende bem no Cinturão do *Corão*, em cidades como Umm al-Fahm.
"As beduínas em Rahat a leem. As drusas também. As mulheres são a maioria, mas também existem leitores homens." (Ela planeja vender a *Lilac* na
Cisjordânia, Jordânia, no Líbano e Egito.) São poucos os jornaleiros que se
recusam a vender essa publicação sofisticada, embora suas páginas estejam
coberta de fotos de celebridades estrangeiras em trajes sumários e modelos
de *lingerie*. "Muitas leitoras são religiosas. Mas tivemos poucas reclama-
ções de que nossas fotos sejam ousadas demais", afirma Yara. "Ninguém
encrenca com o conteúdo. Não há mulheres no Oriente Médio tão liberais
como as libanesas e árabes israelenses." Em sua tela de computador, ela pode
escolher fotos de modelos magrelas do Brasil e da França. Pelos padrões
árabes de beleza, elas têm roupa e peso de menos.

Como muitas revistas femininas dos Estados Unidos, a *Lilac* é cheia de
conselhos sobre maquiagem, manicure, pedicure e cirurgia plástica. Mas
também lida com temas bem mais sérios do que a ansiedade com as nádegas. "Nenhuma revista israelense tem realmente escrito sobre temas que são
importantes para mulheres árabes israelenses", comenta Yara. Os jornalistas
da *Lilac* exploram assuntos delicados como sexo pré-marital, circuncisão
masculina, homossexualidade e reconstrução cirúrgica do hímen, um procedimento pelo qual algumas mulheres árabes passam, antes do casamento,
para "restaurar" sua virgindade a fim de impedir "danos" à honra de sua
família. (Médicos também fazem a cirurgia em mulheres que foram sexualmente molestadas.) Sua prima, a primeira médica árabe israelense, escreve
uma coluna de conselhos que aborda cautelosamente temas como *date rape*
(o estupro em um encontro casual). "Se você tiver bastante coragem, de-
nuncie à polícia", orienta a prima. "Mas, se acha que tornar isso conhecido
provocará um escândalo que levará a atos que podem ser evitados (uma

referência a mortes pela honra da família), eu entendo sua decisão de não formalizar uma queixa. Mas você deve prestar atenção à sua saúde."

A equipe de Yara, que trabalha em regime de meio período, tem quase 40 pessoas e inclui sua mãe, que escreve editoriais. Em uma de suas últimas colunas mensais, "Confissões de um Homem", Lufti Mashour escreveu francamente sobre por que os árabes dão mais valor a filhos que a filhas, salientando que não se incomodou de não ter tido um filho homem. Ele gostava de ser chamado de "Abu Yara", que significa "pai de Yara", por ter orgulho de sua filha mais velha. Tradicionalmente, nenhum homem árabe ousa adotar o nome de sua filha; a palavra "Abu" vem acompanhada exclusivamente do nome do primogênito.

"Essa é a maneira como fui educada. Gosto de publicar artigos sobre mulheres de carreira independente, e não apenas donas de casa", acrescenta a jornalista. (O número de mulheres cristãs que trabalham fora é o dobro do das muçulmanas.) Yara publica reportagens sobre mulheres muçulmanas e árabes cristãs que tendem a ser como ela, que têm força de vontade, são objetivas e solteiras. Um dos perfis favoritos de seu pai foi sobre uma freira de Haifa, uma diretora de escola que discute francamente questões de gênero na igreja católica. "Eu nunca fiquei tão orgulhoso de ser um cristão como quando li isso", Lufti disse. "É uma contribuição enorme o trabalho que freiras como elas estão fazendo por árabes – não apenas para cristãos, mas para muçulmanos e drusos, e não só na educação e nas rezas, mas como conselheiras." Com uma risada, Yara descreve uma entrevista – em uma das edições iniciais da *Lilac* – com a primeira mulher árabe israelense a obter seu brevê, e que lhe revelou um sonho: tornar-se a primeira mulher piloto da El Al. Quando perguntada sobre casamento, a mulher de 27 anos, de um vilarejo próximo, disse: "Casamento? Eu não estou pensando em casar agora. Primeiro, vou cuidar da minha carreira. Não conheço qualquer mulher piloto que seja casada". Dois anos depois ela desistiu de voar e se casou. Agora, Yara está editando uma matéria sobre outra mulher árabe que alcançou os céus como comissária da El Al.

Yara, aos 29 anos, diz não ter pressa de casar – apenas quando o "cara certo" aparecer, com a cabeça alegre e disposição para diversão, que não se incomode se ela viajar para Paris para cobrir um desfile de moda libanês, ou trabalhar sete dias por semana, e consiga espremer em sua rotina exercícios na academia. Não faz muito tempo, sua irmã, de 27 anos, descreveu meio brincando o *status* de solteiras das duas: "Nós não estamos sobre a colina, mas fora do mapa". Sua irmã finalmente achou o homem certo, um cristão de Nazaré. As israelenses muçulmanas tendem a se casar jovens. As árabes cristãs, mais tarde – ou não se casam. Uma comparação: 12% das israelenses cristãs, entre 25 e 42 anos, são solteiras, ante 7% das muçulmanas e 5% das mulheres judias na mesma faixa de idade. As árabes cristãs manifestam uma queixa comum: não há homens cristãos em número suficiente. A maioria dos cristãos educados que emigram é jovem, e aqueles que ficam tendem a casar com mulheres mais novas ou com cristãs da Cisjordânia. A mãe de Yara, uma grega ortodoxa de Belém, tinha um programa na televisão israelense. "Meu pai a entrevistou para um artigo. E, logo depois, se apaixonou por ela."

Sua mãe, Vida, também tem uma carreira ativa, dirigindo uma agência de relações públicas, que promoveu a campanha de Barak por votos árabes. A agência também afixou em ônibus anúncios da *Lilac*. Recentemente, ganhou um prêmio por sua imaginativa campanha de rádio antidrogas do governo, que usa um *rap* em árabe. Vida é uma das poucas mulheres do Clube de Negócios Árabes (ABC na sigla original – Arab Business Club), uma organização sem fins lucrativos que ajuda árabes israelenses e judeus a obterem contatos de negócios na Jordânia, e vice-versa. O ABC apoia pesquisadores, como o engenheiro biomédico beduíno que está testando extratos herbais para tratamento de diabetes e outras doenças. Também oferece bolsas a estudantes árabes israelenses que se preparam para carreiras *high-tech*, e dão aconselhamento a empreendedores árabes israelenses. Os membros são especialmente orgulhosos da primeira incubadora árabe *high-tech* de Nazaré, para a qual conseguiram fundos do governo israelense e de investidores árabes e judeus.

Um de seus sucessos é um impetuoso jovem que deixou a faculdade, com aspirações de Bill Gates. Em seu dormitório, Ayman Makouli fundou a House Party, um sala de bate-papo para adolescentes árabes israelenses. "Milhares de jovens se conhecem *on-line*", ele diz. "Tornou-se a casa virtual de todo eles, seu próprio país. *On-line*, todo mundo é igual porque não podem se ver." Ayman é de Kfar Yasif, uma vila em grande parte grega ortodoxa ao norte de Acre, apenas uma das seis cidades de Israel que ainda têm maioria cristã.[17] Filho de um importador/exportador e uma professor da pré-escola, ele programa computadores desde os 11 anos. "Aprendi nos livros, e passava horas na frente da tela. Eu surfava no *site* da NASA e arrumei um emprego fazendo beta testes para o ICQ." Seus chefes, três judeus israelenses de cabelos longos, todos na casa dos 20, venderam seu *software* Internet Instant Messenger para a AOL por 407 milhões de dólares. "Não foram muitos israelenses que viveram a revolução da internet nos anos 1990. Eu vivi."

Ayman estudou ciência da computação na Universidade de Haifa, mas saiu depois de alguns semestres. "Era um tédio. Uma voz dentro de mim dizia: 'Ayman, você está desperdiçando seus talentos'. Eu queria ser o primeiro milionário *high-tech* árabe. Fui a Tel Aviv me reunir com investidores. Eles perguntaram: 'Quanto você precisa?'. Aos 19 anos, me ofereceram 2 milhões de dólares. Uau!" Ele se associou a um judeu israelense, de 45 anos, que já tinha seis empresas *high-tech*. "Estou tentando provar que árabes têm cérebro, que não somos apenas peões de obra e pintores de casas. Quero inspirar outros garotos. Eles precisam entender que ser economicamente forte é nossa única esperança. Sonho com parques industriais árabes. Imagine 50 Aymans fundando novas empresas. Seria ótimo para cada criança israelense surfar na *web* e falar com o mundo exterior. Almejo colocar internet de graça em todas as escolas, *e-mail* de graça, treinamento de graça, para que crianças possam desenhar seus próprios *sites*. Queremos criar uma revolução silenciosa. Não vai acontecer do dia para a noite. Mas um dia vamos ouvir muitas crianças de 11 anos dizerem a seus pais: 'Seu modo de vida está ultrapassado'."

Ayman criou o primeiro *site* árabe israelense de notícias, o Arabs48, que entrou no ar em 2001. O nome se refere aos árabes que ficaram em Israel depois da Guerra de 1948. "Esse é o lar na internet para árabes israelenses. Nós estamos construindo comunidade e identidade", afirma o jovem de 22 anos. O Arabs 48.com tem notícias, esportes, negócios, previsões do tempo e cultura. O serviço de encontros, os classificados de empregos e a seção de opinião são especialmente populares. O mesmo acontece com as salas de bate-papo, onde os participantes podem partilhar histórias apimentadas sobre figuras públicas árabes. Há também *posts* mais sérios: debates sobre a corrupção e o jogo de poder na Autoridade Palestina e se os cristãos devem se apresentar como voluntários nas Forças de Defesa Israelense.

De acordo com um porta-voz das IDF, os árabes israelenses cristãos com mais de 18 anos, em número ligeiramente crescente, estão se voluntariando para as IDF ou fazendo serviços nacionais em escolas e hospitais de suas comunidades.[18] Em 2001, um jovem sargento de Tur'an, uma tranquila vila na Galileia, onde se afirma que Jesus transformou água em vinho, tornou-se o primeiro soldado cristão do exército israelense a ser morto pela Intifada, com um tiro na cabeça, disparado por um franco-atirador palestino em Gaza.[19]) Ele e outros cristãos árabes de sua vila se alistaram depois de uma invasão à igreja local, durante a missa da Sexta-Feira da Paixão em 1997, feita por quase cem homens ligados a clérigos radicais, que entoavam: "Tur'an deve ser 100% muçulmana". Confrontos entre cristãos e muçulmanos continuaram por dias. Um estudante de arte cristão foi esfaqueado até a morte. Desordeiros jogaram bombas incendiárias em casas cristãs. "Os muçulmanos agora nos chamam de traidores", disse um soldado, filho de um pastor, que mantém o rifle do exército sempre por perto quando está de licença. A cozinha está crivada de marcas de balas. Cada vez mais, jovens cristãos se mostram contrários a dar a outra face. "Não vamos mais viver com o medo. Já percebemos que nosso futuro é mais importante que todas as palavras de nacionalismo. Você sabe que os muçulmanos não acham que somos parte daquele nacionalismo, exceto quando precisam de nós. Esta é a verdade. Eles falam essas coisas sobre Israel, contra a ocupação e sobre a colaboração, mas se preocupam apenas com seus colegas muçulmanos. Nós costumávamos comer no mesmo prato, mas agora esse lugar está dividido. Nós (como cristãos) temos de fazer agora o que é certo para a gente."[20]

"Vivi aqui, sempre como minoria. Fui um anglicano entre cristãos ortodoxos, um cristão entre muçulmanos, um palestino entre judeus, um esquerdista em uma cidade de direita", declara Michail Fanous, cuja família chama Ramle de lar há sete séculos. Ramle fica no caminho de Tel Aviv a Jerusalém. As estradas principais passam ao largo porque poucas pessoas de fora têm qualquer razão para visitar essa suja cidade de operários. Então, por que um solteirão bom partido, de 43 anos, uma raridade entre cristãos israelenses, quer viver aqui? Michail tem sido fundamental na transformação de Ramle em um lugar onde judeus e árabes são parceiros de negócio, vivem nos mesmos prédios, vão aos casamentos e funerais uns dos outros. Ele é diretor da Open House, que é, ao mesmo tempo, uma pré-escola árabe e um centro para coexistência entre judeus e árabes, embutida entre um posto de gasolina e um terreno baldio cheio de lixo. "Não é muito bonito, nem muito branco, nem muito grande", Michail admite. No quintal, crianças brincam em uma caixa de areia. Na antiga sala, a garotada e famílias pobres estão aprendendo canções em árabe e hebraico. Um ex-quarto de dormir serve como sala de aula para crianças que estão começando a aprender matemática e computação. Elas não estariam fazendo isso, não fosse por Michail – e Dalia Landau.

Dalia Landau era uma menininha quando seus pais, judeus búlgaros, fugiram do Holocausto e chegaram a Israel no final de 1948, no meio da Guerra da Independência. O governo enviou a família de Dalia para viver em uma casa abandonada em Ramle, onde ela passou uma infância e adolescência feliz, colhendo limões que cresciam no quintal. Em uma manhã de 1967, Dalia, agora uma jovem mulher, atendeu a porta para receber um muçulmano bem-vestido parado no portão. Timidamente, Bashir el-Kheiri se apresentou e informou Dalia que, pela primeira vez, palestinos como ele tinham o direito de entrar em Israel. Ele tinha seis anos em 1948, quando o exército de Israel expulsou sua família da casa. Dalia abriu a porta e mostrou-lhe sua antiga casa. Ele caminhou silenciosamente pelos amplos cômodos, admirou o teto alto, as janelas grandes, e reconheceu o quarto de Dalia: tinha sido o seu. Bashir lhe deu um endereço e a convidou para visitá-lo em Rammalah, na Cisjordânia. Ela ficou pensando sobre os ex-proprietários árabes que tinham deixado a casa meses antes de sua família chegar.

Sem avisar, Dalia apareceu na casa de Bashir algumas semanas depois. Ela era a primeira israelense que a família dele conheceu. Eles eram os primeiros refugiados palestinos que ela conheceu. Mas viam a história de modo muito diferente. Para Dalia, 1948 era a Guerra da Independência. Para Bashir e sua família, era *Nakba* (a tragédia). Dalia não nega a responsabilidade israelense pelos refugiados de Ramle – em sua biografia, Yizthak Rabin admitiu seu envolvimento na evacuação forçada de mais de 60 mil árabes de Lod e Ramle durante a Guerra de 1948 –, mas defende a tese de que, se os árabes tivessem aceitado o plano de partição da ONU de 1947, não teria havido a Guerra de 1948, e Bashir e sua família ainda estariam morando na casa. Dalia acredita em um Estado palestino que possa viver em paz perto de Israel. Bashir acredita em um Estado palestino no lugar de Israel. Ele acha que todos os judeus que chegaram depois de 1917 devem ser expulsos. O encontro foi difícil.

Embora separados por um vasto golfo criado por guerras, ódio e tristeza, Bashir e seus filhos continuam a visitar Dalia, sentada sob o limoeiro em seu jardim. Apesar de suas divergências políticas, a amizade deles cresceu. Um dia, Bashir trouxe seu pai, quase cego e de idade avançada, que acariciou as pedras da casa que tinha construído. Ele perguntou a Dalia se o limoeiro ainda estava vivo e, quando ela o levou até lá, desatou a chorar enquanto abraçava a árvore que plantara. Ao partir, o homem levou um monte de limões dados por Dalia. Em noites de insônia, sua mulher o viu carregando um limão enrugado.

Em 1969, depois de um ataque terrorista que matou dois israelenses em um supermercado de Jerusalém ocidental, Dalia leu no jornal que Bashir tinha sido condenado por cumplicidade com a organização responsável pelo atentado. Ela ficou horrorizada. Não sabia que Bashir pertencia à extremista Frente Popular de Libertação da Palestina, e cortou todo contato com ele e sua família. Toda vez que passava pela prisão em Ramle, onde Bashir cumpria sentença, ela se sentia traída.

Depois da morte de seus pais, Dalia herdou a casa e seus fantasmas. Eles não a deixavam parar de pensar em Bashir, na casa em comum e no círculo vicioso de dor-retaliação-dor-retaliação. Em 1984, Bashir foi solto depois de uma pena de 15 anos. Dalia e seu marido, um ativista religioso pela paz, decidiram encontrar Bashir mais uma vez. Acreditando que ele tinha pagado seu débito com a sociedade e que havia renunciado ao terrorismo, Dalia disse-lhe que queria vender a casa e dar o dinheiro para sua família. Bashir acolheu a oferta inesperada. Mas sugeriu que, em vez de vendê-la, deveria torná-la um centro de cuidados para as crianças árabes de Ramle. Dalia concordou e pediu que Michail Fanous expandisse a ideia, para torná-la uma casa aberta a todos os muçulmanos, cristãos e judeus. A Open House é o resultado disso.

Com um psicólogo clínico muçulmano, Michail treina conselheiros judeus, cristãos e muçulmanos para trabalhar no acampamento que a Open House patrocina. A cada verão, mais de cem crianças fazem trilhas, jogam futebol e aprendem a desafiar o preconceito. Michail orienta os conselheiros, avisando-os de que, nesses tempos voláteis, as relações entre os jovens no acampamento são de início tensas, mas as crianças sabem esquecer as diferenças. "Explique-lhes que a mente é como um paraquedas: só funciona quando está aberta." Ele conta a história de uma amizade que surgiu no acampamento. Uma garota judia perguntou à sua mãe, marroquina, se podia passar a noite com sua nova amiga árabe. Passar a noite com uma família árabe? A mãe ficou abalada. Não era seguro. A filha a convenceu a conhecer a mãe da amiga. Quando as mulheres começaram a conversar, compreenderam melhor por que elas se entendiam. "Na maior parte do tempo, nós chegamos aos pais através de seus filhos", relata Michail. "Quando aprendem uns sobre os outros, eles enxergam que podem conversar, que podem fazer a paz." Essas mesmas mães estão agora participando do *workshop* "Do Conflito à Paz", um dos muitos eventos árabe-israelenses que a Open House dirige.

Michail dá crédito a seu pai, um pastor, por tê-lo preparado para trabalhar próximo das pessoas. "Toda noite, quando era criança, eu ouvia no jantar, 'a cristandade é uma palavra: amor'. Cansei de ouvir aquilo, e lhe disse: 'Ei, pai, eu amo você, e amo a comida também. Isso não significa que goste do idiota do vizinho. Você espera que eu vá até aquele direitista do Likud e diga: Deus o abençoe, Mordechai? E meu pai respondeu: 'É disso que trata o amor de Jesus'." Seu pai não mostrou uma mente tão aberta quando Michail disse que queria estudar em uma escola judia porque, para ir à escola árabe mais próxima, tinha de fazer uma longa viagem de ônibus. "Meus pais tinham medo que eu namorasse uma judia. E os judeus temiam que suas filhas namorassem um árabe – é o mesmo em toda Israel. Havia apenas outras cinco crianças árabes. Sempre que acontecia um ataque terrorista, os judeus nos culpavam. Um dia, um garoto me chamou de 'árabe sujo', e eu bati nele na frente do professor. O diretor me disse que eu tinha de me encaixar. Por isso, aprendi a *Torá*, e até a história do sionismo. Por um tempo meus pais temeram que eu crescesse como um judeu sionista", ele diz com uma risada. O garoto parrudo, com um monte de cabelos encaracolados, tornou-se tão popular que foi eleito presidente do grêmio estudantil.

O mesmo apelo fez de Michail o único árabe em todos os tempos a ser eleito para a Câmara Municipal de Ramle, onde as reuniões são meio chá do Chapeleiro Maluco, meio luta livre. Quando o prefeito do Likud, um rígido ex-coronel, pediu que Michail entrasse em sua coalizão, todos ficaram incrédulos. "Politicamente, éramos totalmente opostos. Eu sou de esquerda, ele de direita. Mas então ele disse: 'Como um judeu, fico perturbado com o fato de que as escolas árabes não sejam tão boas quanto as judias. Decidi que devemos trabalhar juntos para terminar com a discriminação

384 Os israelenses

e fazer o que tiver que ser feito'." E o improvável duo causou grande impacto. Vizinhos beduínos agora têm esgotos, calçadas e lâmpadas nas ruas. Michail lançou a Semana do Livro Árabe e vários programas inovadores que baixaram as taxas de desistência nos colégios árabes.

Quando a segunda Intifada eclodiu, muitos israelenses perderam a esperança de haver coexistência genuína. Em Ramle, desordeiros judeus corriam pelas ruas gritando *slogans* antiárabes e tentaram queimar uma escola. A resposta dos árabes foi incendiar uma sinagoga. Para terminar com os confrontos, Michail e o prefeito disseram a líderes árabes e israelenses: "Vocês seguram seus bárbaros que nós seguramos os nossos". Depois disso, a violência foi mínima. Ainda assim, com o trauma corrente de ataques terroristas em outras partes de Israel, pessoas chegavam à Open House desorientadas e deprimidas, ansiosas e confusas. De início, Michail ficou surpreso com a volta delas. Agora, está admirado em ver que as comunicações melhoraram. Ele dirige uma sessão que encoraja uma conversa franca sobre como judeus e palestinos estão se sentindo. Um jovem muçulmano descreve a viagem de ônibus de Jaffa até sua casa em Ramle, temendo, se houver má notícia nos boletins do rádio, ser atacado por judeus ou pela polícia. Uma mulher judia admite: "Fico muito paranoica quando estou dirigindo e alguém que parece árabe emparelha comigo. Eu realmente odeio essa sensação, mas ela existe".

"Mesmo nesses dias difíceis, as pessoas estão ouvindo com empatia. Elas não tentam ganhar pontos em um debate ou gritar mais que as outras. Depois da sessões mais pesadas, ficam por aqui e partilham piadas", observa Michail. "Ramle é um espelho de Israel: 80% de judeus e 20% de uma mistura de árabes cristãos e muçulmanos. Essa cidade é um cruel laboratório. Se nós conseguirmos fazer a coexistência funcionar aqui, talvez possa funcionar em outros lugares. As pessoas me perguntam por vezes como é ser um cristão israelense. Na Open House, frequentemente me sinto como uma ponte entre judeus e muçulmanos. Os cristãos sempre viveram entre os dois mundos. Por isso, talvez sejamos aqueles que podem conectá-los."

Notas

1. Gólgota é o termo hebraico para "crânio", e assim chamado em razão da crença cristã de que Adão foi enterrado ali e que uma gota do sangue de Jesus caiu sobre seu crânio. Alguns arqueólogos acreditam que, sob a igreja, haja sinais

da tumba original, entalhada na pedra, e também um pequeno cemitério judeu datando do período do Primeiro Templo.

2. Danny Rubinstein, "Sex in the Sepulcher", *Ha'aretz*, 8 de maio de 2001.

3. Enquanto a Jordânia controlou a Cisjordânia e Jerusalém oriental (1948-1967), os cristãos foram proibidos de comprar propriedades em Jerusalém oriental, obrigados a fechar escolas e empresas em feriados muçulmanos e a incluir ensinamentos muçulmanos em escolas cristãs. Na Autoridade Palestina, vender terra a judeus é um crime que pode ser punível com a pena de morte.

4. A igreja anglicana (antecessora britânica do episcopalismo americano) foi estabelecida em Jerusalém em 1841, durante um tempo de fervor para trazer os judeus da Palestina à cristandade. O primeiro bispo anglicano de Israel era um rabino que se converteu à comunidade cristã. Outras igrejas "jovens" – como a Igreja da Escócia, os batistas, os adventistas do sétimo dia, pentecostais, a igreja de Cristo, testemunhas de Jeová e mórmons – também têm congregações em Israel.

5. No final do século 19, um explorador britânico, general Charles "Chinês" Gordon, concluiu que Jesus não podia ter sido enterrado no Santo Sepulcro, porque, de acordo com a tradição judaica, as tumbas têm de estar fora dos muros da cidade. (Ele teorizou que uma colina na parte leste de Jerusalém, com a forma de um crânio, era o Gólgota, o local do "crânio".) Ali perto, ele encontrou uma tumba antiga. Os protestantes a consideram a autêntica tumba de Jesus.

6. Danny Rubinstein, "Sex in the Sepulcher", *Ha'aretz*, 8 de maio de 2001.

7. A religião oficial da Autoridade Palestina é o islamismo, e as leis refletem a sharia corânica. Hamas, Jihad Islâmica e Hezbollah advogam uma Palestina islâmica. A maioria das igrejas palestinas não prega o Antigo Testamento, e as passagens consideradas inaceitáveis pelos muçulmanos foram eliminadas dos livros de orações árabes. Referências a Israel e Sião foram expurgadas, assim como os salmos que exaltam o Deus de Israel. Muitos cristãos palestinos não sabem que Jesus, Maria e os apóstolos eram judeus; para eles, é ensinado que Jesus era um árabe palestino. Paul Merkley, *Christian Attitudes towards the State of Israel* (Montreal: McGill- Queens University Press, 2001).

8. Depois que a OLP assumiu o controle de Belém em 1995, Arafat desequilibrou a balança demográfica de 65 mil pessoas, mudando os limites municipais, e acrescentou 30 mil muçulmanos em campos de refugiados nas proximidades, trazendo milhares de beduínos da Ta'amrah e muçulmanos de Hebron. Ele demitiu o Conselho da Cidade de Belém (nove cristãos e dois muçulmanos) para torná-lo metade muçulmano. Nomeou Muhammed Rashad al-Jabari, um muçulmano de Hebron, para o governo de Belém. Outros muçulmanos foram nomeados para altos cargos burocráticos, políticos e de segurança. Yoram Ettinger, "The

386   OS ISRAELENSES

Islamization of Bethlehem by Arafat", *Jerusalem Cloakroom* 117, 25 de dezembro de 2001.

9. Danielle Haas, "Muslim or Christian Palestinians", *San Francisco Chronicle*, 8 de junho de 2003.

10. Entrevistas da autora com a professora Daphne Tsimhoni, da Universidade Hebraica, que escreveu *Christian Communities in Jerusalem and the West Bank since 1948* (Nova York: Praeger, 1993). Antes da Guerra de 1948, os cristãos árabes eram 11% (139 mil) da população árabe total do Mandato Palestino de 1945. Depois da guerra, a população árabe cristã saltou para 21%. Mas, desde 1967, o número de árabes cristãos que deixaram a Cisjordânia e Gaza é cerca de quatro vezes maior que o de muçulmanos. A Autoridade Palestina não divulga dados sobre a emigração cristã, que é considerada uma "questão sensível". Palestinos cristãos, vivendo tanto nas Américas do Norte como na do Sul, ultrapassam em muito os remanescentes na Autoridade Palestina. No final do século 19, os cristãos perfaziam 13% da população do Oriente Médio. Hoje, são menos de 1%. Os cristãos árabes israelenses – agora 2,1% da população – são proporcionalmente uma das maiores minorias no Oriente Médio, de acordo com a professora Tsimhoni. Árabes não cristãos (a maioria ex-soviéticos e etíopes) superam o número de cristãos árabes israelenses.

11. A Basílica, construída pelo Vaticano em 1968, é a quinta nesse local e a maior igreja católica romana do Oriente Médio. A primeira foi erigida pela comunidade judaico-cristã em tempos romanos. A Basílica fica nas ruínas do primeiro século de Nazaré, onde alguns acreditam ter existido a casa de Maria, a oficina de carpintaria de José e o próprio local da Concepção. Os ortodoxos gregos acreditam que isso aconteceu em outro lugar: o anjo apareceu para Maria enquanto ela tirava água de uma fonte. No local, fica a Igreja da Anunciação Ortodoxa Grega de Nazaré (que também é chamada de Igreja do Arcanjo Gabriel).

12. Vatican News Service, "'Lebanization' Threatens Nazareth: Tensions Resulting from Plans to Build 'Largest Mosque in World'", *Zenitm*, 7 de janeiro de 2001.

13. Antes da visita histórica do papa, folhetos apócrifos escritos em árabe faziam ameaças aos cristãos caso o papa "ousasse" visitar Nazaré: "Queimaremos suas casas com nossas próprias mãos". Também diziam que todos os locais religiosos da Terra Santa são "propriedade legítima do islamismo", e que a cruz "deve desaparecer para o Islã assumir seu lugar". "Islamic Extremists Threaten Christians in Nazareth", *Catholic World News*, 20 de dezembro de 1999.

14. Imigrantes da ex-União Soviética representam cerca de um quarto dos residentes de Alta Nazaré. Alguns são ortodoxos russos e frequentam as missas especiais, que são rezadas no sábado (domingo é dia de trabalho), em igrejas ortodoxas gregas de Nazaré. A maioria dos cristãos ortodoxos de Israel fala russo, e não árabe, de acordo com o patriarca grego ortodoxo Irineos. Dados de uma

pesquisa do Ministério do Interior, feita em 2002, indicam que 246.037 não judeus se tornaram cidadãos israelenses desde 1998 – dos quais, 221.280 são ex-soviéticos.

15. Jalal Bana e Ori Nir, "Israeli Arabs Commemorate a Year Since Riot", *Ha'aretz*, 30 de setembro de 2001.

16. Laurie Copans, "Muslims Begin Construction of Mosque in Nazareth Despite Christian Protests", Associated Press, 15 de novembro de 2001. O governo Netanyahu decidiu que os muçulmanos podiam construir uma mesquita em um terço da terra, embora líderes da igreja na Terra Santa tenham reclamado que Israel fazia concessões excessivas aos muçulmanos. O governo de Barak concordou. Em 2002, o governo Sharon mandou parar a construção da mesquita.

17. Kfar Yasif, Eilabun, Rama e Jish são pequenas cidades da Galileia com maiorias cristãs. Fassuta e Mi'ilya (grega ortodoxa e católica romana) são as únicas vilas inteiramente cristãs de Israel.

18. Em 2000, árabes israelenses começaram a se apresentar como voluntários para o Serviço Nacional pela primeira vez. Eles trabalham em escolas, hospitais e instituições de bem-estar em suas próprias comunidades. "Israeli Arabs Volunteer for National Service", *Ha'aretz*, 20 de janeiro de 2000.

19. Margot Dudkevitch, "Palestinian Sniper Kills IDF Soldier in Gaza", *Jerusalem Post*, 6 de fevereiro de 2001.

20. Charles Sennott, *The Body and the Blood* (Nova York: Public Affairs, 2001), pp. 277–79.

V
A revolução sexual

10

16

Casamento, poligamia, adultério e divórcio à moda israelense

> *Aquele que não tem uma esposa vive sem alegria, sem bênção, sem bondade.* — Talmude Yevamot 62b

> *Quando não há filhos, não há luz na casa.* — Provérbio árabe

O casal está ao ar livre, sob a *huppa* (dossel matrimonial) – um pedaço de tecido estendido por quatro mastros. Os casamentos israelenses judeus são geralmente ao ar livre, sob o "dossel do paraíso", lembrando a bênção de Deus a Abraão: que suas sementes fossem tão numerosas quanto as estrelas. O rabino explica que a huppa simboliza as tendas dos hebreus ancestrais e a casa que os recém-casados irão partilhar. Um rabino ortodoxo conduz a cerimônia, como se requer de todos os casamentos judeus em Israel. Depois do sabbath, o casamento é a parte mais sagrada da vida judaica. A cerimônia é chamada *kiddushin* (termo hebraico para "santificação"). É um pacto

392   Os israelenses

sagrado entre homem e mulher, com Deus como intermediário. Antes da cerimônia, o noivo e duas testemunha assinam o ketuba, o primeiro acordo pré-nupcial do mundo, que data de 400 a.C. Ele diz ao marido quais são as obrigações legais com sua esposa, caso a morte ou o divórcio os separe.[1] Na cerimônia, o casal bebe duas vezes do mesmo copo de vinho. Então, o rabino lê um ketuba ilustrado à mão. O noivo segura um anel dourado, modesto, símbolo da eternidade, e diz à noiva: "Com este anel, você está santificada para mim, de acordo com as leis de Moisés e Israel". Ele coloca a aliança no dedo indicador direito da noiva e, depois das bênçãos, os dois bebem o segundo gole de vinho, e estão casados. Ele diz: "Você foi separada para ser minha mulher". A noiva não diz uma frase semelhante à de seu marido. O noivo, então, pisa em uma taça. A maioria acredita que esse gesto lembra a destruição do Templo Sagrado, e é um sóbrio lembrete de que a vida não é feita só de alegria.

A cerimônia termina, os convidados gritam mazel tov e a festa começa. Quando o rabino está fora da vista, a noiva retira seu xale, revelando um vestido sem alça, alugado de uma loja em Haifa. Ela e o marido estão no começo de seus 30 anos. Logo depois que se conheceram, esquiando no Monte Hebron, foram morar juntos, o que é típico de judeus seculares – que costumam demorar mais tempo para se casar. No palco, a cantora e uma banda fazem um som eclético, misturando música israelense mizrahi, tango e pop europeu. Os recém-casados dançam – então, o pai dela interrompe, e o noivo dança com sua mãe. O bufê suntuoso e as tradições matrimoniais refletem as famílias, uma mistura étnica e multigeracional de argentinos, poloneses e marroquinos.

Em outro casamento, realizado em um hotel duas estrelas de Israel, homens de chapéus pretos escoltam um ansioso noivo, de 22 anos, até uma pequena sala para a tradicional cerimônia do véu. A noiva de 17 anos, com um vestido branco de mangas compridas e fechado até o pescoço, está nervosa, sentada em uma cadeira de veludo, cercada por sua mãe e parentes femininas. O noivo se aproxima, olha para o rosto dela e, gentilmente, puxa o véu opaco e branco. Esse costume de desvelar a noiva tem raízes bíblicas – depois de Jacó achar que se casou com sua amada Raquel, descobriu que seu cunhado o enganara: a mulher sob o véu era a irmã dela, Leah. O véu também torna a noiva kedesh, que, literalmente, quer dizer: "mantida à parte em santidade". O véu, que fisicamente os separa, é um lembrete de

Casamento, poligamia, adultério e divórcio à moda israelense 393

que mesmo quando se unirem no matrimônio, ambos continuam sendo dois indivíduos distintos. No momento, porém, os dois são semidesconhecidos. Desde que o casamenteiro os apresentou, eles se encontraram poucas vezes, sempre com parentes presentes. "Eles não estão se casando porque estão apaixonados", confidencia uma das irmãs mais velhas da noiva. "Depois do casamento, o amor vai aparecer."

Os amigos e familiares que enchem o pátio do hotel observam com emoção o pai da noiva, que a conduz para encontrar o noivo na huppa, onde, neste caso, existe uma relíquia familiar, um xale de reza. No estilo da tenda de Abraão e Sarah, a huppa é aberta de todos os lados para receber os convidados. O espaço decorado com flores está tomado por familiares e amigos – ambas as famílias foram frutuosas e se multiplicaram. "Nenhum homem sem uma esposa, nenhuma mulher sem um marido, e nenhum dos dois sem Deus", diz o rabino ultraortodoxo, citando o Gênesis. "Apenas com a conjunção de duas almas é possível se alcançar a verdadeira realização." A noiva dá sete voltas em torno do noivo. Sete é um número sagrado: o mundo foi criado em sete dias, e o sabbath é o sétimo dia da semana. A expressão "quando um homem toma uma esposa" é encontrada sete vezes na *Torá*. E assim como Josué circulou Jericó sete vezes, induzindo os muros a cair, a noiva captura o coração do noivo, fazendo com que os muros entre os dois desmoronem. As sete bênçãos constituem a maior parte da liturgia do casamento. Depois que o rabino lê o ketuba, os recém-casados não se beijam. Não se tocam. Nunca se tocaram.

Depois da cerimônia, noivo e noiva passam alguns minutos sozinhos em uma sala da "unidade". Em tempos bíblicos, este era o momento em que o casamento era fisicamente consumado, verificando se a noiva era virgem. Hoje em dia, os recém-casados religiosos simplesmente comem alguma coisa da festa. O casal, que estava de jejum, rezou desde a madrugada, purificando-se espiritualmente para uma vida juntos. O casamento é considerado um pequeno Yom Kippur para os noivos. Quando eles se unem em uma alma nova e completa, todos os seus erros passados são perdoados. Antes de deixar a sala, a nova esposa coloca uma peruca. Agora que está casada, outros homens não devem ver seus cabelos descobertos. Ela entra na sala de banquete, lotada de homens e mulheres que estão separados por uma fila de árvores de plástico. Homens comem e dançam com homens, e as mulheres com mulheres. A banda, só de homens, toca uma energética música klezmer. O noivo dança delirantemente em círculos com amigos, não com a noiva. Do lado da noiva, todas as mulheres dançam também. Em um ritual familiar em casamentos judeus, os homens erguem noivo e noiva, em duas cadeiras. Enquanto são mantidos acima da multidão, os recém-casados têm um vislumbre um do outro, enquanto agarram lados oposto de um lenço. Dessa forma, evitam o tabu de se tocarem em público. A comida é kosher e copiosa, não sofisticada. De acordo com a tradição, as duas famílias dividiram o pagamento do casamenteiro – mil dólares –, mas não puderam comprar um apartamento para os recém-casados, que terão de alugar uma moradia.

Poucos convidados da cerimônia em Beit Daniel, realizada no Centro para o Judaísmo Progressivo, já haviam entrado em uma sinagoga da reforma ou visto um casamento "igualitário", mas esse novo formato de evento nupcial está se tornando mais popular. O rabino, também um tipo novo e não familiar, lê o ketuba, mas não é a versão tradicional ortodoxa em aramaico, com palavras, em grande parte, imutáveis por mais de 2 mil anos. Foram os próprios noivos que escreveram seus ketubas, em hebraico moderno, eliminando palavras sobre um homem "comprar sua esposa" e refletindo opiniões do século 21 sobre o casamento. Na cerimônia, o casal troca anéis, votos e beijos. Mas, de acordo com o Estado, esse casamento nunca aconteceu. Como o *establishment* religioso ortodoxo de Israel não considera como verdadeiro o rabino da reforma Meir Azari, esse casamento não é real. Depois, os noivos voam para Chipre, que fica ali perto, para se casarem de novo em um cartório.

"É um absurdo. Um casamento civil oficiado por um grego ortodoxo cristão em Chipre, com um diploma do colegial, é válido, mas não aqueles que eu oficio em Israel", reclama o rabino Azari, cuja família sefardita vive na Terra Santa há mais de seis séculos. "Israel é o único país do mundo que não me reconhece como rabino, e eu nasci aqui." Apesar da inconveniência de terem de se casar duas vezes, os convidados, após cada cerimônia, pedem seu cartão para contato. "É impressionante ver pessoas correndo atrás de um rabino da reforma para seus casamentos. Quando abrimos, em 1991, tínhamos apenas uns quatro por ano. Agora, são mais de 500 casamentos." Beit Daniel é talvez a sinagoga mais atarefada de Israel.

Casamento, poligamia, adultério e divórcio à moda israelense 395

Os casamentos são marcados com um ano de antecedência. O rabino Azari oficia cerca de cem por ano (incluindo o da filha de Ehud Barak em 2003) e envia vários casais para rabinos de todo o país. Esses rabinos da reforma e conservadores são também sobrecarregados por pedidos de bodas. "O controle dos rabinos ortodoxos sobre os casamentos israelenses não vai durar muito. Na verdade, o Knesset está sendo pressionado a aprovar leis que permitam que varas de família conduzam casamentos e divórcios civis, o que resolveria o problema de milhares de casais, dos quais uma parte não é judia."

Há menos registros de casamentos israelenses com o rabinato do que uma década atrás, apesar do crescimento gigantesco da população (primariamente, por causa da chegada de mais de um milhão de imigrantes ex-soviéticos). Quase um terço dos israelenses se casa em cerimônias civis no exterior, ignorando completamente o rabinato ortodoxo. Em muitos desses casais, um não é judeu – sob as leis ortodoxas de família, judeus não podem casar com não judeus. Pela primeira vez em sua história moderna, Israel tem uma enorme população de não judeus. Dos quase 300 mil imigrantes não judeus, a maior parte da ex-União Soviética, poucos milhares são convertidos. A maioria são mães que querem tornar mais fácil a vida para seus filhos israelenses. Soldados imigrantes formam o maior grupo de homens convertidos. Cursos de conversão agora oferecem um livro de orações bilíngue em hebraico e russo. "É uma chance histórica de trazer milhares daqueles imigrantes para nossa fé", explica o rabino Azari, que tem um interesse especial neles: sua esposa, nascida na Lituânia, foi vice-embaixadora de Israel na Rússia, embaixadora na Ucrânia e na Moldávia. Em 2002, a Corte Suprema decretou: qualquer pessoa que passe por uma conversão não ortodoxa em Israel se torna um judeu. Mas, por enquanto, o convertido ainda não é "judeu o bastante" para ter um casamento legal em Israel, sancionado pelo rabinato ortodoxo.[2]

Para protestar contra o monopólio ortodoxo sobre os casamentos, um ousado casal israelense permitiu que um canal de televisão transmitisse vídeos de seus dois casamentos, que foram feitos a centenas de quilômetros um do outro. Muitos amigos e parentes foram à comovente cerimônia, profundamente religiosa, celebrada por um rabino israelense conservador. Mas os noivos não conheciam ninguém em seu rápido segundo casamento, presidido por um sósia de Elvis Presley, em uma vistosa capela no estilo Las Vegas. O casal lembrou aos espectadores que sua bizarra cerimônia civil era legal, e que a significativa cerimônia judaica não. (Rabinos da reforma e conservadores podem legalmente fazer casamentos, mas apenas fora de Israel.) Outro casal decidiu pular os incômodos legais do casamento em Israel e fez seus votos em um balão de ar quente, sobrevoando a região vinícola de Napa, na Califórnia. Outros ficam no mesmo lugar e simplesmente se casam por procuração no Paraguai, por meio de cartas. Também há israelenses que escolheram ser "discordantes de consciência": fazem a opção por um casamento "ilegítimo" em Israel, conduzido por um rabino conservador ou da reforma, e se recusam a ter uma cerimônia civil no exterior. Embora se considerem casados, seus documentos oficiais israelenses os qualificam como "solteiros".

Apesar da abertura para casamentos não tradicionais, a maioria dos israelenses seculares ainda escolhe rabinos ortodoxos. "Meu marido se vê como um israelense, não como judeu. Ele é um sabra típico, e deve ter entrado em uma sinagoga duas vezes na vida. Depois de vivermos juntos por dois anos, decidimos nos casar. Ele disse que queria um rabino 'de verdade'. Ortodoxo, que é a maioria dos rabinos que os israelenses conhecem", diz Rina, uma designer de joias que emigrou dos Estados Unidos. "Concordei, mas não tinha a menor ideia de onde estava me metendo." Quando ela foi com seu noivo até a corte rabínica ortodoxa em Tel Aviv, descobriu os muitos arranjos pré-matrimônio que um casal israelense judeu tem de fazer. "Se você não satisfizer os critérios, a corte não vai permitir que você se case. Não acreditei na burocracia, nas regras rígidas e nas reuniões." Noivos e noivas têm de provar que são solteiros, judeus e elegíveis para o casamento. É proibido para um Cohen, descendente de uma tribo sacerdotal israelita (frequentemente com nomes como Cohen, Katz, Jagan, Kaplan, Kahana, Azulai ou Adler), se casar com uma divorciada ou convertida. Um *mamzer*, filho ilegítimo de mulher adúltera ou mulher cujo marido não lhe deu o divórcio religioso, pode se casar apenas com um *mamzer* ou convertido.

"Eu tive de ir de um gabinete para outro, tentando provar que sou realmente judia. Não deram a menor importância para uma carta do meu rabino em Nova York. Não a aceitavam porque ele foi ordenado por um seminário conservador. Assim, além de apresentar duas testemunhas que atestassem que eu era judia, também teria de trazer um parente de sangue. Não sabia mais o que fazer. Eu não tenho parentes aqui. Um antigo amigo concordou em vir, fingiu ser meu primo, e eles ficaram convencidos. Graças a Deus que meu

Casamento, poligamia, adultério e divórcio à moda israelense 397

amigo usava um quipá, porque, para eles, um judeu secular é um oximoro." Depois, Rina foi enviada para um encontro com uma mulher ortodoxa, que lhe deu um curso de *niddah*, isto é, sobre as leis da pureza familiar que determinam quando uma mulher pode fazer sexo com seu marido. Sexo não é permitido até completar os sete dias de "limpeza", depois do último dia da menstruação. Rina foi aconselhada a não dormir na mesma cama que seu marido durante seu período "não limpo", e que seria preferível ambos terem camas separadas. Ela foi orientada a se abster durante 12 dias por mês, o que seria bom para seu casamento manter o romance vivo. As leis ancestrais de *niddah* que proíbem sexo com mulher menstruada também prescrevem sexo quando uma mulher está em seu período mais fértil.

Quando o sexo cumpre o mandamento da procriação, as leis bíblicas também ensinam que o intercurso, chamado de "conhecimento", é um ato muito sagrado, uma dádiva divina. O sexo é uma obrigação tão básica no casamento quanto o alimento. Textos judaicos – incluindo *Torá*, *Talmude* e *Mishna* – são diretos sobre a forma de fortalecer a sexualidade. Algumas leis ancestrais de *onah* dizem que a paixão sexual de uma mulher é mais forte que a do homem. Para assegurar uma "tenda pacífica", o homem deve estar afinado com as necessidades sexuais de sua esposa e "visitá-la" sempre que ela desejar. A esposa tem direito ao sexo regular. A frequência depende da ocupação do marido. Os estudantes da *Torá*, por exemplo, são obrigados a desempenhar suas tarefas maritais uma vez por semana, de preferência na sexta-feira à noite. Para promover a modéstia, a maioria dos rabinos é de opinião que o sexo deve acontecer apenas de noite, ou no escuro.[3] O Shulham Aruch, Código da Lei Judaica, que regula o comportamento cotidiano, também prescreve como e quando um casal deve fazer sexo. Durante o intercurso, o homem deve pensar na *Bíblia* ou em outros escritos sagrados. "Ele deve ter intercurso da maneira mais casta possível; ele por baixo e ela por cima é considerado não casto."[4] As opiniões do rabinato estão divididas sobre algumas questões do ato sexual: se deve acontecer com as pessoas vestidas ou nuas, e em quais posições. Se o homem fizer o intercurso sexual de pé, pode ter convulsões. Se estiver sentado, espasmos. Se a mulher estiver por cima e o homem por baixo, ele ficará sujeito a diarreia. O *Talmude* babilônico conta um debate no qual o rabino Johanan ben Dahabai adverte que os filhos podem nascer imperfeitos se os pais fizerem sexo em uma posição não missionária (o chamado papai e mamãe); mudos, se beijarem "aquela parte"; surdos, se conversarem durante o intercurso; e cegos, se olharem para "aquele lugar".[5]

Rina diz que uma conselheira ortodoxa lhe perguntou sobre seu ciclo menstrual, para assegurar que o casamento não fosse marcado quando ela estivesse sangrando. De acordo com a lei judaica, mulheres são aconselhadas a não se casar durante a fase de menstruação, porque não se permite que elas tenham contato com o marido. "Quando lhe disse que meu período é a cada 30 dias, ela achou impossível, porque 'mulheres não têm ciclos tão longos'. Discutimos quando repeti que estava falando a verdade. Ela me advertiu que, se eu tivesse meu período antes, teria de alterar a data do casamento." Algumas mulheres pedem que seus ginecologistas lhes prescrevam pílulas anticoncepcionais para assegurar que não menstruem na noite de núpcias. Antes do casamento, Rina teve de tomar o banho ritual, durante o qual uma pessoa checaria suas partes íntimas para testemunhar que não havia sangue menstrual e, depois, lhe daria um bilhete para apresentar ao rabino que fosse oficiar o casamento. "Calhou de eu menstruar na véspera da cerimônia. Assim, claro, não fui no mikvah. Por que passar por aquela farsa? Além disso, não queria ser apanhada ou poluir as águas para uma mulher praticante. Mas, sem o bilhete, nada de casamento. Fui me reunir com o rabino de qualquer maneira, mesmo com medo de que ele cancelasse o matrimônio. Por sorte, ele nem perguntou pelo bilhete. Nós tínhamos escolhido um rabino ortodoxo muito bacana. Nosso casamento foi maravilhoso. Apenas me arrependo de ter sido obrigada a mentir tanto."

Os israelenses têm forte necessidade de se unirem. Até os 40 anos de idade, mais de 90% dos judeus israelenses se casam pelo menos uma vez. Uma razão para isso é que a maioria deles é obcecada por filhos. Para todos os israelenses, a vida é frágil – sempre foi uma terra onde pais enterraram filhos ainda jovens. O marido de Rina revelou sentimentos de vulnerabilidade quando admitiu sua disposição de ter filhos: "Posso ser morto na guerra ou num incidente terrorista. Eu quero deixar um filho, um pedaço de mim".

Israel é um dos poucos países desenvolvidos que encorajam ativamente casais a terem muitos filhos. Mesmo antes do Holocausto e do desejo de substituir 6 milhões de judeus mortos, os sionistas estavam conscientes de sua necessidade de serem frutuosos. Propagandas estatais elogiavam as

Casamento, poligamia, adultério e divórcio à moda israelense 399

"mães heroínas", que cumpriam sua tarefa demográfica produzindo soldados para defender a jovem nação. Ben-Gurion tinha sentimentos fortes sobre o tema: "Aumentar a taxa de fertilidade dos judeus é uma necessidade vital para a existência de Israel, e a mulher judia que não trouxer pelo menos quatro filhos ao mundo [...] está defraudando a missão judaica".[6] O incitamento à multiplicação aumentou em razão das sérias preocupações com a taxa de natalidade israelense muçulmana e seu dilema demográfico-democrático. Para encorajar a guerra não declarada dos úteros, o governo oferece incentivos econômicos para grandes famílias e generosos benefícios para licenças-maternidade e paternidade. No entanto, como esses benefícios – 12 semanas de licença-maternidade com salário pleno pelo Instituto de Seguridade Nacional, que pode se estender por mais um ano, sem pagamento – são para todos os israelenses, os haredim e muçulmanos têm os maiores subsídios familiares.

Embora o planejamento familiar e a contracepção não sejam cobertos pelo Instituto de Seguridade Nacional, cada mulher israelense tem direito a tratamentos grátis de fertilização *in vitro* – Israel tem mais clínicas de inseminação artificial *per capita* que qualquer outro país no mundo.[7] Foi um médico israelense, sobrevivente do Holocausto, quem inventou as drogas usadas em todos os tratamentos de fertilidade nos últimos 40 anos – ele é responsável por mais de 1 milhão de nascimentos em todo o mundo.[8] Ou por quase todos os tratamentos de fertilidade. O arsenal de rituais folclóricos usados por mulheres judias religiosas para engravidar inclui carregar fitas vermelhas que tenham sido enroladas em torno da Tumba de Raquel, fazer peregrinações ao Monte Meron e visitar a tumba israelense do cabalista Babi Sala, nascido no Marrocos. Outras, simplesmente, evitam comer rabanetes.

O adultério é a única transgressão sexual proibida pelos Dez Mandamentos. A visão judaica, antiga e moderna, é clara: adultério é errado. A opinião israelense, historicamente, tem sido um pouco mais tolerante. Os israelenses ficaram perplexos quando apareceu no noticiário a história de um oficial americano que foi à corte marcial por ter cometido adultério. Adultério como uma insígnia de vergonha? Um oficial do exército israelense diz: "Se o adultério fosse motivo para a dispensa, não restaria mais exército". Colocar o adultério fora da lei ameaçaria a segurança nacional, escreveu

400 Os israelenses

o jornalista Amon Dankner no *Ha'aretz*: "Todos teriam de entregar suas demissões. Ficaríamos com alguns soldados religiosos, e só. Pense no que teríamos perdido se Moshe Dayan tivesse sido dispensado – um comandante chefe que ganhou a Guerra do Sinai e um ministro da Defesa que ganhou a Guerra dos Seis Dias".

A Guerra dos Seis Dias em 1967 tornou o carismático general um herói internacional. Para a maioria do mundo, Israel significa Moshe Dayan, o sabra *sexy* com sua conhecida marca, um tapa-olho preto. As pessoas admiravam sua personalidade exuberante e despreocupada. Quando foi pego dirigindo em alta velocidade, ele disse a um policial: "Eu tenho apenas um olho. Você quer que eu olhe para a estrada ou para o velocímetro?". O mais famoso soldado de Israel foi também o mais famoso adúltero. Um oficial sênior certa vez escreveu para o primeiro-ministro Ben-Gurion dizendo que Dayan o enviara para o *front* para que sua mulher ficasse disponível. Quando Dayan era o comandante do exército, um marido traído encontrou peças do uniforme do general em sua sala de visitas, juntou tudo e as enviou para Ben-Gurion. Quando a mulher de Dayan foi apelar a Ben-Gurion, cansada dos casos de seu marido, foi informada de que as ousadas aventuras românticas não o deteriam – ele estava destinado a ser um líder nacional.

A única filha de Dayan, Yael, era uma soldada do exército durante a Guerra de 1967. Depois, eles foram estudantes, juntos, na Universidade Hebraica, partilhando aulas e até mesmo respostas de exames. Ela se tornou sua mais próxima confidente. Ex-chefe da Comissão do Knesset sobre *Status* da Mulher (até as eleições de 2003), Yael é irresistivelmente direta sobre o lendário desempenho de seu pai na cama. "Os israelenses não apenas toleram o adultério, quando homens o cometem, como isso conta pontos. Eles admiram os valores machistas. Ser desleal com sua mulher pode ajudar a carreira de um oficial." Sem ser pressionada, ela acrescenta, com sua voz profunda e rouca: "Meu pai foi um herói porque era malcriado. Ele fazia coisas do seu jeito – desde levar exércitos à vitória a levar para cama mulheres de terceira classe. Era irrequieto, distraído, e um mulherengo sem arrependimento. Minha mãe tolerava suas infidelidades com uma paciência de mártir." Yael faz uma pausa e busca outro cigarro na bolsa. "Ele chegou a ter um caso com uma de minhas amigas mais íntimas."

Os israelenses não pareciam preocupados com o adultério até o "caso Netanyahu". Quando Benjamin "Bibi" Netanyahu era candidato a primeiro-

Casamento, poligamia, adultério e divórcio à moda israelense 401

-ministro pelo Likud em 1993, alguém fez um telefonema anônimo para sua mulher ameaçando publicar fotografias que revelavam suas explorações sexuais com outras mulheres. Os israelenses ficaram perplexos quando Netanyahu foi para a televisão e admitiu ter traído sua mulher. A confissão fez do adultério uma questão nacional. O "Bibigate" era a versão sabra de Bill Clinton, mas durou pouco. As histórias extraconjugais do político, duas vezes divorciado, não prejudicaram seus votos no eleitorado feminino, nem impediram que rabinos ultraortodoxos o recomendassem. Os valores do macho prevaleceram sobre os familiares. Netanyahu foi eleito primeiro-ministro. Em 2007, tornou-se de novo líder do Likud e, em 2008, estava determinado a ser primeiro-ministro pela segunda vez.

Não é segredo que casos extraconjugais acontecem em todo o mundo. Mas as aventuras amorosas dos israelenses são algo diferente.[9] Parte da razão é o serviço nas IDF – o capítulo 2 mencionou que o alistamento universal tira de casa a maioria dos israelenses judeus e drusos, e eles ficam sem companhia, a não ser a de outros soldados, com sua explosão hormonal. O impacto da extensa obrigação militar dos israelenses na reserva pode ser ainda maior. Em nenhum outro país do mundo, por exemplo, se exige que homens casados sejam convocados na reserva e passem cerca de um mês por ano frequentemente longe da esposa e família até os 40 anos. "Meu marido reage ao serviço da reserva como se fosse uma reunião de campo, de volta com seus amigos que estiveram na mesma unidade quando ele tinha 18 anos. E quanto mais grisalhos ficam, mais eles se jactam de suas conquistas, ou mentem sobre elas", declara Avigail, executiva de uma empresa de seguros de carros. "Se Israel é o machismo, então o exército é o machismo com esteroides." Ela conhece bem a cultura mulherenga do guerreiro: 16 anos atrás, ela e Dov, dois soldados, se tornaram amantes. Logo depois do exército, ficaram debaixo da huppa. "Dov não reclamava quando tinha de sair para o serviço na reserva. Ao voltar para casa na licença do sabbath, brincava com a liberdade que eu tinha enquanto ele estava fora. Claro. Fácil ficar à toa com três filhos em casa. Meu 'marido ciumento' nunca tentou sair do serviço de reserva, mesmo que seus amigos o fizessem. Para ele, significava não ter de inventar desculpas espertas. Em casa, ele fazia isso o tempo todo. Minha tia o viu com uma mulher em seu carro. Depois teve a professora de aeróbica. É difícil ser anônimo aqui. Finalmente, ele não tinha mais histórias para contar." Avigail ameaçou pedir o divórcio, mas Dov continuou com seus flertes. Os israelenses raramente se divorciam apenas por adultério. "Minha mãe apelava para que eu fingisse não ver para não dividir a família, pelo menos até que as crianças terminassem a escola. Ela é de outra geração. Em sua época, ninguém se divorciava. Sem meu pai, ela não teria sobrevivido. Bom, eu ganho mais que Dov. Nós fomos os primeiros entre nossos amigos a ter um acordo pré-nupcial; por isso, dividir o apartamento e a propriedade não era nenhum pesadelo. E eu? Estou pronta para conhecer alguém, mas não para me casar."

Shuli estava em um caixa eletrônico quando ouviu uma voz de homem chamar seu nome. "Eu não o reconheci. Chapéu preto. Casaco preto. Um verdadeiro haredi. 'Você não se lembra de mim?' Demorou um tempo. Era um antigo namorado. Ficamos juntos um ano, e ele era um cara notável. Agora, tem sua esposa haredi, os filhos haredim, a yeshiva, a cena toda. Ele era um encanador não muito brilhante, mas nunca achei que fosse tão estúpido. Poucos dias depois, ele estava na minha porta com seu traje haredi. Achei que ele queria me convencer a virar uma 'verdadeira' judia. Logo de cara, disse-lhe que odeio os haredim e que não queria ouvir sua lavagem cerebral religiosa. Ele respondeu que não queria falar de religião. Entrou, sentou-se, mas não quis comer nada. Minha cozinha não é kosher. Só percebi o que ele queria quando tirou o casaco. Fico até embaraçada em dizer que, sem suas roupas feias, era o mesmo cara encantador. Nós acabamos na cama. Foi ótimo, como antes. Depois, quando o vi apanhar suas coisas pretas do chão e o quipá preto, perguntei-lhe: 'Como você se chama de religioso e faz isso com sua esposa?'. Ele disse que não tínhamos feito nada de errado, que nada na *Torá* proíbe um homem casado de fazer sexo com uma mulher solteira.[10] Aí, fiquei com raiva e perguntei: 'Então, tudo bem se sua mulher fizer sexo com um homem solteiro?'. Ele disse que não: 'Isso não é permitido; é adultério'. Dois pesos e duas medidas. Eu contei isso a alguns amigos, e sabe o que ouvi? Histórias de mulheres haredim que saem sorrateiramente de seus bairros, mudam de roupa e fazem a mesma coisa também."

Logo depois de celebrar seu quinto aniversário de casamento, Keren folheava um dos livros de seu marido e percebeu uma dedicatória. Era um presente de sua amante. Ela o expulsou de casa e, como milhares de mulheres

Casamento, poligamia, adultério e divórcio à moda israelense 403

israelenses estão fazendo, foi buscar companhia no popular *site* israelense de encontros www.cupid.col.il. "Fiquei surpresa de ver homens casados procurando casos. Alguns nem se incomodam de usar nomes falsos. Gostei de um dos anúncios, que parecia ótimo. Combinamos de nos encontrar em um café; e, imediatamente, vi sua aliança de casado. Ele disse que era um casamento ruim, que ela não o entendia, mas jamais a deixaria. Gostei da sua honestidade. Uma noite, fomos ouvir Zubin Mehta. (A Filarmônica de Israel tem um número maior de assinantes que qualquer orquestra do mundo.) E um casal nos viu. Eram amigos de sua esposa. Eu queria morrer. No intervalo, foi direto até eles, colocou seu braço em torno de mim e me apresentou. Eu sabia que a informação chegaria a ela. E não podia imaginar como ele conseguia ser tão aberto sobre nós. Foram apenas uns poucos telefonemas para descobrir mais coisas. Como Israel é tão pequena, é fácil brincar de detetive. Aparentemente, sua mulher sabia, mas 'decidiu' não saber. Ela depende muito dele e acredita que, sozinha, é realmente difícil encontrar um provedor", diz Keren, bem informada. "Minha vida é como aquela música de Yehuditz Ravitz, *Sábados e feriados*. Expressa o que tantas mulheres israelenses enfrentam, que estamos sempre sozinhas em finais de semana e feriados, enquanto os 'maridos perfeitos', os 'grandes homens de família', estão em casa com a mulher e os filhos. Ele não me fez promessas. Ainda assim, tinha esperanças – até ouvir que ele estava reformando sua casa. Portanto, estou apaixonada pelo impossível. Eu sei. Mas venha me dizer, ou para minhas amigas, onde estão os homens solteiros com mais de 35 anos? Mortos em acidentes de trânsito ou feridos nas guerras. Se são solteiros e não mutilados, estão se divertindo. Há uma escassez real de homens, e uma superoferta de mulheres solteiras e viúvas. Ouço dizer que o Vale do Silício, na Califórnia, está cheio de solteiros israelenses; então, o que devo fazer morando em Herzlyi? Ter alguém aqui me abraçando algumas vezes por semana é melhor que ficar sozinha. Acredite em mim."

———

Em uma casa cuidadosamente protegida, a mãe prepara omelete para seus filhos pequenos. A cena da cozinha é um caos. Ela vive com 12 filhos e uma dezena de outras mães, que fugiram para escapar da truculência dos maridos. Especialistas notaram uma ligação entre a violência no país e as agressões domésticas. Desde a segunda Intifada, os 12 abrigos israelenses de mulheres maltratadas relataram um aumento no número de candidatas, além de uma superpopulação séria, após os cortes nos serviços sociais para pagar o custo esmagador da luta contra o terrorismo. Mulheres tanto de grupos judeus quanto árabes afirmam que uma em cada sete delas é vítima de abuso em casa. Mulheres israelenses de todas as religiões e etnias ou situação econômica têm corpos espancados e queimados. Um número expressivo das mulheres que buscam ajuda nos abrigos é da ex-União Soviética e Etiópia. Seus maridos, com frequência incapazes de encontrar emprego ou lidar com o hebraico, dirigem sua raiva contra elas. Entre os homens de fala russa, uma alta taxa de alcoolismo contribui para a violência. Acostumadas a uma cultura fortemente paternalista, alguns homens, antes orgulhosos, descarregam as frustrações nas esposas, que se adaptam mais rápido à vida israelense. Costumeiramente, mulheres muçulmanas fervorosamente religiosas e judias que vivem em comunidades conservadoras mantêm em segredo suas dificuldades conjugais. Preservar a unidade da família é sua maior prioridade.

A psicóloga Debbie Gross vinha trabalhando há meses com uma *hot line* para crises, antes de notar que não havia chamadas de mulheres religiosas judias. "Quando as haredim têm problemas, elas procuram ajuda com o rabino. E não falam sobre abuso. É uma desgraça grande demais. Sem aprovação do rabino, eles não podem ligar para um serviço de proteção. Como ortodoxas, elas não acreditam que mulheres não religiosas possam entender seus problemas, ainda mais quando envolvem questões religiosas." Para resolver necessidades especiais, Debbie, uma imigrante americana ortodoxa, solicitou o auxílio de rabinos empáticos e lançou o Centro para Crises de Mulheres Religiosas em Jerusalém. A cada dia, dezenas de ortodoxas e mulheres haredim de todo o país ligam para a *hot line*, procurando ajuda anônima para auxílio em crises que vão de surras a estupro e depressão. Desde 1993, o centro ajudou mais de 7 mil mulheres. "Uma mulher haredi ligou porque não conseguia levantar da cama para cuidar de seu bebê. Ela nunca tinha ouvido falar de depressão pós-parto", relata Debbie. "Nosso voluntário, após lhe explicar qual era o problema, a encaminhou para um serviço médico apropriado." Quase 200 voluntários oferecem aconselhamento e indicação para terapeutas versados em lei judaica e rabinos especialmente treinados para aconselhar mulheres ortodoxas e haredim. Eles dirigem *workshops* sobre a violência familiar para mulheres e crianças, rabinos e suas esposas. Em uma sexta-feira, uma mulher contou que sua

Casamento, poligamia, adultério e divórcio à moda israelense 405

vizinha, mãe religiosa na casa dos 20 anos, preparava o jantar do sabbath quando seu marido irrompeu na cozinha, jogou um pote de comida quente sobre ela e a agrediu. O voluntário alertou a polícia, que prendeu o marido.[11]

As lideranças femininas judias e árabes observam que, no momento em que os israelenses estavam envolvidos na árdua tarefa de examinar problemas familiares, o país foi atingido por seu pior pesadelo em duas décadas. A ameaça de ataques terroristas tornou os israelenses vulneráveis, e tentados a depender de Valium. Em 2002, trabalhadores em saúde mental aproveitaram a experiência das mulheres israelenses em crise para saber como tratar o disseminado sofrimento mental. Estabeleceram linhas de telefone de emergência, funcionando 24 horas, e reuniões especiais para vítimas ou testemunhas de terrorismo. No auge da Intifada, as respostas foram avassaladoras. Israel tornou-se um país de *hot lines* e grupos de apoio.

O sistema de divórcio israelense coloca toda autoridade nas mãos do rabinato, que baseia seus julgamentos na lei judaica tradicional. Quando essa lei foi codificada, há mais de 2 mil anos, o pensamento por trás dela era progressista. O marido não podia simplesmente jogar fora sua mulher, o divórcio requeria o consentimento mútuo de marido e esposa. Ainda é assim, embora a maioria dos israelenses do século 21 achem isso opressivo.

A advogada Yisraela Gratzyani, da vara de família – que encontramos no sukkah de sua família no capítulo 11 –, está no Tribunal Distrital Rabínico, no coração da Tel Aviv secular, trabalhando em um caso de divórcio. Como os juízes, em sua maior parte, são rabinos ortodoxos, a escultural morena usa sua "roupa de tribunal", um desajeitado vestido abaixo do joelho, com mangas compridas. Com o olhar, uma funcionária desaprova seus cabelos encaracolados descobertos. "Eu não sou casada", ela diz, em um tom direto. Abre sua pasta e se prepara para uma longa espera. O *Talmude* exige que cada petição de divórcio seja escrita em pergaminho. Agora, para acelerar esse processo arcaico, os israelenses que querem descasar podem submeter suas petições por fax.

Todos os divórcios judeus israelenses devem passar pela corte rabínica, mesmo os de casais não ortodoxos que se casam no exterior. Não há casamentos ou divórcios civis em Israel. O divórcio precisa do consentimento das duas partes. Esse consentimento, no entanto, não é igual para homens e mulheres. Se uma mulher se recusa a conceder o divórcio, os rabinos podem dar ao homem permissão para se casar de novo, mesmo sem a dissolução legal do casamento. A taxa de divórcio em Israel, que subiu a 38% – ainda mais baixa que a dos Estados Unidos ou Europa ocidental –, é mais alta entre casais de origem ashkenazi que entre os mizrahim. Embora o divórcio seja malvisto nas comunidades ultraortodoxas, sua taxa, antes tão baixa, está em ascensão.

Uma simples frase no *Deuteronômio* 24:1 – "Ele escreve uma petição de divórcio e a coloca em sua mão" – criou um problema espinhoso para as israelenses judias. Significa, na prática, que nenhuma mulher judia pode se divorciar do marido – pode apenas "ser divorciada" por ele. "Este é outro divórcio complicado", explica Yisraela, cuja cliente, uma química de 34 anos, é casada com um homem de negócios que não aceita a separação. "Seu marido faz chantagem, e não vai lhe dar o divórcio, a menos que ela abra mão da casa que os pais dela compraram, além de desistir de qualquer reivindicação de pensão. É ultrajante. Ele está tentando prejudicá-la. Para conquistar a simpatia dos juízes, finge ser religioso. Nós vamos lutar contra isso"[12], ela promete. A maioria dos querelantes israelenses não é religiosa. Para impressionar os juízes, Yisraela instruiu sua cliente a se apresentar com um vestido acanhado e lenço de mulher ortodoxa casada. "Não quero arrastar isso por anos. Ela quer continuar com sua vida, casar de novo e ter filhos. Tantas mulheres não podem pagar advogados, mas seus maridos não desistem enquanto elas não abrirem mão dos direitos de custódia ou da propriedade. Eu vi mulheres cujas vidas estão em perigo e, mesmo assim, não podem se divorciar. Nosso sistema fossilizado arruína a vida delas. Está fora de contato com a realidade."

É um sistema que deixa dezenas de milhares de mulheres no limbo, nem casadas nem divorciadas enquanto seus maridos se recusarem a lhes dar o consentimento. Mas mesmo elas estão em situação menos ambíguas que as *agunot* (esposas acorrentadas), cujos maridos desapareceram ou as deserdaram ou se recusaram a lhes dar o consentimento mesmo que o chefe do rabinato tenha decidido assim. Um marido *agunah* pode seguir com sua vida sem pagar pensão alimentícia nem dar assistência a seus filhos. Se ele tiver filhos com uma mulher não casada, tanto sob a lei civil quanto a judaica, é considerado perfeitamente "kosher". No entanto, sua esposa é uma adúltera

Casamento, poligamia, adultério e divórcio à moda israelense 407

se tiver filhos com outro homem e, sob a lei judia, seus filhos são *mamzerim*, isto é, ilegítimos, e não poderão se casar com um judeu.

A própria mãe de Yisraela foi vítima de tribunais religiosos, assim como seu pai, nascido no Iraque, foi o principal beneficiado. "Eu tinha quatro anos (em 1974) quando minha mãe quis se divorciar. Meu pai a colocou em uma batalha terrível pela liberdade, que durou até eu ser adolescente. Para lhe dar o consentimento, ele forçou meus avós a lhe darem muito dinheiro. Minha mãe teve de abrir mão de todos os seus direitos, incluindo pensão (na lei judia, o marido deve conceder pensão), e concordou com um auxílio ridiculamente baixo para os três filhos. O divórcio quase destruiu nossas vidas. Meu pai nunca deu qualquer dinheiro para nos educar nem nos contatava." Yisraela e seus dois irmãos cresceram com o moshav de seus avós. Quando sua avó morreu, sua mãe, uma cabeleireira, estava tão sem dinheiro que mandou Yisraela, aos 13 anos, para um internato púbico. A maioria das crianças de lá era de famílias mizrahim e sefarditas pobres. "Eram crianças brilhantes, inocentes, mas com vidas de novela. Negligência e lares desfeitos. Por causa dos tribunais religiosos e a impotência dos tribunais civis, muitas dessas crianças sofriam como eu. Não quero mais vê-las passar pelo que minha família enfrentou." Depois de prestar o serviço militar, Yisraela trabalhou como repórter de jornal para pagar a Universidade de Tel Aviv, onde cerca de metade dos estudantes de direito era mulher. Quase metade dos juízes israelenses é do sexo feminino, e há três mulheres na Corte Suprema. Em 2006, Dorit Beinish tornou-se a primeira presidente da Corte. Yisraela apressa-se em notar que, apesar desses avanços impressionantes, os clérigos não permitem mulheres juízas em tribunais rabínicos, islâmicos, cristãos ou drusos – que controlam todos os casamentos e divórcios israelenses.

O espírito de luta de Yisraela e seu agudo senso de justiça vêm da batalha que sua mãe travou com os tribunais religiosos. Sua avó a inspirou a amar o judaísmo e ser tolerante. "Ela me ensinou a não odiar ninguém, nem mesmo as cortes dos rabinos. Na verdade, conheci alguns deles esclarecidos, que estão ajudando mulheres a conseguirem o divórcio. Tem havido um lento progresso." Séculos atrás, quando os judeus viviam em comunidades insulares, os rabinos podiam ordenar que um marido fosse evitado, ou açoitado, para compeli-lo a conceder um divórcio. Na Israel urbana e secular, não há tal pressão. Hoje, apenas um punhado de homens

408   OS ISRAELENSES

israelenses que desafiam julgamentos de tribunais rabínicos para dar o divórcio à sua esposa é colocado na cadeia. O Knesset aprovou legislação que autoriza punições mais severas aos mais recalcitrantes, que já estão na prisão, incluindo a proibição de visitas ou colocá-los em cela solitária. Seus cartões de crédito, licenças de motorista e profissionais foram revogados. Até uns poucos médicos ou advogados foram proibidos de exercer a profissão até que libertem suas esposas. As cortes do rabinato localizaram algumas dúzias de homens sumidos e os convenceram a conceder o divórcio. Muitas mulheres estão começando a pedir contratos pré-nupciais para dividir bens e reduzir o potencial de uma situação de chantagem.

Em 1987, 80% dos casais submetiam suas petições a cortes rabínicas. Não é mais assim. Hoje, a maioria dos casais que buscam o divórcio chega a um consenso mútuo. Geralmente, há um advogado que redige um acordo, para eles não terem que levar sua guerra para a frente dos rabinos ortodoxos. Yisraela reconhece que houve uma significativa reversão, e enfatiza: "Agora que os partidos religiosos estão perdendo seu poder, tenho esperança de que logo veremos mudanças em nossas leis de casamento e divórcio. As pessoas já estão cheias. Temos de tornar os casamentos civis legais e acabar com o monopólio religioso sobre casamento e divórcio. Se o homem israelense precisasse da concordância da esposa para se divorciar, esse problema já teria sido resolvido há muito tempo."

Não há nada como um casamento tradicional em uma cidadezinha islâmica. Sons de tambores, tamborins e cantos reverberam pelas ruas. Assim como tiros em celebração (embora essa prática esteja desaparecendo porque ocorrem muitos acidentes). A família da noiva chega para a cerimônia em um comboio de carros – até recentemente, a nubente vinha em um alazão árabe. Um Toyota Corolla, decorado com flores e faixas, traz essa noiva para a casa de dois andares, caiada de branco, onde a família do noivo mora e foi construído um anexo para o novo casal. Em um esvoaçante vestido de chiffon, a noiva irradia luz. O noivo barbado, usando um terno preto novo, acompanha sua futura mulher e seus parentes até a casa e, em seguida, caminha para os fundos do terreno. Cerca de 300 homens o cercam, com beijos, e empurram em sua mão envelopes com dinheiro. Eles começam a bater palmas, marcando o ritmo, e cantam: "Nosso noivo é o melhor dos jovens, o melhor dos

Casamento, poligamia, adultério e divórcio à moda israelense 409

jovens é nosso noivo. Nosso noivo é *Antar Abs* (um herói árabe que resgatou sua amada após um ataque inimigo tê-la raptado de sua tenda no deserto). Nosso noivo é o sol do alvorecer, ele não foi envergonhado ao pedir a mão de sua noiva". Igual aos judeus, todos os casamentos muçulmanos, assim como os drusos e cristãos, são controlados por tribunais religiosos. Noivos muçulmanos não se casam em mesquitas. A única exigência para o casamento é uma cerimônia simples, apenas masculina, para assinar o contrato de união, oficiada por um xeique ou qualquer homem versado na tradição islâmica. A hora pode ser importante. Algumas pessoas ainda acreditam que um contrato assinado quando a lua está em escorpião pode levar a um casamento infeliz. Se for assinado à luz do sol, a noiva pode abortar. Cena típica é o pai da noiva, ou um representante masculino, e o noivo apertarem as mãos direitas perante, pelo menos, duas testemunhas masculinas.

O pai diz: "Eu lhe dou minha filha, a virgem adulta, em casamento de acordo com a lei de Alá e do Profeta". Depois que a noiva concorda em aceitá-lo, ele acrescenta: "Espero em Deus que ela possa se provar uma bênção". O xeique e os homens recitam o breve capítulo de abertura do *Corão*. Falta o contrato de casamento. O *kitab* (contrato de casamento islâmico) não é apenas o documento legal entre noiva e noivo; é também uma transação entre suas famílias. Ele detalha o que o noivo dará à noiva antes de consumar o casamento e o que ele lhe dará depois, frequentemente uma casa, dinheiro e terra. Por vezes, inclui um carro e educação. O *mohar*, ou pagamento da noiva, é feito com base em sua desejabilidade e na "pureza" do nome da família e de suas irmãs. A declaração também determina quanto o noivo pagará caso se divorcie. Com a assinatura do *kitab*, o casamento é legal.

Legal, mas, nas famílias muçulmanas, ainda não completado. Leva dias, meses ou anos para começar a rodada de festas. Não importa o tamanho do intervalo, pais religiosos raramente permitem que sua filha casada passe muito tempo sozinha com o marido. Eles olham a coisa do seguinte jeito: se um problema acontecer e o casamento se dissolver, a filha pode não ser mais uma virgem, ou engravidar. Uma morte inesperada na família também adia a festa de casamento. Nenhum matrimônio pode ser realizado antes de acabar o prazo de 40 dias após o óbito de um parente, e nenhuma família deseja celebrar uma noiva obviamente grávida. As famílias muçulmanas mais liberais permitem que os noivos tenham intimidade depois da cerimônia de assinatura.

410   Os israelenses

Seja um casal secular ou ardorosamente religioso, cada casamento propicia uma enorme festa, e, para esta, o pai do noivo matou três carneiros. Aromas penetrantes de carne assada preenchem o ar. Sua esposa e parentes mulheres prepararam o tradicional *mansaf*, pratos enormes de arroz cozido com suculenta carne assada de carneiro e cabra. Os homens sentam-se em almofadas em torno dos pratos, partilhando a comida, modelando o arroz em bolas e pegando a carne com a mão direita (a esquerda é considerada impura, e foi a escolha tradicional antes da invenção do papel higiênico no Oriente Médio e em grande parte da Ásia e da África.) Este é um casamento muçulmano sem álcool, mas há muita Coca-Cola e suco de tamarindo feito em casa. A banda masculina, com cinco músicos, começa uma canção animada, enquanto uma fila rebolante de homens desfila no meio da multidão, com os braços nos ombros dos outros, espontaneamente pulando, depois se agachando, com fortes movimentos em *staccato*. Eles estão fazendo a *debka*, uma dança consagrada pelo tempo. Depois, os irmãos do noivo o erguem no ar.

As convidadas podem ouvir os ritmos contagiantes. Eles celebram no telhado da casa. Enquanto os tambores se intensificam, mulheres batem palmas e, ululando, rodopiam em volta da noiva. Já que não há homens presentes, elas removeram seus lenços de cabeça e seus disformes caftãs, revelando vestidos da moda. Com seu lenço branco de seda, a irmã grávida da noiva faz uma graciosa dança de improviso. A noiva é a irmã mais velha e devia ter se casado antes, mas ela rejeitou a primeira escolha de seus pais. Finalmente, concordaram com um parceiro adequado: seu primo de segundo grau. Com essa união, a *hamula* aumenta de tamanho e mantém seu nome e riqueza. Sem uma casa, um homem não pode se casar, e assim o matrimônio dentro da família economiza o pagamento do dote, preservando a terra dentro da família estendida. Apesar dos perigos genéticos, a tradição ancestral de se casar com parentes, prevalente entre beduínos, permanece disseminada entre israelenses muçulmanos. Cerca de 45% de todos os casamentos de muçulmanos em Israel são entre parentes – 25% deles de primeiro grau.[13]

"Nenhuma de minhas amigas tem um casamento arranjado", diz Samya, outra recém-casada. "Elas encontram seus maridos por meio de amigos, em clubes, no trabalho, mas não através dos parentes. Já li matérias em jornais sobre mulheres que fogem de casa para se casar com os homens que amam, e depois são mortas por suas famílias, mas não sei por quê. Esse não

Casamento, poligamia, adultério e divórcio à moda israelense 411

é meu mundo." Samya, longe do estereótipo da esposa muçulmana passiva, nunca usou um caftã longo e bordado ou escondeu seu cabelo com um lenço nem foi a um casamento islâmico tradicional. Ela lê o *New York Times on-line*, não o *Corão*. Conheceu Abdallah ("servo de Alá") em uma excursão do colégio e, anos depois, o encontrou de novo da Universidade Hebraica, onde ambos estudavam. "Quando nos apaixonamos, demorou meses para que nossos pais soubessem." Os pais dela vivem em Tamra, uma cidade da Galileia totalmente muçulmana, e capital israelense do cultivo de pepino. O pai de Samya, motorista de ônibus aposentado, pediu que o xeique oficiasse a cerimônia em casa. Foi menos tradicional porque se permitiu que Samya ficasse no recinto. Como a maioria dos casais muçulmanos, eles não fazem juras mútuas. Samya e Abdallah trocaram alianças, embora poucos muçulmanos religiosos façam isso, pois consideram uma tradição judaica e cristã. Ela acrescentou cláusulas em seu contrato de casamento, segundo as quais Abdallah lhe permitiria trabalhar e que eles morariam perto de Jerusalém, mas não com os pais dele. (A família do noivo frequentemente estende a casa para cada filho e sua noiva.) Depois da cerimônia simples, as duas famílias tomaram chá e comeram pedaços de um bolo de dez andares. Nos meses seguintes, o casal foi desacompanhado ao cinema e caminhou pela praia. Ambos eram carinhosos, mas abstinentes.

Uma rodada de comemoração começou quatro meses depois do ritual de assinatura. Os pais de Samya foram anfitriões de uma festa de hena que lembrou a celebração de Moti e Adi (ver capítulo 10). Antes da segunda celebração da hena, na casa dos pais de Abdallah em Acre, Samya colocou massa fresca, com flores e moedas, na porta da frente para assegurar uma relação harmoniosa com sua sogra. Finalmente, na terceira noite, Samya e Abdallah celebraram sua esperada festa de casamento em um salão de mármore, com ornamentos dourados, perto de Acre, local popular entre muçulmanos e árabes cristãos israelenses. Na verdade, é difícil distinguir entre as celebrações: a comida, a música, as bandas, fotógrafo e equipes de vídeo são as mesmas. A única diferença óbvia é que muçulmanos religiosos não servem álcool nem comem carne de porco, e as cerimônias de casamento árabes cristãs são realizadas em igrejas.

Samya e Abdallah tiveram um casamento árabe de tamanho normal: quase 900 convidados. Como os pais dele, que ganham salários baixos, fizeram para pagar a conta? Em cada casamento, os convidados dão dinheiro, na maioria depósitos em envelopes em uma caixa especial. Samya mostra um vídeo. Ela parecia elegante, como uma modelo da revista *Bride*. Quando ela e Abdallah deram passos hesitantes em direção à mesa principal, o caminho estava forrado de flores. Clérigos islâmicos não aprovariam esse evento. Não começou com a recitação dos versos do *Corão*, o álcool correu solto, homens e mulheres rebolavam ao som pop da banda. Em vez de se ater às ricas harmonias árabes clássicas e canções folclóricas, a cantora de Nazaré sabia que estava liberada para entoar músicas de amor sensuais e modernas. Por causa do álcool e da dança livre, poucos parentes religiosos apareceram. Quando as festividades terminaram, Samya e Abdallah passaram a noite em um hotel quatro estrelas em Haifa. Como a Intifada tinha matado o turismo, estava quase vazio. Era a primeira noite íntima dos dois.

Uma noiva muçulmana tradicional pode sentir grande ansiedade em sua noite de casamento, especialmente se os parentes esperam ver um lençol manchado de sangue. Se ela não sangrar, será devolvida em desgraça à sua família, que perde o pagamento do dote. Seus humilhados parentes homens podem até matá-la por tê-los desonrado. Como escreveu certa vez um escritor argelino: "A honra está enterrada na vagina, como se fosse um tesouro mais precioso que a vida".[14] Uma mulher de 22 anos recentemente colocou um *post* em um mural de mensagens na internet: "Embora eu seja virgem, fico aterrorizada com a chegada da minha noite de casamento porque, se não houver hímen (por favor, Alá, espero que tenha), minha família e meu marido vão duvidar de minha virtude. Talvez eu o tenha rompido com um absorvente". Para garantir o sangramento ou compensar por hímens perdidos, algumas mulheres recorrem à inserção de esponjas molhadas com sangue animal. Outras pedem que seus ginecologistas escrevam um laudo dizendo que são virgens. Para aquelas que não são, a restauração do hímen, um procedimento rápido feito em *day care* pouco antes de uma recepção de casamento, pode salvar o matrimônio e a vida de uma mulher.[15] Se o noivo não conseguir ter uma ereção na noite do casamento, não é incomum que a própria noiva rompa seu hímen, para evitar que o casamento seja considerado inválido.[16]

As atitudes com relação ao sexo, como se vê na mídia israelense de linguagem árabe – salas de bate-papo na internet, entrevistas nos programas de televisão e na revista *Lilac* –, enfrentam um cabo de guerra: é a tradição *versus* a modernidade. Quando estão com pessoas do mesmo sexo, muçulmanos israelenses não religiosos discutem sexo tão naturalmente como se falassem sobre o restaurante mais novo ou um filme egípcio. Para muçulmanos praticantes e aqueles que estão voltando à religião, a sociedade israelense contemporânea parece abertamente promíscua – apesar dos ensinamentos atribuídos a Maomé, segundo os quais o sexo durante o casamento deve ser desfrutado e suas preliminares incentivadas. É difícil evitar ver mulheres e homens judeus de mão dadas ou se beijando em praias, ônibus e cartazes. O renascimento islâmico significa abraçar a família e uma fé de 13 séculos fundada no que hoje é a Arábia Saudita, que não vê com bons olhos o vergonhoso comportamento ocidental.

Judeus e muçulmanos praticantes seguem uma etiqueta de fazer amor prescrita, mas muito diferente. O *Hadith*, um repositório de tradições orais religiosas originais muçulmanas, oferece aconselhamento para grande parte da vida muçulmana. Na noite de casamento, por exemplo, o noivo ainda é aconselhado a lavar o pé da noiva e jogar a água no canto mais distante, para que Alá afaste 70 anos de pobreza, dê 70 tipos de riquezas e bênçãos, e torne a noiva imune a doença mental. É proibido ter intercursos sexuais com a cabeça ou as nádegas voltadas para Meca, ou de pé, como um jumento.[17] Um casal não deve falar enquanto faz sexo para não conceber uma criança muda. Se um homem estiver pensando em outra mulher, enquanto faz amor com a sua, e um menino for concebido, ele pode ser estúpido, efeminado ou desejar outro homem. Como o sabbath judeu é um bom momento para fazer amor, a noite de sexta-feira também é auspiciosa para os muçulmanos: um menino concebido nesse dia está destinado a ser um pregador eloquente. Mas fazer sexo no primeiro, no meio ou no último dia do mês lunar pode levar ao aborto ou fazer com que o bebê enlouqueça. Se casais fizerem amor sob o sol direto e conceber um bebê, ele pode ter pela frente uma vida de pobreza. Uma criança não deve ouvir seus pais fazendo amor, ou ela pode se tornar adúltera. Durante a primeira semana de casamento, aconselha-se que uma noiva siga restrições em sua dieta. Se consumir vinagre, nunca estará inteiramente limpa do sangue menstrual. O coentro pode causar fortes ciclos menstruais ou exacerbar o trabalho de parto. Comer maçã azeda pode tornar um útero "frígido e estéril".[18] Uma das piores maldições árabes é "que seu útero seque".

O casal sofre grande pressão para ter um filho. Como reza um belo ditado ancestral árabe, "onde não há filhos, não há luz no lar". Em árabe,

414 Os israelenses

que é uma língua rica e poética, crianças são chamadas de "escada para o paraíso". Quando criadas em famílias estendidas, estão cercadas de amor e atenção. Os filhos são altamente prezados e costumeiramente recebem mais mimos que as filhas. Na *hamula*, um sistema patrilinear e patriarcal, é crença comum que o destino da família está nas mãos de seus filhos homens. Durante as festividades do casamento, amigos e parentes desejam ao casal muitos filhos. Depois que a mulher tem um filho, ela frequentemente é chamada pelo nome dele. Umm Ahmad, por exemplo, significa mãe de Ahmad. O pai que tem apenas filhas pode ser ridicularizado e chamado de *Abu Banat*, "pai de filhas".

Nadia Hilou é uma feminista que se dedica a provar que mulheres árabes podem vencer. Em 2006, ela se tornou a primeira árabe cristã no Knesset, eleita pelo Partido Trabalhador. Mãe de quatro filhos e fluente em quatro línguas, trabalha em comissões do parlamento sobre temas femininos e familiares, e nas convenções de coexistência entre árabes e israelenses. Assistente social, inaugurou um centro árabe-israelense para a primeira infância em um prédio ultramoderno em uma seção parcialmente caída da Antiga Jaffa. Muitas mães que levam seus filhos até lá para horas de histórias, música e brincadeiras são mulheres recém-muçulmanas e usam lenços islâmicos. Nadia também dirige uma organização militante que ajuda mulheres árabes a enfrentar problemas sociais, como lidar com os constrangimentos de famílias dominadas pelo machismo. Os homens muçulmanos e drusos tradicionais sentem-se apreensivos quando essa desabrida loura com mestrado da Universidade de Tel Aviv vai de carro até suas vilas. Um homem usando *keffyiah* lhe disse: "Nadia, eu nunca iria querer casar com você, mas vou escutá-la". Em casa, ela vive com um compreensivo programador de computador que não se importa em ajudar em casa quando sua esposa está no Knesset. Mesmo que Nadia seja uma católica romana, ela decidiu se casar na Igreja Ortodoxa Grega.

Cada uma das muitas denominações árabes cristãs segue regras diferentes de casamento e divórcio, e a Igreja Católica Romana em Israel não permite o divórcio. "Eu achava que, Deus não permita, se um dia quisesse um divórcio, iria pelo menos ter uma saída. Uma católica romana vivendo perto do Vaticano pode, mas não na Terra Santa", comenta Nádia. No

Casamento, poligamia, adultério e divórcio à moda israelense 415

trabalho, ela é uma especialista em navegar por divisões culturais. Em vilas drusas, faz reuniões separadas para homens e mulheres. Quando o chefe de um clã beduíno disse a essa articulada ativista que as mulheres beduínas são "diferentes", ela engoliu em seco e assegurou suavemente que não tinha intenção de afastar mulheres de suas tradições. Quando os homens estão fora do alcance, ela estimula mulheres árabes a pressionar por mudanças e concorrer a cargos políticos.

Conviver com cristãos, muçulmanos e judeus em Jaffa ensinou Nadia a entender "outras mentalidades". Durante a primeira semana da segunda Intifada, quando eclodiram confrontos em Jaffa, ela estava nas ruas tentando acalmar as pessoas. Para casais árabes educados, que vivem em cidades mistas e não podem se dar ao luxo de viver separadamente das famílias dos maridos, o poder da família estendida e da *hamula* está em declínio, mas não nas cidades e vilas totalmente árabes, onde mora a maioria dos muçulmanos. "A maioria dessas mulheres está em casa e sente o controle da *hamula*. Apenas 17% delas trabalham. Não ficamos felizes com esse percentual, mas pelo menos está aumentando", diz Nadia. "Como elas têm um monte de filhos e não possuem renda própria, estão amarradas à família estendida do marido." Na *hamula*, em que ainda prevalecem valores masculinos honrados, as mulheres devem se conformar com os comportamentos aceitos. Uma grande desonra cai sobre um homem cuja mulher – ou filha ou irmã – seja acusada da mais ligeira indiscrição sexual. Mesmo rumores podem levar uma família ao ostracismo, as filhas a não ser aceitas para o casamento e os filhos a ficar estigmatizados pela comunidade. Afirma-se que "um pai de filhas não dorme bem".

Perguntada sobre um proeminente político da cidade árabe de Taibe, que disse não achar nada demais em dar "uma surra ocasional" em uma mulher, Nadia faz uma pausa. "Acontece com frequência demasiada. Mas é um estereótipo muito injusto achar que todas as mulheres árabes são abusadas ou miseráveis. Eu conheço muitas árabes poderosas que são o arrimo de suas famílias." Por outro lado, para mulheres árabes que têm casamentos problemáticos, a complexa estrutura familiar torna a vida mais difícil. Mesmo que a noiva se mude para a família estendida do marido, os parentes dela permanecem responsáveis por sua conduta. "Se uma mulher apanha, seus pais dizem: 'Não deixe que seus problemas saiam de casa, senão vai perder seu bom nome. Você pode viver com surras, mas não com a vergonha da comunidade'. A família é mais forte que o indivíduo. Se um casal briga, há uma reação em cadeia. Todo mundo é 'intercasado'. O irmão de uma mulher pode ser casado com a irmã dela. Se um irmão briga com o outro, é uma confusão, porque as pessoas partilham a mesma terra. É difícil para as mulheres saírem de casamentos abusivos. Elas não têm meios de se manter, presas em uma sociedade tradicional que legitima a violência entre os gêneros, marido contra mulher, irmão contra irmã. Para as mulheres não educadas, o divórcio raramente é uma possibilidade."

A cada ano, cerca de um quarto das mulheres árabes israelenses sofre violência física, e pelo menos metade teve essa experiência uma ou mais vezes em seu casamento, de acordo com pesquisa de Mohammed Al-Haj Yehiye, professor de Estudos Sociais da Universidade Hebraica. Embora estudos indiquem que bater nas mulheres é prevalente, assistentes sociais de fala árabe relatam dificuldades de convencer homens e mulheres de que isso é inaceitável. "Poucas outras religiões sancionam que um homem bata em sua esposa desobediente,[19] como o *Corão* faz", escreveu Judith Miller em seu *Deus tem noventa e nove nomes*. Uma seção no *Corão* (Sura 4:34) foi interpretada para significar que os homens têm "proeminência" sobre mulheres, que eles são "supervisores" delas. O verso continua dizendo que o marido de uma mulher insubordinada deve primeiro adverti-la, depois se recusar a partilhar sua cama e, finalmente, bater nela. "O modo como o islamismo é praticado na maioria das sociedades muçulmanas por séculos deixou milhões de mulheres com corpos, mentes e almas abatidos", disse um especialista muçulmano em religião para Lisa Beyer, da revista *Time*.[20]

Como diretora da Mulheres Contra a Violência, sediada em Nazaré, Aida Touma-Suliman faz um trabalho sobre o qual poucos gostam de falar. Ela e sua equipe viajam para escolas e centros comunitários árabes para discutir os problemas da violência doméstica e oferecer apoio às suas vítimas. "Você ficaria surpresa de saber quantas mulheres árabes não sabem que violência sexual é contra a lei", observa Aida. A maioria das mulheres abusadas tem medo de prestar queixa na polícia. Se o fazem, um policial reage com questões intimidantes e íntimas. (Há poucas investigadoras árabes.) Ele pode ser um parente e aconselhar que ela volte para casa e não envergonhe sua família. Às vezes, um policial pode acusá-la de desobedecer seu marido. Se uma mulher consegue um mandado para impedir a aproximação de um esposo violento, sua *hamula*, ofendida, pode ameaçá-la ou mesmo matá-la.

Casamento, poligamia, adultério e divórcio à moda israelense 417

No passado recente, mulheres e meninas que sofreram abusos não tinham a quem recorrer. Agora, três *hot lines* de língua árabe as ajudam, e a Mulheres Contra a Violência administra um abrigo em uma vila na Galileia. "Mantemos o local em segredo", diz Aida. "A coisa está se espalhando, e as mulheres já sabem como nos contatar. Precisamos de muito mais espaço." A situação é particularmente ruim para vítimas de estupro. De acordo com a lei islâmica, para provar estupro a mulher deve apresentar quatro homens adultos, de caráter "impecável", que tenham testemunhado a penetração. Poucas mulheres vão aos tribunais. Se ousarem contar às suas famílias, provavelmente não acreditarão, e elas serão consideradas culpadas ou até mortas. As mulheres que vão a centros de estupro são extremamente preocupadas com a confidencialidade. Algumas buscam apoio emocional; outras, um voluntário que as leve a um médico para verificar se o hímen foi rompido.[21] No mundo islâmico, a cada ano milhares de mulheres são mortas por maridos ou parentes homens em nome da "honra da família"[22] – foram 5 mil em 1998, de acordo com estudo das Nações Unidas, incluindo centenas que viviam na Cisjordânia, em Gaza e no Jordão. "Para muitas famílias, se uma mulher macula sua imagem, é como quebrar um vidro: não dá para consertar. E o único modo de consertar é matá-la", afirma sem meias palavras uma repórter de polícia do *Jordan Times*, Rana Husseini, que promove uma cruzada contra as mortes por "razões de honra". Segundo a lei jordaniana, um homem que mata uma parente em flagrante ato de adultério ou fornicação não é culpado de assassinato. O sexo pré-marital é crime, igual ao adultério, enquanto uma garota menor de 18 anos que faz sexo consensual é tida como estuprada. Uma mulher não pode sair de casa sem a permissão do marido. Por lei, uma mãe descasada é uma criminosa e seu filho é criado em um orfanato.

Na lei israelense, se houver evidência suficiente, assassinos condenados recebem a sentença máxima, que, no país, é a prisão perpétua. Mas, em lugares onde o costume é tão poderoso quanto a lei, afirma-se que uma mulher não casta é pior que um assassino – porque atinge não apenas uma vítima, mas sua família e a *hamula* inteira. A honra é tão valorizada que mulheres já foram mortas por flertar, namorar sem a permissão do pai, casar contra os desejos da família, ou praticar adultério. Para obter perdão de uma dívida, há devedores que fazem chantagem ameaçando espalhar rumores sobre a filha do credor. Se a filha tem o nome sujo, sua família tem poucas chances de conseguir um bom parceiro ou um respeitável pagamento de noivado. Por vezes, homens acusam mães, esposas e irmãs de sexo ilícito para herdar terras ou dinheiro. Os homens adúlteros raramente são assassinados: matar um homem pode iniciar uma briga sangrenta com potencial de durar gerações.

Hoje, a maioria das mulheres israelenses tem uma vida muito diferente da de suas mães. Elas viajam para fora de sua cidade e se misturam com homens em *campus* e cafés. Esse comportamento "perturbador", para algumas famílias conservadoras, é motivo de morte. Em 2001, a estudante muçulmana Nadine al-Wahidi, de 14 anos, de uma escola de maioria judaica em Ramle, foi assassinada por seu tio; seu crime foi se vestir e se comportar como suas amigas judias. Os nomes de sua prima e tia também apareceram na lista de mulheres "marcadas" – não eram consideradas suficientemente modestas. Samia Garouhsi, de 22 anos, foi outra vítima. Ela estava visitando seus pais quando dois homens entraram na casa e a mataram a tiros. Solteira, vivendo sozinha, trabalhando e estudando em Haifa, ela tinha manchado a honra da família. Outra jovem de uma vila na Galileia, ao planejar uma visita para o Egito, inadvertidamente quebrou uma regra não escrita que diz: "Se você errar, ou as pessoas acharem que você errou, você morre". Sua transgressão foi sair sem levar um acompanhante da família; temendo que ela pudesse envergonhar a família, seu irmão a matou.[23]

Rudayena Jemael dormia em sua casa, na cidade toda árabe de Taibe, quando alguém atirou em sua cabeça. A polícia não encontrou sinal de entrada forçada. Não houve roubo. Seu filho de 20 anos foi preso. O motivo para matá-la? Depois de 19 anos vivendo com o estigma de divorciada, essa mulher de 37 anos queria casar de novo. O ex-marido de Rudayena alegou que seu filho era inocente: "É tudo fofoca da vila. Apenas Alá sabe quem a matou". Depois de cumprir sua sentença na prisão, o filho da vítima deu uma enorme festa. Sua irmã, de luto, não celebrou. Ela apenas conseguiu dizer: "Eu desprezo esses assassinatos por honra que a sociedade árabe apoia".[24]

"A polícia geralmente coloca o foco apenas no assassino e não lida com seus cúmplices", diz Aida Touma-Suliman, citando casos de mulheres que incitam parentes homens ou mesmo ajudam a preparar assassinatos. Como os membros da família e da comunidade frequentemente entram em conluio para proteger o criminoso, a polícia tem desafios enormes na investigação de crimes de honra. A polícia e as organizações de mulheres árabes não conseguem quantificar o número desses assassinatos – porque, geralmente, são varridos para baixo do tapete, disfarçados como suicídios, acidentes ou desaparecimentos.[25]

Nos anos 1950, Israel baniu a poligamia, para afirmar a igualdade das mulheres, em uma reação aos mizrahim de países islâmicos que chegavam ao país com uma esposa "extra", uma prática que alguns desses judeus seguiram ainda durante o século 20, ao contrário de seus primos, os ashkenazim, que prontamente aceitaram uma proibição do século 11 à poligamia. Os mizrahim, por sua vez, acreditavam estar mais próximos de seus ancestrais bíblicos. Abraão tinha uma esposa e uma concubina. Jacó, duas esposas e duas concubinas. O rei Davi, pelo menos 18 esposas (além de cometer adultério com a casada Betsabá). E o rei Salomão teria tido mil esposas. Como os hebreus bíblicos, há famílias poligâmicas em toda comunidade árabe muçulmana, e não apenas entre os beduínos. O *Corão* permite a um homem ter quatro esposas, mas, sob a lei israelense, apenas uma das mulheres, em uma família poligâmica, terá o acordo de casamento legalmente reconhecido. Em vez de encarar a ignomínia do divórcio, muitas israelenses muçulmanas aceitam uma segunda mulher "não oficial". "Se você tem somente uma esposa, não é bom. Ela acha que pode tudo", disse um homem de negócios que mora em um vilarejo na Galileia. "Gosto de ter duas esposas. Elas são ciumentas. Sempre com medo de que eu vá amar mais a outra. Por isso, competem para me tratar melhor."

Enquanto cresce o fundamentalismo islâmico, os árabes israelenses são bombardeados com argumentos a favor da poligamia. Em programas de rádio e televisão, por exemplo, clérigos lhes dizem que uma esposa adicional ajuda a manter a unidade familiar, e que um homem não precisa ter amantes ou se arriscar a contrair Aids de prostitutas – nem se divorciar de uma mulher infértil. O xeique al-Qarad-hawi assegurou a milhões de espectadores da Al-Jazeera: "Sem a poligamia, muitas mulheres morreram solteironas, sem experimentar as alegrias da maternidade. Talvez meio marido seja melhor que nenhum".[26]

Banna Shoughry-Badarne, advogada muçulmana da Associação de Direitos Civis em Israel, reclama que o governo do país não coloca em vigor leis antipoligamia. "A bigamia é um crime penalizável com até cinco anos de cadeia sob a lei do Estado. Mas o governo não faz cumprir essa lei, permitindo que muçulmanos tenham casamentos múltiplos, porque ela considera matrimônio e divórcio questões religiosas. Ao ignorar a lei, o Estado está encorajando homens muçulmanos a violarem os direitos das mulheres."

Recentemente, os israelenses vêm discutindo a proibição dos "casamentos azuis". Muçulmanos israelenses trazem uma nova esposa e/ou esposas adicionais da Cisjordânia e de Gaza, que passam a ter direito à saúde e a outros benefícios. Por sua vez, homens palestinos deixam o desemprego e mulheres para trás para se casar com muçulmanas israelenses e, assim, obter os *blue cards* (vistos de trabalho) e direito à residência em Israel. Os "casamentos azuis" são armas demográfico-políticas, um modo sub-reptício de palestinos "retornarem" à sua "pátria". O Ministério do Interior diz que 140 mil palestinos já receberam ilegalmente a cidadania israelense. Um palestino israelense, por exemplo, casa-se com uma mulher israelense e traz seus filhos de um casamento anterior. Depois, ficticiamente se divorcia da israelense para trazer sua esposa palestina. O governo decidiu apertar sua política de permissão de residência por reunião de famílias depois que um homem-bomba explodiu um restaurante de Haifa, matando 16 pessoas e ferindo outras 44, em 31 de março de 2002. O homem tinha cidadania israelense porque sua mãe, palestina, tinha se casado com um árabe israelense.[27]

As palestinas tendem a permanecer em casamentos ruins ou deixar que seus maridos tenham outra esposa "não oficial"; elas acham que, com o divórcio, passarão a vida como párias sociais. As divorciadas frequentemente voltam a morar com os pais, que escondem sua "vergonha" mantendo-as fechadas em casa. Segundo leis islâmicas, não precisa haver motivo para o marido repetir três vezes as palavras "eu me divorcio de você", e terminar o casamento. Não se exige qualquer outra razão. (O período de espera é de três ciclos menstruais, para assegurar que ela não esteja grávida.) Sem o consentimento do marido, é difícil que uma mulher saia de um casamento. Os abusos mental e físico raramente são motivos para buscar a separação. A mulher precisa de uma razão convincente e, mesmo assim, tem de concordar em devolver todo seu dote ou parte dele. Ela pode iniciar um divórcio se o marido não fizer sexo consigo pelo menos uma vez em quatro meses –

Casamento, poligamia, adultério e divórcio à moda israelense 421

a suposição é de que, sexualmente frustrada, ela será mais facilmente tentada a cometer adultério.[28] Todos os divórcios devem passar por audiências em cortes islâmicas, onde os juízes, a maioria homens, culpam frequentemente a mulher pelos problemas do casal. Um testemunho feminino vale apenas metade de um masculino. Pais geralmente ficam com a custódia de meninos com mais de 6 anos e meninas depois da puberdade.

As mulheres muitas vezes atravessam longos e humilhantes processos em tribunais e raramente ficam com a custódia dos filhos ou obtêm apoio financeiro suficiente, reclama Banna, mãe novata e uma das poucas mulheres que estudou como as cortes islâmicas funcionam. "Apenas advogados podem atuar em cortes muçulmanas, e não há islâmicas nesse campo, o que significa uma severa desvantagem. E as decisões têm impactos profundos em nossas vidas." Ainda assim, tem havido progresso. Sem o consentimento do marido, uma muçulmana pode sair de uma união infeliz se o contrato de casamento estipular que ela tem direito ao divórcio. Agora, elas estão acrescentando outra cláusula: se o marido arrumar uma segunda esposa, também terão direito ao divórcio. Em 2001, as árabes muçulmanas e cristãs receberam bem uma importante conquista legal: ganharam o direito (já usufruído por mulheres judias e russas) de ir a tribunais civis para resolver disputas de pensão e custódia. Banna celebra a tão aguardada decisão como uma revolução. As mães não mais terão de aceitar decisões sobre o valor da pensão de juízes religiosos, que lhes dizem quanto precisam para cuidar de seus bebês. "Eles não sabem o preço do pão nem do queijo porque nunca compraram."

Em Israel, casais brigam, fazem as pazes, casam, cometem adultério, se divorciam e abusam uns dos outros. Do nascimento ao enterro, porém, a vida gira em torno da família. A cada primavera, quando a Galileia se acende com papoulas vermelho-sangue, margaridas amarelas e íris púrpuras, famílias árabes e judias chegam para observar o cenário tranquilo. "*Dir balak*", diz um pai em árabe, acautelando seus filhos para não irem muito fundo nas águas frias de cor esmeralda do Mar da Galileia, que, pela primeira vez em anos, está cheio. Durante um jogo de bola com seus filhos de cabelos encaracolados, um pai grita "*yoffe*" ("boa" em hebraico). Uma jovem mãe monta um piquenique enquanto sua filha brinca com a boneca. É um alívio comer

422 OS ISRAELENSES

ao ar livre, sob o sol, e não pensar no Hezbollah refazendo seus estoques de mísseis. Uma expressão árabe usada por israelenses de muitas origens espelha o sabor agridoce de suas vidas: *Yom asal, yom basal* (alguns dias são mel, alguns dias são cebola). A não ser por um ocasional caça F-16, a impressão é de que o Hezbollah e Hamas estão muito longe.

Deitado em uma colcha, o casal levanta-se subitamente. O marido dá à mulher um binóculo para ela observar milhares de cegonhas brancas que cruzam o céu, migrando da África para se acasalarem na Europa. O voo das cegonhas simboliza um tempo auspicioso, a chegada da primavera e da sorte. Em um momento assim, "parece possível sonhar", como diz uma famosa canção hebraica, "que não há guerra no mundo".

Notas

1. A palavra *ketuba* significa literalmente "o que está escrito". *Ketuba* é um contrato legal, escrito em aramaico, a língua dos judeus da babilônia. Como as noivas na antiguidade eram consideradas uma propriedade, os primeiros contratos de casamento eram estritamente acordos comerciais. No século 1 a.C., ketuba era o contrato no qual o marido prometia honrar e sustentar sua esposa e lhe dar os direitos sobre seu dote e outras propriedades caso se divorciasse dela.

2. A conversão é um tema altamente político e incendiário. Mas, no caso da conversão, o rabinato não exerce o mesmo poder que tem sobre o casamento e o divórcio. Em 1989, a Corte Suprema decidiu que o Ministério do Interior deve reconhecer conversões ortodoxas no exterior, e esses convertidos podem se tornar judeus israelenses, de acordo com a Lei do Retorno. O Knesset reconhece que tratar a conversão como os pedidos de casamento e divórcio poderá causar grave cisão entre os judeus da diáspora. Em 1999, os três movimentos judeus – reforma, conservadores e ortodoxos – fundaram o Instituto Conjunto de Estudos Judaicos para preparar as pessoas interessadas na conversão. As cortes do rabinato aprovam esses convertidos.

3. Entrevistas da autora com Rachel Biale, autora de *Women and Jewish Law* (Nova York: Schocken Books, 1984). Os momentos para deveres conjugais prescritos na *Torá* são: diários para homens com autonomia; uma vez por semana para tropeiros de burros; uma vez em 30 dias para tropeiros de camelos; uma vez em seis meses para marinheiros. O *Talmude* acrescenta outros momentos em que um homem deve fazer sexo com sua mulher: antes de sair para uma viagem e perto de sua menstruação. *Iggeret Ha-Kodesh*, a Carta Sagrada, um tratado popular do século 13 dos nahmanides, influencia as atitudes judias sobre a sexualidade: "O intercurso é sagrado e limpo quando feito apropriadamente,

Casamento, poligamia, adultério e divórcio à moda israelense 423

no tempo certo e com a intenção certa... Porque o intercurso é chamado de conhecer [...] e este é seu significado oculto [...] se não fosse um ato de alta sacralidade, o intercurso não teria sido chamado de conhecer."

4. Lesley Hazelton, *Israeli Women: The Reality Behind the Myths* (Nova York: Simon & Schuster, 1977), pp. 116–17.

5. Entrevistas da autora com David Biale, autor de *Eros and the Jews* (Nova York: Basic Books, 1992).

6. Hazelton, *Israeli Women: The Reality Behind the Myths.* Ver capítulo "Cult of Fertility". Citação de Ben-Gurion em "How Can the Birthrate Be Increased?", *Ha'aretz*, 8 de dezembro de 1967.

7. Uma preocupação dos rabinos é que os filhos de um doador de esperma judeu possa se casar e, sem querer, cometer incesto irmão-irmã. Susan Kahn, *Rabbis and Reproduction: The Uses of New Reproductive Technologies among Ultra--Orthodox Jews in Israel* (Waltham, Massachusetts: Hadassah International Research Institute on Jewish Women at Brandeis University, agosto de 1998).

8. O professor Bruno Lunenfeld, do Centro Médico Sheba, desenvolveu o Pergonal e suas drogas derivadas, que são a base de todos os tratamentos de fertilidade aplicados em mulheres nos últimos 40 anos. A primeira gravidez *in vitro* do mundo aconteceu como resultado de tratamentos de fertilidade que ele deu a uma paciente israelense em 1961. Serono, a empresa farmacêutica italiana que fabrica Pergonal, de acordo com suas pesquisas, faturou bilhões de dólares em lucros. Ele não ganhou nada. Neri Liveh, "The Good Father", *Ha'aretz Magazine*, 31 de maio de 2002.

9. Não há dados confiáveis de pesquisa sobre a prevalência de casos extraconjugais entre israelenses. Em 1994, um estudo sobre a sexualidade israelense, não publicado, mas citado por Ronny Shtarkshall e Minah Zemach, da Universidade Humboldt, em Berlim, indica que mais de 35% dos homens israelenses e 25% das mulheres relatam ter tido pelo menos um caso extramarital.

10. A proibição para um homem casado fazer sexo com uma mulher casada deriva do seguinte verso bíblico: "Você não deverá plantar sua semente na mulher do vizinho" (*Levítico* 18:2). A regra da *Torá* contra adultério aplica-se somente a mulheres casadas. O intercurso sexual entre uma mulher casada e um homem que não seja seu marido é adultério. Na *Bíblia*, a pena para o adultério é a morte. Mesmo depois que a pena de morte desapareceu das leis judaicas, os rabinos ensinavam que uma mulher adúltera era *assur lebaal, assur laboel* (proibida para seu marido, proibida para seu amante). Embora as leis que proibiram o adultério tenham servido originalmente para assegurar a paternidade dos filhos, os rabinos – por meio dos ritos talmúdicos – ensinavam que um homem infiel não pode esperar que sua esposa seja fiel.

424   OS ISRAELENSES

11. Entrevistas da autora com Debbie Gross. Ver também Emma Blijdenstein, "20 Calls a Day to Hotline for Religious Victims of Rape", *Ha'aretz*, 28 de abril de 2000.

12. A Corte Suprema – que pode prevalecer sobre os rabinos em casos de pensão e guarda de filhos, mas não sobre o divórcio – recentemente decidiu que as cortes rabínicas devem empregar as leis civis israelenses em decisões sobre a propriedade comum de um casal. Mas os institutos jurídicos dos rabinos continuam a seguir leis religiosas, que não reconhecem a "propriedade comum". O marido da cliente de Yisraela barrou sua ação ao apresentar uma petição sobre propriedade a uma corte rabínica, e a mulher, ou vai terminar sem nada, ou enfrentar anos de batalhas jurídicas até que possa apelar à Corte Suprema. Se tivesse agido mais rápido que seu marido e apresentado a petição à corte civil, ela teria tido direito à metade da propriedade, isto é, se seu marido concordasse em lhe conceder o divórcio. Para saber mais, ver Jack Nusan Porter, editor, *Women in Chains: A Sourcebook on the Agunah* (Northvale, New Jersey: Aronson, 1995), especialmente "The Rabbinical Ties That Bind", de Glen Frankel.

13. Estudo de Ronny Shtarkshall e Minah Zemach, da Universidade Humboldt (Berlim), sobre sexualidade israelense, feito em 1994. Casamentos entre parentes mantêm a riqueza, especialmente terras, dentro de famílias estendidas. Em casamentos recíprocos, famílias trocam dois pares de seus filhos: um menino e uma menina de cada família. Esses pares homem-mulher são frequentemente irmãos e irmãs ou primos em primeiro grau. Isso economiza o pagamento de dotes por ambas as famílias, e também cria dupla linhagem de parentesco. Um segundo tipo de casamento é entre primos de primeiro e segundo graus, tio e sobrinha, ou tia e sobrinho.

14. Raphael Patai, *The Arab Mind* (Nova York: Scribner, 1983), citando Mouloud Feraoun, pp. 125–26.

15. Jan Goodwin, *Price of Honor: Muslim Women Lift the Veil of Silence on the Islamic World* (Nova York: Plume, 1994). A restauração do hímen deve ser feita dias antes do casamento, porque o procedimento é temporário. Algumas meninas nascem sem hímen, ou com um que não sangra.

16. Geralmente, a única experiência pré-marital de um noivo é com uma prostituta. *Wedding in Galilee*, filme israelense em língua árabe de Michel Khleifi, sobre um casamento em uma vila tradicional muçulmana, mostra a grande pressão sofrida pela noiva, para provar sua virgindade, e pelo noivo, para comprovar sua virilidade na cama.

17. Geraldine Brooks, *Nine Parts of Desire: The Hidden World of Islamic Women* (Nova York: Anchor Books, 1995); ver capítulos 2 e 3 sobre *insights* de atitudes em relação a casamento e sexo.

Casamento, poligamia, adultério e divórcio à moda israelense 425

18. Esses *hadith* (tradições anedóticas) sobre a vida do Profeta e seus ditos foram compilados dois séculos depois da morte de Maomé e estão principalmente no livro *Makarem al-Akhlaq*.

19. Judith Miller, *God Has Ninety-nine Names* (Nova York: Simon & Schuster, 1996). Uma pesquisa de 2002 da Sociedade pelo Avanço da Mulher Trabalhadora Palestina, feita em parceria com o Centro Palestino de Pesquisas de Opinião Pública e sob a supervisão do dr. Nabil Kokali, descobriu o seguinte: 56,9% das palestinas dizem ser um direito do marido bater em sua mulher se achar que ela feriu sua macheza; 47,1% sentem que não há necessidade de intervenção social ou de agências de execução da lei em casos de maridos que atacam as esposas, porque isso é um problema familiar; 59,1% acham que é direito do marido impedir que sua mulher trabalhe fora de casa; 86% acreditam que as tradições e os costumes islâmicos retardam o avanço das mulheres; 68,5% defendem a tese de que a Autoridade Palestina deveria criar legislação punitiva para a violência contra mulheres. (Citado em *Al-Ayyam*, suplemento feminino, "The Woman's Voice", 3 de outubro de 2002, traduzido por Palestinian Media Watch.)

20. Lisa Beyer, "The Women of Islam", *Time*, 25 de novembro de 2001, citando Riffat Hassan, professor de estudos religiosos da Universidade Louisville.

21. Organizações femininas treinam a polícia na comunidade árabe para ajudar vítimas de violência sexual e agressão física. Sob a Lei de Violência Doméstica, de 1991, juízes podem ordenar que maridos violentos mantenham distância de suas mulheres. A casa parental, de vários cômodos, frequentemente tem diversos casais árabes; se tal ordem foi emitida contra um esposo violento, a mulher que continua vivendo com os parentes dele pode sofrer ameaças.

22. Douglas Jehl, "Arab Honor's Price: A Woman's Blood", *New York Times*, 20 de junho de 1999. Em 1998, as Nações Unidas estimaram, conservadoramente, que mais de 5 mil mulheres são mortas anualmente por "razões de honra".

23. Entrevistas da autora com Aida Touma-Suliman.

24. Walter Rogers, "Honor Killings: A Brutal Tribal Custom", CNN, 7 de dezembro de 1995.

25. Organizações de mulheres árabes – como al-Badeel e Coalizão Contra o Crime da Honra da Família – têm documentado mais de uma dúzia de assassinatos por ano desde 1990. Os números são imprecisos e ficam bem abaixo da realidade porque muitas famílias reportam diversos casos de mulheres mortas como "desaparecidas".

26. O xeique Taysir al-Tamim, chefe das cortes islâmicas da Autoridade Palestina, expressou argumentos a favor da poligamia no jornal *Al-Quds*, em 8 de março de 2001, e pediu que os homens adotassem esposas adicionais.

27. Davan Maharaj, "Israeli Arabs Cut Off from West Bank Kin", *Los Angeles Times*, 24 de maio de 2002. Ver também Haim Shapiro, "Yishai Freezes Arab Naturalization Requests," *Jerusalem Post*, 13 de maio de 2002; Mazal Mualem, "Yishai Seeks to Cut Non-Jewish Citizenship", *Ha'aretz*, 7 de março de 2002; Mustafa Sabri, "The Blue Marriages", *Al Hayat*, 2 de fevereiro de 1998, <www.alhayat-j.com>.

28. Brooks, *Nine Parts of Desire*, p. 39.

17

Oy! Gay?

> *"Eu tenho orgulho de um país no qual a influente rádio do exército transmite as opiniões da filha (lésbica) do primeiro-ministro (Ehud Olmert) quando ela afirma que o direito dos gays de marcharem por sua capital é um direito tão inerente quanto votar. Eu tenho orgulho do policial da rua Rei Davi, que, perguntado por uma transeunte em idade pré-escolar sobre a bandeira com o arco-íris, respondeu: "Há meninos que amam meninos, e meninas que amam meninas"* — Bradley Burston, repórter do Ha'aretz, em 2007, depois da Parada do Orgulho e da Tolerância *Gay* em Jerusalém

> *Você não deve dormir com um homem como se fosse uma mulher; é uma abominação* — Levítico 18:22

> *Ser gay e muçulmano não é um um oximoro* — Faisal Alamn, fundador do al-Fatiha, um grupo internacional de *gays* e lésbicas muçulmanos, na abertura de sua sede em Jerusalém

Na televisão, uma audiência mundial de quase um bilhão de pessoas assistiu à beldade israelense de grossos cabelos pretos, Dana International, vencer o

428　Os israelenses

prestigioso festival da canção Eurovision, em 1998. A curvilínea cantora de
27 anos, que vestia um casaco de penas sobre um vestido informal, recebeu
o prêmio – também já conquistado por Abba e Celine Dion – e orgulhosamente tremulou a bandeira de Israel. Depois de seu triunfo, milhares de israelenses tomaram as ruas de Tel Aviv em comemoração, dançando e fazendo
festa a noite inteira. Alguns choravam de alegria. Dana é uma transexual,
que um dia foi conhecida como Yaron Cohen, ex-soldado e filho de pais
iemenitas religiosos da classe trabalhadora. Ela trouxe um novo orgulho
aos *gays* de Israel, estimados em 250 mil. Em sua triunfal visita ao Knesset,
a *popstar* foi parabenizada pelo primeiro-ministro Benjamin Netanyahu e
beijada por Moshe Katsav, ex-presidente de Israel. Nas pesquisas, 80% das
pessoas achavam Dana uma "apropriada representante de Israel".

Um mês depois, cerca de 15 mil israelenses se reuniram na primeira
Parada do Orgulho *Gay* no país. Homens e mulheres com roupas extravagantes, outros com *tops* e *shorts*. Todos dançaram pelas ruas de Tel Aviv
enquanto o hit de Dana, *Diva*, saía a todo volume dos alto-falantes. Pessoas acenavam de terraços para carros alegóricos que levavam cantores,
homens chacoalhando os peitos nus e *drag queens* com lantejoulas. Casais
gays andavam de mãos dadas. Casais heterossexuais levaram os filhos para
mostrar apoio à comunidade homossexual e ao seu ao direito de viver aberta
e livremente. No final, na praça Rabin, membros do Knesset se dirigiram à
multidão enquanto homens beijavam homens, e mulheres, outras mulheres.

"A vitória de Dana e a parada foram mudanças cataclísmicas para nossa
comunidade. Ninguém sonhava que tantos israelenses pudessem se sentir seguros saindo do armário", lembra Mickey Gluzman, professor de literatura
gay e comparativa da Universidade de Tel Aviv. "A cada ano, na parada, não
acredito no que meus olhos veem: são mais milhares de pessoas." Homens
com quipás, levantando cartazes com os dizeres "*gay*, religioso e orgulhoso",
ao lado das *OrthoDykes*, um grupo de lésbicas ortodoxas. Houve poucos
protestos, embora israelenses religiosos considerem a homossexualidade
uma abominação. "Protestos?", pergunta Mickey. "Vivemos com bombas
em ônibus e seguranças armados em nossos cafés e escolas. Assim, quem se
importa se eu vivo com meu namorado?"

Seu namorado dirige um café de Tel Aviv, com um sócio ostensivamente heterossexual de sua antiga unidade de tanques. Em mesas do lado de
fora, *gays* e héteros se reúnem para bebericar expressos e discutir política.

Um homem lê *Pink Time*, revista mensal *gay* israelense com notícias, anúncios pessoais e fotos reveladoras dos fortões homossexuais da Terra Santa. Embora Haifa e Jerusalém e outras oito cidades também tenham centros comunitários *gay*, Tel Aviv é o centro incontestável da vida *gay* no país, com clubes, *pubs*, e até mesmo times de futebol *gays*. Não há mais temas *gays* na literatura, música, cinema ou televisão dos quais não se tenha ouvido falar. Muitos israelenses ficaram grudados em suas TVs na noite em que *Florentine*, um seriado, mostrou uma cena com uma pessoa se revelando. O diretor Eytan Fox também fez o filme *Yossi and Jagger*, sobre dois soldados *gays*. "O exército está mostrando isso a soldados agora", comenta Eytan. "Como é um exército do povo, todo mundo tem de servir. Eles dizem: 'Nós não nos importamos se você é *gay*. É nosso dever'." Seu filme de sucesso, *A Bolha*, de 2006, é uma história de amor entre um judeu israelense e uma muçulmana palestina. Apenas quatro anos antes, Israel empossou seu primeiro membro do Knesset abertamente *gay*, o professor de química Uzi Even, da Universidade de Tel Aviv. A televisão estatal tem programas sobre as dificuldades de ser jovem e *gay*. Os currículos de colégios seculares são simpáticos aos *gays* – "todas as pessoas devem ser tratadas com respeito e tolerância, mesmo se sua orientação sexual for diferente da maioria" –, tudo em um país onde políticos religiosos têm enorme poder.

Israel se tornou um condutor de tendências de direitos *gays*. Yael Dayan, chefe da Comissão para Assuntos de *Gays* e Lésbicas do Knesset até 2003, tinha mesmo uma bandeira com o arco-íris em seu gabinete, e os visitantes nem imaginavam que país aquilo representava. Desde 1988, quando a Corte Suprema descriminalizou a sodomia, os juízes aprovaram algumas das mais progressistas leis *gays* do mundo. A discriminação no local de trabalho é proibida. Diferente de alguns exércitos – como o americano, com sua política de "não pergunte e não conte"–, as IDF têm dezenas de oficiais de alta patente *gays*. A questão se eles devem servir no exército nunca foi um tema de discussão em Israel. Em 1993, o ministro da Defesa, Yithak Rabin, decretou que soldados *gays* tinham de ser tratados com igualdade e também tornou ilegal que oficiais perguntassem a soldados sobre sua orientação sexual. Depois que um coronel morreu, o exército concedeu a seu parceiro uma pensão. Entre os diplomatas israelenses e funcionários da El Al, parceiros *gays* recebem os benefícios de esposas heterossexuais. Embora não haja casamento civil em Israel nem para casais heterossexuais, tanto a

430 OS ISRAELENSES

Corte Suprema quanto o exército decretaram que os casais homossexuais têm direito a benefícios de esposo e viúvo. A Lei de Assédio Sexual de Israel, de 1998, que é a mais rígida do mundo, incluiu "orientação sexual" como uma categoria explicitamente protegida.[1]

"Quando se trata de proteger nossos direitos, as leis estão lá. O problema é que há tantas pessoas conservadoras como meus pais", diz Michal Eden, uma jovem com aparência de Liza Minnelli que se tornou a primeira política israelense abertamente *gay*. Quando foi eleita para o Conselho Municipal de Tel Aviv, em 1998, seus pais, nascidos no Iêmen e Marrocos, não ligaram para lhes dar os parabéns – o que não foi de surpreender, já que não falavam com ela fazia oito anos. "Eu tinha 20 anos quando disse à família que tinha uma namorada. Minha mãe e meus irmãos ficaram me olhando espantados sem falar nada. O rosto do meu pai subitamente ganhou um milhão de rugas. Ele mordeu a unha e começou a andar de lá para cá. Disse que, se eu não mudasse, nunca mais teria contato com minha família. Eu pedi: 'Não posso desistir dos meus sentimentos. Você tem de me deixar ser eu mesma'. O momento definitivo de minha vida foi quando minha família me expulsou de casa e meu irmão ameaçou me matar. Tudo que eu tinha era uma mochila com roupas. Fiquei vagando por apartamentos de amigos, trabalhando em qualquer emprego que encontrava. Estava determinada a viver minha vida do meu jeito. Fui para a faculdade, encontrei uma parceira e fui morar com ela. Construí uma nova família – a comunidade de *gays* e lésbicas. Mais que os ashkenazim, os mizrahim ainda se trancam em armários, com medo de se revelar e encarar a rejeição da família. Sei que meus pais nunca mais vão falar comigo de novo."

Ao descrever sua vida em um afluente subúrbio de Beer-Sheva, Shai, um ex-arqueólogo de 55 anos, demonstra uma aparência sofrida. "Nossos amigos achavam que éramos uma família perfeita. Nos primeiros anos, eu também. Então, exceto por sentir falta dos meus filhos, cada vez ficava mais feliz de estar trabalhando com arqueologia em campo. Minha mulher reclamou que fazíamos menos sexo. Havia outra? O que eu estava escondendo dela? O que eu podia dizer? Que me escondia de mim mesmo? Estava confuso." Depois de ver um documentário na televisão sobre o Parque da Independência, local conhecido em Israel para encontros homossexuais fugazes, Shai foi lá olhar por si mesmo. "Vi todos os tipos de homens, jovens, velhos, russos, árabes, e turistas se encontrando, conversando, procurando em sua maior parte por sexo anônimo. Eu me senti realmente desconfortável lá. Quando já ia embora às pressas, um haredi que veio até mim queria fazer sexo nos arbustos. Falei: 'Como você pode? A *Bíblia* proíbe a homossexualidade. Homens não devem se deitar com homens'. Nunca vou esquecer sua resposta: 'Não é um pecado. A gente faz de pé'."

"Na próxima vez em que estive em Tel Aviv, decidi ir a um *spa* para uma massagem e um mergulho na piscina quente. No local de tomar sol no telhado, vi caras bonitos e atléticos deitados nus. Peles escuras e claras, peludos ou não, musculosos. Tentei ler um jornal, mas as fantasias me invadiam. Foi aí que descobri que não era o único homem casado 'daquele jeito'. Minha vida dupla começou. Minha mulher não mais suspeitava que eu estivesse vendo outras. Sabia que não estava atraído por ela e me forçou a ir com ela a um conselheiro. Eu não queria destruir minha família. Durante a discussão, perdi a paciência: 'Você quer terapia? Vá achar um grupo de terapia para esposas de homossexuais'. Aquilo a atingiu como uma bomba. Nenhum de nós sabia o que fazer. Finalmente, concordamos em não contar às nossas famílias porque eu arrumara um apartamento para mim. Se meu pai descobrisse, iria *sit shiva* (prantear os mortos). Ele cresceu em Bagdá e costumava dizer que achava repulsivo ver árabes de mãos dadas e se tocando. Meus sogros são ashkenazim liberais, daqueles que vão à parada *gay*, mas não liberais o bastante para isso. A filha deles casada com um homossexual? Quando nos casamos (depois da Guerra do Yom Kippur, em 1973), ninguém sabia nada sobre *gays*. Pelo menos ninguém dizia nada. Se tivesse me dado conta antes, o que teria acontecido? Ficaria sem mulher e filhos? Sem seders e feriados juntos? Então, dessa forma, me sinto feliz de não estar na 'nova geração'."

Seus filhos, em idade colegial, sabem, mas não querem saber. "Eles nunca falam sobre isso", continua Shai. Durante anos, não houve ninguém especial em sua vida, até receber uma resposta intrigante para seu anúncio pessoal. "Eu gostei do seu hebraico literário e gracioso. É muito culto. Pensei que ele, por ser mais jovem e viver em Haifa, não teria meus problemas emocionais. Bom, os deles são inacreditáveis. Ele cresceu na Rússia, onde costumavam colocar *gays* em campos de trabalho forçado." Até o final da União Soviética, a lei criminal proibia a homossexualidade – ninguém podia

432 OS ISRAELENSES

se "desviar", e os homossexuais eram forçados a ter vidas clandestinas. Embora a lei não valha mais, os ataques homofóbicos estão desagradavelmente florescendo. Muitos imigrantes que chegaram a Israel trouxeram junto sua homofobia. Na mídia russa israelense, a homossexualidade é tema tabu. "Ele está aqui há dez anos, e as coisas não suavizaram. Ainda tem medo de que um de seus amigos, a família ou alguém da comunidade russa descubra seu 'terrível' segredo. Talvez essa seja uma razão para ele gostar de mim. Eu nem consigo soletrar Tchaikovsky."

"Em nosso mundo, ser *gay* é como comer carne de porco no Yom Kippur", diz Nurit, que vive em uma colônia religiosa na Cisjordânia, perto de Jerusalém. Seu tom de voz se alterna entre o angustiado e o raivoso quando ela descreve o que aconteceu com seu irmão mais velho logo depois de ser recrutado. "Minha mãe estava limpando o quarto dele e quase morreu com o choque, ao achar uma revista pornográfica masculina. Meus pais o confrontaram quando ele veio para o sabbath. Nunca vou esquecer a cena lacrimosa. Eles disseram que ser homossexual é contra o judaísmo. Ele teve coragem de se defender: '*Gays* não são monstros. Não é algo que eu tenha escolhido. Isso é o que eu sou'. Meus pais continuaram dizendo: 'Você nunca vai ter filhos'. Meu irmão tentou educá-los para o fato de que vivemos no século 21, e que, se ele quiser uma família, há *gays* em Tel Aviv, Haifa e Jerusalém que estão adotando crianças. Eu não falei nada, mas o que realmente queria dizer era: 'Se vocês estão preocupados em terem netos, é melhor se preocuparem comigo também'."

Nurit cursava uma escola feminina ortodoxa no tempo em que também se debatia com sua identidade sexual. "Os professores sempre nos advertiram a não fazer sexo com meninas. Nunca mencionaram nada sobre homossexuais. As meninas não tinham ideia do que significava lésbica. Costumávamos nos tocar e nos abraçar. Era considerado uma coisa de garotas. Quando ia dormir na casa de amigas, experimentava. Dormi com duas meninas. Fazíamos um monte de coisas uma com a outra, mas nunca falávamos sobre isso. Tive uma relação muito intensa com uma delas, que me disse: 'Gostaria que você fosse um garoto'. Por vezes, imaginava, por que Deus me fez lésbica? Talvez, Deus esteja me testando para eu sobrepujar isso. Em algumas noites, lia todo o *Livro dos Salmos* e rezava para 'meu problema' desaparecer."

"Meu irmão estava em uma situação muito melhor que a minha. Ele tinha se aberto para todos em sua unidade, e seu comandante sabia. Eles deram todo o apoio. Ser *gay* não cria conflito com ser um bom soldado, e por isso eles aceitam." Consciente de que ela lutava com sua sexualidade, o irmão a levou à Cinemateca de Israel para ver *Trembling Before God* (Tremendo perante Deus), um documentário americano revolucionário e tocante sobre judeus homossexuais ortodoxos e ultraortodoxos. "Eu não parei de chorar. Minha vida estava naquela tela. Ver lésbicas religiosas, que estão feridas, tocou minha tristeza e respondeu perguntas. Eu posso ser ortodoxa e ainda assim fazer sexo lésbico? Posso ser feliz? Quando vi o filme, descobri que sim."[2]

Nurit pensou estar pronta para se revelar a seus pais. Mas o momento não poderia ter sido pior. A vida na colônia estava se tornando insuportável, a área era uma zona de guerra, e dois de seus amigos de infância tinham sido mortos em uma emboscada. "Decidi não dizer nada a meus pais. É difícil o bastante dar até logo para eles de manhã sem saber se vai ser a última vez." Ela porta uma arma e dirige para Jerusalém, com um colete à prova de balas, onde trabalha como enfermeira geriátrica. "Quando amigos tentam me arranjar uma relação, digo que tenho um namorado. Minhas colegas de classe estão casadas. Mesmo uma que é bissexual. Sei disso porque dormimos juntas. Se você é lésbica, fica quieta e segue adiante com o planejado. Na comunidade ortodoxa, o número de homens e mulheres homossexuais que se casam com pessoas do outro sexo é muito, muito maior que no mundo secular. Crescer na vida religiosa significa que fui educada para ser esposa, e ensinada que a realização significa trazer filhos ao mundo. Mesmo se você não for religiosa, se não quiser ter filhos não será uma mulher de verdade, não uma israelense de verdade. Em Israel, filhos são tudo, o centro da vida. Acho que, em um nível psicológico profundo, isso tem a ver com a continuação do povo judeu."

Em um restaurante aconchegante dirigido por e para lésbicas, pode se ter uma ideia do *baby boom* entre *gays*. Em uma grande mesa de madeira, uma grávida discute sobre seu curso Lamaze. Uma criança, em um carrinho, chama uma mulher de "mãe" e a outra de "mamãe". Um estudo recente de lésbicas, de 16 a 24 anos, mostrou que a maioria delas quer ser mãe. "Isso é único na sociedade israelense", de acordo com o professor de Estudos Sociais Adital Ben-Ari, da Universidade de Haifa. "Na maioria dos países ocidentais, adolescentes lésbicas são com frequência opostas à estrutura familiar tradicional. Mas, em Israel, a ideia de família é tão enraizada que também permeia as atitudes das lésbicas."[3] Não há estatísticas sobre pais do mesmo sexo, mas um número crescente de filhos israelenses tem duas mães ou dois pais, ou por vezes ambos. Tel Aviv, Jerusalém e Haifa têm organizações de encontros para homens e mulheres *gays* que querem ser coparentes de uma criança. Como a lei internacional de adoção de Israel permite que qualquer pessoa qualificada para ser pai possa adotar, independente de orientação sexual ou gênero, os pais em potencial viajam a lugares como Guatemala, Romênia, Ucrânia e Vietnã. A Corte Suprema produziu manchetes em 2000 quando permitiu que uma lésbica adotasse a filha de sua parceira, concebida por inseminação artificial. O único juiz muçulmano da corte, Abd al-Rahman Zouabi, discordou da opinião da maioria. A ordem de adoção, escreveu ele, cria uma "unidade familiar anormal". *Gays* acharam o julgamento relevante, mas judeus ortodoxos ultrajados acusaram a corte de estar transformando Israel em Sodoma e Gomorra.

Na cultura árabe, o homossexualismo ainda é "o amor que não ousa dizer seu nome". "É contra nossa imagem masculina", diz Omar, padeiro de um vilarejo muçulmano perto de Umm al-Fahm, que mora perto de Haifa. Sua família não sabe onde. "Quando eu tinha 15 anos, meu pai viu alguns meninos andando pela rua de mãos dadas. 'Isto é normal', ele disse. 'Mas, se um homem tocar você naquela parte, dê um chute no saco dele e corra'. Isso foi a única coisa que ele sempre disse sobre homossexuais." Em todo o Oriente Médio, é comum que amigos homens se abracem, coloquem os braços nos ombros uns dos outros. O que não é aceitável é um homem mostrar afeto por uma mulher em público. "Para mim, foi ótimo não ser pressionado a estar com meninas. Meninos saem com meninos. Ninguém namora. Quando tinha 19 anos, estava alugando meus vídeos pornôs masculinos, mas, um dia, fui estúpido e deixei um deles dentro do videocassete. Minha mãe descobriu e o deixou em minha cama, destruído. Ficou transtornada e com medo. Eu a amo, e somos muito, muito próximos. Eu lhe disse que estava com medo também. Quando admiti que sinto atração por meninos, e não meninas, não quis escutar. Ela disse que era apenas uma 'condição', e que eu podia me livrar dela praticando o islamismo. Fui à mesquita, tentei rezar pelo menos uma vez por dia e parei de tomar cerveja. Depois, ouvi o xeique Salah chamar a homossexualidade de grande crime, uma perversão que traz a ira de Alá e faz coisas terríveis acontecerem. Pensei: não posso ser o único árabe *gay*. Fui na internet e achei muitos como eu. Passei um monte de tempo lendo histórias de homens em *sites* árabes como QueerJihad e al-fatiha (que significa 'a revelação' e é o título do primeiro capítulo do *Corão*)."[4] Omar é parte de uma crescente nova cultura de *cibergays* muçulmanos. Eles partilham segredos e discutem seus sentimentos conflitantes por serem parte de uma cultura que proíbe relações do mesmo sexo.

Quando Omar fez 25 anos, sua mãe disse que as amigas dela estavam perguntando se seriam convidadas para seu casamento. "Mesmo que reze cem vezes por dia, não posso mudar, eu lhe disse. Há homens aprisionados em casamentos, que batem em suas mulheres, bebem ou pensam em suicídio. Quando me falou que uma pessoa sem família morre como um cão, lembrei-a do caso de um homem que mora não muito distante. Quando a família de sua mulher ouviu rumores de que ele estava fazendo sexo com outro homem, foi assassinado. Perguntei à minha mãe: 'Você quer que isso aconteça comigo?'. Ela me advertiu que eu, se não mudasse, iria colocar meu pai na cova, e Alá me amaldiçoaria. Meu pai ficou louco quando soube. Disse que não poderia aceitar que seu único filho não fosse se casar, que não lhe daria um neto para carregar o nome da família. Ele gritou: '*Inta luti!*' (você é um homossexual). Ser chamado de *luti* é como ser condenado à morte. Eu tinha desonrado a dignidade de minha família, e não havia escolha. Tinha de sair. Por minha causa, ele se divorciou da minha mãe. Casou-se com outra mulher, que tem a metade da idade dela e já lhe deu um filho."

O islamismo, assim como a maioria das denominações cristãs e o judaísmo ortodoxo, condena a homossexualidade. Como a *Bíblia*, o *Corão* tem a história de Lot (Lut em árabe), na qual Deus pune os homens em Sodoma que fazem sexo com outros homens. Em muitos países muçulmanos, homens apanhados em atos homossexuais podem ser presos, torturados ou executados – tudo em nome do islamismo.[5] A lei islâmica tem duras punições para a sodomia homossexual: "Se são homens casados, os parceiros devem ser queimados até a morte ou ser jogados à morte das alturas. Se não forem casados, o sodomizado pode ser executado (a menos que seja um menor) e o sodomizador levará cem chibatadas."[6] As penas diferentes refletem uma repugnância cultural pelo homem que assume um papel "feminino". Se um árabe for a parte ativa (o que penetra), pode fazer sexo e até nem se considerar *gay*. Ele apenas chama isso de "algo que os homens fazem", explica Omar. "Eu conheço homens casados que fazem sexo e não encaram a verdade de suas identidades. Há também uma linha entre sexo e emoções. Se você cruzar a linha e a relação se desenvolver, então você é um *gay*, e isso significa um grande problema."

Após caminhar na agitada área do centro de Jerusalém, favorita de judeus seculares ou religiosos e turistas, Omar e Nurit entram em um prédio de escritórios com uma enorme bandeira com o arco-íris ondulando em seu terraço. Um barista beduíno, um oficial da reserva, um árabe cristão da Universidade Hebraica e um professor haredi casado estão em uma festa de aniversário no terceiro andar. Juntos pelo "estranhamento" que os alienou de suas famílias, eles criaram a Jerusalem Open House (JOH), um centro comunitário único para homossexuais, bissexuais e transexuais – seu refúgio. No coração da atormentada Cidade Sagrada, judeus religiosos e árabes e palestinos, seculares, religiosos e antirreligiosos, esquerdistas e direitistas partilham experiências. Há aconselhamento psicológico em hebraico, árabe, russo e inglês, assim como grupos de *gays* casados, pais *gays* e pais de *gays*. Há festas do Purim, seders no Pessach e noites de discotecagem.

Com frequência, nos piores dias da segunda Intifada, ouviam-se grandes explosões. Hagai El-Ad, ex-diretor executivo, lembra-se de escutar sons de morte. "As janelas chacoalhavam. O vento carregava o cheiro de pólvora. Corríamos até o terraço para ver, ligávamos para nossos pais aterrorizados para saber se estavam bem. Depois, percebemos que alguém do escritório desceu para comprar uma pizza no Sbarro e fazer uma xerox. Com medo, fomos checar se ele estava vivo. Não demorou para nosso telefone tocar. Ainda havia encontros do grupo? O grupo russo? E os encontros das *OrthoDykes*? Apesar do perigo, as pessoas chegavam. Nada foi cancelado. Nunca. É bizarro. Estávamos lotados. Como uma família, celebrando o fato de estarmos vivos, capazes de ver, sentir e abraçar uns aos outros."

"Este lugar é o oxigênio de que precisamos", diz David Ehrlich, um escritor *gay* judeu que está tendo aulas de árabe falado. Durante o auge dos ataques suicidas, sua livraria-restaurante nas proximidades, Tmol Shilshom (o jeito que as coisas eram), local favorito de escritores e *gays* israelenses, estava quase falindo. Escritores famosos, como Amos Oz, Aharon Appelfeld e David Grossman, davam palestras especiais, pedindo aos fregueses que continuassem vindo. Desde 2007, o local tem estado cheio. Ele recontratou a maioria de seu pessoal, incluindo um *chef* árabe que prepara comida kosher. "Na Open House nos ocupamos com programas, aulas. Apenas pessoas tentando levar vidas normais." Sons de dança folclórica e de um coral emanam de outras salas. Em algumas noites, estudantes colegiais assistem a filmes *gays* originais. Nas sextas, homens e mulheres se reúnem para os serviços do sabbath. Os painéis de discussão têm títulos como "David e Jonas, Ruth e Naomi: apenas bons amigos ou amantes do mesmo sexo?" e "A prosa e poesia do amor do mesmo sexo: perspectivas judias e islâmicas". Steven Greenberg, o primeiro rabino ortodoxo abertamente *gay*, chama os encontros árabes judeus da JOH de um experimento em "renovação cultural". "Há mais ou menos mil anos, em cidades como Bagdá e Granada, judeus e muçulmanos criaram culturas vibrantes religiosamente complexas e notavelmente abertas, que incluíam uma silenciosa tolerância ao amor do mesmo sexo", diz Steven. "Nossas tradições têm recursos muito antigos e veneráveis com respeito à diferença. Nosso trabalho é redescobri-los." Entre as pessoas na livraria e no salão há poucos homens usando quipás tricotados e chapéus pretos. Temerosos de se expor e arruinar suas chances de um bom casamento, a maioria dos membros haredim da Open House se encontra em lugares secretos. Um *gay* que quer permanecer na comunidade haredi tem mais a fazer que manter sua identidade sexual escondida – ele também deve casar.

Como os árabes *gays*.

Hanin Maikey, uma das funcionárias heterossexuais da JOH, é certamente a única pessoa no Oriente Médio com o título de Coordenadora Social para Árabes *Gays* e Lésbicas. Antes de deixar a vila árabe cristã de sua família, na Galileia, para estudar assistencialismo social em Jerusalém, ela nunca tinha conhecido um homossexual árabe. Cerca de 10% de qualquer população é homossexual. É por isso que o clube *gay* da Universidade Hebraica ganhou o seguinte nome: "Os outros dez por cento".

Jerusalém, que é um terço árabe, é a melhor base para seu trabalho, diz Hanin, que dirige um encontro mensal noturno para palestinos em um bar *gay* de Jerusalém, de um membro do Conselho da Cidade abertamente homossexual. Ela também escreve as publicações e o *website* da Open House em árabe, que tem mais de 300 membros em seus fóruns de discussão. "Somos o único país de fala árabe no Oriente Médio que oferece ajuda e um fórum para *gays*", diz Hanin. Ela e Easau, um barista beduíno que trabalha em Tel Aviv, conduzem grupos de apoio para homens árabes. "Muitos deles foram expulsos das casas dos pais, têm vidas desesperadas, laços cortados com a família. Alguns tomam drogas", ela explica. Muitos fogem das surras ou da morte vivendo clandestinamente com amigos árabes e judeus, principalmente na tolerante Tel Aviv. Frequentemente, Hanin recebe telefonemas de homens que não ousam ir aos encontros porque têm esposas e filhos. "No telefone, eles falam e falam. Precisam mesmo conversar. Querem mudar suas vidas, mas não sabem como". Também dirige um grupo menor, separado, de lésbicas árabes, a maioria estudantes da Universidade Hebraica. Elas insistem em manter absoluta discrição – lésbicas, se tiverem a identidade conhecida, tornam-se mulheres marcadas, geralmente são forçadas a se casar ou, desonradas, ficam marginalizadas por sua família. Sob a lei islâmica, uma lésbica solteira recebe uma centena de chibatadas. As casadas podem ser apedrejadas.[7] Uma mulher, de 21 anos, que disse à família ser lésbica, foi severamente espancada e, em desespero, telefonou para a JOH. Depois que as famílias de duas mulheres de uma vila perto de Nazaré revelaram suas relações lésbicas, elas se mudaram para Haifa. Os parentes as rastrearam, e tiveram de fugir para a Holanda. "É muito pior para lésbicas árabes com baixo nível escolar", observa Hanin. "Sem profissão e sem dinheiro, elas têm poucas chances, a não ser se casar."

A JOH está fazendo um esforço especial para também se aproximar de homossexuais palestinos. "Recebo telefonemas que me emocionam de Ramallah e Nablus, de médicos, advogados, qualquer pessoa que veja nosso *website* ou nossos anúncios em árabe. Atendo ligações de homens do campo de refugiados de Deheisha. Eles nunca se revelam. Não podem falar com ninguém. Sou a única pessoa a quem podem recorrer", diz Hanin, que ouve uma série de histórias perturbadoras todo dia. "Acabei de receber uma ligação de um homem de Belém que estava muito nervoso. Sua família lhe apresentou a uma jovem mulher. Ele não sabe como agir para que ela aceite se casar. *Gays* e lésbicas têm conflitos interiores, com ou sem guerra."

Ezra, judeu israelense que trabalha como empreiteiro hidráulico, e Selim, muçulmano palestino que passou um tempo na prisão por ataques durante a primeira Intifada, vão regularmente a reuniões da JOH. Eles amam ir a restaurantes, cinemas – e viver juntos. Foram chamados de "traidor",

Oy! Gay? 439

"amante de árabes" e "colaborador" – a maioria dos israelenses e palestinos considera isso "dormir com o inimigo". Mesmo assim, a família de Ezra em Jerusalém trata Selim com carinho (embora a senhora Yizhak tivesse preferido que seu filho escolhesse um "menino bacana judeu"). Selim trabalha por toda Jerusalém ajudando Ezra com seu negócio. Apesar do perigo, os dois passam por postos de vigilância para visitar a família de Selim em Ramallah. Seus pais tratam Ezra como um membro da família, mas esperam que um dia seu filho se case com uma mulher. Por vezes, colocam um guarda armado na porta – poucos vizinhos têm a mente aberta com judeus ou homossexuais. Um homem de 40 anos de Ramallah, que era ativo na comunidade *gay* de Tel Aviv, foi assassinado sob o pretexto de ser um colaborador de Israel. Alguns palestinos homossexuais até mesmo pediram asilo político em Israel como alternativa preferida a prisão, espancamentos e morte. (Antes da segunda Intifada, cerca de 500 palestinos homossexuais viviam em Israel com milhares de outros palestinos que entravam em Israel livremente, como refúgio ou em busca de sexo ocasional, de acordo com a Agudah – Associação de *Gays*, Lésbicas, Bissexuais e Transgêneros de Israel.) Selim vive ilegalmente em Jerusalém ocidental, onde se teme muito o terror. Quando a polícia o para como suspeito, esse homem, de 26 anos, mostra um documento de cartório dizendo que ele e Ezra têm uma relação estável. Se a polícia descobre sua ficha policial, ele apresenta uma carta das forças de segurança israelense afirmando que não é um risco conhecido à segurança. Selim está tentando se tornar um cidadão israelense. Não é o primeiro. O premiê Rabin deu direito de residência a um *gay* palestino de Gaza que vive com seu parceiro em Tel Aviv.

"Selim podia ser, de várias maneiras, um símbolo para a paz. Durante a primeira Intifada, ele passou dois anos na cadeia por atacar israelenses. E, agora, está apaixonado por um deles", observa Hagai El-Ad, o astrofísico que dirigiu a JOH quando foi inaugurada em 1999. "Apesar da terrível situação política e das poucas interações entre judeus e árabes, o número dos nossos membros cresce rapidamente. Para nossos visitantes, o que torna esse lugar tão incomum não é a orientação sexual. É o fato de que estamos tentando criar uma Jerusalém diferente, aberta a todos, *gays* ou não, palestinos e israelenses, religiosos e seculares."

Realizar uma parada *gay* em Jerusalém é como navegar ao longo de uma falha oceânica. Não é recomendado para os sismicamente sensíveis.

440   OS ISRAELENSES

(E os sismólogos dizem que Jerusalém está sujeita a um grande terremoto.) Depois da Parada do Orgulho *Gay* de 2007, o repórter Bradley Burston, do *Ha'aretz*, descreveu seus sentimentos: "Eu sou orgulhoso de um país que – sob ameaça 24 horas por dia de um ataque terrorista da Jihad Islâmica, sob uma barragem diária de mísseis Kazam do Hamas, em uma pequena cidade do Negev, sob uma ameaça explícita de eliminação pelo Irã no futuro – coloca 8 mil policiais, quase metade de toda sua força ativa, para proteger a parada de uma minoria em Jerusalém, rotineiramente vilipendiada por muitos membros das maiores e mais ruidosas comunidades: os ultraorto-doxos e os palestinos".

Em 7 de junho de 2002, quase 40 mil pessoas compareceram à primeira parada *gay* da Cidade Sagrada contra o ódio. Mostrando que a comunidade *gay* da cidade é uma mistura única, um árabe e um israelense seguravam um cartaz que dizia: "A Hummus-sexualidade não é um tabule".* "As co-munidades *gays* israelenses e palestinas estão saindo do escuro do armário para a luz", disse um homem carregando uma bandeira com o arco-íris. Havia forte proteção policial, mas pouca oposição. Um homem soprando um shofar e clamando pela redenção foi afastado pela polícia. Alguns ha-redim seguravam cartazes condenando a marcha como blasfêmia, dizendo que ela tiraria a santidade da cidade. O rabino ultraortodoxo Haim Miller, ex-vice prefeito de Jerusalém, denunciou a marcha: "É uma desgraça. Antes, as pessoas com essa perversão costumavam se esconder de vergonha. Hoje, chamam isso de 'orgulho' e vão para as ruas".

Uma passante fazendo suas compras de sexta-feira deu de cara com a marcha e perguntou com raiva: "Eles acham que isso aqui é o quê? São Francisco? Amsterdã? Tem uma guerra acontecendo". "Eu não gosto deles, mas isso aqui é uma democracia, e eles têm todo o direito de fazer a para-da", respondeu outra. A marcha atravessou as ruas do centro de Jerusalém e terminou com um concerto no Parque da Independência, com famosos cantores e atores *gays* israelenses. Durante décadas, o parque foi o local de encontros clandestinos para judeus e árabes *gays* e prostitutas. A polícia regularmente realizava prisões, nota um homem. "Hoje é diferente. A po-

---

* Trocadilho usando as palavras humus, pasta de grão de bico, e tabule, salada típica do mundo árabe. (N. T.)

Oy! Gay? 441

lícia veio para nos proteger, e não nos perseguir." Para homenagear todas as vítimas da Intifada, as pessoa soltaram dezenas de balões pretos. Alguns deles voaram em direção ao Monte do Templo.

Notas

1. Amir Fink e Jacob Press, *Independence Park: The Lives of Gay Men in Israel* (Stanford: Stanford University Press, 1999), pp. 9-10. Ver também Lee Walzer, *Between Sodom and Eden* (Nova York: Columbia University Press, 2000).

2. Quando *Trembling Before God* estreou em Israel em 2001, famílias haredim pediram que o diretor Sandi Dubowski lhes mostrasse o filme – que foi exibido em suas casas, em um terminal de computador ligado a um videocassete, pois elas não tinham TV nem iam ao cinema. Para saber mais sobre o filme: <www.tremblingbeforeGod.com>. Ver também Naomi Grossman, "The Gay Orthodox Underground", *Moment* (abril de 2001).

3. Leora Eren Frucht, "Happy and Gay Families", *Jerusalem Post*, 12 de outubro de 2000. Em 1997, a Corte Suprema decidiu que mulheres solteiras podem obter doações de bancos de espermas como as casadas. Elas não precisam mais passar por uma avaliação psiquiátrica para determinar se são·aptas para a maternidade.

4. Michael Signorile, "Cyber Mecca", *Advocate*, 14 de março de 2000. Para *sites* muçulmanos homossexuais, ver <www.glas.org/ahbab; Queer Jihad.web.com; www.al-fatiha.net>.

5. Em 2001, a polícia egípcia invadiu o Queen Boat, uma discoteca *gay* no Nilo. Depois das prisões, 23 homens foram sentenciados de um a cinco anos de prisão, condenados por libertinagem, desobediência ao islamismo, interpretação falsa do *Corão* e exploração do islamismo para promover ideias fora dos padrões. O jornal *Al-Haqiqa* publicou em manchete, no dia 16 de fevereiro de 2002: "Importantes funcionários do governo, clérigos e cientistas: 'pervertidos [ou seja, homossexuais] devem ser jogados de montanhas, mortos ou queimados'". A lei penal do Irã especifica a execução para a sodomia consensual entre adultos, cuja menor punição resulta em 74 chibatadas; para o lesbianismo, são cem, e a morte na quarta ofensa. Na Arábia Saudita e nos Emirados Árabes Unidos, leis semelhantes determinam a execução por apedrejamento, enforcamento ou decapitação. Em abril de 2000, a Arábia Saudita condenou nove homens à punição com mais de 2,4 mil chibatadas cada um, além de seis anos de prisão por sexo *gay*, de acordo com a Anistia Internacional.

6. Brooks, *Nine Parts of Desire*, p. 47.

442 Os israelenses

7. A lei judaica, conforme codificada no *Mishnaj Torá*, por Maimônides, é algo com mais nuanças: "As mulheres são proibidas de fazer *mesolelot** umas com as outras. Essa é a prática da Terra do Egito, contra a qual fomos advertidos, como foi dito: 'Como a prática da Terra do Egito etc. você não deve fazer'. Os sábios dizem: 'O que eles fizeram? Um homem casa com uma mulher, uma mulher casa com um homem, e uma mulher casa com dois homens'. Embora essa prática seja proibida, não há imposição de chicoteamento, já que não há um mandamento negativo contra ela nem há intercurso. Consequentemente, [tais mulheres] não são proibidas para o sacerdócio por conta de prostituição, nem uma mulher é proibida para seu marido por conta disso, já que não existe prostituição no caso. No entanto, o chicoteamento por desobediência (*mardut*) deve ser aplicado, uma vez que elas desempenharam um ato proibido. Um homem deve ser rigoroso com a esposa nessa matéria, e deve prevenir que mulheres que conhecidamente se engajem nessa prática as evitem e impedir que as procurem".

---

* Contato sexual sem penetração. (N. T.)

18

Prostitutas e haxixe na Terra Santa

Quando Israel tiver prostitutas e ladrões, seremos um Estado como qualquer outro — David Ben-Gurion

Um táxi para na porta de um hotel quatro estrelas, em Tel Aviv, e uma loira platinada, com uma minissaia de *lycra* e saltos de doze centímetros, desce do carro. Ela pega seu celular e, falando em hebraico macarrônico com forte sotaque russo, diz a seu cliente que está subindo. A poucas quadras dali, na rua Ben-Yehuda, um jovem com quipá preto se dirige a um beco perto de uma loja de aparelhos domésticos. Ele sobe em uma escada de metal externa até o segundo andar. Uma placa na porta diz: "Academia de ginástica". A sala de recepção, com uma cortina vermelha, está tomada por fumaça de cigarro. Em um sofá roto, mulheres com roupas sumárias assistem a uma novela russa. Uma loira de cabelo mal tingido o leva para um quarto, nos fundos, para um rápido exercício vespertino. É difícil manter segredos em Israel, mas os fregueses como ele podem confiar que essas mulheres anônimas não vão fazer fofocas. Pelo menos, não em hebraico. Não há qualquer chance de que um dia esbarrem em suas esposas, suas filhas, seus pais. Elas habitam outro mundo, o subterrâneo de Israel.

Políticos a caminho da sede do Partido Trabalhista passam por "casas de massagem" de luxo. Atrás da Bolsa de Valores de Tel Aviv, operadores, executivos e mesmo policiais podem aliviar suas tensões em um número impressionante de caros clubes de *striptease*. À noite, um carro para em um farol vermelho; uma mulher de aparência rude se aproxima, expõe seus seios e logo diz seu preço. Em uma praia escura perto da área *high-tech*, no norte de Tel Aviv, um homem vende camisinhas, cigarros e cerveja a prostitutas, seus clientes e aos espectadores em geral. Os israelenses trazem esposas e filhos curiosos como se estivessem em um cinema *drive-in*, com as luzes de seus carros iluminando o estranho jogo de sombras ao ar livre. As mulheres nas dunas prestam serviços para uma gama eclética de clientes. Alguns homens não estão interessados em farrear com mulheres. A Academia de Língua Hebraica recentemente cunhou um termo oficial – *zoneh* –, que significa prostitutos.

A praia de Eilat, no Mar Morto, tem um sofisticado guia oficial de entretenimento. Ao lado de anúncios de restaurantes e mergulhos, há alguns como esse: "Oferta única! Lindas meninas a partir de 19 anos! $20 por meia hora, com táxi incluso – Visa e MasterCard". Oferta de serviços de acompanhantes, sexo por telefone em árabe, ou bissexuais russos de peitos grandes por 50 dólares a hora em um apartamento privado em Tel Aviv, aparece em prestigiosos jornais em hebraico. A cena sexual cambiante de Tel Aviv se reflete nas últimas músicas e nos *sitcoms* na TV. Cartazes provocativos são visíveis de cemitérios e sinagogas.

Há cerca de 700 casas de massagem e bordéis em operação no país, sendo 250 apenas em Tel Aviv.[1] O negócio de venda de sexo é ousado e lucrativo. Lembra um supermercado, onde israelenses podem seguir facilmente o conselho de Oscar Wilde: o único jeito de se livrar de uma tentação é se entregar a ela. Em um programa de tevê israelense, *Perspectiva feminina*, durante uma discussão sobre prostitutas estrangeiras legais, um importante advogado diz que não conhece um homem que não esteja disposto a procurar uma delas. Colunistas de fofocas flagraram jogadores de futebol famosos às voltas com garotas de programa. De acordo com a polícia, cerca de 25 mil transações sexuais pagas acontecem todos os dias. Para fugir dos olhos curiosos de pequenas cidades e vilarejos, israelenses árabes casados e solteiros

Prostitutas e haxixe na Terra Santa 445

participam de excursões a Haifa ou Tel Aviv. O mesmo fazem homens de comunidades judaicas conservadoras. As prostitutas afirmam que um quinto ou mais de sua clientela fiel é formada por judeus muito religiosos, identificados por seus quipás pretos ou trajes tradicionais. Homens pios, fiéis às leis da pureza, devem se abster de sexo com suas esposas nos dias que elas não estão "limpas", o que significa uma abstinência de pelo menos 12 dias por mês. Embora o sétimo mandamento proíba o adultério, as leis religiosas do casamento são frequentemente interpretadas como uma sanção ao sexo com mulheres solteiras. As tardes de quinta-feira, antes das preparações para o sabbath, são os momentos favoritos para alguns judeus ultraortodoxos irem a Tel Aviv fazer sexo na secular Cidade do Pecado. Para a maioria dos outros haredim, a prostituição é impura e um sacrilégio. Passando de carro por prostíbulos, alguns gritam: "Vocês vão queimar!". Durante uma onda de incêndios criminosos em 2000, vários bordéis e *sex shops* foram destruídos pelas chamas. Em um incêndio logo cedo pela manhã, em um bordel mambembe que atendia trabalhadores estrangeiros, quatro prostitutas morreram por não conseguir escapar de seus quartos trancados. Duas eram russas.[2] O culpado não era um homem religioso.

O bordel ficava no sul de Tel Aviv, o distrito *red-light* (zona de prostituição) mais sórdido de Israel. A área esquálida, perto do antigo terminal de ônibus, é lar para homens das sarjetas, imigrantes da ex-União Soviética que perfazem a maioria dos alcoólatras de Israel. É também o local de encontro de operários estrangeiros sedentos por sexo, uma característica importante da vida israelense desde a Intifada, que forçou Israel a procurar pessoas não palestinas para os trabalhos braçais. Como resultado, Israel tem uma das mais altas taxas de obreiros estrangeiros em relação à sua população nativa no mundo ocidental. Cerca de 250 mil trabalhadores ilegais e legais, clandestinos e "convidados", vivem na Terra Prometida. A maior parte deles é solteira ou tem mulheres em outros continentes.[3] Esses "homens das sombras" – solitários peões de construção romenos, poloneses, nigerianos e turcos, além de trabalhadores agrícolas tailandeses e chineses – frequentam casas de massagem sórdidas e bares baratos onde quase sempre há carne feminina e masculina à venda. Não é de surpreender que as taxas de transmissão de Aids, que eram extremamente baixas em Israel – muito menores que na Europa Ocidental e nos Estados Unidos –, estejam em ascensão. Mesmo que o Ministério da Saúde examine prostitutas com testes de HIV a cada três meses e algumas mulheres carreguem os últimos resultados de exames de sangue em suas bolsas, poucos drogados se incomodam de fazer o teste. "Não me importo se eles não quiserem usar camisinha. São eles que vão ter de explicar coisas para suas esposas", diz uma menina de 16 anos que fugiu de um centro de reabilitação. "Trabalhadores estrangeiros, tanto faz. Dinheiro é dinheiro. Além disso, todos os judeus eram trabalhadores estrangeiros, ou, digamos, escravos no Egito. Para ser honesta, gosto mais de sair com os israelenses. Os estrangeiros podem ficar com as russas." Ela divide um quarto com uma amiga e tem uma tevê com tela grande, emprestada por seu cafetão.

Embora a prostituição em Israel seja legal, dirigir um bordel ou viver de sua receita não é. Em locais como o Banana Club, em Tel Aviv, há quartos que têm esconderijo sob as camas, cobertas com veludo, em caso de uma batida. Outros têm passagens secretas por trás de espelhos para fugas rápidas. Policiais da divisão de vícios de Israel, com falta de gente e de fundos, frequentemente fazem vista grossa, mais interessados em rastrear traficantes de drogas e outros peixes maiores do crime organizado. Com homens-bomba rondando discotecas, pizzarias e celebrações de bar mitzvah, a polícia está mais preocupada com terroristas do que em prender cafetões. De acordo com Efraim Ehrlich, comandante da delegacia de vícios de Tel Aviv, "a polícia não prende os cafetões e as meninas, a menos que eles quebrem as regras e violentem as orientações do procurador de Estado. Todo mundo sabe que a prostituição existe e sempre vai existir".[4]

As prostitutas trabalham na Terra Santa desde os dias de Sodoma e Gomorra. Até os anos 1990, havia poucos bordéis espalhados pelo país. As trabalhadoras do sexo eram israelenses, em sua maior parte de famílias mizrahim pobres. Dalia era uma delas. Agora uma profissional sarcástica, essa sabra queimada de sol, à beira dos 40 anos, diz que sua vida entrou em uma espiral descendente quando ela se apaixonou por um pequeno traficante de drogas, que pensava grande e dirigia um carro último tipo. Ela saiu do colégio e foi morar com ele, escandalizando sua grande e tradicional família marroquina. Com seu namorado, muito mais velho, ela fez planos de ficar rica vendendo haxixe em Amsterdã. Ele foi, mas nunca voltou, deixando Dalia com um bebê, uma reputação arruinada e uma montanha de dívidas. "Todo mundo precisa de dinheiro. Eu posso fazer muito mais grana que qualquer professora. Muito mais que 200 dólares por dia. Não era difícil, até elas chegarem e tomarem conta." Ela dardeja seu olhar em direção à sua estonteante rival, uma loira de pernas longas, fazendo ponto na calçada da praia em Tel Aviv. Um homem passa apressado e, quando ela joga um sorriso convidativo, ele para e dá meia-volta. "Eles querem as loiras, as de aparência exótica, as Natashas, as Valentinas", reclama Dalia. "Essas meninas 'turistas' vieram para cá ilegalmente e trabalham por quase nada. Elas estão tirando a gente (as israelenses) do negócio."

Ela não está enganada. A máfia russa, a Organizatsia, já controla a maior parte da prostituição em Israel. A polícia estima que pelo menos 85% das mulheres tenham chegado ilegalmente das repúblicas da ex-União Soviéticas. Homens impiedosos, saídos do mundo subterrâneo de fala russa, estão fazendo uma fortuna com o infortúnio dessas mulheres. Para cada 50 dólares que um freguês paga, uma prostituta "turista" pode acabar com apenas 5 dólares. A matemática parece intimidante – uma prostituta da Organizatsia precisa de 20 clientes por dia para ganhar 100 dólares – mas, em suas pátrias, elas precisariam de mais de dois meses em um emprego legítimo para receber a mesma quantia. "Escravismo moderno" – são as palavras que Mosehe Mizrahi, ex-chefe da Divisão de Crimes e Fraude Internacionais de Israel, usa para descrever a situação nos prostíbulos.[5] "Elas têm medo de seus cafetões, e também têm medo da polícia. Não podem explicar como chegaram a Israel. E farão qualquer coisa para conseguir dinheiro", diz ele. "Nós não temos com que nos preocupar; não corremos o risco de ser deportadas", Dalia enfatiza. "Podemos dizer o que sentimos. Se nossos cafetões não dividirem o dinheiro conosco de maneira justa, nós reclamamos. Se não nos dão condições de trabalho decentes, nós reclamamos. Casas de massagem não querem nos contratar. Eles querem as 'turistas'. Nós somos encrenca demais." A encrenca pode ser fatal. Donos de gangues de prostituição rivais tiveram as paredes de suas mansões varadas de tiros. Donos de bordéis foram mortos por uma rajada de balas de carros em movimento. Outros foram decapitados. Prostitutas rebeldes desapareceram.

Há lucros enormes em jogo. Alguns chefes chegam a ganhar 4 mil dólares por dia.[6] Uma mulher "comprada" por 5 mil a 20 mil dólares, dependendo de sua aparência e a qualidade de seus documentos forjados, pode ganhar de 50 mil a 100 mil dólares por ano (livre de impostos) para seu cafetão, de acordo com Yitzhak Tyler, comandante da central de polícia de Haifa. É um negócio tão lucrativo que um oficial da força policial de Tel

448   OS ISRAELENSES

Aviv relata que a máfia fatura semanalmente, com essas mulheres, mais que orçamento do seu departamento permite gastar em um ano inteiro.[7] É uma indústria de milhões de dólares, quase toda controlada pela máfia. Novos ricos de fala russa têm comprado apartamentos, do tipo superluxo, na costa entre Tel Aviv e Haifa. "Eu certamente não quero saber a origem do dinheiro deles", diz um agente imobiliário israelense.[8]

Começou com o desmantelamento da União Soviética. Criminosos com documentos forjados se esconderam no meio da enorme onda de 1 milhão de imigrantes que inundou Israel. O ano de 1994 foi um divisor de águas para o comércio da carne: um espião da KGB subornou um funcionário do Ministério do Interior e, em troca, dezenas de importantes mafiosos russos "tornaram-se judeus" e receberam cidadania "legal".[9] É como diz a conhecida ativista russa israelense Ida Nudel: "Por 4 mil dólares, qualquer um pode comprar um passaporte israelense na Ucrânia por meio da Máfia, e eles voam direto para cá, com todos os documentos mostrando a cidadania israelense".[10] Espalhando dinheiro, a máfia russa recrutou representantes locais entre imigrantes de fala russa. O negócio dos bordéis deslanchou, abastecido por um fornecimento inesgotável de mulheres desesperadas para fugir das economias destroçadas das ex-repúblicas soviéticas e do Leste Europeu. Traficantes sofisticados atraem essas mulheres com a promessa de empregos lucrativos pelo mundo, como modelos, massagistas e dançarinas, com alojamento garantido. Eles anunciam em jornais e programas de TV ucranianos. Até 2003, cerca de 3 mil mulheres entraram em Israel ilegalmente.[11] Em 2008, a polícia tinha enxugado esse número para algumas centenas. Algumas chegam ao aeroporto Ben-Guriom com passaportes israelenses forjados ou com identidades roubadas, emprestadas ou compradas de mulheres judias na Rússia e Ucrânia, o que as credencia a receber milhares de dólares de benefícios como imigrantes. A polícia acusou uma engenheira russa israelense, de 51 anos, de trabalhar em um bordel. Descobriu-se, mais tarde, que diversas mulheres estavam usando versões falsificadas de sua carteira de identidade.[12] Outras entram em Israel posando como freiras e babás. Algumas chegam em cruzeiros de Chipre e Odessa que param em Haifa por um dia. Depois do passeio, os passageiros retornam ao navio, mas as prostitutas não.

Em agosto de 2007, o ministro do Turismo, Yiztzakh Aharonovitch, convenceu o governo a terminar com a exigência de visto para cidadãos da ex-União Soviética, o que significa um fluxo de 300 mil turistas de fala russa a mais por ano, milhares de novos empregos e milhões de shekels para a economia. O ministro da Segurança Interna, Avi Ditcher, cujo trabalho é a prevenção do crime, advertiu que essa nova política permitirá que "dezenas de milhares" de prostitutas e criminosos entrem em Israel livremente. Ele afirmou que poderosas redes criminosas da ex-União Soviética estão recrutando mulheres para trabalhar como prostitutas em Israel. Segundo Ditcher, membros dessas redes, que foram presos, relatam que desde 2002 "dezenas de milhares de mulheres do Leste Europeu, Rússia, Ucrânia e Moldávia entraram em Israel". O ministro do Turismo responde que "as prostitutas chegam aqui com ou sem visto". "Por causa da burocracia (vistos podem levar meses), estamos perdendo centenas de milhares de turistas", diz ele. "Você não para de vender carros por causa de acidentes nas estradas, e não pode parar o turismo pela possibilidade de criminosos entrarem ilegalmente no país. Imigrantes ilegais deviam ser mandados embora, criminosos precisam ser encontrados e as prostitutas ser presas. Mas não se pode fechar as fronteiras de um país por causa dessas coisas."

Algumas mulheres foram apanhadas no Mar Morto, nadando de Taba, no Egito, para Eliat, em Israel. Outra rota frequente é por terra. Natalia chegou assim. Desempregada e mãe de um menino de 7 anos, ela respondeu a um anúncio de jornal: "Garotas de 18 a 30 anos para trabalhar no exterior – ótimo salário". Comparada com os 20 dólares mensais que poderia ganhar na Moldávia, a quantia de mil dólares por mês que ela faz como "massagista" em Israel parece astronômica. Natalia aceitou um emprego de sete meses. Primeiro, lhe deram férias no Egito. Ela voou para o Cairo e foi colocada em um micro-ônibus, com mais dez mulheres e uma escolta policial, na primeira parte da "excursão". Em vez de verem as pirâmides, elas seguiram para uma viagem longa e exaustiva através do deserto do Sinai. Desembarcando perto da fronteira israelense, foram recebidas por um grupo de beduínos que, gentilmente, lhes serviu chá e depois as estuprou. Quando eles cortaram a cerca de arame farpado, elas entraram no país. O bando recebeu mil dólares "por cabeça" contrabandeada. Natalia embarcou em um jipe para ser levada a algum ponto de Israel – cidade que ela não sabia o nome. No dia seguinte, chegaram os homens que examinaram todas as garotas. Um deles "comprou" Natalia, levou-a para um apartamento perto do centro de Tel Aviv e colocou-a para trabalhar com outras duas mulheres

450   OS ISRAELENSES

da Moldávia. Deu-lhe 7 dólares por freguês, dos 50 dólares cobrados em cada programa. O cafetão ainda deduziu – do seu pagamento – o dinheiro das "férias egípcias" e seu investimento ao trazer Natalia para Israel. Após três meses, a polícia deu uma batida no bordel e prendeu as três prostitutas. Natalia falou perante uma comissão de inquérito de tráfico de mulheres no Knesset, em 2001. Também se tornou testemunha do Estado contra os cafetões e acabou sendo deportada.[13]

A prisão feminina de Neve Tirza, em Ramle, está lotada de mulheres com vistos de turista expirados e cartões de identidade forjados, indicando que eram esposas ou filhas de israelenses. Todas estão esperando ser deportadas para lugares como Ucrânia, Azerbaijão e Cazaquistão. A maioria chegou a Israel sabendo que iria trabalhar na indústria do sexo. Apenas um minoria afirma ter sido enganada pela realidade.[14] Depois de trabalhar como dançarina e prostituta em um bar de Belgrado, Masha, de 19 anos, retornou à Ucrânia e decidiu se tornar uma "turista" em Israel. "Não há emprego na Ucrânia. Aqui, trabalhei em um bordel. O dono era um cara legal e eu não queria prejudicá-lo. Tudo era bacana", conta. "A gente ia nadar, tinha dias de folga, até que uma das meninas no apartamento chamou a polícia. Ela queria ir para casa e entregou todo mundo. Eles a mantêm em separado, senão nós a mataríamos."[15] Outra mulher, Tatiana, entrou em Israel com visto de turista. Haviam lhe prometido um emprego como arrumadeira de hotel em Eliat, com dinheiro bastante para sustentar sua família. Um homem a recebeu, mas, em vez de levá-la para o "hotel", ela foi parar em um bordel. Depois de tentativas frustradas de fuga, uma amiga contatou alguém no consulado da Bielorússia, que chamou a polícia. Tatiana foi levada à prisão. Ela achou um bilhete em sua cela ameaçando matá-la e punir sua família se ela testemunhasse. Embora estivesse aterrorizada – os traficantes conheciam os dados de seu passaporte e o endereço de sua família em seu país –, Tatiana testemunhou em tribunal contra seus exploradores. (Mulheres que testemunham recebem alojamento e um pouco de dinheiro; algumas preferem ficar na cadeia por medo de seus cafetões.) Depois do julgamento, Tatiana foi deportada. Seu destino é desconhecido.[16] Diversas mulheres que falaram com a polícia foram caçadas, em seus países de origem, e mortas.

Poucas prostitutas presas fazem queixas ou concordam em delatar os cafetões, o que torna difícil para a promotoria fazer acusações. Quando os casos chegam ao tribunal, reclama Miriam Rosenthal, procuradora de

Prostitutas e haxixe na Terra Santa 451

Tel Aviv, os juízes são muito lenientes com os cafetões. Outros culpam o Ministério do Interior (dominado por políticos do Shas) por mostrar mais interesse em conseguir fundos para suas escolas religiosas que deportar trabalhadoras do sexo ilegais. Membros da Rede de Mulheres de Israel têm se manifestado contra a "leniência policial" e levado políticos para visitas aos bordéis. Fizeram abrigos para mulheres e as encorajam a testemunhar contra seus cafetões e traficantes. Um duro relatório da Anistia Internacional de 2000, que nomeou Israel um dos centros de comércio de mulheres, principalmente da ex-União Soviética, levou funcionários da Justiça israelenses à ação. No mês seguinte, organizações femininas pressionaram o Knesset para aprovar uma lei tornando o tráfico humano um crime punível com 16 anos de cadeia (20, no caso de tráfico de menores).

Especialistas, como o criminologista Menachem Amir, da Universidade Hebraica, acreditam que a polícia permite que os bordéis e cafetões operem sem problemas e troquem informações úteis sobre atividades do submundo do crime. Os prostíbulos servem como fachada conveniente para lavagem do dinheiro, vindo de falsificações, extorsão e tráfico de drogas. Em 2002, os policiais derrotaram cinco grandes cadeias de prostituição fingindo ser intermediários interessados em comprar mulheres. A maior rede, gerenciada por homens de fala russa e um jovem beduíno do mesmo clã do Negev, estava contrabandeando trabalhadoras do sexo que entravam em Israel pelo Egito.[17] Em 2003, uma batida policial contra criminosos que controlavam a prostituição prendeu sete donos de bordéis.[18] O comandante da unidade central de polícia de Haifa, Yitzhak Tyler, diz que seus homens estão fazendo uma grande esforço para eliminar as operações sexuais dos soviéticos. O maior problema, ele relata, é que "a cada dia mais mulheres acham um jeito de entrar no país". "Algumas foram deportadas duas ou três vezes, mas, em menos de um mês, seus cafetões as trazem de volta", diz Tyler. "Na Rússia, elas ganham 40 dólares por mês. Aqui, ganham isso por dia. Elas não estão chorando."[19]

"Deportamos mulheres loiras, e elas voltam como morenas. Deportamos morenas, mas elas voltam loiras", acrescenta um comandante da polícia de Tel Aviv. "É impossível selar hermeticamente todos os pontos de transferência. No ano passado, foram barradas cerca de 2 mil suspeitas no aeroporto Ben-Gurion, mas, como os traficantes sabem que buscamos mulheres que parecem prostitutas, elas se produzem para mostrar outra aparência. Qualquer um que pense que o fenômeno pode ser eliminado não sabe do que está falando."[20]

Funcionários do aeroporto, preocupados em como descobrir quais passageiros podem ser terroristas em potencial, admitem ser incapazes de distinguir entre garotas de programa e freiras. Uma loira, após apresentar seu passaporte, foi cercada pela polícia e interrogada por seis horas. Foi um erro embaraçoso – ela era uma famosa repórter da televisão russa. Outra, ao passar no controle de passaportes, disse que iria visitar sua família, mas não a deixaram entrar. Ela, na verdade, é uma estudante de medicina de São Petersburgo, que voltou ao país, mas com o cabelo preto. Obviamente, as loiras em Israel nem sempre se divertem mais.

No começo dos anos 1990, quando o então prefeito de Jerusalém, Ehud Olmert, reclamou sobre o crime organizado no Knesset, o então ministro de polícia, o falecido Yosef Burg, retorquiu: "Em Israel, nada é organizado. Como é que o crime pode ser organizado?". Na época, poucos teriam adivinhado quão profundo os tentáculos da máfia russa iriam penetrar na Terra Santa. Um policial de Tel Aviv diz temer tanto esses criminosos quanto o Hamas. A prostituição é apenas a parte mais visível da história. A máfia russa, que tem os "melhores" criminosos de colarinho branco, aproveita-se plenamente das regras bancárias israelenses, não suficientemente severas (criadas com objetivo de ajudar os novos imigrantes), para esconder a fonte de incontáveis somas de dinheiro sujo. Yossi Sedbon, chefe da Divisão de Polícia Investigativa de Israel, destacou: "Israel é uma terra prometida para a lavagem de dinheiro. Milhões entram e saem, e não se pode fazer nada".[21]

Tipicamente, funciona assim: um imigrante ou um israelense nascido na Rússia, antes de visitar o país, recebe propina para transportar uma mala cheia de dinheiro, grande parte vinda dos negócios internacionais de cocaína e heroína da máfia russa. Uma vez em Israel, o "mula" a entrega a um contato para depósito em uma conta bancária local. Dali, o dinheiro é transferido eletronicamente para o exterior. Só uma parte dos valores fica no país para ser investido em negócios legítimos e ilegais. Kikar Hamedina, a resposta chique de Israel a Madison Avenue, está cheia de lojas como Gucci e Ralph Lauren e é frequentada por figurões com conexões de duvidosa honestidade em locais como Uzbequistão e Ucrânia. Durante

Prostitutas e haxixe na Terra Santa 453

anos, Israel tem sido um lugar ensolarado para gente sombria e chamado de "paraíso dos gângsteres". A polícia de Tel Aviv teve um vislumbre disso no dia em que abriu a porta de uma lojinha, igual a tantas outras, no centro da cidade. Descobriu uma fábrica de falsificações, que produzia carteiras de identidade, cartões de crédito, talões de cheque e outros documentos. Parte do esquema era pagar "imigrantes" russos para que abrissem contas com cheques falsos. Os imigrantes passaram uma procuração para os gângsteres e desapareceram de Israel. Depois, os meliantes depositaram mais cheques forjados nas contas de laranjas. Usando o dinheiro como garantia, receberam polpudos empréstimos bancários. A rede conseguiu roubar milhões de dólares de bancos do país. De acordo com um juiz do tribunal de Tel Aviv, Zion Kapah, se a polícia não tivesse desbaratado a quadrilha, ela poderia ter destruído o sistema bancário israelense.[22]

Os israelenses tiveram pouco contato com o crime organizado de grande escala até a máfia russa estabelecer suas operações. No entanto, eles já estavam familiarizados com drogas ilícitas. Depois da Guerra dos Seis Dias em 1967, dezenas de milhares de jovens ocidentais chegaram como voluntários nos kibutzim. Rachel Biale, então uma jovem de 15 anos do kibutz Kfar Ruppin, perto da fronteira jordaniana, lembra-se bem. "Vivíamos em um lugar ermo e provinciano. Era tão insular. Nosso governo nem permitiu que os Beatles viessem tocar aqui porque eles eram considerados decadentes e imorais. De repente, depois da guerra, entramos no mapa do mundo. Todo mundo ficou fascinado com nossa vitória, de Davi contra Golias. Jovens da Califórnia, França e Nova Zelândia chegaram para ensinar a nós, os ingênuos, sobre sexo, drogas e *rock-and-roll* – a cultura dos anos 1960. Alguns de meus amigos do kibutz fizeram suas primeiras descobertas sexuais com eles." Ela descreve os garotos do kibutz encantando-se pelo que chama de "mito" das mulheres americanas e europeias sexualmente liberadas. Enquanto isso, as voluntárias femininas caçavam os garotos do kibutz, acreditando que tinham chegado ao que a *Playboy* chamou assim: "A Terra do Leite e do Mel".

A Guerra de 1967 também abriu fronteiras com Cisjordânia e Gaza. Os israelenses afluíram, alguns para comprar haxixe barato de traficantes árabes. Em 1971, o governo de Israel distribuiu cartazes com os dizeres: "Cerca de 5 milhões de egípcios usam haxixe. Na Guerra dos Seis Dias, todos nós vimos a qualidade de nossos soldados. Não se iludam de não

454 OS ISRAELENSES

haver conexão entre as duas coisas".[23] "Na época, os pais não sabiam nada sobre as drogas", diz Rachel. "Agora, pais estão preocupados no país todo."

O negócio multimilionário do tráfico de drogas é um modelo bizarro de cooperação econômica no Oriente Médio. Contrabandistas judeus, drusos e beduínos israelenses têm parceiros palestinos, egípcios, jordanianos e libaneses no outro lado da porosa fronteira egípcia. O Líbano é um importante produtor e corredor para drogas. Quase um terço do Vale Bekaa, controlado por iranianos, Hezbollah e Síria, está voltado para a produção de maconha e papoulas (de onde se extrai a heroína). Laboratórios clandestinos produzem heroína de material que chega da Turquia, do Afeganistão, Paquistão, Irã e do sul da Ásia, e também processam pasta de cocaína importada da América do Sul.

Em 1982, quando Israel invadiu o Líbano, os produtores de drogas passaram a ter acesso fácil ao mercado israelense. Um cultivador libanês, por exemplo, vende um quilo de haxixe por 300 dólares para um soldado israelense, que pode revendê-lo, ganhando cinco vezes mais, em seu país. Além disso, milhares de trabalhadores libaneses entram livremente em Israel todos os dias, alguns chegam dirigindo caminhões cheios de haxixe. Pouco antes de Israel se retirar do Líbano em 2000, dois policiais da unidade antidrogas israelense foram apanhados passando informações confidenciais para traficantes libaneses sobre onde a patrulha de fronteira havia estabelecido postos de emboscada e vigilância. Por seus serviços, eles receberam centenas de milhares de dólares. Dezenas de outros soldados das IDF e civis também foram presos, a maioria levando drogas do Líbano para Israel. Uma "mula" pode ganhar até 10 mil dólares contrabandeando para Israel um quilo de heroína, carga cuja maior parte será depois enviada à Europa ocidental.[24]

Mesmo que a ocupação israelense do sul do Líbano, que durou 18 anos, tenha acabado em 2000, o negócio das drogas prossegue. Compradores israelenses judeus e árabes simplesmente jogam maços de notas sobre a cerca de segurança e, em troca, o vendedor libanês ou sírio joga sacos de drogas pesadas, cientes de que a polícia e os soldados israelenses estão focados em capturar terroristas. A maior fonte do dinheiro para o terrorismo vem do comércio ilegal de drogas. Os patrocinadores iranianos do Hezbollah seguem um édito islâmico de distribuir drogas pesadas como uma arma ideológica e desestabilizadora contra o "Pequeno Satã". Misturando religião

Prostitutas e haxixe na Terra Santa 455

ao narcoterrorismo, isso permite que traficantes, dos dois lados da fronteira, continuem contrabandeando drogas para Israel, desde que também tragam armas para os palestinos. Em 2001, quatro drusos, todos ex-soldados das IDF, foram presos em Israel. No meio do lote, com cocaína e haxixe, a polícia descobriu um arsenal, com vários M-16 e bombas, para pronta-entrega a palestinos na Cisjordânia.[25]

Muitos futuros contrabandistas são detidos por postos de checagem das IDF, na fronteira de Gaza, em operações antiterroristas. Mas, desde 2005, com a retirada unilateral israelense de Gaza, as IDF não têm mais acesso aos muitos túneis usados para contrabandear armas sofisticadas, toneladas de explosivos e drogas de palestinos no Egito para palestinos em Gaza, em uma cidade chamada Rafah. Toneladas de haxixe e maconha também atravessam 600 quilômetros de fronteira, sem cercas e mal policiadas, com o Egito. As drogas e armas são transportadas por uma vasta rede de túneis subterrâneos e postos no deserto, usados pelos beduínos egípcios e por seus parceiros, frequentemente beduínos israelenses do mesmo clã, que conhecem bem toda a região. Os beduínos israelenses recuperam os pacotes escondidos e fazem fugas rápidas em jipes, com potentes motores, capazes de escapar dos veículos da polícia. Apesar da crescente vigilância, para cada tonelada de maconha confiscada, a polícia estima que outras nove passem. Os israelenses reclamam comumente que a maconha está cheia de areia, o que impediu alguns empreendedores de plantar sua própria *cannabis*. Perto de uma fazenda coletiva no Negev, a polícia descobriu um grande campo que teria rendido nove toneladas de maconha.

A juventude israelense, além de fumar haxixe e maconha, tem paixão por ecstasy, anfetamina ligeiramente alucinógena conhecida como a droga do amor. Apenas em 2007, em uma série de batidas, a polícia confiscou dezenas de milhares de comprimidos de traficantes, no valor de milhões de dólares. Um grupo de poucos israelenses, que viajam muito e trabalham em redes informais, com amigos confiáveis de escola ou do exército, já controla parte do mercado internacional multimilionário dessa popular droga ilícita. Eles foram os primeiros a identificar seu enorme potencial de lucro. Uma dessas pequenas pílulas verde ou cor-de-rosa é vendida por até 50 dólares em clubes e *campus* nos Estados Unidos, Austrália e Japão, e custa 50 centavos para ser produzida em laboratórios clandestinos na Holanda e em Israel. O ecstasy é fácil de ser escondido e transportado em grandes quantidades.

456   Os israelenses

Um filme israelense sobre esse negócio aventureiro foi um sucesso em 2001. Em *Total Love*, uma mulher e seus dois amantes bolam uma nova pílula afrodisíaca em um laboratório doméstico em Tel Aviv. Os jovens de vinte e poucos anos então viajam para vender sua mercadoria na noite *rave* de Amsterdã e na província indiana de Goa. Essa história de mochileiros israelenses e sua busca pelo amor captura um crescente romance dos israelenses com as drogas.

A Autoridade Israelense Antidrogas (IADA) relata que 12% de estudantes do colegial, 20% de universitários e 9% de adultos já usaram drogas ilegais em 2001. "Tel Aviv agora está na mesma liga que Amsterdã ou Nova York em termos de drogas suaves", diz o chefe da IADA, Shlomo Gal.

Mesmo que a simples posse de ecstasy, heroína e cocaína seja punível com até 20 anos de prisão, a polícia de Israel tenta capturar os maiores traficantes, deixando livres os usuários de final de semana. Em festas *rave* que atravessam a noite, nas praias do Mar da Galileia até Eilat, jovens israelenses enfeitiçados dançam, se tocam, se abraçam e se beijam. O cenário *rave* de Israel é em parte movido a ecstasy. Um comprimido dá uma euforia que pode durar seis horas. "Vi crianças religiosas tirando seus quipás e dançando. Nos estacionamentos, via carros com adesivos do Likud. Antes da Intifada, vinham mais árabes", diz Ori Heffetz, um estudante de física da Universidade de Tel Aviv que nunca fez uso da droga. "Se você vive com bombas explodindo e preocupado em pagar o ensino, ser chamado para a reserva e ficar fechado em um tanque, o que você tomaria? Não me surpreendo em saber que o que alguns jovens estão tomando não é aspirina."

Um de seus professores, Yoav Ben-Dov, escreve sobre a cultura da juventude israelense. Seu apartamento em Tel Aviv, cheio de livros que escreveu, abriga uma coleção impressionante de parafernália jovem. "Não há mais vergonha de usar drogas em Israel, agora ficou ao ar livre", diz Ben-Dov, que tem a aparência e a maneira relaxada de seus alunos. Ele mostra panfletos de campanha do Partido da Folha Verde, que concorreu ao Knesset em 2003 com a plataforma da legalização das drogas. "O *lobby* da maconha em Israel é grande. Depois de maconha e haxixe, o ecstasy é a terceira droga mais popular. Adolescentes tomam. Estudantes também. Pessoas quase na faixa dos 30 anos tomam em festas e clubes." Ben-Dov exibe um *kit* que mostra se um comprimido é falso. Lojas na badalada rua Sheinkin, no centro de Tel Aviv, tiraram os *kits* da vitrine quando o governo proibiu sua venda, em 2002.

No começo dos anos 1990, o ecstasy era uma droga psicodélica para o público intelectual e secular de Tel Aviv. Desde então, mais pessoas a experimentam, inclusive judeus ultraortodoxos. "Alguns estudos indicam que estudantes haredim, após ser facilmente apanhados fumando haxixe nas yeshivas, passaram a usar ecstasy por ser mais fácil de esconder." Ben-Dov segura um CD feito em casa: "Durante o Dia da Independência de 2000, alguns garotos de 12 anos, com uma visão psicodélica do mundo, distribuíram isso." Ele toca o CD. A música é *Hatikvah*, o hino nacional, sobre uma trilha de *trance tecno* criada em um computador. O Partido da Folha Verde a usou como música de fundo em anúncios da campanha eleitoral.

Esses dois israelenses são descendentes dos fundadores do país. O avô de Ben-Dov era amigo de Ben-Gurion e seu pai fora um general que construiu as pontes que levaram os israelenses a cruzar o Canal de Suez na Guerra de 1973. O avô de Ori Heffetz, um jerusalense de oitava geração, lutou em batalhas pela independência da cidade durante a Guerra de 1948 e capturou o Monte Herzl. Também ajudou a fundar a Força Aérea Israelense e a empresa de aviação El Al. "Minha avó, de 80 anos, também conheceu Ben-Gurion", diz Ori. "Quando Ben-Gurion disse que seríamos um país normal quando tivéssemos prostitutas e ladrões, as pessoas concordaram. Se ele visse Israel hoje, nem imagino o que ele diria." O que Ori tem a dizer? "Nós sempre estamos nas manchetes. Do *New York Times*, da CNN, BBC. Temos mais cobertura do que a Índia. Que a China. Há tanta notícia sobre nós que você poderia pensar que somos 1 bilhão de pessoas, e não apenas 6 milhões. Estamos sempre com essa exposição, e as pessoas então pensam que nos conhecem. Soldados de cara fechada. Colonizadores históricos. Saudosos aos prantos. Caras de barba com chapéus pretos. Bem, os israelenses são muito mais do que essas fotos. Nós reclamamos de nossos professores, nos preocupamos com exames. Flertamos em festas. Imaginamos se estamos bem em nossos trajes de banho. Xingamos nos engarrafamentos e furamos a fila no cinema. Temos medos e sonhos normais. Como jovens em qualquer lugar, queremos encontrar o amor e sermos amados. Somos apenas pessoas normais tentando viver neste minúsculo, anormal e belo país."

Notas

1. Baruch Kra, "Police: Brothels Run by Organized Crime", *Ha'aretz*, 1º de agosto de 2001.

2. Lee Hockstader, "Arson Stalking Tel Aviv's Shadow Brothel District", *Washington Post*, 25 de agosto de 2000.

3. Países ricos em petróleo, como a Arábia Saudita, Kuwait e Emirados Árabes Unidos, têm taxas muito mais altas. "Relative to the Population, the Number of Foreign Workers in Israel Is the Highest in the Western World", *Yediot Aharonot*, 24 de agosto de 2000.

4. Martina Vandenberg, "Trafficking of Women to Israel and Forced Prostitution", *The Israel Women's Network* (novembro de 1997), p. 29.

5. Baruch Kra, "Police: Brothels Run by Organized Crime", *Ha'aretz*, 1º de agosto de 2001.

6. Vandenberg, "Trafficking of Women", p. 20.

7. Michael Specter, "Contraband Women", *New York Times*, 11 de janeiro de 1998.

8. Tom Sawicki, "Mobsters' Paradise", *Jerusalem Report*, 1995.

9. Robert Friedman, *Red Mafia* (Boston: Little, Brown, 2000), p. 277.

10. Gloria Deutsch, "Whatever Happened to Ida Nudel", *Jerusalem Post*, 24 de janeiro de 2001.

11. A estimativa é do Instituto Toda'ah, organização israelense afiliada à Coalizão Mundial contra o Tráfico de Mulheres.

12. Vandenberg, "Trafficking of Women", p. 13.

13. Ruth Sinai, "Prostitute's Harrowing Testimony Sparks Argument between MKs", *Ha'aretz*, 27 de dezembro de 2001. Ver também Aliza Arbeli, "Prostitutes Nabbed on Egyptian Border", *Ha'aretz*, 14 de abril de 2002.

14. Ina Friedman, "Victoria's, and Israel's, Ugly Secret", *Jerusalem Report*, 15 de março de 2001.

15. Vandenberg, "Trafficking of Women", p. 40.

16. Depoimentos de Nina e Tatiana, *Human Rights Abuses of Women Trafficked from the Commonwealth of Independent States*, relatório da Anistia Internacional (maio de 2000).

17. Mazal Mualem, "Undercover Cops Bust Israel's Largest Prostitution Ring", *Ha'aretz*, 20 de maio de 2002.

18. Roni Singer, "Police Sweep on Rishon Letzion Brothels", *Ha'aretz*, 14 de abril de 2003.

19. Barbara Gingold, "Red Plate Special", *Reporter* (primavera, 1998).

20. Aryeh Dayan, "Price of a Woman", *Ha'aretz*, 26 de fevereiro de 2001.

21. "Police: Israel Has Become a Promised Land for Money Laundering", *Ha'aretz*, 10 de dezembro de 1999.

22. Amit Ben Areya e Amit Sharvit, "Counterfeit Ring Busted in TA", *Ha'aretz*, 27 de maio de 2002. Ver também Tom Sawicki, "Mobster's Paradise", *Jerusalem Report* (1995).

23. Menacham Horovitz, "Drug Policies in Israel: From Utopia to Repression" (Instituto de Criminologia, Faculdade de Direito, Universidade Hebraica de Jerusalém, 1997).

24. Sharon Gal, "IDF Officers Fingered in Drug Smuggling", *Ha'aretz* , 9 de novembro de 1999.

25. David Ratner e Amos Harel, "Four Members of Druze Family Held in Hezballah Arms Smuggling Case", *Ha'aretz*, 30 de outubro de 2001.

Epílogo

Shalom/Salam

Eu acredito que é melhor jogar basquete que ficar dando tiros. — Arie Rozensweig, diretor atlético da Universidade de Tel Aviv, enquando times israelense e palestino faziam um jogo amistoso em 2007, em Tel Aviv

Eu não vejo por que árabes e judeus não acertam as coisas do jeito como os cristãos fazem — Atribuído a um deputado norte-americano na Câmara dos Deputados dos Estados Unidos

Um tempo para matar e um tempo para curar [...] um tempo para a guerra e um tempo para a paz — Citação de Eclesiastes 3

Inspirado em uma linha do Livro de Isaías – "Meu povo deve permanecer em um oásis de paz" –, o padre dominicano Bruno Hassar inaugurou uma comunidade ecumênica para judeus, cristãos e muçulmanos em uma colina rochosa, a meio caminho entre Jerusalém e Tel Aviv. Em 2008, 35 anos depois, o Neve Shalom/Wahat al-Salam – hebraico e judeu para "o Oásis da Paz" – abrigava 84 famílias israelenses judias, cristãs e de árabes muçulmanos que coexistem como iguais e, conjuntamente, tocam projetos educacionais pioneiros.

No *playground* da escola primária, crianças alternam sem esforço hebreu e árabe. É impossível dizer quem é judeu, muçulmano ou cristão.

462   OS ISRAELENSES

Quando brigam, geralmente é por causa de uma bola ou de um lugar na gangorra. Em uma sala, crianças sentam-se aos pares em frente às telas dos computadores, aprendendo as raízes de ambas as línguas semitas: em hebraico, "paz" é "shalom"; em árabe, "salaam". Em árabe, "casa" é "beyt"; em hebraico, "beit". Os 300 estudantes, cuja maior parte vem de ônibus de cidades vizinhas, celebram Ano-Novo, Pessach e Páscoa juntos. O único feriado que não comemoram juntos é o Dia da Independência de Israel. Esta é a data que os árabes chamam de al Nakba, ou "a catástrofe", e crianças árabes passam o dia em silêncio. A filosofia nessa escola bilíngue e bicultural prevê que, para entender e respeitar realmente uns aos outros, as pessoas devem conhecer suas religiões, tradições e histórias. Essa escola árabe-judaica é um exemplo para poucas outras que existem em Israel.

"Outra câmera de TV. Outra história sobre árabes e judeus. Eles fazem um espalhafato por brincarmos juntos", diz sarcasticamente uma garota em um balanço. As crianças fazem caretas para jornalistas americanos, alemães e japoneses que se maravilham com o fato de que meninos chamados Muhammad e Yossi possam ser ótimos amigos. Dignatários em visita, sejam arcebispos ou embaixadores, de Hillary Clinton a Jane Fonda, conseguem fotos enternecedoras: crianças reunidas para acender uma vela no menorah do Hanukkah, uma árvore de Natal e uma lanterna do Ramadã. Crianças desenham pombas e cantam *Um Tempo de Paz* em hebraico e árabe: "Entre os relâmpagos, surgirá um arco-íris não apenas no céu, mas em nossos corações e mentes". A escola e o pequeno vilarejo protegido por oliveiras e ciprestes são símbolos da esperança de judeus e árabes vivendo juntos. Ou, mais precisamente, de como estrangeiros fantasiam que judeus e árabes deveriam viver juntos. Por essa razão, a vila com dois nomes é mais conhecida na América do Norte e na Europa Ocidental que em Israel.

Quando as câmeras desaparecem, como se revela o experimento de tolerância, diversidade e igualdade? Ocasionalmente, as crianças brincam de Intifada, construindo bloqueios de estradas imaginárias ou jogando pinhas umas nas outras. Mas, em vez de árabes contra judeus, são geralmente meninas contra meninos, ou aqueles do primeiro contra os do segundo grau. Algumas vezes, os professores os pegam entoando "morte aos judeus" ou "morte aos árabes", e eles encorajam que todos discutam seus sentimentos. A crianças veem helicópteros Apache voando em direção à Cisjordânia e ouvem falar de suicidas, com suas bombas, explodindo ônibus. Um pai ansioso queria tirar sua filha da escola, mas ela se recusou. Desde o começo da segunda Intifada, nenhuma criança saiu, e há uma lista de espera de famílias árabes e judias que querem se mudar para a cidade. "Esse lugar não é um oásis de paz, mas a vida também não é", diz uma professora que tem pressionado por mais aulas de língua árabe e história palestina no currículo. "As crianças nos dão esperança para prosseguir. Devemos ter cautela para que a tormenta lá fora não nos varra. Nossa escola é uma alternativa para o que está acontecendo colina abaixo."

Depois que completam a oitava série, as crianças descem a colina para frequentar escolas – todas árabes ou todas judias – em cidades vizinhas. "Em minha escola, as pessoas me perguntam se tenho de viver com árabes", diz Naomi, de 14 anos. "Geralmente rio e digo que nasci entre árabes, que minha melhor amiga é árabe; então, por que eu deveria ter medo? Mas, por vezes, me canso de ter de defender meus amigos árabes o tempo todo." Depois que dois soldados israelenses da reserva, perdidos em Ramallah, foram linchados por uma multidão palestina, seus colegas de classe a ridicularizaram e disseram que não se pode confiar nos árabes. Seu vizinho Rami deixou a vila para frequentar uma escola árabe e teve uma experiência semelhante. "Meus amigos árabes não entendem os pontos de vista judeus porque não os conhecem. Em casa, não nos incomodamos muito com quem é árabe ou judeu. Viver com judeus não é apenas possível, é a minha realidade." Ainda assim, depois do colégio, as realidades das crianças da vila divergem de novo: Rami e outro árabe vão para a universidade; Naomi e outros judeus, para o exército.

O serviço militar coloca as diferenças em alto relevo. Elas vieram à tona quando dois helicópteros de transporte das IDF caíram, matando 73 soldados. Um era Tom Kita'in, filho do codiretor da escola. Árabes e judeus se confortaram quando o jovem de 21 anos, criado na aldeia, foi enterrado perto de seu pai, o padre Bruno. Mas, quando sua família quis construir um memorial para Tom, o Oásis de Paz se dividiu em facções. A maioria dos árabes e alguns judeus argumentaram que uma vila de paz não deveria erguer um memorial para um soldado. Os judeus, em sua maioria, discordaram. Só porque escolheram viver com árabes, tinham de abrir mão do direito de honrar um filho? "Um tempo atrás, nós não concordávamos sobre nossos passados, mas concordávamos quanto ao futuro", diz um parente enlutado. "Agora nos dizem que temos de esquecer nossa dor e nos concen-

464 Os israelenses

trarmos nas dores dos palestinos. Abdessalam Najjar, um dos primeiros residentes árabes, afirma: "Confortar a família não foi um problema para nós, mas, quando chegou o momento de erguer o memorial, a história foi outra. A primeira reação dos judeus de fora foi dizer como os palestinos são cruéis. A primeira resposta dos palestinos de fora foi afirmar que nós, palestinos que moramos na vila, somos traidores vivendo com judeus. Ninguém está satisfeito com o rumo das coisas." Na quadra de basquete onde Tom jogava, há uma placa de metal com as seguintes palavras em hebraico: "Em memória de Tom Kita'in, nosso filho da paz que foi morto na guerra (5/3/1976-4/2/1997)".

Durante a guerra de 2006 no Líbano e a segunda Intifada, residentes de Neve Shalom se sentiram apavorados, deprimidos e raivosos – como qualquer um em Israel. Não importa qual seja a situação política, o clima encoraja os habitantes a se confrontarem por outros problemas. As discussões podem ficar brutais. Certa ocasião, as lutas internas ficaram tão ruins que árabes e judeus se reuniram em grupos separados. Por vezes, vizinhos simplesmente trocam *e-mails* desaforados. Quando o pai de Tom aceitou um convite para acender a tocha nacional na celebração do Dia da Independência, alguns o criticaram por ser insensível com os residentes árabes. Às vezes, disputas mais amargas acontecem entre judeus e judeus ou entre árabes cristãos e muçulmanos. Perguntado se alguns árabes fora da vila o consideram um traidor, o ex-prefeito Anwar Daoud disse: "Tenho certeza que sim. Eles não me aceitam de jeito nenhum. São contra a coexistência. Sou o inimigo deles porque sou amigo dos judeus, porque sou contra o modo deles de pensar. O conflito sempre faz parte da vida aqui. E nosso experimento está passando por um teste difícil. Tudo que acontece fora influencia nossas vidas. Não há escolha para nós a não ser a de vivermos juntos ou morrermos juntos. Nós precisamos de diálogo real."

É por isso que os residentes também criaram a Escola para a Paz, que tem *workshops* para israelenses árabes e judeus e palestinos. Os participantes vão de adolescentes a universitários, incluindo os professores. Há também grupos de diálogo para mulheres beduínas e judias que abandonaram a escola. Também existem atividades para assistentes sociais, psicólogos e advogados. Inicialmente, os participantes ficam hesitantes e escondem seus sentimentos, até porque poucos árabes e judeus já haviam experimentado três dias de contato face a face. As discussões iniciais são sobre que língua usar: geralmente, os árabes são mais fluentes em hebraico que os judeus em árabe. Equipes especialmente treinadas da vila treinam o grupo para escutar as histórias e dores uns dos outros. Uma fala típica: "Você, primeiro, entenda o Holocausto, e daí podemos conversar". Uma resposta típica: "Você não entende Nakba (a catástrofe), então como é que podemos conversar?". Eles desafiam as interpretações recíprocas. Há perguntas duras, acusações e negações. Quem é mais humano? Mais injusto? Quem é a vítima? Há discussões acaloradas sobre terra, direitos de minorias e terrorismo, assim como negociações sobre o futuro. As pessoas ficam iradas, gritam pesadas acusações, mas, desde que a Escola para a Paz abriu em 1979, nunca houve uma cena de pugilato. É um trabalho emocional, ensandecido e exaustivo, diz um dos codiretores da escola, Nava Sonnenschein. "Começa como um ciclo onde não há vencedor. Ninguém quer ganhar a não ser que precise sair do ciclo. Quando os participantes começam a se ver mutuamente de maneira diferente, o 'outro' se torna humano. Os estereótipos começam lentamente a ruir. Leva tempo para construir confiança entre os dois lados. E é fácil e rápido, porém, destruir isso."

A segunda Intifada abalou muito da confiança. Como pais e diretores relutam em deixar estudantes irem à Escola para a Paz, equipes árabes e judaicas da vila visitam colégios, ajudando professores a lidar com o conflito nas salas de aula e preparando os estudantes para comparecem a *workshops* presenciais. "Nossos programas são mais necessários que nunca", diz Ahmad Hijazi, que frequentou a Escola para a Paz com estudantes de sua cidade árabe e agora é um codiretor. "Quando as hostilidades chegam à tona, vem junto a humanidade comum. Os inimigos se tornam íntimos." É fácil olhar tudo em termos de branco e preto. As pessoas aprendem os tons de cinza, diz Ronen, um colegial participante. "Sempre que ouvia a notícia de outro ataque terrorista, isso me fazia odiar ainda mais os árabes. Até eu fazer 4 anos, nunca tinha conhecido árabes. Só conhecia meninos da minha idade que gostam de jogar futebol e ouvir música. Descobri que eles não são todos assassinos e terroristas." Estudante do último ano do colegial, Yusef descreve assim sua experiência: "Uma pessoa que aspira à paz precisa ter mente aberta, e estar disposta a fazer sacrifícios para confiar no outro lado. Quando uma bomba explodiu em Tel Aviv, alguns dos estudantes do meu colégio ficaram felizes. Não acho isso certo." Ele está otimista com o futuro? "É difícil agora, mas nenhum árabe ou judeu vai sair, e então temos de

466   Os israelenses

encontrar um meio de vivermos juntos." A escola foi indicada cinco vezes para o Prêmio Nobel da Paz.

A educação para a paz é uma indústria em crescimento. Centenas de organizações de coexistência fornecem uma variedade de encontros entre israelenses judeus e árabes, enquanto outras, entre israelenses judeus e árabes e palestinos. Infelizmente, uma associação muito ativa, que cresce rapidamente, é um clube ao qual ninguém gostaria de se filiar: o Fórum de Pais e Círculos Familiares. Seus 500 membros – israelenses e palestinos de Gaza e Cisjordânia – partilham uma tragédia: foram todos privados de um ente querido. "Podemos não concordar sobre o que significa a paz, mas concordamos com uma coisa: precisamos de uma paz sábia", diz Yitzhak Frankenthal, um judeu ortodoxo que fundou o grupo de reconciliação israelense-palestino depois que seu filho de 19 anos foi sequestrado e morto por homens do Hamas. Dormindo com o inimigo? "Todos pagamos o último preço. Não queremos que mais ninguém sofra a dor que partilhamos. Se podemos sentar e conversar, qualquer um pode."

A segunda Intifada eclodiu uma semana antes de uma cerimônia revolucionária no local em que seria construído um parque industrial em Rafah, na ponta sul da Faixa de Gaza. Hoje, a terra do projeto continua desolada, milhares de israelenses e palestinos estão mortos e a economia de Gaza é um desastre. Dezenas de milhares de palestinos em Gaza perderam qualquer acesso a seus empregos antigos em Israel por causa das preocupações com segurança e uma ocupação do Hamas; a taxa de desemprego na região é de 70%. O desespero, se pudesse ser medido, é muito maior. O parque industrial perto do aeroporto de Gaza destinava-se a criar centenas de empregos, promover o crescimento econômico e a coexistência. Teria um centro de treinamento vocacional e cerca de 13 empresas dirigidas por palestinos – desde produção de carros e peças de avião a montagem de *chips* semicondutores. Como preparação, 30 palestinos foram selecionados para frequentar aulas de empreendedorismo em Israel. Stef Wertheimer, o israelense visionário por trás da ideia, tinha acertado tudo com investidores norte-americanos, europeus e asiáticos. Os governos palestino e israelense – com o então presi-

Epílogo   467

dente Arafat e os então primeiros-ministros Netanyahu e Barak – apoiaram o projeto. Contratos foram assinados.

Depois de dois anos de planejamento, o único detalhe remanescente a ser negociado dizia respeito à cafeteria conjunta onde palestinos e israelenses poderiam se encontrar entre os parques industriais gêmeos dos dois lados da fronteira. "Não tínhamos decidido que tipo de café servir", brinca Wertheimer, que, apesar do derramamento de sangue, acredita firmemente que "auxiliar os palestinos a se ajudarem economicamente" é a melhor coisa para Israel. "Quando você se senta para jantar e tem comida no prato, mas as pessoas em volta não têm, isso é perigoso. Israel será muito mais segura se elas tiverem mais comida em seus pratos. Quero o êxito deles, e que eles tenham medo de perder alguma coisa. Se a região não se desenvolver economicamente, continuará sendo um campo de treinamento para o terror." Sua fórmula é simples: façamos negócios, não a guerra.

Ele conhece um tanto sobre guerra. Wertheimer chegou à Palestina em 1937, aos 10 anos, como refugiado da Alemanha nazista. Durante a Guerra de 1948, foi um auxiliar próximo do general Iigal Allon. Em 1952, lançou um negócio na mesa de sua cozinha, uma modesta cutelaria. Quando Charles de Gaulle colocou sob embargo todas as vendas de armas francesas para Israel em 1967, Wertheimer se especializou em lâminas de turbinas a jato, livrando a Força Aérea Israelense da dependência de importações. O empresário que se fez sozinho ergueu um império chamado The Iscar Group, um dos maiores grupos privados de Israel, que tem exportações anuais de 1 bilhão de dólares – fornecendo ferramentas de carbureto para indústria automotiva, de eletrônica e aeroespacial em todo o mundo – e cresce quase 20% ao ano. Seu império industrial é responsável por mais de 10% da produção econômica de Israel. Em 2006, Stef Wertheimer assombrou o mundo quando Warren Buffett, o investidor biliardário, pagou 4 bilhões de dólares por 80% da Iscar, com sede no parque industrial de Tefen, na Galileia. Depois da compra, em sua primeira visita a Israel, Buffett disse: "Tive a oportunidade de ver mágica durante nossa visita à Iscar. Eu vi milhares de companhias, mas nunca uma com tal combinação de talento, conquista, poder e imaginação quanto na Iscar, uma empresa que cresceu do nada e se tornou fornecedora de indústrias internacionais. Alguns americanos chegam ao Oriente Médio buscando petróleo. Nós viemos para cá buscando cérebros, e paramos em Israel. Visitamos o parque industrial de

468 Os israelenses

Tefen, desenvolvido por Stef Wertheimer, e acredito que o mundo deveria ter mais interesse nele, porque é um exemplo do que pode ser feito para unir árabes e judeus, com o desenvolvimento de algo conjunto e a criação de uma situação em que ambos os lados têm algo a perder."

Isso soou como música aos ouvidos de Wertheimer, um grande proponente de um Plano Marshall para o Oriente Médio. Quando ele fala, israelenses e palestinos ouvem. "Nós provamos que judeus e árabes podem viver e trabalhar juntos", afirma Wertheimer em seu escritório com vista para a fronteira libanesa, a apenas oito quilômetros. Judeus, muçulmanos, cristãos e drusos da área trabalham nesse gigantesco complexo, onde empreendedores aspirantes dirigem novos negócios voltados para exportação e ecologicamente amigáveis. Depois de quatro anos de aluguel barato e orientação, eles devem sair e caminhar com as próprias pernas. As centenas de acres de terra ajardinada têm cinco museus, além de galerias de arte e jardins de escultura, como inspiração. A cada ano, milhares de israelenses jovens, de todas as origens, chegam para cursos práticos de treinamento, destinados a "mostrar que eles têm ideias criativas em suas cabeças", diz Wertheimer. Entre os 150 mil visitantes anuais estão prefeitos, diplomatas e empresários – incluindo turcos, palestinos e jordanianos. No Centro Educacional, localizado no vizinho parque industrial Lavon, judeus e árabes vivem juntos e aprendem empreendedorismo, habilidades gerenciais e modos de desenvolver projetos de exportação. Um em cada cinco cidadãos israelenses é árabe, nota Wertheimer. "Não podemos ter harmonia social enquanto a minoria árabe não for economicamente integrada à maioria. Quero ver todo mundo trabalhando, exportando, sem mau comportamento." O magnata coloca seus milhões nas causas que prega, gastando pesadamente em programas educacionais e de treinamento. Tefen, inaugurado em 1985, teve tanto sucesso que ele abriu mais dois parques na Galileia e um no Negev. Essas incubadoras corporativas, ou o que Wertheimer chama de "kibutzim capitalistas", lançaram 150 empresas, criaram cerca de 10 mil empregos e produzem exportações de 900 milhões de dólares por ano. Seus planos incluem mais dois parques na Galileia para empreendedores judeus e árabes: um em Nazaré e outro perto de Safed.

O lote vazio em Gaza não o impediu de tentar outras ideias para transformar a região. Ele está exportando *know-how* econômico para um novo parque perto de Istambul, construído com parceiros turcos. A caminho há outro em Aqaba, o porto jordaniano no Mar Vermelho, com sócios da Jordânia. Todos os seus parques industriais são baseados no mesmo modelo: Tefen. Ele acredita que o futuro de Israel, assim como o de outros países não produtores de petróleo no Oriente Médio, depende das exportações. Está determinado a ver Turquia, Jordânia e a Autoridade Palestina usarem suas altas taxas de alfabetização e seus hábitos ocidentais para se tornarem parte da economia global. A Coreia do Sul fez isso. O mesmo ocorreu com Cingapura. Tudo sem recursos naturais, a não ser um: a criatividade de seus povos. A Jordânia anseia pela transformação. Tem um rei progressista, e apenas 5 milhões de habitantes. (Os palestinos, que são os árabes mais altamente educados, representam 60% da população.) Uma vez florescendo, a Jordânia se provará uma alternativa à história do petróleo. O Oriente Médio é um mapa artificial criado depois da Segunda Guerra – é um mapa do petróleo, de pouca relevância para a região no século 21. "O petróleo é como o haxixe", ele continua. "É muito perigoso, torna você preguiçoso, impede a inovação e cria um povo infeliz que não trabalha. A maldição do petróleo criou os Saddams, os Bin Laden. Os países ricos em petróleo têm muito dinheiro, mas não há como digeri-lo. Eles não entenderam que precisam criar mais empregos para seus povos."

Em 1960, as economias combinadas de todos os países do Oriente Médio eram maiores que os dos "Tigres Asiáticos" – o apelido dado mais tarde a Coreia do Sul, Taiwan, Hong Kong, Tailândia, Cingapura e Malásia. Hoje, o Oriente Médio produz menos do que a Coreia sozinha. Em 2002, especialistas publicaram um relatório para as Nações Unidas sobre 22 países do Oriente Médio árabe. Esses países são os lares de 280 milhões de pessoas, 5% da população mundial, mas contribuem com apenas 2% da produção econômica mundial. Os 30 estudiosos árabes citaram uma evidência alarmante do declínio. A produtividade da mão de obra caiu há 40 anos. O crescimento econômico árabe *per capita* é menor que o de qualquer região, com exceção da África subsaariana – 20% vivem com 2 dólares por dia. Cerca de 65 milhões são analfabetos, incluindo metade de todas as mulheres. Nenhuma outra região tem uma proporção tão alta de jovens, ou uma população que cresce tão rápido, e que em 20 anos chegará a 400 milhões.

Esse homem, com uma missão, quer uma região próspera, onde os habitantes não sejam amargos, desempregados e inclinados ao terrorismo. "Pessoas que estão ocupadas com prazos de embarque de mercadorias e têm algo a perder não lutam pela história. Empregos são mais baratos que guerras." Essa crença o impulsionou a desenhar um "Miniplano Marshall" (como o esquema que ajudou a reconstruir a Europa depois da Segunda Guerra), visando criar centenas de indústrias e programas de treinamento para jordanianos, turcos e palestinos. E também os libaneses – "se eles deixarem de fora os sírios. Os fundos devem ir para projetos, e não para os bolsos dos políticos. E não distribua peixes, ensine as pessoas a pescar", insiste esse visionário internacionalmente aclamado, que persuadiu líderes dos Estados Unidos, União Europeia e Banco Mundial a acreditarem em seu antídoto contra o derramamento de sangue.

Há um relógio em marcha para os israelenses e seus vizinhos. "Mais cedo ou mais tarde, as pessoas vão descobrir que bons empregos são a resposta. Nós temos de fazer com que seja mais cedo", diz Stef Wertheimer.

A Peace Child foi criada no espírito das palavras de Mahatma Gandhi:

Se queremos criar paz duradoura,
Se queremos lutar contra as guerras,
Temos de começar com as crianças.

A organização usa o teatro como ferramenta de diálogo entre israelenses de aldeias, cidades, colônias e kibutzim, da direita à esquerda política. Dois instrutores israelenses profissionais – um árabe e um judeu – guiam os grupos por improvisações teatrais que exploram temas como o medo do terrorismo, o ódio de barreiras militares ou a raiva com os palestinos quando eles celebram a explosão de homens-bomba. Durante o desempenho de papéis reversos, os judeus se tornam manifestantes muçulmanos, e estes fazem soldados israelenses. Os cristãos são a polícia drusa. Crianças se transformam em pais. Através do drama, eles navegam por áreas que os dividem e os unem. No final do ano, os estudantes escrevem e produzem uma peça sobre os temas que foram trabalhados.

O coração da Galileia tornou-se subitamente uma das áreas mais densas de Israel com a eclosão da Intifada. Alguns árabes tentaram incendiar comunidades judias e fechar algumas ruas perto do vilarejo de Sakhnin. Assoberbados por manifestações inesperadas, policiais israelenses despreparados mataram a tiros dois jovens da cidade. Perto do *hostel* onde os turistas judeus antes ficavam está a Praça dos Mártires da Intifada al-Aqsa.

Antes do sexagésimo aniversário de Israel, em uma escola da cidade, 300 pessoas, a maioria de fora, encheram o auditório para assistir a uma peça original da Peace Child. Pais levaram câmeras de vídeo. As mulheres usavam lenços de cabeça e minissaias, e os homens, *keffyias* e quipás. Judeus e muçulmanos chegavam dos laboratórios da Medgenics, nas proximidades, que desenvolve pesquisa genômica para tratar de doenças como câncer, falência renal e Aids. Um carpinteiro, um taxista, um prefeito beduíno estavam na plateia. Viam-se apertos de mãos, abraços e sorrisos. Avós levaram comida para a festa depois do espetáculo.

As cortinas se abriram e 40 adolescentes fizeram seus papéis enquanto traduções simultâneas em hebraico e árabe apareciam em uma tela. "Por que você tem medo de ir nas cidades deles?", um menino pergunta a seus pais em hebraico. "É mais difícil fazer a paz que a guerra? Por que você não consegue lidar com o conflito em vez de dizer: 'Olhe todos os judeus e árabes felizes na Home Depot'?"*

Em árabe, uma garota de 14 anos imita seu pai, discutindo com ela à mesa de jantar: "Você está perdendo seu tempo com essas crianças judias; os judeus nos odeiam e nós os odiamos."

Em seguida, a menina faz o papel dela mesma respondendo para o pai: "É isso que você vem repetindo há 50 anos. Só diz que não vai haver paz. Mas nós vamos encontrar uma forma diferente para fazer isso. Vamos achar soluções que você não encontrou."

Quando as luzes acenderam, os pais pareciam embaraçados. Surpresos. E orgulhosos.

---

* Cadeia norte-americana de objetos para a casa. (N. T.)

Bibliografia

AJAMI, Fouad. *The Dream Palace of the Arabs: A Generation's Odyssey*. Nova York: Pantheon Books, 1998.

ALCALAY, Ammiel (ed.). *Keys to the Garden: New Israeli Writing*. São Francisco: City Lights Books, 1996.

ALMOG, Oz. *The Sabra: The Creation of the New Jew*. Berkeley: University of California Press, 2000.

ALTER, Robert. *Hebrew and Modernity*. Indianapolis: Indiana University Press, 1994.

ARMSTRONG, Karen. *Jerusalem: One City, Three Faiths*. Nova York: Ballantine Books, 1997.

ASHKENAZI, Michael; WEINGROD, Alex (ed.). *Ethiopian Jews and Israel*. New Brunswick: Transaction Books, 1987.

ATASHI, Zeidan. *The Druze and Jews in Israel: A Shared Destiny?* International Specialized Book Services, 1995.

ATEEK, Naim. *Justice and Only Justice: A Palestinian Theology of Liberation*. Maryknoll: Orbis Books, 1999.

AVRUCH, Kevin; ZENNER, Walter P. (eds.). *Critical Essays on Israeli Society, Religion, and Government*. Albany: State University of New York Press, 1997.

BALINT, Judy Lash. *Jerusalem Diaries: In Tense Times*. Nova York: Gefen Publishing, 2001.

BEN-ARI, Eyal (1998). *Mastering Soldiers: Conflict, Emotions, and the Enemy in an Israeli Military Unit*. Nova York: Berghahn Books, 1998.

BENBASSA, Esther; RODRIGUE, Aron. *Sephardi Jewry: A History of the Judeo--Spanish Community, 14th–20th Centuries*. Berkeley: University of California Press, 2000.

474 OS ISRAELENSES

BEN-ELIEZER, Uri. *The Making of Israeli Militarism*. Indianapolis: Indiana University Press, 1998.

BEN-RAFAEL, Eliezer. *Crisis and Transformation: The Kibbutz at Century's End*. Albany: State University of New York Press, 1997.

BENVENISTI, Meron. *City of Stone: The Hidden History of Jerusalem*. Berkeley: University of California Press, 1966.

_____. *Conflicts and Contradictions: Israel, the Arabs, and the West Bank*. Nova York: Eshel Books, 1989.

_____. *Intimate Enemies: Jews and Arabs in a Shared Land*. Berkeley: University of California Press, 1995.

_____. *Sacred Landscape: The Buried History of the Holy Land Since 1948*. Berkeley: University of California Press, 2000.

BEN-YEHUDA, Nachman. *The Masada Myth: Collective Memory and Mythmaking in Israel*. Madison: The University of Wisconsin Press, 1995.

BETTS, Robert. *Christians in the Arab East: A Political Study*. Athens: Lycabettus Press, 1978.

_____. *The Druze*. New Haven, Conn.: Yale University Press, 1988.

BIALE, David (ed.). *Cultures of the Jews: A New History*. Nova York: Schocken Books, 2002.

_____. *Eros and the Jews: From Biblical Israel to Contemporary America*. Nova York: Basic Books, 1992.

BIALE, Rachel. *Women and Jewish Law: An Exploration of Women's Issues in Halakhic Sources*. Nova York: Schocken Books, 1984.

BINUR, Yoram. *My Enemy, My Self*. Nova York: Doubleday, 1989.

BLACK, Ian; MORRIS, Benny. *Israel's Secret Wars*. Nova York: Grove Weidenfeld, 1991.

BLADY, Ken (2000). *Jewish Communities in Exotic Places*. Northvale: Jason Aronson, 2000.

BLECH, Rabbi Benjamin. *The Complete Idiot's Guide to Understanding Judaism*. Nova York: Alpha Books, 1999.

BROOKS, Geraldine. *Nine Parts of Desire: The Hidden World of Islamic Women*. Nova York: Anchor Books, 1995.

CAHILL, Thomas. *The Gifts of the Jews: How a Tribe of Desert Nomads Changed the Way Everyone Thinks and Feels*. Nova York: Doubleday, 1998

CASPI, Dan; LIMOR, Yehiel. *The In/Outsiders: Mass Media in Israel.* Cresskill: Hampton Press, 1999.

CHACOUR, Elias. *Blood Brothers.* Grand Rapids: Chosen Books (1984, rpt 2003).

CHAFETS, Ze'ev. *Heroes and Hustlers, Hard Hats and Holy Men: Inside the New Israel.* Nova York: William Morrow and Company, 1986.

CHERTOK, Haim. *Israeli Preoccupations: Dualities of a Confessional Citizen.* Nova York: Fordham University Press, 1994.

CHESHIN, Amir; HUTMAN, Bill; MELAMED, Avi. *Separate and Unequal: The Inside Story of Israeli Rule in East Jerusalem.* Cambridge: Harvard University Press, 1999.

COHEN, Asher; SUSSER, Bernard. (2000). *Israel and the Politics of Jewish Identity: The Secular-Religious Impasse.* Baltimore: The Johns Hopkins University Press, 2000.

COHEN, Joseph. *Voices of Israel.* Albany: State University of New York Press, 1990.

CROSSAN, John. *Jesus: A Revolutionary Biography.* Nova York: HarperCollins Publishers, 1994.

DAVIDMAN, Lynn. *Tradition in a Rootless World: Women Turn to Orthodox Judaism.* Berkeley: University of California Press, 1991.

DAYAN, Moshe. *Moshe Dayan: Story of My Life.* Nova York: William Morrow and Company, 1976.

DAYAN, Yael. *My Father, His Daughter.* Nova York: Farrar, Straus & Giroux, 1985.

DE LANGE, Nicholas (ed.). *The Illustrated History of the Jewish People.* Nova York: Harcourt Brace & Co., 1997.

DESHEN, Shlomo. *Blind People: The Private and Public Life of Sightless Israelis.* Albany: State University of New York Press, 1992.

DESHEN, Shlomo; SHOKEID, Moshe. *The Predicament of Homecoming: Cultural and Social Life of North African Immigrants in Israel.* Ithaca: Cornell University Press, 1974.

DIAMANT, Anita; COOPER, Howard. *Living a Jewish Life: Jewish Traditions, Customs and Values for Today's Families.* Nova York: HarperCollins Publishers, 1991.

DIQS, Isaak. *A Bedouin Boyhood.* Nova York: Universe Books, 1967.

DOMB, Risa (ed.). *New Women's Writing from Israel.* Portland: Vallentine Mitchell, 1996.

DONIN, Rabbi Hayim Halevy. *To Pray as a Jew: A Guide to the Prayer Book and Synagogue Service*. Nova York: Basic Books, 1980.

DOWTY, Alan. *The Jewish State: A Century Later*. Berkeley: University of California Press, 1998.

DUNDES, Alan. *The Shabbat Elevator and Other Sabbath Subterfuges: An Unorthodox Essay on Circumventing Custom and Jewish Character*. Lanham: Rowman & Littlefield Publishers, 2002.

DURAN, Khalid. *Children of Abraham: An Introduction to Islam for Jews*. Hoboken: Ktav Publishing, 2001.

EBAN, Abba. *Heritage: Civilization and the Jews*. Nova York: Summit Books, 1984.

ELON, Amos. *Jerusalem: Battlegrounds of Memory*. Nova York: Kodansha Globe, 1989.

_____. *Jerusalem: City of Mirrors*. Londres: Fontana, 1991.

_____. *The Israelis: Founders and Sons*. Nova York: Penguin Books, 1981.

EZRAHI, Yaron. *Rubber Bullets: Power and Conscience in Modern Israel*. Nova York: Farrar, Straus & Giroux, 1997.

FERGUSON, Kathy. *Kibbutz Journal: Reflections on Gender, Race and Militarism in Israel*. Pasadena: Trilogy Books, 1995.

FEUERVERGER, Grace. *Oasis of Dreams: Teaching and Learning Peace in a Jewish-Palestinian Village in Israel*. Nova York: Routledge Falmer, 2001.

FINK, Amir; PRESS, Jacob. *Independence Park: The Lives of Gay Men in Israel*. Stanford: Stanford University Press, 1999.

FISHKOFF, Sue. *The Rebbe's Army: Inside the World of Chabad-Lubavitch*. Nova York: Schocken, 2003.

FRANKEL, Glenn. *Beyond the Promised Land: Jews and Arabs on a Hard Road to a New Israel*. Nova York: Simon & Schuster, 1994.

FREEDMAN, Marcia. *Exile in the Promised Land: A Memoir*. Ithaca: Firebrand Books, 1990.

FREEDMAN, Robert O. *Israel Under Rabin*. Boulder: Westview Press, 1995.

FRIEDMAN, Richard. *Who Wrote the Bible?* Nova York: Summit Books, 1987.

FRIEDMAN, Robert I. *Red Mafia: How the Russian Mob Has Invaded America*. Nova York: Little, Brown & Company , 2000.

FRIEDMAN, Thomas L. *From Beirut to Jerusalem*. Nova York: Anchor Books, 1989.

GAL, Reuven. *A Portrait of the Israeli Soldier*. Westport: Greenwood Press, 1986.

GASTER, Theodor H. *The Holy and the Profane: Evolution of Jewish Folkways*. Nova York: William Morrow and Company, 1980.

GAVRON, Daniel. *The Kibbutz: Awakening from Utopia*. Lanham: Rowman & Littlefield Publishers, 2000.

GERBER, Jane S. *The Jews of Spain: A History of the Sephardic Experience*. Nova York: Free Press, 1992.

GILBERT, Martin. *Israel: A History*. Nova York: William Morrow and Company, 1998.

_____. *Jerusalem in the Twentieth Century*. Nova York: John Wiley & Sons, 1996.

GOLD, Dore. *Hatred's Kingdom: How Saudi Arabia Supports the New Global Terrorism*. Washington: Regnery Publishing, 2003.

GOLDMAN, Ari L. *Being Jewish: The Spiritual and Cultural Practice of Judaism Today*. Nova York: Simon & Schuster, 2000.

GOLDSCHEIDER, Calvin. *Israel's Changing Society: Population, Ethnicity and Development*. Boulder: Westview Press, 1996.

GOODWIN, Jan. *Price of Honor: Muslim Women Lift the Veil of Silence on the Islamic World*. Nova York: Plume Books, 1994.

GORDIS, Daniel. *If a Place Can Make You Cry: Dispatches from an Anxious State*. Nova York: Crown Publishers, 2002.

GORENBERG, Gershom. *The End of Days: Fundamentalism and the Struggle for the Temple Mount*. Nova York: Free Press, 2000.

GORKIN, Michael. *Days of Honey, Days of Onion: The Story of a Palestinian Family in Israel*. Boston: Beacon Press, 1991.

GROSSMAN, David (1993). *Sleeping on a Wire: Conversations with Palestinians in Israel*. Nova York: Farrar, Straus & Giroux, 1993.

_____. *The Yellow Wind*. Nova York: Delta, 1988.

GRUBER, Ruth. *Rescue: The Exodus of the Ethiopian Jews*. Nova York: Atheneum, 1987.

al-HAJ, Majid. *Education, Empowerment, and Control: The Case of the Arabs in Israel*. Albany: State University of New York Press, 1995.

HALEVI, Yossi. *At the Entrance to the Garden of Eden: A Jew's Search for God with Christians and Muslims in the Holy Land*. Nova York: William Morrow & Company, 2001.

HAREVEN, Shulamith. *The Vocabulary of Peace: Life, Culture, and Politics in the Middle East*. São Francisco: Mercury House, 1995.

478   Os israelenses

HARSHAV, Benjamin. *Language in the Time of Revolution*. Berkeley: University of California Press, 1993.

HAZELTON, Lesley. *Israeli Women: The Reality Behind the Myths*. Nova York: Simon & Schuster, 1977.

HEIKAL, Mohamed. *The Road to Ramadan*. Nova York: Quadrangle/The New York Times Book Co., 1975.

HEILMAN, Samuel. *Defenders of the Faith: Inside Ultra-Orthodox Jewry*. Berkeley: University of California Press, 1992.

HERTZBERG, Arthur (ed.). *Judaism*. Nova York: George Braziller, 1961.

HERTZBERG, Arthur; HIRT-MANHEIMER, Aron. *Jews: The Essence and Character of a People*. Nova York: HarperCollins Publishers, 1998.

HERTZOG, Esther. *Immigrants & Bureaucrats: Ethiopians in an Israeli Absorption Center*. Nova York: Berghahn Books, 1999.

HERZOG, Chaim. *Living History: A Memoir*. Nova York: Pantheon Books, 1996.

_____. *The War of Atonement, October, 1973*. Boston: Little, Brown & Company, 1975.

HERZOG, Hanna. *Gendering Politics: Women in Israel*. Ann Arbor: The University of Michigan Press, 1999.

HIMELSTEIN, Rabbi Dr. Shmuel. *The Jewish Primer: Questions and Answers on Jewish Faith and Culture*. Nova York: Facts on File, 1990.

HISCHBERG, Peter. *The World of Shas*. Nova York: The American Jewish Committee, 1999.

HOLLY, David C. *Exodus 1947*. Annapolis: Naval Institute Press, 1995.

HOROVITZ, David. *A Little Too Close to God: The Thrills and Panic of a Life in Israel*. Nova York: Knopf, 2000.

_____. (ed.). *Shalom, Friend: The Life and Legacy of Yitzhak Rabin*. Nova York: Newmarket Press, 1996.

HOROVITZ, Tamar (ed.). *Children of Perestroika in Israel*. Lanham: University Press of America, 1999.

ISRALOWITZ, Richard; FRIEDLANDER, Jonathan (eds.). *Transitions: Russians, Ethiopians and Bedouins in Israel's Negev Desert*. Brookfield: Ashgate Publishing, 1999.

KAPLAN, Steven. *The Beta Israel (Falasha) in Ethiopia: From Earliest Times to the Twentieth Century*. Nova York: New York University Press, 1992.

KARK, Ruth (ed.). *The Land That Became Israel: Studies in Historical Geography*. New Haven: Yale University Press, 1990.

KARPIN, Michael; FRIEDMAN, Ina. *Murder in the Name of God: The Plot to Kill Yitzhak Rabin*. Nova York: Metropolitan Books, 1998.

KARSH, Efraim; KARSH, Inari. *Empires of the Sand: The Struggle for Mastery in the Middle East 1789–1923*. Cambridge: Harvard University Press, 1999.

KATRIEL, Tamar. *Communal Webs: Communication and Culture in Contemporary Israel*. Albany: State University of New York Press, 1991.

_____. *Talking Straight: Dugri Speech in Israeli Sabra Culture*. Nova York: Cambridge University Press, 1986.

KAUFMAN, Shirley; HASAN-ROKEN, Galit; HESS, Tamar (eds.). *The Defiant Muse: Hebrew Feminist Poems from Antiquity to the Present*. Nova York: The Feminist Press at the City University of New York, 1999.

KAYE, Evelyn. *The Hole in the Sheet: A Modern Woman Looks at Orthodox and Hasidic Judaism*. Secaucus: Lyle Stuart, 1987.

KESSLER, David. *The Falashas: A Short History of the Ethiopian Jews*. Portland: Frank Cass, 1996.

KIRSCH, Jonathan. *Moses: A Life*. Nova York: Ballantine Books, 1998.

_____. *The Woman Who Laughed at God: The Untold History of the Jewish People*. Nova York: Viking Compass, 2001.

KISHON, Ephraim. *My Family Right or Wrong*. England: Bachman & Turner, 1983.

LANDAU, David. *Piety & Power: The World of Jewish Fundamentalism*. Nova York: Hill & Wang, 1993.

LASLAU, Wolf. *Falasha Anthology: Translated from Ethiopic Sources*. New Haven: Yale University Press, 1979.

LEIBLICH, Amia. *Transition to Adulthood During Military Service: The Israeli Case*. Albany: State University of New York Press, 1989.

LEVINE, Donald N. *Wax and Gold: Tradition and Innovation in Ethiopian Culture*. Chicago: The University of Chicago Press, 1965.

LEWIS, Bernard. *The Jews of Islam*. Princeton: Princeton University Press, 1984.

_____. *A Middle East Mosaic: Fragments of Life, Letters and History*. Nova York: Random House, 2000.

_____. *What Went Wrong? Western Impact and Middle Eastern Response*. Nova York: Oxford University Press, 2002.

LEWIS, Herbert S. *After the Eagles Landed: The Yemenites of Israel*. Prospect Heights: Waveland Press, 1989.

LEWITTES, Mendell. *Jewish Marriage: Rabbinic Law, Legend, and Custom*. N.J.: Jason Aronson, 1994.

LIEBMAN, Charles; COHEN, Steven M. *Two Worlds of Judaism: The Israeli and American Experiences*. New Haven: Yale University Press, 1990.

LIEBMAN, Charles; KATZ, Elihu (eds.). *The Jewishness of Israelis*. Albany: State University of New York Press, 1997.

LINN, Ruth. *Conscience at War: The Israeli Soldier as a Moral Critic*. Albany: State University of New York Press, 1996.

LOMSKY-FEDER, Edna; BEN-ARI, Eyal. *The Military and Militarism in Israeli Society*. Albany: State University of New York Press, 1999.

LOWIN, Joseph. *Hebrewspeak: An Insider's Guide to the Way Jews Think*. Northvale: Jason Aronson, 1995.

abu-LUGHOD, Lila. (1993). *Writing Women's Worlds: Bedouin Stories*. Berkeley: University of California Press, 1993.

MEIR, Avinoam. *As Nomadism Ends: The Israeli Bedouin of the Negev*. Boulder: Westview Press, 1997.

MELMAN, Yossi. *The New Israelis: An Intimate View of a Changing People*. Nova York: Birch Lane Press, 1992.

MERKLEY, Paul. *Christian Attitudes Towards the State of Israel*. Montreal: McGill--Queen's University Press, 2001.

MERNISSI, Fatima. *Islam and Democracy: Fear of the Modern World*. Nova York: Addison-Wesley Publishing, 1992.

_____. *The Veil and the Male Elite: A Feminist Interpretation of Women's Rights in Islam*. Nova York: Addison-Wesley Publishing, 1991.

MILLER, Judith. *God Has Ninety-Nine Names: Reporting from a Militant Middle East*. Nova York: Simon & Schuster, 1996.

MISHAL, Shaul; SELA, Avraham. *The Palestinian Hamas: Vision, Violence, and Coexistence*. Nova York: Columbia University Press, 2000.

MOORE, Tracy (ed.). *Lesbiot: Israeli Lesbians Talk About Sexuality, Feminism, Judaism and Their Lives*. Nova York: Cassell, 1995.

NATAN, Joan. *The Foods of Israel Today*. Nova York: Knopf, 2001.

NER-DAVID, Haviva. *Life on the Fringes: A Feminist Journey Toward Traditional Rabbinic Ordination*. Needham: JFL Books, 2000.

Bibliografia 481

NUSEIBEH, Said. *The Dome of the Rock*. Nova York: Rizzoli, 1996.

O'BRIEN, Conor Cruise. *The Siege: The Saga of Israel and Zionism*. Nova York: Simon & Schuster, 1986.

ONOLEHMEMHEN, Durrenda Nash; GESSESSE, Kebede. *The Black Jews of Ethiopia: The Last Exodus*. Lanham: The Scarecrow Press, 1998.

OREN, Michael B. *Six Days of War: June 1967 and the Making of the Modern Middle East*. Nova York: Oxford University Press, 2002.

OZ, Amos. *In the Land of Israel*. Londres: Fontana Paperbacks, 1983.

_____. *Israel, Palestine and Peace: Essays*. Nova York: Harcourt Brace, 1994.

_____. *Under This Blazing Sun*. Nova York: Cambridge University Press, 1995.

PATAI, Raphael. *The Arab Mind*. Nova York: Charles Scribner's Sons, 1983.

_____. *The Seed of Abraham: Jews and Arabs in Contact and Conflict*. Salt Lake City: University of Utah Press, 1986.

PERI, Yoram (ed.). *The Assassination of Yitzhak Rabin*. Stanford: Stanford University Press, 2000.

PORTER, Jack Nusan (ed.). *Women in Chains: A Sourcebook on the Agunah*. Northvale: Jason Aronson, 1995.

QUIRIN, James. *The Evolution of the Ethiopian Jews: A History of the Beta Israel (Falasha) to 1920*. Philadelphia: University of Pennsylvania Press, 1992.

RABIN, Yitzhak. *The Rabin Memoirs*. Boston: Little, Brown & Company, 1979.

RABINYAN, Dorit. *Persian Brides*. Nova York: George Braziller, 1995.

RAGEN, Naomi. *Jephte's Daughter*. Nova York: Warner Books, 1989.

RAHEB, Mitri. *I Am a Palestinian Christian*. Minneapolis: Fortress Press, 1995.

RAPOPORT, Louis. *Redemption Song: The Story of Operation Moses*. Nova York: Harcourt Brace Jovanovich, 1986.

RAVIV, Dan; MELMAN, Yossi. *Every Spy a Prince: The Complete History of Israel's Intelligence Community*. Boston: Houghton Mifflin, 1990.

REKHESS, Eli. *Islamism Across the Green Line: Relations Among Islamist Movements in Israel, the West Bank and Gaza*. Washington: The Washington Institute for Near East Policy (research paper), agosto/1997.

ROLEF, Susan Hattis (ed.). *Political Dictionary of the State of Israel*. Nova York: Macmillan Publishing, 1987.

Romann, Michael; Weingrod, Alex. (1991). *Living Together Separately: Arabs and Jews in Contemporary Jerusalem*. Princeton, N.J.: Princeton University Press

ROUHANA, Nadim. *Palestinian Citizens in an Ethnic Jewish State: Identities in Conflict*. New Haven: Yale University Press, 1997.

RUBENSTEIN, Danny. *The People of Nowhere: The Palestinian Vision of Home*. Nova York: Times Books, 1991.

SABAR, Naama. *Kibbutzniks in the Diaspora*. Albany: State University of New York Press, 2000.

SACHAR, Howard M. *Farewell España: The World of the Sephardim Remembered*. Nova York: Knopf, 1994.

SALAMON, Hagar. *The Hyena People: Ethiopian Jews in Christian Ethiopia*. Berkeley: University of California Press, 1999.

SCHIFF, Ze'ev. *A History of the Israeli Army: 1874 to the Present*. Nova York: Macmillan Publishing, 1985.

SCHIFF, Ze'ev; YA'ARI, Ehud. *Intifada: The Palestinian Uprising – Israel's Third Front*. Nova York: Simon & Schuster, 1989.

_____. *Israel's Lebanon War*. Nova York: Simon & Schuster, 1984.

SCHLOSSBERG, Eli W. *The World of Orthodox Judaism*. Northvale: Jason Aronson, 1996.

SEGEV, Samuel. *Crossing the Jordan: Israel's Hard Road to Peace*. Nova York: St. Martin's Press, 1998.

SEGEV, Tom. *Elvis in Jerusalem: Post-Zionism and the Americanization of Israel*. Nova York: Metropolitan Books, 2002.

_____. *1949: The First Israelis*. Nova York: The Free Press, 1986. (Nova York: Henry Holt, 1998 – reimpressão)

_____. *One Palestine, Complete: Jews and Arabs Under the British Mandate*. Nova York: Owl Books, 2001.

_____. *The Seventh Million: The Israelis and the Holocaust*. Nova York: Hill & Wang, 1993.

SEIDMAN, Naomi. *A Marriage Made in Heaven: The Sexual Politics of Hebrew and Yiddish*. Berkeley: University of California Press, 1997.

SENNOTT, Charles. *The Body and the Blood: The Holy Land's Christians at the Turn of a New Millennium*. Nova York: Public Affairs, 2001.

SERED, Susan. *What Makes Women Sick? Maternity, Modesty, and Militarism in Israeli Society*. Líbano: University Press of New England, 2000.

SHAKAR, Lucy; KURZ, David. *Border Crossings: American Interactions with Israelis*. Yarmouth: Intercultural Press, 1995.

Bibliografia   483

SHAMMAS, Anton. *Arabesques*. Berkeley: University of California Press, 1988.

SHARFMAN, Daphna. *Living Without a Constitution: Civil Rights in Israel*. Armonk: M. E. Sharpe, 1993.

abu-SHARIF, Bassam; MAHNAIMI, Uzi. *Best of Enemies*. Boston: Little, Brown & Company, 1995.

SHENDELMAN, Sara; DAVIS, Dr. Avram. *Traditions: The Complete Book of Prayers, Rituals, and Blessings for Every Jewish Home*. Nova York: Hyperion, 1998.

SHIPLER, David K. *Arab and Jew: Wounded Spirits in a Promised Land*. Nova York: Penguin Books, 1987.

SHULEWITZ, Malka Hillel (ed.). *The Forgotten Millions: The Modern Jewish Exodus from Arab Lands*. Nova York: Cassell, 1999.

SIEGEL, Dina. *The Great Immigration: Russian Jews in Israel*. Nova York: Berghahn Books, 1998.

SINCLAIR, Andrew. *Jerusalem: The Endless Crusade*. Nova York: Crown Publishers, 1995.

SMOOHA, Sammy. *Arabs and Jews in Israel: Conflicting and Shared Attitudes in a Divided Society*. Boulder: Westview Press, 1989.

_____. *Israel: Pluralism and Conflict*. Berkeley: University of California Press, 1978.

SPIRO, Melford E. *Gender and Culture: Kibbutz Women Revisited*. Durham: Duke University Press, 1979.

_____. *Kibbutz: Venture in Utopia*. Nova York: Schocken Books, 1970.

SPRINZAK, Ehud. *The Ascendance of Israel's Radical Right*. Nova York: Oxford University Press, 1991.

_____. *Brother Against Brother: Violence and Extremism in Israeli Politics from Altalena to the Rabin Assassination*. Nova York: Free Press, 1999.

STARR, Joyce R. *Kissing Through Glass: The Invisible Shield Between Americans and Israelis*. Chicago: Contemporary Books, 1990.

STEVENSON, William. *90 Minutes At Entebbe*. Nova York: Bantam Books, 1976.

STILLMAN, Norman A. *The Jews of Arab Lands in Modern Times*. Philadelphia: The Jewish Publication Society, 1991.

_____. *Sephardi Responses to Modernity*. Luxemborg: Harwood Acadelishers, 1995.

SZULC, Tad. *The Secret Alliance: The Extraordinary Story of the Rescue of the Jews Since World War II*. Nova York: Farrar, Straus & Giroux, 1991.

TSIMHONI, Daphne. *Christian Communities in Jerusalem and the West Bank since 1948: An Historical, Social, and Political Study*. Westport: Greenwood Publishing, 1993.

UNTERMAN, Alan. *Dictionary of Jewish Lore and Legend*. Londres: Thames & Hudson, 1997.

URIAN, Dan; KARSH, Efraim (eds.). *In Search of Identity: Jewish Aspects in Israeli Culture*. Londres: Frank Cass and Co., 1999.

VAN CREVELD, Martin. *The Sword and the Olive: A Critical History of the Israeli Defense Force*. Nova York: Public Affairs, 1998.

VICTOR, Barbara. *A Voice of Reason: Hanan Ashrawi and Peace in the Middle East*. Nova York: Harcourt Brace Jovanovich, 1994.

VIORST, Milton. *What Shall I Do With This People? Jews and the Fractious Politics of Judaism*. Nova York: The Free Press, 2002.

WAGAW, Teshome G. *For Our Soul: Ethiopian Jews in Israel*. Detroit: Wayne State University Press, 1993.

WALDMAN, Menachem. *The Jews of Ethiopia: The Beta Israel Community*. Jerusalém: Ami-Shav, the Center for Aid to Ethiopian Immigrants, 1985.

WALZER, Lee. *Between Sodom and Eden: A Gay Journey Through Today's Changing Israel*. Nova York: Columbia University Press, 2000.

WARE, Timothy. *The Orthodox Church*. Nova York: Penguin Books, 1997.

WASSERSTEIN, Bernard. *Divided Jerusalem: The Struggle for the Holy City*. New Haven: Yale University Press, 2001.

WESTERBY, Gerald. *In Hostile Territory: Business Secrets of a Mossad Combatant*. Nova York: Harper Business, 1998.

WESTHEIMER, Dr. Ruth; KAPLAN, Dr. Steven. (1992). Surviving Salvation: *The Ethiopian Jewish Family in Transition*. Nova York: New York University Press, 1992.

WIESEL, Elie. *A Jew Today*. Nova York: Vintage Books, 1978.

_____. *Somewhere a Master: Further Hasidic Portraits and Legends*. Nova York: Summit Books, 1982.

_____. *Souls on Fire: Portraits and Legends of Hasidic Masters*. Nova York: Random House, 1972.

WIGODER, Geoffrey. *Dictionary of Jewish Biography*. Jerusalém: Simon & Schuster, 1991.

WOLF, Aaron. *A Purity of Arms: An American in the Israeli Army*. Nova York: Doubleday, 1989.

YE'OR, Bat. *The Dhimmi: Jews and Christians Under Islam*. Madison, N.J.: Fairleigh Dickinson University Press, 1985.

YIFTACHEL, Oren; MEIR, Avinoam (eds.). *Ethnic Frontiers and Peripheries: Landscapes of Development and Inequality in Israel*. Boulder: Westview Press, 1998.

YILMA, Shmuel. *From Falasha to Freedom: An Ethiopian Jew's Journey to Jerusalem*. Nova York: Gefen Publishing House, 1996.

YISHAI, Yael . *Between the Flag and the Banner: Women in Israeli Politics*. Albany: State University of New York Press, 1997.

YONAI, Ehud. *No Margin for Error: The Making of the Israeli Air Force*. Nova York: Pantheon Books, 1993.

ZERUBAVEL, Yael. *Recovered Roots: Collective Memory and the Making of Israeli National Tradition*. Chicago: The University of Chicago Press, 1995.

Jornais e notícias on-line

Ha'aretz: www.haaretz.com

Jerusalem Post: www.jpost.com

Globes: www.globes.co.il

Yediot Aharonot: www.ynet.co.il

Middle East Media Research Institute: www.memri.org (traduz a mídia árabe)

The Media Line: www.themedialine.org

IsraelInsider.com

Revistas

Jerusalem Report

Israel Studies

Eretz

Moment

Hadassah

Midstream

Azure

Este livro foi impresso pela gráfica Edições
Loyola em papel Lux Cream 70 g.